DIEDERICHS GELBE REIHE

herausgegeben von Michael Günther

Gerd Heinz-Mohr

Lexikon der Symbole

Bilder und Zeichen der christlichen Kunst

Eugen Diederichs Verlag

Die Deutsche Bibliothek – CIP-Einheitsaufnahme
Heinz-Mohr, Gerd:
Lexikon der Symbole : Bilder und Zeichen der christlichen Kunst /
Gerd Heinz-Mohr. – Neuausg. – München : Diederichs, 1998
(Diederichs Gelbe Reihe ; 150 : Christentum)
ISBN 3-424-01420-6

Neuausgabe 1998

Umschlaggestaltung: Zembsch' Werkstatt, München
Produktion: Tillmann Roeder, München
Druck und Bindung: Freiburger Graph. Betriebe, Freiburg
Printed in Germany

ISBN 3-424-01420-6

EINFÜHRUNG

»Was sollen im Klosterhofe vor den Augen der lesenden und betrachtenden Brüder jene lächerlichen Ungeheuerlichkeiten, jene erstaunlich mißgestalteten Schönheiten und verwunderlich schönen Mißgestalten? Zu was die unflätigen Affen, zu was die wütigen Löwen, zu was die greulichen Zentauren, zu was die wilden Männer, zu was die fleckigen Tiger, zu was die fechtenden Streiter, zu was die blasenden Jäger? Du siehst an einem Kopfe viele Leiber und wiederum an einem Leibe viele Köpfe. Hier wird an einem Vierfüßler ein Schlangenschwanz, dort an einem Fische der Kopf eines vierfüßigen Tieres sichtbar. Da trägt ein Vieh das Vorderteil eines Pferdes und die hintere Hälfte einer Ziege, hier präsentiert ein gehörntes Tier das Hinterteil eines Pferdes. Kurz, überall zeigt sich eine ebenso vielfältige wie wundersame Mannigfaltigkeit verschiedenartiger Bildungen, so daß man mit mehr Vergnügen in den Steinen als in den Büchern liest und den ganzen Tag lieber jene Sonderbarkeiten anstaunt als Gottes Gebote beherzigt. Großer Gott, wenn man sich der Possen nicht schämt, warum scheut man nicht wenigstens die Kosten?«

So scharf urteilte einer der prägenden Männer des abendländischen Mittelalters, Bernhard von Clairvaux († 1153), in einem Brief an den Abt Wilhelm von St. Thierry aus Anlaß der Ausschmückung der – nunmehr schon lange zerstörten – Abteikirche von Cluny über die wuchernde Fülle der symbolischen und allegorischen Gestalten in der Bauplastik seiner Zeit. Er wendete sich deshalb gegen sie, weil sie seiner Meinung nach, im Unterschied zu den alten, wesentlich schlichteren Symbolbildern, die Fantasie zu leicht auf Abwege führen konnten; denn ihm ging es vor allem darum, seine Mönche zu Lesung und Betrachtung anzuhalten und vor Ablenkungen zu bewahren. Deswegen schrieb er in seinem Orden besondere Zurückhaltung in bezug auf figürliche Ausschmückung der Kirchen und Kreuzgänge vor.

»Zu was . . . ?« fragt auch der heutige Betrachter mittelalterlicher Bau- und Bildwerke. Er steht, sei es verblüfft, sei es verlegen, vor dem Ulmer Münster oder der Kathedrale von Chartres, einem italienischen Dom oder einem spanischen Rathaus, er betrachtet Statuen und Figurengruppen an Kirchenportalen und in Klosterkreuzgängen, Tafelbilder auf Altären oder in Museen und entdeckt überall eine Fülle von Einzeldarstellungen, die sich entweder auf biblische Erzählungen oder auf Heiligenlegenden beziehen, eine unübersehbare Zahl von Tieren und Pflanzen, nicht selten zu grotesken Ungeheuerlichkeiten verfremdet. Das alles kann doch, so meint er, nicht bloß zufällig, absichtslos oder gar nur dekorativ sein. Aber kann man andererseits den Erklärungen glauben, die von den fachmännischen Führern kunstgeschichtlicher Studiengruppen mit fast automatischer Sicherheit gegeben werden und die den fantastischen Auswüchsen dieses Bildschmucks nicht selten verdächtig ähneln? Da werden Dreier- und Dreieckskonstruktionen zu Hinweisen auf die göttliche Dreifaltigkeit erklärt, da bedeuten Adler und Lämmer, Fische und Drachen, Äpfel und Lilien mehr als Abbildungen aus dem Naturleben oder bloßes abwechslungsreiches Schmuckwerk. Ja sogar den Farben werden bestimmte Symbolwerte zugeschrieben.

Das alles verursacht dem, der an solchen Bauten und Bildern nicht bloß gleichgültig vorüberlaufen, sondern ihren Sinn und ihre Aussage verstehen möchte, ein Gefühl der Unsicherheit, ja des Unbehagens. Verhält es sich mit solchen Dingen nicht ähnlich wie mit den Bildern, die die Tiefenpsychologie aus den unbewußten Abgründen des menschlichen Innern hervorholt und in erstaunlichen Dimensionen deutet? Daß es sich hier um Bilder, Inbilder und Sinnbilder handelt, die nicht nur allgemeine Feststellbarkeit, sondern darüber hinaus für den betreffenden Menschen sogar den Charakter einer Botschaft besitzen, scheint unbestreitbar. Aber kann man den im einzelnen keineswegs eindeutigen und einheitlichen Behauptungen der Fachleute trauen?

Tatsächlich verhält es sich hier wie auf vielen Gebieten des Lebens: Einzelheiten und Unterschiedenheiten, die den Nichtkenner beunruhigen, fügen sich dem Fachmann zu einem überschaubaren Bild des Ganzen. Und die Ähnlichkeit zwischen künstlerischer und tiefenpsychologischer Bildwelt beruht nicht zufällig gerade auf dem Symbolcharakter beider. Symbole offenbaren und verhüllen gleichzeitig. Daher bleibt eine gewisse Abweichungsbreite in der Deutung immer offen, ohne daß die Feststellung und Bedeutsamkeit des Ganzen in Frage gestellt würde.

Die Symbolfremdheit des heutigen Menschen

In Unsicherheit und Unbehagen des heutigen Menschen westlich-zivilisatorischer Prägung gegenüber dem Symbol wird eine bestimmte Dimensionsverminderung sichtbar. Er verfügt über eine Fülle von Spezialkenntnissen, die er als Bruchstücke in der Hand hält und aus gegebenem Anlaß unabhängig voneinander verwirklicht, doch kaum mehr über das »einigende Band«, das sie zusammenfügt und sinnvoll ordnet – hier liegt übrigens die sprachliche Wurzel des Wortes »Symbol« –, kaum mehr über die geistige Einsicht, mit der er leben könnte. Wissen ist noch nicht Weisheit. Von ihm wird nur die oberste Schicht unseres Wesens im rationalen Bewußtsein erreicht.
Den gleichen Dimensionsverlust offenbart die übliche Sprache. Sie ist abstrakt, begrifflich, anschauungslos. Sie bleibt nicht haften und ermüdet darum den Leser und Hörer viel rascher als die bildgesättigte und – buchstäblich – einprägsame, in der Tiefe haftende Sprache zurückliegender Epochen oder weniger verflachter Kulturen und Lebensbereiche.
»In dem Maße, wie unser wissenschaftliches Verständnis zugenommen hat, ist unsere Welt entmenschlicht worden. Der Mensch fühlt sich im Kosmos isoliert, weil er nicht mehr mit der Natur verbunden ist und seine emotionale ›unbewußte Identität‹ mit natürlichen Erscheinungen verloren hat. Diese haben allmählich ihren symbolischen Gehalt eingebüßt. Der Donner ist nicht mehr die Stimme eines zornigen Gottes und der Blitz nicht mehr sein strafendes Wurfgeschoß. In keinem Fluß wohnt mehr ein Geist, kein Baum ist das Lebensprinzip eines Mannes, keine Schlange die Verkörperung der Weisheit, keine Gebirgshöhle die Wohnung eines großen Dämons. Es sprechen keine Stimmen mehr aus Steinen, Pflanzen und Tieren zu dem Menschen, und er selbst redet nicht mehr zu ihnen in dem Glauben, sie verständen ihn. Sein Kontakt mit der Natur ist verlorengegangen und damit auch die starke emotionale Energie, die diese symbolische Verbindung bewirkt hatte.« So stellt Carl Gustav Jung in dem letzten großen Werk seines Lebens, »Der Mensch und seine Symbole« (1968), fest.
Ohne Zeichen können wir offenbar nicht leben. Wir gebrauchen Abkürzungen mit starkem Verdichtungsfaktor – von UNO, UNESCO, CARE bis zu jenen zahlreichen Firmennamen, die aus aneinandergereihten Großbuchstaben bestehen. Wir kennen Schutzmarken, Dienstabzeichen, Ver-

kehrszeichen, »taktische« Zeichen. Symbole aber in der tiefer reichenden Spannung von Begriff und Gestalt, Abstraktion und Konkretion haben wir nicht mehr.
Dabei wird der Begriff »Symbol« heute in verwirrender Vielseitigkeit angewendet: nicht nur auf dem Begegnungsfeld von Religion und bildender Kunst, im Kultus und in der systematischen Theologie; in der Philosophie, die von der Wirklichkeit sprechen kann, »die ich nicht weiß und doch im Symbol gegenwärtig habe« (Karl Jaspers); bei der Deutung von Märchen und Träumen, sondern auch in Logistik und Algebra, wo »Symbol« häufig mit Chiffre identisch ist.
Mit alledem scheint sich nun doch eine deutliche Wende anzubahnen. Nach Jahrhunderten, in denen alles auf das geschriebene und gedruckte Wort bezogen war, gewinnen Bild und Zeichen wieder neue Kraft, ja neuen Anspruch. Werbung und Illustriertenflut, Film und Fernsehen, nicht zuletzt auch die neuen audiovisuellen Unterrichtsmittel bedienen sich einer Bildersprache, deren Überzeugungskraft, so kalkuliert sie sein mag, nichtsdestoweniger nachweisbar ist. Leitbilder verschiedenster Art vermögen gewaltigen, meist eher negativ als positiv zu wertenden Einfluß auf ganze Völker und sogar noch darüber hinaus gehende Bewegungen und Verwirklichungen auszuüben. Millionen Menschen verschlingen täglich eine nur aus Bildern bestehende »Literatur«, die comic strips, deren äußere Gestalt Züge aufweist, die denjenigen der Bilderreihen in mittelalterlichen Kathedralen durchaus verwandt sind. Die Tiefenpsychologie, die zur Erläuterung dieser Phänomene Bedeutsames beiträgt, ist ihrerseits dem intuitiven und kontemplativen Bildbewußtsein wesensmäßig verpflichtet. Die Strukturenlehre weist nach, unter welchen Voraussetzungen und in welchem Maße die tiefenpsychologischen Archetypen konkret zu werden vermögen: Auch ohne daß förmliche Kontakte bestehen, rufen ähnlich strukturierte Zeitverhältnisse und Gesellschaftsumstände die gleichen »Zeichen« hervor.
Es scheint, daß die bedrückende Eindimensionalität in Abstraktion und Konvention zunehmend bewußt wird und so nach ihrer Überwindung verlangt, daß mit dem Informationsbedürfnis ein neues Bedürfnis nach Deutung und Orientierung einhergeht, die erneute Frage nach dem Symbol.

Was ist ein Symbol?

»Ein Wort oder ein Bild ist symbolisch, wenn es mehr enthält, als man auf den ersten Blick erkennen kann« (C. G. Jung). In diesem Sinne kann kein Mensch von der Tatsache seines Umgangs mit Symbolen absehen. Wir leben nicht nur in einer Welt von Symbolen. Eine Welt von Symbolen lebt in uns (J. Chevalier). Jedermann, ob er sich dieser Tatsache bewußt ist oder nicht, bedient sich der Symbole: bei Tag und Nacht, in der Sprache, in Handlungen und Träumen. Dennoch entzieht sich das Symbol der exakten Definition. Es gehört zu seinem Wesen, daß es sich nicht auf einen festen Rahmen einengen läßt, da es ja gerade die Extreme, Unvereinbares, Konkretion und Abstraktion vereint und dazu dient, als mit den Sinnen wahrnehmbares Zeichen etwas anzudeuten, das mit den Sinnen nicht wahrnehmbar ist.
Solche Verknüpfung gehört auch zu seinem ursprünglichen Wortsinn, der von griech. symballein = zusammenwerfen, zusammenfügen, an einen sinnvollen Ort zusammenbringen, herkommt. Ein gutes Beispiel ist der Gebrauch der Vokabel symballein im Lukasevangelium (2, 19): »Maria aber bewahrte alle diese Worte und bewegte (erwog) sie in ihrem Herzen« = sie fügte in ihrem Herzen eigentlich Unvereinbares zusammen: Göttliches und Menschliches, Offenbarung und Erfahrung. In dieser Verwendung ist das Symbol in klassischer Klarheit als nichtstatisch, als stets neue Aufgabe erkannt. Das Symbol gibt Teilhabe und fordert Teilnahme. Es schließt eine bloße Zuschauerhaltung aus.
In der antiken Welt spielte das Symbol, im Wortsinn des Zusammenfügens, eine durchaus praktische Rolle. Symbolon war ein in zwei Teile auseinandergebrochener Gegenstand aus Ton, Holz oder Metall, ein kleines Bild, ein Ring, ein Würfel, ein Siegelabdruck oder dergleichen, der des Zusammenfügens bedurfte, um seine Bedeutung wiederzugewinnen und als Erkennungszeichen zu dienen. Persönliche Freunde oder Geschäftsfreunde, Gläubiger und Schuldner, Pilger oder auch in anderen Beziehungen zueinander stehende Menschen brachen beim Abschied das Symbol auseinander und konnten nun später sich oder ihre Abgesandten jederzeit an dem neuen Bruchrand zu Bruchrand zusammengefügten Zeichen erkennen.
Das Symbol trennt also und vereint. Es dient als Mittel zur Erkenntnis, zum Bekenntnis und zur Beschwörung einer

Gemeinschaft, die aufgelöst ist und sich wieder neu knüpfen soll. Dennoch haftet diesem überzeugenden Medium des Zusammenfindens und der Vereinigung auch immer das Stigma des Gebrochenen an. Eine wichtige Bedeutung des Symbols beruht darauf, daß es zugleich Zertrennung und Verbindung des Zertrennten ist. So vermittelt es eine Totalerfahrung, ohne doch optimistisch über seine Begrenztheit im »Lande der Nichtentsprechung« (Bernhard v. Clairvaux) hinwegtäuschen zu wollen.

In diesem Sinne ist das Symbol für den Menschen auch immer ein Zeichen der Verknüpfung des Sichtbaren mit dem Unsichtbaren, der Sehnsucht nach Wiederherstellung des spannungsvollen, schuldhaft gestörten oder schuldlos verlorenen, positiven Verhältnisses zum Transzendenten gewesen, Bekenntnis der religiös-kultischen Bindung, Beschwörung der Huld der Gottheit. Symbolische Sprache ist die Sprache der Religion für das, was über den menschlichen Verstand hinausgeht. Sie ist Geheimnis und Offenbarung in einem; sie verschleiert die heiligen Wahrheiten dem profanen Blick, macht sie aber zugleich offenbar für alle, die sie zu lesen verstehen. Auf diese Weise hat die religiöse Symbolsprache immer in enger Beziehung zur religiösen Kunst gestanden.

Symbolische Bilder und Zeichen in der bildenden Kunst

Seit den frühesten Zeiten gehört es zu den Zielen künstlerischer Darstellungen, dem Göttlichen menschlichen Ausdruck zu geben. Lange stand die Kunst damit im Bereich des Magischen. In den prähistorischen Höhlenmalereien sucht der Mensch sich in seiner Existenz und ihres Bestandes beschwörend zu versichern, indem er gefährliche Großtiere oder jagdbares Wild zeichnet und symbolisch erlegt. Ein weiterer Schritt symbolischer Darstellung führt über den Totenkult und die Empfehlung der Verstorbenen unter den Schutz bestimmter Gottheiten. Das Bild des Sonnenrades taucht auf. Menschliche Werkzeuge, wie z. B. Hammer und Axt, werden zu Attributen und Machtsymbolen der Gottheit. Erst später tauchen menschliche Darstellungen der Götter auf, üblich in Mesopotamien, Kleinasien und Ägypten, scharf verurteilt in Israel, äußerst verfeinert und individualisiert in Griechenland.

Ägypten – in der Zahlensymbolik, die sich heute noch beispielsweise in den Pyramiden kundtut, mit vorderasiatischen, astronomisch-astrologischen Traditionen verbunden – wird zum Modell der symbolischen Ausdrucksmöglichkeiten religiöser Kunst. Hier ist sowohl auf die Sphinx hinzuweisen, die mit Menschenkopf, Löwenpfoten, Stierrücken und Adlerflügeln eine symbolische Synthese der vier Elemente Erde, Feuer, Wasser, Luft darstellt, wie auf die Gottheiten mit Menschengestalt und Tierköpfen, auf die stark stilisierten Pharaonenbilder, auf das »Auge des Osiris«, den Skarabäus und das lebenspendende Henkelkreuz.

Für die Christen war »Symbol« zunächst ein Wort, das den gleichen Sinn wie »Glaubensbekenntnis« hatte: der Versuch, das Sagbare und das Unsagbare über Jesus Christus, den wahrhaftigen Gott und wahrhaftigen Menschen, verbindend und verbindlich zu bezeugen. Vielleicht unter dem Druck der jahrhundertelang wiederholten Verfolgungswellen, vielleicht unter der Nachwirkung des mosaischen Gesetzes entwickelte sich lange Zeit keine spezifische christliche Kunst großen Ausmaßes. Doch begegnen auf Katakombenfresken, Sarkophagen, Tonlampen, Goldgrundgläsern sehr früh neben bestimmten biblischen Szenen, die vor allem die Hoffnung der Christen ausmalen, symbolische Zeichen, die auf mehr hinweisen, als sie darstellen: aus dem Tierreich etwa der Fisch, der Adler, die Taube, das Lamm, der Widder, der Pfau, die Schlange; aus der Pflanzenwelt etwa der Baum allgemein, ferner die Palme, der Weinstock, der Ölzweig, die Rose. Der Grund für die Wahl solcher äußeren, sichtbaren, hörbaren, betastbaren, also mit den Sinnen wahrnehmbaren Objekte zur Andeutung bedeutsamer unstofflicher, mit den Sinnen nicht wahrnehmbarer Zusammenhänge lag sowohl in dem reichen Angebot biblischer Gleichnisbilder als in natürlicherweise gegebenen Vergleichen (Löwe = Kraft) sowie in der Aufnahme bestimmter außerchristlicher Traditionen. Auch die unbefangene Übernahme mythologischer Gestalten aus der Antike in christliche Symbolbedeutung war da möglich, wo der Mythos nicht mehr als unmittelbar religiös verbindlich verstanden wurde (z. B. bei Uranos, Okeanos, Orpheus, Odysseus, Nike, Amor und Psyche). Umfängliches Erläuterungsmaterial zu den Symboldarstellungen in der christlichen Kunst der ersten Jahrhunderte bieten die erhaltenen zeitgenössischen Predigten.

Man kann und will keineswegs das Göttliche an Gott selbst darstellen, überzeugt, daß »zwischen Schöpfer und Geschöpf keine noch so große Ähnlichkeit festgestellt werden könne, ohne daß diese eine noch größere Unähnlichkeit zwischen beiden einschlösse« (Viertes Laterankonzil, 1215), aber man findet Zeichen des Schöpfers (vestigia Dei) in seiner Schöpfung und orientiert sich vor allem an der Menschwerdung, das heißt doch auch: dem Anschaulichwerden Gottes in Christus. Im gegliederten Raum des Kosmos gibt es eine abgestufte Teilhabe am wahren, dem göttlichen Sein. Symbolische Bilder aus diesem Bereich vermögen daher als abgezogene Begriffe den Dialog des Schöpfers und Erlösers mit dem Menschen sowie die in kultischer Form veranschaulichte, betende Antwort des Menschen zu verlebendigen. Aber das Symbol bleibt doch zugleich auch Ausdruck des irdischen Ungenügens, der Unvollkommenheit; es bleibt Schleier und Spiegel, Rätsel und Gleichnis, Hinweis auf Höheres, das es nur zu vertreten, nicht zu ersetzen vermag (G. Kranz).

In diesen Zusammenhängen gewann die immer reicher ausgestaltete mittelalterliche Symbolkunst ihr theologisches Fundament, ihre kontemplative und erzieherische Kraft.

»So gewiß das Symbol Träger und Vermittler von Bedeutung ist, so gewiß haftet ihm auch die Eigenschaft an, Phantasma, ein der sinnlichen Bildkraft angehörendes Gebilde zu sein. So bezeichnet es den Punkt, an welchem sich das Logische und das Figürliche treffen und zu einem einheitlichen Gebilde, einer eigentümlichen Gestalt vereinigen: es stellt die Mitte dar zwischen dem Logos und dem Figürlichen« (F. Kaulbach). Wenn dies namens der philosophischen Grundlegung einer wissenschaftlichen Symbolik gesagt werden kann, so mit größerer, anschaubarerer Belegkraft angesichts des Universums der Symbole in der mittelalterlichen christlichen Kunst. Dieses in den Bereichen der Romanik und Gotik besonders breit entwickelte System von Symbolen bietet in seiner Gesamtheit eine sowohl höchst sinnenfällige wie intensive Darstellung der christlichen Glaubensaussage. Es geht weder um historischen noch um naturkundlichen Naturalismus. Es geht immer um Inbild, Sinnbild und Verkündigung. Die Erziehung zur Verknüpfung von Sehen und Denken stellt sich als eine Form des Apostolats dar, das manchmal in diskreter Weise, manchmal mit lapidarer und drastischer Direktheit geübt wird.

Gewiß konnte auch dabei des Guten zuviel getan werden. Die Fülle konnte verwirren, die Drastik gerade von der tiefer erkennenden Betrachtung ablenken. Deshalb sind die Bedenken des für Geist, Sinne und Heil so vieler Mönche verantwortlichen Bernhard von Clairvaux verständlich. Aber es konnte sich nie um Idolatrie, um einen Verstoß gegen den Sinn des Bilderverbots im Alten Testament handeln: »Bete sie nicht an und diene ihnen nicht!« Schon Papst Gregor der Große hatte gegenüber der radikalen Bilderfeindlichkeit des Bischofs Serenus von Marseille erklärt: »Etwas anderes ist es, ein Bild anzubeten, etwas anderes, durch die bildliche Darstellung zu lernen, was man anbeten soll.«

Was Ursprung und Herkunft der Symbole im einzelnen betrifft, so wird in den nachfolgenden Artikeln gegebenenfalls jeweils auf Entwicklungslinien hingewiesen.

Die gewählten Bildzeichen waren keinesfalls immer genuin christlich, aber sie wurden in der christlichen Zeit in christlichem Sinne umgedeutet. Im allgemeinen kann eine starke Befruchtung durch die *heidnische Antike* festgestellt werden. Man hat die romanische Kunstepoche auch in diesem Sinne »eine förmliche Renaissance« genannt.

An zweiter Stelle sind die Bildwelt und der bildhafte Sprachgebrauch des *Neuen Testaments* zu nennen. Dazu kommt die Übernahme von Personen, Ereignissen, Gleichnissen und Bildworten des *Alten Testaments* in einem bestimmten, durch allegorische Auslegung und Predigt stark befruchteten »typologischen« Zusammenhang zum Neuen Testament. »Novum Testamentum in vetere latet, / Vetus in novo patet. Das Neue Testament ist im Alten verborgen, / das Alte wird im Neuen offenbar« (Augustinus). Man wertete die Gesamtaussage der Heiligen Schrift im Hinblick auf bestimmte neutestamentliche, besonders christologische und mariologische Inhalte und fand diese Inhalte auf oft sachlich naheliegende, oft tiefsinnig erschließende, oft aber auch recht gekünstelte Weise. Eine große Zahl alttestamentlicher Vorgänge wurde so zu »Typen«, Vorausbildern neutestamentlicher Vorgänge. Diese Bezüge, die sich bereits in der Katakombenmalerei des 2. Jahrhunderts finden, wurden später in den »Armenbibeln« zu einem breiten Schema entwickelt und fixiert. Es ging darum, auf diese Weise das Geheimnis der Heilsgeschichte zu deuten. Nicht zu übersehen ist ferner der Einfluß *liturgischer* Formen und Zeichen, vor allem der Sakramente und Sakramentalien, auf die Bildwelt der bildenden Kunst.

Ein besonderer Hinweis auf die *Tiersymbolik* erscheint notwendig. Vorzugsweise im 11. und 12. Jahrhundert steht das Tier stellvertretend für Eigenschaften, Neigungen, Gefährdungen, Erlebnisse und Herausforderungen des Menschen. Dieser Symbolik liegt weithin, als das für die Predigt, Dichtung und bildende Kunst des Mittelalters, soweit sie sich auf die Tierwelt beziehen, kennzeichnendste Quellenwerk, der »Physiologus« zugrunde, das »naturkundige« Werk eines unbekannten Verfassers, etwa um 200 und wahrscheinlich in Ägypten entstanden. Hier sind zahlreiche Standardwerke der antiken Naturlehre, aber auch kosmologische Spekulationen und Fabelliteratur, zusammen mit allegorisierend ausgelegten Stellen des Alten und Neuen Testaments, mit wuchernden Volksüberlieferungen und erbaulich-moralisierendem Beispielmaterial zu einem überaus beliebten Buch verschmolzen. Seine Ausformung und Nachfolge begegnet in den französischen »Bestiaires«, seine Illustration an Kirchenportalen, Kapitellen, Miserikordien usw. Ohne die Kenntnis des »Physiologus« ist das fantastische Ineinander von Biologie und Mystik, Fabel und Mirakel, Rebus und Predigt, das dem Betrachter in der bildenden Kunst der Zeit begegnet, überhaupt nicht zu entwirren.

Eine weitere Quelle für viele Darstellungen, Szenen und Attribute ist die *Goldene Legende* (Legenda aurea) des Genueser Erzbischofs Jacobus de Voragine (1230–1298), »die Frucht einer tausendjährigen Entwicklung der christlichen Mythologie« (Richard Benz), mit all den in ihr enthaltenen und von ihr angeregten Heiligen- und Wundergeschichten. Hier sollte derjenige nachlesen, der Näheres vor allem über die Bedeutung einzelner Attribute von Heiligen wissen möchte (Deutsche Ausgabe von Richard Benz).

Nicht zu vergessen sind unter den Quellen vieler in der Bildkunst begegnenden lebhaften Szenen und symbolisch bedeutsamer figürlicher Gestaltungen die in ganz Europa weit verbreiteten *Mysterienspiele,* mittels deren sich das Volk aller Stände der heiligen Handlungen veranschaulichend bemächtigte. Die erhaltenen Texte und Spielanweisungen vermögen förmlich als Beschreibungen und Erläuterungen bestimmter plastischer und malerischer Darstellungen zu dienen, die ohne diesen Umstand schwer zu deuten wären. Das gilt sowohl für alttestamentliche Stücke wie insbesondere für die Geburts- und Kindheitsgeschichte Jesu, seine Passion und Auferstehung und nicht zuletzt die Geschichte des Judas Ischarioth.

Unter den wichtigsten enzyklopädischen Werken der mittelalterlichen Symbolik ist vor allem der reich illustrierte »Hortus deliciarum« der elsässischen Äbtissin Herrad von

Landsberg († 1195) zu nennen, dessen Original leider 1870 in Straßburg verbrannte. Hier finden sich die erstaunlichsten Querbezüge und – oft überraschende – Aufschlüsse über mittelalterliche Typologie, Kosmologie und Ikonographie. Ferner sind hier das wesentlich später, im Anfang des 14. Jahrhunderts entstandene »Speculum humanae salvationis«, ein mystisch-symbolischer Entwurf der Heilsgeschichte, und das dem Lobpreis Marias gewidmete Dichtwerk »Goldene Schmiede« des Konrad von Würzburg (14. Jahrhundert) als Beispiele und Quellen symbolischer Bildkunst zu erwähnen.

Die *Renaissance- und Barockkunst* verknüpfte weiterführend erneut mittelalterliche und antike Symboltraditionen. Das wird nicht nur durch eine gründliche Betrachtung auch scheinbar unwichtiger oder »bloß dekorativer« Einzelheiten etwa in den Kunstwerken Michelangelos belegt, sondern vor allem auch durch die zahlreichen Emblembücher des 16. bis 18. Jahrhunderts bewiesen, die Wahlsprüche und Sinnsprüche, Sprichwörter und Lebensregeln mit Tier- und Pflanzenabbildungen sowie mit sinnbildlichen Szenen reich illustrieren. Das vorliegende Lexikon geht auf die Inhalte dieser emblematischen Werke nicht näher ein, da sie einerseits nicht zu den durch ihre Öffentlichkeit ins Auge fallenden Kunstwerken gehören, andererseits gerade in den letzten Jahrzehnten umfassende wissenschaftliche Bearbeitung erfahren haben.

Dagegen fordert heute im Rahmen eines Symbollexikons der Reichtum der *ostkirchlichen Bilderwelt* ausdrückliche Berücksichtigung, da er durch die zahlreich gebotenen Reisen nach den Balkanländern, Rußland und Vorderasien, durch Besuche im Byzantinischen Museum in Athen oder im Koptischen Museum in Kairo und nicht zuletzt durch die vervielfachten Abbildungen von Ikonen einem zunehmend umfänglichen Publikum bekannt wird. Auch die Einflüsse der byzantinischen Kunst auf die abendländische Bildwelt werden durch diese Blickweitung von neuem bewußt und interessant. Im Bereich der ostkirchlichen Malerei ist besonders die Unveränderlichkeit der meisten Motive, Szenen, Trachten, Gesten und Farben auffällig. Dieser Umstand hängt äußerlich mit der Tatsache zusammen, daß es seit früher Zeit allgemeingültige und von den verschiedenen Malerschulen strikt beachtete Vorschriften über die Technik sowie die einzelne zeichnerisch-malerische Gestaltung der Ikonentafeln, Fresken und Mosaiken gab – diese Vorschriften sind exemplarisch in dem berühmten »Malerhandbuch vom Berg Athos« gesammelt –; inhaltlich ist er durch die theologische Überzeugung bestimmt, daß jede Ikone mehr als bloße Abbildung ist, daß sie vielmehr eine Inkarnation, eine buchstäblich vergegenwärtigende Repräsentation ihres Gegenstandes bedeutet und deshalb, besonderer Verehrung wert, keiner willkürlich-subjektiven Behandlung durch den Künstler ausgesetzt werden darf.

Sind so bestimmte, wissenschaftlich erforschte Traditionen aufgezeigt, die das große Bildmaterial christlicher Symbolkunst formal und inhaltlich prägten und noch heute zuverlässige Deutungen der Bilder und Zeichen ermöglichen, so ist doch – das muß gerade in einem Nachschlagewerk der vorliegenden Art betont werden – diese Zuverlässigkeit *keineswegs* mit *Eindeutigkeit* identisch. Das Symbol ist einem Kristall ähnlich, der dasselbe Licht auf sehr verschiedene Weise reflektiert. Schon die Kirchenväter, deren bildhafter Predigt die frühe christliche Symbolkunst so viel verdankt, ließen bei der Ausdeutung bestimmter biblischer Texte und Szenen ihrer Fantasie und Assoziationslust freien Lauf und gerieten dadurch untereinander in Ambivalenzen oder gar in Widersprüche, die sich dann auch in dem typologischen und allegorischen Sinnzusammenhang der Fresken und Reliefs äußerten. Abbildungen der drei Jünglinge im Feuerofen können sowohl auf die Auferstehung Christi gedeutet werden wie auf den Segen des Martyriums, die Herrschaft des Antichristus und die Aufgaben der kämpfenden Kirche. Hiob auf seinem Misthaufen kann auf die Passion Christi vorausweisen, aber auch bloß eine moralische Ermahnung zur Geduld im Leiden bezwecken. Eine Reihe von Tieren, wie etwa der Löwe, kann sehr verschiedene symbolische Bedeutung annehmen, je nachdem, aus welchem Kultur- und Vorstellungskreis die betreffende Darstellung jeweils herzuleiten ist oder in welchen konkreten Bildzusammenhang sie gerade an dieser bestimmten Stelle eingeordnet ist. Hier befindet sich die Symboldeutung in der gleichen Schwierigkeit wie die Traumdeutung; sie erfordert eine gewisse Elastizität des Verständnisses und entzieht sich vereinfachender Rationalisierung. Gerade mit dieser Ambivalenz aber nimmt das Symbol auch an der allgemeinen Gegebenheit dieser Welt teil, daß volle, ungeteilte und unmittelbare Erkenntnis des Ganzen der Seinsordnung dem analysierenden Blick des Menschen versagt ist und nur im Wagnis des Schlusses vom Niederen auf das Höhere, vom Anschaulichen auf das Unanschauliche partiell versucht werden kann.

Dennoch – oder gerade deswegen – verlangt diese Erkenntnisbegrenzung beständig nach ihrer Überschreitung.
Hier ist der Ort des Bildes. »Das Bild ist aussagend, berichtend und schweigt doch zugleich zu einem ›Mehr‹ hin, zu etwas, das mehr ist als das, was es berichtet: auf ein Verborgenes, Geheimnisvolles, nie ganz zu Deutendes. Das Bild berichtet von den sichtbaren Dingen der Erde und des Menschen hin zum ›Mehr‹, zum Urbild, und von den unsichtbaren Dingen des Urbildes hin zum Menschen . . . Bald *weiß* der Mensch, bald *ahnt* er vor dem Bilde. Das Bild ist eine Einheit von Sinnlichem, Geistigem und Übergeistigem. Das Bild appelliert an diese Einheit im Menschen, es appelliert an sein Ganzes« (Max Picard).

Das Lexikon der Symbole

Das vorliegende »Lexikon der Symbole« möchte nicht weitere theoretische Beiträge zur Erhellung des Symbolbegriffs leisten, sondern der Praxis dienen, indem es eine weithin unbekannte, aber nichtsdestoweniger faszinierende Welt erschließen hilft. Es will dazu beitragen, einen inneren Zugang zu den heute äußerlich leichter und vielfältiger als früher zugänglichen Bildwerken zu eröffnen.
Daher ist es bemüht, Symbole und Zeichen, Gestalten und Szenen mit wissenschaftlicher Zuverlässigkeit und abwägendem Urteil zu interpretieren und angesichts der oft atemberaubenden Fantasie der Maler und Bildhauer doch der eigenen Fantasie keinen unverantwortlich großen Raum zu gewähren. Die gegebenen Bilddeutungen stützen sich auf die gründliche Erforschung der Bildwerke, der Literatur und der geschichtlichen Umstände.
Um eine weitgehende Benutzung zu erleichtern, sind nicht nur Symbole und Bildzeichen im engeren Sinne, sondern auch szenische Darstellungen biblischen Inhalts oder im Zusammenhang wichtiger Heiligenlegenden behandelt. Es ist also möglichst all das berücksichtigt, was dem Besucher von Kirchen und Museen, Palästen, Burgen und Rathäusern, aber auch dem Betrachter von kunstgeschichtlichen Werken als bemerkenswert oder rätselhaft auffällt, so daß er sich fragt: Was ist hier dargestellt? Was bedeutet das?
Die – aus Raumgründen nur in knapper Auswahl gegebenen – *Bildbeispiele* (□) sollen die Identifizierung erleichtern, indem sie entweder Erinnerungen wecken oder an Ort und Stelle der Beglaubigung dienen.

Auf Beispiele aus dem großen Gebiet der Miniaturmalerei wurde im allgemeinen verzichtet, weil diese in ihren Originalen der Öffentlichkeit ohnehin nicht so zugänglich ist wie die vielen anderen Kunstwerke und weil sie darüber hinaus, wo sie auf Blättern oder in Büchern reproduziert auftaucht, in der Regel von ausführlichen Erläuterungen begleitet wird. Im großen und ganzen gelten für ihre Bildsymbole die gleichen Deutungen wie für die größeren malerischen und plastischen Arbeiten.

Die Benutzung des Lexikons

Bei der Anordnung der Stichwörter war der Gedanke bestimmend, daß der Betrachter von Kunstwerken, wenn ihm keine näheren Angaben durch Bildunterschriften oder Kunstführer zur Verfügung stehen, viele der dargestellten Szenen und Zusammenhänge nicht ohne weiteres identifizieren kann, daß er in die Gefahr gerät, verschiedene, aber einander ähnlich komponierte Vorgänge zu verwechseln und dadurch der Verwirrung anheimzufallen. Es kann auch sein, daß dem Bildwerk ein bestimmter Name – z. B. Mose, Petrus, Nikolaus – zwar beigefügt ist, aber die mangelnde Kenntnis von Bibeltext oder Legendenzusammenhang eben doch eine ausführlichere Information erfordert. Des weiteren mögen es bestimmte Einzelheiten – ein Werkzeug, ein Tier, eine Pflanze, eine Kreuz-, Kreis- oder Spiralform – sein, die Befremden hervorrufen oder Neugier wecken.
Daher bietet das »Lexikon der Symbole« eine Reihe ganz allgemeiner Stichwörter – z. B. Feuer, Wasser, Mahl – und weist in diesem Zusammenhang auf die hier möglichen Einzelszenen und -bedeutungen hin. Es führt ferner eine Reihe besonders häufig begegnender biblischer Personen namentlich auf und verzeichnet die Bildbeziehungen, in denen sie in der Regel auftauchen. Es orientiert außerdem über geschichtlich und geographisch verschieden entfaltete Bildtraditionen, beispielsweise in der Darstellung Gottes, Christi, Marias, und faßt bestimmte Symbolbestände – wie Dreifaltigkeitssymbole, Ewigkeitssymbole, Mariensymbole, Todessymbole – überschauend zusammen. Verweise auf weitere Stichwörter (→) dienen entweder dem Gang ins Detail oder der Ausweitung der Einzelbedeutung.
Mit all diesen Gesichtspunkten soll die Benutzbarkeit des Werkes gerade durch den in kunstgeschichtlichen und symbolkundlichen Zusammenhängen unbewanderten Betrach-

ter gefördert und dessen Fähigkeit zum Sehen, zur Beurteilung und zum Wiedererkennen gestärkt werden.

So wird eine praktische Information geboten, die zu mehr als bloßer gelegentlicher Unterrichtung dienen könnte. Es geht keineswegs bloß um die Wiedergewinnung verlorengegangener historischer Kenntnisse. Das Symbol weist als sinnlich wahrnehmbares Teil auf ein komplexeres Ganzes hin. Wie ein Ton oder eine Tonfolge, auf einem Instrument gespielt, den Weg in das große Reich der musikalischen Harmonie eröffnet, führt eine Teilerkenntnis auf dem Gebiet der Bilder und Symbole zu einem Begreifen von Beziehungen, von Welt- und Wertzusammenhängen, das nicht nur intellektuell bereichert. Ein Universum deutet sich an, das so alt ist wie der Mensch selbst, zugleich aber auch so jung wie jede aufgeschlossene Begegnung mit der konkreten Welt.

Inmitten der heutigen Überflutung mit Bildern muß der Mensch wieder neu und »wesentlich« sehen, das heißt: das Wagnis der Zusammenschau von Sichtbarem und Unsichtbarem vollziehen lernen. Es ist das Geheimnis des Bildes als Kunstwerk – das mehr ist als Abbildung –, daß es dem Betrachter den Durchbruch durch das Wahrnehmbare und den Überstieg seiner selbst anbietet. Nicht nur von dem berühmten Torso im Vatikan geht die von Rilke präzise formulierte Herausforderung aus: »Du mußt dein Leben ändern!« Eben hierzu heißt es in den Erinnerungen von Carl Gustav Jung: »Wenn man versteht und fühlt, daß man schon in diesem Leben an das Grenzenlose angeschlossen ist, ändern sich Wünsche und Einstellung. Letzten Endes gilt man nur wegen des Wesentlichen, und wenn man das nicht hat, ist das Leben vertan.«

Gerd Heinz-Mohr

ABKÜRZUNGEN UND ZEICHEN

□	=	Bildbeispiele
Bibl.	=	Bibliothek
AT	=	Altes Testament
Vulg.	=	Vulgata
Kath.	=	Kathedrale
Min.	=	Miniatur
Colleg.	=	Collegiata, Stiftskirche
NT	=	Neues Testament
Mus.	=	Museum

A

Alpha und Omega (A Ω) Die außerordentlich oft einander in dieser Weise zugeordneten griechischen Großbuchstaben – der erste und der letzte des griechischen Alphabets und somit nach alter Vorstellung die Schlüssel des Universums – stellen immer, ob sie nun Christusbilder flankieren oder andere Sinnbilder begleiten, Christusbekenntnisse dar, bezogen auf Offb. Joh. 22,13: »Ich bin das A und das O, der Erste und der Letzte, der Anfang und das Ziel.« Der Gebrauch dieser Buchstaben als Bildzeichen dürfte auf die vorkonstantinische Zeit zurückgehen. Im 4. Jh. ist er in Griechenland und Kleinasien, Palästina, Arabien und Nubien, Italien, Gallien und Nordafrika als besonders verbreitet nachzuweisen, und zwar in der Hauptsache auf Grabinschriften, Sarkophagen und in liturgischen Büchern, später ferner auf → Amphoren und anderen Gefäßen, auf Ringen und Münzen, Ziegeln und zahlreichen Gegenständen täglichen Gebrauchs. Auf Katakombenfresken tauchen die Buchstaben A und Ω nicht vor dem 5. Jh. auf: in Rom (S. Ponziano, SS. Pietro e Marcellino), Neapel (S. Gennaro), Syrakus. Unter den Mosaiken ist neben einer Darstellung in S. Aquilino, Mailand, das Kreuzmedaillon im Apsismosaik der Kirche S. Apollinare in Classe, Ravenna, am bekanntesten. Beide Buchstaben finden sich am häufigsten links und rechts von → Christusmonogrammen, gelegentlich auch, aus Bronze gefertigt, mittels kleiner Ketten an den Balken von Standkreuzen aufgehängt. Statt des Großbuchstabens kann auch die Kleinschriftform ω begegnen. – Daß beide eindeutig auf Christus weisende Buchstaben einige Male, sogar mit beigefügtem → Christusmonogramm, den Namen ABPACAZ begleiten, hängt damit zusammen, daß mehrere gnostische Gruppen den weitverehrten Gott Mithras (Abraxas) für ein Vorausbild Christi in seiner Eigenschaft als Schöpfer und Erhalter des Alls hielten.

Aaronstab Aaron war älterer Bruder des → Mose, sein Gehilfe und als erster Hoherpriester eingesetzt. Sein Stab besaß Wunderkräfte (vgl. 2. Mose 7, 9 ff.; 4. Mose 17, 8. 23) und wurde zum Anlaß für den deutschen Pflanzennamen (Arum maculatum). Typologisch gilt dieser als Vorausbild der jungfräulichen Mutterschaft Marias, aber auch des Stabes Josefs. □ Kapitell oberhalb der Verkündigung, Muttergottesportal, 13. Jh., Kath. Amiens; Taufsteindeckel, Bronze, 13. Jh., Dom Hildesheim; Fresko 14. Jh., Lesnovo/Jugoslawien; Fresko 14. Jh., Curtea de Arges/Rumänien. Er erscheint daher auch auf Bildern der Geburt Christi, der Verkündigung an die Hirten (z. B. Glasfenster Kath. Canterbury), der Himmelfahrt Christi (in Bilderbibeln) → Stab.

Abendmahl → Mahl, Eucharistische Symbole, Brot, Wein, Opfer.

Abraham Der biblische Patriarch, von dem das 1. Buch Mose 12–25 ausführlich berichtet, ist das Symbol des von Gott erwählten Menschen, gesegnet mit Verheißungen (Nachkommenschaft, Reichtum) und Erfüllungen, eine Art neuer Adam, zugleich der Mann gehorsamen und unbedingten Glaubens wider den Augenschein. Er ist geistlicher Ahnherr der Juden, Christen und Muslime. Die Bildkunst, der Theologie folgend, hat den Besuch der drei Männer (→ Engel) bei A. (1. Mose 18) als eine Offenbarung der göttlichen → Dreifaltigkeit gewertet (□ Mosaik 5. Jh., S. Maria Maggiore, Rom; Mosaik 6. Jh., S. Vitale, Ravenna; Nikolaus v. Verdun, Emailaltar 1181, Klosterneuburg b. Wien; Bronzetür 12. Jh., S. Zeno, Verona; Fenster 13. Jh., Liebfrauenkirche Eßlingen/Württ.; Fenster 15. Jh., Münster Ulm; Raffael-Werkstatt, 16. Jh., Loggien, Vatikan; Rembrandt, 1636, Eremitage Leningrad; G. B. Tiepolo, 18. Jh., Prado Madrid; Domenico Tiepolo, 18. Jh., Scuola della Carità, Venedig), ebenso die Segnung A.s durch den Priesterkönig Melchisedek mit Brot und Wein (1. Mose 14, 18 ff.) als Typos der Eucharistie (□ Mosaik 5. Jh., S. Maria Maggiore, Rom; Mosaiken 6. Jh., S. Apollinare in Classe u. S. Vitale, Ravenna; Fresko 12. Jh., St. Savin, Poitou; Nikolaus v. Verdun, Emailaltar 1181, Klosterneuburg b. Wien; Nordportal 13. Jh., Kath. Chartres; Portal 13. Jh., Kath. Amiens; Konrad Witz, Typolog. Altartafel, 15. Jh., Mus. Basel; Barthol. Zeitblom, 15. Jh., Bayer. Nationalmuseum München; Tintoretto, 16. Jh., Scuola di San Rocco, Venedig), schließlich die Opferung seines Sohnes → Isaak (1. Mose 22) als das Vorausbild der Passion Christi (□ Fresko 3. Jh., Synagoge Dura Europos/Syrien; Junius-Bassus-Sarkophag, 4. Jh., Vatikanische Grotten, Rom; Bronzetür 12. Jh., S. Zeno, Verona; Tympanon Lamm-Gottes-Portal, 12. Jh., S. Isidoro, León/Spanien; Kapitelle des 12. Jh. in St. Benoît s/Loire; St. Aignan/Cher; St. Pierre, Genf; Nikolaus v. Verdun, Emailaltar 1181, Klosterneuburg b. Wien; Meister Bertram v. Minden, Grabower Altar, 14. Jh., Kunsthalle Hamburg; Fenster aus der Regensburger Minoritenkirche, um 1360, Bayer. Nationalmuseum München; Brunelleschi u. Ghiberti, Reliefs 15. Jh., Bargello, Florenz; Andrea del Sarto, 16. Jh., Prado Madrid; Sodoma 1541, Kath. Pisa; Tizian 1543, S. Maria della Salute, Venedig; Caravaggio, 17. Jh., Uffizien, Florenz; Rembrandt, 1635, Alte Pinakothek München und Eremitage Leningrad; Rubens, 17. Jh., Louvre Paris). Auf Endgerichtsbildern der Ostkirche fehlt im Rahmen der Paradiesesdarstellung A. nicht, der entsprechend der spätjüdischen Vorstellung von A.s Schoß (Luk. 16, 22) eine Gruppe von Erwählten, in einem Tuch gesammelt, auf dem Schoß trägt (□ im Abendland: Portale 12. Jh. in Moissac u. Fidenza/Borgo San Donnino; Tympana 13. Jh. in Notre Dame, Paris, Kath. Reims, St. Urbain, Troyes; Fürstentor um 1240, Dom Bamberg). Lazarus im Schoß A.s begegnet ebenfalls häufig (□ Kapitelle 12. Jh., Kath. Autun, Vézelay, St. Sauveur in Nevers; St. Sernin in Toulouse, Kreuzgang Moissac; S. Cugat del Valles/Katalonien; Portale 12. Jh., Moissac, Beaulieu/Corrèze, S. Vicente in Avila, Kath. Rouen; Fresken 12. Jh. in Burgfelden/Schwaben, Vic/Indre, S. Maria del Casale, Brindisi; Fenster 13. Jh., Kath. Bourges; Jacopo Bassano, 16. Jh., Prado Madrid; Leandro Bassano, 16. Jh., Kunsthistor. Mus. Wien; Barent Fabricius, 17. Jh., Rijksmuseum Amsterdam). – Ein besonders starkes Bildmotiv ist das der großen Verheißung Gottes an A. (1. Mose 15, 2 ff.), meisterhaft dargestellt in der Wiener Genesis, 6. Jh., und auf der Bronzetür von S. Zeno, Verona, 12. Jh.

Adam und Eva Adam symbolisiert nach dem Bericht 1. Mose 1–4 den ersten Menschen (□ Adamspforte, um 1230, Dom Bamberg; Jan van Eyck, 15. Jh., Flügelaltar Gent; Albrecht Dürer, 1507, Prado Madrid) und das Bild Gottes, den Gipfel der irdischen Schöpfung – wobei das Wort »erster« nicht chronologisch und im Sinne des Pithekanthropos als einer Stufe in der Entwicklung einer Art verstanden zu werden braucht. A. ist am meisten und am typischsten Mensch, auch in dem Sinne, daß er für die von ihm abstammende Linie verantwortlich ist. Er entspricht außerdem dem Bild Gottes als das Erscheinen des Geistes in der Schöpfung. Auf diese Weise hängen mit A. die Phänomene des Gewissens, der Vernunft, der Freiheit, der Verantwortung, der Selbständigkeit zusammen. Weil der nach dem Bilde Gottes Geschaffene sich mit Gott identifizieren (»wie Gott sein«) wollte, wurde er auch der Erste im Fall, mit allen Konsequenzen für die auf ihn Folgenden: Bild der Ursprungssünde, der Perversion des Geistes, des Mißbrauchs der Freiheit, der Verweigerung jeder Art von gehorsamer Bindung Gott gegenüber; und damit war der Weg in den Tod beschritten. – Abgesehen von den Szenen, die ihn mit Eva verbinden, ist A. verhältnismäßig selten, aber immer künstlerisch sehr gelungen und eindrucksvoll in seiner bedeutsamen Rolle im Bereich der Schöpfung dargestellt: □ Dem Konsul Aureobindus zugeschriebenes Elfenbeindiptychon, 5. Jh., Louvre Paris; Teppich v. Gerona, 11. Jh.; Fresko 12. Jh., Ferentillo/Italien; Mosaik 13. Jh., Vorhalle S. Marco, Venedig; Genesisfenster 13. Jh., Ste. Chapelle, Paris; Brüsseler Teppich 16. Jh., Accademia Florenz. – Eva, nach dem biblischen Schöpfungsbericht (1. Mose 2, 18 ff.). während des Schlafes (Augustinus denkt diesen als eine Ekstase) A.s aus dessen Seite geschaffen, ist die erste Frau, zugleich die erste Ehefrau und die »Mutter der Lebenden« (hebr. chavvâh). Sie symbolisiert zugleich das weibliche Element im Menschen oder, nach einer Auslegung des Origenes, die Seele des Menschen, während der Geist männlich ist. Die aus der Vereinigung beider entspringenden Söhne sind die gerechten Gedanken und die guten Taten. Interessanterweise taucht die Darstellung der Erschaffung E.s, ebenso wie die der Erschaffung A.s, ihrer Vertreibung aus dem Paradies, ihres mühevollen Arbeitslebens und des Todes Abels, in der frühchristlichen Kunst bedeutend später, weniger häufig und weniger gelungen (□ Sarkophage im Lateran, Rom, u. in Neapel) auf als das Bild des Sündenfalles, das sehr oft (über 110mal) vorkommt, allerdings in den Einzelheiten durchaus variabel: auf Fresken, Sarkophagen, Goldgrundgläsern, Gemmen, Elfenbein- und Holzarbeiten. In der Regel sind die verschiedenen Stadien der Versuchung durch die → Schlange zu einer einzigen Szene zusammengezogen. Der Paradiesesbaum der Erkenntnis ist, je nach der landschaftlichen Herkunft der Künstler, als Apfelbaum, Feigenbaum, Kirschbaum, Weinstock (z. B. in Burgund) oder als ein Baum mit Fantasiefrüchten erkennbar. Die Symbolbedeutung der biblischen Szene wird nicht vor dem 3. Jh. herausgearbeitet: Während die alttestamentlichen Gestalten → Noah, → Abraham, → Jona, → Daniel usw. an die mühevollen Wege zur Rettung der Seele erinnern, macht der Sündenfall die Leichtigkeit des Unterliegens in Versuchungen deutlich. Diese Symbolik war im Umkreis der christlichen Grabkunst möglich und naheliegend. Die übrigen Szenen der Paradiesesgeschichte wurden lediglich des Zusammenhangs wegen und ohne besonderen Symbolcharakter beigefügt. – Auf den Sündenfall folgt die Bestrafung. Gott (manchmal auch → Christus) händigt A. eine → Ähre, E. ein → Lamm oder ein Tierfell aus, Symbole des Ackerbaus und des Spinnens (□ auf verschiedenen Sarkophagen in Rom und Arles; ein Sarkophag in Saragossa stellt die ganze Folge der Paradiesesgeschichte eindrucksvoll dar; spätere Darstellungen: Fresko 11. Jh., S. Vincenzo, Galliano/Como; Mosaik 12. Jh., S. Marco, Venedig; Bonanus v. Pisa, Bronzetür 12. Jh., Dom Monreale/Sizilien; Fenster 14. Jh., Ste. Chapelle, Paris; Portal 15. Jh., Münster Ulm). Das Lamm weist zugleich auf den rettenden Fortgang der Heilsgeschichte im Lamm Gottes. Die Spindel wird, wie → Apfel und → Feigenblatt, zum häufigen Attribut E.s. E. weist über sich hinaus. Das von ihr verdunkelte Urbild der Weiblichkeit wird in → Maria wiederhergestellt. Dieser Bezug Eva–Maria ist in der Theologie der Kirchenväter im Anklang an den biblischen Bezug Adam–Christus (Röm. 5, 14; 1. Kor. 15, 45) breit entwickelt. – Die Legende hat außerdem die Schädelstätte Golgatha mit dem Ort des Begräbnisses A.s identifiziert. Der auf Kreuzigungsbildern auffallend häufig dargestellte → Schädel am Fuß des Kreuzes ist also der A.s. Gelegentlich legt man die Rippe dazu, aus der E. hervorging, oder bildet das gesamte → Skelett A.s ab (□ Tympanon 13. Jh., Mittelportal Münster Straßburg). Auf einem Mosaik von Daphni/Attika wird der Schädel A.s vom Blut Jesu bespritzt. Der alte A. wird durch das Blut des neuen A. zum Leben erweckt, öffnet die Augen, faltet die Hände oder hebt die Arme oder fängt das Blut Christi in einem Kelch auf (□ Mosaik 12. Jh., Hosios Lukas/Phokis; St. Michael, Lüneburg; Schnitzaltar um 1320, St. Thibault-en-Auxios; Fenster 13. Jh., Kath. Beauvais. – Gemäß dem apokryphen Nikodemusevangelium, dem Speculum des Vinzenz v. Beauvais und der Legenda aurea brach Christus nach seinem Begräbnis triumphal in das Totenreich (→ Limbus) ein und befreite A. und E. daraus.

Bedeutende Schöpfungszyklen: Reliefs 11. Jh., Bronzetüren Dom Hildesheim; Portal 12. Jh., S. Zeno, Verona; Elfenbein-Paliotto, um 1100, Dom Salerno; Mosaiken 12. Jh., Cappella Palatina, Palermo, u. Dom Monreale; Fresken 12. Jh., St. Savin, Poitou; Mosaiken 13. Jh., Vorhalle S. Marco, Venedig, u. Baptisterium Florenz; Archivolten 13. Jh., Nordportal Kath. Chartres; Portale der Kathedralen von Reims, Laon, Bourges, 13. Jh.; Fenster 13. Jh., Ste. Chapelle, Paris, Kath. Auxerre u. Tours, Oberkirche Assisi; Reliefs 14. Jh. in den Portalen der Kathedralen von Auxerre, Rouen, Lyon, Orvieto, Freiburg/Br.; Andrea Pisano, Relief 14. Jh., Campanile Florenz; Lor. Ghiberti, Bronzetüren Baptisterium Florenz; Michelangelo, Deckenfresko 1508–1512, Cappella Sistina, Vatikan; Raffael, Loggien 1516–1518, Vatikan.

Bedeutende Darstellungen des Sündenfalls: Fresko 2. Jh., Kath. S. Gennaro, Neapel; Fresko 3. Jh., Christliche Kapelle, Dura Europos/Syrien; Junius-Bassus-Sarkophag, 4. Jh., Vatikanische Grotten; Bronzetüren Dom Hildesheim, 11. Jh.; Reliefs 12. Jh.: Fassade N. D.-la-Grande, Poitiers; Fresko 12. Jh., St. Savin/Poitou; später: 15. Jh.: Jacopo della Quercia, Relief Fassade S. Petronio, Bologna; Paolo Uccello, Grüner Kreuzgang, S. Maria Novella, Florenz; Michelangelo, Cappella Sistina, Vatikan; Raffael, Loggien, Vatikan; Tizian, Prado Madrid; Lukas Cranach, Uffizien Florenz; 17. Jh.: Rubens, Prado Madrid.

Adler Als König der Lüfte besaß der A. nach weitverbreiteter Auffassung die größte Stärke unter allen Vögeln, er flog am höchsten und hatte die schärfsten Augen; ihn konnten die Strahlen der Sonne nicht blenden. So erschien er den verschiedensten Völkern (z. B. Assyrern, Babyloniern, Persern) als Symbol geistiger Höhe und Träger göttlicher Majestät. Auch als Sinnbild des Sieges trat er früh auf. In der alten vorkolumbianischen Kultur in Peru wurde er als Bezwinger der → Schlange, des negativen Bereichs, dargestellt. Mit der besiegten Schlange in den Krallen zeigt ihn noch heute das mexikanische Staatswappen. Nach einer ähnlichen Vorstellung der Kalmücken lebte er in der Krone des Lebensbaumes und bedrohte die an dessen Fuß hausenden → Drachen. In Nachwirkung seines mythischen Kampfes mit der Schlange schwebte er noch 1214 in der Schlacht von Bouvines auf dem Feldzeichen Kaiser Ottos IV. über dem Drachen. Nach der nordischen Mythologie war er außerdem Symbol des Windes. So wurde er allgemein Sinnbild der Allmacht und Allwissenheit, Begleiter der höchsten Gottheiten, insbesondere Attribut Jupiters und von da aus Zeichen für die Macht des römischen Kaisers. Hier wurzelt ebenfalls seine Bedeutung als Heeres- und Feldzeichen, die, bei den Römern zu fast göttlicher Verehrung intensiviert, auf ursprünglich persischen und später ägyptischen Gebrauch zurückweist. – Die Symbolsprache der Bibel zitiert den A. häufig als Sinnbild der Schnelligkeit, Kraft und Erneuerung (z. B. Psalm 103, 5: Er wird dich verjüngen wie einen Adler; vgl. Jes. 40, 31; Spr. 23, 5; Hiob 9, 26). Weiter geht die allgemeine Symbolik der frühen christlichen Bildkunst nicht. Überall, wo der A. als solcher auf Katakombenfresken und Mosaiken zu erkennen ist, dient er rein dekorativen Zwecken. Auf Siegeln, Ringen u. dergl. versinnbildlicht er Rom, das Machtzentrum. Ähnliche Adlerbilder römischen Typs übernahmen die Barbaren von den Byzantinern in Gestalt getriebener Brustschilde, die als Schmuck oder als Bezeichnung des militärischen Ranges Verwendung fanden und selbst als Luxusharnisch für Pferde auftauchen. Der schlanke, stilisierte A. der Hohenstaufen und der byzantinische Doppeladler (dieser auf hethitische Vorbilder zurückgehend, die die seldschukischen Türken übernommen hatten) begegnen noch heute häufig im Mittelmeerraum, der erstere in Süditalien und Sizilien, der letztere in griechisch-orthodoxen Kirchen und Klöstern. Die übrigen Adlerbilder als Staatsembleme gehen auf die gleiche Tradition des königlichen Vogels und Sinnbildes siegreicher Stärke zurück. Der deutsche Reichsadler soll von Karl d. Gr. bei seiner Krönung 800 nach römischem Vorbild zum Symbol seines Reiches erhoben worden sein. 1345 wurde der Doppeladler in das deutsche Kaiserwappen übernommen.

Von diesem lediglich heraldischen A. streng zu unterscheiden ist das Adlersymbol des Evangelisten → Johannes. Es begegnet im → Tetramorph (den vier Wesen der Vision des Propheten Ezechiel, die dann zu Symbolen der Evangelisten wurden), aber auch einzeln im Zusammenhang mit Johannes, dem Apostel, »den Jesus liebte«. So wie dieser meist jung dargestellt wird, kann der A. zum Symbol des Neophyten, des Katechumenen werden, zugleich unter Bezug auf die oben genannte Stelle Psalm 103, 5, denn man erzählte in den Bestiarien, daß er als einziges Tier stracks in die Sonne zu blicken vermöge, nachdem er sich der höchsten Sonnenhitze ausgesetzt habe, und zur

Erneuerung seiner Kräfte in einen Jungbrunnen eintauche. Mit seiner Beziehung zur Sonne ist er zugleich ein Symbol der Auferstehung, während ein A., der einen → Fisch in den Fängen hält (□ Fußbodenmosaik Baptisterium S. Maria, Capua), als Symbol Christi zu verstehen ist, der den Gläubigen (das Fischlein) aus der Taufquelle hebt und an seinem eigenen ewigen Leben teilhaben läßt. – Das Zeichen des vierten Evangelisten weist ferner auf die vierte Kardinaltugend der Besonnenheit, die der Christ nach dem Beispiel seines Herrn üben soll, und damit auf die Kontemplation der gültigen Maßstäbe ewigen, nicht der irdischen Korruption verfallenden Lebens. – Der schlangenbekämpfende A. der antiken Mythologie begegnet besonders charakteristisch im christlichen Bereich (□ Mosaik 5. Jh., Archäol. Museum Istanbul, gefunden unter den frühen Resten eines Palastes Konstantins d. Gr.; Fußbodenmosaik 5. Jh., Friedhofskirche Teurnia, St. Peter im Holz/Kärnten; zahlreiche frühromanische Steinreliefs) und wird da (z. B. von Maximus v. Turin, 4. Jh.) auf Christus gedeutet, der seine Kirche gegen den Teufel verteidigt. – Symbol des Auferstehungslebens ist der A. schließlich auch auf jenen typologischen Darstellungen in gotischen Fenstern, auf denen er seine Jungen auf seinen Flügeln zum Himmel emporträgt, um sie in die Sonne blicken zu lehren. Er ist ferner Attribut des Propheten Elia (Hinweis auf dessen Himmelfahrt) und der Heiligen Adalbert, Cuthbert, Medardus, Stanislaus, Priska.

Ähre 1. Die Ä., der dichtbesetzte Blütenstand mancher Gräser, wie z. B. der meisten Getreidesorten, teilt ihre symbolische → eucharistische Bedeutung in der christlichen Kunst lange mit der → Weintraube. Ährendarstellungen finden sich auf Fresken in den Katakomben S. Callisto und S. Ponziano, Rom. Auf dem Junius-Bassus-Sarkophag (Vatikanische Grotten, ebenso auf dem Sarkophag der Adelphia, Syrakus/Sizilien), der → Adam und Eva nach dem Sündenfall abbildet, ist neben Adam eine Garbe zu sehen, während Eva ein Tierfell in der Hand hält: Hinweis auf ihre Arbeit in Ackerbau und Viehzucht. Auf späteren Darstellungen der Josefsgeschichte (1. Mose 41, 5 ff.; □ Fresken St. Savin/Poitou, 12. Jh., u. Peter Cornelius, Nationalgalerie Berlin, 1815; Mosaiken: Vorhalle S. Marco, Venedig, 13. Jh.; Fenster: Kath. Bourges, 13. Jh.; vgl. ferner Chorgestühl 16. Jh., Kath. Amiens; Gemälde: Antonio del Castillo, 17. Jh., Prado Madrid) fehlt nicht der Traum von den sieben mageren Ähren (= Jahren), die die sieben fetten Ähren (= Jahre) verschlingen. – 2. Verhältnismäßig selten wird die ährenlesende Ruth dargestellt, die nach dem Bericht des Buches Ruth auf den Feldern des Boas in Bethlehem arbeitet: □ Jacopo Bassano, Gemälde 16. Jh., Hampton Court; Nic. Poussin, 17. Jh., Louvre Paris. – 3. Eine seltene, aber sehr deutliche Allegorie

der Ä. in der → eucharistischen Symbolik: Aus den Fußwunden eines stehenden Schmerzensmannes sprießen ein Getreidehalm und eine Rebe, wachsen durch die Handwunden und tragen Ä.n mit Hostien bzw. Trauben (□ Werkstatt Friedr. Herlin, Gemälde 16. Jh., Städt. Galerie, Nördlingen). – 4. Die Ä. ist auch → marianisches Symbol, denn dem Weizen wird das Mehl zur Hostie verdankt. Konrad v. Würzburg (14. Jh.) besingt Maria als »Weizengarbe«; mit einer stilisierten Ä. ist sie auf der Bernwardstür des Hildesheimer Domes (11. Jh.) abgebildet. Sie kann im späteren Mittelalter auch ein mit Ä.n besticktes Kleid tragen. – 5. Unter den bildlichen Darstellungen der → Monate und der der jeweiligen Jahreszeit entsprechenden Betätigungen des → bäuerlichen Lebens tauchen die ersten Ä.n nicht selten bereits im Monat April auf. Die Getreideernte wird von Juni bis August gezeigt. – 6. In der Renaissancekunst ist die Ä. überhaupt das Attribut des Sommers, der Jahreszeit der Ernte. – 7. Heiligenattribut ist die Ä. bei Apollinaris v. Ravenna, Briktius v. Tours, Gaudericus, Isidor d. Landmann, Brigitta, Notburga, Walburga (häufig zum Schutz der Ernte angerufen).

Affe Im Orient (z. B. Indien u. Ägypten) war der A. ein heiliges Tier, in Palästina, Griechenland und Rom wurde er als Haustier gehalten. Der lebhafte, lüsterne, listige, neugierige und wachsame A. ist im Schiff der Kathedrale von Bayeux, auf Säulenbasen in St. Gilles-du-Gard und auch sonst häufig in der Romanik, manchmal von typischen Menschen und Tieren aus dem Orient begleitet, zu sehen, wie ihn Matrosen und Spielleute (→ Jongleure) nach Europa gebracht hatten. Oft taucht er daher mit Tänzern und Akrobaten zusammen auf. Sein Symbolcharakter ist in der Regel negativ: Er steht für Lüsternheit, Geiz und übelwollende List und kann, gefesselt, auch den überwundenen Teufel bedeuten (□ Paradiesgärtlein, um 1410, Städel-Institut Frankfurt/M.; Albr. Dürer, Kupferstich »Maria mit der Meerkatze«). Auf das Laster des Neides weist ein mit Aussatzbeulen behafteter A. auf dem Isenheimer Altar des Mathis Nithart Grünewald (Versuchung des hl. Antonius). Die Verwandlung des Menschen, der sich durch seine Laster selbst degradiert, in ein Tier wird oft mit den Zügen eines A. symbolisiert und gewinnt einen besonderen, in der Kunst gern genutzten Akzent durch die Ähnlichkeiten zwischen Mensch und A. (□ Zyklen der Tugenden und Laster, 13. Jh., Kathedralen v. Paris, Chartres, Amiens).

Agave Aloenart, Heilpflanze, treibt nach vielen Jahren des Wachstums ein einziges Mal einen sehr hohen, baumartigen Blütenschaft und verdorrt danach sogleich. Man hat sie im Mittelalter als Symbol der jungfräulichen Mutterschaft → Marias verstanden.

Akanthus Im Mittelmeerraum häufig begegnende Distelart (Bärenklau) mit großen, stark ausgerandeten Blättern, seit der klassischen Antike weit verbreitetes Dekorationselement an Bauwerken, charakteristisch für das korinthische Kapitell, allerdings in der Praxis der Griechen nur bei kleineren Gebäuden verwendet. Da er häufig bei Grabmalarchitektur vorzufinden ist, wurzelt hier der Symbolismus, der den A. mit der Unsterblichkeit verbindet. Sehr betont von der romanischen Kunst übernommen, und zwar bevorzugt für Kapitelle im Chor einer Kirche, denn dieser birgt die Reliquien der Heiligen, denen die Auferstehung verheißen ist, und ist durch das Bild des ewigen Christus beherrscht. Im Unterschied zur klassischen und später zur gotischen Kunst bevorzugt die Romanik stilisierte, zeichenhafte Formen, oft auch symbolische → Zahlen (drei, sieben) der Blätter oder der Blütenknospen. Auch können Tier- und Menschenköpfe aus A.-Blättern herauswachsen (□ in Saulieu/Côte d'Or) oder die Blätter → Alpha- und Omega-Formen bilden (□ Cunault/Maine-et-Loire). Stilisierte A.-Blätter versinnbildlichen auch das Eingeschlossen- und Verstricktsein des Menschen in den ungerichtet wuchernden pflanzlichen Bereich.

Akelei Blume aus der Gattung der Hahnenfußgewächse, bei den Germanen der Göttermutter Frigga geweiht, erscheint häufig auf Bildern des Christgeburt-Zyklus (□ Hugo van der Goes, Hirtenanbetung, Portinarialtar, Uffizien, Florenz) und weist auf → Maria als Gottesmutter hin.

Akrobat Der A., → Jongleur, Seiltänzer, Clown hat in allen Zivilisationen Bewunderung und Faszination erregt, vielleicht, weil er die Freiheit von gemeinbürgerlichen Lebensbedingungen verkörpert. Damit muß er zugleich der etablierten Ordnung immer verdächtig sein. An romanischen Kapitellen und Portalen begegnet eine große Zahl von Männern mit kunstvoll verrenkten Gliedern oder in anderen höchst ungewöhnlichen Stellungen, Abbilder des fahrenden Volkes, das auf den Straßen und besonders an den Wallfahrtsorten seine Künste zeigte. An solchen prominenten Stellen künstlerischer Darstellung sind diese A.n aber keineswegs nur Abbilder, sondern, zumal ihre Sitten zu wünschen übrig ließen und ihre Anwesenheit an den Wallfahrtsorten der Geistlichkeit nicht sehr lieb war, Sinnbilder negativer Bedeutung; sie weisen auf dämonische Kräfte, besonders auf das Laster der Sinnlichkeit. Wie an ihrem weiblichen Gegenstück, den Kurtisanen, demonstrierte man an ihnen die Verführung zu Sünden aller Art, und wenn man sie am Kirchenportal abbildete, so bedeutet das auch, daß solche Laster in der Kirche nichts zu suchen hatten. □ St. Mar-

tin, Tours; Ste. Madeleine, Vézelay. Die romanische Kunst kennt dabei eine noch weiter gehende Bedeutung von anscheinenden Akrobatenfiguren: Gestalten, die den Kopf so weit rückwärtsbeugen, daß sie fast ihre eigenen Füße berühren, weisen darauf hin, daß der Geist den Tod des Fleisches überleben wird. Sie gehören also in den Rahmen der → Todessymbolik. → Kampf.

Altar Die konkreteste Verkörperung einer heiligen Stätte in allen irgendwie ausgebildeten Religionen, ein aus praktischen Gründen und aus Gefühlen der Ehrfurcht erhöhter Opferplatz oder Opferherd, Zeichen des Sühnewillens des Menschen und der schützenden Nähe der Gottheit. In der Antike unterschied man den eigentlichen Opferaltar (altare), der regelrecht als Block oder untermauerte Steinplatte errichtet war und dem Kult der höchsten Götter diente, von dem kleineren Tisch (ara) für weniger bedeutende sakramentale Handlungen besonders im Zusammenhang mit dem Totenkult. Im christlichen Gottesdienst ging dieser Tisch im A. auf, auch wenn man längere Zeit hindurch für die Gottesdienste in den in »Kirchen« oder »Gebetshäuser« verwandelten Privathäusern die hölzernen runden, geschwungenen oder quadratischen Tische im Hause für die Eucharistie benutzte. Das bezeugt die berühmte älteste Darstellung des »Brotbrechens« der sieben Mahlgenossen auf einem Fresko des 2. Jh. sowie die Konsekration der eucharistischen Elemente, die sich auf einem dreifüßigen Tisch befinden, auf einem Fresko im Sakramentenraum der Katakombe S. Callisto, Rom (1. Hälfte 2. Jh.). Diese Tische wurden durch hölzerne A.e in Tischform (mensa) und, seit dem 4. Jh., durch massive Steinaltäre (tumba) abgelöst. Der – noch nicht völlig geklärte – Zusammenhang, der ursprünglich zwischen den Steinaltären und den Märtyrergräbern bestand, hat dazu geführt, den A., in den eine Reliquie in einem Metallkästchen eingelassen ist, als durch eine Platte versiegelte Gruft (sepulcrum) zu verstehen. Von Zeit zu Zeit wurden besonders prächtige metallene A.e geschaffen und gestiftet: □ der in Gold und Email gearbeitete »Paliotto« in S. Ambrogio, Mailand, entstanden vor 835. – Der A. stand in der Apsis oder oberhalb der zu ihr führenden Stufen. Um seine Würde zu betonen, umgab man ihn mit Schranken, denen sich später die Raumbezeichnung »Chor« gesellte. Schon früh tauchen auch Baldachine (ciborium, tabernaculum) über dem A. auf, oder man zieht hinter diesem Steinwände (retabulum) hoch, die, mit Bildwerken geschmückt, als Schauwand oder auch als Reliquienbehälter oder Schrein dienen. Während die orthodox-anatolische Kirche nur einen einzigen A. in der Hauptapsis (hinter der → Bilderwand) kennt, sind im Westen seit dem 4. Jh. zahlreiche Seiten-(Neben-)A.e üblich. Erst im späten Mittelalter wird die

Bildrückwand durch Flügel erweitert. Die lutherische Kirche hat die überkommenen Altarformen, unter Beschränkung auf einen A. je Kirche, beibehalten, die streng reformierte Auffassung läßt keinen A., sondern lediglich einen Abendmahlstisch zu. – In jedem A. treffen sich nach traditioneller, meist den Kirchenvätern verdankter theologischer Deutung drei tiefe Gehalte: 1. buchstäblich: der A. als der heilige Tisch des Mahles Christi, an dem er selbst das Priesteramt vollzieht, Ort seiner personhaften Gegenwart; 2. allegorisch: der A. als der Leib Christi selbst, der vom Kreuz genommen und ins Grab (sepulcrum) gelegt ist. Das weiße Altartuch ist das Leichentuch; die fünf Kreuze, die zur Konsekration eingemeißelt werden, sind die fünf Wunden und daher Quellen des heilbringenden Blutes Christi; die Stufen zum A. sind die Leiber der Märtyrer, die für Christus gelitten haben. 3. moralisch: der A. ist das Herz jedes Menschen, in dem das Feuer der göttlichen Liebe als ewige Flamme brennt und von dem die Gebete wie Weihrauch zum Himmel aufsteigen; die Altarstufen repräsentieren dabei die Tugenden (Augustinus). – Altardarstellungen bei der Wiedergabe biblischer Berichte beziehen sich auf die zahlreichen alttestamentlichen Erwähnungen von A.n oder auch allgemein der heiligen Stätten, der Stiftshütte, der Bundeslade, des Tempels. Auf neutestamentlichen Bildern kann nicht nur die Krippe bei der Christgeburt die Gestalt eines Opferaltars annehmen und damit den tiefen Sinn der Inkarnation andeuten (□ Nikolaus v. Verdun, Emailaltar 1181, Klosterneuburg b. Wien), sondern auch die Darstellung im Tempel sich auf einer Art Opferaltar vollziehen. – Unter den Heiligenattributen begegnet der A. in Verbindung mit Andreas Avellinus (der vor dem A. einen Schlaganfall erlitt), Gregor d. Gr. (in der »Gregorsmesse«), Thomas Beckett (der nach einer unzutreffenden Überlieferung auf den Stufen des Hochaltars der Kathedrale von Canterbury ermordet wurde). Als Zerstörer heidnischer A.e werden die Heiligen Alexander und Viktor abgebildet.

Ambo (von griech. ambon, Erhöhung), frühe Kanzelform in christlichen Kirchen. Nachdem ursprünglich Schriftverlesung und Predigt vom Chor (→ Altar oder Bischofssitz) aus gehalten worden waren, stellte man später aus akustischen Gründen weiter vorn in den Chor ein Pult, das allmählich zu einem immer umfangreicheren Aufbau mit Doppeltreppe erhöht wurde. Nicht selten sind auch zwei parallel aufgestellte A.n für Evangelien- (Nordseite) und Epistelverlesung (Südseite). Berühmte alte A.n: S. Marco, Venedig; Kathedralen S. Agata, S. Spirito, S. Apollinare, Ravenna; S. Maria, Castello S. Elia, Modena; Basilika St. Maurice, Schweiz; Hagh. Gheorghios u. Hagh. Panteleimon, Thessaloniki. Das späte Mittelalter hat die A.n in den → Lettner eingebaut oder durch die betont in die Mitte der Kirche hineingebaute Kanzel ersetzt.

Amboß Emblem der Tugend, der Tapferkeit und Stärke (fortitudo). Ein großer Schmiedeamboß ist das Attribut des Tubalkain, des »ersten Meisters der Metallbearbeitung« (1. Mose 4, 22), ferner der Heiligen Eligius (des Schutzpatrons der Schmiede) und Galmier; er ist außerdem abgebildet als Marterinstrument des hl. Adrian. Ein kleiner Goldschmiedeamboß gehört zum Bild der Heiligen Apelles v. Genua, Bernward v. Hildesheim, Dunstan v. Canterbury, Eligius v. Noyon.

Ameise Im alten China Symbol der Tugend und der Vaterlandsliebe, in Rom als Getreidesammlerin der Fruchtbarkeitsgöttin Ceres zugeordnet, spielt wegen ihres geordneten Fleißes auch in der griechischen Mythologie eine gewisse Rolle und dient in der Bibel (Spr. 6, 6 ff.; 30, 24 f.) ebenfalls als Vorbild der Klugheit und Arbeitsamkeit. Die Kirchenväter (z. B. Augustinus) können sie zum Symbol christlicher Glaubens- und Lebenspraxis machen.

Amor (Amoretten, Putten) → Eros.

Amphora Großes bauchiges Tongefäß mit engem Hals und zwei Traghenkeln, unten in eine Spitze auslaufend, mit der es in lockere Erde gestellt wurde; zur Aufbewahrung von Wein, Öl und anderen Flüssigkeiten dienend, aber auch für Getreidekörner geeignet. Im Mittelmeerraum finden sich A.n mit christlichen Inschriften und Zeichen, die vermutlich der Aufbewahrung von kultisch gebrauchten Flüssigkeiten oder der Vorratshaltung für Agapen (gemeinschaftliche → Mahlzeiten) dienten. Abbildungen von A.n auf Grabinschriften verweisen auf die Bildrede vom Menschen als »Gefäß der Gnade, des Hl. Geistes« u. dgl., aber auch überhaupt auf das Verständnis des Leibes als eines zerbrechlichen irdenen Gefäßes.

Ampulle Kleines bauchiges Tongefäß mit engem Hals, sowohl ohne Henkel als auch mit einem oder zwei Henkeln vorkommend, ist in – angesichts seiner Zerbrechlichkeit – großer Menge erhalten geblieben und in vielen Museen Europas zu sehen. Es gewinnt archäologisches Interesse durch die alte christliche Praxis, bei Wallfahrten zu den Gräbern von Märtyrern und Heiligen Öl von der geweihten, oft wundertätigen Stätte mit nach Hause zu nehmen. Auf diese Weise entstand eine förmliche Industrie von A.n mit Prägungen, die auf das betr. Heiligtum verwiesen. Besonders verbreitet waren in Nordafrika A.n mit dem Bilde des hl. Menas, in Italien solche mit den Porträts der Heiligen Maria, Petrus, Andreas, Thekla und mancherlei Symboldarstellungen. Berühmt sind die von Papst Gregor I. am Ende des 6. Jh. an die Königin Theodelinde geschenkten, im Kirchenschatz von Monza aufbewahrten A.n heiligen Öls mit einer Anzahl kunstvoller Reliefdarstellungen. – Aus Ton, häufiger jedoch aus Glas sind kleine A.n, die in Resten oder vollständig erhalten in oder an frühchristlichen Gräbern gefunden oder im Zusammenhang mit Gräberverehrung aufbewahrt wurden. Für die Hypothese, sie hätten ursprünglich Blut von Märtyrern enthalten, besteht wenig Grund. Man neigt heute dazu, sie in der Hauptsache als Parfumbehälter zu betrachten, mittels deren man den Leichnam begoß.

Angel Dieses Gerät zum Fischfang, in der gebräuchlichsten Form einer Rutenangel, tritt als Attribut der Fischer – obwohl in den Evangelien nirgends erwähnt, die nur das Fischen mit dem → Netz kannten – auf römischen Katakombenfresken entgegen und symbolisiert Taufe und Apostolat (die Aufgabe der Apostel, Menschenfischer zu werden, Luk. 5, 10). »Du warfst nach mir die Angel aus, um mich aus den tiefen und bitteren Wogen dieser Welt herauszuziehen«, schreibt Paulinus v. Nola an den Bischof Delphinus, der ihn bekehrt und getauft hatte. Alttestamentliche Bilder sind für zwei weitere Symbolbedeutungen der A. wichtig: 1. Der Chaldäer, Feind Gottes und Israels, zieht die Menschen »heraus mit seiner Angel, schleift sie fort in seinem Garn und sammelt sie in seinem Netz« (Hab. 1, 15). – 2. Der Text Hiob 40, 25: »Fängst du den Leviathan am Angelhaken?« wird von Gregor d. Gr. auf Christus und den Satan gedeutet: »Gleich einem Angelhaken hielt dieser (der Stachel der verborgenen Gottheit Christi) nämlich den Rachen des Verschlingenden (des teuflischen Untiers) fest, da die Lockspeise des Fleisches sich daran offen anbot, während die Gottheit, die den Feind töten sollte, zur Zeit der Passion verborgen war ... Die Schnur ist die im Evangelium aufgezeichnete Geschlechterfolge der Stammväter, ... an deren Ende der menschgewordene Christus als Haken gebunden wurde, den dieses Ungeheuer mit aufgerissenem Rachen zu erhaschen suchte, als er in den Wassern des Menschengeschlechts hing ...« Diese etwas gewaltsame Symbolik wird sehr anschaulich in einer offenbar auf ihr fußenden Miniatur des »Hortus deliciarum« der Herrad v. Landsberg: Gottvater hält oben den Stock der A., deren herabhängende Schnur aus senkrecht aneinandergereihten Porträts der Ahnen Jesu besteht. Unten daran ist ein Kreuz mit einer bekleideten und gekrönten Christusfigur angebracht, als Angelhaken, der den Rachen eines geflügelten → Drachen durchbohrt.

Anker Die Schiffahrt und alles, was mit ihr zusammenhängt, gewinnt für die Völker des Mittelmeerraums früh symbolische Bedeutung. Der A., der den Platz des Schiffes im Hafen sichert, es aber auch auf hoher See bei Stürmen festhält, ist seit alters ein Bild der Hoffnung, der Zuversicht, des Heils. So galt er neben anderen seefahrtbezogenen Geräten als Attribut Neptuns oder bedeutender Seestädte (Alexandria, Antiochia), repräsentierte aber auf heidnischen Grabinschriften weniger symbolische Inhalte als vielmehr den Stand des Verstorbenen als Fischer oder Seemann. Für die Christen wurde der A. gemäß Hebr. 6, 18 ff. das unmittelbar treffende Bild der Hoffnung des Glaubenden auf die himmlische Seligkeit. In diesem Sinne taucht er auf unzähligen Grabinschriften als ältestes und zugleich genuin christliches Symbol auf und findet seine weiteste Verbreitung bis um 300. Unter den Ankerformen herrschen im einzelnen die kreuzförmige – an die Passion Christi erinnernd – und die dreizackförmige vor. Nicht selten sind → Delphine oder → Fische beigegeben, ein Hinweis auf die Glaubenden selbst und das »Heilmittel zur Unsterblichkeit«, das die Eucharistie darstellte. Nach einiger Zeit stellte man den A. mit anderen symbolischen Zeichen (→ Taube, → Palmbaum, Guter → Hirte) zu allegorischen Gruppen zusammen. Die Ankerdarstellung scheint gegen die Mitte des 4. Jh. aus dem Gebrauch gekommen zu sein. Wie stark die Symbolik aber nachwirkt, läßt sich noch an dem Titelkupferstich zum »Mirantischen Flötlein« des Laurentius von Schnüffis (1633–1702) erkennen, der Christus am A., statt am Kreuz, hängend darstellt. – Attribut der Heiligen Klemens v. Rom (der mit um den Hals gehängtem A. ins Meer geworfen wurde), Johannes v. Nepomuk und Placidus (Schutzpatrone der Ertrunkenen), Nikolaus (Schutzheiliger der Seeleute und Flußschiffer), Philomena (da ein A. auf dem ihr zugeschriebenen Grab eingraviert war), Rosa v. Lima (als der Schutzheiligen des Hafens Lima).

Apfel Im Altertum Symbol der Fruchtbarkeit und als solches ein Attribut verschiedener Gottheiten. Die goldenen Ä. der Hesperiden waren die Früchte der Unsterblichkeit. Die Ä. der nordischen Göttin Iduna (= griech. hedone, Vergnügen), der Göttin der unverwelklichen Jugend, hatten die Kraft, den zu verjüngen, der sie aß. So besitzt der A. alle Anziehungskraft, die ein Mittel der Erkenntnis darstellt. Durch seine Kugelform ein Abbild der Erde und der irdischen Begierden, vielleicht auch überdies wegen seiner anlockenden Farbe und Süßigkeit, wurde er Sinnbild aller sinnlichen Reizung und Sünde (vgl. lat. Wortspiel mālum – mălum). Das Gefährliche des Reizes zur Erkenntnis zeigt auf den Bildern vom Sündenfall des ersten Menschenpaares (→ Adam und Eva) die → Schlange an, die sich am Baum emporringelt. Sie hat dabei nicht selten den A. im Rachen. Ein A. in der Hand des

Todes (eines Gerippes) findet sich häufig auf Bildern der Barockzeit. Sofern Christus auf Adam bezogen wurde, bezog man das Kreuz auf den Apfelbaum. Wenn Christus den A. in der Hand trägt, bedeutet dies die Erlösung von der durch den Sündenfall bedingten Erbsünde. So wird denn auch die Feier der Geburt Christi als Sinnbild des durch ihn wiedereroberten Paradieses durch den Weihnachtsbaum mit Ä.n symbolisiert, und auf Darstellungen der Freuden des himmlischen Lebens halten Erlöste Ä. in den Händen. – Als Symbol der Herrschaft ist der Reichsapfel anzusehen, das aus einer mit einem Kreuz versehenen Kugel bestehende Reichskleinod, das Kaiser und Könige im Krönungsornat in der Linken zu führen pflegen, während die Rechte das → Zepter hält. Schon auf einer Münze des Kaisers Augustus sind drei Kugeln dargestellt, mit ASI., AFR. und EVR. bezeichnet, also mit den damals bekannten drei Weltteilen. Später gab man die Kugel in die Hand des Kaisers und versah sie nicht selten mit dem Bild der Siegesgöttin (Nike). An die Stelle dieser Siegesgöttin trat danach das christliche Kreuz.

Apostelreihe (mit Apostol. Glaubensbekenntnis, Patriarchen und Propheten) Einer nicht vor 400 nachweisbaren Legende zufolge versammelten sich die zwölf Apostel, bevor sie nach Pfingsten zur Verbreitung des christlichen Glaubens in die Welt hinauszogen, um das Wesentliche der von ihnen zu verkündigenden Botschaft gemeinsam zu formulieren, und jeder trug ein Stichwort zu dem bei, was dann zusammengefaßt als Apostolikum festgehalten wurde. Zwölferreihen der Apostel in Kirchenportalen oder, besonders eindrucksvoll, auf den Fassaden der Beinhäuser in der Bretagne tragen demzufolge Schriftbänder mit den Texten, die den einzelnen zugeschrieben werden. Die Zuteilung der Texte liegt nicht ganz fest, doch begegnet häufig folgende Reihenfolge: 1. Petrus: Ich glaube an Gott, den Vater, den Allmächtigen, Schöpfer des Himmels und der Erde; 2. Andreas: Und an Jesus Christus, seinen einziggeborenen Sohn, unseren Herrn; 3. Jakobus d. Ä. (maior): Der empfangen ist vom Heiligen Geist und geboren aus der Jungfrau Maria; 4. Johannes: Gelitten unter Pontius Pilatus, gekreuzigt, gestorben und begraben; 5. Thomas: Niedergefahren ins Totenreich, am dritten Tage auferstanden von den Toten; 6. Jakobus d. J. (minor): Aufgefahren gen Himmel, sitzend zur Rechten Gottes des allmächtigen Vaters; 7. Philippus: Von wo er kommen wird, zu richten die Lebenden und die Toten; 8. Bartholomäus: Ich glaube an den Heiligen Geist; 9. Matthäus: Eine heilige, allgemeine Kirche, die Gemeinschaft der Heiligen; 10. Simon: Die Vergebung der Sünden; 11. Judas Thaddäus: Die Auferstehung des Fleisches; 12. Matthias: Und ein ewiges Leben. – Unter dem Gesichtspunkt der Zusammengehörigkeit der Gesamtbibel und der neutestamentlichen

Erfüllung der im AT enthaltenen Weissagungen werden in Theologie und Kunst des Mittelalters typologische Verbindungen zwischen Aposteln und Propheten (oft auch mit den zwölf Söhnen Jakobs = den Stammvätern der Stämme Israels) hergestellt. Man postiert entweder gegenüber den Aposteln die zwölf Propheten und zwölf Patriarchen mit entsprechenden Schriftbändern oder läßt die Apostel auf den Schultern der Propheten stehen oder sitzen (□ Fenster Kath. Chartres). Auch hier steht die Wahl der Propheten und ihrer Aussprüche im einzelnen nicht fest, doch ist eine der gebräuchlichsten die folgende (in der vorhergenannten Reihenfolge der Textstücke des Apostolischen Glaubensbekenntnisses und der Apostel): 1. Mose: »Im Anfang schuf Gott Himmel und Erde« (1. Mose 1, 1); Jeremia: »Er ist es, der die Erde erschaffen hat in seiner Kraft, der in seiner Weisheit das Festland gegründet und in seiner Einsicht den Himmel ausgespannt hat« (51, 15); 2. David: »Der Herr sprach zu mir: Mein Sohn bist du« (Psalm 2, 7); 3. Jesaja: »Sehet, das junge Mädchen wird empfangen und einen Sohn gebären« (7, 14); 4. Habakuk: »Strahlen entspringen seinen Händen; das ist die verbergende Hülle seiner Macht« (3, 4); Sacharja: »Sie werden auf den blicken, den sie durchbohrt haben« (12, 10); 5. Jona: »Ich wußte, daß du ein gerechter und barmherziger Gott bist« (4, 2); Hosea: »Aus der Gewalt des Totenreiches (Scheol) will ich sie erlösen, vom Tode sie befreien. Wo sind deine Seuchen, o Tod, wo deine Pest, Scheol?« (13, 14); 6. Amos: »Er baut in den Himmel seinen Söller« (9, 6); 7. Joel: »Da sammle ich alle Völker und führe sie in das Tal Josaphat und rechte dort mit ihnen« (4, 2); Maleachi: »Dann komme ich zu euch zum Gericht und werde als ein überraschender Kläger auftreten« (3, 5); 8. Salomo: »Der Geist des Herrn erfüllt den Erdkreis« (Weish. 1, 7); Joel: »Darnach werde ich meinen Geist ausgießen über alles Fleisch« (3, 1); 9. Zephanja: »Denn alsdann will ich den Völkern reine Lippen schaffen, daß sie alle den Namen des Herrn anrufen und ihm im selben Joch dienen« (3, 9); 10. Jeremia: »Dann, wenn ihr mich anruft und kommt und zu mir betet, werde ich euch erhören« (29, 12); Micha: »Habe wiederum Erbarmen mit uns, zertritt unsere Missetaten, und in die Tiefe des Meeres wirf alle unsere Sünden« (7, 19); 11. Ezechiel: »Ich hole euch heraus aus euren Gräbern« (37, 12); 12. Daniel: »Viele von denen, die im Staub der Erde schlafen, werden aufwachen, die einen zu ewigem Leben, die anderen zur Schmach, zu ewiger Schande« (12, 2). – Noch weniger allgemeingültig festgelegt ist die Gruppierung der zwölf Patriarchen; doch begegnet häufig folgende Reihung, geordnet nach dem Jakobssegen (1. Mose 49) und nach der vorgenannten Zählung der Textstücke des Apostolischen Glaubensbekenntnisses und der Apostel: 1. Ruben: »Du bist meine Stärke« (49, 3); 2. Simeon: »Sie haben die Gewalt ihrer Hinterlisten vollgemacht« (49, 5); 3. Levi: »In ihrem Rate weile ich nicht« (49, 6); 4. Sebulon: »Er wohnt am Gestade des Meeres« (49, 13); 5. Isaschar: »Er ist wie ein knochiger Esel, der zwischen Hürden sich lagert« (49, 14); 6. Dan: »Er schafft seinem Volk Recht wie irgendeiner der Stämme Israels« (49, 16); 7. Gad: »Räuberscharen bedrängen ihn; doch er drängt ihnen nach auf der Ferse« (49, 19); 8. Juda: »Nicht wird das Zeichen von Juda weichen noch der Herrscherstab von seinen Füßen« (49, 10); 9. Josef: »Er ist ein junger Fruchtbaum an der Quelle« (49, 22); 10. Naphtali: »Er ist wie eine flüchtige Hindin, die liebliche Hirschkälber (oder: Reden) gibt« (49, 21); 11. Asser: »Er besitzt Brot in Fülle und liefert königliche Leckerbissen« (49, 20); 12. Benjamin: »Er ist ein reißender Wolf; Raub verzehrt er am Morgen« (49, 27). – → Propheten.

Arche Die A. (von lat. arca, Kasten), in der → Noah mit seiner Familie und den Stammeltern der nachsintflutlichen Tiere aus dem Unheil der Sintflut gerettet wurde (1. Mose 6, 14 ff.), ist eines der auf Darstellungen aus altchristlicher Zeit am frühesten und häufigsten verwendeten Symbole. Schon die jüdische Auslegung hatte die A. symbolisch verstanden. Die apostolischen Schriften (vgl. 1. Petr. 3, 20 f.) bezogen die A. auf die Taufe als das Mittel der Rettung aus dem Untergang der Gottlosen. In der Christustypologie des AT taucht die A. auf: als Vorausbild der Taufe Christi, der Tempelreinigung (Gott schließt die A. hinter Noah zu), der Annagelung an das Kreuz, der Kreuzigung überhaupt. Allgemeiner ist die Deutung der A. auf die Kirche, in der der Christ das Heil fand, das im stürmischen und verderblichen Treiben der Welt nicht zu finden war (so Tertullian, Hieronymus, Maximus v. Turin). Man kann die symbolische Ausdeutung bis ins Detail treiben: »Die Arche ist die Kirche, Noah ist Christus, die Taube ist der Heilige Geist, der Ölzweig ist die Güte Gottes« (Joh. Chrysostomus). In der Grabsymbolik gewinnt die A. ebenfalls große Bedeutung: Noah (Symbol des Lebens im Tode) bezeichnet – wie → Daniel – die Seele des Verstorbenen, die vom ewigen Tod errettet und in den Frieden überführt worden ist. So ist auf frühen Sarkophag- und Freskenbildern immer wieder Noah zu sehen, in Orantenhaltung in einem verhältnismäßig kleinen Kasten stehend; an seine Stelle kann aber auch eine verschleierte → Orans treten. Ganz allgemein läßt sich die A. auch als Sinnbild der beschützenden Liebe Gottes fassen, die zum Glauben und Gehorchen ruft. Die → Taube mit dem → Ölzweig hat sich häufig von der A. gelöst und taucht selbständig auf unzähligen christlichen Epitaphien auf, ihrerseits Botin des neuen Lebens auf der Erde, der Wiedergeburt der Welt. Die Darstellung der A. war besonders in Rom verbreitet, in Gallien fehlt sie. Das älteste Archenfresko stammt vom Ende des 1. Jh. (S. Domitilla, Rom). Viele romanische Kapitelle (□ Kath. Autun, Kath. Tar-

ragona) weisen auf den Symbolwert der A. hin. Unter den mittelalterlichen Mosaiken mit dem Thema der A. ragen die von S. Marco, Venedig, und von Monreale/Sizilien hervor. – → Schiff.

Aristoteles Der griechische Philosoph erscheint im Mittelalter sachlich charakterisiert als Vertreter der Dialektik unter den sieben freien → Künsten, theologisch aufgewertet als einer der Weltweisen in der Gesellschaft der Propheten und → Sibyllen (□ Außenfresken der rumänischen Moldauklöster; Raffael, Schule v. Athen, Vatikan, Rom), aber auch als warnendes Bild gegen die Versuchung durch Wollust. Die Kurtisane Phyllis (oder Lais), deren Umgang A. seinem Schüler Alexander untersagt hatte, rächte sich an dem würdigen Philosophen, indem sie ihn selbst verführte und so weit brachte, daß er sich von ihr Zügel anlegen, besteigen und reiten ließ, zur Freude des zuschauenden Alexander. Diese sehr späte Geschichte wurde im Mittelalter als Exempel für die List der Frauen und die Verblendung durch die Begierde gern erzählt und oft abgebildet. □ Relief 13. Jh., Kath. Auxerre; Portal 13. Jh., Kath. Rouen; Chorgestühl 13. Jh., Kath. Lausanne; Kapitell 14. Jh., Kreuzgang Kath. Oviedo; Miserikordien 15. Jh., Chorgestühl Kath. Rouen, Exeter u. Chichester; Chorgestühl 16. Jh., Kath. Amiens; Miserikordien 16. Jh., Hoogstraaten/Flandern; Teppich 18. Jh., Beauvais.

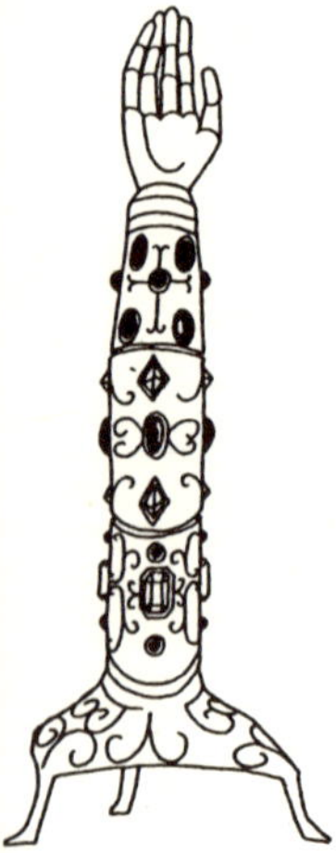

Arm Der A. (oder die Hand) Gottes, aus dem Wolkenbereich oder einem Himmelssegment mit Rede- oder Segensgestus ins Bild greifend, ist das älteste und am weitesten verbreitete Symbol → Gottvaters (□ besonders Darstellungen der Taufe u. Himmelfahrt Christi). – Mit einem abgerissenen A. wird die hl. Helene (Alena) von Forêt (oder v. Brüssel) dargestellt (Martyrium 641). Häufig werden Armreliquien von Heiligen in sorgfältig gearbeiteten armförmigen Behältern aufbewahrt und in den Domschatzkammern gezeigt.

Armband Eigentlich ein großer Ring, der gewöhnlich am Unterarm, seltener am Oberarm getragen wird, ist das A., aus den verschiedensten Materialien hergestellt, bei allen Völkern des Altertums und der neueren Zeit weit verbreitet. Die Kirchenväter haben gegen die Auswüchse der A.-Liebhaberei gepredigt, verständlicherweise, wenn man auf Fresken des 4. Jh. den enormen Luxus feststellt, der offenbar mit Schmuck getrieben wurde. Bilder, die auf christlichen A.n der ersten Jahrhunderte auftauchen, sind das des → Kreuzes, der → Orans, des → Schwans und anderer Vögel. Aus koptischen Funden sind zahlreiche spiralförmige Schlangenarmbänder bekannt, bei denen vielleicht an das Bibelwort: »Seid klug wie die Schlangen!« (Matth. 10, 16) gedacht ist. Im Mittelalter trugen besonders Männer die A.r als Schutz wie als Zierat. Man schätzte sie außerordentlich und tauschte sie im Kampf und beim Mahl als Zeichen der Freundschaft.

Asche Der nach dem Erlöschen des Feuers übrigbleibende Verbrennungsrückstand ist, wie die Erde, seit langem und in vielen Religionen und Völkern ein Sinnbild des Todes und daher Bestandteil von Trauer- und Bußriten. Sich in A. zu setzen, zu legen oder sich das Haupt mit A. zu bestreuen, war bei den Griechen wie bei den Ägyptern, bei den Arabern wie bei den Juden Brauch und wird bei einigen wilden Stämmen noch heute praktiziert. Der Mensch drückt damit (vgl. 1. Mose 18, 27) das Bewußtsein der relativen Nichtigkeit des Geschöpfes vor dem Schöpfer aus. »Du bist Staub und wirst zu Staub zurückkehren«, ist die bezeichnende liturgische Formel des Aschermittwochs. Die A., die durch ihre Leichtigkeit an den Staub des Erdbodens erinnert, ruft im Menschen die Erkenntnis seines Ursprungs wach; daher wird sie zum Zeichen der Buße, des Schmerzes, der Reue (vgl. Hiob 42, 6). Geweihte A. kann andererseits, da sie durch das Feuer gereinigt ist, in den Reinigungsriten eine Rolle spielen (vgl. die A. der geopferten »rötlichen Kuh«, die mit Wasser vermischt wurde, 4. Mose 19, 9).

Astrolabium Dieses von den Arabern erfundene Gerät zur Messung von Sternhöhen und zur mechanischen Lösung von Aufgaben der sphärischen Astronomie begegnet auf mittelalterlichen Darstellungen als astronomisches Instrument. In der Hand einer jungen Frau bedeutet es in der Regel das Emblem der Astronomie im Rahmen der Abbildung der sieben freien → Künste.

Athleten → Kampf.

Auferstehungssymbolik Die Auferstehung Christi wird im Mittelalter in drei Phasen dargestellt, die jeweils für das Ganze stehen können: a) Der Sieg über die Macht des Todes und des → Teufels durch die Niederfahrt in den → Limbus, dramatisch ausgeschmückt in Anlehnung an das apokryphe Nikodemusevangelium: Christus steht oft in der → Mandorla, triumphierend mit dem Kreuzpanier vor dem Höllenschlund oder tritt auf die ihrer Schlösser und Riegel beraubten, kreuzweise übereinander gefallenen → Tore der → Hölle, aus der er Scharen der wartenden Gerechten erlöst; an deren Spitze sind → Adam und Eva,

außerdem David und Salomo zu erkennen. Dieses Motiv repräsentiert auf Fresken und Ikonen der Ostkirchen in der Regel den gesamten Auferstehungszusammenhang. b) Auferstehung Christi aus einem gemauerten, sarkophagähnlichen Grab, dessen Steindeckel verschoben oder abgehoben ist, mit schlafenden Wächtern und wachenden Engeln. Christus trägt einen Stab oder einen Siegeswimpel; oft ist durch Hervorhebung der Wundmale die Identität mit dem Gekreuzigten besonders betont. Dieser Bildtyp will keine naturalistische Darstellung der Auferstehung geben, sondern übernimmt Motive und Abläufe der bereits stilisierten Aufführungen der weitverbreiteten Ostermysterienspiele. c) Die drei Frauen (Myrrhophoren) am leeren Grab des Auferstandenen in der Begegnung mit dem Engel (Matth. 28, 1 ff.), eine besonders auf Miniaturen begegnende Szene. Bedeutende Maler der Auferstehung Christi: Giotto (Accad., Florenz), Fra Angelico (S. Marco, Florenz), Perugino (Vatikan, Rom), Mathis Nithart Grünewald (Isenheimer Altar, Colmar), Rembrandt (Alte Pinakothek München). – Alttestamentliche Vorausbilder der Auferstehung Christi in typologischer Auslegung: 1. Christus im Totenreich (→ Limbus): Lots Befreiung aus der Gefangenschaft durch Abraham (1. Mose 14, 14 f.); Lots Befreiung aus Sodoms Untergang (1. Mose 19, 15 ff.); Tod der Erstgeburt der Ägypter (2. Mose 12, 12 f.); Auszug aus Ägypten (2. Mose 14); Eroberung der Stadt Ai durch Josua (Jos. 8); Tötung des Moabiterkönigs Eglon durch den Richter Ehud (Ri. 3, 15 f.); Simson zerreißt den Löwen (Ri. 14, 5 f.); Simson mit den Stadttoren von Gaza (Ri. 16, 3); David tötet den Löwen und Bären (1. Sam. 17, 34 f.); Davids Sieg über Goliath (1. Sam. 17, 50 f.); Cyrus gibt den Juden Freiheit zur Heimkehr (Esra 1); Nehemia veranlaßt die Entschuldung der unterdrückten Armen (Neh. 6, 10 ff.); Drei Jünglinge im Feuerofen (Dan. 3, 19 ff.); Vernichtung des Bel zu Babel (Dan. 14, 25 ff. Vulg.); Daniels Speisung in der Löwengrube durch Habakuk (Dan. 14, 33 ff. Vulg.) 2. Auferstehung: Noah verläßt die Arche (1. Mose 8, 15 ff.); Jakobs Segen über Juda als Löwen (1. Mose 49, 9); Josefs Befreiung aus dem Gefängnis (1. Mose 41, 14 f.); Freisetzung des lebendigen Vogels (im Zusammenhang mit der kultischen Reinigung der Aussätzigen, 3. Mose 14, 7); Jephtas Sieg über die Ammoniter (Ri. 11, 32); Simson mit den ausgehobenen Stadttoren von Gaza (Ri. 16, 3); Flucht Davids vor den Häschern Sauls (1. Sam. 19, 11 ff.); das auf dem Jordan schwimmende Beil (2. Kön. 6, 4 f.); Jeremias Befreiung aus der Grube (Jer. 38, 13); Vision Ezechiels (Ez. 1); Daniels Befreiung aus der Löwengrube (Dan. 6, 24 f.); Jonas Befreiung aus dem Walfisch (Jona 2, 11); ferner: Auferweckung des Lazarus (Joh. 11, 1ff.). 3. Die Frauen am Grabe: Ruben findet seinen Bruder Josef nicht mehr in der Zisterne (1. Mose 37, 29); die über den Tod ihres Sohnes trauernde Sunamitin auf dem Weg zu Elisa (2. Kön. 4, 18 f.);

Besuch des Joas bei Elisa (2. Kön. 13, 14); Hiob von den drei Freunden besucht und getröstet (Hiob 2, 11 ff.); die Braut des Hohenliedes sucht ihren Bräutigam (Hohesl. 3, 1). 4. Petrus und Johannes am Grabe: Achimaaz und der Kuschit laufen mit der Siegesmeldung zu David (2. Sam. 18, 19 f.); Saul erhält ein Zeichen am Grabe Rahels (1. Sam. 10, 2). 5. Der Auferstandene erscheint Maria Magdalena: Die drei Männer bei Abraham (1. Mose 18, 1 ff.); Erscheinung Gottes vor Mose im brennenden Dornbusch (2. Mose 3, 2); Verbot der Berührung des Berges Sinai durch das Volk (2. Mose 19, 12); Fußfall der Sunamitin vor Elisa nach der Erweckung ihres Sohnes (2. Kön. 4, 37); die Braut des Hohenliedes findet ihren Bräutigam (Hohesl. 3, 4); Habakuk bringt Daniel Nahrung in die Löwengrube (Dan. 14, 33 f. Vulg.). 6. Die Emmausjünger: Rettung Lots aus Sodom (1. Mose 19, 1 ff.); Jakob bringt Isaak das Essen (1. Mose 27, 18 f.); Manoah lädt den Engel zum Essen ein (Ri. 13, 15 f.); Raphael bringt den jungen Tobias zu Raguel (Tob. 7, 1 f.); die List der Gibeoniter gegenüber Josua (Jos. 9, 1 ff.) und die Verstellung Davids vor Achis (1. Sam. 21, 11 ff.) als Vorausbilder Christi, der scheinbar weitergehen will. 7. Erscheinung und Mahlgemeinschaft des Auferstandenen im Kreis der versammelten Jünger: Jakob bringt Isaak zu essen (1. Mose 27, 18 ff.); Josef gibt sich seinen Brüdern zu erkennen (1. Mose 45, 3 ff.); Simson ißt Honig aus dem Löwen (Ri. 14, 8 f.); Boas begrüßt die Schnitter (Ruth 2, 4); der junge Tobias ißt mit dem Engel von dem Fisch (Tob. 6, 7); der alte Tobias empfängt seinen Sohn (Tob. 11, 10); ferner: Rückkehr des verlorenen Sohnes (Luk. 15, 20 ff.). 8. Christus und Thomas: Eliesers Schwur unter Berührung der Leben zeugenden Teile Abrahams (1. Mose 24, 2f.); Isaak betastet die Hände Jakobs (1. Mose 27, 21 f.); Jakob ringt mit dem Engel und wird gesegnet (1. Mose 32, 25 f.); Jakob läßt Josef unter Handauflegung schwören (1. Mose 47, 29); der Engel vergewissert Gideon des Sieges (Ri. 6, 12 f.); Vlies-Zeichen Gideons (Ri. 6, 36 f.); der Engel läßt Tobias den Fisch ausweiden (Tob. 6, 6). – Symbole aus der Tierwelt: → Löwe, → Panther, → Pelikan, → Pfau, → Phönix, → Salamander; ferner der kleine Vogel Hydrus, der der Sage nach in den offenen Rachen des Drachen schlüpft und, nachdem er dessen Eingeweide zerstört hat, lebendig wieder ans Tageslicht kommt. – Weitere Symbole: das Osterei (hier weniger als Lebens- und Fruchtbarkeitssymbol als vielmehr als Sinnbild des Grabes); das Anzünden der Lichter in den vorher dunklen Kirchen im Rahmen der Liturgie der Osternacht.

Auge Als Instrument der sinnlichen Wahrnehmung ist das A. fast überall auch das Organ der intellektuellen Wahrnehmung. Als Medium der Schau im tiefsten und umfassendsten Sinn wird es bei mehreren Völkern Symbol des Sonnengottes und als solches auch abgebildet (z. B. Ägypten, Assyrien). In der Bibel und der durch sie geprägten christlichen Kunst ist das A. Gottes Bild seiner Gegenwart und alles durchschauenden Allwissenheit (vgl. Hiob 34, 21 f.; 36, 7a; Psalm 11, 4; Jer. 32, 19; Sach. 3, 9; 4, 10; Sir. 23, 28; Hebr. 4, 13). Ein A. im Sonnennimbus bedeutet von daher: Gott, ein A. in der Hand Gottes: seine Weisheit, die in seiner Allmacht wirksam ist, ein A. im Dreieck: die Weisheit in der Dreifaltigkeit. Wenn die Cherubim (→ Engel) in der Vision Ezechiels (1, 18; 10, 12; vgl. Offbg. Joh. 4, 6) als ganz mit A.n bedeckt geschildert und so auch häufig abgebildet werden, ist die besondere himmlische Gabe der Durchschauung der irdischen Dinge gemeint, die sich in der Anschauung Gottes nährt. Es ist kein Zufall, daß von da aus auch die Taufe als Erleuchtung (illuminatio) verstanden wird, die dem seelisch → Blinden das innere Licht der Gnade verleiht. Darauf weisen die zahlreichen Darstellungen von Blindenheilungen auf Katakombenfresken, Sarkophagen und später in der Buchmalerei. – Als Symbol des Neides in der Reihe der Laster wird eine Frau dargestellt, die auf einem Hund reitet und sich die Hände vor die A.n hält.

Augenbinde Positiv: Zeichen des Glaubens, der vertraut, ohne zu sehen; negativ: Symbol der Synagoge, des mit Absicht blinden → Judentums. – Auch dem gemarterten und verspotteten Christus sind die Augen verbunden. – Die A. ist ferner Emblem der Gerechtigkeit, die nicht die Person ansieht, und der Fortuna, des wahllos seine Gaben austeilenden Glücks.

Axt Werkzeug, mit dem Bäume gefällt werden, seit prähistorischer Zeit göttliches Symbol, insbesondere Sinnbild des vom Himmelsgott geschleuderten Blitzes und daher auch in der antiken Kunst als Machtemblem weit verbreitet (vgl. hethitische Reliefs, minoische Doppelaxt, Hammer Thors, → Dreizack Poseidons); in diesem Zusammenhang dann ebenfalls, ähnlich der → Sichel bei der Getreideernte, ein Gerichtssymbol (vgl. Matth. 3, 10: Die Bäume, an deren Wurzel die A. gelegt ist, sind das gerichtsreife Haus Israel). Als Gerichtswerkzeug bei der Zerstörung des Tempels wird Psalm 74, 3b-7 gleichfalls die A. genannt. Die warnende Verkündigung → Johannes' des Täufers (Matth. 3, 7ff.; Luk. 3, 7ff.), daß die A. schon an die Wurzel der Bäume gelegt sei, veranlaßte, daß auf byzantinischen Ikonen und Fresken die Darstellungen Johannes' des Täufers in der Regel einen Baum aufweisen, in den eine A. eingehauen ist, während im Westen die Szene gelegentlich deutlicher ausgemalt wird: □ Elfenbeinkästchen aus Werden, 11. Jh., Victoria and Albert Museum, London; Gerichtsportal 13. Jh., Kath.

Amiens; Mosaik 13. Jh., Baptist. Parma. – Auf Darstellungen des hl. Bonifatius begegnet die Szene, bei der er eine dem Thor (Donar) geweihte Eiche fällen läßt. – → Beil.

B

Bad Das B. bedeutet Reinigung und Erneuerung. Im Orient eng mit dem Kultus verknüpft – denn körperliche Reinheit deutete auch sittliche Reinheit an und war Vorbedingung der kultischen Reinheit; jeder Initiation ging eine Waschung voraus, z. B. in Eleusis –, ist es bei den Juden ebenfalls das Sinnbild der Reinigung, des Abwaschens aller Sünden oder Krankheiten. Die Praxis dieser Reinigungstheologie blühte vor allem auch in der Gemeinschaft am Toten Meer (Qumran) und in der Jüngerschaft → Johannes' des Täufers. Die öffentlichen Bäder des kaiserlichen Rom boten für die Christen, nicht wegen ihrer hygienischen Zwecke, sondern wegen der dort verbreiteten Unzucht, weithin starkes Ärgernis. Da die Taufe der ersten Christen im Untertauchen des ganzen Körpers bestand (→ Taufbecken), lag die Analogie B.–Taufe nahe. Von hier aus gewann das B. kräftige Symbolbedeutung: die zweite Taufe (Bluttaufe) der Märtyrer als Ganzbad, das B. als Reinigung und geistliche Erneuerung der Seele, Symbol der Buße durch das B. der Tränen, Symbol der Kirche, insofern sie Sünden vergibt und damit abwäscht. – Zur symbolischen Darstellung bestimmter B.r: Im AT steht dem B. der Bathseba, aus dem die Sünde entspringt (2. Sam. 11, 2 ff.), das B. der Susanna (apokrypher Daniel-Zusatz) gegenüber, in dem sich die Tugend bewährt. Die häufig im Westen, noch häufiger im Osten mit der Christgeburt im Stall oder der → Höhle von Bethlehem verknüpfte Szene des B. des Jesuskindes durch zwei Frauen, die mittels Inschriften gewöhnlich als Salome und Mea (oder Zebel) bezeichnet werden, geht auf die apokryphe Erzählung zurück, wonach zwei Hebammen Maria bei der Geburt beistanden und das neugeborene Kind badeten. Das Christuskind ist dabei in der Regel als kleiner Erwachsener dargestellt, der sich diesem Reinigungsritus als einem Teil seiner Menschwerdung bewußt unterzieht und mit der Hand eine Segensgebärde macht. So steht dieses B. im Symbolbezug zur → Taufe Christi. Mit dieser Badeszene verknüpft sich die Wundererzählung, daß Salome zuerst an der bleibenden Jungfräulichkeit Marias gezweifelt,

sich aber dann selbst davon überzeugt habe. Ihre dabei zur Strafe, ihres Unglaubens in Brand geratene (oder verdorrte) Hand wurde (□ Bronzetür 11. Jh., Dom Hildesheim) durch Berührung des Jesuskindes wieder heil. □ Fresko 9. Jh., S. Maria di Castel-Seprio/Lombardei; Karoling. Fresko 9. Jh., Krypta S. Lorenzo/Volturnoquelle; Fresko 10. Jh., St. Pierre-les-Eglises bei Chauvigny/Poitou; Fresken 11. Jh., in zahlreichen kappadok. Höhlenkirchen; Relief 12. Jh., Fassade N. D.-la-Grande, Poitiers; Mosaik 12. Jh., Cappella Palatina, Palermo; Nicolo Pisano, 13. Jh., Kanzel, Baptisterium Pisa; Karlsschrein, 13. Jh., Aachen; Tympanon 1356, Münster Ulm; Klarenaltar 14. Jh., Dom Köln; Relief 14. Jh., Fassade Kath. Orvieto. – Das besonders auf Renaissancebildern begegnende B. im Jungbrunnen nimmt die alte Symbolik der Erneuerung und Wiederbelebung auf. – Das B. taucht schließlich auch in den → Monatsbildern für März und Mai auf.

Bär Seit seiner Darstellung in den prähistorischen Höhlen von archetypischer Tradition, als Totemtier verbreitet und verzehrt, als Nachttier auch Mondsymbol, als Sinnbild des medisch-persischen Reiches in den Visionen Daniels (7, 5) auftauchend und auch sonst als wildes, kämpferisches Tier gefürchtet, das zudem bei den Kämpfen der Märtyrer in der Arena eine Rolle spielt, gehört der B. dennoch nicht in die Symbolik der frühchristlichen Kunst. Er wird nur selten abgebildet. Mosaiken zeigen gelegentlich Amphitheaterszenen mit spektakulären Kämpfen zwischen Menschen und Bären; heitere Akrobatik mit B.n kommt auf Reliefs vor. Ein B. als Gefährte des Menschen begegnet auf einem koptischen Fresko in Bawit/Ägypten, das den Apa Georgos von Dan darstellt, ebenso auf Darstellungen aus anderen Heiligenlegenden. Hier verkörpert sich zugleich die Endzeiterwartung eines Friedensreiches aller Kreaturen (vgl. Jes. 11, 7). – In der mittelalterlichen Kunst tritt der B. hinter den → Löwen zurück, obwohl ebenso als Menschenfresser gefährlich (□ Fries 12. Jh., Abteikirche Andlau/Elsaß; Außenfries 13. Jh., Schöngrabern/ Österreich). Er kann in verschiedenen Zusammenhängen begegnen: im Rahmen örtlicher legendärer oder anekdotischer Überlieferungen (□ Ainay), in Anlehnung an antike Vorbilder, die über die karolingische Kunst in das mittelalterliche Abendland weitergegeben werden (□ Aachen), oder einfach (□ in St. Ursin, Bourges) als Symbol für die letzte Lebensperiode (Alter und Tod) des Menschen, unter Bezug auf seinen Winterschlaf. Doch taucht auch in der → marianischen Typologie als Symbol der Jungfrauengeburt eine Bärin auf, die – nach den Vorstellungen der mittelalterlichen Naturkunde – ihr neugeborenes Junges beleckt, um ihm die richtige Gestalt zu geben. – In biblischen Szenen begegnet der B. auf Darstellungen aus dem

Leben des kahlköpfigen Propheten Elisa (Bestrafung der spottenden Knaben, 2. Kön. 2, 24). Er ist Attribut der Heiligen Kolumban, Florens, Gallus, Ursinus, Sergej v. Radonetz, ferner gezähmt bei Lambert v. Lüttich, Aventin v. Troyes, unter einem Packsattel bei Korbinian, Hubertus, Maximin v. Trier, Remaklus; der hl. Vedastus v. Arras benutzte einen B. als Wachhund, der hl. Richardis zeigt eine Bärin den Platz der zu gründenden Abtei Andlau. – Als Wappentier ist der B. namentlich in der Schweizer und deutschen Heraldik vertreten.

Bäuerliches Leben Erscheint auf biblischen Szenen (Adam, Kain und Abel) und in der Darstellung von Gleichnissen Jesu sowie von Heiligenlegenden, vor allem aber auch auf den Bildkalendern, die die Tätigkeit der Bauern während des ganzen Jahresablaufs darstellten. → Monatsbilder.

Baldachin Traghimmel, ursprünglich aus Seidenstoff, bis heute bei kirchlichen Prozessionen zu Schutz und Ehrung des mitgeführten Allerheiligsten oder besonders hervorgehobener Statuen oder Amtsträger verwendet. In dieser Funktion auch auf Fresken und Miniaturen, Gemälden und Reliefs abgebildet. In der christlichen Baukunst als dachartiger Aufbau über einer geweihten Stätte, einem Kultgegenstand oder einer Statue üblich, in frühchristlicher Zeit besonders über Altären (vgl. byzantin. Fresken u. Miniaturen der »Apostelkommunion«, → Mahl), im Mittelalter dann auch über Grabmalen im Innern von Kirchen (□ Elisabethkirche Marburg) oder im Freien (□ Skaligergräber, Verona). Baldachinartige Bogen und Seitenstützen können, besonders auf Miniaturen und frühen Elfenbeinarbeiten, auch auf einen topographischen Hintergrund (Stadt, Kirche) verweisen und haben nicht selten symbolischen Charakter insofern, als sie abgebildete Vorgänge durch die Wahl eines unrealistischen, aber bedeutungsvollen Hintergrundes entsubjektivieren und in einen größeren Sinnzusammenhang stellen (wenn z. B. die Verkündigung an Maria nicht in einem Privatzimmer, sondern im Rahmen einer »Kirche« geschieht). Klar symbolischen Charakter haben die meist über den thronenden Madonnen (→ Maria) in den Tympana der französischen Kathedralen des 12. Jh. (□ Chartres, Reims, Notre-Dame, Paris) angebrachten B.e in Form einer Kuppelkirche mit Türmen, die auf das himmlische → Jerusalem weisen.

Baldrian Erscheint als Pflanze auf mittelalterlichen Bildern, weil aus ihm in der Antike in Tarsus kostbares Nardenöl hergestellt und weit vertrieben wurde; vgl. Jesu Salbung in Bethanien (Joh. 12, 1 ff.).

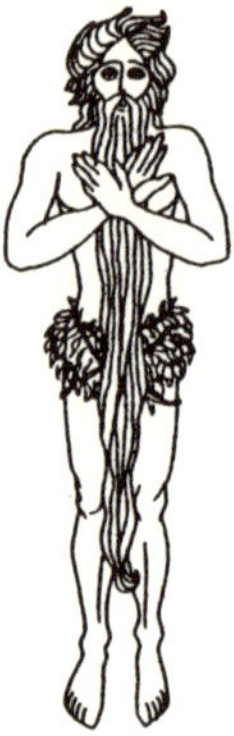

Bart Bei allen bärtigen Völkern als Zeichen der Kraft, des Mutes, der Weisheit und als Zierde der Männlichkeit betrachtet, daher auch sorgfältig gepflegt und für heilig gehalten, findet sich der B. bei Indra wie bei Zeus, Poseidon und Hephaistos, bei Göttern und Heroen, Monarchen (die Bilder der ägyptischen weiblichen Pharaonen erhielten einen B. »ehrenhalber«, vgl. Hatschepsut) und Philosophen als Ausdruck der Würde. Es ist selbstverständlich, daß Juden und Christen sich → Gott bärtig vorstellen. → Christus, bis zum 6. Jh. auf Katakombenfresken und Sarkophagreliefs wie auf den Statuen des Guten → Hirten nach dem geläufigen Typ Apollons und Alexanders d. Gr. meist jugendlich bartlos dargestellt, wird da, wo es um den Typus eines Philosophen oder Rhetors geht, mit dem B. versehen, der sich dann bis ins 20. Jh. durchgesetzt hat. Die Priester und Mönche des Ostens trugen und tragen den vollen ungestutzten B., ebenso einige Franziskanergemeinschaften. In der Kunst des Mittelalters ist der gepflegte B. häufig als Zeichen von Wohlleben und Hochmut negativ gewertet. – Einem volkstümlichen Mißverständnis des Typs des byzantinischen bekleideten Kruzifixus (□ Volto santo in Lucca), der als gekrönter Sieger auch in der romanischen Kunst begegnet, entsprang die Legende der bärtigen Heiligen Wilgefortis (Liborada, Kümmernis): einer Königstochter, der auf ihre Bitte ein B. zum Schutz ihrer Jungfräulichkeit sproß, worauf ihr erzürnter Vater sie habe kreuzigen lassen.

Basilisk Ein Fabeltier, das durch seinen Blick oder Atem nichtsahnende Menschen töten kann. Von Luther mit »Otter« übersetzt, erscheint es Psalm 91, 13 zusammen mit → Löwe und → Drache. Deshalb wird → Christus, z. B. auf einem Mosaik in Ravenna, als Überwinder gerade dieser bedrohlichen Tiergruppe dargestellt. Als Schlangenkönig trägt der B. eine Art Krone und ist Symbol des Satans, des Königs der Dämonen. Im Zyklus der sieben Todsünden repräsentiert er häufig die Wollust (luxuria); daher schrieb man seinem Gift die am Ende des 15. Jh. epidemisch ausbrechende Syphilis zu. □ Kapitell 12. Jh., Vézelay; Sockel des Beau Dieu, 13. Jh., Kath. Amiens; Miserikordie 13. Jh., Kath. Exeter; Mathis Nithart Grünewald, 16. Jh., Detail aus der Versuchung des hl. Antonius, Flügel Isenheimer Altar, Colmar/Elsaß. – Ein gezähmter B. ist das Attribut des hl. Tryphonius v. Cattaro.

Baum Der Reichtum an Symbolbezügen, die der B. bietet, liegt auf der Hand. Der B. hat, wie der Mensch, eine aufrechte, zum Himmel weisende Gestalt. Er verkörpert in seiner immer wieder erneuerten Lebenskraft den beständigen Sieg über den Tod. Sein Jahreslauf, sein offenbares Abgestorbensein und

Neuerstehen, Blätterreichtum, Blüten und Früchte und schließlich wieder die Rückkehr zu offenbarer Unfruchtbarkeit liefern viele Analogien zum Leben und Sterben, Blühen und Früchtebringen oder Früchteverweigern des Menschen. Schuldige Menschen werden schon im Judasbrief (V.12) mit »herbstlichen Bäumen ohne Frucht, zweifach tot und entwurzelt« verglichen. Jesus selbst gebraucht den Vergleich mit dem unfruchtbaren Feigenbaum (Luk. 13, 6). Ferner tauchen bestimmte B.e in den biblischen Geschichten mit ihren bildlichen Darstellungen auf: die Kürbis- (bzw. Rhizinus-)Laube des Jona, die Eiche der Susanna, die Sykomore des Zachäus. Der → Ölbaum und der → Weinstock, besonders beliebt durch ihre Früchte, haben im ganzen Mittelmeerraum und in Vorderasien Symbolcharakter: Zeichen des Friedens, des Segens, des Lebensstromes. Jesus hat sich selbst mit einem Weinstock verglichen (Joh. 15, 1) und ist besonders in der Kunst der Ostkirche oft im Zentrum eines Weinstockes dargestellt worden, auf dessen Zweigen die Apostel sitzen, eine Parallele zur Wurzel Jesse (s. u.). Ein römisches Epitaph vor dem 4. Jh. (jetzt Museum Urbino) stellt das Christuszeichen → Alpha und Omega betont zu einem Ölbaum, und frühe Kirchenväter (Theophilus v. Antiochien, Tertullian) verstehen den Ölbaum wegen der jährlichen Wiedergeburt seines Blattwerks als Symbol der Auferstehung. – Der in der Paradiesesgeschichte genannte B. der Erkenntnis des Guten und des Bösen (1. Mose 2, 9. 17) gehört zu den bedeutsamen mythischen B.n, die bei vielen Völkern verschiedener Erdteile eine Rolle spielen (vgl. den iranischen B. Hom, den Apfelbaum im Garten der Hesperiden usw.). Unter einem B. treffen die Monstrenbekämpfer der antiken Mythen ihre Gegner (z. B. Gilgamesch); auch Sigurd kämpft unter der großen Linde mit dem Drachen. Darstellungen des Sündenfalls als der Entscheidung → Adams und Evas am B. der Erkenntnis unter Einfluß der → Schlange sind außerordentlich weit verbreitet. Die Baumart weist in der Regel auf einen Apfelbaum, doch sind auch andere Fruchtbäume (Kirschbaum, Feigenbaum) möglich. Meistens werden, ohne daß man den Grund dafür wüßte, fünf Früchte abgebildet. – Aus dem Holz des B. der Erkenntnis soll das Kreuz Christi gezimmert worden sein; andere Legenden behaupten, das Kreuz Christi sei auf dem Hügel Golgatha in den dort herausragenden Stumpf des paradiesischen Lebensbaumes eingesetzt worden. Dadurch wurde das Kreuz Christi zum neuen Lebensbaum (vgl. dazu auch die biblischen Lebensbaumaussagen: 1. Mose 2, 9; 3, 24; Offbg. Joh. 2, 7; 22, 1 f.). Frühe christliche Hymnen bezeichnen als fruchtbarsten B. das Kreuz Christi (Fortunatus) oder geben ihm die Apostel als zwölf Äste bei (Cyprian). Im Mittelalter wurde Bonaventuras »Traktat vom Lebensbaum« für die bildlichen Darstellungen ebenso bedeutsam wie die Vision des Mystikers Heinrich Seuse vom »köstlichen Rosenbaum zeitlichen Leidens«. □ Portal 13. Jh.,

Kath. Trogir/Dalmatien; engl. Relief der Verkündigung, 14. Jh., Victoria and Albert Museum, London (Kombination von Lilie, Kreuz und Lebensbaum); Tympanon 15. Jh., St. Martin, Landshut/Bayern; Vittore Crivelli, Triptychon 15. Jh., Musée Jacquemart-André, Paris; Claus Berg, Altar 16. Jh., Odense/Dänemark; Fresko 17. Jh., Kirche Joh. d. Täufers v. Toltschkowo, Jaroslawl/Rußland. – Dieses Lebensbaummotiv kehrt in der christlichen Kunst nicht nur bei Darstellungen des Paradieses, des Kreuzes Christi, bei Ast- und Baumkreuzen, Kreuzen mit ausschlagenden Zweigen oder aus dem Fuß hervorwachsenden Blättern und Visionen der Offbg. Joh. wieder, sondern kann bei den verschiedensten Bildmotiven des Alten und Neuen Testaments (□ Mosaikenreihe Monreale/Sizilien) einen Hinweis auf den fortwährend gültigen Heilswillen Gottes bilden. Hier ist kunst- und symbolgeschichtlich auch die breite Tradition der Lebensbaumdarstellung in der Kunst besonders des Vorderen Orients zu bedenken, die nicht zuletzt auf Rollsiegeln sehr deutlich wird. Der B., der zum Himmel aufragt und seine Wurzeln in die Unterwelt erstreckt (vgl. Yggdrasil), repräsentiert, wie die babylonische Zikkurat, die Weltachse und bedeutet in seiner Einzeldarstellung jeweils das Zentrum, die Mitte der Welt. In diesen Denkbereich gehört auch die oben erwähnte Vorstellung vom Kreuz Christi als Lebensbaum bzw. vom Lebensbaum des Paradieses, der in Jerusalem, manchmal auch auf dem Heiligen Berg Tabor, einwurzelt und schließlich nach der Endzeitvision von Offbg. Joh. 22, 1 f. der endgültige Mittelpunkt neuen Lebens und von zeitlicher wie räumlicher Bedeutung sein wird. Er taucht auch schon im Traum Nebukadnezars (Dan. 4, 10 ff.) und, im Zusammenhang mit der fast personhaft gefaßten Weisheit, in Spr. 3, 13–18 auf. – Zu den in der christlichen Kunst weit verbreiteten Lebensbäumen sehr einsichtigen, sozusagen genealogischen Typs, die ägyptische Vorbilder vor allem in Hathor-Darstellungen haben, gehört die Wurzel Jesse, richtiger: der B. Jesses. Mit Bezug auf die berühmte Weissagung Jes. 10, 33 – 11, 10 von dem Zweig, der aus dem Wurzelstamm Isais aufsprießen und als neuer Schößling aus seinen Wurzeln wachsen werde, zum eschatologischen Zeichen für die Völker, erzählte man schon früh eine legendäre Episode: Davids Vater Isai (Vulgata: Jesse) habe aus seinem Leibe einen B. hervorwachsen sehen und als dessen Verzweigungen seine Nachkommen, die Vorfahren des Messias. Demnach verstand man Isai als den Patriarchen des israelitischen Königsstammes, Maria als den Zweig, Christus als den Schößling; und wie man die Stammbäume der Könige und Feudalherren auf den Kaminen der Schlösser anbrachte, stellte man nun auch den Stammbaum Christi dar, in Anlehnung an die Genealogie im Anfang des Matthäusevangeliums. Über den alttestamentlichen Königen, denen oft noch die Propheten als die geistlichen Ahnen beigesellt sind, thront im Wipfel des

Baumes Maria mit dem Kind, wobei Christus nicht selten eine Aureole von sieben → Tauben trägt: die sieben in der Weissagung des Jesaja genannten Gaben des Heiligen Geistes. Das tiefsinnige Ursprungsmotiv dieser Isailegende ist wahrscheinlich die Analogie zum schlafenden Adam des biblischen Schöpfungsmythos, aus dessen Seite Gott Eva hervorwachsen ließ. Maria ist hier, wie oft im typologischen Verständnis, die neue Eva, die das Vergehen der ersten Eva wieder gutmacht. Unter den von der Romanik bis zur Renaissance häufigen Darstellungen der Wurzel Jesse sind besonders zu nennen: die Fassade von N.-D.-la-Grande, 12. Jh., Poitiers; Portale des 12. u. 13. Jh. in Senlis, Nantes, Laon, Chartres, Amiens, Santiago de Compostela, Baptisterium Parma, S. Zeno, Verona u. Kath. Genua, später Tympana in St. Riquier/Somme, Kath. Rouen, Dom Worms; der Kreuzgang von S. Domingo de Silos/Spanien und die baumartige Gliederung des Fensters der Abteikirche, 16. Jh., Dorchester-on-Thames/Oxfordshire. Riesige Darstellungen der Wurzel Jesse im Kircheninnern finden sich in St. Gervais-et-Protais, Gisors; Kapelle Hôtel-Dieu, Issoudin; St. Jean-Baptiste, Chaumont. In Holzschnitzerei begegnet das Motiv oft auf den Predellen der Altarbilder und den Chorwangen (□ Veit Stoß, 16. Jh., Liebfrauenkirche Krakau; Altäre von Kalkar u. Xanten/Niederrhein; Chorgestühl der Abtei Solesmes; Annenaltar Kath. Burgos), auf den gewaltigen Barockaltären von Braga und S. Francisco de Porto, Portugal. Das bedeutendste Fresko mit diesem Thema ist die Holzdecke von St. Michael, Hildesheim (Anf. 13. Jh.); es folgen italienische Fresken in S. Croce, Rom, S. Francesco, Pistoia, Santo, Padua; ein Mosaik im Querschiff von S. Marco, Venedig (1542) und Tafelbilder in Holland und Frankreich. Am häufigsten ist das Thema auf den Kirchenfenstern behandelt: St. Denis (1144), Chartres (1150), Le Mans, Angers, Museum Cluny (aus Gercy), Kath. Dorchester u. York, England; Chor St. Kunibert, Köln (1250), Volkamer-Fenster, St. Lorenz, Nürnberg (1493), Hans Wild, 1480, Münster Ulm. Die Renaissance läßt das Thema in Frankreich neu aufblühen: St. Pierre, Royes (1517), Ste Foy, Conques (1533), St. Godard u. St. Vincent, Rouen, St. Jean u. St. Etienne, Elboeuf; Notre-Dame, Alençon, Kath. Autun und, besonders bemerkenswert, das Fenster von Engrand Le Prince in St. Etienne, Beauvais (1525). Eine Nebenform der Wurzel Jesse ist die Galerie der Könige von Juda in ihrer Eigenschaft als Vorfahren Christi (□ Fassade Notre-Dame, Paris; Querschiff Kath. Chartres). – Lebensbaumcharakter haben auch der oder die B.e, die schon auf Katakombenfresken und Sarkophagen den Bereich des Paradieses charakterisieren, das sich neu für die Glaubenden öffnet. Hier wachsen B.e, beladen mit ewigen Früchten (Acta SS. Dorotheae et Theophili). Zwischen ihnen, die meist Ölbäume sind, bewegen sich die Erlösten in → Orantenhaltung. Auch der dürre B. oder Stab, der plötzlich wieder ausschlägt und Blüten treibt (→ Aaron, 4. Mose 17; Josef in den apokryphen Evangelien), ist Sinnbild neuen Lebens aus dem Tode. – Der gefällte B., den Nebukadnezar im Traum sieht (Dan. 4, 10) und der den Hochmut des Königs symbolisiert, dargestellt z. B. auf der Fassade der Kathedrale von Laon (13. Jh.) und auf einem typologischen Fenster (14. Jh.) in St. Etienne, Mülhausen/Elsaß, wird als Typus des Todes Christi am Kreuz verstanden. – Die enge gestalthafte Beziehung zwischen B. und Mensch verknüpft sich mit dem auch im biblischen Mythos vom B. der Erkenntnis des Guten und des Bösen hervortretenden Schicksalsorakelmotiv in einer griechischen Baumsymbolik, die stark auf die mittelalterliche christliche Kunst, besonders die Romanik, eingewirkt hat: dem pythagoräischen Ypsilon. Nach Lukian war das Y bei den Pythagoreern von sehr komplexer Bedeutung, besonders als Anfangsbuchstabe des Lebensideals hygiainein, des physischen und ethischen Recht- und Wohl-Lebens. Mit seinen beiden nach oben auseinanderlaufenden, nach unten sich zusammenfügenden Armen – Analogie eines B. mit zwei Ästen – stellt es zugleich die notwendige menschliche Lebensentscheidung zwischen den zwei Wegen des Guten und des Bösen dar, die auch in der frühen christlichen Literatur (Didache, Barnabasbrief, Schriften des Lactanz) eine große Rolle spielen. Man konnte dabei auch an die neutestamentliche Entscheidung zwischen den zwei Pforten (Matth. 7, 13 f.; Luk. 13, 24 ff.), an die Bäume mit guten oder schlechten Früchten (Matth. 7, 18 ff.; Luk. 6, 43 f.; 13, 6 ff.) und an die damit verbundene Endgerichtspredigt, schließlich auch an das Gleichnis vom Senfkorn (Matth. 13, 31 f.) denken. Auch dies erklärt die enge Beziehung von B. und Mensch in der romanischen Kunst und die dabei häufig verwendete Y-Form. – Ein B. im Blätterschmuck taucht als Attribut des hl. Christophorus auf, der ihn als Stock beim Durchwaten des Wassers benutzt, als Wunderzeichen in der Legende des hl. Zenobius v. Florenz, als Kreuzesbaum mit Bezug auf den Traktat »Lignum Vitae« des hl. Bonaventura. Jakobus maior, der Apostel und Pilger, steht auf Darstellungen des 12. Jh. in Toulouse und Santiago de Compostela zwischen zwei entlaubten Baumstümpfen. Eine abgehauene Kiefer gehört zu den Attributen des hl. Martin v. Tours. – → Palme.

Becher Trinkgefäß in der Form eines Zylinders oder eines abgestumpften, umgekehrten Kegels mit plattem Boden, aus sehr einfachen wie auch aus sehr edlen Materialien, seit dem 16. Jh. vorwiegend aus Glas; im biblischen Sprachgebrauch Sinnbild der Darreichung und Vermittlung. Kelche des Heils, der Freude und der Segnungen stehen B.n des Grimms, des Zorns und der Rache gegenüber (vgl. 1. Kor. 10, 21; Jes. 51, 20 ff.; Jer. 49, 12). – → Kelch.

Beil a) Zimmermannsbeil: Attribut des hl. Josef. – b) Henkersbeil: u. a. Attribut der Heiligen Adrian, Anastasius v. Salona, Barnabas, Baudilius v. Nîmes, Matthäus, Matthias, Thomas Beckett. – c) Ein B. im Stamm eines Baumes weist auf → Johannes d. Täufer, ein auf dem Wasser schwimmendes B. auf den Propheten → Elisa. – → Axt.

Berg Der B. ist Ort und Symbol der Begegnung von Himmel und Erde, des menschlichen Aufstiegs wie der Theophanie. Alle Völker, aber auch viele Städte haben ihren heiligen B. Die Etappen des mystischen Aufstiegs können sich unter dem Bild der Besteigung eines B. ebenso wie unter dem der → Leiter fassen lassen (z. B. Juan de la Cruz, Aufstieg zum Berg Karmel). Auch die B.e der Bibel sind nicht nur Erhöhungen aus Erde und Stein, sondern haben symbolisch theophane Bedeutungen als B. des Bündnisses, Gottesberg (Jes. 2, 2 ff.) oder B. des Verderbens (Jer. 51, 25). Am Ende der Zeiten wird der Gottesberg höher sein als alle anderen B.e (Micha 4, 1). Die Gottesoffenbarung auf dem Sinai/Horeb, die Opferung → Isaaks auf einem B. (der später mit dem Tempelberg in Jerusalem identifiziert wurde, 1. Mose 22, 2), das Regenwunder nach dem Gebet Elias auf der Spitze des Karmelberges (1. Kön. 18, 42) müssen hier ebenso erwähnt werden wie die Predigt auf dem B. (Matth. 5–7), die im Neuen Bund der Gesetzgebung des Alten Bundes auf dem B. Sinai entspricht, die Verklärung Jesu auf dem B. Tabor (Mark. 9, 2) und seine Himmelfahrt auf dem Ölberg (Luk. 24, 50; Apg. 1, 12). Gleichzeitig geht durch das AT eine scharfe Ablehnung der »Höhenheiligtümer« der heidnischen Kulte (Ri. 5, 5; Jer. 51, 25), die mit dem Hochmut des Sein-wollens-wie-Gott zu tun haben. Daher werden sie am Ende der Welt planiert werden. Vielleicht ist auch der B. der Versuchung (Matth. 4, 8) zu ihnen zu rechnen. Eine wichtige Symbolkette wird in Psalm 48 beschrieben: Gott – Berg – Stadt – Palast – Zitadelle – Tempel – Mittelpunkt der Welt. In der christlichen Kunst lassen sich nach Ergebnissen eingehender Forschung drei hauptsächliche Symbolbedeutungen des B. feststellen: 1. Der B. ist die Verbindung zwischen Himmel und Erde. 2. Der heilige B. liegt im Mittelpunkt der Welt; er ist ein Bild der Welt. 3. Der Tempel steht mit diesem B. in Zusammenhang.

Beschneidung In Bildzyklen der Feste des Kirchenjahres wird das Fest der B. Jesu, das zwischen Christgeburt und Epiphanias an Neujahr gefeiert wird, durch eine Abbildung der jüdischen Zeremonie der Beschneidung und alttestamentlichen Vorbilder (Beschneidung → Isaaks und Ismaels durch Abraham) bezeichnet. Die B., bei den Israeliten zweifellos sehr alt und später als Zeichen des Gottesbundes gewertet, war und ist im Vorderen

Orient fast allgemein gebräuchlich. Sie stellt einen Initiationsritus dar, das Symbol einer neuen Lebensstufe, als gehorsamer, treuer Vollzug einer gegebenen Ordnung zugleich Übergang zu neuer Möglichkeit freier Verantwortung. In dem Maße, in dem dieser Brauch von den Gruppen und Völkern unterscheidet, die ihn nicht üben, wird er zum Symbol der ihn vollziehenden Gemeinschaft. Die frühe Christenheit band nach langen Debatten die Aufnahme in den Neuen Bund nicht an die B., sondern an die → Taufe (vgl. Apg. 10, 4. 48; 11, 1–18; 15, 5.12). – Bedeutende Darstellungen der B. des Christuskindes im Tempel und manchmal (entgegen jüdischem Gesetz) in Gegenwart Marias: Bronzetür 11. Jh., Benevent; Nikolaus v. Verdun, Emailaltar 1181, Klosterneuburg b. Wien; Mantegna 15. Jh., Uffizien Florenz; Giov. Bellini, 1465, National Gallery London; Meister der hl. Sippe, 15. Jh., Alte Pinakothek München; Portal St. Thibault, 15. Jh., Thann/Elsaß; Michael Pacher, 15. Jh., Altar von St. Wolfgang/Österreich; Luis Morales, 16. Jh., Prado Madrid; Joost van Kalkar, Kalkar/Rheinland; Jörg Ratgeb, Altert. Museum Stuttgart.

Besen Unter Bezug auf die den häuslichen Arbeiten besonders zugewandte Martha (vgl. Luk. 10, 40) das Attribut dieser Schutzheiligen der Hausangestellten sowie Attribut der hl. Petronilla.

Bett Das B., Symbol der Regeneration im Schlaf und in der Liebe, zugleich Ort des Todes, der Geburt, der ehelichen Gemeinschaft, bezogen auf die Mysterien des Lebens, ist in der Antike zugleich auch der Ort, wo man speist und Besuche empfängt. All das war es auch im Gebrauch der frühen Christen, selbst die Mönche verzichteten nicht aus asketischen Gründen auf ein B. Die äußere Gestalt, das Material, die Ausstattung variierten. Meistens handelte es sich um eine horizontale Platte, die durch Füße verschiedener Höhe über dem Erdboden gehalten wurde. In besonderen Fällen wurde ein leicht tragbares, geflochtenes Gestell benutzt, wie man es besonders häufig auf den Schultern des gelähmten Gichtbrüchigen sieht, dem Jesus sagte: »Nimm dein Bett und geh!« (Mark. 2). Dieser Geheilte ist, als Vorbild der durch Christus von aller irdischen Gebrechlichkeit geheilten Verstorbenen, besonders häufig auf Sarkophagen abgebildet. In seinem B. sah man gleichzeitig ein Symbol für den Leib der Sünde, der durch die Gnade wiederhergestellt und gereinigt wird. Für die – seltener – in der Kunst dargestellte Szene des Todes Jakobs im Kreis seiner Söhne (1. Mose 48, 2; 50, 32) hat man auf einer Miniatur der Wiener Genesis ein Paradebett gewählt, wie es gewöhnlich zur Aufbahrung der Verstorbenen benutzt wurde. Allgemein kann das B. bei der Darstellung der sieben Lebensalter die letzte Lebensperiode symbolisieren.

Bettler Als Partner und Empfänger auf Darstellungen der Heiligen Diego v. Alcala, Martin v. Tours, Thomas v. Villanova, Elisabeth v. Thüringen/Ungarn. – Als B., unter einer Treppe schlafend, wird der hl. syrische Asket Alexios dargestellt, dessen rührende Legende ihm nach seiner Anerkennung durch Rom im 10. Jh. viele Darstellungen (auch in Szenenzyklen) eingetragen hat.

Beule Eine Pestbeule in der Leistengegend oder am Oberschenkel ist das Kennzeichen des Pestheiligen Rochus.

Beutel 1. Attribut des Judas Ischariot (unter Anspielung entweder auf sein Amt als Schatzmeister der Zwölf oder auf die dreißig Silberlinge), aber auch des Apostels Matthäus (als ehemaligen Zöllners), ferner der Heiligen Antonius, Antonin v. Florenz, Briocus (Schutzpatron der Geldbörsenhersteller), Johann der Almosengeber, Laurentius, Papst Sixtus, Thomas v. Villanova (Thomas der Almosengeber). – 2. Um den Hals gehängt, Attribut der Geizigen in →Endgerichtsdarstellungen, sowie des Simon Magus (der nach Apg. 8 dem Apostel Petrus das Charisma des Heiligen Geistes mit Geld abkaufen wollte; daher der Name Simonie für den Schacher mit geistlichen Ämtern). – 3. Attribut des hl. Nikolaus in Gestalt von drei goldenen Kugeln, eigentlich drei B.n, in Anspielung auf seine geheime Unterstützung von drei armen Mädchen. – 4. Als Bettelsack Attribut der Heiligen Alexis, Felix v. Cantalice (Bruder Deogratias) und Makarius v. Alexandria. – → Geldbeutel.

Biene Die Symbolbedeutung der B. gründet sich besonders auf ihren Fleiß (Spr. 6, 8, Septuagintatext) und die Organisation ihres Lebenszusammenhangs. »Die Biene saugt an den Blüten einer ganzen Wiese, um daraus doch nur einen einzigen Honig zu machen« (Clemens v. Alexandria). »Ahmet die Klugheit der Biene nach!« predigt Theolept v. Philadelphia und zitiert die B.n als Beispiel für das geistliche Leben der monastischen Gemeinschaften. So ist die B. uraltes Sinnbild einer frommen und einigen Gemeinde. Ambrosius vergleicht die Kirche mit einem Bienenkorb und den Christen mit einer dem Stock stets treuen und fleißig darin arbeitenden B., die den bösen Rauch der Hoffart, Schmeichelei etc. hasse und, die Blumen prüfend, von allem nur das Beste, den Honig, behalte. In Chaldäa (und dem kaiserlichen Frankreich) ist die B. herrscherliches Symbol. Zugrunde liegt das Bild der Königin (die man lange für einen König hielt!) an der Spitze eines fleißigen und gedeihenden Gemeinwesens. Außerdem ist die Hieroglyphe der B. mit sechs Beinen Zeichen für das Rad mit sechs

Strahlen, daher Sonnensymbol. Bei den Griechen hieß sie »das priesterliche« Tier, weil sie alles Unreine meidet und nur vom Duft der Blume lebt. Von da ist sie auch im Abendland Sinnbild der Reinheit. Für Bernhard v. Clairvaux repräsentiert sie deshalb den Heiligen Geist. Ihre zielgerichtete Arbeit hat sie zum Symbol der theologischen Tugend der Hoffnung werden lassen. Dargestellt wird sie außer in heraldischen Stilisierungen selten; doch begegnet sie gelegentlich als Attribut der Heiligen Ambrosius und Johannes Chrysostomus, denen beide honigsüße Beredsamkeit zugeschrieben wurde. → Bienenkorb. Ferner gehören die B.n zu den Attributen der hl. Rita, da sie bereits deren Kinderwiege umkreisten. – Nur in römischen Kirchen begegnen die B.n als Wappentiere des Geschlechts Barberini. Die von Pietro da Cortona gemalte Decke im Palazzo Barberini stellt dementsprechend B.n dar, die die christlichen Tugenden umschwärmen. Der Grundriß der Kirche S. Sapienza ist sogar zu Ehren des Papstes Urban VIII., der dem Hause Barberini angehörte, der Gestalt einer B. nachgebildet.

Bienenkorb Symbol der Kirche, außerdem eins der Attribute des hl. Ambrosius, Bischofs von Mailand, weil Bienen ihm, als er schlief, Honig auf die Lippen legten, ferner auch der Heiligen Johannes Chrysostomus und Bernhard v. Clairvaux infolge ihrer »wie Honig fließenden« Redekunst.

Bilderwand (= Ikonostasis) wörtl. Bilderaufstellung, den Kirchenraum quer abschließend, teilt in den Kirchen des Ostens den Chor der Kirche und (soweit vorhanden) die beiden Seitenchöre von Diakonikon und Proskomidie von der Gemeinde ab und hermetisiert so die Vorgänge am Altar. Gleichzeitig hebt sie mit ihrer Bilderfülle (bei denen der Festkalender des Kirchenjahres nicht fehlt) die Heilstaten Gottes anschaulich hervor. Durch die Mitteltür (Porta regia, → Tor), die während der Liturgie verschiedentlich geöffnet wird, bewegen sich die große und die kleine Prozession der Liturgie in die Mitte der Gemeinde. Rechts und links dieser Pforte sind, vom Beschauer aus gesehen, die festen Plätze der großen Ikonen des → Christus Pantokrator und der Gottesmutter Maria. Es folgen weiter Bilder → Johannes' des Täufers und desjenigen Heiligen der Heilsereignisse, dem die betreffende Kirche geweiht ist.

Binse Symbol der geduldigen Ausdauer im Streben nach Gott. Die Wüstenväter flochten B.n- und Schilfmatten; der Einsiedler Paulus trägt (im Gespräch mit Antonius) auf Meister Mathis Nithart Grünewalds Isenheimer Altar ein Binsenkleid;

Dante gürtet sich im Purgatorio der »Göttlichen Komödie« mit einem Gürtel aus B.n. – Schilfrohre und Rohrstäbe weisen auf die Barmherzigkeit Gottes, der ein geknicktes Rohr nicht zerbricht (Jes. 42, 3), auf die Verheißung freudevoller Zukunft (Jes. 35, 6 ff.) sowie auf die Verspottung Jesu (Matth. 27, 29). → Schilfrohr.

Blätterkleid oder Blättergürtel, Attribut Adams und Evas nach dem Sündenfall sowie zahlreicher Anachoreten, z. B. der Heiligen Onuphrius und Paulus.

Blatt In der Bauornamentik weit verbreitet und oft symbolisch verstanden. Ein Dreiblatt (Kleeblatt) symbolisiert die Dreifaltigkeit sowie die Kirche, ein Vierblatt das Kreuz, die vier Evangelien oder die Kardinaltugenden, ein Siebenblatt die Gaben des Heiligen Geistes. → Zahlensymbolik. Wo bestimmte Stil- und Platzfragen andere Formen nahelegten, fand man auch hier sehr bald Möglichkeiten symbolischer Deutung. Das im Spitzbogen der Fenster und Türen gebogene B. trägt die Gestalt eines → Herzens; die nelkenblattähnliche Form, die sich vom Mittelpunkt der Fensterrose aus entfaltet, erinnert an die Nägel Christi, das oben und unten zusammengedrückte, in der Mitte breitere B. weist auf einen → Fisch oder auf die → Mandorla. – Das Feigenblatt als erste Kleidung für Adam und Eva nach dem Fall veranlaßte wohl die Folgerung, auch der Baum des Sündenfalls sei ein Feigenbaum gewesen. Dieses erste Kleid der Menschen ist zugleich ein Bußkleid. → Kleeblatt. → Feigenbaum.

Blattmaske → Masken.

Blinde (Heilungswunder) Die beiden Blindenheilungen durch Jesus (an zwei B.n in der Gegend von Jericho einerseits, an einem Blindgeborenen nahe Jerusalem andererseits: Mark. 10, 46–52; Matth. 20, 29–34; Joh. 9, 1–41), die in den Evangelien berichtet werden, haben nicht nur durch ihre plastische Erzählweise die künstlerische Darstellungskraft angeregt und zu ausdrucksvollen Bildern an den Katakombenwänden, auf Sarkophagen, Kapitellen und in Miniaturen geführt; sie haben auch zu symbolischen Deutungen Anlaß gegeben, etwa dem Vergleich zwischen der Wiederherstellung des Lichts dieser Welt und der Auferstehung des Fleisches, die in das Licht des Himmels einführt (Irenäus), oder dem Hinweis auf Christus, das Licht in der verfinsterten Situation der Menschheit seit Adams Fall (Isidor v. Sevilla). Da Erleuchtung (illuminatio, photismos) auch ein

Stichwort für die → Taufe war, kann man zahlreiche Darstellungen von Blindenheilungen auch als Bild der Taufe betrachten. □ 1. Heilung des Blindgeborenen (Joh. 9, 1 ff.): Sarkophag 4. Jh., Chap. des Carmes, Clermont-Ferrand; Elfenbeindiptychon 5. Jh., Kath. Palermo; Mosaik 6. Jh., S. Apollinare Nuovo, Ravenna; Altar 9. Jh., S. Ambrogio, Mailand; Fresken 9. Jh. in St. Johann, Müstair/Schweiz; 10. Jh. in S. Angelo in Formis und St. Georg, Oberzell/Bodensee; Mosaik 11. Jh., S. Marco, Venedig; Holztür 11. Jh., St. Maria im Kapitol, Köln; Duccio, Tafelbild 14. Jh., National Gallery London; Lukas van Leyden, Triptychon 1531, Eremitage Leningrad; Fresko 1568, Kloster Dochiariou/Athos. – 2. Heilung der zwei B.n von Jericho (Matth. 9, 27): Mosaik 6. Jh., S. Apollinare Nuovo, Ravenna; Kapitell 12. Jh., Autun; Nic. Poussin, Tafelbild 17. Jh., Louvre Paris. – Das Buch Tobias berichtet die Heilung der Blindheit des alten Tobias durch seinen Sohn mittels einer Fischgalle. Diese Szene, als Präfiguration des blindenheilenden Christus oder als Sinnbild der Erleuchtung des blind gewordenen Volkes Gottes betrachtet, ist häufig dargestellt. □ Nordportal 13. Jh., Kath. Chartres; Teppich der Tobiasgeschichte von Bernhard van Orley, 16. Jh., Kunsthistor. Museum Wien; Fresko von Caroto, 16. Jh., S. Eufemia, Verona; Jan van Hemessen, 1555, Louvre Paris; G. van den Ekhout, 17. Jh., Mus. Braunschweig; Bernardo Strozzi, 1625, S. Zaccharia, Venedig, u. Eremitage, Leningrad; Domenico Feti, 17. Jh., ebd.; Peter Cornelius, Fresko 19. Jh., Landesmuseum Hannover.

Blitz Der B. ist das machtvolle und überaus schnelle Feuer des Himmels, Funke des Lebens und Spender der Fruchtbarkeit. Gott äußert sich in B. und Donner (vgl. Hiob 37, 3–4. 11–13; Jer. 10, 12–13). Theophanien sind mit B.n verknüpft (Dan. 10, 6; Hiob 36, 32). Plötzlich wie der B. sind seine Zorngerichte (5. Mose 32, 41; Hiob 20, 25). So fehlt der B. auf Darstellungen von Theophanien auf dem Sinai wie beim → Endgericht selten. Oft scheint dabei der antike Typus des blitzeschleudernden Zeus durch. Ein Glasfenster des 13. Jh. in der Kathedrale von Bourges stellt B.e dar, die wie Feuerfackeln aus den Händen Christi kommen (vgl. Offbg. Joh. 4, 5).

Blume Nach der Bibel das Symbol irdischer Schönheit und Lieblichkeit, sind die B.n im allgemeinen Zeichen des passiven Prinzips, der Haltung des Empfangens, entsprechend ihren Kelchformen, den Gaben und der Aktivität des Himmels zugewendet. Juan de la Cruz hat die B. als Bild der Tugenden der Seele verstanden, den Blumenstrauß als Zeichen der geistlichen Vollkommenheit. Die B. erinnert an den Zustand der Kindheit und so auch gewissermaßen an das Paradies. Doch kann sie infolge ihrer Zartheit auch ein Symbol der – der Kreatur allgemein eigenen – Unbeständigkeit und Vergänglichkeit sein, ein Bild des flüchtigen Charakters der Schönheit. Die Gräber der frühen Christenheit befanden sich (wie die Gräber der Heiden) oft inmitten eines Gartens. Man schmückte die Gräber mit frischen B.n, aber auch mit Darstellungen von B.n, um damit das Bild des blühenden Paradiesgartens zu beschwören (□ Katakombenfresken in S. Domitilla, S. Callisto, S. Pretestato, Rom). Auf den Epitaphien ist häufig ein Blumenkranz oder ein Blumenkorb zu sehen, am häufigsten eine Blüte im Schnabel einer Taube. Auf den Mosaiken wachsen und wuchern die B.n (□ S. Apollinare und S. Vitale, Ravenna; Mausoleum S. Constanza, Rom). Da Kirchen und Altäre eng mit den Gräbern der Märtyrer verbunden sind, wird deren Schmuck bald auch auf jene übertragen.

Blut Sinnbild des Lebens und der Seele (3. Mose 17, 14; 5. Mose 12, 23), spielt in der Geschichte des Auszugs aus Ägypten (2. Mose 12) und in der Symbolik der → Eucharistie eine auch bildlich faßbare Rolle. Das B. Christi als sinnfälliges Zeichen der Erlösung fließt aus seinen Hand- und Fußwunden in Kelche, die von Engeln oder von einer Personifikation der Kirche gehalten werden, oft auch in ein pokalartig geformtes Becken, in dem sich → Adam und Eva oder Gläubige beiderlei Geschlechts baden. □ Gebr. van Eyck, Genter Altar, 15. Jh., Gent; Grabmal 16. Jh., Dom Bremen. – → Brunnen. → Kelch.

Bock Der B. war im griechischen Mythos das Reittier der Aphrodite, des Dionysos, des Pan – alles Hinweise auf seine Verkörperung der natürlichen Zeugungskräfte. In einer verschärften Negativierung dieses Zusammenhangs wurde er zum unreinen, stinkenden, nur auf Befriedigung sexueller Instinkte bedachten Wesen, damit zum Symbol der Übeltäter, der Verdammten im → Endgericht (Matth. 25, 31 ff.). Dem Mittelalter stellt sich der Teufel in der Gestalt eines B. dar und ist auch an seinem scharfen Geruch erkennbar. Eine berühmte Konsole in der Kath. Auxerre zeigt die Wollust (luxuria) auf einem B. Der B. kann auch Symbol der Synagoge werden. Wie der → Stier ist er ein Opfertier des mosaischen Gesetzes, um als »Sündenbock« die Sünde und Unreinheit des Volkes auf sich zu nehmen (3. Mose 16, 15 f.). Außer dem geopferten »Sündenbock« gibt es auch den, dem man alle Vergehen des Volkes auflädt, um ihn in die Wüste »zum Teufel« zu schicken und dort zu verlassen (3. Mose 16, 5–10). – Als Symboltier Alexanders d. Gr. taucht der B. im Kampf mit dem → Widder (Medien-Persien) auf Bildern der Danielvision (8, 1 ff.) auf (□ Ölbild von Rembrandt, um 1650, Deutsches Museum Berlin).

Bogen Sinnbild des Krieges und der säkularen Macht, Attribut des Todes, ferner Attribut des biblischen Bogenschützen Ismael (1. Mose 21, 20), ferner der Heiligen Sebastian und Ursula, die beide von → Pfeilen durchbohrt wurden.

Brille (Kneifer) In der Reihe der Tugenddarstellungen Symbol der Mäßigkeit und Abgewogenheit (temperantia), begegnet auf Darstellungen des Propheten Jeremia (□ Claus Sluter, Prophetenbrunnen, Dijon), des hl. Hieronymus (als Schutzpatron der kurzsichtigen Gelehrten, obwohl die B. erst 1280 von Roger Bacon erfunden wurde: □ Georges de la Tour, 17. Jh., Louvre Paris) und des hl. Servatius v. Maastricht (□ Gemälde von Bernard Strigel, 1528, Alte Pinakothek München). Auch auf spätmittelalterlichen Darstellungen des Marientodes ist häufig einer der Jünger, der die Sterbegebete aus einem Buch liest, mit einem Kneifer versehen.

Brot Wichtigstes Nahrungsmittel aller Kulturvölker, ist das B. dementsprechend Symbol der wesentlichen Nahrung. Im alten Israel, wo die Brotkuchen nicht geschnitten, sondern gebrochen wurden, hieß B. brechen soviel wie B. essen, dann überhaupt jede gemeinsame Mahlzeit. Bei der hohen Bedeutung des Brotbrechens im Abendmahl nannte man in der ältesten christlichen Zeit oft auch das Halten gemeinsamer Abendmahlzeiten, die mit der Feier der Eucharistie schlossen, Brotbrechen. Von hier wird der Bericht Luk. 24, 13–35 verständlich, daß die Jünger von Emmaus Christus am Brotbrechen erkannten, ein Hinweis auf seine bleibende Gegenwart im Sakrament der Eucharistie. → Mahl. – Die frühchristliche Kunst stellt vor allem die wunderbare Brotvermehrung (Matth. 14, 15–21; 15, 32–38) mit Fischen und B.n dar. In der Nähe des Sees Genezareth, bei Kapernaum, wo man dieses Wunder lokalisierte, wurde im 4. Jh. die »Basilika der Brotvermehrung« errichtet, die inzwischen ausgegraben wurde. Zu den ältesten christlichen Fresken gehört eine Wandmalerei des 2./3. Jh. in der Katakombe von Alexandria, die die Brotvermehrungsszene breit schildert. In der Regel wurde sie (□ in den römischen Katakomben S. Priscilla, S. Callisto, Cimitero dei Giordani) auf ihre wesentlichen symbolischen Elemente reduziert: Christus, der die Körbe mit dem Stab berührt, ferner dann die eucharistische → Mahlzeit mit sieben bis zwölf Körben voll B.n und einem → Fisch. Die B.e sind sehr bald mit einem eingeschnittenen Kreuz gekennzeichnet. Zu den Fresken treten Reliefs in gleicher Fülle. Die Miniaturen der Evangeliare zeigen die Brotvermehrungsszene ausführlich, unter deutlichem Hinweis auf die Bedeutung der Konsekration durch Christus. Diese spielt auch in der byzantinischen Kunst eine besondere Rolle (□ Mosaiken

S. Apollinare Nuovo, Ravenna). Weitere □: Sarkophage 4. Jh., Lateranmuseum Rom, und Musée Lapidaire Arles; Holztür 6. Jh., S. Sabina, Rom; Elfenbein-Paliotto 6. Jh., Salerno; Maximianskathedra 6. Jh., Ravenna; Mosaiken 12. Jh., Monreale/Sizilien und 14. Jh., Kahrie Dschami, Istanbul; Fresken 14. Jh., Manassia/Jugoslawien und 16 Jh., Dochiariou/Athos; Fresken 12. Jh., Krypta Kath. Clermont-Ferrand und Kirche Brinay; Michael Pacher, Altar 1481, St. Wolfgang/Österreich; Lukas Cranach, 16. Jh., Schloß Gripsholm/Schweden; Tintoretto, 16. Jh., Scuola di S. Rocco, Venedig; Murillo, 17. Jh., Hospital de la Caridad, Sevilla. – Wie bei Murillo taucht die Szene auch anderweitig bei der Darstellung der sieben Werke der Barmherzigkeit auf. – Andere Brotdarstellungen begegnen im Zusammenhang mit der Schilderung der Speisung → Daniels durch den Propheten Habakuk und der Vergiftung des Drachens zu Babel durch Daniel. Auf einem Sarkophag in Brescia trägt Habakuk ein B. mit Kreuzzeichen und einen Fisch – eine deutlich eucharistische Symbolik. – Während der Mensch einerseits »nicht vom B. allein« lebt, kann auch die geistliche Nahrung als B. bezeichnet werden. So nennt sich Christus selbst »das B. des Lebens« (Joh. 6, 35). Damit wird das B., nach dem Text der Liturgie, »Lebensmittel zum ewigen Leben«. Man erblickte auch eine symbolische Beziehung zwischen dem Mähen, Dreschen und Backen des irdischen B. und der irdischen Qual und dem Tod des Menschen; entsprechend wurde das eucharistische B. zum Zeichen des verklärten ewigen Leibes. Eine alte theologische Tradition verknüpft ferner das B. der Eucharistie mit dem aktiven, den Wein der Eucharistie mit dem kontemplativen Leben. – In der Symbolik des eucharistischen B. spielt das Manna eine besondere typologische Rolle, da es die Israeliten in der Wüste genügend, aber jeweils nur für einen Tag vom Himmel empfingen (2. Mose 16). Schon Fresken aus dem 4. Jh. zeigen diese Szene (Cimitero di S. Ciriaco, Rom), aber sie erscheint, vielleicht wegen der Schwierigkeit der Darstellung, niemals auf Sarkophagen. Im Mittelalter bis hin zur Renaissance ist sie in der Regel in direkter Parallelstellung zur Eucharistie abgebildet, zusammen mit der Begegnung zwischen Abraham und Melchisedek einerseits und der Einsetzung des jüdischen Passah andererseits. □ Relief 12. Jh., Fassade Ripoll/Katalonien; Dirk Bouts, 15. Jh., Triptychon des Abendmahls, St. Pierre, Louvain; B. Luini, Fresko 16. Jh., Brera, Mailand; Tintoretto, 1594, S. Giorgio Maggiore, Venedig; Brüsseler Teppich, 1550, Kunsthistor. Museum Wien; Fenster 16. Jh., Kirche Montfort-l'Amaury; Nicolas Poussin, 1639, Louvre Paris; Hendrik van Bahn, 17. Jh., Mus. Braunschweig; Tiepolo, 18. Jh., Kirche Verolanuova. – Ein bemerkenswertes Fresko aus dem 11. Jh., das in Rom unterhalb der Scala Santa am Lateran erst 1900 entdeckt wurde, zeigt den Tod des Evangelisten Johannes, der nach den apokryphen Johannesakten einen Mannaregen empfing. – Ein oder mehrere B.e gehören zu den Attributen der Heiligen Albert v. Lüttich, Honorius v. Amiens, Syrus v. Pavia, Adelaide v. Köln, Nikolaus v. Tolentino, Eugenia, Elisabeth v. Thüringen/Ungarn und Elisabeth v. Portugal.

Brunnen Der »Brunnquell der Erkenntnis« (1. Mose 16, 14), »B. des Schauens«, da im Hebräischen dasselbe Wort B. und Auge bezeichnet, bedeutet in der Bibel: Segen, Heil, Reinigung. Hier ist die ganze alttestamentliche → Wassersymbolik heranzuziehen. Gott ist der B. lebendigen Wassers (Jer. 2, 13; 17, 13). Schon auf den frühchristlichen Sarkophagen entspringt der B. inmitten des irdischen → Paradieses, am Fuß des Lebensbaumes, und teilt sich dann in vier → Flüsse nach den vier Weltrichtungen. Hier wurzelt der symbolische Sprachgebrauch von »Quell des Lebens«, »Quelle der Unsterblichkeit«, »Quelle der Jugend« (Jungbrunnen), »Quelle der Lehre«. Jungbrunnendarstellungen, wie sie besonders in der Renaissance beliebt sind (□ Epitaph im Bremer Dom), gehen auf diese Paradiesbeziehung zurück. »Wasser ist das Sinnbild aller Erzeugung.« Isaak, Jakob, Mose finden die ihnen bestimmten Bräute am B. Hagar wird am B. ein Sohn versprochen. Am B. führt Jesus nach Joh. 4 das bedeutsame Gespräch mit der Samariterin. Das tote Wasser des Jakobsbrunnens steht dabei als Symbol der jüdischen Reinigungsvorschriften im Gegensatz zum »lebendigen Wasser« der christlichen Taufe. □ Fresken 2. Jh., Kath. S. Pretestato, Rom, und 3. Jh., Kath. S. Domitilla und S. Callisto, Rom; Fresko um 220, Christl. Kapelle Dura-Europos/Syrien; Sarkophage 4. Jh., Lateranmuseum Rom und Musée Lapidaire Arles; Elfenbeinpyxis 5. Jh., Louvre Paris; Mosaik 6. Jh., S. Apollinare Nuovo, Ravenna; Fresko 11. Jh., S. Angelo in Formis; Osterleuchter Bernwards, 11. Jh., Dom Hildesheim; Mosaiken 12. Jh., S. Marco, Venedig, u. Monreale/Sizilien; Bronzetüren 12. Jh., Benevent und Baptisterium Florenz (Andrea Pisano); Hans Gieng, Brunnen 1552, Freiburg/Schweiz; Jan Joest, 16. Jh., St. Nikolaus, Kalkar/Ndrh.; W. Turner, 19. Jh., Tate Gallery London. – Eine in der spätmittelalterlichen Mystik wurzelnde und später im Pietismus der Herrnhuter Brüdergemeine wieder aufgegriffene Symbolik erblickte in der Seitenwunde Christi, aus der Wasser und Blut flossen, eine Quelle des Lebens; darauf weisen spätmittelalterliche wie barocke Bildmotive. – In arabischen Ländern gilt das Mauerquadrat, das man um einen B. errichtet, als Abbild des irdischen Paradieses. – Im Mittelalter verwendete man viel Sorgfalt auf den Schmuck der B., da diese ursprünglich kirchliche Bedeutung hatten; hier ist an den Kantharus, das Reinigungsbecken inmitten des Vorhofs der Kirchen, ebenso wie an das Taufbecken in der Kirche selbst zu denken. In der Bretagne sind aus alter keltischer Tradition heute noch alle Quellen und B. der hl. Anna und, häufiger, der Jungfrau Maria geweiht. Nach einer in die ostkirchliche Bildthematik eingegangenen apokryphen Tradition befand sich → Maria Wasser schöpfend am B., als die Botschaft des Verkündigungsengels sie erreichte, ein symbolischer Hinweis auf die Lebenskraft des Wassers und ein Rückbezug auf die alttestamentlichen Brunnengespräche Eliesers mit Rebekka, Jakobs mit Rahel, Moses mit Zippora. □ Byzantinisches Elfenbeinrelief 6. Jh., Schatzkammer Dom Mailand; byzantinische Mosaiken 11. Jh. in Daphni b. Athen; Sw. Sophia, Kiew; S. Marco, Venedig; Mosaiken 12. Jh. in Cappella Palatina und Martorana, Palermo sowie Dom Monreale/Sizilien; Pala d'Oro, 12. Jh., S. Marco, Venedig; Mosaik 14. Jh., Kahrie Dschami, Istanbul. – Ein durchaus negatives Symbol ist der B. des Abgrunds, aus dem riesige Heuschrecken mit Menschenköpfen und Skorpionschwänzen als synthetisch-dämonische Bestien heraus und über die Erde quellen (Offbg. Joh. 9, 3). Die deutlicheren alttestamentlichen Bezugstellen sind 2. Mose 10, 12 ff. und Joel 2, 1 ff. Anschauliche, phantastische □: Fresko 12. Jh., St. Savin/Poitou; Apokalypseteppich von Angers, 14. Jh.; Fensterrose 15. Jh., St. Chapelle, Paris; Fresko 1547, Trapezakloster Dionysiou/Athos. In diesen B. von Feuer und Schwefel wird der gefesselte → Teufel geworfen und für tausend Jahre eingeschlossen (Offbg. Joh. 20, 1 ff.). Die Szene erinnert an den persischen Mythos vom Sonnengott als dem Sieger über den Drachen und die Mächte der Finsternis. Der Zeitraum von tausend Jahren hat im Mittelalter und bei eschatologisch bestimmten Sekten zu zahlreichen Terminspekulationen geführt. □ Kapitell 12. Jh., Kreuzgang Moissac; Fensterrose 15. Jh., St. Chapelle, Paris; Dürer, Holzschnitte zur Apokalypse; Jean Grappin, Relief 1570, Lettner Gisors. – Als Attribut gehört der B. zu Darstellungen der Heiligen Papst Kalixt, Sebastian, Sigismund. – Nach dem Vorbild orientalischer Hofbrunnen oder des Zierbrunnens im Peristyl des römischen Hauses befanden sich, auf Abbildungen noch begegnend, im Atrium frühchristlicher Basiliken oft sehr kunstvoll ausgestattete, manchmal mit einem Baldachin versehene Reinigungsbrunnen (Kantharus). An sie erinnern auch noch die tempelartigen Brunnenbauten (phiali) in Klöstern der Ostkirche (z. B. Athos).

Brust, weibliche 1. Bei Darstellungen → Marias handelt es sich a) um den in der byzantinischen Kunst wie im Abendland weit verbreiteten und populären Bildtyp der das Christuskind stillenden Muttergottes, b) um das auf ein mystisches Erlebnis zurückgehende Milchwunder des hl. Bernhard v. Clairvaux, bei dem ihm Maria Milch aus ihrer B. spendete (□ Altarbild 14. Jh., Museo Luliano, Palma de Mallorca; Ferrer Bassa, 14. Jh.,

Bischöfl. Mus. Vich/Katalonien; Meister des Marienlebens, 15. Jh., Wallraf-Richartz-Museum Köln; Jan van Eckele, 15. Jh., Mus. Tournay; Fenster 15. Jh., Kirche Vézelise/Meurthe-et-Moselle; Relief 16. Jh., Chorumgang Kath. Palencia/Spanien; Jacob Claesz v. Utrecht, 16. Jh., Deutsches Museum Berlin; Murillo, 17. Jh., Prado Madrid; Hans Fries, 17. Jh., Alte Pinakothek München; Asam, Fresko 18. Jh., Fürstenfeldbruck/ Bayern; Goetz, Altarbild 18. Jh., Birnau/Schwaben); c) um die Ausweitung dieser Milchspende für alle Gläubigen (□ Katalan. Meister um 1440, Mus. Valencia), offenbar eine Parallele zur mystischen → Kelter; d) um eine Milchspende für die Seelen im Fegfeuer (besonders im 15. Jh. in Süditalien; □ Abruzzenschule, Galleria Chieti; Neapolitanische Schule, S. Maria di Piedigrotta). e) Schließlich zeigt Maria als Fürbitterin ihre entblößte B. ihrem Sohn, um ihn im Gericht milde zu stimmen, so wie Christus dem richtenden Gott Vater seine Wunden zeigt. – 2. Zwei abgeschnittene B.e auf einer Schüssel sind das Attribut der in Sizilien geborenen und von dort bis nach Deutschland hoch verehrten hl. Agathe v. Catania, die um 251 den Märtyrertod erlitten haben soll. Das gleiche Attribut weist auf die Heiligen Anastasia v. Sirmium, Barbara, Casilda und Macra.

Buch B.r in unserem Sinne, codices aus aufeinandergelegten, geleimten und zusammengehefteten Blättern, wurden lange nicht von den Buchrollen, volumina, unterschieden. Beide begegnen auf altchristlichen Kunstdenkmälern in der Hand des lehrenden und richtenden Christus wie in der Hand der Apostel, wo in der Regel ein Kreuz ihren Inhalt bezeichnet. In der altchristlichen Kunst ist die Buchrolle vor allem Symbol des göttlichen Gesetzes oder der Glaubenslehre, wobei die häufig auf Sarkophagen dargestellten Szenen der Übergabe der Lehre durch Christus an die Apostel (traditio legis) dem profanen kaiserlichen Hofzeremoniell nachgebildet sind. Das »Buch des Lebens«, von dem in der Offbg. Joh. ausführlich die Rede ist (3, 5; 17, 8; 20, 12. 15; vgl. Phil. 4, 3; Dan. 12, 1) und das in der Hand des Christus Pantokrator dargestellt wird (mit Aufschriften wie: »Ich bin das Licht«, »Ich bin der Weg, die Wahrheit und das Leben«), ist sowohl das Symbol des Universums wie identisch mit dem Lebensbaum: Die Blätter des Baumes wie die Buchstaben dieses B. verkörpern die Totalität des Menschen, aber auch die Totalität der göttlichen Entscheidungen. Das »B. mit den sieben Siegeln« (Offbg. Joh. 5), das alle Geheimnisse der Weltgeschichte entschleiert, ist, wie die sibyllinischen und andere hermetische B.r, Symbol des göttlichen Geheimnisses, das nur den Initiierten eröffnet wird (□ Apokalypsenmanuskripte des 11. Jh.; Apokalypseteppich von Angers, 14. Jh.). Ein verschlossenes B. gleicht der jungfräulichen Materie. Ist das B. geöffnet, so ist die Materie befruchtet. Ein schönes Beispiel: Maria mit dem B. anläßlich der Verkündigung der Geburt Jesu durch den Erzengel Gabriel (Luk. 1, 26 ff.). Die im Westen beliebte, im Osten erst unter westlichem Einfluß (Athosfresken des 16. Jh.) bekannte Tradition will, daß Maria meditierend in der Bibel las, und zwar nach Vermutungen der Kirchenväter die Stelle im B. des Propheten Jesaja (7, 14): »Siehe, eine junge Frau ist schwanger . . .« (□ Giotto, Fresken um 1305, Arenakapelle, Padua; Simone Martini, 1333, Uffizien Florenz). Zuweilen geben die Maler Maria auch anachronistisch ein Meßbuch oder ein Stundenbuch in die Hand. – Bei der Berufung des Propheten Ezechiel (3, 1) wie bei der apokalyptischen Vision des Johannes (Offbg. Joh. 10, 1 ff.) muß das B. der Geheimnisse Gottes verschlungen werden; das bedeutet Teilgabe am Wissen Gottes, und es schmeckt süß im Munde, aber bitter in den Eingeweiden. □ Teppich von Angers, 14. Jh.; Fresko 14. Jh., Schloß Karlstein/Böhmen; Albrecht Dürer, Holzschnitte zur Apokalypse; Jean Duval, Apocalypse figurée, 1561; Fenster 16. Jh., St. Michel-sur-Orge; Fresko 16. Jh., Kloster Dionysiou/Athos. – Als Attribut begegnet das B. auf Darstellungen der Evangelisten, der Apostel (soweit sie als Verfasser von Briefen angesehen wurden), der Kirchenlehrer, der hl. Diakone Stephanus, Laurentius, Vinzenz, der Heiligen Antonius v. Padua, Bernhard v. Clairvaux, Dominikus, Thomas v. Aquino, Anna (die ihre Tochter Maria lesen lehrt), Brigitta (mit dem B. der Ordensregel), Katharina v. Alexandria (die mit den Philosophen disputierte). Im Bischöflichen Museum Fulda wird das von Schwerthieben zerfetzte B. gezeigt, mit dem sich Bonifatius gegen seine Mörder zu schützen suchte; dieses Motiv ist mehrfach in der Kunst dargestellt. Die hl. Elisabeth v. Thüringen/Ungarn trägt zuweilen ein B., auf dem drei Kronen liegen, der Erstmärtyrer Stephanus ein B. mit den Steinen, die seinen Tod herbeiführten; drei Blasensteine auf einem B. weisen dagegen auf den hl. Diborius v. Mans, der vor allem gegen Nieren- und Blasensteine angerufen wurde. Ein B., auf dem zwei Augen liegen, ist das Attribut der hl. Odilie. B.r halten außerdem die Personifikationen der Astronomie (in der Bilderreihe der freien → Künste), des Glaubens (in der Reihe der theologischen → Tugenden), des Himmels (der nach Offbg. Joh. 6, 14 wie eine Buchrolle aufgerollt wird), der Kirche und der → Sibyllen.

Büchse Als Salbenbehälter Attribut der Heiligen Kosmas, Pantaleon, Anastasia und Irene v. Rom (die den hl. Sebastian pflegte); als Parfümbehälter Attribut Maria Magdalenas (vgl. Mark. 14, 3–9), des Nikodemus (der den Leichnam Jesu salbte) und der sog. Myrrhenträgerinnen (Myrrhophoren), d. h. der salbentragenden Frauen, die am Auferstehungsmorgen das Grab Jesu aufsuchten.

Burg Gewöhnlich auf der Höhe oder in einer Waldlichtung liegend, eine feste, schwer zugängliche Wohnung; sie gewährt Sicherheit. Sie ist auch in der Bibel das Sinnbild des Festen, Schützenden, Unbezwinglichen (Ps. 144, 2), das Bild der Sicherheit und Zuflucht, die der Glaube in Gott findet (2. Sam. 22, 2). Der christliche Glaube schützt gegen die Dämonen gleich Mauern und Türmen (Johannes Chrysostomus). Vgl. auch die Vision in »Scivias« der Hildegard v. Bingen (Mus. Wiesbaden). – Doch die Lage der B. isoliert sie auch. Was sie einschließt, ist von der übrigen Welt getrennt, ebenso unzugänglich wie erstrebenswert. So kann die B. zum Symbol der Transzendenz werden: Die himmlische → Stadt Jerusalem wird in der christlichen Kunst als eine stark bewehrte Festung dargestellt. → Paradies. Aber auch die Hölle kann als mit Schloß und Riegel fest verwahrte B., bald über, bald unter der Erde dargestellt werden; dann weist sie oft reich gegliederte Stockwerke und Räume für die einzelnen Höllenstrafen auf.

Busch Symbolgeladen ist der brennende → Dornbusch der Gegenwart Gottes bei der Berufung des Mose (2. Mose 3, 2). Er brennt, aber verbrennt nicht. So wird er zum Typus Marias, insofern sie Mutter wird, aber Jungfrau bleibt. Im Rahmen der marianischen Typologie und auch in Armenbibeln wird er oft mit der Verkündigung an Maria zusammen abgebildet. – Ein B. verbirgt nach apokryphen Evangelienerzählungen den kleinen → Johannes den Täufer mit seiner Mutter Elisabeth auf der Flucht vor den Häschern.

C

Chimäre Feuerspeiendes Fabeltier, von Homer (Ilias) als Mischwesen mit Löwenkopf, Ziegenleib und Schlangenschwanz beschrieben. Jedes der drei Körperteile kann in einem Kopf enden. □ Fußbodenmosaiken 12. Jh., Kath. Aosta/Piemont und St. Gereon, Köln; Kapitell 12. Jh., Kath. St. Pierre, Genf.

Christus 1. Während der ersten drei Jahrhunderte herrscht das Bild des bartlosen jungen Mannes mit fast androgynen Zügen vor, wie etwa auf den Fresken oder Statuetten des Guten → Hirten, ohne historische Begründung und auch wohl ohne betonte Absicht, einfach in Anpassung an das Bild des ewigen Lebens als eines Gartens, in dem sich die Erwählten der Gegenwart ihres Erlösers freuten, der ihnen jung, lebhaft und liebenswert als leichtgeschürzter Hirte (Joh. 10, 12) erschien. Das Bild war nie ein Porträt, sondern stets ein Symbol. Nachdem für die Kirche die Zeit des Friedens angebrochen war, scheint das Bedürfnis nach einer realistischen Darstellung C.i zu wachsen. Sie wird individueller, strenger, mehr den ausgeprägten Zügen des semitischen Typus angepaßt, mit gelockten Haaren, schwarzem Bart, großen Augen. – 2. Dabei wird, etwa in der ersten Hälfte des 4. Jh., auch das Bedürfnis stärker, C. als Lehrer darzustellen, der an die, die seine Lehre weitergeben sollen, die Apostel, die Worte des Lebens austeilt. Dieses Austeilen ist seine typische Geste auf den großen Fresken in den Katakomben S. Domitilla, SS. Pietro e Marcellino, im Cimitero S. Hermes und Cimitero dei Giordani, Rom, auf den Mosaiken (5.–9. Jh.) von S. Maria Maggiore, S. Pudenziana, S. Maria in Cosmedin, S. Prassede, Rom; Baptisterium Kath. Neapel; S. Ambrogio, Mailand, der Elfenbeinpyxis von Berlin und dem Silberkasten von S. Nazaro in Mailand; auf eindrucksvollen Sarkophagen in Aix-en-Provence, Arles, Marseille, Rignieux-le-Franc/Ain, alle Frankreich, und in S. Apollinare in Classe, Ravenna (vgl. auch noch aus dem 12. Jh. das Apsisfresko der Prioratskapelle Berzé-la-Ville/Macon und den Tympanon des Kirchenportals von Andlau/Elsaß). Zu nennen ist auch die in Cività Lavinia gefundene Statuette des lehrenden C. in der typisch lehrenden Haltung mit der einen Hand in der Buchrolle, der anderen zur Redegeste erhoben (Rom, Museo Nazionale). Zum Typus des lehrenden C. gehören auch die Statuen des »Beau Dieu« an den Portalen von Chartres, Amiens und Reims (13. Jh.). Auch der »segnende C.« ist eine Variante des lehrenden C., ebenso der »triumphierende C.« (□ Relief 5. Jh., Baptisterium der Orthodoxen, Ravenna; Mosaik 6. Jh., Cappella arcivescovale, ebd.; Elfenbeindiptychon 8. Jh., Genoch-Elderen), der in Anknüpfung an Ps. 91, 13 auf Schlangen, Löwen und Drachen tritt. – 3. Der Typus des bärtigen, streng blickenden C. entwickelt sich weiter. C. »in Majestät« ist die von den Archäologen allgemein angenommene Bezeichnung eines bestimmten Typus von Christusbildern, die ihn in der Gestalt und Haltung ehrfurchtgebietender, göttlicher Erhabenheit und Größe zeigen. Mit der offiziellen Anerkennung und Stellung der christlichen Kirche im Staat wird auch der Herrschercharakter C.i deutlicher betont: schon im 4. Jh. auf Mosaiken in S. Costanza und in S. Pudenziana, Rom, auf Katakombenfresken in S. Domitilla, die offenbar vom Hofzeremoniell beeinflußt sind, wenn auch noch das Bild des lehrenden C. durchscheint; danach deutlich vom 6. Jh. ab auf einem Katakombenfresko im Cimitero de Generosa, Rom, und vor allem auf Mosaiken, die besonders geschaffen schienen, diesen Typ der »Majestät« zu vertreten. □ S. Vitale und S. Apollinare Nuovo, 6. Jh., Ravenna; Apsis Cefalù, Monreale, und Martorana, Palermo (12. Jh.), auf dem Diptychon des Magnus (6. Jh., Cabinet de France, Paris) und schließlich auf zahlreichen Miniaturen. – 4. Der »C. Pantokrator« ist danach das Hauptthema der byzantinischen Kunst auf europäischem wie auf asiatischem Boden; □ Mosaiken von Daphni und Hosios Lukas, Griechenland, Haghia Sophia, Istanbul, und Sw. Sophia, Kiew; Cappella Palatina in Palermo, Monreale und Cefalù/Sizilien. Die byzantinische Kunst hat ferner den Typus »C. als Hoherpriester« in priesterlicher Kleidung geschaffen, anknüpfend an Ps. 110, 4, und besonders verbunden mit den Bildszenen der Apostelkommunion und der Göttlichen Liturgie, wo C. selbst die Kommunion austeilt bzw. die Messe feiert. Der dritte byzantinische Christustyp ist der des »C. Immanuel«, des Kindes Jesus, das entweder von Maria in einem Medaillon getragen wird oder als lebendige Hostie auf einer eucharistischen Patene liegt (□ Mosaik 12. Jh., S. Marco, Venedig; Fresken 14. Jh., Mistra). – 5. Die gesonderte Darstellung des Jesuskindes (nicht auf dem Schoß oder in den Armen Marias) ist seit dem Mittelalter beliebt. Es spielt mit einem Vogel oder hält eine → Weintraube in der Hand, die an das Opfer seines Blutes erinnert. Die schon früher übliche (□ Albrecht Dürer, Miniatur auf Pergament, 1493, Albertina, Wien; Gregor Erhart, 1500, Kloster Heggbach/Schwaben) Darstellung des Kindes Jesus mit der Weltkugel gewinnt erst im 17. Jh. große Volkstümlichkeit. Sie wurde in Italien durch Guido Reni, in Spanien durch Murillo, in Flandern durch van Dyck verbreitet. Von da ist der Weg zu den → Eroten (Putten) des Barock nicht weit, die mit Erdkugeln spielen. Bereits im Mittelalter war der Schatten der Passion über dem Kinde Jesus Gegenstand theologischer Betrachtung, aber nur in andeutenden Symbolen (Weintraube, betonter Kreuznimbus, schmerzliches Lächeln Marias) Gegenstand der Kunst. Vom 16. Jh. ab hat dann besonders die Kunst der Gegenreformation den Typ des Schmerzenskindes mit dem Kreuz entwickelt (□ Cristoforo Alloro, 17. Jh., Uffizien, Florenz; Orazio Gentileschi, 17. Jh., Prado, Madrid; Alonso Cano, 17. Jh., Kath. Sevilla; ferner Bilder von Zurbaran und Murillo). – Anstelle von Maria können auch Heilige das Jesuskind in den Armen halten: Josef, Simeon, Christophorus, Diego, Franz v. Assisi, Antonius v. Padua. Auch bei der mystischen Hochzeit mit der hl. Katharina begegnet das Kind Jesus. – 6. Der leidende C. findet, abgesehen von Darstellungen der Passionsgeschichte, gesonderte Darstellung a) im Bild der Gregorsmesse, das auf eine Vision zurückgeführt wird: Papst Gregor d. Gr. zelebriert die Messe vor C. selbst, der in Halbfigur mit Dornenkrone und Rohrzepter oberhalb des Altars erscheint. Das Wunder geschah zur Überzeugung eines assistierenden Priesters, der an der realen Gegenwart C.i bei der Messe gezweifelt hatte (□ Giovanni Pisano, Kanzel 1310,

Dom Pisa; steinernes Ex-Voto 15. Jh., Kath. St. Omer; Meister von Flémalle, 15. Jh., Musée des Beaux Arts, Brüssel; Fläm. Teppich 1495, St. Sebald, Nürnberg; Albrecht Dürer, Kupferstich 1511; Joh. de Molder, Altarbild 1513, Mus. Cluny; Pedro Berruguete, 16. Jh., Kath. Segovia; Relief 1510, Kirche Köstendorf b. Salzburg); b) im französischen und italienischen Ecce-homo-Bild des Spätmittelalters: In Abwandlung der Szene, die C. vor Pilatus schildert, erscheint der leidende, ja im Hinblick auf die Wundmale bereits gekreuzigte und gestorbene C. lediglich mit dem Oberkörper über einem Sarkophag oder als lebendige Hostie auf einem Altar; meist ist er dabei von Engeln, manchmal auch von Maria und dem Jünger Johannes gehalten; c) als Schmerzensmann, lebend und in ganzer Gestalt, im Deutschland des späten Mittelalters bevorzugt und sehr volkstümlich; entweder kreuzt er die Arme über der Brust oder zeigt ausdrücklich seine Wunden; manchmal fängt er auch selbst sein Blut in einem Kübel auf (□ Holzstatue 14. Jh., Mus. Colmar; Statue 15. Jh., Portal Münster Ulm; Statue 15. Jh., St. Lorenz, Erfurt). – 7. C. als Richter, am Ende der Zeit und Welt im zweiten Advent wiederkehrend »auf den Wolken«, Lebendige und Tote zu richten, wird meist in Anlehnung an die → Endgerichtstexte der Offbg. Joh. dargestellt, die ihrerseits viele ihrer Bilder den Prophetenbüchern Ezechiel und Daniel entnommen hat. Schon die frühchristliche Katakombenkunst zeigt die → Oransgestalt vor dem richtenden C. (□ Fresko 4. Jh., S. Lorenzo, Rom). Danach aber werden Gestalt und Attribute C.i stärker ausgeführt. Drei Haupttypen lassen sich unterscheiden: a) C. mit einem Schwert im Munde, entsprechend der ersten apokalyptischen Vision (Offbg. Joh. 1, 16); oft auch dahingehend erweitert, daß ein Schwert aus dem Munde C.i zu seiner Linken hin, auf die Seite der Verdammten, deutet, während ein Lilienstengel zu seiner Rechten hin die Begnadigung und Annahme symbolisiert. Dieser Bildtypus findet sich häufiger auf Miniaturen (vgl. noch die Armenbibeln) und Fresken, seltener auf Skulpturen, aber doch gelegentlich auf Tympana mit Darstellungen des → Endgerichts (□ Kath. Amiens); b) C. in Majestät mit den vier Wesen des → Tetramorph, entsprechend Ez. 1, 5 und Offbg. Joh. 4, 2; hier segnet die Rechte C.i, während seine Linke auf das offene → Buch gestützt ist, das die Unterlagen für die endgültigen Entscheidungen liefert. Dieses Thema erscheint vorzugsweise in den Tympana und Apsiden (□ Apsisfresko 11. Jh., S. Angelo in Formis; Fresko 11. Jh., St. Peter und Paul, Insel Reichenau/Bodensee; Fresko 12. Jh., St. Savin/Poitou; Tympana in Moissac und Kath. Autun, St. Trophime in Arles, Königsportal Kath. Chartres); c) C. zwischen Maria und Johannes dem Täufer, die als »Deesis« (Gebet, Fürbitte) bekannte, der byzantinischen Kunst entnommene und im Westen seit dem 13. Jh. verbreitete Gruppe. Maria und Johannes (in Analogie zur Kreuzigungsszene kann auch der Jünger

Johannes an die Stelle des Täufers treten) knien in Fürbitte für die sündige Menschheit zu Füßen des richtenden C., der dabei weniger als »C. in Majestät« als vielmehr mit den Wundmalen der Passion erscheint (□ Querschiff Kath. Reims, 13. Jh.; Jan van Eyck, Triptychon der Anbetung des Lammes, 15. Jh., St. Bavo, Gent; Rogier van der Weyden, Jüngstes Gericht, Hospiz Beaune; El Greco, Begräbnis des Grafen d'Orgaz, 16. Jh., S. Tomé, Toledo). – 8. C. als fürbittender Mittler zeigt Gott dem Vater, um dessen Zorn über die verderbte Menschheit zu besänftigen, seine Wundmale. □ Konrad Witz, Typologisches Altarbild, 15. Jh., Mus. Basel; Hans Baldung Grien, Kupferstich 16. Jh. Zuweilen ist Maria beigefügt, die, um das Mitleid für die Menschheit zu wecken, auf die Brüste zeigt, die das Kind Jesus gestillt haben. Ein Fenster der Kath. Beauvais (15. Jh.) schildert eine gestaffelte Fürbittenfolge, die sog. »Heilstreppe«. Der Stifter bittet den hl. Laurentius, zu dessen Füßen er kniet, um Fürsprache; dieser gibt die Bitte an Maria, Maria an C. und C. an Gott Vater weiter, der die Verzeihung gewährt. Verse verdeutlichen das Bild. – 9. Die Herz-Jesu-Darstellung begegnet trotz des hohen Alters der Herz-Jesu-Verehrung (vgl. Bernhard v. Clairvaux, deutsche und spanische Mystik, spätmittelalterliche Verehrung der Wundmale Jesu) relativ spät und nicht auf bedeutenden Kunstwerken. Ein Holzschnitt von Lukas Cranach (1505) zeigt ein Herz mit dem gekreuzigten C., Maria, Johannes und den Pestheiligen Sebastian und Rochus. Volkstümliche Andachtsbilder vom Ende des 16. Jh. kombinieren gern das Herz Jesu mit der Dornenkrone und den drei Kreuznägeln. Eine starke liturgische Herz-Jesu-Verehrung, gefördert vom Jesuitenorden, geht auf Initiative des Gründers der Eudisten, des Normannen Jean Eudes, und der Nonne Marguerite (Maria) Alacoque in Paray-le-Monial/Burgund am Ende des 17. Jh. zurück und führte u. a. dazu, daß vom 18. Jh. an Monstranzen aus Bergkristall häufig nicht mehr die kreisförmige Gestalt der Hostie, sondern die Form eines Herzens haben. Nationalgerichtete Wellen der Herz-Jesu-Verehrung setzten in Frankreich nach 1870, in Spanien nach dem Bürgerkrieg ein und resultierten im Bau zahlreicher Herz-Jesu-Kirchen, wie z. B. der Basilika Sacré-Coeur auf dem Montmartre, Paris, und der Sühnekirche auf dem Tibidabo bei Barcelona. Während Darstellungen des 18. Jh. (z. B. Pompeo Battoni, 1780) C. ein flammendes Herz in der linken Hand halten lassen, hat sich im 19. Jh., hauptsächlich unter dem Einfluß einer von Berthel Thorwaldsen für die Marienkirche Kopenhagen geschaffenen Statue, der Typus des außen auf der Mitte der Brust Jesu angebrachten flammenden Herzens entwickelt; eine Variante zeigt Lichtstrahlen, die aus einem Einschnitt auf der Herzseite Jesu herausströmen. Der in europäischen Dorf- und Kleinstadtkirchen noch häufig begegnenden, süßlich-stereotypen Form aus bemaltem Gips steht ein bedeutendes Fenster von Georges Desvallières, 1. Hälfte 20. Jh., in der Christkönigskathedrale Casablanca entgegen, auf dem sich der dornengekrönte C. mit beiden Händen das Herz aus der Brust reißt. – 10. Seit dem 6. Jh. werden Christusbilder erwähnt, die auf wunderbare Weise entstanden sein sollen. a) Nicht mit Händen gemacht (acheiropoetes): aa) das Schweißtuch der Veronika, die nach der Legende das Gesicht Jesu auf seinem Weg zum Kreuz abtrocknete, worauf ein Abdruck seines Gesichts auf dem Tuch verblieb, aufbewahrt im Vatikan (eine um 1300 auftauchende Tradition); es wird vermutet, daß es sich in Wirklichkeit um eine byzantinische Ikone handelt, und daß der Name Veronika lediglich die Personifikation von »vera icona« (wahres Abbild) darstellt. Abbildungen zeigen in der Regel die hl. Veronika oder zwei Engel, die das Schweißtuch halten. □ Meister von Flémalle, 15. Jh., Städel-Institut Frankfurt; Luis Borrassa, Altarbild 1415, Mus. Vich/Katalonien; Bartolomeo Bermejo, 15. Jh., ebenda; Kölner Schule, um 1410, Alte Pinakothek München; Hans Burgkmair, Holzschnitt um 1512; Albrecht Dürer, Holzschnitt 1513; bb) ein Bild C.i (Mandylion), das er selbst, zufolge der Legenda aurea, an König Abgar von Edessa sandte, zuerst erwähnt im 6. Jh., jetzt in S. Silvestro in Capite, Rom; cc) das Turiner Schweißtuch, das den Abdruck des ganzen Körpers des Gekreuzigten mit den fünf Wundmalen darbietet, im 14. Jh. in Lirey/Aube b/Troyes, seit 1578 in der Kath. Turin. Das Problem, ob es sich um einen natürlichen Abdruck oder um eine sehr viel spätere Zeichung von Menschenhand handelt, ist nicht gelöst. – b) Mit Händen gemacht (cheiropoetes): aa) Das »Volto santo« in der Kath. Lucca, ein Kruzifix, das Nikodemus aus der Erinnerung geschnitzt haben soll, nicht früher als Ende des 12. Jh. entstanden. Es stellt einen orientalischen Christustypus dar, bärtig und mit einem langen Gewand bekleidet. Dieses Bild, das man eine Zeitlang als Bild einer bärtigen Frau mißverstand, gab Anlaß zur Entstehung der Legende der hl. Wilgefortis. Seine Abbildungen waren im nördlichen Europa weit verbreitet; bb) das durch Lukas begonnene und durch einen Engel vollendete Porträt Jesu, gezeigt in Rom sowohl in der Cappella Sancta Sanctorum von S. Giovanni in Laterano wie in der Vatikanischen Bibliothek, ferner in den Kath. von Tivoli und Viterbo; byzantinischen Mosaiken nachgebildet, datieren diese Bilder aus dem 12. Jh.; cc) ein weiteres Porträt C.i das der Apostel Petrus dem Senator Prudens geschenkt haben soll, aufbewahrt in S. Prassede, Rom. – 11. Darstellungen des sich vom Kreuz herabbeugenden C. beziehen sich auf Visionen der Heiligen Bernhard v. Clairvaux, Franz v. Assisi, Juan de la Cruz und Luitgard von Tongern und erscheinen im Zusammenhang mit Bildern dieser Heiligen.

Christusmonogramm (Chrismon, s. Abb. Kreuzsymbole, S. 179) Im Gegensatz zu früheren Meinungen bereits im 3. Jh. (spätestens 269) nachgewiesen, erscheint das C. zuerst sowohl als I + X (Jesus Christus) wie als X + P (Christus). Es wurde offenbar zunächst in Rom benutzt, und zwar anfangs keineswegs als triumphales Christusbekenntnis, sondern einfach als Abkürzung, als Zusammenziehung von Buchstaben. Dennoch hat man – später – eine nicht unwichtige symbolische Bedeutung dieses Monogramms herausgefunden: das Zeichen IX im Kreis ist ein → Rad mit sechs Speichen, also ein kosmisches und ein Sonnensymbol (die Liturgie nennt Christus sol invictus, unbesiegte Sonne). Das zweite Zeichen, das sich vom ersten nur durch den hinzugefügten Henkel des P unterscheidet, bedeutet: die Sonne auf der Höhe der Weltachse, das Nadelöhr, die enge Pforte, letztlich sogar das Sonnentor, durch das, als Frucht der Erlösung durch Christus, der Auszug aus der Welt stattfindet. Erst seit dem 4. Jh. erscheint das C. mit monumentaler Häufigkeit und betontem Symbolcharakter, nun oft von einem Kreis oder einem Siegeskranz umgeben. Dieser Brauch wurde mit dem → Labarum eingeführt und von der damals besonders symbolfreudigen Epoche als Herrschaft Gottes über die Welt und Triumph Christi über das Böse gedeutet. Die Hinzufügung der Buchstaben A und Ω weist darauf, daß Christus Anfang und Ende darstellt; ein Hinweis auf die Kreuzigung ist mit der Beifügung der Zeichen von Sonne und Mond gegeben. Die weitere Entwicklung: in Syrien wird das C. im Kreis schwunghaft in einen achtzackigen Stern aufgelöst; in Italien, Spanien, Gallien, auch in Afrika ersetzte man das griechische P durch das lateinische R. Dieses wird auch auf merowingischen Münzen üblich. Schließlich dient es als Punktierungszeichen bei Schriftstücken. Es wird also allmählich unerheblich. Ein schönes C. von besonderer Bedeutsamkeit findet sich noch im 6. Jh. auf dem Schild der Palastwache des Kaisers Justinian (Mosaik S. Vitale, Ravenna). Damit ist aber dann zugleich der Weg zum byzantinischen Verständnis der Theokratie angedeutet. Später wurde schließlich im Westen das griechische Monogramm durch das lateinische Trigramm → IHS ersetzt. – Als Heiligenattribut begegnet das C. bei Bernhardin v. Siena, Ignatius v. Loyola, Jakobus von der Mark, Johannes v. Capistrano.

Christussymbole 1. Attribute des Christuskindes: a) Der → Apfel mit Bezug auf den Sündenfall, von dessen Folgen Christus erlöst, oder in bezug auf die Weltkugel = Erlöser der Welt. b) Das → Buch als das Evangelium oder Gesetz des Neuen Bundes. c) Die Dornenkrone, die ihm im voraus von Engeln gezeigt wird. d) Der Finger auf dem Mund, Hinweis auf den Logos, Joh. 1, 1ff. e) Der Hirtenstab, auf den Guten → Hirten vorausdeutend. f) Das Kreuz, auf dem das Christuskind ruhend schläft oder dem es Engel zeigen. g) Das → Lamm, das Christus selbst als Osterlamm bedeutet. h) Das Schilfrohrkreuz, die Verspottung vorwegnehmend. i) Rosen, die das Christuskind in den Händen hält oder aus den Wolken über die Welt streut, ein Hinweis auf die Wunden der Märtyrer. j) Die → Schlange, der das Kind auf den Kopf tritt. k) Die Siegesfahne des Ostermorgens. l) Der Totenkopf, den das Kind betrachtet. m) Die Weltkugel (→ Kugel), welche das Christuskind auf ostkirchlichen Ikonen in der Linken hält, während es mit der Rechten eine Segensgebärde macht. n) → Weintrauben, die das Kind in einen Kelch ausdrückt. – 2. Vorausbilder Christi im AT: → Adam, → Melchisedek, Abel, → Isaak (Opferung), Josef, → Mose, das Quellwunder und die Eherne Schlange, Aarons blühender Stab, das Manna in der Wüste, → Simson, → David, Absalom, Salomo, → Elia, → Daniel, → Jona, → Hiob. 3. Vorausbilder aus dem antiken Mythos: Jupiter, Prometheus, Herkules, Perseus, → Orpheus, → Odysseus. – 4. C. aus der unorganischen Natur: → Sonne, → Licht, → Quelle, Stein, Diamant, Gold, der Fels oder Hügel, aus dem die Paradiesesströme fließen (vgl. 1. Kor. 10, 4). – 5. C. aus der Pflanzenwelt: → Granatapfel im Schoß Marias, → Weinstock, → Weintraube, → Ölbaum, → Palmbaum, → Weihrauch, Balsam. – 6. C. aus der Tierwelt: → Adler, → Lamm, → Löwe, → Fisch, → Einhorn, → Pelikan, → Hahn, → Reiher, → Phönix, → Strauß, Wiesel, → Widder, → Delphin, → Greif, Sündenbock, Wasserschlange, → Heuschrecke, → Panther, → Hermelin, → Steinbock, → Hirsch (den nach der Menschheit dürstet). – 7. Anderweitige Sinnbilder: → Weg, → Tor, → Brot, → Fischer, → Hirt, → Tetramorph, Arzt mit Waage (hinter einem Apothekentisch stehend, vor ihm verschiedene Gefäße mit christlichen Tugenden, □ Schloßkapelle Schwarzburg/Thür.), Apotheker (auf einem Kupferstich von P. Müller zum Predigtband »Geistlicher Artzney-Schatz« von Andreas Strobl, Nürnberg 1701, sitzt Christus oberhalb einer Apotheke am Tisch und schreibt ein Rezept für die auf dem Boden kauernde »krancke und mit Sünden behaffte« Seele).

D

Dachs Wie Maulwurf und Kröte, Wolf und Affe Reittier der personifizierten Hauptsünde des Geizes (avaritia). → Lastersymbole.

Dämon Die frühchristliche Kunst hat sich nicht sehr mit den D.n beschäftigt. Sie bildet sie lediglich bei den verhältnismäßig seltenen Szenen von Wunderzeichen nach den Evangelien ab, in denen Dämonenaustreibungen berichtet werden. Praktisch taucht erst im 6. Jh. auf einem Elfenbeindiptychon (aus Murano) in Ravenna ein kleiner D. auf, ebenso auf einem Mosaik in S. Apollinare Nuovo, Ravenna. Mittelalterliche Dämonendarstellungen gehen auf verschiedene Quellen zurück, so wie man bei Höllendarstellungen »aus jeder Art Holz Feuer macht«. Vorderasiatische (hethitische), griechisch-römische und keltische Einflüsse durchdringen einander. Nach der von Pseudodionysius Areopagita entwickelten christlichen Dämonologie sind D.n → Engel, die ihr Wesen verloren haben. Diese Auffassung ist ein Rückbezug auf die vermutlich unter persischen Einflüssen und überhaupt erst seit der babylonischen Gefangenschaft ausgebildete jüdische Dämonenlehre. Den guten Engeln stehen die bösen gegenüber. Die Vorstellung ihres Falles knüpft an 1. Mose 6, 2 an; für diese kommt der Name D.n ausschließlich in Gebrauch. Wie an der Spitze der ersteren sieben Erzengel stehen, die den Hofstaat Jahwes ausmachen und dessen Thron umgeben, so hat auch Satan, der Beherrscher des Dämonenreiches, sieben Erzteufel zu seinen vornehmsten Dienern (→ Teufel). Der Volksglaube zur Zeit Jesu wußte von zahllosen D.n, die die Menschen auf mancherlei Weise plagten und dabei Seele und Leib förmlich in Besitz nahmen. Besondere Exorzisten hatten die Aufgabe, die D.n durch Zaubersprüche, Wunderkräuter usw. auszutreiben; in der christlichen Kirche geschah dies durch besondere Gebete. Die Kirchenlehrer leiten den heidnischen Götterglauben und Götterkultus von der Einwirkung der D.n auf die Gemüter der Menschen her. Manchmal sind Engel und D.n, so wie bei den Versuchungen der Wüstenväter, besonders des hl. Antonius oder des Eremiten Paulus, auch in der Kunst, vor allem der romanischen, nicht so leicht auseinanderzuhalten, denn die D.n nehmen oft verführerische Gestalt an. Ferner können die D.n den Verdammten, die zu quälen ihr Amt ist, sehr ähnlich sehen. In Südostfrankreich herrscht dagegen, vielleicht unter cluniazensischem Einfluß, fast manichäische Verschiedenheit: Die Engel sind besonders schön, die D.n besonders scheußlich dargestellt. Diese Gegenüberstellung findet sich auf vielen Endgerichtstympana, besonders eindrucksvoll in Autun. D.n, deren Gestalt eine Synthese verschiedener Elemente zeigt (Raubtiertatzen, Vogelflügel, Schlangenschwanz, z. B. in Charlieu/Frankreich), bedeuten nicht selten das Gegenbild des → Tetramorph. Die allgemeine Verbreitung der Darstellung von D.n unter dem Bild von Tieren nährt sich stark aus Schilderungen wie solchen des Petrus Venerabilis über derartige tierische Dämonenerscheinungen von Mönchen (□ besonders das Tympanon der Versuchung Christi in Santiago de Compostela/Spanien). Sie geht zweifellos auf hellenistisch-gnostische Einflüsse zurück, die in den »Physiologus« und die mittelalterlichen Bestiarien eindrangen. Das gilt für Schlangendarstellungen in verschiedenen Tiersynthesen, für → Sirenen, Tritonen, → Kentauren, → Greife, → Chimären u. dgl., aber auch für Menschen mit Tierköpfen (wenn sie mit dem Geist gesündigt haben) und mit Tierleibern (wenn sie durch körperliche Sünden charakterisiert sind). Doch hat zu solchen Kompositionen von Bestien auch schon die Offbg. Joh. mit ihren Visionen beigetragen. Bestimmte D.n scheinen förmlich nach hethitischen Vorbildern kopiert zu sein (z. B. in Souillac). – Es muß betont werden, daß sich die Kirche die Wirksamkeit der D.n immer durch Gottes Rat und Zulassung bedingt dachte. – Gefesselte D.n gehören zu den Attributen der Heiligen Bartholomäus (in der spanischen Kunst), Charalambos, Bernhard v. Aosta, Bernhard v. Clairvaux, Juliane v. Nikomedien, Angela v. Foligno.

Daniel Einer Figur der israelitischen Sage (vgl. Ez. 14, 14. 20; 28, 3), einem wegen seiner Gerechtigkeit wie Noah und Hiob berühmten Manne, hat ein z. Zt. der Religionsnot (um 165 v. Chr.) schreibender Schriftsteller das kanonische Buch D. in den Mund gelegt. Hierdurch wurde D. zu einem in Babylonien lebenden Juden. Das Buch D., das also ein prophetisches Pseudepigraph ist und inhaltlich eine Apokalypse darstellt – die älteste, alle späteren beeinflussende –, hat den Christen der Frühzeit einige ihrer verbreitetsten Bildsymbole geliefert: Die drei Freunde des Propheten werden lebend in einen Feuerofen geworfen (→ Feuer), nachdem sie sich geweigert haben, die Königsstatue anzubeten. D. selber muß eine Zeit der Drangsal in der Löwengrube verbringen, wobei ihm Habakuk Speise und Trank zuträgt. Er kommt der fälschlich angeklagten Susanna zu Hilfe. Er vergiftet den Drachen zu Babel. – Am häufigsten ist D. in der Löwengrube dargestellt. Das älteste Fresko, in der Domitilla-Katakombe, Rom, zeigt ihn etwas erhöht stehend, die Arme in Gebetshaltung erhoben, mit einer Tunika und Gürtel bekleidet, von zwei Löwen angegriffen. Dies bleibt der stets wiederkehrende Bildtyp. Lediglich die Bekleidung wechselt. Auf D. in der Tunika (1.–2. Jh.) folgt im 3. Jh. überwiegend der nackte D., der mit kleinen Varianten den Danieltypus bis zum 17./18. Jh. bestimmt, wo er gern mit einer Toga bekleidet wird. Gelegentlich trägt er eine phrygische Mütze. Die Zahl der Löwen kann wechseln (aus Symmetriegründen meistens zwei, aber z. B. fünfzehn auf einem Tafelbild von David Teniers im Mus. Schwerin). Die einzige wesentliche Veränderung dieses Bildtypus tritt, vornehmlich auf Sarkophagen, mit der Hinzufügung des Propheten Habakuk ein, der entweder von einem Engel an den Haaren durch die Luft transportiert wird oder neben D. steht, den Behälter mit den Lebensmitteln in der Hand. Es ist nicht sicher, ob die letztgenannte Episode eine eucharistische Symbolik enthält. Sicher ist jedoch, daß das Bild D.s, der den Aufenthalt in der Löwengrube unverletzt durchlebt hat, zum Symbol des Aufenthalts Christi im Grabe wurde, der damit den Tod überwunden und unwirksam gemacht hat. □ Sarkophage des 4. Jh.: Junius Bassus, Vatikan, Rom; Musée Lapidaire, Arles; Elfenbein 5. Jh., Lipsanothek Brescia; Holztür 6. Jh., S. Sabina, Rom; Kapitelle 12. Jh., St. Aignan/Cher; St. Genou/Indre; Kath. Autun; Ste. Radegonde u. St. Porchaire, Poitiers; Mus. Toulouse; Louvre Paris; Baptisterium Parma; Reliefs: 12. Jh. Dom Worms; Oristano/Sardinien; Fenster: St. Etienne, Mülhausen/Elsaß; Gemälde: 16. Jh. Tintoretto, Scuola di S. Rocco, Venedig; 19. Jh. E. Delacroix, Mus. Montpellier; Statuen: 17. Jh. Lorenzo Bernini, Cappella Chigi in S. Maria del Popolo, Rom. – D.s wunderhaftes Überleben in der Löwengrube ist auch → marianisches Symbol der bleibenden Jungfräulichkeit und Bild der → Tugend der Geduld. Die auf das Kommen Christi gedeutete Weissagungserläuterung des Erzengels Gabriel (Dan. 9, 20 f.) wird typologisch mit der Verkündigung an die Hirten verknüpft.

David Die überaus reiche Ikonographie D.s wird seiner starken Christusbeziehung verdankt. Er ist nicht nur Vorausbild, sondern auch Ahnherr Christi. Sein Sieg über → Goliath, den man als Vorausbild des Sieges Christi über den Satan verstand, hat viele Darstellungen gefunden, □ Donatello, 1416, Bargello, Florenz; Verrocchio, 1475, ebd.; Statue in der Börse (Lonja) von Valencia, 15. Jh.; Michelangelo, Kolossalstatue 1503, Accademia Florenz; Pierre de Francheville, 16. Jh., Louvre Paris; Caravaggio, 17. Jh., Galleria Borghese, Rom; Bernini, 17. Jh., ebd. – Als Musikerkönig ist er dem Bildtyp des → Orpheus angenähert. Zu seinen Attributen gehört dann die Harfe. □ Kapitelle des 12. Jh. in Moissac/Südfrankreich, Seo de Jaca/Aragon; Portal 12. Jh., Kloster Ripoll/Katalonien; Reliefs 12. Jh. in St. Sernin, Toulouse, und Santiago de Compostela;

Statue 12. Jh., Kath. Pisa; Fenster 13. Jh. in Chartres und Bourges; Claus Sluter, Prophetenbrunnen Dijon, 14. Jh.; Rubens, 1615, Städel-Institut Frankfurt; Dominichino, 17. Jh., Louvre Paris. – Als Zyklen zur Geschichte D.s sind besonders zu nennen: 1. Bilder in Anlehnung an die Berichte der Samuelbücher: Holztüren 5. Jh., S. Ambrogio, Mailand; Koptische Fresken 4. Jh., Bawit; Byzantinisches Elfenbeinkästchen 10. Jh. im Museum Kircher, Rom, und Schatz der Kath. Sens; Reliefs 12. Jh., Porte Montile, Tournay; Reliefs 13. Jh., Fassade Kath. Auxerre; Fenster 13. Jh., Chorumgang Auxerre; Flämische Teppiche 16. Jh. sowohl in Madrid wie im Musée Cluny, Paris. – 2. Bilder zu den Psalmen, dem im Mittelalter meistgelesenen und meistkommentierten Buch des AT; die bedeutendsten illuminierten Psalter sind: 6. Jh.: Codex purpureus Rossanensis, Rossano/Unteritalien; 9. Jh.: Psalter von Utrecht (Schule von Reims); Psalter von Corbie, Bibliothek Amiens; Goldener Psalter von St. Gallen; Griechischer Psalter Chloudow, Moskau; 10. Jh.: Griechischer Psalter, Nationalbibliothek Paris; 12. Jh.: Psalter Barberini, Rom; St.-Alban-Psalter, Godehardkirche Hildesheim; 13. Jh.: Psalter der Königin Melisande, British Museum London; Psalter der Königin Ingeborg, Chantilly; Psalter der Königin Blanche v. Kastilien, Bibl. Arsenal, Paris; Psalter des hl. Ludwig, Nationalbibliothek Paris; Würzburger Psalter, Staatsbibliothek München; 14. Jh.: Psalter der Königin Mary, British Museum London; Psalter des Herzogs v. Berry, illuminiert durch André Beauneveu, Nationalbibliothek Paris; 15. Jh.: Psalter Karls VIII., ebd. Illustrationen zum Psalter enthalten in der Regel auch die Breviere und Stundenbücher des 13.–16. Jh. – 3. Als Prophet der Kreuzigung (da man ihm die Verfasserschaft des Kreuzigungspsalms 22 zuschrieb) steht D. mit der Harfe auf einem Kreuzigungsbild (1508) von Hans-Leonhard Schäufelein, German. National-Museum Nürnberg. – 4. Als Prototyp der alttestamentlichen Könige erscheint er mit Salomo unter den von Christus beim Einbruch in den → Limbus Geretteten im Vordergrund neben Adam und Eva, wohl unter Bezug auf Ps. 107, 10–16.

Deesis → Christus (als Richter); → Maria; → Johannes der Täufer (symbolische und eschatologische Darstellungen); → Endgericht.

Delphin Der D., der artenreichen Gruppe der Wale angehörend, durch große Schnelligkeit, klugen Blick ausgezeichnet und seit alters im Ruf besonderer Menschenfreundlichkeit stehend – er soll ins Wasser gestürzte Personen auf seinen Rücken nehmen und ans Land tragen (vgl. die Sage von Arion) –, wurde in der antiken Kunst nicht nur dem Poseidon und der meerentstiegenen Aphrodite beigegeben und nicht nur im Zirkus als Symbol der Schnelligkeit abgebildet. Man bezeichnete auch die Gräber, besonders die Sarkophage, mit seinem Bild: Er erinnerte an den Durchzug der Seelen zu den elysäischen Gefilden. Auch als Sinnbild der Menschenfreundlichkeit in der sonst feindlichen Tiefe konnte er den Griechen und Römern zum hilfreichen Führer ins Reich der Toten werden. Die christliche Kunst übernahm ihn ohne Schwierigkeiten, ließ ihn jedoch allmählich in dem umfassenderen Symbol des → Fisches untergehen, das eine so starke und deutliche Christusbezogenheit aufwies. Immerhin konnte man auch im D. als dem mutigen Retter aus der Not der Wassertiefe einen Hinweis auf Christus erblicken und ihm daher einen Anker oder Dreizack als Kreuzessymbol beigeben oder ihn auch als Träger oder Begleiter eines Schiffes (der Kirche oder des Lebensschiffes des Verstorbenen) darstellen, mit dem Hinweis auf das tragende Geleit in die Ewigkeit. Die Zahl der frühen christlichen Delphindarstellungen, besonders auf Sarkophagen, Epitaphien und Grabstelen, ist reich. Interessant und typisch in ihrem Christusbezug ist u. a. die Darstellung eines D.s bei der Berufungsszene der Jünger Petrus und Andreas durch Christus auf einem Mosaik in S. Apollinare Nuovo, Ravenna. – An die antike Tradition knüpfen die mittelalterlichen Legenden und Darstellungen von Heiligen an: Der hl. Kallistratos, auf Befehl Diokletians ins Meer geworfen, wird von zwei D.n ans Ufer zurückgebracht; der Leichnam Lukians v. Antiochia durch einen D. transportiert; der hl. Martinian entfloh auf einem D. den Versuchungen der Wollust.

Dionysos (Bacchus) Ein ursprünglich thrakisch-phrygischer Gott, dessen Kult und Sage frühzeitig von den Griechen aufgenommen und hauptsächlich im Gefolge des Weinbaues über ganz Griechenland verbreitet wurde. Er ist der Geist des Wachstums, der Kraft, ein Vegetationsgott, zugleich der Befreier aus der Unterwelt. Er ist der Gott des → Baumes wie des → Bockes, der Erregung jeder Art und der mystischen Vereinigung. Ein deutlicher Widerschein der mit seinem Mythos verbundenen antiken künstlerischen Darstellungen findet sich auf unzähligen Vegetationsbildern besonders der romanischen mittelalterlichen Kunst.

Distel Die D. teilt die Symbolik des → Dornbusches als Sinnbild irdischer Schmerzen. Auf → Christus- und Märtyrerbildern weist sie auf deren Leiden hin, die freiwillig getragen werden, aber Gutes im Gefolge haben.

Dolch Marterinstrument und Attribut der Heiligen Angelus (des Karmeliten), Eduard, Kilian, Marcellinus, Olaf, Wenzeslaus, Bibiana, Justina. An dem in seinem Schädel steckenden D. ist Petrus Martyr zu erkennen; einen D. in der Kehle tragen die Heiligen Aquilinus und Lucia. → Messer.

Dornbusch Symbolisch bedeutsam in der Erzählung von → Isaaks Opferung (1. Mose 22) als Hinweis auf das Kreuz Christi, wobei die Dornen zusätzlich an die Dornenkrone Christi erinnern, sowie im Bericht über die Berufung des Mose (2. Mose 3, 2). □ Fresken 3. Jh., Synagoge Dura-Europos/Syrien; 4. Jh., Katakombe S. Callisto, Rom; Mosaiken 5. Jh., S. Maria Maggiore, Rom; 6. Jh., S. Vitale, Ravenna; Holztür 6. Jh., S. Sabina, Rom; Fenster (Medaillon) 12. Jh., St. Denis; Statue 13. Jh., Sammlung Thyssen, Lugano; Bilder von Enquerrand Quarton, Krönung Mariens, 1453, Hospiz, Villeneuve-les-Avignon; Dirk Bouts, um 1465, Collection Johnson, Philadelphia; Sandro Botticelli, Sixtinische Kapelle, Vatikan; Raffael, 1516, Loggien, Vatikan; Nicolas Poussin, 1641, Mus. Kopenhagen; Domenico Feti, 17. Jh., Kunsthistor. Museum Wien. Weil der brennende D. der Gotteserscheinung, obgleich in Flammen stehend, unverletzt blieb, wurde er als Typus der unbefleckten Empfängnis Marias verstanden (→ Mariensymbolik). Man stellte daher nicht selten Maria mit dem Kind selber inmitten des brennenden D.s dar (□ Altarbild 15. Jh., Capilla Real, Granada; Nicolas Froment, 1475, Kath. Aix; Tafelbild 1531, Musée de Picardie, Amiens; Alessandro Moretto, Deckengemälde 16. Jh., Martinengo, Brescia; Jos. Th. Stommel, Relief 1740, Tabernakel Mautern/Steiermark; vgl. ferner zahlreiche Ikonen im Katharinenkloster, Sinai). – Ein Dornzweig, der sich um einen Totenschädel schlingt, ist Symbol der Verdammnis, des nie endenden Schmerzes der Gottferne im endgültigen Schicksal.

Dornenkrone Die D. in der Geschichte der Passion Christi (Matth. 27, 27 ff.; Mark. 15, 17 ff.; Joh. 19, 2) ist weniger ein Marterinstrument als ein Zeichen der Verspottung. Jesus wird nicht wie ein Gotteslästerer, sondern wie ein Karnevalskönig der Saturnalien behandelt. Dadurch wird das Kontrastsymbol einer Krone aus Dornen noch verschärft. Nach Wilh. Durandus weisen die drei Ranken, aus denen die D. geflochten ist, auf die drei Stufen der Buße hin (contritio, Zerknirschung, confessio, Beichte, satisfactio, Wiedergutmachung mit der Tat). Ein typologisches Vorausbild der D. Christi ist der → Dornbusch, in dem sich der Widder bei → Isaaks Opferung (1. Mose 22) verfing. Die bildliche Darstellung des Mittelalters, befruchtet durch die Mysterienspiele, betont zunehmend die Grausamkeiten. □ Arkadensarkophag 4. Jh., Lateranmuseum Rom; Fresko

8. Jh., S. Angelo in Formis; Bronzetüren 11. Jh., Kath. Benevent; Fresko 11. Jh., Kapelle der Jonasgrotten bei St. Pierre-Colamine/Puy-de-Dôme; Giotto, Fresko 14. Jh., Arenakapelle Padua; Fra Angelico, 15. Jh., S. Marco, Florenz; Hieronymus Bosch, um 1495, National Gallery London; Meister der Passion von Lyversberg, 15. Jh., Wallraf-Richartz-Museum Köln; Albrecht Dürer, Holzschnitt 1510 aus der Kleinen Passion; Albrecht Altdorfer, Altarbild 1518, St. Florian/Österreich; Tizian, Louvre Paris (1560) und Alte Pinakothek München (1570); Jan van Hemessen, 1544, Schloß Schleißheim/Bayern; Caravaggio, 17. Jh., Alte Pinakothek München; Tiepolo, 18. Jh., Kunsthalle Hamburg. – In der Nachahmung des Leidens Christi mit speziellem Bezug auf die D. trugen die Mönche die Tonsur.

Drache Für die ersten christlichen Generationen stellt der D., im Anschluß an die Vernichtung des D. zu Babel durch Daniel (apokryph. Anhang zum Danielbuch) und die → Endgerichtsvision der Offenbarung Johannes' (12, 3. 7. 9; 13, 2. 11; 20, 2), die Verkörperung des bösen Prinzips dar. In diesem Sinne ist er mit der → Schlange identisch. Origenes hat diese Identität ausdrücklich formuliert. Für die Kirchenväter ist der D. ein Repräsentant des Teufels, eine giftige und schreckliche, feuerspeiende Riesenschlange, die im Wasser lebt. In die Luft erhebt sie sich nur selten. Die Bilder, auf denen der Erzengel Michael, der hl. Georg oder Christus selbst als Drachentöter dargestellt sind, sind alten Ursprungs und weit verbreitet. Weniger bekannt ist der Bericht des Eusebius, demzufolge Konstantin d. Gr. sich selber im Vestibül des kaiserlichen Palastes abbilden ließ, den Kopf mit dem Kreuzzeichen geschmückt, das → Labarum in der Hand und den D. zu seinen Füßen, von der Spitze des Labarums durchbohrt. Ähnliche Motive finden sich auch auf konstantinischen Münzen. Zahlreiche Heilige werden in der Folgezeit symbolisch als Drachenbesieger dargestellt, ohne daß gesicherte historische Bezüge vorliegen, z. B. Beatus, Hilarion, Olaf, Lupus v. Sens, Clemens v. Metz, Mangold in Bayern, Adelphus v. Neuweiler/Lothringen, Margarete. Die Mehrzahl der Legenden zu solchen Bildern ist in die Zeit verlegt, in der die christliche Verkündigung in den verschiedenen Ländern den heidnischen Götterkult verdrängte. Daß auch das uralte Drachentötermotiv dabei eine Rolle spielt, ist nicht von der Hand zu weisen. Doch ist noch auf eine weit verbreitete Drachendarstellung hinzuweisen: Zahlreiche merowingische und andere barbarische Gürtelschnallen aus Elfenbein oder Bronze zeigen grobe drachenartige Darstellungen, manchmal mit → Kreuz und → Alpha und Omega verbunden. – Bestimmte Darstellungen des »großen Fisches«, der den Propheten → Jona verschlang und später wieder ausspie (□ auf Außenreliefs der armenischen Kirche Surp Hatsch im Van-See, 10. Jh.; hier gleicht der Fisch einem sassanidischen D.), erinnern nicht nur zufällig an die Drachensymbolik. Hier besteht eine deutliche Parallele zu sonnenmythischen Vorstellungen, die den Helden durch den D. verschlungen werden lassen; nach dem Sieg über das Untier gewinnt der Held ewige Jugend. Sein Aufenthalt im D. ist eine Reise durch die Unterwelt, das Land der Toten und das nächtliche Gefängnis des Meeres, der Weg der Sonne vom Untergang zum Aufgang. Die Tiefenpsychologie hat hier das archetypische Thema des Sieges des Ich über die regressiven Tendenzen, den »Schatten«, behandelt gesehen. – Bedeutende Darstellungen der genannten apokalyptischen Themen: 1. Der Angriff des D. auf das sonnenumkleidete Weib (= die Kirche) der Offbg. Joh. 12: Fresken 12. Jh., St. Savin/Poitou u. Civate b. Como; Statuen 12. Jh., Mus. Boulogne s/Mer; Portal (Rückseite) 13. Jh., Kath. Reims; Fenster 13. Jh., Kath. Auxerre; Teppich von Angers, 14. Jh.; Meister v. Moulins, Triptychon 1498, Kath. Moulins; Albrecht Dürer, Holzschnitte zur Apokalypse; Triptychon 15. Jh., Chiesa dei Carmi, Bergamo; Rubens, 1610, Alte Pinakothek München. – 2. Kampf des Erzengels Michael mit dem D. (nach Offbg. Joh. 12, 7ff.): Fresken: St. Pierre-les-Eglises, Chauvigny/Vienne, 11. Jh.; St. Savin/Poitou u. S. Pietro al Monte, Civate b. Como, 12. Jh.; Tympanon 12. Jh., St. Michel, Entraigues/Charente; Teppich von Angers, 14. Jh.; Fensterrose 15. Jh., Ste. Chapelle, Paris; Albrecht Dürer, Holzschnitte zur Apokalypse; Raffael, 16. Jh., Louvre Paris; Paul Troger, 1735, Kuppel Klosterkirche Altenburg/Österreich. – Auf Bildzyklen, die weit über den knappen Text der Bibel hinaus im Anschluß an apokryphe Evangelien und die Legenda aurea zahlreiche Einzelheiten von Josefs und Marias Flucht nach Ägypten schildern, begegnet gelegentlich auch die Episode vom verscheuchten D. Das Jesuskind zähmte auf dem Fluchtweg nicht nur Räuber, Löwen und Wölfe, sondern auch einen D., der gehorsam in seine Höhle zurückkehrte, allerdings unter dem freundlichen Nachdruck eines Eselshufs (□ Relief 14. Jh., Fassade Kath. Orvieto). Dieses Motiv gehört zu dem an die Weissagung Jes. 65, 25 anschließenden Gedankenkreis, der gerade auch im friedlichen Umgang mit sonst feindlichen Tieren die Endzeiterwartung eines allgemeinen Friedensreiches bestätigt sieht.

Dreieck Mit der → Zahl Drei als → Dreifaltigkeitssymbol eng verknüpft, taucht das D. doch, bevor es später Gottessymbol wird, lange Zeit nicht ausdrücklich in der christlichen Kunst auf. Der klare und reiche Symbolcharakter, den es in der Architektur der griechischen Antike besitzt und der jeden griechischen Giebel bestimmt, tritt zurück, so wie die Pyramide zugünsten des Kubus zurücktritt, der die himmlische → Stadt bildet. Dennoch läßt sich das Prinzip der Dreieckskomposition in vielen Bauformen und Bauplastiken mittelalterlicher Kirchen entdecken, nicht zuletzt in den Kirchtürmen, die mit ihrer Spitze die Verbindung zwischen Himmel und Erde darstellen. Ferner taucht die Dreiecksgestalt häufig bei Herzen, Palmetten, Omegadarstellungen und bei den Pforten von Himmel und Hölle auf. – Das Dreieckszeichen mit dem Auge Gottes, häufig auch dem hebräischen Gottesnamen Jahwe, wird in Darstellungen des 17. und 18. Jh. geläufig. – Seine magische Bedeutung, besonders in der Verdoppelung als Davidsstern und Freimaurerzeichen, hat ebenfalls manche abbildliche Darstellung gefunden.

Dreifaltigkeissymbole Das allgemeine Symbol Gottes ist das Kreuz im Kreise (s. S. 179), ein Zeichen, das daher als → Nimbus ausschließlich bei jeder der drei Personen der Gottheit gebraucht wird. Der untere Arm des Kreuzes wird dabei im Nimbus gewöhnlich durch den Kopf der betreffenden göttlichen Person (Gottvater, Sohn, Heiliger Geist, Lamm, Taube usw.) gedeckt, so daß die sichtbar bleibenden drei Arme auf das Geheimnis der göttlichen Dreizahl weisen. Damit ist zugleich der Hinweis verbunden, daß in jeder der drei göttlichen Personen die ganze Dreieinigkeit voll enthalten ist; die drei Strahlen des Nimbus gehen aus jedem der Dreieinigen hervor. Typische D. sind ferner: 1. das gleichseitige Dreieck (Δ), das allerdings nur die drei Seiten ohne den Mittelpunkt der Einheit zeigt. Da es ebenfalls ein Symbol der Manichäer (sowie der indischen Trimurti) war, wurde es von Augustinus verworfen. Aber es begegnet nach wie vor sehr häufig in den Kirchen, wobei ihm allerdings in einer Sonne oder in dem Namen J. H. W. H. (Jahwe) oder – etwa seit dem 10. Jh. – in einem → Auge die fehlende Mitte gegeben wird. – 2. drei sich gegenseitig schneidende Kreise oder drei in einem Kreis und untereinander verschlungene Kreisbogen bzw. ein Kreis mit drei im Mittelpunkt zusammenstoßenden Halbmonden. Hiermit ist der Hinweis auf die unendliche Gemeinschaft innerhalb der Dreifaltigkeit gegeben. – 3. das dreiblättrige Kleeblatt, das gleichzeitig die verschiedenen Richtungen des Herausgangs aus der Gottheit andeutet. – 4. eine Zusammenstellung von Thron (Macht), Buch (Verstand, logos) und Taube (Liebe). – 5. der »Gnadenstuhl«: Gottvater trägt den Christus am Kreuz in seinen Armen, während die Taube des Heiligen Geistes zwischen ihnen schwebt. □ häufiger in Nordeuropa als südlich der Alpen: Deutschland: Altar von Soest, 13. Jh., Museum Berlin-Dahlem; Fenster 13. Jh., St. Elisabeth, Marburg; Bernt Notke, 1480, Mus. Lübeck; Albrecht Dürer, (fälschlich genanntes) Allerheiligenbild, 1511, Kunsthistor. Museum Wien; Loy Hering, Relief 16. Jh., Bayer. National-Museum München; Frankreich: Buchhändlerportal, um 1280, Kath. Rouen; Burgund. Meister, Triptychon um 1390, Museum Berlin-Dahlem; Jean Bellegambe, Trinität der Abtei Anchin, um 1510, Mus. Douai; Statue, Stein, 17. Jh., St. Martin, Langres; Jean Dubois, Altartafel 1642, Trinitätskapelle Schloß Fontainebleau; Italien: Pesellino, 15. Jh.; National Gallery London; Albertinelli, 16. Jh., Accademia Florenz; Niederlande: Meister von Flémalle (Rogier van der Weyden?), Grisaille, Städel-Institut Frankfurt; P. P. Rubens, Dreifaltigkeit 1620, Musée des Beaux Arts, Antwerpen; Spanien: Portal 12. Jh., Santiago de Compostela; El Greco, Trinität 16. Jh., Prado Madrid; Ribera, 1636, Prado Madrid; Luis Tristan, 1624, Kath. Sevilla. – 6. eine Gruppe von drei gleichgestalteten Engeln, in Erinnerung an den göttlichen Besuch bei Abraham (1. Mose 18, 1–5); vor allem in der byzantinischen und ostkirchlichen Kunst vertreten. □ Mosaik 5. Jh., S. Maria Maggiore, Rom; Mosaik 6. Jh., S. Vitale, Ravenna; Fresko 11. Jh., Carikli Kilisse, Kappadokien; Mosaik 12. Jh., Cappella Palatina, Palermo; Mosaik 12. Jh., Monreale/Sizilien; Mosaik 13. Jh., Atrium S. Marco, Venedig (nach einem byzantinischen Vorbild des 5. Jh.); Andrej Rubljew, Ikone 1422, Tretjakow-Galerie, Moskau, die vollkommenste byzantinische Dreifaltigkeitsdarstellung; Ikone von Pskow, 15. Jh., Histor. Museum Moskau; Abraham-Teppich 15. Jh., Dom Halberstadt. Im Abendland hat man außerdem einen weiteren Typus von drei Gestalten auf gleicher Ebene entwickelt, bei dem entweder alle streng gleich sind (□ Fläm. Teppich 15. Jh., Kath. St. Just, Narbonne) oder Vater und Sohn gleich sind, der Hl. Geist aber als Taube dargestellt ist (□ Nicolas d'Hoey, Triptychon 1592, Vitteaux/Côte-d'Or; P. P. Rubens, Dreifaltigkeit, 1616, Alte Pinakothek München) oder die drei Personen bewußt verschieden gestaltet sind (□ Unbek. Meister der französischen Schule 1457, Krönung Marias, Museum Basel; Roman. Portal Champeix/Puy-de-Dôme; Holzgruppe, 14. Jh., Mus. Troyes; Paul Strudel, Trinitätssäule (Pestsäule) 1693, Platz am Graben, Wien). – 7. das kleine Omega (ω), das wie das Kleeblatt auf den dreifachen Herausgang der Trinität hinweist. – 8. das mit gleichlangen Armen gezeichnete Antoniuskreuz T und das Gabelkreuz Y; beide, in mittelalterlichen Kirchen oft zu finden, zeigen die drei vom gemeinsamen Mittelpunkt ausgehenden Richtungen an. – 9. eine Person mit drei Köpfen oder drei Oberkörpern und drei Köpfen oder einem Kopf mit drei Gesichtern. Dieser im Mittelalter durchaus verbreitete, von den Protestanten als »katholischer Zerberus« verspottete, 1628 von Papst Urban VIII., der diese Bilder verbrennen ließ, als häretisch erklärte und verbotene Typ ist noch gelegentlich in der Bauplastik erhalten. Weitere □: Andrea del Sarto, 16. Jh., Fresko Refektorium S. Salvi, Florenz; hierher gehört auch die berühmte, in ihrer Deutung umstrittene Zeichnung eines dreigesichtigen Kopfes im Nimbus, dessen Gesichter karikaturenähnliche Formen haben, von Mathis Nithart Grünewald im Kupferstichkabinett Berlin. Die monströse Darstellung einer Gottes(= Christus)-Gestalt mit einem Kopf und drei Gesichtern, einem Leib, aber sechs Armen und Beinen findet sich in der Friedhofskapelle des Athosklosters Grigoriou. – 10. Quaternität der Marienverehrung: Maria zusammen mit der Trinität; gegen Ende des 15. Jh. meist mit der Krönung Marias verbunden. □ Enquerrand Quarton, Krönung Marias, 1453, Hospiz von Villeneuve-les-Avignon; Französischer Meister 1457, Mus. Basel; Hans Holbein d. Ä., 16. Jh., Mus. Augsburg; Hans Baldung Grien, 16. Jh., Hauptaltar Münster Freiburg. – 11. eine → Waage, auf der drei Steine liegen. – 12. ein → Turm, in dem sich drei Fenster öffnen. – 13. drei → Fische, Adler oder Löwen mit einem Kopf. – 14. drei → Hasen mit zusammen nur drei Ohren. – 15. Alttestamentliche Vorausbilder der Dreifaltigkeit erblickte man in der typologischen Auslegung des Mittelalters außer in dem Besuch der drei Männer bei Abraham (1. Mose 18, 1 ff.) auch im Traum des Mundschenken Pharaos von den drei Reben an einem Weinstock (1. Mose 40, 9 f.).

Dreizack Emblem des personifizierten Meeres (Poseidon, Neptun) auch auf Bildern des christlichen Mittelalters, ferner Marterinstrument und Attribut des hl. Mammas (Mammès, Mamertus).

Drudenfuß → Pentagramm.

E

Eber → Wildschwein.

Efeu Als immergrüne Pflanze schon im Altertum Sinnbild der Treue und des ewigen Lebens, in Ägypten dem Osiris, in Griechenland dem Dionysos geweiht. Die Mänaden waren mit E. bekränzt, die → Thyrsusstäbe mit E. umwunden. Bei festlichen Gelagen trug man Efeukränze, weil die Blätter teils als bacchische Begeisterung weckend, teils als gehirnkühlend galten. Im alten Griechenland erhielt ein Brautpaar einen Efeuzweig als Symbol immerwährender Treue: Da der E. nicht bestehen kann, ohne sich anzuschmiegen, ist er seit alters auch Sinnbild der Freundschaft und Treue. – Als Hinweis auf treue Verbundenheit und ewiges Leben ist auch die besonders häufige Darstellung von Efeublättern auf frühchristlichen Sarkophagen und Katakombenfresken zu verstehen. Der E. bedeutet, daß die Seele lebt, wenn auch der Körper tot ist (Durandus). Ohne eigentlich symbolische Bedeutung sind die als Raumfüllungs- oder Trennungszeichen häufig begegnenden Efeublätter auf christlichen Inschriften.

Ehrenpreis Der E., dessen botanischer Name Veronica wohl auf das griechische Berenike, Pherenike, Siegbringerin, zurückgeht, ist ein → Christussymbol (auf Grund des Wortspieles »Vera unica medicina, Christus ist die wahre, einzige Medizin«). □ Rogier van der Weyden, Maria im Rosenhag, Hofmuseum Wien; Hugo van der Goes, Maria mit Kind, einem Franziskaner, Musée des Beaux Arts, Brüssel.

Ei → Auferstehungssymbol, da Christus am Ostermorgen aus dem Grabe hervorbrach wie das Küken aus dem Ei, in dem es begraben liegt. Von da her war der Gebrauch der Ostereier christlich begründet, die allerdings auch bei heidnischen Frühlingsfesten schon als Sinnbilder der wieder zum Leben erwachten Pflanzen- und Tierwelt eine Rolle gespielt hatten. Bei den Indern war das Ei Sinnbild des Weltganzen, Erde und Himmel wurden mit den beiden Hälften eines Eies verglichen. An die Vorstellung des Welteis erinnert auch das ägyptische Lebenszeichen Ankh, das als Henkelkreuz (→ Kreuz) in die christliche Tradition überging. Wenn die Ikonenmaler in ihren Farben kein Öl, sondern Eigelb verwendeten, so war damit zugleich auch eine Anspielung auf Ostern und die Auferstehung Christi zu neuem verklärtem Leben verbunden.

Eiche Symbol der Unsterblichkeit, da ihr Holz in Antike und Mittelalter für unverweslich galt.

Eichhörnchen In der germanischen Mythologie dem Gott des zerstörenden Feuers, Loki, zugeeignet, in der Symbolkunst des christlichen Mittelalters wegen seiner Feuerfarbe und hastigen Behendigkeit Sinnbild des → Teufels.

Eidechse Ein auffallend bewegliches und verhältnismäßig kluges Tier, das besonders in trockenen, sonnigen Gegenden vorkommt, wegen seiner Neigung zum Sonnenlicht früh mit der Sonnen- und Auferstehungssymbolik verbunden. Die E. verkörpert das Verlangen nach dem Eingehen in das jenseitige Licht durch den Tod und ist daher oft auf antiken Grabmalen und Aschenurnen abgebildet, auch im Zusammenhang mit dem Apollon-Sauróktonos (Eidechsentöter), der ihrem Wunsch entspricht, durch die Hand des Lichtgottes zu sterben. Des weiteren bilden ihr Winterschlaf und ihre regelmäßige Häutung die Grundlage zu der mit ihr verbundenen Regenerationssymbolik. Die christliche Kunst hat diese Symbolmotive weithin übernommen und die E. gern als Zeichen des Lichtsuchenden an Leuchtern angebracht (□ roman. Leuchter, Mus. Braunschweig). Sie begegnet auch auf Weihrauchgefäßen (□ Trier) und als Wandschmuck (□ Chor Kloster Maulbronn und Egolsheim b. Ludwigsburg; Treppengeländer Münster Ulm), deutlich als Zeichen der Sehnsucht nach dem Licht. Alte deutsche Tierbücher (z. B. Graff, Diutiske) haben die Ausführungen des Physiologus über die E. nebst der Nutzanwendung durch Hugo von St. Viktor (De bestiis et aliis rebus) übernommen: Wenn die E. im Alter erblinde, strecke sie den Kopf gen Osten aus der Erde oder einer Mauerritze, blicke beharrlich in die aufgehende Sonne und werde so wieder sehend. »Also soll der Mensch, der die alte Sünde an ihm hat, sich zu Christo bekehren, der die rechte Sonne ist.«

Eingeweide 1. Fern der ägyptischen Vorstellung von einer magischen Kraft der E. ist die Verehrung des hl. Mamertus (Mammès) in der Bretagne, eines der sieben heilenden Heiligen, der besonders für Krankheiten der E. zuständig ist. Eine rührende Statue in der Kirche Notre Dame du Haut bei Moncontour zeigt ihn, die eigenen E. schön gefaltet und tröstlich in der Hand haltend. – 2. E., auf eine Winde (Haspel) aufgewickelt, sind zum Attribut des hl. Erasmus infolge einer Legende geworden, die auf der Fehldeutung einer Schiffstau-Winde beruhte, die Erasmus als Patron der Seeleute in der Hand hielt. Vermutlich eine Dublette des Erasmus ist Thiemo v. Salzburg, der das gleiche Attribut trägt. – 3. E. quellen aus dem Leib des erhängten Judas oder werden von Dämonen hervorgezogen.

Einhorn Seit Ktesias (um 400 v. Chr.) von der Existenz eines weißen, eselähnlichen Pferdes mit einem heilkräftigen Horn berichtet, das wild und nur von Jungfrauen zu fangen sei, seit Plinius ihm den Leib eines Rosses, den Kopf eines Hirsches, den Fuß eines Elefanten, den Rüssel eines Wildschweins und ein aus der Stirn hervorragendes zwei Ellen langes schwarzes Horn zuschrieb, unter dem ein Karfunkelstein wachse, der alle mit ihm bestrichenen Wunden heile, und auch das Herz dieses Tieres als Heilmittel bezeichnete, ist nicht nur seine Existenz als Symbol für Apotheken gerechtfertigt. Die im Alexanderroman wie im Physiologus breit ausgemalte, von Isidor v. Sevilla ausführlich nacherzählte und in viele mittelalterliche Bestiarien übergegangene Beschreibung der Einhornjagd drang auch sehr bald in christliche Symbolvorstellungen und -darstellungen ein: Man kann das Tier wegen seiner Stärke nur durch List fangen. Daher bringt man eine Jungfrau in die Nähe der Stätte, wo es sich aufhält. Sobald das E. die Jungfrau gewahrt, legt es sich friedlich in deren Schoß, schläft ein und kann dann leicht überwältigt werden. So wurde das E. zum Symbol der Reinheit und die Einhornjagd durch den Erzengel Gabriel – wie auf vielen Teppichen und Miniaturen und z. B. auch auf einem Kapitell in St. Regnobert, Caen, zu sehen – zum Sinnbild der unbefleckten Empfängnis des Christuskindes durch Maria (□ Martin Schongauer zugeschr., zwei Tafelbilder, 15. Jh., Mus. Colmar; Nic. Froment, 1475, Kath. St. Sauveur, Aix-en-Provence; Altäre unbekannter deutscher Meister des 16. Jh. in Marienkirche Lübeck, Dom Erfurt, Dom Merseburg, Mus. Weimar, Mus. Braunschweig; Schnitzaltar 15. Jh., St. Elisabeth, Breslau; Teppiche aus der Touraine, 15. Jh., Metropolitan Museum The Cloisters, New York; gewebtes Antependium 15. Jh., Marienkirche Gelnhausen/Hessen; Stickereien aus den Klöstern Ebstorf und Isenhagen, 15. Jh., Landesmuseum Hannover; Teppiche aus den National-Museen von München und Zürich). Neben dieser Rolle in der marianischen Typologie (vgl. auch das E. als Attribut der Maria bei Stephan Lochner, »Blaue Madonna« und »Stadtväteraltar«; »Maria im Rosenhag«, Wallraf-Richartz-Museum Köln, trägt das Einhorn auf der Herzbrosche) figuriert das E. auch als Symbol für Christus selbst, den Reinsten der Reinen, oft auch in einem Wortspiel mit dem »Eingeborenen« Sohn Gottes: »Die Einhörner sind gerecht, und vor allen anderen Jesus Christus, der gegen seine Gegner mittels seines Kreuzes wie mit einem Horn kämpft; in diesem Horn ruht unsere Zuversicht« (Pseudo-Johannes Chrysostomus). Teilweise basierte diese Herausstellung des E. auch auf mißverstandener Bibelübersetzung (hebr. re'em = eine Wildbüffelart, ein gehörntes, nicht einhörniges Tier). Auf frühmittelalterlichen Darstellungen kniet das E. vor dem Kreuz Christi, so wie es früher auf assyrischen Friesen kniend der Sonne huldigte. Wegen seines Hornes wird es zum Sinnbild der königlichen Rechtsprechung, da es die Schuldigen mit seinem Horn vernichtet, und auf diese Weise auch zum Wappentier (England). □ Fußbodenmosaik 5. Jh., S. Giovanni Evangelista, Ravenna; Relief 6. Jh., S. Saba, Rom; Bischofsstab 12. Jh., Domschatz Fulda; Konsole 14. Jh., Fassade Kath. St. Jean, Lyon; Teppich 16. Jh., Domschatz Burgos; Dominichino, 17. Jh., Palazzo Farnese, Rom. Ein Porträt des Herzogs v. Urbino von Piero della Francesca (Uffizien Florenz) zeigt auf der Rückseite einen typischen »Triumphzug« der Renaissance, bei dem zwei E.r vor einen Wagen gespannt sind. Als Heiligenattribut erscheint das E. bei der Märtyrin Agathe v. Catania, allerdings irrtümlich, auf Grund der Verwechslung einer von ihr in der Hand gehaltenen Kerze mit dem Horn eines E.

Eisvogel Sinnbild der Auferstehung, da er nach mittelalterlicher Naturauffassung alljährlich sein Federkleid erneuert (□ Paradiesgärtlein, mittelrheinisch, um 1410, Städel-Institut Frankfurt).

Elefant Der E. ist das königliche Reittier Asiens und damit, Indra und Shiva heilig, Symbol der Souveränität, auch der Kraft und Festigkeit. Dem Abendland kaum durch lebende Exemplare und künstlerisch wohl – abgesehen von den Schachfiguren in Elefantengestalt, die der Bagdader Kalif Harun al Raschid 797 Karl dem Großen verehrte – in der Hauptsache durch importierte orientalische Webstoffe bekannt, fand der E. doch eine bemerkenswerte Verbreitung vor allem im Reichtum romanischer Kapitelle. Burgund (Sens, Vézelay, Souvigny, Perrecy-les-Forges) bietet auch hier besonders zahlreiche Beispiele; auffallend ist überall die große Naturähnlichkeit. Der E. hat, mit → Einhorn, → Greif, → Sirene usw., seinen Platz unter den seltsamen exotischen Tieren. Er ist ein recht positives Symbol, oft paarweise gegenüberstehend am Lebensbaum abgebildet, oft Darstellungen üppiger Vegetation eingefügt, und fehlt daher selten unter den Bewohnern des irdischen Paradieses. Er galt als weise, als Führer in guter Richtung, auch als besonders keusch (weil man ihn für frigide hielt). Auf diesem Umweg kam er auch in die marianische Typologie und als ein Vorbild zu den Attributen der Tugend der Besonnenheit (temperantia); gleichzeitig bot er das Bild unbesiegbarer Kraft. Da das Elefantenweibchen nach der geltenden spätantiken Zoologie sein Junges im Wasser eines Sumpfes gebiert und das Männchen dabei Wache steht, um den drohenden → Drachen zu vertreiben, ist das Elefantenbild auch ein Symbol der Taufe. Nach Meinung mancher Forscher spielt er als Turm (im Schachspiel) und angesichts des turmartigen Aufbaues, den er bei Feldzügen trug, sowie als Modell der Keuschheit und Kraft eine Rolle in der → marianischen Typologie (»Elfenbeinerner Turm«) unter Anspielung auf die Texte 1. Makk. 6, 37 und Hohesl. 4, 4, wo sich Turmvergleiche finden. Vielleicht ist dabei auch lediglich an ein Symbol der Klugheit gedacht, die gegen das Böse gewappnet ist. □ Kasel, 11. Jh., Göß b. Leoben, Altardecke 15. Jh. aus ehem. Benediktinerkirche St. Veit, Mönchengladbach. Wenn, wie gelegentlich auf mittelalterlichen Bildteppichen, die vier → Elemente durch Tiere symbolisiert werden, vertritt der E. die Erde. In der Zeit der Kreuzzüge begegnet er auch als Wappentier, z. B. bei dem Geschlecht der Helfensteiner, und ist in diesem Zusammenhang noch heute auf alten Wappendarstellungen anzutreffen; □ Säule des Marktbrunnens Wiesensteig/Schwäb. Alb (Hauptsitz der Helfensteiner).

Elemente Die vier E. (Erde, Wasser, Luft, Feuer) sind der antiken Philosophie (Thales, Empedokles) entliehen. Sie spielen im menschlichen Mikrokosmos in bezug auf bestimmte Körperteile und Sinne eine Rolle, aber auch im Makrokosmos. In diesem Zusammenhang sind sie im Mittelalter oft dargestellt: das → Feuer durch Feuerzungen, die Luft durch den Gott Äolus oder durch die Köpfe der vier Winde, die Erde als Frau, die zwei Kinder säugt, oft unter dem Kreuz Christi zu finden, das → Wasser in der Person des Meergottes Okeanos (→ Fluß). In der Renaissance ging man dann überhaupt dazu über, die vier E. durch antike Götter zu personifizieren: Feuer: Vulkan; Luft: Juno; Erde: Kybele; Wasser: Neptun. □ Mosaikfußboden 12. Jh., Kath. Aosta; Fresken 12. Jh., Krypta Kath. Anagni; Kapitelle 12. Jh. in Vézelay und Cluny; Osterleuchter 12. Jh., Dom Mailand; Fresken 13. Jh., St. Nikolaus, Windisch-Matrei/Tirol. – Gelegentlich werden in die Symbolik der vier E. auch Tiere einbezogen, die in dem jeweiligen E. leben, so z. B. Vögel für die Luft, Fische für das Wasser, Vierfüßler – nicht selten der → Elefant – für die Erde, der → Salamander für das Feuer.

Elia Prophet aus Thisbe in Gilead, die nach Mose bedeutsamste Gestalt des AT, wirkte im 8. Jh. unter Ahab und Isebel (vgl. 1. Kön. 17 – 2. Kön. 2), sagte eine Dürreperiode an, wurde in der Wüste durch Raben ernährt, heilte den Sohn einer Witwe in Zarpath (Sarepta), siegte bei einem Gottesurteil auf dem Karmel über die Baalspriester, floh in die Wüste am Horeb, wo er eine Gotteserscheinung hatte, beschuldigte Ahab des Justizmordes an Naboth und wurde in einem feurigen Wagen gen Himmel getragen, nachdem → Elisa sein Nachfolger geworden war. Das späte Judentum glaubte im Anschluß an Mal. 4, 5, E werde unmittelbar vor dem Erscheinen des Messias zurückkehren. Auf diese Erwartung wird mehrfach im NT angespielt (z. B. Matth. 17, 10 ff.). Daher flankiert E. auch zusammen mit Mose Christus auf dem Berg der Verklärung (Matth. 17, 1 ff.). Er kann als Parallelgestalt zu → Johannes dem Täufer erscheinen, zumal beide nicht nur Vorläufer Christi, sondern auch Asketen mit Wüstenerfahrung sind. So gilt er auch als der erste Einsiedler und wird zum Vorbild der ägyptischen Wüstenväter und der griechischen Athosmönche sowie zum legendären Urvater der Karmelitermönche. Vor allem aber ist er alttestamentlicher Typos Christi. Man erblickt die Parallelen in der Ähnlichkeit der Vorbereitung auf sein öffentliches Amt, dem

Eintreten für die reine Lehre gegenüber den falschen Götzen, der Krankenheilung und Totenerweckung, dem Gebetskampf in der Wüste (entspr. Gethsemane), schließlich der Himmelfahrt. Das Feuer vom Himmel, das auf sein Karmelopfer herabkam, nimmt die feurige Herabkunft des Hl. Geistes an Pfingsten vorweg. Entsprechend ist die Bildauswahl der typologischen Szenen vor allem in den Kirchen des Karmeliterordens: □ in S. Martino dei Monti, Rom; Karmeliterkapellen in Paris und Toulouse; Iglesia del Carmen, Córdoba; Antwerpen, Hirschhorn/Neckar; vgl. auch ein Altarbild des 16. Jh. im Historischen Museum Frankfurt/Main und Fresken der Elia-Kirche in Jaroslawl/Wolga, 17. Jh. Sehr häufig sind E.-Darstellungen auf griechischen und russischen Ikonen wie auf jugoslawischen und russischen Fresken. Von Darstellungen der Einzelszenen seien besonders genannt: Ernährung durch den Raben (1. Kön. 17, 1–7; □ Fresken in den Refektorien mehrerer Athosklöster, z. B. Lavra, und jugoslawischer Klöster, z. B. Moraca; Gemälde von Rubens, um 1625, Louvre); Aufenthalt bei der Witwe von Zarpath und Erweckung ihres Sohnes (1. Kön. 17, 8–24 = Typos der Auferweckung des Lazarus und Auferstehung Christi; □ Fresko 3. Jh., Synagoge Dura-Europos, u. 14. Jh., Kreuzgang Emmauskloster Prag; Fenster 12. u. 13. Jh. in Chartres u. Bourges; Giovanni Lanfranco, 17. Jh., Mus. Poitiers); Ernährung durch einen Engel in der Wüste (1. Kön. 19 = Typos der Eucharistie, der Stärkung des betenden Christus in Gethsemane, □ Fresko 14. Jh., Kath. Orvieto; Dirk Bouts, 15. Jh., Abendmahlstriptychon St. Pierre, Louvain; Tintoretto, 16. Jh., Scuola di S. Rocco, Venedig; Guido Reni, 17. Jh., Kath. Ravenna; P. P. Rubens, 17. Jh., Skizze für Teppich, Musée Bonnat, Bayonne; Tiepolo, 17. Jh., Deckengemälde, Erzbischöfl. Palast Udine); Opferszene auf dem Karmel (1. Kön. 18 = Typos der Ausgießung des Hl. Geistes; □ Fresko 3. Jh., Synagoge Dura-Europos; Fresken 14. Jh. in Athosklöstern; Armenbibeln des 15. Jh.; Fenster 17. Jh., Kreuzgang St. Etienne-du-Mont, Paris); → Himmelfahrt E.s (2. Kön. 2, 9–12 = Typos der Himmelfahrt Christi und Abbild der Auferstehungshoffnung der Gläubigen; □ Katakombenfresken des 3.–5. Jh. in S. Domitilla, Rom; altchristliche Sarkophage im Louvre und Lateranmuseum; Mosaiken des 5. Jh., Hl.-Grab-Kirche Jerusalem; Holztür 6. Jh., S. Sabina, Rom; Portalskulpturen Sw. Sophia, Nowgorod, 1155, und St. Maurice, Vienne/Dauphiné, 15. Jh.; Fresken in Athosklöstern und im Emmauskloster Prag, 14. Jh.; Nikolaus v. Verdun, Email-Altar 1181, Klosterneuburg b. Wien; Tintoretto, Gemälde 16. Jh., Scuola di S. Rocco, Venedig; P. P. Rubens, Skizze für ein – zerstörtes – Deckengemälde, 1620, Landesmuseum Gotha; Typolog. Fenster 17. Jh., Schloßkapelle Hatfield bei London). Die ikonographische Nähe dieser Himmelfahrt im feurigen Wagen zum griechischen Bildmotiv der Quadriga des Sonnengottes Helios liegt auf der Hand.

Elisa Schüler, Nachfolger und in Erzählungen wie Bildszenen eine Replik des Propheten → Elia, wirkte gemäß 1. Kön. 19, 19 ff.; 2. Kön. 2–13 durch Weissagungen und zahlreiche Wunder, auch er typologisch ein Vorläufer Christi: Sein Empfang in Jericho weist auf den Einzug Jesu in Jerusalem (□ Typolog. Fenster 14. Jh., Basilika Assisi; Typolog. Teppich 1515, La Chaise-Dieu), seine Verspottung durch die Prophetenkinder auf die Verspottung des gefangenen Jesus (□ Fresken 14. Jh., Emmauskloster Prag; Berruguete, Chorgestühl 14. Jh., Kath. Toledo; Hans Holbein, Holzschnitte zum AT 1538), seine Heilung des aussätzigen Naaman im Jordanwasser auf das Sakrament der Taufe (□ Fresko 13. Jh., St. Maria Lyskirchen, Köln; Typolog. Fenster 14. Jh., St. Etienne, Mülhausen/Elsaß; Kunstgewerbl. Museum Köln, 15. Jh.; Schloßkapelle Hatfield b. London, 17. Jh.), seine Auferweckung des Sohnes der Sunamitin auf die Auferweckung des Lazarus (□ Email-Triptychon 12. Jh., Victoria and Albert Museum London; Fenster 13. Jh. in Bourges und Le Mans; Teppich 1518, La Chaise-Dieu; Fresken 17. Jh., Elia-Kirche Jaroslawl).

Endgericht »Wir werden alle vor dem Richtstuhl Christi dargestellt werden« (Röm. 14, 10), ist einer der Leitsätze christlicher Enderwartung. Das Gericht der Seele durch Gott ist ein altes religiöses und Bildmotiv, überliefert in ägyptischen Texten und Grabfresken, berichtet bei Homer, Pindar und Platon, später bei Cicero, Seneca, Vergil. Die christlichen Autoren knüpfen an manche dieser Vorstellungen an, wenn sie die in spätjüdischen Vorstellungen verankerten Weltgerichtstexte des NT (z. B. Matth. 12, 36; 25, 31 ff.; Hebr. 9, 27; Offbg. Joh. 20, 12 f.) auslegen. Weitaus mehr Fresken oder Skulpturen der römischen Katakomben beschäftigen sich mit dem Leben der Gläubigen nach dem Tode als mit dem Vorgang des Gerichts über den einzelnen oder dem allgemeinen E. Doch begegnet dieses Thema auf etwa acht Katakombenfresken (□ S. Domitilla, S. Hermes, S. Callisto, Kyriakusfriedhof), entweder in der Gegenüberstellung eines oder mehrerer Gläubiger vor Christus oder unter Verwendung des neutestamentlichen Bildes von der Scheidung der Schafe und Böcke (□ röm. Sarkophag 4. Jh., Lateranmuseum Rom). Frühe Darstellungen des universalen Weltgerichts finden sich auf einem Tonmedaillon des 5. Jh. (Bibliothek Barberini, Rom) sowie auf Miniaturen in der Topographia Christiana des Kosmas Indikopleustes und auf einem irischen Manuskript des 8./9. Jh. in St. Gallen. Spätere bedeutende E.-Darstellungen sind komponiert aus den Elementen alttestamentlicher Visionen (Daniel, Hiob) und apokalyptischen Aussagen in den Evangelien (besonders Matthäus) und Offbg. Joh., griechischen apokryphen Apokalypsen, Dantes »Divina Commedia« und den derben Teufelsszenen der

Mysterienspiele. Bei starkem Hervortreten der gemeinsamen Bildelemente (Christus als Richter, Auferstehung der Toten, Wägen der Seelen, Scheidung der Erwählten und Verdammten) sind doch Besonderheiten im einzelnen hervorzuheben, die den byzantinisch-ostkirchlichen vom abendländischen Typus der E.-Darstellungen unterscheiden. 1. In der Kunst des Morgenlandes, auch wo sie sich im Westen auswirkt, treten als eigentümlich hervor: a) die Deesis (Johannes der Täufer und Maria als Fürbitter für die Menschheit zu Füßen des richtenden Christus. – → Christus, → Maria, → Johannes der Täufer. – Auf russischen und rumänischen Ikonen kann auch der besonders beliebte hl. Nikolaus anstelle des Täufers die Rolle des Fürbitters übernehmen); b) die Etimasie (→ Thronsitzbereitung für die Wiederkehr Christi, nach Ps. 9, 8f.; Offbg. Joh. 4; 22, 1 ff. Auf dem bereitstehenden Thron das Kreuz und das → Buch in Erwartung des Gerichtsherrn und des Gerichtstages; daneben die Erzengel Michael und Gabriel als Thronwächter, darunter → Adam und Eva, die das Kreuz als das Werkzeug der Erlösung anbeten); c) die Auferstehung der Toten (gestaltet in engem Bezug auf Offbg. Joh.: Ein Engel rollt das Firmament auf; Erde, repräsentiert durch wilde Tiere, und Meer, personifiziert als Frau mit einem Füllhorn und umgeben von Seeungeheuern, geben die Toten heraus); d) das Wägen der Seelen durch den Erzengel Michael (gegenüber der Kunst des Westens nur leicht paraphrasiert. – → Waage); e) → Paradies und → Hölle (das Paradies symbolisiert nicht nur durch den Schoß → Abrahams, sondern auch durch die drei Patriarchen, Abraham, Isaak und Jakob, die Scharen von Gerechten in ihrem Schoß halten, und durch den nie fehlenden guten Schächer, dem Christus, Luk. 23, 43, unmittelbaren Eintritt ins Paradies zugesagt hatte und der als Erkennungszeichen sein Kreuz trägt; die Hölle gekennzeichnet durch einen gewaltigen Feuerstrom, der, zu Füßen Christi entspringend, die Verdammten in den Rachen der Hölle schwemmt; in ihrer Mitte eine große Schlange, die auf ihrem Rücken die sieben Todsünden trägt). □ außer der schon genannten Topographia Christiana des Kosmas Indikopleustes, 7. Jh., Biblioteca Vaticana Rom, und ravennatischen Mosaiken, 6. Jh., in S. Apollinare Nuovo und S. Michele in Affricisco: Fresko um 1075, S. Angelo in Formis bei Neapel; Mosaik 12. Jh., Torcello b. Venedig, nachgeahmt in Monreale/ Sizilien und Cappella Palatina, Palermo, aber auch noch durch Pietro Cavallini, Fresko um 1293, S. Cecilia, Rom, und Giotto, Fresken um 1305, Arenakapelle Padua; russische Fresken in SW. Deinitri, Wladimir, um 1196; serbische Fresken in Dečani, 14. Jh.; Andrej Rubljew, Fresko 1408, Kath. des Todes Marias, Wladimir; Fresken 16. Jh. in den Athosklöstern Megisti Lavra, Dionysiou, Xenophontos, Dochiariou. – Eine rumänische Besonderheit sind a) die großen Fresken der Himmelsleiter, besonders gewaltig ausgeführt im Moldaukloster Suçeviţa

(→ Leiter), b) die Darstellungen der himmlischen Etappen zur Prüfung der Seele, entnommen der Lebensbeschreibung des hl. Basilius Neos (Vasile Nou), in zahlreichen Kirchen und besonders in den Moldauklöstern Vatra Moldoviţei, Voroneţ, Arbore (16. Jh.); c) die konfessionelle und nationale Prägung der Enderwartung: Die Erlösten, denen Petrus die → Paradiesespforte öffnet, sind sämtlich Orthodoxe, während in der Schlange der Verdammten Juden mit spitzen Hüten, Muslime mit Turbanen und lutherische Deutsche mit Filzhüten deutlich erkennbar und durch Inschriften bezeichnet sind. □ Voroneţ u. Suçeviţa/Rumänien; Jaroslawl, Rostow u. Borisoglebsk/Rußland. – 2. In der Kunst des Abendlandes, die das Bildthema des E. vor allem in den Tympana der Mittelportale der großen Kathedralen und, stärker als der Osten, in der Horizontalen entwickelt hat, fällt besonders auf: a) der apokalyptische Christus der Romanik (sehr hieratisch; mit dem zweischneidigen Schwert im Munde, meist umgeben vom → Tetramorph und den vierundzwanzig Greisen der Apokalypse, vgl. besonders Moissac u. Autun); b) der mehr den Evangelien entsprechende Christus der Gotik (seit dem 12. Jh. bevorzugt, mit den Wunden der Kreuzigung, umgeben von den Instrumenten der Passion, und auf jeden Fall alleiniger Richter, □ besonders Corbeil u. St. Sulpice in Favière; Sonne und Mond sind im Licht Christi unnötig geworden, Engel tragen sie fort; vgl. Tympana Kirche von Rampillon/Champagne und Königsportal Kath. Bordeaux. – → Leidenswerkzeuge); c) Beisitzer und Fürbitter (Die zwölf Apostel sitzen in Reihen rechts und links von Christus, zu seinen Füßen sehr bescheiden Maria und Johannes der Täufer, an deren Stelle auch der Evangelist → Johannes treten kann; □ Oberteil von El Grecos Begräbnis des Grafen d'Orgaz, S. Tomé, Toledo); d) die Auferstehung der Toten (Sie geschieht in einer großen Massenbewegung aus Gräbern, Sarkophagen und Urnen heraus, eine sich augenblicklich oder allmählich vollziehende Auferstehung des Fleisches. Alle sind nackt, Gebrechen tragen sie nicht mehr an sich. Einige erkennen sich wieder. □ Luca Signorelli, Fresko um 1500, Kath. Orvieto, wo die Toten direkt aus der Erde hervorkommen); e) das Wägen der Seelen, entweder durch Michael oder, □ in St. Révérien/Nièvre, durch eine aus dem Himmel herabreichende Hand Gottes; die Auseinandersetzung zwischen Engeln und Dämonen ist betont; Maria kann ihren Rosenkranz zugunsten des Sünders auf die Waagschale legen, ein Kelch – in Bourges sowie auf einer Miniatur des Evangeliars von Wolfenbüttel, 1191 – oder ein Lamm Gottes – in Amiens – kann ebenfalls als Gegengewicht dienen. □ Tympana 12. Jh., St. Lazare, Autun, u. Kirche von Tulignano b. Parma); f) die Scheidung der Guten und der Bösen (= entspr. der Scheidung der Schafe von den Böcken in der frühchristlichen Kunst. Die Erwählten, bekleidet, ziehen in Prozession zum Himmel; → Stadt; die Teufel stoßen die nackten, häufig aneinandergeketteten Verdammten zum Höllenrachen hin. Auf die Erwählten, die häufig – ein Zeichen der Beliebtheit des neuen Ordens – von einem Franziskaner angeführt werden, warten Petrus und Engel. Unter den Verdammten finden sich Vertreter aller Schichten und Stände); g) ergänzende Bildthemen können hinzutreten: Kirche und Synagoge, durch zwei Frauengestalten symbolisiert (□ Worms, Magdeburg, Bamberg, Straßburg, Chartres, Reims, N.D. de Paris; Tragaltar von Stavelot, 12. Jh., Musée des Beaux Arts, Brüssel; Portal 12. Jh., Kath. Rochester; Typolog. Fenster um 1155, Châlons s/Marne; Konrad Witz, Altar des Speculum humanae salvationis, 15. Jh., Mus. Basel); die klugen und die törichten Jungfrauen (□ St. Denis, N.D. de Paris, Amiens, Sens, Bazas, Mimizan; Hermann tom Ring, Triptychon 1550, Mus. Utrecht); die sieben Werke der Barmherzigkeit (nach Matth. 25, 34 ff.: Hungrige speisen, Durstige tränken, Fremde beherbergen, Nackte kleiden, Kranke pflegen, Gefangene besuchen, seit dem 12. Jh. auch: Tote begraben, d. h. die endgültige Zugehörigkeit zu Christus bereits während des irdischen Lebens vollziehen. □ Galluspforte 1170, Münster Basel; Benedetto Antelami, Portal 1196, Baptisterium Parma; Taufbecken 1220, Dom Hildesheim; Lettner des Straßburger Münsters, um 1250, jetzt dort im Musée de l'Oeuvre N.D.; Fenster 13. Jh., Elisabethkirche Marburg; Andrea Pisano, Reliefs 14. Jh., Campanile Florenz; Lorenzo Monaco, 14. Jh., Pinacoteca Vaticana; Fresken 14. Jh., Romainmôtier/Schweiz. Jura; Jacob Cornelisz, 1504, St. Lorenz, Alkmaar; Murillo, 17. Jh., Zyklus für Hospital de la Caridad, Sevilla; David Teniers, 17. Jh., Louvre Paris; Pieter Brueghel d. J., Galerie Harrach, Wien; Caravaggio, Monte della Misericordia, Neapel). Weitere bedeutende Beispiele abendländischer E.-Darstellungen: Tympana 12. Jh., St. Lazare in Autun, Beaulieu/Corrèze; Ste. Foy in Conques/Rouergue; 13. Jh.: Laon, St.Yved in Braine (Museum Soissons); N.D. de Paris, Bourges, Amiens, Chartres, Reims, St. Urbain in Troyes, St. Sulpice in Favières, Rampillon, Poitiers, Charroux, Bordeaux, St. Emilion, Bazas, Dax, Bayonne, León/Spanien, Bamberg; 14. Jh.: Freiburg/Br., St. Lorenz in Nürnberg; Endgerichtspfeiler, 13. Jh., Straßburg; Kanzeln 13. Jh., Baptisterium Pisa u. Kath. Siena; Fresken 10. Jh. St. Georg, Insel Reichenau, u. Burgfelden/Schwaben; Fresken 14. Jh. S. Cecilia, Rom, S. Maria Novella, Florenz, Campo Santo, Pisa, Kirche von Ennezat/Auvergne; Fra Angelico, 1425, Accademia Florenz; Hubert van Eyck, 1420, Metropolitan Museum New York; Stephan Lochner, 1430, Wallraf-Richartz-Museum Köln; Rogier van der Weyden, 1445, Hospiz Beaune; Hans Memling, 1473, Marienkirche Danzig; Martin Schongauer, Fresko um 1490, Münster Breisach; Lucas van Leyden, 1526, Museum Leyden; Michelangelo, Fresko 1541, Cappella Sistina, Vatikan; Tintoretto, 1589, Dogenpalast Venedig; P. P. Rubens, um 1615, Alte Pinakothek

München; Peter Cornelius, Fresko 1840, Ludwigskirche München.

Engel Die älteren Teile des AT kennen den »E. Jahwes« nur als eine vorübergehende Personifikation des göttlichen Offenbarungswillens. Erst das nachexilische Judentum bildete, wahrscheinlich unter persischen Einflüssen, eine förmliche Lehre von den »himmlischen Heerscharen« und einem »Hofstaat Gottes« aus. Insgesamt haben die E. in der Bibel, obwohl ihnen gelegentlich Namen gegeben werden, mehr im Hinblick auf ihre Funktionen als auf ihre Personalität Bedeutung. Ihr Amt ist Anbetung und Lob Gottes (Jes. 6, 2 f.; Offbg. Joh. 8, 2. 6), Botendienst als Träger der göttlichen Offenbarung (z. B. bei → Abraham 1. Mose 18, 2; 19, 1; Jakob 1. Mose 28, 12), Schutz und Hilfe für Personen und Völker (Tobias; Matth. 18, 20; 22, 30; Hebr. 1, 14). Während diese biblischen Aussagen über spirituelle Mittelwesen zwischen Gott und Welt, lediglich durch den Bezug auf Jahwe bzw. Christus besonders charakterisiert, im großen und ganzen den allgemeinen im Vorderen Orient herrschenden Vorstellungen (vgl. bereits akkadische und ugaritische Texte) entsprachen, die auch in der Abbildung von geflügelten Göttern und Genien (vgl. assyrische Darstellungen) Ausdruck fanden, lehnte die frühe christliche Kunst die Abbildung von geflügelten E.n lange ab, wohl um einer Verwechslung mit den reichlich vorhandenen antiken Bildern von Genien, Eroten und Siegesgöttinnen vorzubeugen. Das früheste christliche Bild eines E. ist auf einer Verkündigungsszene in der Priscilla-Katakombe, Rom (1. Hälfte 2. Jh.) erhalten; häufig sind E.-Darstellungen in den Szenen der Opferung Isaaks, der Jünglinge im Feuerofen, bei Geburt, Taufe und Himmelfahrt Christi; auch bilden sie den Hofstaat bei Thronbildern Christi oder Marias (□ besonders S. Apollinare Nuovo u. S. Vitale, Ravenna). Erst gegen Ende des 4. Jh. beginnen sie mit → Nimbus und → Flügeln ausgestattet zu werden; im 9. und 10. Jh. begegnen sogar wieder E. ohne Flügel. Sie sind Jünglinge oder Männer, meist von einer ihre Würde betonenden besonderen Höhe der Gestalt; bekleidet sind sie mit leuchtend weißen Gewändern, den Zeichen der vollkommenen Reinheit, in der Ostkirche gelegentlich auch mit purpurfarbenen Gewändern, den Zeichen der Hoheit (→ Farbensymbolik). Sie tragen ein Stirnband ums Haupt, manchmal einen langen Botenstab in der Hand. Im Lauf des Mittelalters bereichert sich ihre Ausrüstung (→ Lilienstengel bei der Verkündigung an Maria; → Palmzweige als Siegeszeichen, → Musikinstrumente und Rauchfässer zum Lob Gottes; flammende → Schwerter zur Bekämpfung des Bösen; → Leidenswerkzeuge zum Hinweis auf die Passion Christi; Posaunen zur Einleitung des → Endgerichtes), erweitert sich auch der Rahmen ihres Auftretens in Ausmalung biblischer und außerbiblischer Motive zu großen Konzeptionen visionärer Schau: Erschaffung der E., Sturz Luzifers und der bösen E., Tod und Krönung Marias, Endgericht. Unter den Endgerichtstympana mit reichen E.-Darstellungen ist vor allem Ste. Foy in Conques/Rouergue, Frankreich, zu nennen. Erscheinen sie zu Anfang des Mittelalters vorwiegend in hoheitlicher Würde, so zeigt die Kunst des 13. und 14. Jh. sie stärker und leidenschaftlicher am Geschehen (bes. der Passion, des Endgerichts und des Kampfes mit den bösen E.n) beteiligt (z. B. Giotto). Sie erscheinen immer häufiger in priesterlicher Tracht (z. B. van Eyck). Der Typus des Mädchen-E. gewinnt Verbreitung, mit vollendeter Kunst angedeutet im Verkündigungsengel von Reims, der einerseits an Praxiteles erinnert, andererseits das berühmte Lächeln Lionardo da Vincis vorwegzunehmen scheint. Häufig begegnet der Mädchen-E. dann in der Frührenaissance (besonders Fra Angelico), wohl auch im Zusammenhang mit der häufigeren Darstellung musizierender Engel (z. B. Filippo Lippi, Hans Memling, Mathis Nithart Grünewald). Kinderengel, schon vom 12. Jh. an vereinzelt vorkommend, werden, ebenso wie geflügelte Engelköpfe, besonders auf Andachtsbildern immer zahlreicher und nehmen in der Renaissance die Gestalt des antiken → Eros (Putto) an, der dann vor allem im Barock lebhaft und dekorativ in Erscheinung tritt. Michelangelo kehrt betont zu den männlichen E.n ohne Flügel und Nimbus zurück. Das 19. Jh. hat bis zum Jugendstil die Würde der E., die abstrahierende Kunst des 20. Jh. Unfaßbarkeit und Unanschaubarkeit der E. stärker betont. – Die Vorstellung von Engelhierarchien entstammt in der Hauptsache der außerjüdisch beeinflußten spätjüdischen Theologie und gewinnt perfekte systematische Ausarbeitung durch die »Himmlische Hierarchie« des Pseudodionysius Areopagita (6. Jh.). Er nimmt (in Verwendung von Andeutungen aus Kol. 1, 16; Eph. 1, 12; 3, 10; Röm. 8, 38 f.) neun Engelchöre an (dreimal die heilige Zahl Drei): Throne, Cherubim, Seraphim; Herrschaften, Fürstentümer, Gewalten; E., Erzengel, Tugenden. Diese Engelchöre erscheinen oft in der christlichen Kunst (besonders auch der des Ostens: z. B. Jugoslawien, Bulgarien, Rumänien, Kloster Chilandari/Athos), der die Teilnahme an der himmlischen Liturgie besonders am Herzen liegt. Im Westen begegnet das Motiv allein zweimal in Chartres: auf der → Endgerichtsdarstellung am Südportal und auf dem Fenster des hl. Apollinaris; ferner im 14. Jh. in der Ste. Chapelle, Vincennes, im 15. Jh. in der Kath. von Cahors. In Italien: im Kuppelmosaik des Baptisteriums Florenz, in S. Eustorgio, Mailand (1339) u. S. Pietro in Cielo d'Oro, Pavia (1380). In England sind die Fenster des Priorats Great Malvern/Worcestershire zu nennen, in Österreich ein Zyklus von 1435, Stiftsmuseum Klosterneuburg, und die Trinitätssäule von 1679 auf dem Platz am Graben, Wien. Ein sehr schönes deutsches Beispiel bietet der »Scivias«-Kodex

(12. Jh.) der hl. Hildegard v. Bingen, Mus. Wiesbaden. Die Cherubim sind in besonderer Weise Personifikationen der Allmacht: Hüter des versperrten Paradieses (1. Mose 2, 24); Wächter der Bundeslade (2. Mose 25, 10; 37, 9; 1. Sam. 4, 4; als solche tauchen sie noch auf einem Kuppelmosaik in Germigny-les-Prés auf); dynamische Träger des Thrones Gottes (Ez. 1; → Tetramorph). Die Seraphim versehen vor allem das Amt der Anbetung und des Throndienstes (Jes. 6, 2f.). Die Erzengel, die Fürsten unter den E.n, haben Namen und bestimmte Funktionen: Michael (Dan. 10, 13. 21; 12, 1), der den obersten Rang einnimmt, ist als Krieger, Überwinder des Teufels (Offbg. Joh. 12, 7ff.) und Seelenwäger im → Endgericht dargestellt. Die überaus weit verbreitete Michaelsverehrung hat zu einer Fülle von Kunstwerken geführt. Wenige □: Byzantinisches Elfenbeindiptychon 5. Jh., British Museum London; Mosaik 6. Jh., S. Apollinare in Classe, Ravenna; Mosaik 6. Jh. aus S. Michele in Affricisco, Ravenna, jetzt Museum Berlin-Dahlem; Mosaik 11. Jh., Kloster Hosios Lukas, Griechenland; Staurothek 11. Jh., Limburg/Lahn; Mosaik 12. Jh., Daphni bei Athen; romanisches Fresko 12. Jh., Kath. N.D. du Puy; Giovanni Pisano, 14. Jh., Museo Civico, Pisa; Piero della Francesca, 14. Jh., National Gallery London; Benedikt Dreyer, Holz, 1515, Lettner Marienkirche Lübeck; Hans Reichle, Bronzegruppe 1607, Arsenal Augsburg. Michaelzyklen: z. B. Bronzetüren von 1076, Kirche Monte Gargano/Italien; Fresken 14. Jh., Erzengelkirche Lesnovo/Jugoslawien. Raphael (Buch Tobias) ist vor allem Schützer und Begleiter guter und leidender Menschen (□ Relief 14. Jh., Dogenpalast Venedig; Pollaiuolo, 15. Jh., Pinacoteca Turin; Carotto, Fresko 15. Jh., S. Eufemia, Verona; Raffael, Madonna della Pesca, 16. Jh., Prado Madrid; Dominichino, 17. Jh., Pinacoteca Neapel; Carlo Bonone, 17. Jh., Pinacoteca Ferrara; Giovanni Baratta, Relief 17. Jh., S. Spirito, Florenz; Murillo, 17. Jh., Kath. Sevilla; Verdiguier, Raphaelsäule 1764, Córdoba); Gabriel (Dan. 8, 15; 9, 21; Luk. 1, 11. 26 ff.; 2, 9. 13) ist der E. der Verkündigung; Uriel (Buch Henoch, 4. Esra-Buch), der zur Ergänzung der Vierzahl hinzutrat, wurde mit dem E. identifiziert, der am Grab Christi erschien. Auf einem gallorömischen Sarkophag in Poitiers sind neben den Evangelisten Matthäus und Johannes die Erzengel Raphael und Raguel (letzterer nach der Henochapokalypse) abgebildet und mit Namen bezeichnet. Die spätere Erweiterung der Zahl der Erzengel auf sieben (Tob. 12, 15) hängt mit den Einflüssen der Äonenlehre und der babylonischen Astronomie auf die spätjüdische Theologie zusammen. Sie wird von mehreren Kirchenkonzilien verworfen. Bilder der Engelhierarchie finden sich vor allem in der byzantinischen Kunst und deren Nachwirkungsbereich in Italien (Baptisterium Florenz; Eremitani, Padua). Besonders beliebt ist in der Ostkirche die Darstellung der »Synaxis«, der himmlischen Ratsgemeinschaft der E., die sich um das Chri-

stusmedaillon als Wappenzeichen und Bekenntnis scharen, während im unteren Bildteil die bösen E. in den Abgrund stürzen. Im übrigen sind die Kennzeichen der verschiedenen Engelgruppen in der Kunst nicht einheitlich. □ für Erzengelgruppen: Koptisches Fresko 6. Jh., Bawit; Kuppelmosaiken 12. Jh., Cappella Palatina u. Martorana, Palermo; Fresko 16. Jh., Kloster Kutlumussi, Athos; ferner: Gold. Antependium 11. Jh. aus Basel, Musée de Cluny, Paris. → Himmelsleiter. – Die Darstellung von E.n als geflügelte Feuerräder geht auf Ez. 1 zurück. – Berühmte Engelbilder des 12.–16. Jh.: Italien: Donatello, Cantoria 15. Jh., Kath. Florenz; Luca della Robbia, Cantoria 15. Jh., Opera del Duomo, Florenz; Fra Angelico, Krönung Marias, 1425, S. Marco, Florenz; Tanz der Engel und Erwählten, 1430, ebd.; Melozzo da Forli, Musizierende Engel, 15. Jh., Pinacoteca Vaticana: Giovanni Bellini, Musizierende Engel, Madonna dei Frari, 1488, Venedig; Correggio, Fresko des Evangelisten Johannes, 16. Jh., Kopie von Annibale Carracci, Mus. Parma. Flandern: Jan van Eyck, Flügel des Genter Altars, 15. Jh.; Hans Memling, Musizierende Engel, 15. Jh., Musée des Beaux Arts Antwerpen. Frankreich: Auferstehung Marias, 12. Jh., Kath. Senlis; Der Engel mit dem Lächeln, 13. Jh., Kath. Reims; Archivoltenportal St. Maurice, 15. Jh., Vienne; Gewölbefresken 15. Jh., Hôtel Jacques-Coeur, Bourges. Deutschland: Albrecht Dürer, Holzschnitt 1498, Apokalypse; Lukas Cranach, Ruhe auf der Flucht nach Ägypten, 1504, Museum Berlin-Dahlem; Albrecht Altdorfer, Engelreigen bei der Geburt Marias, 16. Jh., Alte Pinakothek München; Mathis Nithart Grünewald, Engelkonzert, 16. Jh., Isenheimer Altar, Colmar/Elsaß. Rußland: Andrej Rubljew, Drei Engel bei Abraham, Ikone 1420, Tretjakow-Galerie, Moskau. – Die Unfaßlichkeit einer Engelerscheinung wird besonders an den Versuchen deutlich, den Offbg. Joh. 10, 1 ff. beschriebenen E. – in eine Wolke gehüllt und mit einem Regenbogen gekrönt, das Gesicht wie die Sonne strahlend und die Füße wie Säulen von Feuer auf Erde und Meer – bildlich darzustellen (vgl. Bamberger Apokalypse 11. Jh.; Teppich von Angers, 14. Jh.; Nürnberger Holzschnittbibel 15. Jh.; Albrecht Dürer, Holzschnitt zur Apokalypse, mit dem grotesken Versuch, den Text Wort für Wort ins Bild zu übertragen; Fenster 16. Jh., St. Michel s/Orge; Fresko 16. Jh., Kloster Dionysiou/Athos). – Engelattribute: der → Stab des Boten; der → Lilienstengel als Sinnbild der jungfräulichen Reinheit; der → Palmzweig, den E. als Siegeszeichen den Märtyrern bringen; → Musikinstrumente, um Gott in Tönen zu verherrlichen; flammende → Schwerter im Kampf gegen das Böse; Posaunen zur Verkündigung des Gerichts usw. – Als Attribute von Heiligen begegnen die E. ferner bei Ambrosius, Bonaventura, Rochus (der durch einen E. von der Pest geheilt wurde), Stanislaus, Aldegundis; bei Francesca Romana (als Schutzengel); Onuphrius (E. mit Hostie); Hieronymus (E. mit der Posaune des → Endgerichts); Franz v. Assisi (E. spielt Violine); Franziskus v. Paula (E. mit Inschrift: »Charitas«); Gregor d. Gr. (E., der das Schwert in die Scheide zurücksteckt, erinnernd an die Erscheinung des Erzengels Michael über der Engelsburg als Ankündigung des Endes der Pest); Genovefa v. Paris (E. entzündet die Kerze in ihrer Hand, die ein Dämon ausgeblasen hat); Teresa v. Avila (E. zielt mit einem Pfeil auf ihr Herz, Zeichen ihres Durchdrungenseins durch die göttliche Liebe); Isidor der Landmann (zwei E. betreuen seine Zugstiere, während er betet); Maria Magdalena, Katharina v. Alexandria, Bruno (wurden von E.n in den Himmel erhoben). Züchtigende E. erscheinen beim büßenden hl. Hieronymus wie bei Heliodor, dem Entheiliger des Tempels. – Besonders bauliche Ehrung erfuhr in Deutschland, Frankreich, Italien und Spanien der Erzengel Michael. Zahlreiche Berg- und Turmkirchen (□ Schwäb. Hall, Michaelsberg, Fulda, Monte Gargano/Apulien, Mont St. Michel/Normandie, St. Michel d'Aiguilhe, Le Puy), aber auch Torkapellen (Komburg) und Karner (Beinhäuser) tragen seinen Namen. Seine Heiligtümer lösten häufig heidnische heilige Stätten ab und bezeichnen damit den Vorgang der Christianisierung. Zum → Tor als Durchgangssymbol und zum Tod steht er als E. des → Endgerichts in Beziehung.

Engelwurz Heilkraut und alte Symbolpflanze (begegnet schon im 9. Jh. im Volchartpsalter auf Initialen) für die → Dreifaltigkeit Gottes und für den Hl. Geist, da der Stengel zwischen zwei einander umschließenden Häuten emporwächst.

Ente Die E. hat, wenn man davon absieht, daß im Fernen Osten das Bild eines Entenpaares das Symbol ehelicher Vereinigung und Treue ist, nirgendwo speziellen Symbolcharakter. Sie ist in ägyptischen Gräbern (□ Grab des Menna, Theben) wie auf frühchristlichen Katakombenfresken (□ SS. Pietro e Marcellino, Rom, 2. Hälfte 3. Jh.) im Rahmen von allgemeinen Naturschilderungen abgebildet. In Ravenna findet sich das Entenmotiv sowohl auf Mosaiken wie auf dem mit vielen Tieren geschmückten → Ambo des Aquellus (6. Jh.); in Neapel (Baptisterium des Soter) und Nola auf Mosaiken.

Erdbeere Wie das Veilchen ein Sinnbild edler Bescheidenheit und Demut; ihr dreifaches Blatt symbolisiert die → Dreifaltigkeit. Die E. kann aber auch ein Sinnbild der Verlockung zur Lust der Welt darstellen, besonders anschaulich von Hieronymus Bosch als Gegenstand der Begierde unzähliger Menschen dargestellt, die, wie diese Beispiele gleichzeitig zeigen, zu Tieren gemacht werden (□ Garten der Lüste, Prado Madrid).

Erdkugel Die E. ist ein Symbol der Schöpfung und erscheint auf Darstellungen des Schöpfungsvorgangs in der Regel grün, zum Unterschied von der blauen Himmels- oder Sternenkugel. Sie ist ferner Sinnbild der Macht und in dieser Eigenschaft Reichsapfel und Bild der Weltherrschaft geworden. Auf Bildern des → Endgerichts und großen Darstellungen der Anbetung Gottes oder des → Christus »in Majestät« dient sie als Fußschemel des Herrn (vgl. Jes. 66, 1). – → Kugel.

Ernte Die E. von Getreide oder Wein, oft auf Katakombenfresken und Mosaiken dargestellt, weist in der Regel auf das → Endgericht hin, entsprechend biblischem Sprachgebrauch: E. = äonischer Abschluß, »die Vollendung des Zeitalters« (Matth. 13, 39) und, nach Jes. 51, 33, nahendes Gericht über Babel (vgl. Hos. 6, 11; Joel 3, 13a). Dies ist zugleich eine frohmachende Aussicht auf das große Fest der E. als der letzten ausgleichenden Entscheidung. Denn diese wurde schon bei den Griechen und Römern durch besondere Festlichkeiten nach ihrem Abschluß gefeiert. Das bei den christlichen Völkern eingeführte kirchliche Erntedankfest oder Erntefest ist an die Stelle der Erntedankopfer getreten.

Eros (Eroten, Amor, Amoretten, Putten) Zu den zahlreichen dekorativen Gestalten und Sinnbildern, die die frühe christliche Kunst aus der profanen Kunst des Heidentums übernahm, gehört auch die des Liebesgottes E., dargestellt als nackter geflügelter Knabe oder ungeflügelter Jüngling, seit der Zeit des Hellenismus stark verniedlicht und in Gruppen mit allerlei Tätigkeiten und Spielen beschäftigt. Die wichtigsten Szenen, die im christlichen Bereich – leider meist wesentlich unkünstlerischer und grober als in der Antike – wieder auftauchen: mit Tieren und Spielzeugen beschäftigte oder zur Strafe gefesselte E.n; E.n bei der Wein- und Getreideernte (im christlichen Gedankenbereich als Hinweis auf das Ende des Lebens und der Zeiten sowie das → Endgericht deutbar); E.n und Genien als Träger der Inschriftentafeln auf Sarkophagen (Vorläufer der → Engel, die später das Monogramm Christi tragen werden); seltener: E.n als Todesgenien mit gesenkter, verlöschender Lebensfackel. – In der Kunst der Renaissance und des Barock tauchen E.n, Amoretten, Putten, Genien in großer Zahl und mit koketter Schalkhaftigkeit wieder bei den verschiedenartigsten Beschäftigungen auf, letzten Endes auf die heitere Unbefangenheit kindlichen Glaubens weisend. Auch das Christuskind kann in diesem Rahmen mit den Darstellungsmitteln des antiken E. abgebildet werden.

Esel Der E., vor der Einführung des Pferdes in Mesopotamien und im Mittelmeerraum (6. Jh. v. Chr.) als edles, geschicktes und kluges, wenn auch geduldiges Tier betrachtet, danach hauptsächlich zum Lasttier degradiert, begegnet in der christlichen Bildkunst hauptsächlich in vier Szenen: als widerspenstiges Reittier des Zauberers Bileam (4. Mose 22), zusammen mit dem Ochsen im Stall von Bethlehem, als Reittier sowohl bei der Flucht nach Ägypten wie beim Einzug Jesu in Jerusalem. – Bileams Erlebnis mit seiner störrischen, sprechenden Eselin, die mehr vom Willen Gottes begreift als er selbst, der schließlich wider seinen Willen dem Volk Israel Segen zusprechen muß, obwohl er zum Fluchen gekommen ist, begegnet auf mehreren romanischen Kapitellen in französischen Kirchen (□ in St. Lazare, Autun; St. Andoche, Saulieu; St. Trophime, Arles), aber auch auf einem Sarkophag des 4. Jh., S. Sebastiano, Rom; der Bronzetür S. Zeno, Verona, 11. Jh.; im Nordportal der Kath. von Chartres, 13. Jh., einem Fenster, 13. Jh. in Mönchengladbach/Rhld., auf einem Teppich aus Tournay, 15. Jh., Museum St. Omer, auf einem Teppich in La Chaise-Dieu, 1518; auf einem Bild von Rembrandt, 1626, Musée Cognacq-Jay, Paris. Wenn Bileam dabei manchmal (□ St. Sauveur, Aix) ein Auge geöffnet und eines geschlossen hat, verweist das auf den noch ungenügenden Grad seines Begreifens. – Auf frühen Sarkophagreliefs in Rom und Mailand tauchen Ochs und E. förmlich als Attribute des Christuskindes an der Krippe auf, und es kann offenbar eher auf Maria und Josef als auf diese beiden Tiere verzichtet werden; das hat zweifellos tiefere Bedeutung als nur die des Hinweises auf die Stallatmosphäre. Diese Bedeutung wird im apokryphen Pseudo-Matthäusevangelium dahingehend erläutert, daß hier eine Erfüllung der Weissagung des Propheten Jesaja (1, 3) vorliege: »Der Ochse kennt seinen Herrn und der Esel die Krippe seines Herrn.« Dazu wird auch noch eine, allerdings falsch verstandene und übersetzte, Weissagung des Propheten Habakuk 3, 2 herangezogen: »Du wirst mitten zwischen den beiden Tieren sein.« Jedenfalls fußt das stereotype Auftauchen von Ochs und E. bei Krippendarstellungen auf diesem Bezug. Isidor v. Sevilla treibt die symbolische Deutung so weit, daß er im Ochsen das Sinnbild des jüdischen Volkes, im E. das der Heiden erblickt. So auch schon vor ihm Eucherius v. Lyon. – Vor und nach der Geburt Christi tauchen auf zahlreichen Bildern – in der Bibel nicht ausdrücklich erwähnte – E. als Transporttiere für den Weg nach und von Bethlehem auf: Auf der Reise von Nazareth nach Bethlehem führt Josef den E. oder stützt die darauf sitzende schwangere → Maria, während dann ein Engel den E. am Zügel führt und manchmal (□ Francesco Maffei, 17. Jh., Mus. Vicenza) ein anderer Engel den Ochsen, offenbar den einzigen Reichtum des armen Haushaltes, auf dem Weg leitet. Der E. ist weiß wie der des Einzugs in Jerusalem (□ Elfenbeinbuchdeckel 5. Jh.,

Evangeliar von St. Lupicien/Jura, Nationalbibliothek Paris; Elfenbeinrelief 6. Jh., Maximianskathedra, Erzbischöfl. Palais, Ravenna; Fresko 9. Jh., S. Maria de Castel-Seprio/Lombardei; Elfenbeinpaliotto 11. Jh., Salerno; Mosaik 12. Jh., S. Marco, Venedig; Mosaik 14. Jh., Kahrie Dschami, Istanbul; Klarenaltar 14. Jh., Dom Köln). Auch im biblischen Bericht von der Flucht nach Ägypten (Matth. 2, 13 ff.) wird das vermutlich verwendete Reittier nicht näher benannt. Die meisten bildlichen Darstellungen – übrigens kaum höher als in das frühe Mittelalter zurückgehend – haben jedoch auf das Bild des zuverlässig und geduldig dahintrabenden E. nicht verzichtet. Eine der schönsten befindet sich in Autun/Frankreich. Dort sind auf einem Kapitell des 12. Jh. auffallenderweise Räder unter den Füßen des E. und der Flüchtenden zu sehen, ein Hinweis auf den prophetischen Text Jes. 19, 1, der von dem Weg nach Ägypten als von dem »Reiten auf einer leichten Wolke« spricht. Weitere □: Fresko 8. Jh., S. Maria Antiqua, Rom; Holztür 11. Jh., St. Maria im Kapitol, Köln; Nikolaus v. Verdun, Marienschrein 1205, Kath. Tournai; Bronzetüren 12. Jh. in St. Zeno, Verona, Pisa u. Monreale; Relief 12. Jh., Taufbecken St. Giovanni in Fonti, Verona; Fassade 12. Jh., St. Trophime, Arles; Fenster 12. Jh., Kath. Chartres; Benedetto Antelami, innerer Tympanon, 12. Jh., Baptisterium Parma; Tympanon 13. Jh., Nordportal Notre Dame, Paris; Giotto, Fresko 14. Jh., Arenakapelle Padua; Fresko 14. Jh., Dečani/Jugoslawien; Fra Angelico, 15. Jh., Accademia Florenz; Meister des Marienlebens, 15. Jh., Alte Pinakothek München; Calvariengruppe, 17. Jh., Pleyben/Bretagne. Um diesen Fluchtweg haben sich viele abenteuerliche Legenden gerankt, die ebenfalls bildlichen Ausdruck fanden. – Um so deutlicher ist der Evangelientext hinsichtlich des Reittiers beim Einzug Jesu in Jerusalem (Matth. 21, 1–11), und entsprechend blieb die bildliche Darstellung dieser Szene von den Anfängen an so gut wie unverändert. Schon der Junius-Bassus-Sarkophag (4. Jh., Vatikanische Grotten) zeigt die Marschrichtung nach rechts, die auf den Weg gebreiteten Kleider, einen Mann oben im Baum. Der E. macht dabei in der Regel einen kräftigen Eindruck. Die Meinung der Ausleger dieser Textstelle geht im Gegensatz zu früher, wo man die Demut der Wahl eines recht gewöhnlichen, ja verachteten Reittiers hervorhob, heute dahin, daß sich ein deutlicher Messiasanspruch gerade in der Wahl eines königlichen Reittiers kundtat; denn es gab vor allem im Vorderen Orient lange Zeit weiße, rassige E. besonders vornehmer Zucht für den königlichen Gebrauch (vgl. Ri. 5, 10). □ Elfenbeinrelief 6. Jh., Maximianskathedra Ravenna; Holztüren 11. Jh., St. Maria im Kapitol, Köln; Mosaiken 12. Jh., Daphni b. Athen, S. Marco, Venedig, Cappella Palatina, Palermo; Portal 12. Jh., St. Gilles-du-Gard; Fresken 12. Jh., Vic/Indre, Brinay/Cher, S. Baudilio in Berlanga bei Soria/Kastilien; 13. Jh., Gurk/Kärnten; Lettner 13. Jh., Le Bourget/Savoyen; Ziboriumssäule 13. Jh., S. Marco, Venedig; Giotto, Fresko 14. Jh., Arenakapelle Padua; Duccio, Maestà, 14. Jh., Opera del Duomo, Siena; Schwäb. Fenster um 1330, Schloß Lichtenstein/Württ.; Ghiberti, Bronzetür 15. Jh., Baptisterium Florenz; Nicolo Florentino, Altar 15. Jh., Catedral Vieja, Salamanca; Friedr. Overbeck, 1824, Marienkirche Lübeck. – Der Palmesel aus Holz, der bei den Palmsonntagsprozessionen verwendet wurde, im Elsaß und der Schweiz besonders beliebt, hat in Museen überlebt: Bayer. Nationalmuseum München, German. National-Museum Nürnberg, Musée de l'Oeuvre de N.D., Straßburg, Histor. Museum Basel, Schweizer. Landesmuseum Zürich; Mus. Bozen/Südtirol; Schnütgen-Museum, Köln; vgl. auch den Palmesel von Hans Multscher im Kloster Wettenhausen b. Ulm. – Besonderer Erwähnung bedarf der im Museo Kircheriano, Rom, aufbewahrte Sgraffitto vom Palatin, der einen Mann namens Alexamenos bei der »Verehrung Gottes« zeigt; dieser Gott aber ist eine gekreuzigte menschliche Gestalt mit Eselskopf. Es handelt sich hier um die Verspottung eines Christen im frühen 3. Jh. Andere Funde in Rom, Neapel, Karthago weisen darauf hin, daß die im Römischen Reich zunächst den Juden vorgeworfene Eselsanbetung bald auch vom Kult der Christen behauptet wurde. Es gibt dafür zahlreiche Literaturbelege. – Außer in den genannten biblischen Szenen tritt der E. dann aber, vor allem in der romanischen Kunst, in besonderen, teils positiven, teils negativen Bedeutungen auf, im Zusammenhang mit griechischen und römischen Traditionen (Gefolgstier des Bacchus und der Ceres, Goldener E. des Apulejus, viele Fabeln), die ihn lächerlich finden. Eine Scherzmesse halten z. B. E. und Bock, hier Sinnbilder der Faulheit und der Geilheit, auf einer Darstellung in Aulnay. Andere Darstellungen messelesender E. beziehen sich auf das berühmte Eselsfest des Mittelalters. Der E. mit der Leier gehört in die allgemeine Reihe musizierender Tiere. Das Motiv findet sich schon im alten Mesopotamien (Ur) und war dort keineswegs negativ verstanden. In die mittelalterliche Kunst gelangte der musizierende E. aber mit besonders negativem Akzent über das berühmte Buch »Trost der Philosophie« von Boethius; dort steht er für das Laster der acedia, der geistlichen Trägheit, und ist in diesem Sinn auch häufig unter den → Lastern dargestellt. In der deutschen Kunst des Mittelalters wird der E. darum sogar dem Apostel Thomas, dem nur verzögert Glaubenden, beigesellt. Um seiner Trägheit willen begegnet er im Mittelalter auch als Symbol des → Judentums. – Als Bildattribut ist der E. in negativem Sinn der Synagoge als Symbol störrischen Widerstrebens beigegeben, in positivem Sinn u. a. den Heiligen Florentius v. Straßburg (der einem Pferd einen E. als Reittier vorzog); Germanus v. Auxerre (der sein totes Reittier wieder ins Leben rief); Hilarion (er wird auf einem E. reitend dargestellt). Ein vor einer Hostie niederkniender E. weist auf Antonius v.

Padua, ein mit zwei Brotkörben beladener E. auf Aubertus v. Cambrai.

Eselskinnbacken 1. Auf manchen Bildern als – in der Bibel nicht näher beschriebenes – Werkzeug des Mordes Kains an Abel dargestellt. – 2. Waffe Simsons. Die im biblischen Richterbuch (15, 14–17) erzählte Kampfleistung → Simsons – er erschlug tausend Philister mit einem E. – hat in ihrer symbolischen Ausdeutung häufig bildliche Darstellung gefunden. Der in Parallele zu Davids Sieg über Goliath stehende Bericht wird typologisch als Vorausbild der Auferstehung Christi verstanden, der, mit dem Siegeskreuz aus dem Grab hervorbrechend, die Juden wie die Teufel in die Flucht schlägt. □ Relief 12. Jh., Kanzel Kath. Neapel; Bronzetür 12. Jh., Dom Augsburg; Fresko 12. Jh., Abtei Brauweiler/Rhld.; Nordportal 13. Jh., Kath. Chartres; Chorgestühl 16. Jh., Kath. Amiens; Jörg Breu, 16. Jh., Mus. Basel; Guido Reni, 17. Jh., Pinacoteca Bologna. – Unter dem Eindruck, daß Simsons Tat beträchtlich zum Erkenntnisfortschritt der Philister bezüglich der wahren Kraftverhältnisse und der Begabungsfülle eines Charismatikers beitrug, wird diese Geschichte auch als Symbol für die Eröffnung tieferer Einsichten verstanden; in diesem Sinne erscheint Simson mit dem E. z. B. als Kanzelträger (E. 17. Jh.) in der Kirche von Reinheim/Saar.

Etimasie → Thronsitz.

Eucharistische Symbole 1. In der typologischen Verknüpfung des AT mit dem NT werden hauptsächlich vier Szenen mit der Einsetzung der Eucharistie (→ Mahl) verbunden: a) die Begegnung zwischen → Abraham und Melchisedek, bei der der letztere Brot und Wein darbietet (1. Mose 14, 18 ff.); b) das jüdische Passah vor dem Auszug aus Ägypten (2. Mose 12); c) die Speisung durch Manna während der Wüstenwanderung (2. Mose 16) einschließlich der Öffnung der Quelle aus dem Felsen (2. Mose 17); d) die Speisung Elias durch einen Engel bzw. einen Raben in der Wüste (1. Kön. 19, 5 ff.). Dazu kommen: e) die Garben des Pharaotraums, den Josef deutete (1. Mose 41, 5 ff.); f) die Weintraube, die die Kundschafter aus dem Gelobten Lande zurückbrachten (4. Mose 13, 23); g) der Bienenstock im Löwenrachen in der Geschichte Simsons (Ri. 14, 8 f.); h) die Hochzeitssymbolik des Hohenliedes, gedeutet auf die Verbindung der Seele mit Christus. – 2. Unter den neutestamentlichen Berichten wurden als Symbole der Eucharistie gedeutet und abgebildet: a) das Weinwunder zu Kana (Joh. 2, 1 ff.); b) die wunderbare Brotvermehrung (→ Brot). – 3. In eucharistischem

Zusammenhang erscheinen nicht selten Bilder aus der Legende der ägyptischen Wüstenväter. Die Einsiedler Antonius und Paulus, ins Gespräch versunken, werden durch einen Raben mit Brot vom Himmel gespeist. Dieses Motiv begegnet besonders oft auf Fresken und Ikonen im Antonius- und im Pauluskloster in der Felswüste am Roten Meer, aber z. B. auch auf dem Isenheimer Altar von Mathis Nithart Grünewald, Mus. Colmar/Elsaß. – 4. Allegorische Darstellungen der Eucharistie, der mittelalterlichen Mystik entstammend: a) die mystische → Mühle, b) die mystische → Kelter. – 5. Prächtige Ausschmückung in vegetativen, an das Lebensbaummotiv erinnernden Formen, manchmal mit hinzugefügten Gestalten der Heilsgeschichte, zeigen besonders in der Spätgotik die Sakramentshäuser (manchmal auf eine Wandnische aufgesetzt, manchmal turmartig für sich stehend) an der Nordwand des Chorraumes. In ihnen wurden Hostien, Kelche und liturgische Geräte aufbewahrt (einfache □ Ev. Kirche Rhaunen/Rhld., St. Michael, Bernkastel-Kues/Rhld.; prachtvolle □ Münster Ulm, St. Lorenz, Nürnberg, Klosterkirche Loccum/Niedersachsen). → Kelch. → Wein. → Opfer. → Christus als Schmerzensmann (Gregorsmesse).

Eule Die E. erschien der antiken Naturbeobachtung ernst, nachdenklich und weise; außerdem hat sie die Fähigkeit, im Dunkeln zu sehen. Als ägyptische Hieroglyphe bedeutet sie Tod, Nacht und Passivität. So wurde die südeuropäische Zwergohreule zum Attribut der Pallas Athene (Minerva), der Göttin der Weisheit und der Wissenschaften, und in diesem Zusammenhang oft abgebildet. Der Volksphantasie kam sie jedoch wegen ihres ungeselligen Lebens im Dunkel, ihrer Lichtscheu und ihrer klagenden Schreie immer unheimlich vor; sie wurde auch deshalb zur Vorbotin des Todes. In der christlichen Symbolik kann sie sowohl negativ als Nachttier und Vertreter der geistigen Finsternis, der Abkehr von Licht und Wahrheit, wie positiv als Zeichen der einsamen kontemplativen Weisheit und dann sogar als Abbild Christi in der dunklen Nacht des Leides erscheinen.

Evangelistensymbole Auf den ältesten christlichen Bildwerken werden die Evangelisten mit den vier Flüssen des Paradieses verglichen und als vier Flüsse dargestellt, die aus einem Felsen fließen. Unter dem Felsen aber wurde wieder der Fels verstanden, aus dem Mose mit seinem Stab eine Quelle schlug, um das dürstende Volk damit zu erquicken, als Vorbild Christi, der die Quelle des ewigen Wortes aufgetan hat. Seit dem 5. Jh. wurde der Vergleich der Evangelisten mit den vier Cherubim beliebt. Weitaus am häufigsten wird dann aber der bildliche

Bezug auf die Gottesvision des Ezechiel (Ez. 1 und die Wiederholung in Offbg. Joh. 4, 6 f.: »Ich sah um den Thron vier Wesen: das erste glich einem Löwen, das zweite einem Stier – Kalb –, das dritte hatte ein Gesicht wie ein Mensch, das vierte glich einem fliegenden Adler«). Die Verknüpfung dieses → Tetramorph mit den Evangelisten begegnet nicht vor dem 5. Jh. auf christlichen Bildwerken, danach jedoch sehr oft. Auf den Kirchenvater Hieronymus geht folgende Ausdeutung und Zuteilung der Attribute zurück: Matthäus: geflügelter Mensch, weil er sein Evangelium mit der menschlichen Geburt Christi anfängt; Markus: geflügelter Löwe, weil er mit der Predigt des Johannes in der Wüste anfängt; Lukas: geflügelter Stier, weil er mit dem Priester Zacharias und seinem Opferdienst beginnt; Johannes: ein Adler, weil aus ihm der göttliche Geist am mächtigsten spricht, weil er sich in die sublimsten und höchsten Regionen des Bewußtseins aufschwingt, so wie der Adler sich zur Sonne erhebt. – Oft dienen die Evangelisten als christliche Karyatiden, indem sie Taufsteine, Altäre usw. tragen. Ihre Vorbilder im AT sind ferner die vier großen Propheten, ihre Nachbilder die vier Kirchenväter (Kirchenlehrer) Augustinus, Ambrosius, Hieronymus, Gregor d. Gr. Auch die vier Kardinaltugenden werden aus Gründen der → Zahlensymbolik gern mit ihnen in Verbindung gebracht.

Ewigkeitssymbole Außer den Bildern, die → Christus in Majestät und → Christus als Richter (Deesis) darstellen, sowie der sinnbildlichen Darstellung des erhöhten Christus in der → Etimasie (→ Thronbereitung) begegnen 1. für das ewige Leben (die himmlische Seligkeit) folgende Symbole: a) Abrahams Schoß mit einer (Lazarus, vgl. Luk. 16, 19 ff.) oder mehreren Seelen in der Größe und Gestalt von Kindern. In den Ostkirchen häufig, im Abendland seltener wird der Schoß Abrahams durch den von Isaak und Jakob ergänzt. Auf Bildern des wieder geöffneten Paradieses im Rahmen der → Endgerichtsdarstellungen fehlen nicht b) der Cherub (→ Engel), der das Paradies hütet und seine Tür verkörpert, Maria mit mehreren Heiligen und der gute Schächer (vgl. Luk. 23, 39 ff.), dem Jesus am Kreuz den unmittelbaren Eingang ins → Paradies verhieß und der als Erkennungszeichen sein Kreuz trägt. c) Auf die himmlische Seligkeit weisen ferner die Krönung Marias bzw. die Krönung Erwählter und die → Krone des ewigen Lebens hin (□ Orcagna, Fresko, Cappella Strozzi, S. Maria Novella, Florenz); d) geordnete Reihen oder e) tänzerische Reigen der Erlösten. f) Der Raum des Paradieses wird auf romanischen und gotischen Endgerichtsdarstellungen auch gern durch eine an eine Kirche erinnernde oder ein Domportal wiedergebende architekturbezogene Darstellung umrissen (□ Hans Memling, Endgericht). g) Zahlreiche Einzelmotive beto-

nen Frieden und Heiterkeit des himmlischen Bereichs: Gartenszenen mit Blumen, Früchten und singenden Vögeln (→ Paradiesgärtlein, Städel-Institut Frankfurt; hierher gehört wahrscheinlich auch ein Holzschnitt des 15. Jh. – der Stock wird im Germanischen National-Museum Nürnberg aufbewahrt –, der die → Dreifaltigkeit durch drei gleichaltrige, mit Kreuznimbus versehene Knaben darstellt, die für die Kränze windende Maria Blütenzweige von einem Baum brechen), ein von Ranken umgebener Mann (mit Bezug auf Psalm 28, 7: Aufgeblüht ist mein Leib), Vögel auf ihrem Nest in den Zweigen (mit Bezug auf Ps. 84, 4), vor allem aber auch Szenen mit Knaben, die auf Löwen reiten oder den Finger in den Rachen des Löwen oder in das Maul von Schlangen stecken, anschließend an die Schilderung des messianischen Friedensreiches Jes. 11, 6 f.
h) Die mittelalterliche typologische Auslegung des AT verbindet folgende alttestamentliche Szenen mit der Vorstellung vom Bereich der himmlischen Seligkeit: Jakobs Traum von der Himmelsleiter (1. Mose 28, 10 ff.); Besuch der Königin von Saba bei Salomo (1. Kön. 10, 1 ff.); Festmahl des Königs Ahasveros (Xerxes, Esth. 1, 3 ff.); Gastmahl der Kinder Hiobs (Hiob 1, 4), Verherrlichung der Braut des Hohenliedes (Hohesl. 4), Einzug des Simon Makkabäus in die Burg Jerusalems (1. Makk. 13, 50 f.); Vision der Braut des Lammes (Offbg. Joh. 21, 9). – 2. Für die Verdammnis steht die → Hölle, repräsentiert durch den Höllenrachen oder durch eine Burg mit festen Toren und verschiedenen Stockwerken und Abteilungen, gekennzeichnet durch Feuer, das Element der Höllenpein, den Höllenfürsten im Mittelpunkt und zahlreiche Höllenstrafen, deren drastische Darstellung dem moralischen Zweck der Abschreckung dient. Folgende alttestamentliche Szenen begegnen als allgemeine Vorausbilder: Sintflut (1. Mose 7); Vernichtung von Sodom und Gomorrha (1. Mose 19, 24); Untergang des Heeres Pharaos im Roten Meer (2. Mose 14, 27 ff.); die Aufrührer Dathan, Korah und Abiram von der Erde verschlungen (4. Mose 16, 20 ff.); Bestrafung der Ältesten von Sukkoth durch Gideon (Ri. 8, 13 f.); Davids Rache an den Einwohnern von Rabba (2. Sam. 12, 26 f.); Flammen ergreifen die den Feuerofen schürenden Männer (Dan. 3, 22).

F

Fackel Die Symbolik der F. gehört zur Lichtsymbolik und weist seit alters auf Sieg und Freude, Freiheit und Erlösung sowie auf Hoffnung mitten in der Nacht hin. In der Antike ist die F. das Attribut mehrerer Göttinnen, aber auch der Genius des Todes trägt eine gesenkte F. Man hat die sieben F.n, von denen Offbg. Joh. 4, 5 berichtet wird, auf die sieben Geister oder Urkräfte Gottes gedeutet. Im übrigen ist das Bild der F. durchgehend mit der Symbolik des → Leuchters zu erläutern. – Die F. ist das Attribut verschiedener Märtyrer, die mit brennenden F.n gepeinigt wurden. Sie begegnet bei Chrysanthus, Theodorus v. Tyra, Theodotus, Eutropia u. a. Eine brennende F. im Maul eines Hundes weist in einem Wortspiel (domini canes, Hunde des Herrn) auf den hl. Dominikus, Gründer des Dominikanerordens.

Fahne Als Sinnbild des Sieges trägt → Christus die F. nur bei der Auferstehung aus dem Grabe. Das → Lamm Gottes trägt meistens eine Siegesfahne, um die doppelte Realität von Opfer und Sieg anzudeuten. – Die F. ist ferner auch Attribut des kriegerischen Erzengels Michael und der ritterlichen oder kämpferischen Heiligen: Eutherius, Florian, Georg, Gereon v. Köln, Johannes v. Capistrano, Constantin, Leopold, Mauritius, Ursus, Patroklus, Venantius, Wenzeslaus, außerdem Jeanne d'Arc. → Ritterrüstung.

Falke Tagesraubvogel, bei den Ägyptern Symbol der Sonne und des Sonnengottes; dementsprechend wurde der Königsgott Horus in der Hieroglyphenschrift und in Tempelbildwerken (□ Edfu) als Falke dargestellt. Im Mittelalter zur Beizjagd abgerichtet und Symbol anspruchsvoller höfischer Lebenskunst. – Ein F. auf der Faust ist das Attribut des hl. Erzbischofs Agilolf v. Köln (□ Altar 16. Jh., Dom Köln; Fenster 1622, St. Pantaleon, Köln); ferner der Heiligen Bavo v. Gent, Edward, Hieron, Hubertus, Julian des Gastfreundlichen, Cäcilia und Magdalena (vor ihrer Bekehrung).

Farbensymbolik Auch abgesehen von der umfangreichen F. der Chinesen, Orientalen (Ägypter wie Israeliten), Griechen und Römer, die hier nicht skizziert werden kann, ist das Thema der symbolischen Farben auf bildlichen Darstellungen sowie der liturgischen Farben und ihrer Bedeutung sehr vielgestaltig, zumal diese Bedeutung durchaus wechseln konnte. Wir begnügen uns mit wenigen Bemerkungen zu den wichtigsten Farben innerhalb der darstellenden Kunst: 1. Weiß: Zunächst, da im symbolischen Denken der Tod dem Leben vorausgeht und jede Geburt eine Wiedergeburt ist, die Farbe des Todes und der Trauer – heute noch im Orient, lange auch in Europa, z. B. am französischen Königshof. Die positive Bedeutung der weißen Farbe hängt auch mit ihrer Rolle bei der Initiation zusammen. Weiß ist die Farbe der Unschuld und Reinheit, des ungebrochenen Lichtes, der absoluten Wahrheit. Die neugetauften Christen trugen weiße Kleider. Weiß bleibt die Farbe der Theophanie (vgl. Mark. 9, 2–5 über die Verklärung Jesu), seitdem Daniel und der Apokalyptiker Johannes den »Alten der Tage« mit seinem weißen Haar und weißer Kleidung beschrieben haben. So also verbinden sich mit dem Stichwort »weiß« Vorstellungen der vollkommenen Reinheit, der siegreichen endgültigen Verklärung, der ewigen Herrlichkeit (vgl. Offbg. Joh. 4, 4; 7, 9. 13. 14). Von da her ist das besondere Vorrecht des Papstes verständlich, einen weißseidenen Talar zu tragen. – 2. Rot: Farbe des Feuers und des Blutes, des Opferblutes Christi und der Blutzeugen, auch der Buße; bei vielen Völkern als Farbe des Lebens besonders geschätzt. Als Farbe des Feuers sowohl Farbe der Liebe (daher zum Jünger Johannes gehörig) wie der Eroberung, des Machtbesitzes und darum Zeichen der feurigen Liebesgewalt des Hl. Geistes. Im alten Rom war Rot die Farbe der Generale, des Adels, der Patrizier; folgerichtig wurde es die Farbe der Kaiser. Die byzantinischen Kaiser waren völlig in Rot gekleidet. So wurde das Rot zum Sinnbild höchster Macht. Aber da Macht und Liebe unkontrolliert in Machtmißbrauch, Hochmut und Haß umschlagen können, wird das Rot die Farbe des Fürsten der Hölle (Mephistopheles) und der großen Hure Babylon (Offbg. Joh. 17, 1 ff.), während auf der anderen Seite die Kardinäle das Rot der Fürsten der Kirche tragen. Eine andere Erläuterung betrachtet das Rot als Farbe der Märtyrer, die ihr Blut für Christus vergossen, während die Kardinäle durch das Tragen der roten Farbe ihre grundsätzliche Bereitschaft bekunden, dem Beispiel der Märtyrer zu folgen. – 3. Blau: Die tiefste und am wenigsten materielle Farbe, das Medium der Wahrheit, die Transparenz der komprimierten Leere: in der Luft, dem Wasser, dem Kristall oder Diamant. Darum ist Blau die Farbe des Firmaments. Zeus und Jahwe stellen ihre Füße auf den Azur. Im Kampf zwischen Himmel und Erde verbinden sich Blau und Weiß gegen Rot und Grün, wie zahlreiche Darstellungen des Kampfes des hl. Georg mit dem Drachen beweisen. Blau ist die Farbe des Mantels Marias, die der Jungfrau im Tierkreis, auch die des Himmels während der zu dieser Zeit gefeierten Aufnahme Marias in den Himmel. Blau besagt ferner auch Treue, im Sinne des verpflichtenden Charakters der erkannten Wahrheit. – 4. Gelb: Die intensivste, brennendste, verletzende, ja blind machende Farbe, den Sonnenstrahlen und dem Gold entsprechend; Farbe der Ewigkeit, insofern das Gold das Metall der Ewigkeit ist; gleichzeitig aber auch Farbe der Galle, des Neides, des Judas, der Synagoge, der Juden überhaupt (die deshalb im Mittelalter gelbe Kennzeichen tragen mußten). Positiv oft als Ersatz für Gold verwendet. – 5. Grün: In gleichem Abstand von dem Blau des Himmels und dem Rot der Hölle, ist Grün eine mittlere und vermittelnde Farbe, beruhigend, erfrischend, menschlich (Sir. 40, 22), Farbe der Beschaulichkeit, der Auferstehungserwartung. Das grüne Kleid der Erde im Frühling inspiriert und verwirklicht Hoffnung. Für den Christen ist Grün die Farbe der Kardinaltugend Hoffnung. Es kann deswegen die Farbe des Paradieses sein. In diesem Zusammenhang malten die Künstler des Mittelalters das Kreuz Christi grün, als das Werkzeug der Erneuerung des Menschengeschlechts, die durch das Opfer Christi vollbracht wurde. Der Thron Gottes besteht nach Offbg. Joh. 4, 3 aus grünem Jaspis. Smaragdgrün ist die Farbe des Grals. Doch gibt es auch, wie so oft und gerade bei chthonischen Zusammenhängen, das Gegenbild: Auf einem Fenster der Kathedrale von Chartres ist der Teufel mit grüner Hautfarbe und großen grünen Augen dargestellt. – 6. Violett, zu gleichen Teilen aus Rot und Blau gemischt, ist die Farbe der Besonnenheit, des Maßes, des bedachten Tuns, des Gleichgewichts zwischen Erde und Himmel, Sinnen und Geist, Leidenschaft und Verstand, Liebe und Weisheit. Auf den symbolischen Bildern des Mittelalters trägt Christus während seiner Passion, d. h. der Vollendung seiner Inkarnation, ein violettes Kleid; denn im Augenblick der Vollendung seines Opfers vereinigt er in sich völlig den wahrhaftigen Menschen und den wahrhaftigen Gott. So wurde Violett zur liturgischen Farbe der Adventszeit und Passionszeit, zur Farbe der Buße, während im Altertum die kostbare Purpurfarbe als schönste und vornehmste gegolten hatte. – 7. Schwarz: Wie seine Gegenfarbe, das Weiß, von absolutem Wert: es kann Abwesenheit oder Summe, Negation oder Synthese der anderen Farben darstellen. Symbolisch wird es meist negativ gefaßt, als verbunden mit der undifferenzierten Finsternis von Anfang. Es symbolisiert Nacht, Vernichtung, Tod und Totenreich und stellt darum die Trauerfarbe in Potenz dar. Die Trauer in Weiß hat etwas Messianisches, Hoffnungsvolles. Die Trauer in Schwarz ist Trauer ohne Hoffnung, der Fall ins Nichts ohne Wiederkehr. Von da wird Schwarz auch die Farbe des Verzichts auf die Eitelkeit der Welt, der Abtötung der sinnlichen Lust, der Weltverachtung und Demut. – 8. Braun, vom Ocker bis zum dunklen Erdbraun reichend, ist die Farbe des Erdbodens, des Herbstes, der Traurigkeit, bei den Römern wie in der katholischen Kirche das Symbol der Demut (humilitas von humus, Erde) und der Armut (daher die braune Kutte mancher Bettelorden). Es wird auch mit dem rauchenden Feuer in seiner negativen Bedeutung (Vernichtung Sodoms und Gomorrhas, Hautfarbe des → Teufels) in Verbindung gebracht. – 9. Grau, gleichmäßig aus Schwarz und Weiß gemischt, deutet in der christlichen Symbolik auf die Auferstehung der Toten. Christus als der Totenrichter trägt auf mittelalterlichen Darstellungen einen grauen Mantel.

Faß 1. Als Bierfaß Attribut des hl. Arnold von Soissons, des Schutzpatrons der Bierbrauer. – 2. Ein leeres F., das sich mit Wein füllt: Hinweis auf Wundertaten der Heiligen Bertin, Carilephus (Calais), Remigius v. Reims und Willibrord v. Utrecht. – 3. Ein kleines tragbares Weinfaß (Vorläufer der Feldflasche) gehört zu Darstellungen des hl. Josef (auf der Flucht nach Ägypten), Ludwig v. Toulouse und Otmar v. St. Gallen. Des letzteren Weinfäßchen füllte sich beim Ausschenken an die Armen immer wieder neu. – → Salzfäßchen.

Feigenbaum Der F., in der Bibel ein Bild für die Fruchtbarkeit und das freudige Leben im messianischen Reich (1. Kön. 4, 25; Micha 4, 4; Sach. 3, 10; Joel 2, 21 f.) und damit dem Ölbaum und dem → Weinstock gleichgeordnet, auf mittelalterlichen Bildern öfters auch statt des Apfelbaumes als Baum der Erkenntnis im Paradiese gemalt. Man mag dabei auch an seine erotische Bedeutung in der Antike gedacht haben. In der Volksetymologie leitete man auch peccare von hebr. pag = Feige her, wie mălum = das Böse vom mālum = Apfel. So kann der F. auf Grund dieses Verständnisses oder infolge des Feigenblattgürtels von → Adam und Eva oder auf Grund der Verfluchung eines unfruchtbaren F. durch Jesus (Matth. 21, 18; Mark. 11, 12 ff.; Luk. 13, 6 ff.), die bereits früh als Verurteilung des jüdischen Volkes verstanden wurde (□ Sarkophag 4. Jh., als Taufbecken benutzt, St. Trophime, Arles; Bernwardssäule 11. Jh., Dom Hildesheim; Fresko 14. Jh., Dečani/Jugoslawien; Athosfresken 16. Jh.; eschatologisch kombiniert mit der Parabel von den klugen und den törichten Jungfrauen: Portale 13. Jh., Kath. Amiens, Bazas, N.D. de Longpont-sous-Montchéry/Seine-et-Marne), eine höchst negative Bedeutung annehmen. In der christlichen Symbolik weist er, vertrocknet, auf die Synagoge, die keine Früchte mehr bringt; das Bild wird dann auch noch auf häretische Kirchen angewendet, deren Irrlehre ihre Zweige zum Vertrocknen gebracht hat. – Eigenartigerweise ist auf den meisten Darstellungen des Sündenfalls und seiner Folgen nicht der Schurz aus Feigenblättern (1. Mose 3, 7), sondern jeweils ein einziges Feigenblatt zu sehen. Ein solches dient noch im heutigen Indien als Lendenschurz.

Feldzeichen → Labarum.

Fell Der Ri. 6, 36 ff. berichtete Vorgang, daß, als Wunderzeichen für den zögernden Gideon, ein auf die Tenne gelegtes F. von Tau befeuchtet wurde, während die ganze Umgebung trocken blieb, und trocken blieb, während ringsum alles naß war, hat im Zusammenhang mit folgenden symbolischen Ausdeutungen häufig bildliche Darstellung gefunden: 1. das jüdische Volk, das mit dem göttlichen Tau begnadet wurde, während alle anderen Völker trocken blieben, das aber dann, als es den Messias verwarf, die Gnade verlor, die nunmehr den Heiden zuteil wurde; 2. die jungfräuliche Mutterschaft Marias. So ist diese Szene typologisch in der Regel mit der Verkündigung an Maria verbunden (vgl. Psalter von Peterborough, 13. Jh., und spätere Armenbibeln sowie das Speculum humanae salvationis). □ Nordportal 13. Jh., Kath. Chartres; Portal und Fenster 13. Jh., Kath. Laon; Marienportal 15. Jh., Kath. Amiens; typolog. Relief 1440, Münster Konstanz; Chorgestühl 16. Jh., Kath. Amiens; Fresko 16. Jh., Kloster Chilandari, Athos; Fresken von Carlo Maratta in S. Pietro, und Salvatore Rosa im Quirinal, beide 17. Jh., Rom. – Im 15. Jh. wurde das F. Gideons zum Emblem des Ordens vom Goldenen Vlies und daher auch im Bereich dieses Ordens häufig abgebildet.

Fellkleidung Die F. erscheint in der christlichen Kunst als Attribut 1. → Adams und Evas nach dem Fall (1. Mose 3, 21. □ Fresko 11. Jh., Vicente, Gallianto/Como; Mosaik 12. Jh., S. Marco, Venedig; Bronzetür des Bonano v. Pisa, 12. Jh., Kath. Monreale/Sizilien; Kapitell 12. Jh., ebenda; Fenster 13. Jh., Ste. Chapelle, Paris; Portale 14. Jh., Kath. Rouen, und 15. Jh., Münster Ulm, St. Thibault, Thann/Elsaß. – Eine originelle Federzeichnung von Pieter Cornelisz, 16. Jh., Universität Leiden, zeigt Gottvater in der Tiara, der die kniende Eva selbst bekleidet, während Adam, schon angezogen, daneben sitzt. Gott hat sogar Schuhe für beide bereit; 2. des rauhen Esau im Gegensatz zum sanften Jakob (1. Mose 27, 22). Diese Erschleichung des Erstgeburtssegens mittels übergezogener Felle ist im Mittelalter verhältnismäßig selten dargestellt, □ Mosaik 5. Jh., S. Maria Maggiore, Rom; Kapitelle 13. Jh. in Vézelay u. Aosta; Portal der Jungfrau, 13. Jh., Kath. Amiens; Meister Bertram v. Minden, 14. Jh., Petri-Altar, Kunsthalle Hamburg; Teppich 16. Jh., Mus. Angers; sie wird dagegen im 17. Jh. besonders beliebt; □ Luca Giordano, Galerie Harrach, Wien; Ribera, Prado Madrid; Murillo, Eremitage Leningrad; Jan Victors, Louvre Paris; Jean Jouvenet, Mus. Rouen); 3. des Täufers → Johannes. Als Sinnbild des Wüstenlebens, der gezwungenen oder freiwilligen Rückführung auf eine einfache, primitive Existenzweise, wurde die F. auch von zahlreichen Wüstenvätern des frühen ägyptischen und syrischen Mönchtums getragen, die ihrerseits als asketische Vorbilder in den Klöstern der östlichen Christenheit häufig abgebildet wurden.

Fels Er bietet der biblischen Vorstellung vor allem das Bild der Unbeweglichkeit und Festigkeit. In diesem Sinn ist Jahwe der F. Israels (5. Mose 32, 4) oder der wasserspendende (= lebenspendende) F. in der Wüste (2. Mose 17, 6; 4. Mose 20, 1–13). Dieser F. präfiguriert Christus als den Spender lebendigen Wassers (1. Kor. 10, 4), als geistigen F. Nicht zufällig finden sich F.n oder -Gruppen auf zahlreichen Bildern des späten Mittelalters (□ Joachim Patinir, Taufe Christi, Kunsthistor. Museum Wien; Adrian Isenbrant, Ruhe auf der Flucht, Alte Pinakothek München, beide um 1520 entstanden). Auch Petrus wird sowohl wegen des Namens wie als »Grundstein der Kirche« (Matth. 16, 18) mit einem F. verglichen. – Ein enger und steiler Felsenpfad ist im Sinne der → Leiter zum Himmel Sinnbild des Weges, den die Tugendhaften wandeln, während ein breiter Fahrweg durch üppige Gegenden den Weg der Lasterhaften symbolisiert.

Fenster Die ersten gemalten F. kommen in der christlichen Kunst mit dem Ende des 10. Jh. auf (etwa gleichzeitig in Tegernsee und Reims), die ältesten erhaltenen befinden sich im Augsburger Dom (Ende 11. Jh.). Gerade die gotischen F. besitzen starken Symbolgehalt. Im allgemeinen weisen die hohen, farbigen Glasfenster auf die Farbenpracht des himmlischen Jerusalem (→ Stadt) hin. Doch wird hier auch an dem in den dunklen Kirchenraum dringenden Sonnenlicht das Verhältnis (die Ehe) zwischen Christus und der Kirche sinnfällig gestaltet. Die F. selbst übernehmen die Rolle Marias, die nicht an sich, sondern erst durch den göttlichen Sonnenstrahl leuchtet, den sie empfängt. Im einzelnen gehört zur Symbolik der F.: 1. das Kreuz, sofern der steinerne Stab, der das breite Fenster teilt, mit zwei Armen oben ein Kreuz bildet; 2. das Kreuz im Kreise oder der Kreuznimbus, dargestellt durch die Fenster in der runden sog. Rosettenform; 3. der Stern, ebenfalls in der Rosette; 4. das Vierblatt in der Rosette, das Sinnbild der Evangelien und der Tugenden; 5. das Dreiblatt in dem Spitzbogen des Fensters, Sinnbild der Dreieinigkeit; 6. das Siebenblatt der Rosette, Sinnbild der Sakramente und Gnadengaben. → Zahlensymbolik.

Feuer »Die Theologie stellt die dem Feuer entnommenen Allegorien fast über alle anderen. Sie schildert uns nicht nur Flammenräder, sondern auch brennende Tiere und leuchtende

Menschen, sie stellt sich die Himmelswesen von Glut umgeben vor und kennt Ströme, die sich in Flammen dahinwälzen.« Diese Feststellung des Pseudodionysius Areopagita, die auf das F. als die am wenigsten unvollkommene Darstellung Gottes verweist, verwendet den bei vielen Völkern ausgesprochenen Grundgedanken des erleuchtenden, reinigenden, erneuernden und fruchtbar machenden F. Dieser Grundgedanke liegt zweifellos den Theophanien des AT (vgl. besonders Ez. 1, 2; Mose 3, 1–5; 24, 17; 1. Kön. 18, 38) und dem Bericht von den Augenflammen des nach der Theophanie heruntersteigenden Mose (2. Mose 34, 29 ff.) zugrunde (die aus mißverstandener Übersetzung zu Hörnern umgebildet wurden, die bis zur Mitte des 16. Jh. das Mosebild bestimmten). Flammen in Gestalt von Zungen lassen sich zu Pfingsten auf die Jünger nieder (Apg. 2; □ Doppelkapitelle 12. Jh., Musée des Augustins, Toulouse; Himmelfahrtsfenster 12. Jh., Le Champ/Isère; El Greco, 16. Jh., Prado Madrid; oft in Kombination mit dem Bild der Taube des Hl. Geistes wie z. B. in einem Pontifikale aus Winchester, 10. Jh., Rouen, und in einer Biblia pauperum, 1464, Landesmuseum Gotha). Gott selbst werden (Offbg. Joh. 1, 14; 19, 12) Augen wie Feuerflammen zugeschrieben. – Die christliche Kunst hat, soweit sie Theophanien darstellte, diesen Traditionen Rechnung getragen: bei der Berufung des Mose am brennenden → Dornbusch (2. Mose 3, 1–5) wie bei der Berufung des Propheten Ezechiel, beim Empfang der Gesetzestafeln und bei dem Pfingstwunder von Geist und Flammen. – Die frühchristliche Kunst war besonders bewegt vom F. des Martyriums, das sie etwa an der Person des hl. Laurentius als Wirklichkeit gesehen hatte (→ Rost); sie stellte mit besonderer Vorliebe und Häufigkeit die drei Jünglinge im Feuerofen dar: drei israelitische Geiseln, Sadrach, Mesach und Abednego, die Nebukadnezar in einen feurigen Ofen werfen ließ, weil sie sein goldenes Standbild nicht anbeten wollten. Aber sie bewegten sich im Ofen frei, ohne Leid zu erfahren, in Begleitung eines vierten, der ein Engel Gottes war, und stimmten nach ihrer Befreiung ihren berühmten Lobgesang an (Dan. 3). Sie werden auf Fresken, Sarkophagen, Lampen und anderen Gefäßen als blühende junge Männer in phrygischer Kleidung dargestellt, entweder im feurigen Ofen oder bei der Verweigerung der Huldigung an die Statue. Da nicht selten die Taube mit dem Ölzweig als Symbol der Erlösung und des ewigen Friedens beigegeben ist, symbolisiert die ganze Darstellung an Begräbnisstätten die göttliche Bewahrung des Verstorbenen vor dem F. der Hölle. In der typologischen Symbolik des Mittelalters wird diese Szene mit der Anbetung der drei Weisen/Könige, der Verklärung Christi, der Erscheinung des Auferstandenen vor den Jüngern in Emmaus oder der Niederfahrt Christi ins Totenreich (→ Limbus) kombiniert. In der marianischen Typologie taucht sie, ähnlich dem brennenden → Dornbusch, als Bild der intakten Jungfräulichkeit der Gottesmutter auf. □ Fresko 2. Jh., Katakombe S. Priscilla, Rom; 11. Jh., Göreme/Kappadokien; Sarkophage 4. Jh., Lateranmuseum, Rom, Louvre Paris, St. Gilles-du-Gard; Mosaik 11. Jh.; Hosios Lukas, Griechenland; Kapitelle 12. Jh., Kreuzgang Moissac, Kreuzgang Aosta; Reliefs 12. Jh., St. Lazare, Autun, Himmelfahrtskath. Wladimir, 13. Jh., Portal Kath. Laon. Vgl. im Museum von Haarlem/Holland ein von Pieter Pietersz 1575 gemaltes Tafelbild, das von der Bäckerzunft in Auftrag gegeben worden war, da die drei Jünglinge, wie Brote in den Ofen geschoben, als Patrone der Bäcker galten. – Auch die böse Gier kann durch Flammen bezeichnet werden: daher die Flammen in den Augen und dem Rachen des Teufels und teuflischer Tiere (z. B. des → Drachen). – Die Hölle ist im NT, im Rahmen des spätjüdischen Vorstellungsbereichs, unter dem Bild unauslöschlichen F. gemalt (Mark. 9, 47 f.; Matth. 3, 12; 25, 41); hier steht die verzehrende und vernichtende Macht des F. im Vordergrund. – Die röm.-kath. Lehre vom Fegfeuer = Reinigungsfeuer (Purgatorium) knüpft sowohl an das antike Verständnis des F. als Reinigungssymbol wie an 1. Kor. 3, 13–15 an, wonach die Werke jedes einzelnen im → Endgericht im F. geprüft werden sollen, was Augustinus dahin deutet, daß vielleicht nach dem Tode noch die Seelen einiger Gläubiger durch F. geläutert, d. h. das Irdische an ihnen ausgebrannt werde. Daher auf Bildern des Fegfeuers – im Gegensatz zur Hölle, wo kein Gebet mehr hilft – die Darstellungen nackter und flehender Menschen. – Als Bild des Höllenfeuers, in dem die Verdammten brennen, verstanden die mittelalterlichen Theologen den Brand von Sodom und Gomorrha (1. Mose 19). In diesem warnenden Sinn erscheint das Motiv auf einem Mosaik von Monreale/Sizilien, 12. Jh., im Kapitelsaal der Kath. von Salisbury (13. Jh.) und auf Miniaturen, schließlich auf Lucas van Leydens Gemälde »Lot und seine Töchter« (Louvre Paris). – Ein brennendes Haus ist u. a. das Attribut der Heiligen Andreas, Antonius, Amabilis v. Riom sowie des Nothelfers Florian; ein Scheiterhaufen das Attribut der Heiligen Aristeus, Fruktuosus, Petrus Igneus, Polykarp, Afra v. Augsburg, Agnes (von der sich die Flammen abwenden), Anastasia v. Sirmium, Emerita, Jeanne d'Arc, Thekla.

Fichtenzapfen Neben dem Scheiterhaufen Attribut der 303 als Märtyrerin verbrannten hl. Afra v. Augsburg (dem Wappen von Augsburg entnommen).

Finger 1. Auf dem Mund als Sinnbild des Schweigens; Attribut der Heiligen Benedikt, Bruno, Dominikus, Hugo, des Jüngers und Theologen Johannes (auf Ikonen), Johannes Nepomuk (Märtyrer des Beichtgeheimnisses), Petrus Martyr, Romuald. Auf Bildern von Giotto begegnet die Geste als Symbol der Tugend des Gehorsams. Wenn das Christuskind den F. auf den Mund legt, so ist damit auf seine Eigenschaft als Logos angespielt. – 2. Frei erhobene F. weisen, sobald sie zu drei und zwei zusammengelegt sind, auf die beiden Zentralmysterien des christlichen Glaubens, die → Dreifaltigkeit und die beiden Naturen → Christi hin. Sie sind besonders häufig auf Christus- und Heiligendarstellungen der byzantinischen Kunst. – 3. Ein Schwur wurde im Mittelalter mit zwei F.n, später mit drei F.n, danach meist durch Ausstrecken sämtlicher F. der rechten Hand geleistet. – → Segen. → Hand.

Finsternis Physische F. ist das Sinnbild der geistigen. Wie im Reich Gottes alles Licht ist, so ist im Reiche des Teufels alles finster, daher die Bezeichnung des Teufels als »Fürst der F.« Plötzliche F.e werden im biblischen Symbolgebrauch als Strafe angesehen; vgl. sowohl die ägyptische F. (2. Mose 10, 21) wie die F. vor dem Weltende (Offbg. Joh. 16, 10). Die plötzliche Verfinsterung beim Tode Jesu (Matth. 27, 45) weist auf die Bedeutung dieses Todes für das Weltganze, da sie mit dem Schöpfer die Schöpfung selbst in Grabesnacht hüllt.

Fisch Der F., das uralte Sinnbild des Wassers, in dem er lebt, zugleich Symbol des Lebens und der Fruchtbarkeit, spielt in vielen Kulten und Religionen eine Rolle, vor allem auch als Talisman. Er ist, mit einigen typischen Zuspitzungen, auch in die christliche Symbolik eingegangen, stellt jedoch unter den vielen Symbolen, die die ersten christlichen Generationen benutzten, um ihren Glauben zu erkennen zu geben und doch zugleich denen zu verschleiern, deren Übelwollen sie fürchten mußten, dasjenige dar, dessen Herkunft und Bedeutung am wenigsten klar ist. Der Gebrauch der Bilder → Noahs und → Daniels, des Guten → Hirten, der → Taube oder des → Ankers ist von vornherein einsichtig. Der F., sehr früh und bis zum Ende des 4. Jh. außerordentlich oft dargestellt, ist in seiner Bedeutung keineswegs unumstritten. Gelehrte des 17. Jh. brachten den griechischen Namen des Fisches, ichthys, zum erstenmal mit dem Akrostichon *ΙΧΘΥΣ* (= Jesus Christos Theou Hyios Soter = Jesus Christus, Gottes Sohn, Heiland) in Verbindung, und eine lange Diskussion hat diese Beziehung weiter zu erhellen versucht. Es scheint, daß das Fischsymbol zuerst und mit naheliegendem Rückbezug auf die Evangelien (Matth. 4, 19) zur Bezeichnung der getauften Christen verwendet wurde. Dieser Sprachgebrauch gehört in den ersten Jahrhunderten zum feststehenden Predigtmaterial. Von da ging das Symbol in die Kunst über. Es liegt auch den Bilddarstellungen des wunderbaren Fischzugs (Luk. 5, 1–10) auf Reliefs und Mosaiken zugrunde (□ Baptisterium S. Giovanni in Fonte, Neapel; S. Apollinare

Nuovo, Ravenna). Von der 2. Hälfte des 2. Jh. an wird die Taufe auf Katakombenfresken unter dem Bild des Fischzugs dargestellt. Allmählich wurde aus diesem Bild auf den im Taufwasser gegenwärtigen Christus geschlossen und dieser zum eigentlichen F., piscis, während die Christen pisciculi, Fischlein, genannt werden. »Aber wir Fischlein werden gemäß unserem ichthys Jesus Christus im Wasser geboren« (Tertullian). Hinzu trat ein berühmtes Akrostichon: Ein der erythräischen Sibylle zugeschriebenes Gedicht hat als Anfangsbuchstaben von vierunddreißig Zeilen eben jene griechischen Buchstaben, die im Deutschen »Jesus Christus Gottes Sohn Heiland« bedeuten. Daraus wurde wiederum das Akrostichon ichthys, das zugleich den großen Dienst tat, eine Zusammenfassung der wesentlichsten christologischen Aussagen des Nizänischen Glaubensbekenntnisses zu sein. – In diesem strikt christusbezogenen Sinne kann der F. auch geistliches Nahrungsmittel (vgl. Luk. 24, 42) und Symbol des eucharistischen Mahles sein. Daher ist er oft zusammen mit dem → Brot abgebildet. – Insofern als der Fluch, der in der Sintflut alle Tiere traf, nur die im Wasser lebenden Tiere verschonte, soll der Christ, der durch das Wasser der Taufe neues Leben empfangen hat, sich von Juden und Heiden so unterscheiden, wie sich der F. von den übrigen Tieren unterscheidet. Daher das Symbol des F. und des Wassers auf vielen alten Taufbecken. – Wenn nach dem Bericht Matth. 17, 24 der F. den Zinsgroschen bringt, dessen Christus gerade bedarf, so ist hier der erwähnte christologische Bezug zugunsten der Analogie zu alten F.-Glückssymbolen zurückgetreten: Sakuntala bei den Indern, Polykrates bei den Griechen, Salomo im Talmud, wo der F. verlorengegangene Ringe wiederbringt. – Ein weiteres in der christlichen Ikonographie begegnendes Fischmotiv hängt mit der Geschichte des jungen Tobias zusammen (vgl. apokryphes Buch Tobias), der auf seiner Reise zusammen mit dem → Erzengel Raphael einen gewaltigen F. fängt, dessen Galle dann zur Heilung der Blindheit seines Vaters benutzt wird. Zahlreiche Tafelbilder und Plastiken zeigen Tobias, der den F. in der Hand hält, zusammen mit Raphael. In diesem Bildmotiv wurzeln spätere Schutzengeldarstellungen. Die Szene dieses Fischfangs ist z. B. dargestellt am Nordportal der Kath. Chartres, 13. Jh.; von Domenico Feti, 16. Jh., Los Angeles Country Museum; Savoldo, 17. Jh., Galleria Borghese, Rom; P. Lastman, 17. Jh., Mus. Budapest; F. Guardi, 18. Jh., Kirche des Erzengels Raphael, Venedig. – Eine dramatische Rolle spielt der F. in den Darstellungen der Geschichte des Propheten → Jona, der von einem großen F. verschlungen und nach drei Tagen wieder an Land gespien wurde (Jona 2). Die sehr häufigen Darstellungen in der christlichen Kunst repräsentieren, im Anschluß an das Wort Jesu (Matth. 12, 38 ff.), die typologische Deutung auf Grablegung und Auferstehung Christi. Besonders auf altchristlichen Bildwerken mit

Vorliebe dargestellt, erscheint das Jonamotiv auf Katakombenfresken des 2.–4. Jh. (S. Callisto, S. Priscilla, S. Domitilla, Rom), auf Sarkophagen (□ Lateranmuseum Rom; Musée Lapidaire Arles), auf Goldgrundgläsern, Lampen, Elfenbeinarbeiten; danach vom 6.–11. Jh. auf byzantinischen Miniaturen. Ein Außenrelief der armenischen Kirche Surp Hatsch, 10. Jh., Van-See/Osttürkei stellt den F. des Jona als sassanidischen → Drachen dar. Der typologische Zusammenhang mit der Auferstehung Christi wird besonders deutlich auf dem Emailaltar des Nikolaus v. Verdun, 1181, Klosterneuburg, auf Fenstern in Bourges und Le Mans und in Zeichnungen und Holzschnitten der Biblia Pauperum und des Speculum humanae salvationis. Süditalienische → Ambonen weisen das Bild Jonas mit dem F. auffallend häufig auf (□ 12. Jh. Ravello, Gaëta, S. Pietro in Minturno; 13. Jh. Sessa Aurunca), teils infolge gern geübter Übernahme alter Sarkophagmotive, teils als Appell an die Prediger, sich ihrem Verkündigungsauftrag nicht zu entziehen. Das Motiv, das seit dem 16. Jh. zurücktrat, lebt im 20. Jh. neu auf: □ Otto Münch, Portal Münster Zürich (1950); Zeichnungen und Plastiken von Jürgen Weber. – Ein Walfisch taucht außer in der Jonageschichte auch in der Legende des hl. Makluvius (Maclou, Malo) auf, der die Messe auf dem Rücken eines Walfisches zelebrierte, den er für eine Insel hielt. – Drei F.e mit einem gemeinsamen Kopf (sog. Trinacria) sind ein → Dreifaltigkeitssymbol (□ Schlußstein Kloster Luxeuil/Frankreich). – Einen F. als Attribut tragen u. a. die Heiligen Andreas, Benno v. Meißen, Berthold, Brendan v. Irland, Gregor v. Tours, Honorius, Petrus (unter Bezug auf die Zahlung der Tempelsteuer Matth. 17, 24 ff.), Ulrich v. Augsburg, Elisabeth v. Thüringen/Ungarn. F.e, die die Köpfe aufmerksam lauschend aus dem Wasser heben, weisen auf die berühmte Fischpredigt des hl. Antonius v. Padua.

Fischer Im Vergleich zum Guten → Hirten und der → Oransgestalt ist das Bild des F., naheliegend aus dem Beruf der bedeutendsten Apostel, dem Wort Jesu von den Menschenfischern (Matth. 4, 19; Mark. 1, 17) und zahlreichen Anspielungen der Evangelientexte auf den Beruf des F., obwohl es früh symbolisch verstanden wurde, nur in geringem Umfang in die frühchristliche Kunst eingegangen. Die bedeutendsten Beispiele: Fresken der Katakomben S. Domitilla und S. Callisto, Rom; Sarkophage im Thermenmuseum, Lateranmuseum und Villa Doria Pamfili, Rom. – Einige Fresken in S. Domitilla und S. Callisto sowie Schmalseiten von Sarkophagen (Ravenna, 4. Jh.) und im Thermenmuseum, Rom, die dem Guten Hirten einen F. als Gegenstück gesellen, deuten ferner auf die Darstellung Christi als Menschenfischer, im Anschluß an die Berufungsgeschichte der vier ersten Apostel Petrus und Andreas, Jakobus und

Johannes. Ein Sarkophag in S. Maria Antiqua, Rom, zeigt F., bezugnehmend auf das eschatologische Gleichnis vom Himmelreich als Netz (Matth. 13, 47 ff.). Dem Buch Hiob und seiner Kommentierung durch Ruprecht v. Deutz (12. Jh.) ist das Motiv des von Christus mit der Angel gefangenen → Leviathan entnommen: Christus wirft die Angel ins Meer (die Angelschnur besteht aus Christuskreuzen) und zieht an deren Haken ein Meerungeheuer heraus, das Bild des Teufels (vgl. Min. Hortus deliciarum; Email-Triptychon aus dem Maasgebiet, Victoria and Albert Museum, London; Fenster Châlons s/Marne, alle 12. Jh.). Zu den in Galiläa lokalisierten Erscheinungen Christi nach der Auferstehung (Joh. 21, 1 ff.) gehört die in den Darstellungen leicht mit dem wunderbaren Fischfang (Luk. 5, 1 ff.), bei dem Jesus im Boot sitzt, zu verwechselnde Szene, in der Christus am Ufer auftaucht und einen Fischzug gebietet, Petrus aber sich ins Wasser stürzt, um den Auferstandenen schwimmend zu erreichen. □ Fassade 12. Jh., S. Nicolas, Civray; Portal 13. Jh., Kath. Bazas/Gironde; Fresko 12. Jh. aus S. Pedro de Sorpe, Katalan. Mus. Barcelona; Konrad Witz, Petersaltar 1444, Mus. Genf; Fresko 16. Jh., Katholikon Megisti Lawra, Athos.

Flasche Eine bauchige Apothekerflasche oder kleinere Phiole ist Attribut der Heiligen Kosmas und Damian, der Schutzpatrone der Ärzte und Apotheker, sowie des Pantaleon v. Nikomedien, der in der Ostkirche zu den »umsonst heilenden« heiligen Ärzten (Anargyres), im Westen zu den vierzehn Nothelfern gehört.

Fledermaus Dieses Dämmerungs- und Nachttier, im alten China Symbol für Glück und langes Leben, im AT für unrein erklärt, gilt in der Romanik als teuflisch, weil es sich in den Haaren festkrallt und angeblich, wie ein Vampir, den schlafenden Kindern das Blut aussaugt. Es ist eine Inkarnation des Teufels, der deshalb oft mit Fledermausflügeln dargestellt wird. Als Dämmerungstier ist es ein Emblem der Melancholie, als Hybride zwischen Vogel und Ratte ein Symbol des → Judentums. □ Chorumgang 13. Jh., Notre Dame, Paris; Gewölbeschlußstein 13. Jh., Ste. Madeleine, Genf.

Fliege Besonders im Fernen Osten als Erscheinungsform der Seele verehrt, im Nahen Osten als Verkörperung des bösen Prinzips gefürchtet. Wenn in der Bibel Beelzebub mehrfach als Teufel, ja sogar Oberster der Teufel, charakterisiert wird (Matth. 12, 14), ist der Bezug auf die gleichnamige syrische Gottheit (Baal = Gott, Zebub = Fliege): Fliegenvertreiber deutlich. Doch sind dabei auch Übernahmen aus der persischen Mythologie feststellbar: Ahriman, das böse Prinzip, das sich nach dem Zendavesta als F. einschlich; vgl. den kyrenischen Gott Achor, der nach Plinius als F. die Pest ins Land brachte, und die ägyptische Auffassung der F. als Symbol der Unverschämtheit. Jes. 7, 18 werden unabsehbare Fliegenschwärme aus Südwesten als Vorboten feindlicher ägyptischer Heere gedeutet. – Als Heiligenattribut begegnen die F.n bei dem Wüstenvater Makarios (der von F.n gequält wurde), ferner bei Narzissus v. Gerona und Tugdual v. Treguier.

Flügel F. werden erst seit dem 4. Jh. Attribut der → Engel. Sie begegnen ferner in der ostkirchlichen Bildkunst als Attribut → Johannes' des Täufers (wegen seines dem Auftrag an den Erzengel Gabriel entsprechenden Amtes der Ankündigung des Messias), im Abendland Attribut der Heiligen Thomas v. Aquino (auf Grund seines Beinamens Doctor angelicus) und Vinzenz Ferrer (der vom Papst mit einem Engel verglichen wurde). – Auf Darstellungen der Engelhierarchie tragen die Cherubim vier mit Augen bedeckte F. (Tetrapteryx), die Seraphim sechs (Hexapteryx). – Fledermausflügel weisen auf den → Teufel, die → Dämonen und den → Tod.

Fluß Der F. ist das Symbol des Fließens der Formen, der universalen Möglichkeiten der Fruchtbarkeit, des Todes und der Erneuerung. Der F. von oben ist nach jüdischer Tradition der des himmlischen Gnadeneinflusses. Es gibt 1. heilige Flüsse: die vier Paradiesflüsse: Pison (Indus), Gihon (Ganges), Hiddekel (Tigris) und Euphrat. Sie kommen von oben, aus der Senkrechten, fließen aber dann vom Zentrum aus in der Horizontale weiter, nach den vier Grundrichtungen, bis zu den Enden der Erde. Diese mosaische Vorstellung stimmt mit der indischen überein. Nach dem Glauben der Inder fließen die vier Hauptflüsse Asiens (Brahmaputra, Ganges, Indus, Oxus) aus dem Paradiese oder vom Himmelberg Meru. Die christliche Kunst (□ Mosaik 5. Jh., Mausoleum Galla Placidia, Ravenna; Apsismosaik 6. Jh., SS. Cosma e Damiano, Rom; Sarkophag 10. Jh., St. Eusèbe, Auxerre; Kapitelle des 11. Jh. in La Daurade, Toulouse, u. Musée Farinier, Cluny; Kapitelle des 12. Jh. in Moissac, Museum Trier, Klosterkirche Brauweiler/Rhld.; Archivolten 13. Jh., Nordportal Kath. Chartres) hat diese vier Paradiesflüsse sehr früh und häufig so dargestellt, daß sie einem Hügel entspringen, auf dem Christus oder das Gotteslamm stehen. So symbolisieren sie zugleich die vier Evangelien, die »aus Christus fließen«. Auf Sarkophagen bedeutet dies zugleich die Verheißung für die Verstorbenen, daß sie durch das Evangelium ins Paradies gelangen. Insofern die Taufe diesen Weg zum ewigen Leben bereits eröffnet, findet die Darstellung der Paradiesflüsse als wasserausgießender Männer ihren häufigen Ort am Taufbecken. Nach einer muslimischen Legende entstanden der Euphrat und der Tigris aus den Tränen, die Adam vergoß, als er aus dem Paradies verbannt war. – Den vier Paradiesflüssen entsprechen 2. vier Höllenflüsse, die aus der griechischen Mythologie in die christliche Poesie übertragen wurden: Styx, der F. des Schreckens; Acheron, der F. der Schmerzen; Cocytus, der F. der Wehklagen; Phlegeton, der Feuerstrom (→ Feuer). – 3. Der Flußgott. Wie man in der Antike gern den Nil, den Ebro, den Tiber, die Donau in der Gestalt eines Mannes abbildete, der nackt und bärtig auf dem Boden sitzt, auf eine Urne gestützt und von Wasserbächen umgeben, so stellte man auch in der christlichen Kunst den Jordan anthropomorph dar; in dieser Gestalt nimmt er auf unzähligen Fresken und Mosaiken an der Taufe Jesu teil. Ein ähnliches Motiv begegnet auf einem Fresko des 4. Jh. in der römischen Katakombe Vigna Massimo, das Tobias mit dem ·Engel und dem Fisch (Tob. 6, 1–5) darstellt, während der personifizierte F. Tiber der Szene beiwohnt. Auf Sarkophagen in Arles und Nîmes, die den Durchzug der Israeliten durch das Rote Meer zeigen, ist das letztere durch einen Flußgott repräsentiert.

Fortuna Die Schicksalsgöttin des alten Rom, Symbol der Laune und des Zufälligen, wird in der Renaissance zum beliebten Bildmotiv, oft mit einem Füllhorn, oft auf oder mit einem Rad erscheinend, um die Flüchtigkeit der Chance und den Wechsel des Geschicks anzudeuten.

Fratzen F. spiegeln nicht nur die Phantasie und Erfindungsgabe der Bildhauer und häufig örtlichen Volksaberglauben, sondern weisen auch auf biblische symbolische Ungeheuer wie z. B. der → Leviathan oder das Krokodil (Hiob 40, 20 ff.) zurück. → Drachen. In der Romanik sind sie, der griechischen Gorgo oder Medusa ähnlich, das warnende Bild des Teufels, der »umhergeht wie ein brüllender Löwe und sucht, wen er verschlinge«, bedrohliche Bilder der Hölle, dazu bestimmt, die Trägen aufzuschrecken. Am Kirchenportal dienen sie der Verteidigung des Eingangs, haben apotropäischen Charakter und weisen auf den bei der Taufe notwendigen Exorzismus hin. Sie können auch, neutraler, die Erde, das Wasser, die Luft, das Feuer in Gestalt der Mäuler darstellen, denen sie entquellen. Hierzu gibt es Entsprechungen in der byzantinischen Ikonographie. In der Gotik handelt es sich noch deutlicher um den »Drachen der Hölle«, der dem Höllenrachen entspricht.

Frosch Im alten Ägypten heilbringendes religiöses Symbol, auf Grund seiner Fruchtbarkeit verbunden mit der froschköpfigen Göttin Hiqit (Heket), die unaufhörlich das kugelförmige Weltei empfing und austrug. Da man annahm, daß der F. im Frühjahr aus dem Nilschlamm lebendig werde, wurde er zum Bild der Auferstehung. Um so bedrückender mußte sein unheilvolles Überhandnehmen in der als Strafe für die Ägypter von Gott gesandten Plage (2. Mose 8, 2–14) wirken. In diesem negativen Sinn begegnen F.e auch in der Offbg. Joh. (16, 13) und in entsprechenden Auslegungen der Kirchenväter (z. B. Eucherius v. Lyon), die im F. den Teufel oder auch – wegen des Lebens im Schlamm und des unaufhörlichen sinnlosen Lärmmachens – den Häretiker versinnbildlicht sehen. Die positive ägyptische Tradition des F. als Symbol der Auferstehung begegnet auf zahlreichen koptischen Lampen (□ Kopt. Museum Kairo; Ägypt. Abteilung des Vatikanmuseums; Mus. Turin), deren christlicher Charakter nicht bezweifelt werden kann. – Der F. ist Attribut der Heiligen Herväus (der die F.e zum Schweigen bringen konnte), Pirmin v. Reichenau, Regulus v. Senlis, Ulfia (Wulfia) v. Amiens. – → Kröte.

Fuchs Er gilt wie andere rothaarige Tiere (→ Eichhörnchen, → Luchs) als das Symbol der – meist bösartigen – List und spielt in diesem Sinne in den Tierfabeln (besonders auch in der japanischen Tiersage) eine große Rolle. Im biblischen Sprachgebrauch verkörpert er Hinterlist und Bosheit (vgl. Ez. 13, 4 über ruchlose Propheten; Luk. 13, 32: Christus über Herodes). Juan de la Cruz kann ihn zum Ebenbild der bösen Geister erklären. Als Symbol der Wollust erscheint er im 12. Jh. auf einem Kapitell von St. Radegonde in Poitiers, als Verkörperung des Teufels (in der germanischen Mythologie gehört er dem Gott Loki zu) und der teuflischen Versuchung auf den überaus zahlreichen Darstellungen eines im Mönchsgewand vor Gänsen oder Hühnern predigenden oder Messe lesenden F. Den gefesselten F. = Teufel stellt Dürer dar (Farbskizze »Madonna mit den vielen Tieren«). – Eine passive Rolle spielen dreihundert F.e (wohl eigentlich Schakale), die → Simson einfängt, mit den Schwänzen zu zweien und zweien aneinander bindet, mit brennenden Fackeln versieht und in die Getreidefelder der Philister jagt (□ Fenster 13. Jh., Kath. Auxerre; Chorgestühl 16. Jh., Kath. Amiens; Holzschnitt der Lutherbibel von 1524). – Ferner begegnet der F. als Attribut der Heiligen Bonifatius, Genulph (Genou), Junian.

Füllhorn Im Anschluß an antike Bildvorstellungen Attribut der Erde und ihrer Fruchtbarkeit, aber auch Emblem der theologischen Tugend der Hoffnung.

Fuß Als das Niedrigste am Menschen, seine Verbindung mit der Erde, hat der F. eine uralte magische Bedeutung, die sich besonders in seiner rituellen Entblößung (vgl. Mesopotamien, Kreta, Gallien) zeigt. Der Opfernde (vgl. auch das Opfer der Dido in Vergils »Aeneis«) entblößt seinen F., um die doppelte Beziehung zu Himmel und Erde darzustellen. Für den chaldäischen Priester symbolisiert die Fußentblößung (pars pro toto) eine Form der Hierogamie. Von da aus werden die häufig dargestellte Entblößung der F.e des Mose am Sinai (2. Mose 3, 5) sowie das bei den Muslimen übliche Ablegen der Fußbekleidung beim Betreten einer Moschee als Bekundung totaler Offenheit und Empfänglichkeit für die göttliche Machtoffenbarung bedeutsam, ebenso die Fußwaschung, die Jesus an den Jüngern vollzieht (Joh. 13), und der Auftrag an die Apostel und siebzig Jünger (Matth. 10, 10; Luk. 10, 4), barfuß in die Welt zu gehen. In der christlichen Ikonographie ist der bloße F. ein Privileg besonders berufener und heiliger Personen (z. B. Hedwig v. Schlesien). Im Nachvollzug der Fußwaschung Jesu pflegten Päpste, Kaiser und Könige alten und armen Männern symbolisch die F.e zu waschen, ebenso Äbte den Mönchen ihres Klosters. – Wenn die F.e des auferstandenen Christus auf → Drachen und Raubtieren oder auf einem Sockel mit → Dämonenabbildungen stehen, ist sein Triumph über die Mächte der Finsternis symbolisiert. Ähnlich setzt Christus auf römischen Sarkophagdarstellungen (□ Junius-Bassus-Sarkophag, Vatikan. Grotten) seinen F. auf das Himmelsgewölbe, das der Himmelsgott Uranos wie einen Schleier über sich hält. Dies bezieht sich ebenso wie der biblische Sprachgebrauch, der die Unterwerfung unter die Herrschaft Gottes mit dem Gestelltwerden unter seine F.e bezeichnet, auf die Sitte ägyptischer Pharaonen und orientalischer Fürsten, in ihre steinernen Fußschemel so viel Striche einritzen zu lassen, wie sie Provinzen erobert hatten. – Einen Sonderfall stellen die Fußabdrücke heiliger Personen in Fels, Marmor usw. dar, die man in allen Teilen der Welt findet, meist mit der Erinnerung an ein besonderes Ereignis verbunden. Sie begegnen manchmal, ohne daß sie dadurch authentischer würden, auch in christlichen Kirchen: z. B. in der kleinen Kirche Domine quo vadis an der Via Appia in Rom, wo ein Abdruck der Füße Christi bei seiner Begegnung mit Petrus gezeigt wird, die Kopie eines Abdrucks in der nahegelegenen Kirche S. Sebastiano. Die Zahl der auf diese Weise gezeigten Fußabdrücke Jesu ist unabsehbar, vor allem an den heiligen Stätten Palästinas. – Die Kaiserin Kunigunde schritt im Rahmen eines Gottesurteils, das ihr eifersüchtiger Gatte Heinrich II. heraufbeschwor, mit bloßen F.n über glühende Pflugscharen. – Ein Fußtritt, den eine vornehme Frau einem Diener gibt, gehört zu den Symbolen der Hauptsünde des Zorns (ira).

G

Gans Die G., die im fernen Osten eine bedeutende mythologische Rolle spielt und deren Wachsamkeit und Unbestechlichkeit seit der Geschichte der kapitolinischen Gänse Gemeinplatz ist, taucht auf frühchristlichen Monumenten in Nordafrika und Ägypten auf, danach in Sizilien und schließlich besonders im Zusammenhang mit der Legende des hl. Martin und anderer Heiligen (Ludger von Utrecht, Rigobert v. Reims, Amalberga v. Gent, Brigitta, Milburga, Pharahildis v. Gent, Werburga v. Chester). Die christliche Archäologie vermutet hier weniger symbolische als kulinarische Zusammenhänge. Die G. war und ist im Winter Hauptbestandteil bürgerlich-ländlicher Feste. – Im Hinblick auf eine besondere Gänseart (die nordeuropäische Ringelgans) erzählen Fabeln, die seit dem 14. Jh. nachweisbar sind, sie entstehe nicht aus Eiern, sondern komme als junger Vogel aus Entenmuscheln oder den platzenden Knospen eines weidenähnlichen Baumes hervor, der am Strand nordischer Länder, besonders auf der Insel Pomona, wüchse. Illustrationen von Fabelbüchern des 15. und 16. Jh. halten diese Fabel fest. – Bei psychologisch-moralischen Darstellungen der → Lebensalter bezeichnet die G. als Vogel der geschwätzigen Weisheit das hohe Alter von Männern und Frauen.

Garbe Eine Weizengarbe tragen Kain (bei seinem Opfer), Donatus v. Münstereifel (Beschützer der Ernte gegen Hagel), Isidor d. Landmann, Notburga. – → Ähre.

Garten Das → Paradies ist ein G., der G. das Symbol des Paradieses, sowohl des irdischen, als der Mitte des Kosmos, wie des himmlischen Paradieses, das hier schon gelegentlich geistlich erfahren werden kann. Dennoch besteht ein Unterschied: Das Paradies der Genesis ist ein G., das Jerusalem der Endzeit eine → Stadt. Die umhegten Kreuzgänge der Klöster wie auch andere umhegte Gartenanlagen sind Erinnerungen an das Paradies. Ein besonders schönes Symbol bietet der G. für die Schönheit der Geliebten. Der auch in den Einzelheiten recht symbolische Text des Hohenliedes (4, 12–16; 5, 1) hat Anlaß zu vielen mystischen Kommentaren gegeben, die auch in der Kunst ihren Niederschlag fanden, z. B. in der → Mariensymbolik des → Einhorns, das in einen umhegten Garten zur Jungfrau eindringt. Diese Gartensymbolik steht im Hintergrund des auf den Bildtypus der → Maria »im Rosenhag« zurückgehenden Paradiesgärtleins (Unbek. Meister, um 1420, Städel-Institut Frankfurt/M.). – Wie ein G. eingezäunt (gem. Joh. 18, 1. 26) ist auf vielen »Ölberggruppen« des Spätmittelalters an süddeutschen Kirchen der »Garten Gethsemane«, durch dessen Tor die Häscher eindringen, während Jesus im Gebet liegt.

Gefäß Außer dem → Kelch, der → Schale und dem in der Katakombenkunst häufigen G., in dem das Wasser des Lebens enthalten ist und aus dem die → Pfauen oder → Tauben trinken, taucht in der frühen christlichen Kunst häufig ein alleinstehendes G. ohne eucharistische oder eschatologische Bedeutung auf. Die Formen können stark variieren. Offenbar handelt es sich um eine Verbildlichung der Worte des Paulus vom G., das mit seinem Schöpfer nicht über seine Bestimmung rechten kann (Röm. 9, 20 ff.) oder »daß jeder das Gefäß seines Körpers heilig und anständig halte« (1. Thess. 4, 4). Das G. repräsentiert also im allgemeinen den Menschen, das Werk Gottes, und speziell seinen Leib, die zerbrechliche Hülle der Seele. Dieses G. erscheint an den christlichen Gräbern in der Form eines kleinen Fasses oder eines Henkelkrugs oder einer → Amphora. Es kann sich bei diesem Bilde zugleich auch um eine Anspielung auf die erlöste Seele des Menschen als das »Gefäß der Erwählung« (Apg. 9, 15) handeln. – G.e tragen ferner die 24 hl. Greise der Apokalypse und der als erster Bischof von Padua verehrte orientalische Heilige Prosdokimos. Ein kultisches Salbgefäß weist auf Samuel, der Saul und David, sowie auf den hl. Remigius, der Chlodwig salbte; ein medizinischer Salbenbehälter dagegen auf den Erzengel Raphael (der den alten Tobias heilte), auf die Arztheiligen Kosmas, Damian und Pantaleon, auf die hl. Irene (die den hl. Sebastian pflegte) und die hl. Praxedis. Mit einem Ölgefäß wird auch der Prophet → Elisa dargestellt. Einen Parfümbehälter tragen Josef v. Arimathia und Nikodemus bei Darstellungen der Grablegung Christi, Maria Magdalena und Maria-Salome, überhaupt die drei Marien (Myrrhophoren) am Grabe Christi.

Geier 1. Nach alter Naturvorstellung ohne Zutun eines Männchens Junge erbrütend, die vom Ostwind befruchtet wurden, daher schon bei Origenes Symbol der Jungfräulichkeit → Marias und auf Marien- und Krippenbildern oft – und zwar nach Osten fliegend – dargestellt; 2. in der Zehnerreihe der → Lebensalter Attribut der siebzigjährigen Frau.

Geige Attribut der hl. Cäcilie als der Schutzheiligen der Musiker, sowie des hl. Genesius, des Schutzheiligen der mittelalterlichen Spielleute, auch solcher weniger seriösen Charakters.

Geißel 1. Geißelungen: Im Altertum ein Strafmittel zur Züchtigung von Gesetzesübertretern und daher auch während des Prozesses Jesu angewandt (□ Fries 12. Jh., St. Gilles-du-Gard; N.D. des Pommiers, Beaucaire; Portal 12. Jh., S. Zeno, Verona; Kapitelle 12. Jh. in St. Nectaire/Puy de Dôme; Issoire; Cunault/Maine-et-Loire; S. Piedro el Viejo, Huesca/Aragon; Barna da Siena, 15. Jh., Colleg. San Gimignano; Fra Angelico, 15. Jh., S. Marco, Florenz; Meister Francke, 1424, Kunsthalle Hamburg; Bramante, 16. Jh., Brera, Mailand; Chorabschluß 16. Jh., Kath. Chartres; Albrecht Altdorfer, Altar 1518, St. Florian/Österreich; Jörg Ratgeb, 16. Jh., Altert. Museum Stuttgart; P. P. Rubens, 17. Jh., Dominikanerkirche Antwerpen; Rembrandt, 1658, Hess. Landesmuseum Darmstadt; Gerhard Gröninger, 1630, Schnütgen-Museum Köln; Tiepolo, 18. Jh., Prado, Madrid), aber auch als Bußübung zur Züchtigung des eigenen Fleisches im Bereich der alten Religionen üblich. So gab es die Geißelung später sowohl als kirchliche Strafe in Klöstern als auch in der christlichen Kirche allgemein als verdienstliche asketische Übung. Es galt dabei, den Leib als den Sitz der Sünde möglichst zu kasteien und besonders im Ertragen solcher Schmerzen Christus und den Märtyrern nachzufolgen. In Gestalt der Geißlerumzüge verbreiteten sich diese Geißelungen, von manchen Kirchenmännern, wie z. B. Petrus Damiani, empfohlen, aus den Klöstern auch unter den Laien, namentlich in Italien. Das Konstanzer Konzil trat den Geißelungen entgegen, ohne sie geradezu zu verbieten. – 2. In der Bibel ist die G. auch ein Bild für ein scharfes Gericht Gottes (Jes. 28, 15. 18; 10, 26). – 3. Die G. erscheint bei der agrippinischen Sibylle (die die Geißelung Jesu vorausgesagt haben soll) und in der Hand Jesu bei der Tempelreinigung, ferner als Attribut bei den Heiligen Ambrosius, Eulogius v. Córdoba, Franz v. Paula, Valerian, Vinzenz, Juliane, Gervasius und Protasius.

Geldbeutel Wie die Geldtruhe Symbol der Hauptsünde des Geizes (avaritia); Männer und Frauen tragen ihn um den Hals oder am Gürtel oder pressen ihn ans Herz. Ein offener G. dagegen, aus dem Geldstücke fallen, ist das Symbol der Kardinaltugend der Klugheit (prudentia), ja auch der theologischen Tugend der mildtätigen Liebe (caritas). Der personifizierten Synagoge (→ Judentum) wird nicht selten der Beutel der Habsucht umgehängt. – → Beutel.

Genien → Eros.

Gesichter Mehrere G. auf einem Haupt weisen auf die alte Janussymbolik des Zeitablaufs hin (der Blick nach rückwärts und nach vorwärts) und begegnen darum auch auf → Monatsbildern (Januar). Hier kann zur Doppelgesichtigkeit des Janus auch das dreifache G. der Zeit (Vergangenheit, Gegenwart, Zukunft) treten. Auch die Kardinaltugend der Klugheit (prudentia) wird mit zwei G.n dargestellt. Vor allem aber bildet ein Kopf mit drei G.n das Symbol der → Dreifaltigkeit Gottes. Entsprechend taucht auch der → Teufel = Nachäffung der göttlichen Dreifaltigkeit mit dreifachem G. auf.

Gestirne → Stern.

Gießkanne Attribut des hl. Fiacrius v. Meaux, der als Einsiedler eine derart intensive landwirtschaftliche Tätigkeit entfaltete, daß er zum Schutzpatron der Gärtner wurde.

Glas Kristall und G. sind Sinnbilder des Lichtes, der Transparenz, des himmlischen Elements. Ez. 1, 22 und Offbg. Joh. 4, 6 beschreiben daher ein Glasmeer unter Gottes Thron. Auf Schöpfungszyklen (□ Fenster, Münster Ulm) hält Gott eine durchsichtige Glaskugel als Symbol der zuerst geschaffenen himmlischen Lichtwelt, während dann der irdische Sternhimmel durch eine blaue, die Erde durch eine grüne Kugel dargestellt werden. Ähnlich bildet die Werkstatt der Gebr. van Eyck Gott den Schöpfer mit einer Kristallkugel oder einem kristallenen Zepter ab (□ Genter Altar). – Da das G. jeden Gegenstand durchscheinen läßt, ohne verletzt zu werden, ist es auch → marianisches Symbol der unbefleckten Empfängnis. Darauf weist ebenfalls der blühende Lilienstengel in einer durchsichtigen Glasvase auf Bildern der Verkündigung an Maria.

Glocke Die Symbolik der G. bezieht sich auf die Tatsache ihres Klingens. Schon früh bediente man sich der Zymbeln, Schellen und Handklingeln zu religiösen Gebräuchen. Fast alle antiken Völker haben G.n benutzt. Auch die Christen bedienten sich dieser zivilisatorischen Selbstverständlichkeit. In den Katakomben und anderen Friedhöfen Roms wurde eine reiche Zahl von Glöckchen und Klingeln (häufig aus Silber) gefunden, oft an einem Ring aus Bronze oder Eisen befestigt. Größere G.n, die dazu dienten, zum Gottesdienst zu rufen, finden sich zuerst in den Klöstern. In der Ostkirche benutzt man in den Klöstern entweder kleine Glockenreihen oder Semandra, Holz- oder Metallstreifen, die rhythmisch geschlagen werden. G.n werden im Abendland erst vom 6. Jh. an ausdrücklich erwähnt, sind aber bald weit verbreitet. Die mächtige Größe setzt jedoch erst seit Anfang des 14. Jh. ein. – Eine kleine G. (Antoniusglöcklein), aufgehängt an seinem Tau-förmigen → Stab und der Abschreckung der Dämonen dienend, gehört zu den Attributen des hl. Antonius d. Gr., des ägyptischen Wüstenvaters.

Götterstatue (Idol, Götzenbild) Dem apokryphen Pseudo-Matthäusevangelium, das sich seinerseits auf das Prophetenwort Jes. 19, 1 stützt (»Siehe, Jahwe wird auf einer schnellen Wolke fahren und über Ägypten kommen; die Götzenbilder Ägyptens werden bei seinem Nahen erbeben«), ist die oft dargestellte Episode entnommen: In Hermopolis oder Heliopolis stürzen beim Eintreffen des vor Herodes fliehenden Christuskindes und seiner Eltern 365 G.n von ihren Sockeln und zerschellen an der Erde. Aphrodisius, der Oberste der Stadt, schwört daraufhin dem heidnischen Glauben ab. □ Mosaik 5. Jh., Triumphbogen S. Maria Maggiore, Rom (Bekehrung des Aphrodisius); Relief 12. Jh., Portal Moissac; Kapitell 12. Jh., St. Hilaire, Poitiers; Fenster 12./13. Jh., Kath. Chartres, Laon, Le Mans; Muttergottes-Portal 13. Jh., Kath. Amiens; Chorabschluß 14. Jh., Notre-Dame, Paris; Fenster 1415, Ravensburg/Bayern; Chorgestühl 16. Jh., Kath. Amiens; H. Douverman, Marienaltar 1520, Kalkar/Niederrh. – Eine G. auf einem Sockel ist das Attribut des hl. Amantius (Amans), ersten Bischofs von Rodez im 5. Jh., eine gestürzte G. das Attribut des hl. Sabienus v. Assisi, der Heiligen Justa, Rufina und Susanna; sie begegnet ferner auf Nikolausikonen der Ostkirche.

Goldfasan In der Antike entwarf man nach ihm den sagenhaften Vogel → Phönix. In dieser Beziehung häufig auf mittelalterlichen Bildern, besonders auch der Buchmalerei.

Goliath Dem Volk der Philister zugehöriger Riese aus Gath, von dessen Zweikampf mit → David in 1. Sam. 17, 31 ff. berichtet wird. Nach mittelalterlicher Typologie ist der Sieg Davids ein Vorausbild des Sieges Christi über den Satan und daher oft dargestellt. □ Fresko 3. Jh., Christliche Kapelle Dura-Europos/Syrien; Holztür 5. Jh., S. Ambrogio, Mailand; Kopt. Fresko 6. Jh., Bawit/Ägypten; Reliefs: 12. Jh., Kreuzgang Moissac; Kreuzgang St. Aubin, Angers; Portalfries 12. Jh., St. Gilles-du-Gard; Kapitelle 12. Jh., Portal St. Benoît s/Loire; Louvre (aus N.D. de la Couldre, Parthenay); Vézelay; Lucheux/Somme; Gemälde von Palma il Giovane, 16. Jh., Prado Madrid; Daniele da Volterra, 16. Jh., Louvre Paris; J. van Cost, 17. Jh., Eremitage Leningrad. – In der Tugend- und → Lastersymbolik symbolisiert G. den Zorn.

Gott Zeichenhaft dargestellt wird G. durch die → Dreifaltigkeitssymbole, das → Auge, das Tetragramm J.H.V.E. (Jahwe) und die entsprechende griechische, im → Nimbus der byzantinischen Darstellungen auftauchende Form O ôn (der Seiende). Das mosaische Gesetz untersagte streng jede Abbildung G.s; dem stimmten auch die frühen Lehrer der christlichen Kirche zu, da sie ein Abgleiten in Götzenbilderanbetung fürchteten. Dagegen hielten sie es für legitim, Christus als den menschgewordenen und damit abbildbar gewordenen G. darzustellen. Daher begnügten sich die frühchristlichen Künstler mit der Abbildung der → Hand Gottes, die aus einer Wolke herausreicht. Das Mittelalter stellte G. ohne Bedenken in Person dar. In der Reformationszeit verurteilten besonders die Calvinisten, streng an das mosaische Gesetz gebunden, jede bildliche Darstellung G.s. Die katholische Kirche blieb weiterhin großzügig; so entstand der Schöpfergott Michelangelos in der Sistina. Eine stark wechselnde Entwicklung geht von der patriarchalischen Darstellung G.s (des »Alten der Tage«) bis zum »Herrn des Himmels«, der kaiserliche oder päpstliche Attribute trägt. Die Renaissance hat eine Art christlichen Jupiters geschaffen. – Gottesdarstellungen: 1. Die Hand G.s, aus dem Himmel herunterreichend, oft stark vergrößert, oft mit Kreuz-→ Nimbus, oft in dreifachem Lichtkranz (→ Dreifaltigkeit). Häufig dargestellte Szenen: Opfer Abels und Kains, Gebot des Archebaues an → Noah, → Isaaks Opferung, Darreichung der Gesetzestafeln an Mose auf dem Sinai, Ergreifen des Propheten Ezechiel (Fresken aus Dura-Europos, 3. Jh., Archäol. Museum Damaskus; Fassadenfries 12. Jh., Kath. Nîmes; Fresken 12. Jh. aus San Climent de Tahull, Katalan. Museum Barcelona; Bronzetüren 12. Jh., Dom Hildesheim; Mosaiken 13. Jh., Vorhalle S. Marco, Venedig). Seltener sind Szenen aus dem NT: Taufe Jesu, Gebet Jesu in Gethsemane, Kreuzigung, → Himmelfahrt (Renier de Huy, Taufbecken, Lüttich, 12. Jh.). Häufig ist diese Darstellung G.s bei der Segnung sterbender Märtyrer, z. B. bei der Steinigung des Stephanus. – 2. Der Alte der Tage (vgl. Dan. 7, 9): Greis mit weißem Haar und Kleid, auf den Wolken thronend, in einer → Mandorla. Älteste Darstellung in der byzantinischen Kunst des 11. Jh. Fresko 1197, Krypta S. Biagio (Blasius), Brindisi; Niccolo Pizzolo, 15. Jh., Apsis Chiesa degli Eremitani, Padua. In »Scivias« der Hildegard v. Bingen (1141, Bibliothek Wiesbaden) ist Gottvater als Engel mit großen Flügeln abgebildet. – 3. Himmlischer Papst und Kaiser (14./15. Jh.), thronend mit Kaiserkrone oder päpstlicher Tiara (mit fünf Kronen), in der Hand eine Kugel mit Kreuz, häufig von den → Tetramorphsymbolen umgeben. Beste Beispiele in französischen Missalen des 15. Jh. – 4. Christlicher Jupiter (Renaissance) in olympischer Ruhe oder mit aktiver Gebärde. Bedeutendstes Michelangelo, Deckenfresken der Cappella Sistina, Vatikan, Rom. Ähnlich: Raffael, Dominichino, Guido Reni, Poussin. (Interessan-

terweise zeigt schon ein spanisches Tympanon des 13. Jh. in San Tomé de Soria Gottvater bärtig in der → Mandorla, mit dem Jesuskind auf den Knien, eine Abwandlung der → »Maria in Majestät«.) – 5. Die Gottesvision bei der Berufung des Propheten Jesaja (Jes. 6, 1 ff.) bildet den Hintergrund zu vielen der vorgenannten Darstellungen. Sie ist häufig auf Miniaturen abgebildet, ferner auf Fresken in Nohant-Vic/Indre, 12. Jh., und im Katalanischen Museum Barcelona, 13. Jh. (aus S. Maria de Aneu); Fenster 13. Jh., Ste. Chapelle, Paris; Seitenportal 13. Jh., N.D. du Port, Clermont-Ferrand; Berruguete, Chorgestühl 16. Jh., Kath. Toledo. – → Christus, → Christussymbole, → Taube, → Dreifaltigkeitssymbole.

Grab, Heiliges Grabdenkmal Christi, in Anknüpfung an die antike Sitte, ein Grabdenkmal (Kenotaph) als Erinnerungszeichen für einen an anderer Stelle beigesetzten Toten zu errichten, begegnet meist in Form einer Liegestatt (tumba), auf der der oft sehr realistisch in natürlicher Größe nachgebildete Leichnam Christi ausgestreckt ist. Nicht selten stehen Gestalten der Passionsgeschichte (Maria und Johannes, Maria Magdalena und zwei weitere Frauen mit dem Salbgefäß, Nikodemus und Josef von Arimathia, manchmal auch Grabwächter) dramatisch um die tumba gruppiert. Das Motiv nährt sich dann vor allem aus franziskanischer Frömmigkeit und ist besonders häufig im 15. und 16. Jh. □ Deutschland: Münster Freiburg/Br.; Heiligkreuz-Kirche Schwäb. Gmünd; Ägidienkirche Nürnberg; Adam Kraft, Kreuzwegstation, Johannes-Kirchhof, Nürnberg. Frankreich: Langres; Clermont d'Oise; Chaumont; Semur-en-Auxois; Solesmes; Rodez; Châlons s/Marne; Bourges; Poitiers; Amboise; St. Mihiel/Meuse (v. Ligier Richier, 1554–1564); Doullens; St. Thégonnec/Bretagne. Italien: S. Giovanni Decollato, Modena. Spanien: Mus. Valladolid. Ebenfalls als »Heiliges Grab« wird ein Bauwerk (Rotunde oder Polygon) bezeichnet, das eine Nachbildung der Grabeskirche in Jerusalem darstellt. □ Deutschland: Münster, Konstanz. Frankreich: Montmajour bei Arles; Charroux/Poitou, Neuvy-St. Sépulcre/Berry.

Granatapfel In der heidnischen Antike aufgrund seines Samenreichtums Symbol der Lebensfülle und Fruchtbarkeit, Attribut der Vegetationsgottheiten und der Aphrodite wie des Zeus und des Hermes, entsprechend auch im AT sowohl Liebeszeichen wie Zeichen göttlichen Segens, in der allegorischen Schriftauslegung der Kirchenväter auf die Kirche und die Fülle ihrer Märtyrer und Mysterien gedeutet. Sinnbild der Lebensfülle im Zusammenhang mit dem Lebensbaum ist der G. auch in der christlichen Kunst, sei es in Einzeldarstellungen z. B. auf frühchristlichen Tonlampen wie auf einer Reliefplatte, 12./13.

Jh., Kaiser-Friedrich-Museum Berlin, oder pflanzlichen Ornamenten (z. B. zusammen mit → Weintrauben). Ein aufgesprungener G. mit der Fülle seiner Samenkörner ist Attribut der sich verschenkenden barmherzigen Liebe (□ Franceschini, Caritas, Belvedere, Wien).

Greif Dieses dem Orient entstammende Fabeltier des Altertums mit dem Körper und der Stärke eines → Löwen und Flügeln, Schnabel und durchdringenden Augen eines → Adlers taucht schon auf Reliefs von Nimrud auf, dann auf indischen Balustraden und besonders häufig als Eckfigur auf griechischen Tempelgiebeln, als Verzierung von Geräten aller Art sowie auf Münzen. Für die Griechen symbolisiert er als der größte Vogel Kraft und Wachsamkeit; so ist er sowohl das Reittier Apollons und anderer Götter wie der Wächter des hyperboreischen Goldes. Da er in persischen Darstellungen besonders oft begegnet, war er für die Hebräer das Symbol Persiens und des von dort kommenden magischen Wissens. In der frühchristlichen Kunst taucht er nicht häufig (gar nicht auf Katakombenfresken), aber immerhin gelegentlich auf: auf Sarkophagen in Arles und Nîmes und auf einem in Charenton-sur-Cher gefundenen Marmorbehälter des 7. Jh., auf dem zwei G.e sich an einem schöngeschwungenen Gefäß aufrichten, aus dem ein zweigeteilter Wasserstrahl aufsteigt. Lebensbäume im Hintergrund und Tauben auf ihm weisen auf eine Darstellung des Paradieses. Im Kunstgewerbe der barbarischen Völker des alten Frankreich, Belgien, West- und Süddeutschland, der Schweiz und der Lombardei spielt der G. eine besondere Rolle; er taucht sehr häufig auf Gürtelschließen auf und hat zweifellos religiöse Bedeutung. Er zog ferner mit Nachdruck in die Heraldik ein. Für die mittelalterliche Kunst (□ Reliefpfeiler Souvigny; Kapitell 12. Jh., Autun; Relief, Tympanon, Musée archéologique Angoulême; zahlreiche Kapitelle in der Auvergne; Kapitell 12. Jh., Museum Oviedo/Span.) erhält der G. den Symbolcharakter sowohl des Löwen wie des Adlers, also eine verdoppelte Sonnensymbolik, und ist damit Symbol der Auferstehung. Da er dem Himmel und der Erde gleichzeitig zugehört, wird er auch zum Symbol der beiden Naturen Christi. Wenn auf einem Taufstein der Klosterkirche Disibodenberg bei Staudernheim/Nahe (jetzt Museum Speyer; vgl. ein ähnliches Relief in der Südosthalle des Mainzer Doms) der siegreiche Kampf von G.n mit → Basilisken dargestellt ist, wird offenbar auf die in der Taufe verliehene übernatürliche Kraft zum Sieg über Versuchungen und Dämonen angespielt. – Wie schon im Altertum und Mittelalter, findet der G. bis heute in der Ornamentik, besonders in der Textilindustrie sowie in der dekorativen Plastik, im Metallguß usw. vielfach Verwendung. – Als Attribut erscheint der G. ferner bei Alexander d. Gr. (aufgrund seiner legendären → Himmelfahrt mit einem von zwei G.n transportierten Korb; □ Mosaik S. Marco, Venedig) und bei dem hl. Himerius (Imier), der bei einer Wallfahrt nach Palästina ein Abenteuer mit einem gewaltigen G. bestand.

Gürtel Im biblischen Sprachgebrauch bedeutet der G.: Gerechtigkeit, Kraft, Treue, Wahrheit (Jes. 11, 5; Eph. 6, 14; Ps. 18, 32: Gott umgürtet mit Kraft). Darum wird auf das Gürten bei der Kleidung des Priesters mit der Leibbinde von Byssus und Wolle, die 32 kl. Ellen lang sein mußte, besonderer Wert gelegt (2. Mose 28, 4; 29, 9; 3. Mose 8, 7; 16, 4 u. a.). Das Passah soll mit gegürteten Lenden, beschuhten Füßen und dem Stab in der Hand gegessen werden (2. Mose 12, 11). Der G. hat schützende und trennende Funktion auf dem Gebiet des Geschlechtslebens. Nach Pseudodionysius Areopagita tragen die Engel einen G. als Zeichen der Sorgfalt, mit der sie die Geschlechtskraft hüten, als Zeichen ihrer Kraft der auf sich selbst zurückbezogenen Reflexion. So wurde der G. im christlichen Verständnis zum Symbol des Schutzes, der Enthaltsamkeit, der Keuschheit, vor allem von Eremiten getragen. Das Cingulum des Priesters bei der Messe oder der Ledergürtel der Mönche haben den gleichen Sinn. Es ist nicht zufällig, daß der G., von dem die Bibel berichtet, das »Kleid« aus Feigenblättern ist, das → Adam und Eva nach dem Sündenfall anlegen (1. Mose 3, 7). Wenn der auferstandene Christus (Joh. 21, 18) zu Petrus das berühmte Wort spricht: »Als du jünger warst, gürtetest du dich selbst und gingst, wohin du wolltest; wenn du aber alt wirst, wird ein anderer dich gürten und führen, wohin du nicht willst«, so ist damit gemeint, daß Petrus früher sein Geschick selbst wählen konnte, jetzt aber seiner Berufung gehorchen muß. Damit bedeutet der G. Demut und Macht gleichzeitig.

H

Haar, Haarkleid Das H. ist nach biblischer Auffassung der natürliche Schmuck des Mannes und der Schleier der Frau. Das alttestamentliche Nasiräertum fordert ausdrücklich Enthaltsamkeit von Wein, starkem Getränk und Trauben, aber vor allem auch, daß kein Schermesser über das Haupt gehe (4. Mose 6, 5). Dieses freie Wachsenlassen des H. gewinnt bei dem Nasiräer → Simson besondere, magische Kraft verkörpernde

Bedeutung (Ri. 16, 17). Das wirkt auf allen Darstellungen Simsons in der christlichen Kunst nach, besonders in der Szene, in der Delila ihn überlistet und schert (□ Säule 12. Jh., Kath. Lund; Kapitelle 12. Jh. in Aulnay u. Cunault/Frankreich; Chorgestühl 16. Jh. in Amiens, Montbénoît/Franche-Comté; Hoogstraeten/Flandern; Bilder von Lucas Cranach, Maximilians-Museum Augsburg; van Dyck, Galerie Dulwich; Max Liebermann, Städt. Galerie Frankfurt/M.). Die Nasiräer und Propheten aus der Wüste wie Elia und Johannes der Täufer sind ihrerseits das Vorbild der christlichen Wüstenväter mit ihrem betont unzivilisierten Leben. Wenn in diesem Wüstenbereich – und auf Fresken in ostkirchlichen Klöstern, die das Leben der Wüstenväter darstellen – Frauen auftauchen, die ganz in ein Haarkleid gehüllt sind, so handelt es sich entweder um die ägyptische → Maria, die auf ihren Wunsch ein Haarkleid erhielt, das sie ihrer großen Anziehungskraft auf Männer beraubte, oder um weibliche Wüstenbewohner, denen das lange H. als Schleier und Kleid diente, wenn die mitgebrachten Kleider zerfallen waren. Auch die hl. Agnes wird von ihren langen H.n umhüllt gezeigt, als Zeichen ihrer Keuschheit. Auf alten kirchlichen Bilddokumenten tragen Männer und Frauen das H. in der – wechselnden – Mode ihrer Zeit, die Frauen oft sehr kunstvoll üppig. Für die Symbolik des Mittelalters ist langes offenes H. grundsätzlich bedenklich: Es wird von der Luxuria, der Verkörperung der Wollust, getragen, auch von der großen Hure der Offbg. Joh. (17, 4ff.), von käuflichen Frauen und von → Sirenen. – Der wohlgepflegte lange → Bart kann beim Mann dieselbe negative Rolle spielen. Auf dem Genesiskapitell der Kirche Notre-Dame du Port in Clermont zieht der Engel Adam an dessen Bart aus dem Paradies, während Adam Eva an ihren langen H.n hinter sich her zieht. In der Steinmetzkunst vieler Kirchenportale entspricht der langhaarigen Frau auf der einen der bärtige König auf der anderen Seite, beide Bilder der Todsünden der Wollust und des Stolzes. Wenn (□ auf einem Kapitell des 12. Jh. in Vézelay) die Geschichte Absaloms dargestellt wird, der sein Leben dadurch verlor, daß er mit seinen langen H.n im Geäst eines Baumes hängenblieb (2. Sam. 18), so deutlich als Modell der Bestrafung eines Lasters. Außerdem kann die Absalomgeschichte allerdings tiefere, wenn auch recht »an den H.n herbeigeholte« symbolische Bedeutung gewinnen: Absalom wird nicht nur als der Typos des Verräters Judas, sondern auch als das Symbolbild des jüdischen Volkes verstanden, das nach der Auferstehung Christi »wie an den Haaren des Irrtums aufgehängt« blieb. Im Gegensatz dazu kann eine durch das Speculum humanae salvationis ausgelöste typologische Tradition des Spätmittelalters in Absalom das Bild des gekreuzigten Christus erkennen, der am Baum des Kreuzes hängt. Diese Beziehung ist dadurch angedeutet, daß die drei Lanzen in der Brust Absaloms in Kreuzform angeordnet sind. □ Fresko 10.

Jh., Münster/Graubünden; Francesco Pesellino, 15. Jh., Museum Le Mans; Fußboden 15. Jh., Kath. Siena; A. Weisgerber, 20. Jh., Kunsthalle Hamburg. – Die Tonsur, der sich diejenigen unterzogen, die das geistliche Leben wählten, war ein Zeichen der Buße.

Hahn Das Bild des H. hat in der Kunst eine ehrwürdige Tradition, wie er auch im Volksaberglauben bei fast allen Kulturvölkern eine bedeutende Rolle spielt. Bei den Syrern und Ägyptern galt er als Sonnensymbol, wohl weil er das Tagesgestirn noch vor seinem Aufgang sieht und ankündigt, und entsprechend als Symbol des Feuergottes. Bei den Griechen war er ebenfalls dem Apollon als Sonnengott heilig, als Symbol der Wachsamkeit und des Sonnenaufgangs (neben der Eule) der Pallas Athene, als Typus der Kampflust und Kampfbereitschaft dem Ares (das Krähen des H. brachte glückliche Vorbedeutung für kriegerische Unternehmungen), ferner dem Hermes, dem Aeskulap, der Demeter und der Persephone. Als Wächter und Wecker taucht er in der nordischen Mythologie wie im römischen Hausgötterkult auf. Auch von da aus war die biblische Erzählung von der Verleugnung des Petrus, den der H. durch dreimaliges Krähen an sein vorausgesagtes Versagen erinnert (Matth. 26, 30 ff.; Mark. 14, 26 ff.), gut in christliche Symbolik und Symbolkunst einzuordnen. Die frühe christliche Ikonographie behandelt das Thema sehr häufig auf Sarkophagen (davon mindestens zwölf allein im Lateranmuseum, Rom), seltener auf Katakombenfresken (□ Cimitero di S. Ciriaco, S. Commodilla, beide Rom). Bemerkenswert ist die auf der Seitenwand eines Lateran-Sarkophags dargestellte Szene der Verleugnung, bei der der H. zwischen Jesus und Petrus auf einer Säule sitzt, während im Hintergrund sorgfältig detaillierte Gebäude offenbar ein authentisches Bild Jerusalems geben. Eine ähnliche Szene bietet die Holztür von S. Sabina, Rom. Der Hymnendichter Prudentius hat den H., der die Morgenröte ankündigt, als Symbol Christi und der Auferstehung verstanden. Weitere Bildbeispiele: Lipsanothek 5. Jh., Brescia; Ziborium 5. Jh., San Marco, Venedig; Mosaik 6. Jh., S. Apollinare Nuovo, Ravenna; Lettner 7. Jh., Kath. Modena; Bronzeportal 12. Jh., Kath. Benevent; Fries 12. Jh., St. Gilles-du-Gard; Lettner 13. Jh., Dom Naumburg; Duccio, Maestà 1310, Siena; Caravaggio, 16. Jh., Galleria Corsini, Florenz; Rembrandt, 1660, Rijksmuseum Amsterdam. Der Kampf eines H. mit einer Schildkröte (□ Fußbodenmosaik 4. Jh., Theodorusbasilika, Aquileja) symbolisiert den Kampf des Lichtes (Christi) mit der Finsternis (Schildkröte, ital. tartaruga, bezieht sich auf tartarus = Unterwelt). – Zur romanischen Zeit (9. Jh.) taucht der H. auf dem Kirchturm auf, zuerst in Italien, Deutschland und England. Er ist das Symbol der Wachsamkeit, des Erweckens zu

einem höheren Leben, in bezug auf seine Rolle im Hühnerhof jedoch auch das Zeichen von Männlichkeit und Sinnlichkeit. In der romanischen Kunst hat er daher den gleichen schlechten Ruf wie der → Bock. So kann z. B. in Santiago de Compostela ein Mann, der auf einem H. reitet, ein Pendant zur Luxuria, der Verkörperung der Wollust, bilden. Nicht selten (□ in Chauvigny und Dinan) wird die Versuchung junger Männer zu sexueller Ausschweifung in der Weise anschaulich gemacht, daß sie von Hahndämonen gequält werden. Ebenfalls Beobachtungen im Hühnerhof und dem verbreiteten Brauch der Hahnenkämpfe ist die häufige Darstellung aufeinander losgehender Hähne als Bild von Zorn, Streitsucht und Gewalttat entnommen (zahlreiche Beispiele in Burgund). Wie alle solche Kampfbilder gehört auch der Hahnenkampf in die Gerichtssymbolik. – Der zum H. gehörende Heilige ist, wohl vor allem wegen des Namens, St. Gallus; auch St. Veit wird mit einem H. auf einem Buch dargestellt. Als Emblem von Frankreich findet sich der H. nicht nur auf Karikaturen, sondern auch auf Kriegerdenkmälern. In seiner Eigenschaft als Zeitwächter wurde er früher häufig auf Räderuhren als Stundenverkünder angebracht; so wurde Petrus mit dem H. zum Schutzpatron der deutschen Uhrmacher.

Hammer 1. Passionswerkzeug Christi. – 2. Schmiedehammer, Attribut der Heiligen Adrian, Baldomerus (Galmier) von Lyon; Wilhelm von Norwich. – 3. Goldschmiedehammer, Attribut der Heiligen Bernward von Hildesheim, Dunstan und Eligius. – 4. Steinklopferhammer, Attribut der »Vier gekrönten Heiligen« in Rom, des hl. Marinus, Reinald von Dortmund.

Hand 1. Das hebräische Wort »jad« bedeutet gleichzeitig »Hand« und »Macht«. Das ist kein Zufall: Immer schon drückte die H. Aktivität, Macht, Herrschaft aus. Sie ist ein königliches Symbol. Durch die H. Gottes ergriffen zu sein bedeutet Empfang des Geistes Gottes. So reden die alttestamentlichen Propheten von Gepacktwerden durch göttliche Kraft. Im AT bedeutet die Erwähnung der H. Gottes: Gott in der Totalität seiner Macht und Wirksamkeit. So auch im NT (vgl. Luk. 1, 66; Joh. 10, 29; Apg. 11, 21; 13, 11). Gottes H. bedeutet Darreichung, Bewahrung, Bündnis. Die frühchristliche Kunst zeigt auf Fresken, Mosaiken (bes. S. Vitale, Ravenna) und Miniaturen die H. Gottes als Zeichen und Symbol seines Eingreifens, in der Regel aus einem Himmelssegment heraus: so bei der Berufung → Abrahams, bei → Isaaks Opferung, beim Gesetzesempfang durch → Mose, bei der → Himmelfahrt Jesu. Die H. Gottes kann auch eine Krone über das Haupt Christi halten (□ Sarkophage in Marseille und Bordeaux). In Gottes H. sind die

Seelen aller Lebendigen (Spr. 12, 10). Dementsprechend findet sich auf Fresken der Ostkirche (□ Moldauklöster, Rumänien) die rührende Darstellung einer senkrecht herabreichenden großen H. Gottes mit leicht nach innen gebogenen Fingern, in deren Schutz sich eine Reihe von Seligen befindet. – 2. Nach kabbalistischer Tradition ist die linke H. Gottes die H. der Gerechtigkeit, die rechte die H. der Barmherzigkeit. Die rechte H. ist dementsprechend auch als Segenshand Zeichen der priesterlichen Autorität, während die linke, als H. der Gerechtigkeit, die Königsmacht bezeichnet. Bei den Juden segnete man entweder durch Handauflegung oder durch Erheben der Hände. Jesus bediente sich beider Segensformen (Matth. 19, 13. 15; Luk. 24, 50). Beide Formen wurden auf frühen Katakombenfresken sowie auf Sarkophagen in Rom und im Louvre abgebildet. Bei den ersten Christen war die Handauflegung als Zeichen der Einswerdung und Segensvermittlung besonders häufig. Man unterscheidet inzwischen in der Kunst wie in der Praxis den lateinischen Segen: Daumen, Zeigefinger und Mittelfinger sind ausgestreckt, die beiden anderen Finger nach innen gekrümmt; den griechischen Segen: Zeigefinger, Mittelfinger und kleiner Finger sind ausgestreckt, Daumen und Ringfinger zusammengelegt. Ferner gibt es die Segnung mit Zeige- und Mittelfinger, wobei Daumen, Ring- und kleiner Finger zusammengelegt sind, und den Segen mit ausgestrecktem Zeige- und kleinem Finger; dann berühren sich, nach innen gekrümmt, Daumen, Ring- und Mittelfinger. Ein gutes Beispiel zum Studium der Segensgesten bietet der berühmte Bischofsstuhl des Maximian in Ravenna. – 3. Bedeckte H.e, mit denen sich auf christlichen Monumenten, Mosaiken (□ Triumphbogen S. Paolo fuori le mura, Rom), Sarkophagen (□ S. Apollinare in Classe, Ravenna) die Apostel oder die 24 Greise der Apokalypse dem thronenden Christus nahen, um ihm ihre Märtyrerkronen darzubringen, oder dem die Kommunion austeilenden Christus, um Brot und Wein zu empfangen, beziehen sich auf die antike Gewohnheit, die H.e zu verhüllen, wenn man sich dem Kaiser oder einem anderen Würdenträger näherte, um ein Geschenk zu empfangen oder ihn ausdrücklich zu ehren. Auch Mose kann abgebildet werden, wie er das Gesetz auf dem Sinai mit verhüllten H.n aus der H. Gottes empfängt (□ Marmortafel Kaiser-Friedrich-Museum Berlin). → Schleier. – 4. Zum Himmel erhobene H.e drücken die Demut des Bittenden und zugleich den Adel des Menschen aus. Sie sind Kennzeichen der → Oransgestalt. Am eindrücklichsten ist hier das Gebet Moses mit erhobenen H.n während der Schlacht Israels wider die Amalekiter (2. Mose 17, 11), oft als Vorausbild des fürbittenden Hohenpriesters Christus verstanden, abgebildet auf einem Mosaik in S. Maria Maggiore, Rom, und zahlreichen Miniaturen. Zugleich rief diese Haltung für den Christen die Erinnerung an die ausgebreiteten H.e des gekreuzigten Christus und die alte

Einsicht der Kirchenväter wach, daß »der Mensch nach dem Modell des Kreuzes geschaffen« sei. – 5. Vor der Brust geöffnete H.e zeigen u. a. Verstorbene im Gericht (□ Katakombe S. Maria di Gesù, Syrakus/Sizilien), Noah mit den Seinen in der Arche (□ in der Kuppel einer Kapelle in Bagwat/Ägypten). Vom 9. Jh. ab wiederholt sich diese Geste sehr oft. – 6. Abgehauene H.: Attribut der tiburtinischen Sibylle (sie sagte die Verspottung und Mißhandlung Jesu durch eine gotteslästerliche H. voraus), des hl. Johannes Damaszenus (dessen amputierte H. durch ein Wunder Marias angeheilt wurde), als Zeichen des Martyriums bei Adrian, Potentian v. Sens, Jakobus d. Zerschnittenen (v. Persien), Marius, Sabinus, ferner bei den sieben Makkabäerbrüdern. Abgehauene H.e können auch auf Anastasia, die ungläubige Hebamme, hinweisen, die in abendländischen Mysterienspielen an die Stelle der in den apokryphen Evangelien erwähnten Amme Salome trat, ferner auf die Bestrafung des Juden, der der Legende zufolge ruchlos H. an den Sarg Marias legte.

Handfesseln Attribut der Heiligen Fides (Tympanon Conques/Rouergue), Leonhard, Vinzenz v. Paul und der beiden Gründer eines Ordens für den Freikauf von Gefangenen, Felix v. Valois und Johann v. Matha.

Harfe Eines der ältesten und verbreitetsten Saiteninstrumente, bei den Ägyptern schon im 2. Jahrtausend v. Chr. bekannt, in verschiedenen Formen auch bei Israeliten und Griechen gebräuchlich; später bei den nordischen Völkern als das vornehmste Instrument beliebt. Ihre Spieler waren politische Persönlichkeiten. Damit erhielten auch die Bilder des H. spielenden Königs → David besonderes Gewicht. In der Bibel kann Harfenspiel mit Lob und Dank gleichgesetzt werden. Im Kult wie im Leben Israels spielt die H. eine wichtige Rolle (vgl. 2. Sam. 6, 5; 1. Chr. 13, 8; 1. Kön. 10, 12; 1. Chr. 15, 16. 20. 28; 25, 1. 6 u. v. a. m.). Am häufigsten wird die H. im Psalter erwähnt (vgl. 33, 2; 57, 8; 92, 3; 150, 3). Die Szene (1. Sam. 16, 17 ff.), in der der junge David den von bösen Geistern und Stimmungen geplagten Saul durch Harfenspiel beruhigt, begegnet häufig auf Orgelflügeln, aber auch auf der Holztür von San Ambrogio, Mailand, 5. Jh.; auf einem koptischen Fresko, 6. Jh., aus Bawit; auf Miniaturen; auf Reliefs am Portal der Kath. von Auxerre (um 1280) und auf einem Fenster des Chorumgangs, ebd.; auf Gemälden von Bernardo Cavallino, um 1650, Kunsthistor. Museum Wien, und Rembrandt, 1630, Städel-Institut Frankfurt. – Auch die Schutzheilige der Musik, Cäcilie, wird zuweilen mit einer H. dargestellt. – → Orpheus.

Hase Er gehört mit dem Kaninchen zu den Mondtieren, weil er am Tag schläft und nachts umherläuft, wie der Mond kommt und verschwindet, und durch seine Fruchtbarkeit zugleich mit dem Mond in die beständige Erneuerung des Lebens einbezogen ist. Im 3. und 5. Buch Mose wird er als unrein erklärt, vielleicht in Reaktion gegen seine große Bedeutung im Animismus. So wird er später ein in der Deutung umstrittenes Symboltier. Er begegnet früh auf christlichen Tonlampen, Töpferwaren, Epitaphien, Reliefs, danach sehr oft in der romanischen Kunst. Aber was bedeutet er? Der negative Zug, der manchmal erkennbar ist, bezieht sich offenbar auf seine große Sinnlichkeit, die zu besonders starker Fruchtbarkeit führt. Aber das erklärt nicht die anderen, zweifellos positiv gemeinten symbolischen Verwendungen. Vielleicht soll die Schnelligkeit seines Laufes auf die Kürze des menschlichen Lebens anspielen; auf diese Deutung weisen erkennbare Analogien zwischen H. und → Pferd. Aber wohin läuft er? Er kann, wie beigefügte Früchte und Blätter (z. B. auf Sarkophagen in Ravenna und Berlin) beweisen, ebenso seinen Gelüsten nachlaufen wie sich in Richtung auf Christus bewegen; so ist aus einem gravierten Stein aus den Katakomben zu schließen, auf dem ein H. zu einem Christusmonogramm hin läuft, vielleicht auch aus einer Schale aus Akhmin/Ägypten, die den H. zusammen mit einem Fisch (Christus?) zeigt. Frühchristliche Fragmente, die einen H. darstellen, der eine Weintraube verzehrt, könnten ebenfalls auf den Christen hinweisen, der nach wohlvollbrachtem Lebenslauf die Frucht des ewigen Lebens genießt. Auf den gleichen Zusammenhang ist das Auftauchen der H.n auf Außenreliefs der armenischen Kirche Surp Hatsch (10. Jh., Insel Achtamar, Van-See, Osttürkei) deutbar. Ein bewaffneter Mann, der vor einem H. flieht, ist ein Symbol der Feigheit und Schwäche (ignavia). Eine seit früher Zeit durch das ganze Mittelalter hindurch begegnende Darstellung von Jägern, die einen erlegten H. tragen, bezieht sich wahrscheinlich einfach auf die Tatsache der Jagd und ist ein Jahreszeitmotiv. Wenn aber, wie z. B. in Königslutter/Niedersachsen, H.n den gefesselten Jäger tragen, liegt das bekannte mittelalterliche Motiv der »verkehrten Welt« vor. Die Hasenfenster in Paderborn und im Kloster Muottatal/Schweiz, in denen drei H.n zusammen nur drei Ohren haben, sind als Symbol der → Dreifaltigkeit gedeutet worden und gehen auf vorchristliche Symbolik des Kreislaufs der Zeit zurück (□ ähnl. Darstellungen in Uslar/Solling, Hardehausen b. Göttingen, Basel). Eine ähnliche Symbolik liegt auch Dürers »Die heilige Familie mit den drei Hasen« zugrunde. – Auf das Symboltier der Fruchtbarkeit weist eine Darstellung der Heimsuchung, der Begegnung der beiden schwangeren Frauen → Maria und Elisabeth (vgl. Luk. 1, 39 ff.) von Hans Baldung Grien (1516) auf einem Flügel des Hochaltars des Freiburger Münsters: Zwei Kaninchen spielen zu Füßen der Frauen. – Heiligenattribut ist der H. bei Martin v. Tours und Albert v. Siena (bei beiden berichtet die Legende, daß sie H.n vor Verfolgung durch Jäger oder Hunde geschützt haben), aber auch bei dem Schutzpatron der spanischen Jäger, Oldegar (Olegario) von Barcelona.

Haus Wie die Stadt und der Tempel der Mittelpunkt der Welt, das Abbild des Universums, und schon in der Bibel als dauerhafter Bau dem leicht aufgespannten und wieder abgebauten → Zelt der Nomaden und des israelitischen Wüstenzuges gegenübergestellt. »Haus Gottes« bedeutet die besondere Gegenwart Gottes in der Stiftshütte, im Tempel, im Bau der Kirche. Frühchristliche Grabinschriften mit den Worten »domus aeterna« (= Behausung bis ans Ende der Zeit, vgl. auch Pred. 12, 5; Ps. 48, 12 Vulg.) knüpfen ebenso wie die öfter auf Steinsärgen abgebildete Tür an die bei Ägyptern, Kelten wie Römern verbreitete und künstlerisch dargestellte Auffassung des Grabes als letzter Wohnstätte des Menschen an; für den Christen ist allerdings die Tür zugleich ein Hinweis auf Christus, die Pforte zum ewigen Leben, und seine Wiederkunft. – Ein brennendes H. gehört zu den Attributen der gegen Feuersgefahr angerufenen Heiligen Amabilis und Florian.

Hauswurz Sempervivumart, die gegen Blitz und Unwetter schützen soll; bedeutet in der christlichen Symbolik ewiges Leben und Schutz vor dem ewigen Tod.

Haut Der hl. Bartholomäus, dem die H. bei lebendigem Leibe abgezogen wurde, trägt diese wie einen Mantel über den Arm gehängt (bekannt ist das Selbstbildnis Michelangelos auf der H. des Bartholomäus im Rahmen des → Endgerichtsbildes der Sixtin. Kapelle, Vatikan, Rom); eine Kamelhaut weist auf → Johannes den Täufer.

Heimsuchung = Besuch → Marias bei Elisabeth während der Schwangerschaft beider (vgl. Luk. 1, 39 ff.).

Henne Die H., die bei afrikanischen Stämmen die Rolle eines Psychopompos bei den Initiationszeremonien für Frauen spielt, ist in den künstlerischen Darstellungen der Antike lediglich dekorativ gemeint, überdies selten. Nicht anders ist es in der frühchristlichen Kunst, trotz des Wortes Jesu, der sich selbst mit einer H. verglich, die ihre Küken unter ihre Flügel sammelt (Matth. 23, 37), und seinem starken Widerhall in der symbolfreudigen Predigt der Kirchenväter. Auf einigen kunstgewerblichen Gegenständen christlichen Ursprungs taucht die H. mit ihrem Ornamentalcharakter auf; doch ist immerhin ein Tonmedaillon aus Orange (jetzt in Paris) zu erwähnen, das eine H. mit drei Küken zeigt und offenbar Segenswunschcharakter hat. Die H. ist auf symbolischen Darstellungen der sieben Freien → Künste Attribut der Grammatik, in ihrem unbeweglich brütenden Ausharren auf dem Nest Symbol der → Tugend der Beharrlichkeit, in der Reihe der → Lebensalterattribute der fünfzigjährigen Frau zugehörig.

Hermelin Weißes Wiesel, dem die alte Naturauffassung wunderbare Geburt zuschrieb; deshalb und weil es die Schlangen tötet, Symbol Christi, des Teufelsüberwinders. »Christus, der hohe Hermelin / schlüpft in der tiefen Hölle Schlund / und biß den mord-giftigen Wurm / zu Tode in all seiner Macht« (Konrad v. Würzburg, Goldene Schmiede).

Herz Das Zentralorgan des Gefäßsystems, vom Menschen schon frühzeitig als Sitz des Lebensprinzips und der Gemütsaffekte angesehen, steht auch im biblischen Sprachgebrauch für Zuneigung, Verlangen, Liebe. Es ist der Sitz der Liebe und des Hasses, der Zuneigung und des Widerstrebens, des Verlangens und der Ablehnung. Da es zu denken und zu entscheiden vermag, kann es mit dem Geist parallel gesetzt werden (vgl. Ez. 36, 26; Ps. 51, 19). In der Emblematik der Renaissance und des Barock wird das H. Bild der himmlischen und irdischen Liebe, der Kardinaltugend der caritas. Herz-Jesu-Darstellungen auf Andachtsbildern sind eine Nachwirkung der spätmittelalterlichen Herz-Jesu-Mystik, auf Statuen ein Ausdruck der Ende des 17. Jh. und erneut Ende des 19. Jh. zunehmenden kultischen Herz-Jesu-Verehrung (→ Christus). – Heiligenattribut ist das H. bei Antonius v. Padua, Franz v. Sales, Brigitta, Chantal. Ein geflügeltes H. weist auf den hl. Kajetan, ein H. mit einem Kreuz auf Brigitta und Katharina v. Siena, ein flammendes oder strahlendes H. auf Augustinus, Scholastika, Marguerite Alacoque; ein von Pfeilen durchbohrtes H. auf Teresa v. Avila; ein leuchtendes H. mit dem Bild des Jesusknaben auf Gertrud d. Gr.; ein von einem Schwert durchbohrtes H. auf Gerhard (Gellert) v. Ungarn. Zu sieben Schwertern → Maria. – Profansentimental ist die Personifikation der von Lilien gekrönten »Aufrichtigkeit«, die ein strahlendes H. in der Hand hält (Gemälde von Carlo Dolci, Belvedere, Wien).

Heu In der Bibel Sinnbild des Menschenlebens und seiner Vergänglichkeit (Jes. 40, 6; Ps. 37, 2; 90, 5; 103, 15; 1. Petr. 1,

24). In diese Symbolik der Vergänglichkeit der »Welt und ihrer Lust« gehört der »Heuwagen« von Hieronymus Bosch (Escorial/Spanien).

Heuschrecke Infolge ihrer Gefräßigkeit schon in den alten eurasischen Kulturen Sinnbild der Zerstörung, bedeutet die H. im Rahmen der christlichen Ikonographie in der Regel einen dämonischen Einbruch zum Schaden des Menschen. H.n kommen als Plage über Ägypten (2. Mose 10, 12 ff.) und als Gericht Gottes über die verderbte Welt (Offb. Joh. 9, 1 ff.). Die erste Szene ist selten, die zweite häufig dargestellt. → Brunnen. Dennoch kann die mittelalterliche Symbolik auch das Gegenteil bieten. In den »Moralia« Gregors d. Gr. sind die H.n das Symbol der bekehrten, mit Christus verbundenen und nun mit ihm gegen den Satan kämpfenden Heiden, ja, der Auferstehung Christi selbst. Daher tauchen sie in der Christustypologie auf: auf einem Kapitell in Vézelay (13. Jh.) kämpft eine H. mit einem → Basilisk, dem Bild des Antichrist. Auf einem Giovanni Baronzio aus Rimini zugeschriebenen Madonnenbild (14. Jh.) hält das Jesuskind in seiner linken Hand eine H. (National Gallery, Washington). Weil die H. sich mehrfach häutet, ist sie auch Sinnbild des Auferstehungsweges der Seele. So fehlt sie auch nicht auf Dürers Farbskizze »Madonna mit den vielen Tieren«.

Himmel Mit der Darstellung eines Himmelsgewölbes (Firmament, vgl. 1. Mose 1, 6 f.), das man sich in Gestalt einer Halbkugel über der Erde ausgebreitet dachte und das aus mehreren übereinander liegenden Sphären bestehen konnte, verband man in der Antike von jeher die qualitative Vorstellung des »Oben« als Sitz himmlischer, den Menschen überlegener Wesenheiten und direkte Manifestation der Transzendenz. »H.« wurde damit zum komplexen Symbol der geheiligten Ordnung des Universums, wie sie etwa an dem regelmäßigen Gang der Gestirne abzulesen war. Im biblischen Sprachgebrauch ist der H. die ihn nicht eingrenzende Wohnung Gottes; im NT wird auch der H. in die für die Endzeit erwartete Erneuerung des gesamten Weltsystems einbezogen: »Ich sah einen neuen Himmel und eine neue Erde . . . « (Offb. 21, 1). Das bedeutet eine völlige Umwandlung des Verhältnisses zwischen Gott und seiner Schöpfung. Das »Reich der Himmel« (Matth. 3, 2), d. h. das Reich Gottes, ist zufolge der Verkündigung Jesu mit ihm angebrochen. Diese Vorstellungsbereiche prägen sich in der christlichen Bildkunst bis in die Neuzeit aus. Auf frühen christlichen Darstellungen wird das Himmelsgewölbe, vornehmlich auf Sarkophagen, vom Himmelsgott Uranos – der meist bärtig und manchmal bekleidet, manchmal nackt ist – als hochwehen-

der Schleier mit erhobenen Armen gehalten. Christus, zwischen zwei Aposteln, thront darüber auf einem Sessel, den einen Fuß auf einen Schemel, den andern auf das Schleiergewölbe gestützt. Einer der künstlerisch vollendetsten und schönsten Sarkophage in der christlichen Kunst des 4. Jh., der des Junius Bassus († 359) in den Grotten von St. Peter, Rom, stellt dieses Thronen über dem Himmelsgewölbe besonders eindrucksvoll dar.

Himmelfahrt 1. Entrückung Henochs. Henoch, siebter biblischer Patriarch, Nachkomme Adams in der Linie Seths (1. Mose 5, 21 ff.), lebte 365 Jahre (was ihn als dem Sonnenmythos zugehörig ausweist), »wandelte mit Gott«, und dieser nahm ihn ohne Tod hinweg. Er ist damit ein Beispiel für die Kraft des Glaubens (vgl. Hebr. 11, 5). Eine jüdisch-christliche Tradition hat ihn zum Erfinder der Schrift und der Einteilung der Zeit in Monate und Jahreszeiten erklärt (□ Miniatur Henoch und die zwölf Monate, 12. Jh., Oktateuch, Vatikanische Bibliothek Rom). Im typologischen Verständnis des Mittelalters präfiguriert die Entrückung Henochs wie die H. Elias die H. Christi, die Aufnahme Marias in den Himmel und die Auferstehung der Toten beim → Endgericht. □ Fresko 12. Jh., St. Savin, Poitou; Nikolaus von Verdun, Emailaltar 1181, Klosterneuburg b. Wien; Fenster 13. Jh., Ste. Chapelle, Paris; Teppich 1518, La Chaise-Dieu. Sehr hübsch ist der Gedanke, daß Henoch den guten Schächer (Luk. 23, 43) im Paradies willkommen heißt (□ Antonio Perda, 17. Jh., Museum Cadiz). – 2. H. Elias. Zweifellos dem alten antiken Motiv des im Sonnenwagen aufsteigenden Helios ist die Darstellung der H. des Propheten Elia im feurigen Wagen und in Gegenwart seines Schülers und Nachfolgers Elisa (2. Kön. 2, 11) angepaßt. Sie symbolisiert die Unsterblichkeit der Seele, vielleicht auch die Auferstehung des Fleisches, und ist typologisch zugleich Vorausbild der H. Christi. □ Katakombenfresken 3.–5. Jh., S. Domitilla, S. Lucina, Rom; Sarkophage 3.–5. Jh. im Louvre, Paris, Lateran-Museum Rom, S. Pietro, Rom, Ambrosius-Basilika, Mailand; Holztür 6. Jh., S. Sabina, Rom; Reliefs 12. Jh., Kath. Cremona und Fassade Kloster Ripoll/Katalonien; Bronzetür 1155, Sw. Sofia, Nowgorod; Nikolaus von Verdun, Email-Altar 1181, Klosterneuburg b. Wien; Fresko 14. Jh., Megisti Lavra, Athos; Archivolte 15. Jh., Mittelportal Kath. St. Maurice, Vienne; Teppich 1518, La Chaise-Dieu; Tintoretto, 16. Jh., Scuola di San Rocco, Venedig; Georg Raphael Donner, Relief 17. Jh., Kanzel Gurk/Kärnten. – 3. H. Christi. Diese, berichtet Mark. 16, 19; Apg. 1, 9 ff., wird erst vom 4. Jh. an dargestellt. Auf Sarkophagfragmenten in Arles und Clermont und dem berühmten Münchner Diptychon der H. (Ende 4. Jh.) sowie ähnlichen späteren Elfenbeinarbeiten eilt Christus mit langen Schritten einen steilen Abhang hinauf, während eine Hand aus den Wolken nach seinem Arm faßt, um ihn hochzuziehen. Das dem 5. Jh. angehörende Himmelfahrtsbild der berühmten Holztür von S. Sabina, Rom, zeigt Christus, wie er vom Gipfel eines Berges aus von zwei Engeln emporgehoben wird, während darunter auf dem Berghang vier Apostel Gebärden der Verblüffung machen (□ Ampulle 5. Jh., Schatzkammer Monza). Dieses Motiv hat offenbar zu der späteren Entwicklung des gängigen Himmelfahrtsbildes geführt, das in zwei Bildteilen unten die trauernden Jünger, oft mit Maria und den beiden erläuternden → Engeln, oben Christus in der → Mandorla, getragen und begleitet von betenden Engeln zeigt (□ Fresko 9. Jh., Unterkirche S. Clemente, Rom; Mosaiken 11. und 12. Jh., Hag. Sophia, Thessaloniki; S. Marco, Venedig, Monreale/Sizilien; Fresken 11. Jh. in zahlreichen kappadokischen Höhlenkirchen, bes. Analipsis-Kilisse, u. 14. Jh. in Wolotow b. Nowgorod/Rußland; Tympana 12. Jh. in Collonges/Corrèzes, N. D. des Miracles, Mauriac/Cantal, Charlieu, Anzy-le-Duc, Monceau-l'Etoile/Burgund; Nordportalfassade Chartres). Rührende Anknüpfung an Sach. 14, 4 ließ, besonders auf späteren volkstümlichen Darstellungen in Schnitzaltären, die Fußabdrücke Jesu auf dem Hügel erkennen und etwa noch den Kleidsaum und die Füße des aus der Bildfläche Aufgestiegenen, dazu die trauernden Apostel (□ Relief 16. Jh., Chorabschluß Chartres; Altarschrein 16. Jh., Funnix/Ostfrsld.). Doch hat die Kunst des christlichen Ostens immer die Darstellung Christi in ganzer Gestalt bevorzugt, und die großen Maler des Westens haben sich dieser Auffassung angeschlossen, indem sie zugleich zunehmend die H. als Eigeninitiative Christi ohne jede Hilfe betonten. Die kunsthistorische Forschung unterscheidet den stehenden, thronenden und entschwindenden Christustypus, speziell dann den Schwebe- und den Schreittypus, die verschiedenen Orans- und Sprunggebärden, seitlich und in Frontalstellung, mit und ohne Mandorla. □ Tympanon um 1135, Nordportal Kath. Cahors; Portal 12. Jh., St. Medard, Thouars; Himmelfahrtsfenster 12. Jh., Le Champ/Isère u. Kath. Le Mans; 16. Jh. St. Taurin, Evreux; Giotto, Fresko 14. Jh., Arena-Kapelle Padua; Mantegna, 15. Jh., Uffizien Florenz; Melozzo da Forli, um 1477, Palazzo Quirinale, Rom; Mathis Nithart Grünewald, 16. Jh., Flügel Isenheimer Altar, Museum Colmar. – 4. Aufnahme Marias in den Himmel. Die leibliche Aufnahme Marias in den Himmel, strenggenommen keine H. im obigen Sinne, 1950 durch Pius XII. zum Dogma erklärt, gehört seit dem 5. Jh. zu den in Predigten ausgeführten Gegenständen der Marienverehrung und findet sich seit dem 8. Jh. auch in der Kunst dargestellt: auf Stoffgeweben, zahlreichen Miniaturen, Elfenbeinarbeiten (□ St. Gallen), Fresken (□ San Clemente, Rom), Sarkophagen (□ S. Engracia, Zaragoza), Mosaiken (□ Palermo), Kapitellen (□ N. D. du Port, Clermont), Tympana (□ Dom Magdeburg). Die spätere mittelalterliche Entwicklung zeigt die erhöhte Maria kniend in einem Strahlenkranz, in dem Gottvater und Christus sie krönen (□ Albrecht Dürer, Städel-Institut, Frankfurt); seit der Renaissance wird sie allein abgebildet, von Wolken getragen, mit ausgebreiteten Armen sehnend nach oben blickend (□ Correggio, 16. Jh., Kuppel Kath. Parma; Tizian, S. Maria dei Frari, Venedig, u. Dom Verona; Guido Reni, S. Ambrogio, Mailand u. Alte Pinakothek München; Rubens, Kath. Antwerpen; Rembrandt, 1636, Alte Pinakothek München; Nicolas Poussin, 17. Jh., ebd.; Murillo, Eremitage Leningrad und Prado Madrid; Bridan, Marmorgruppe 18. Jh., Hauptaltar Chartres; Maulbertsch, Fresko 1705, Schwechat b. Wien; Egid-Quirin Asam, Monumentale Stuckgruppe 1722, Hauptaltar Rohr/Bayern). – 5. H. Alexanders d. Gr. Weitverbreitet in der romanischen Kunst Europas (□ Italien: Otranto, Borgo S. Donnino; Frankreich: Oleron Ste. Marie, Châlons s/Saône, Conques, Nîmes; Schweiz: Basel, Petershausen; England: Charnay-Basset/Yorkshire, ferner: Teppich aus Tournay im Palazzo Doria, Rom) ist die Darstellung eines Mannes, der sich zwischen zwei geflügelten Tieren (Greifen oder Sirenen) in die Luft erhebt. Man hat die Szene aus Unkenntnis örtlich manchmal sehr verschieden gedeutet. Die häufig beigegebene Inschrift und die mittelalterliche Literatur zu diesem Thema lassen jedoch keinen Zweifel daran, daß es sich um Alexander d. Gr. und die in der »Geschichte seiner Kriege« von dem ägyptischen Griechen Pseudo-Kallisthenes erzählte fabelhafte Episode handelt, in der der große König das Firmament von nahem sehen wollte und sich auf zwei Greifen, denen er Köder vorhielt, um sie auf diese Weise in Bewegung zu bringen, zum Himmel aufschwang. Nach sieben (!) Tagen aber begegneten sie einem Vogel mit Menschenantlitz, der sagte: »Warum willst du die Dinge des Himmels erkennen, da du nicht einmal die irdischen Dinge übersiehst?« So kehrte Alexander wieder zurück. Dieses zweifellos aus älteren Bilddarstellungen des Mythos eines zum Himmel aufsteigenden Gottes entwickelte erzählerische Motiv war wie andere Romanmotive (z. B. König Artus) im Mittelalter sehr beliebt. Der Klerus sah darin die Bestrafung menschlichen Hochmuts, der Gott gleich sein möchte, und verwandte das Motiv gern zur Kritik an den Bestrebungen deutscher Könige, sich der Herrschaft über Kirche und Papst zu bemächtigen. Die eindrucksvollste Darstellung ist die auf dem Mosaikfußboden der Kathedrale zu Otranto (10. Jh.) im Zusammenhang mit dem kosmischen → Baum und biblischen Motiven aus dem Bereich kurz nach dem Sündenfall. □ Byzantinischer Elfenbeinkasten 10. Jh., Landesmuseum Darmstadt; byzantinische Stickerei 10. Jh., St. Kilian, Würzburg; Relief 11. Jh., Fassade S. Marco, Venedig; Kapitell 12. Jh., Conques/Rouergue; Kapitell 12. Jh., Kath. Parma; Relief 12. Jh., Remagen/Rheinld.; Kapitell 12. Jh., Münster Basel; Relief 12. Jh., Sw. Dimitri, Wladimir/ Rußland; Kapitell 13. Jh., Münster Freiburg/Br. → Baum, → Pfeil, → Berg sind überhaupt Symbole des Aufstiegs. – Alle christlichen Darstellungen aufsteigender Menschen stellen zugleich eine positive Antwort des Menschen auf seine geistliche Berufung in einen Stand der Vollkommenheit dar.

Hiob Das Buch H. stand das ganze Mittelalter hindurch besonders deshalb in hohen Ehren, weil man in ihm – in einer später als philologisch unzutreffend erkannten Auslegung von Hiob 19, 25 ff. – die christliche Lehre vom ewigen Leben bestätigt fand. So wurde es oft bei Begräbnissen zitiert und bei Grabinschriften verwendet. Das liturgisch festgelegte Gebet für den Verstorbenen: »Erlöse, Herr, seine Seele, wie du Hiob von seinen Übeln erlöst hast!« führte zu häufiger Darstellung des aussätzigen, trauernd auf dem Misthaufen sitzenden H., der von seiner Frau aufgefordert wird, Gott abzuschwören, auf den Katakombenfresken. Zuweilen (□ Fresko des Hypogäums des Viale Manzoni, Rom) sind auch die drei Freunde H. hinzugefügt; manchmal (□ Domitilla-Katakombe, Rom) sitzt er allein in der Haltung melancholischer Meditation. Auf Sarkophagen begegnet die Szene zwischen H. und seiner Frau, die sich voll Abscheu die Nase zuhält, ebenfalls oft, besonders eindrucksvoll auf dem Junius-Bassus-Sarkophag, Vatikan, Rom; auch, breit ausgeführt, auf frühen Miniaturen. So wurde er im späten Mittelalter alttestamentliches Vorausbild des leidenden und verspotteten → Christus (Ecce homo), während seine ins Vielfache potenzierte Wiedereinsetzung in glückliche Lebensumstände als ein Vorausbild der himmlischen Seligkeit gewertet wird (so in Armenbibeln, auf deren Bildern die Kinder H.s mit ihm um den Tisch sitzen). Ostkirchliche Darstellungen zeigen ihn gern in der Phase des Reichtums und der Erstattung, mit königsähnlichen Würden versehen, während die abendländische Kunst mehr seine Armut betont. Ein Modell allegorisierender Bibelauslegung ist Gregors d. Gr. stattliches Kommentarwerk »Moralia in Job«. Danach schattet H. die christliche Gemeinde voraus, seine Frau die Kinder dieser Welt, seine Freunde die Ketzer, seine Schafe die Juden, seine Kamele die Heiden, seine sieben Söhne die sieben Gaben des Heiligen Geistes usw. – H. wurde, wie aus ostkirchlichen Inschriften hervorgeht, auch als Schutzpatron der Hospitäler, besonders der Aussätzigenhospitäler angesehen; doch gilt das gleiche auch z. B. für Utrecht. Anstelle der großen Zahl von Einzelszenen seien hier wichtige Bildzyklen zum Buch H. genannt: Kapitelle 12. Jh., Musée des Augustins, Toulouse, und Kreuzgang des Klosters Pamplona; Tympana 13. Jh., Nordportal Kath. Chartres und Portal Kath. Reims; Bartolo di Fredi, 1356, Kollegiatkirche San Gimignano; Francesco da Volterra, Fresken (nach Taddeo Gaddi) 1371, Campo Santo, Pisa; Fresken aus der Stephanskapelle v. West-

minster, 1356, British Museum London; Fenster 16. Jh., Kath. Troyes und Kirche St. Patrice, Rouen; Chorgestühl 16. Jh., Kath. Amiens und Kollegiatkirche Champeaux.

Hirsch Der H., in der Mythologie der Naturvölker Sinnbild des Lichtes (wobei sein Geweih als Lichtstrahlen verstanden wird) und, als Sinnbild der unbesiegbaren Sonne, erlösender Überwinder, Schützer, Wegweiser und Totenführer, ist in der frühchristlichen Kunst relativ selten und begegnet auf Katakombenfresken lediglich als Illustration von Psalm 42 (»Wie der Hirsch über ausgetrockneten Wasserbächen lechzt«) und als Symbol des Täuflings in der Ausschmückung von Taufräumen, zahlreich auf Mosaikdarstellungen (□ Sens und Valence, Frankreich, und Salona/Dalmatien) und Reliefs (□ Sarkophag Ravenna, Taufgefäß Pesaro, Marmorplatte S. Giovanni, Neapel). Außerordentlich häufig kommt er dagegen in der mittelalterlichen Kunst vor und keineswegs nur als ein Bestandteil dekorativer Jagdszenen. Sein Bild gehört der Kunst seit vorchristlichen Zeiten lange an und weist auf Schnelligkeit, Fruchtbarkeit, Lebenserneuerung (vgl. die periodische Erneuerung seines Geweihs). Er kann, in dieser Bedeutung gelegentlich mit der Gazelle austauschbar, da, wo er von einem Löwen oder einem Kentaur verfolgt wird, die vom Teufel verfolgte Seele oder eine Illustration des liturgischen Ausrufs darstellen: »Errette uns, Herr, vor dem Rachen des Löwen!« Hab. 3, 19 und Hohesl. 8, 14 ist der verfolgte H. ausdrücklich genannt. Häufiger und mit festem Standort verkörpert er nach Psalm 42 die Seele des Täuflings, den man dreimal in das lebenspendende Wasser des Taufbeckens tauchte. Der 42. Psalm wurde ja auch nach alter Tradition in der Osternacht von den Katechumenen gesungen, die zur Taufe zogen. So ist der H. häufig am Wasser des Lebens dargestellt: auf Mosaiken im Mausoleum der Galla Placidia in Ravenna, in der Zisa in Palermo. Wo H. und Quelle in Verbindung mit einer Schlange begegnen (□ Bönnigheim und Freudenstadt/Schww.), wird auf die alte Vorstellung angespielt, der H. ziehe mit seinem Atem giftige Schlangen aus der Erde und fresse sie auf, ohne Schaden zu leiden, da er dazu Wasser aus der Lebensquelle trinke. – Der Hirsch begegnet auch im Zusammenhang mit → eucharistischen Symbolen: Schon ein Hostienmodel des 4. Jh. aus Karthago zeigt einen H. zwischen stilisierten Ranken mit der Umschrift: »Ich bin das lebendige Brot, das vom Himmel herabgekommen ist«, identifiziert also den H. mit Christus. Nicht selten knabbern zwei einander gegenübergestellte, nur mit dem Vorderleib sichtbare H.e an einer → Weintraube (□ Tympanon Rheinau/Schweiz): Zeichen der Seele, die, in den Himmel eindringend, der himmlischen Lebensgüter teilhaftig wird. Schließlich kann der H. auch mit einem jungen Mann in eins gesetzt werden, der im Vollbesitz seiner Kräfte der Welt, ihren Versuchungen und Gefahren gegenübertritt und Disziplin üben muß. Sein hohes Geweih hat ihn in der Kunst vieler Völker mit dem → Baum des Lebens in Verbindung gebracht. – Als Heiligenattribut begegnet der H. bei Abundans von Como, Konrad von Piacenza, Donatian, Lambert, Meinhold, Oswald, Prokop v. Böhmen. Ein Kreuz im Geweih trägt der H. bei den Heiligen Eustachius, Hubertus und Meinulf. Auf einem H. reiten die bretonischen Heiligen Edern und Thélau.

Hirschkuh Attribut verschiedener Heiliger, z. B. Amadour (Amatus, der von einer H. gesäugt worden sein soll) und Genoveva v. Brabant (nebst ihrem Kind im Walde von einer H. ernährt, □ die Fresken von Moritz von Schwind, 19. Jh., Residenz, München); Ägidius (der eine gejagte H. schützte), Goar (der in seiner Einsiedelei am Rhein täglich von drei H.n besucht und ernährt wurde, □ Darstellungen des 15. Jh. in der Kirche St. Goar) und des in der griechischen Kirche volkstümlichen, kappakodischen Heiligen Mammas (Mamertus), der mit den Tieren der Wildnis zusammen lebte.

Hirt Der H. hat wie bei allen gehobenen Nomaden, so auch in Israel religiösen Symbolcharakter. Gott ist der H. des Volkes (Psalm 23, 1; Jes. 40, 11; Jer. 31, 10), wobei die Richter und Könige (2. Sam. 7, 7; David: 2. Sam. 7, 8; 24, 17; Gegenbild: Ahab 1. Kön. 22, 17) seine Vertreter sind. H. ist also immer zugleich königliches, nie ein harmloses Amt. Das Spätjudentum hat diese Symbolik weiterentwickelt: Als die wahren, hinter den Königen stehenden H.n der Völker werden Engel erkannt (1. Henoch 89); Gott ist nicht nur der H. Israels, sondern der ganzen Menschheit (Sir. 18, 13); die messianische Erwartung verschmilzt mit der Erwartung eines neuen H. nach dem Herzen Gottes (Psalm. Sal. 17, 45). Damit ist die Brücke zu dem Wort Jesu vom guten H. geschlagen (Joh. 10, 11 ff.), der kein Mietling, sondern für seine Schafe zu sterben bereit ist. Die Herde aber ist nicht durch menschliche Kategorien einschränkbar. In der Offb. Joh. (2, 27; 12, 5; 19, 15) erfolgt dann die Identifikation des H. mit dem Richter. Etwas von dieser symbolischen Verbindung wird in dem Christusmosaik im Mausoleum der Galla Placidia, Ravenna, sichtbar. Der große H. (Hebr. 13, 20), der Erzhirt (1. Petr. 5, 4), beruft andere H.n zur geistlichen Betreuung seines Volkes in seinen Dienst. Dieser allgemeine symbolische Hintergrund gibt auch dem speziell geprägten Bild des »Guten H.« in der alten Christenheit seinen eigenen Akzent. – Die Gestalt des H., der auf seiner Schulter ein Lamm oder ein Kalb trägt, in der Regel auf den Opferkult hindeutend, begegnet in der Kunst Mesopotamiens wie Griechenlands (Ari-

steus, Hermes Kriophoros). Wenn sie in den christlichen Katakomben auftaucht, noch früher als die → Oransgestalt, ist es nicht immer sicher, ob ein Rückgriff auf diese Bildtradition oder eine Abbildung der zahlreichen lebenden Hirten der römischen Campagna vorliegt. In jedem Fall ist der bisherige Typus neu durchdacht. Er bezieht sich eindeutig auf die Selbstbezeichnung Jesu als »Guter H.« (Joh. 10, 1 ff.; vgl. Luk. 15, 1 ff.) und beschreibt unter dem Bild des Hirten und Retters der Seelen die christliche Überzeugung vom Heil der Seele und ihrem Leben in Gott. Diese Darstellungen sind weniger Porträts Jesu als vielmehr allegorische Bilder für das erwünschte glückliche Geschick der Seele auf ihrem Weg ins Paradies. Als Ausdruck des Glaubens der christlichen Frühzeit hatte das Bild des Guten H. die gleiche Bedeutung wie die Bilder des Gekreuzigten für spätere Generationen. Es ist das bei weitem am häufigsten anzutreffende Motiv der frühchristlichen Kunst: auf Fresken, Statuen, Reliefs, Medaillons, Tonlampen, gravierten Gläsern, Gemmen, Epitaphien, und geographisch ebenso verbreitet, wie es die Christenheit der Zeit war. Dabei ist eine gewisse Differenz zu beobachten. Auf den Fresken erinnert der junge, wohlgestaltete, bartlose H. an die physische Schönheit der griechischen Götter, die er verdrängt, während der Gute H. der Reliefs ein älterer, bärtiger, manchmal ein wenig hinterwäldlerischer Bauer ist. Auf den Fresken steht er auch stets im Zentrum des Bildes; auf den Sarkophagen erscheint er nicht selten mehrfach und beinahe nur dekorativ. Soweit der Hirt das verlorene Schaf auf der Schulter trägt, ist der Symbolhinweis deutlich: Christus findet den bußfertigen Sünder wieder und führt ihn, mit Gott versöhnt, in den Kreis der Erlösten zurück. Das Schaf also repräsentiert die Seele des Verstorbenen (□ auf zahlreichen Fresken der Katakomben S. Priscilla, S. Domitilla, S. Pretestato, S. Januario, S. Callisto). Unter den Mosaiken mit Darstellungen des Guten H. sind besonders hervorzuheben das aus Matifou (Museum Algier), das eine breit ausgeführte Hirtenszene darstellt, und das des H. mit dem Kreuzstab aus dem Mausoleum der Galla Placidia in Ravenna: der Christushirte als König. Berühmte frühe Statuetten finden sich in Istanbul (Archäolog. Museum), Athen (Byzantin. Museum) und Rom (Lateran). – Die Kunst des christlichen Ostens kennt praktisch das Bild vom Guten H. nicht. Die mittelalterliche Buchmalerei stellt die Illustration des Lukasgleichnisses in den Vordergrund. In der späten Gotik ist das Bild des Guten H. nicht selten mit dem des Schmerzensmannes verbunden: »Er hat sein Leben für seine Schafe in den Tod gegeben.« Im Barock wird der Gute H. wieder zum bevorzugten Bildthema (□ Philippe de Champaigne, 17. Jh., Museum Lille; Murillo, 17. Jh., Prado Madrid). Im geistlichen Schäferspiel werden mythische Hirtengestalten mit Christus identifiziert; dort tritt auch Maria in weltlicher Schäferinnentracht auf. Auch das Christuskind kann als Guter H.

erscheinen. Bildliche Darstellungen Marias als »Guter H.« gehören dem Bereich des Bildtyps der → Maria als Schützerin und Fürsprecherin an und entstanden im 17. Jh. vornehmlich in Spanien und im Gedankenbereich der Frauenklöster (□ Nava del Rey, Valladolid; Mus. de Pontevedra/Galicien; Prado, Madrid). – Weitere Hirtenszenen beziehen sich a) auf die Tätigkeit → Moses nach seiner Flucht aus Ägypten und bei seiner Berufung zum Volksführer (2. Mose 3), b) auf die Verkündigung an die H.n bei der Christgeburt (Luk. 2, 8 ff.), oft als sehr bukolische Szene von Flötenmusik der H.n begleitet (□ Holztüren 11. Jh., St. Maria im Kapitol, Köln; Bonanus v. Pisa, Bronzetüren 12. Jh., Dom Pisa; Portale von Chartres, La Charité s/Loire und Kath. Poitiers, 12. Jh.; Mosaik 13. Jh., S. Maria in Trastevere, Rom; Francesco Bassano, 16. Jh., Brera, Mailand; Fritz v. Uhde, 1892), c) auf die Anbetung der H.n an der Krippe zu Bethlehem (gem. Luk. 2, 15 ff.). □ Kapitelle St. Pierre de Chauvigny (12. Jh.) und Kreuzgang Kath. Tarragona (13. Jh.); Hugo van der Goes, Portinari-Triptychon 1470, Uffizien Florenz; Dom. Ghirlandaio und Lorenzo di Credi, beide 15. Jh., Accademia Florenz; Giorgione, 16. Jh., National Gallery, Washington; El Greco, 16. Jh., Prado Madrid; Georges de la Tour, 17. Jh., Louvre Paris; P. P. Rubens, 1635, Kath. Soissons; Rembrandt, 1646, Alte Pinakothek München. – Diese Hirtenszene wurde besonders auf neapolitanischen Krippenkompositionen (□ im Bayer. Nationalmuseum München) breit und vielfältig ausgemalt.

Hochzeitssymbolik, Brautsymbolik Nach alttestamentlichen Vorbildern, die (Ezechiel, Hosea, Hoheslied) den Bund zwischen Jahwe und dem Volk Israel als ein bräutliches oder eheliches Verhältnis ansahen und dabei eine sehr weitgehende Analogie formulierten, wird auch im NT (Epheserbrief, Offbg. Joh.) das neue Bundesvolk, die Kirche, als Braut Christi verstanden. Die Kirchenväter entwickelten dieses Bild noch weiter, indem sie die Kirche als Braut Christi mit Eva verglichen. Auch Maria kann, insofern sie als Repräsentantin der Gemeinde verstanden wird, in diese Typologie eintreten. Entsprechend kennt die Hagiographie auch einzelne nachgeborene Bräute Christi: Katharina v. Siena, Rosa v. Lima und zahlreiche andere heilige Jungfrauen werden mit dem Brautring Christi dargestellt.

Höhle 1. Ostkirchliche Darstellungen der Christgeburt verlegen sie in eine H., die, wie es in Palästina normal war, als Stall diente. Dabei erinnert die Darstellung der H. als Erdspalte bewußt an einen Mutterschoß, um die hier vollzogene Befruchtung der Erde durch den Himmel in ihrer uralten Symbolik zu konkretisieren. – 2. Nach apokryphen Evangelien (bes. Protevangelium des Jakobus) nahm eine H., die sich im Berg auftat, Elisabeth und ihren kleinen Sohn Johannes auf der Flucht vor den Kriegsknechten des Herodes auf. □ Byzantinische Elfenbeinpyxis 6. Jh., Louvre, Paris; Fresken 11. Jh., Tschauschin und Tokali Kilisse/Kappadokien; Mosaiken 14. Jh., Kahrie Dschami, Istanbul; Fresko 14. Jh., Brontochion, Mistra/Griechenland; Meister des Johannesaltars, 15. Jh., Museum Boymans, Rotterdam; Fresken 16. Jh., Athos. – 3. In einer H. auf der Insel Patmos empfing der Evangelist Johannes nach alter ostkirchlicher Tradition die Visionen, die er im letzten Buch der Bibel niederschrieb. Er wird auf Fresken und Ikonen häufig dargestellt, wie er seinem Schreiber Prochoros die empfangenen Offenbarungen diktiert. Interessant ist dabei die Parallele des lauschenden Empfangens bei dem Visionär und seinem Schreiber.

Hölle (hebr. ge hinnom), als Herrschaftsbereich des → Teufels durchaus vom Totenreich (→ Limbus, hebr. Scheol) und von antiken Hadesvorstellungen zu unterscheiden, ist das Symbol der Finsternis gegenüber dem Licht des Himmels. Wie das Licht das Leben und damit Gott bedeutet, so bedeutet die H., Gottes und des Lebens beraubt zu sein. Die besonders auf mittelalterlichen → Endgerichtsdarstellungen im Tympanon der Kathedralen und auf Miniaturen der Johannes-Apokalypse begegnende breite und schauerliche Ausmalung des Zustandes der Verdammten in der H., der Warnung und Abschreckung dienend, fußt auf den biblischen Andeutungen (Matth. 18, 12; Mark. 9, 47 f.; Matth. 25, 41) und illustriert weithin die volkstümliche Bußpredigt des Mittelalters. Der Höllenrachen, das Gegenbild zum Schoß → Abrahams, ist der Beschreibung des → Leviathan Hiob 41, 11 entnommen. Teilweise werden die einzelnen Sünden und ihre spezielle Bestrafung mit detailliertem Fleiß geschildert; doch treten mit dem 12. und 13. Jh. zwei Hauptsünden in den Vordergrund der Darstellung: Geiz und Wollust; ein Mann, der sich verzweifelt an seinen Geldbeutel klammert, und eine Frau, an deren Brüsten und Geschlechtsteilen → Schlangen und Kröten nagen (□ St. Vinzenz, Bern; Kath. Ste. Cécile, Albi; Tympana Kath. Autun u. Conques; Jean de Bourgogne, Fresko im Kapitelsaal der Kath. von Toledo). Das innerste Wesen der H. ist die todbringende Sünde selbst, in der die Verdammten gestorben sind – die selbstverschuldete absolute Gottesferne.

Höllenfahrt Christi → Limbus.

Horn Das H. ist ein altes Symbol des Hervorragenden, der Erhebung, der Macht. So spricht die Bibel vom »Horn des Heils« (1. Sam. 2, 1; Ps. 18, 3; 148, 14; Luk. 1, 69; vgl. Offbg. Joh. 5, 6: das Lamm mit den sieben Hörnern) und kennt die Königssalbung aus dem H. In diese Symbolik gehört auch die Vorstellung von den H.n, die Mose trug, als er von der Begegnung mit Jahwe auf dem Sinai zurück zum Volk kam und eine fast erschreckende geistliche Gewalt ausstrahlte (2. Mose 34, 29. 35). Obwohl hier lediglich eine falsche Lesart des lateinischen Bibeltextes zugrunde liegt, die die Lichtstrahlen, von denen der Text spricht, als »Hörner« übersetzte (facies cornuta statt facies coronata) – ein Fehler, der erst auf dem Konzil von Trient im 16. Jh. korrigiert wurde und bis dahin die Darstellungen Moses bis zu Claus Sluters Mose am Brunnen der Kartause Champmol (Ende 14. Jh.) und zu der imposanten Darstellung Michelangelos am Juliusgrabmal (S. Pietro in Vincoli, Rom) prägte –, ist die zugrundeliegende Symbolbedeutung erkennbar und legitim. Sowohl Botticelli wie Signorelli haben auf ihren Mosebildern (beide in der Sixtinischen Kapelle des Vatikans) Strahlenbündel anstelle der H.r gewählt, ebenso Jan Gossaert (Kunsthistorisches Museum Wien). Vgl. auch die Identität von H. und Lichtstrahl (Hab. 3, 4) in der Selbstoffenbarung Gottes. Die vier H.r des israelitischen Opferaltars (Ps. 1 18, 27) bezeichnen die vier Weltrichtungen, also die unbegrenzte Ausdehnung der Macht Gottes. – Die hörnertragenden Tiere gelten weithin als Symbole der Fruchtbarkeit. So ist auch das H. Zeichen des Überflusses (Füllhorn), der Gastfreundschaft, der Freigebigkeit, des Friedens, der Hoffnung; auf Darstellungen der Weltteile Symbol für Europa wie für Afrika; Attribut des Propheten Jona und der delphischen Sibylle. – Das H. als Blasinstrument begegnet bei den Engeln des → Endgerichts und als Attribut der Heiligen Blasius und Cornelius, beide Male auf Grund eines deutschen (blasen) bzw. französischen (cor) Wortspiels. Ein Jagdhorn tragen die Heiligen Eustachius, Hubertus und Oswald.

Hügel Eine im Vergleich zum → Berg wesentlich kleinere Erderhebung, teilt doch dessen Symbolik. Auf christlichen → Paradiesdarstellungen steht Christus als der Herr des neuen Paradieses nicht selten auf einem H., aus dem die vier Paradiesflüsse quellen.

Hufeisen Attribut der Heiligen Eligius und Leonhard.

Hund Kaum eine Mythologie auf der Welt kommt ohne den H. aus. Allerdings ist es eine sehr komplexe Symbolik, die ihn mit dem Tod, mit der Unterwelt, mit chthonischen oder Mondgottheiten verbindet. Vor allem und weithin ist er Psychopompos, Führer der Seele durch die Nacht des Todes. In dieser Eigenschaft leiht er seinen Kopf Anubis, Thot, Hekate, Hermes und Zerberus. Der letztere, dreiköpfiger Höllenhund, findet sich zuweilen auch in späteren christlichen Darstellungen der Hölle, ferner bei Dante, und erscheint als teuflisches Gegenbild gegen die hl. Dreifaltigkeit (□ Fresko 1355, Cappella Strozzi, S. Maria Novella, Florenz; Relief 16. Jh., Altarlettner, Kath. Bordeaux). Hier können auch noch alttestamentliche abschätzige Äußerungen über den H. als unreines, aasverzehrendes Tier (2. Mose 22, 31; 1. Kön. 14, 11) nachwirken. In der frühchristlichen Kunst erscheint der H. jedoch – im Gegensatz zum → Pferd – ohne jede Symbolbedeutung, vielmehr rein dekorativ als treuer Begleiter des Menschen auf Grabreliefs, Epitaphien und Lampen. Das Mittelalter hat den vierbeinigen Hüter der Häuser und Herden, den unschätzbaren Begleiter auf der Jagd dann auch symbolisch als Bild der Treue aufgewertet. Als Inkarnation der Treue des Vasallen gegenüber dem Lehnsherrn, der Frau gegenüber ihrem Mann, erscheint er auf den Rittergrabmälern zu Füßen des oder der Verstorbenen. – Er ist Bild der theologischen Tugend des Glaubens, kann andererseits aber auch die Laster des Neides und des Zorns symbolisieren und sogar als tierisches Werkzeug des Satans zur Veranschaulichung der inneren Kämpfe des Menschen und der Anfechtung des Bösen dienen. Positiv sind die Darstellungen des H. bei Albrecht Dürer im Zusammenhang der Geschichte von Zacharias und Elisabeth oder der Eltern Marias, Joachim und Anna. Auf Rogier van der Weydens Dreikönigsaltar und anderen Dreikönigsbildern symbolisiert ein weißer H. Treue und Güte, ein häßlicher struppiger H. den Unglauben. Diesen Gegensatz charakterisiert auch ein Fresko der Kirche von Saanen/Schweiz, auf dem bei der Szene des zwölfjährigen Jesus im Tempel ein weißes Hündchen zu Füßen Jesu spielt, während im Kreis der Schriftgelehrten ein knurriger brauner H. mit den Pfoten die Bibel zudrückt. – Auf Darstellungen der → Einhornlegende mit ihrer Allegorie der jungfräulichen Mutterschaft Marias hält der den Jäger repräsentierende Erzengel Gabriel nicht selten vier H.e mit den Namen: »Misericordia, Veritas, Justitia, Pax« (Barmherzigkeit, Wahrheit, Gerechtigkeit, Friede) an einer Leine, die (in Anknüpfung an Ps. 84?) den göttlichen Ratschluß der Menschwerdung symbolisieren. – Die Legende des Pestheiligen Rochus, den sein H. mit Brot nährte, hat ebenfalls zur Rehabilitation des Haustiers beigetragen. Eine nicht ganz eindeutige Rolle spielt der H., der bei Judas sitzt und dem dieser den Kopf streichelt, auf dem Abendmahlsbild von Jakob Jordaens (17. Jh., Mus. Antwerpen). Will Judas durch den Hinweis auf den H. als Symbol der Treue den Verdacht der anderen Apostel entkräften, oder ist der H. hier Inkarnation des Bösen und Bundesgenosse des Verräters, vielleicht unter Bezug auf Matth. 7, 6: »Ihr sollt das Heiligtum nicht den Hunden geben!«? – Als Heiligenattribut begegnet der H. bei dem Hirten Wendelin, den Jägern Eustachius, Hubertus, ein Brot apportierend bei dem Pestheiligen Rochus, ferner als zutrauliches Haustier auf Darstellungen des schwärenbedeckten armen Lazarus (vgl. Luk. 16, 21) auf der Schwelle des reichen Mannes. Ein H. läuft dem jungen Tobias voran. Wie man den hl. Petrus Canisius auf Grund eines Wortspiels mit seinem Namen (canis = Hund) mit einem H. darstellte, so auch den hl. Dominikus und die Dominikaner (Domini canes = H.e des Herrn); an deren schwarzweiße Kleidung erinnern das Altarbild von Francesco Traini, 14. Jh., im Museo Civico, Pisa, und die schwarzweiß gefleckten H.e auf einem Fresko (13. Jh.) in der Cappella dei Spagnoli in der Dominikanerkirche S. Maria Novella in Florenz. – Der hundeköpfige Mensch (Kynokephalos) entstammt dem Bereich der ägyptischen Tierverehrung. □ Tympanon 12. Jh., Portal Vézelay; Buchhändlerportal 13. Jh., Kath. Rouen. Es gibt sogar (□ im Byzantinischen Museum Athen) einen hl. Christopherus Kynokephalos, der dem ägyptischen Gott Anubis (mit Schakalkopf) nachgebildet scheint. Von ihm berichten die im 4. Jh. entstandenen gnostischen Bartholomäusakten als von einem gewissen »hundeköpfigen und menschenfressenden Christen«, der durch den Apostel Bartholomäus bekehrt worden sei.

Hut Einen Pilgerhut als Attribut tragen die Heiligen Jakobus d. Ä. (maior), Rochus und Sebaldus, einen Kardinalshut (d. h. einen flachen runden H. von roter Farbe mit beiderseits herabhängenden, früher je 15 Quasten zählenden, verschlungenen Schnüren) die Heiligen Bonaventura, Franz Borgia und Petrus Damiani, ferner der Gelehrte und Büßer Hieronymus (der allerdings nie Kardinal war). – → Mütze.

Hyäne 1. Sinnbild des Geizes. Wo die sieben Köpfe des apokalyptischen → Drachen charakteristische Züge der einzelnen Hauptlaster zeigen, fehlt der Kopf der H. als Symbol der avaritia nicht. – 2. Attribut des ägyptischen Wüstenvaters Makarios (er heilte das blinde Junge, das ihm eine H. brachte).

I

Igel In China und Japan als Sinnbild des Reichtums göttlich verehrt, ist der I. in der mittelalterlichen Symbolik einerseits ein Bild für Geiz und Gaumenlust, auch infolge seiner rasch aufgerichteten Stacheln ein Symbol des Zornes, als Schlangenjäger und damit Feind des Bösen aber auch positiv gewertet. Im letzteren Sinne kann er auf Bildern zusammen mit Maria und dem Jesuskind auftauchen und auf die Überwindung des Teufels hinweisen.

Ikonostasis → Bilderwand.

Isaaks Opferung Wie 1. Mose 22, 1–14 berichtet, spielt sie in der christlichen Kunst als Vorausbild der Passion Christi eine bedeutende Rolle und ist schon vom 2. Jh. an auf Katakombenfresken (mind. zweiundzwanzigmal, □ S. Callisto, SS. Pietro e Marcellino, S. Priscilla, Rom), ferner auf fast sämtlichen erhaltenen Sarkophagen geschildert. Unter den Mosaiken ist besonders die große Komposition der »Philoxenia (= Gastfreundschaft) Abrahams« in San Vitale, Ravenna, zu nennen, die den Besuch der drei → Engel bei → Abraham und die Opferung Isaaks verbindet. – Die frühen, sehr summarischen Darstellungen nehmen wenig Rücksicht auf die Gefühle Isaaks; sie stellen vielmehr Abraham ganz in den Mittelpunkt. Das erklärt sich aus der Symbolbeziehung auf Gott, »der seinen eingeborenen Sohn dahingab«. Eines der stärksten Abrahambilder findet sich in einem Portal der Kathedrale von Chartres. Spätere Darstellungen, besonders oft Mosaiken und Miniaturen, malen die gesamte Szene gern breit aus. – Der Fels, auf dem die Opferung stattfinden sollte, wird nach der Überlieferung der Bibel wie des Korans mit dem Felsen auf dem Tempelberg in Jerusalem identifiziert, auf dem die Omarmoschee an die Stelle des salomonischen Tempels trat. Die symbolische Ausdeutung ist sehr vielgestaltig; die Präfiguration der Passion Christi wird in der mittelalterlichen Glossa ordinaria in breiten allegorischen Details entfaltet: Abraham ist das Bild Gottes, der seinen Sohn opfert; Isaak, der das Holz zum Brandopfer auf der Schulter trägt, das Bild Christi, der sein Kreuz trägt; der lastentragende Esel in der Begleitung Abrahams weist auf das Volk Israel, das das Wort Gottes empfing, ohne es zu begreifen; der anstelle Isaaks geopferte Widder ist ein Typos des gekreuzigten Christus; der Dornbusch, in dem er mit seinen Hörnern festhängt, ein Typos des Kreuzes; die Dornen selbst ein Typos der Dornenkrone Christi. Schließlich weist das Opfer Abrahams auf das unblutige Opfer der Eucharistie hin, das im Christentum an die Stelle des blutigen Opfers des Alten Bundes tritt. – → Opfer. – Als Kuriosität tauchen nach der Erfindung der Schießwaffen Darstellungen der Opferung Isaaks auf, bei denen Abraham mit einem Vorderlader auf den ängstlich ins Geäst eines Baumes geflohenen Isaak zielt, während ein darüberschwebender Engel den Schuß verhindert, indem er das Pulver auf höchst natürliche Weise benäßt (□ Tafelbild 1737, Museum Trier).

J

Jagd Für den Menschen ist die J. ein natürliches Mittel zum Erwerb von Lebensmitteln und Kleidung. Sie war großen wilden Tieren gegenüber nicht ungefährlich, sondern forderte in hohem Maße den Einsatz von Kräften und Listen. Gejagt wurde nicht nur, um zu töten, sondern auch, um wilde Tiere zu fangen und dienstbar zu machen. Naturgemäß hat die Symbolik der J. zwei Aspekte: die Vernichtung oder Überwindung des Tieres, d. h. die Vernichtung der Unwissenheit, der unheilvollen Tendenzen, und das Motiv des Jagens nach dem Wild, die Verfolgung einer Spur als Bild des geistlichen Suchens. Meister Eckhart spricht von der Seele, die in glühender J. ihre Beute, Christus, sucht. In der Bibel sind insbesondere Nimrod, Esau, Simson, David als Jäger genannt. Dennoch waren die Israeliten, im Gegensatz zu den Ägyptern, niemals ein eigentliches Volk von Sportjägern. Assyrische und persische Bildwerke dokumentieren die große Bedeutung, die die J. für sie besaß. In der griechischen Welt wird die J. in Gestalt von Artemis und Apollon vergöttlicht; in Rom führte man sie in Amphitheatern vor. Gallische und römische Sarkophage liefern uns einige wenige Jagdbilder der frühchristlichen Kunst. Löwen, Bären, Gazellen, Pferde und Menschen bewegen sich mit geringer Kraft künstlerischen Ausdrucks. Mehrere Elfenbeinbehälter stellen Jagdszenen in Kombination mit → Orpheus dar (□ Pyxiden v. Bobbio, und im Nationalmuseum Florenz). Lampen und Mosaiken zeigen Treibjagden sowie Angriffe auf wilde Tiere. Später wird man Heilige (Hubertus, Eustachius) besondere Bekehrungserlebnisse auf der J. haben lassen und besonders die Beizjagd mit dem Falken als Symbol höfischen Lebens, des

Jünglingsalters (→ Lebensalter) und bestimmter Tätigkeiten im Jahreslauf (→ Monatsbilder) darstellen.

Jahr, Jahreszeiten Außer auf Miniaturen ist das Jahr in der mittelalterlichen Kunst selten dargestellt (□ Schöpfungsteppich 11. Jh., Kath. Gerona; ferner auf einem Fußbodenmosaik des 12. Jh. der Kath. v. Aosta als bartloser Mann mit → Nimbus, der Sonne und Mond in Händen hält). Die Jahreszeiten erscheinen häufiger in der romanischen und gotischen Plastik: □ Bronzetür 11. Jh., Münster Augsburg; Mosaik 12. Jh., Kath. Aosta; Relief 13. Jh., Fassade Notre Dame, Paris. – → Monatsbilder.

Jerusalem, himmlisches → Stadt, himmlische.

JHS Dieses lateinische christologische Trigramm ist eine Abkürzung entweder für die drei ersten Buchstaben des griechischen Namens Jesus (IHΣ) oder für die lateinische Schreibung des Namens, wie sie im Mittelalter üblich war: Jhesus. Weitere Ausdeutungen verbinden es mit der Inschrift des → Labarum Konstantins »In hoc signo (vinces)« oder den Anfangsbuchstaben von Jesus Hominum Salvator. – Die drei deutschen Worte Jesus Heiland Seligmacher stellen lediglich eine Umschreibung der drei lateinischen Worte ins Deutsche dar. Dieses Trigramm löste das viel früher übliche → Christusmonogramm ab. Es wurde besonders im 14. Jh. durch den Prediger Bernardino v. Siena propagiert. Der Jesuitenorden übernahm es im 16. Jh. als Devise und als Abkürzung für »Jesum habemus socium«. Daß sich das gleiche Zeichen auf dem Reformationsdenkmal in Genf befindet, geht darauf zurück, daß Jean Calvin wie Ignatius von Loyola das Collège Montaigu in Paris besucht hatte, dessen Emblem das Trigramm war.

Johannes (Jünger, Theologe, Evangelist) Dargestellt a) als sanfter, jünglinghafter Lieblingsjünger Jesu, als der Vertraute seiner höchsten Geheimnisse, der »an der Brust Jesu lag« (□ Abendmahlsdarstellungen und davon abgeleitete Gruppen der Jesus-Johannes-Minne). – → Mahl. – b) als einer der drei besonders mit Jesus verbundenen Jünger (neben seinem Bruder Jakobus und Simon Petrus), z. B. bei der Verklärung Christi und in Gethsemane. – c) als Visionär der Offenbarung auf Patmos (diktierend, mit Schüler Prochoros). – d) als Evangelist mit Adlersymbol (→ Adler, → Tetramorph). – e) als Märtyrer (mit Kelch, aus dem eine Schlange emporsteigt). – f) als meditativer Empfänger von Offenbarungen. – g) zusammen mit → Johannes dem Täufer, mit dem er auch theologisch oft verknüpft wurde. – □ Galluspforte 12. Jh., Münster Basel; Tympanon 13. Jh., Kath. Rouen; Fresken der Johanneskapelle, Papstpalast Avignon, und von Giotto, Capp. Peruzzi, S. Croce, Florenz, beide 14. Jh.; Jan van Eyck, 15. Jh., St. Bavo, Gent; Hans Memling, Triptychon 1467, Gallery Duke of Devonshire, Chatsworth, und 1479 Johanneshospital Brügge; Altar von Blaubeuren/Schwaben, 1493; Albrecht Altdorfer, 1512, Katharinenhospital, Stadt am Hof. – Die Basilika S. Giovanni in Laterano, Rom, ist beiden Heiligen gewidmet.

Johannes der Täufer Nach der Erzählung der Evangelien Sohn des jüdischen Priesters Zacharias und der Elisabeth, trat J., nach der Zeitbestimmung im Lukasevangelium, im 15. Jahr der Regierung des Kaisers Tiberius (29 n. Chr.) in der Wüste Juda als Bußprediger und Verkündiger des nahen Anbruchs des Messiasreiches auf und wurde unter Herodes Antipas hingerichtet. Die alte christliche Theologie gab ihm als letztem Propheten neben Aposteln und Heiligen den besonderen Rang des »Vorläufers« Christi. Zugleich wurde er als der erste Märtyrer des Christusglaubens betrachtet. Die christliche Bildkunst hat ihn hauptsächlich unter zwei Typen dargestellt: 1. als jugendlichen Spielkameraden des Jesuskindes. Dieses biblisch nicht begründete Thema wurde in der italienischen Renaissance entwickelt (Botticelli, Lionardo da Vinci, Raffael), die auch die Gestalt des ephebenhaften Jünglings J. schuf (Donatello, Verrocchio). Murillo (17. Jh.) machte aus ihm einen andalusischen Dorfjungen. – 2. als erwachsenen asketischen Bußprediger. Dieser Typ entwickelte sich erst allmählich im Lauf des Mittelalters, nachdem man J. in der frühchristlichen Kunst (z. B. Ravenna) zunächst vorzugsweise als Hirten, dann mehr als Priester dargestellt hatte. Die hagere Gestalt mit wirrem Haupthaar und einem Fellkleid entspricht dem Bericht Matth. 3, 4 und Mark. 1, 6. Die byzantinische Kunst stellt J. zudem als Engel mit großen Flügeln dar, entsprechend dem griechischen Wort für »Bote« (angelos) und der Prophezeiung Mal. 3, 1: »Siehe, ich will meinen Engel (Boten) senden, meinen Weg zu bereiten, den Engel des Bundes, den ihr begehrt« und dem Rückbezug Mark. 1, 1 ff. Der Täufer trägt als Attribut eine Schale mit seinem abgeschlagenen Haupt oder einen Kelch (in dem nicht selten das Kind Jesus wie eine lebendige Hostie zu sehen ist). Im Westen ist sein häufigstes Attribut ein Medaillon mit dem kreuztragenden Lamm (vgl. Joh. 1, 29), das auf einem Buch ruht oder sein Blut in einen Kelch vergießt. An dessen Stelle kann J. auch ein Kreuz mit einem Wimpel tragen, der die Worte Joh. 1, 29 als Inschrift trägt. Seine Aufgabe als Bote und Ankündiger wird durch den betont erhobenen Zeigefinger unterstrichen, so daß seine Haltung oft der des Erzengels Gabriel (→ Engel) auf Bildern der Verkündigung an Maria ähnelt (stärkstes □ Mathis Nithart Grünewald, 16. Jh., Kreuzigung, Isenheimer Altar, Mus. Colmar). □ Mosaiken 5. Jh., Baptisterium der Orthodoxen und Baptist. der Arianer, Ravenna; Elfenbeinrelief 6. Jh., Kathedra Maximians, Ravenna; Holzdecke 11. Jh., Zillis/Graubünden; Statuen: 12. Jh.: Narthexportal Vézelay; Galluspforte Münster Basel; 13. Jh.: Kath. Chartres, Kath. Lausanne; 14. Jh.: Kath. Amiens; Musée Rolin, Autun; Donatello, 1430, Nationalmuseum Florenz; 1457, Kath. Siena, Fenster 14. Jh., Oberkirche Assisi; Fresken: 14. Jh. Gracanica/Jugoslawien und 15. Jh. Bartholomäus Zeitblom, Kaufbeuren; Gemälde: Verrocchio, 15. Jh., Taufe Christi, Uffizien, Florenz; Lionardo da Vinci, 15. Jh., Louvre, Paris; Jan van Eyck, St. Bavo, Gent; Andrea del Sarto, 16. Jh., Palazzo Pitti, Florenz. – Besonders groß ist die Zahl der Zyklen, die das Leben des J. fortlaufend schildern. □ Fresken 11. Jh., Johanneskirche Tschauschin, Kappadokien; Portal 12. Jh., Baptisterium Pisa; Benedetto Antelami, 12. Jh., Baptist. Parma; Tymp. 13. Jh., Johannesportal Kath. Sens; Reliefs 13. Jh., Kath. Reims; Fenster 13. Jh., Kath. St. Jean, Lyon, Kath. Rouen, Kath. Bourges. Mosaiken 13. Jh., Baptist. Florenz; Portale 14. Jh., Kath. St. Jean, Lyon; Giotto, Fresken 14. Jh., Capp. Peruzzi, S. Croce, Florenz; Andrea Pisano, Bronzetür um 1320, Baptist. Florenz; Filippo Lippi, Fresken 1456, Chor Kath. Prato; Domenico Ghirlandaio, Fresken 1490, S. M. Novella, Florenz; Hinrik Funhof, Altar 15. Jh., Johanneskirche Lüneburg; Fenster 15. Jh., St. Romain, Rouen; Tymp. 16. Jh., Nordportal Kath. Meaux; Chorabschluß 1530, Kath. Amiens; Fenster 16. Jh., St. Vincent, Rouen; N.D. de Bourges; Johanneskirche Gouda; Fernando Gallegos, 16. Jh., Prado Madrid. – Im einzelnen sind zu unterscheiden: 1. Der Kindheitszyklus, basierend auf apokryphen Evangelienberichten, besonders dem Protevangelium des Jakobus (Ankündigung der Geburt an Zacharias, Heimsuchung, Geburt und Namengebung, Flucht Elisabeths mit J., Ermordung des Zacharias, Abschied und Gang in die Wüste), 2. Der Zyklus um Predigt und Taufe. Die häufig dargestellte Predigt des J. in der Wüste steht in Parallele zur Bergpredigt Christi. Das Abendland hat dabei die Wüste meist in eine Waldlandschaft verwandelt. Beliebtes Motiv für Kanzelbilder. □ Johannesportal 12. Jh., Kath. Sens; Relief 13. Jh., Rückwand Fassade Kath. Reims; Byzant. Altarbild 13. Jh., Accad. Siena; Fenster 14. Jh., Niederhaslach/Elsaß; Germain Pilon, Relief 16. Jh., Louvre, Paris; Masolino, Fresko 15. Jh., Castiglio d'Orlonas/Lombardei; Pinturicchio, 15. Jh., Kath. Siena; Meister der Nelke, 16. Jh., Mus. Bern; Hans Fries, 1514, Mus. Basel; Lucas Cranach d. J., 16. Jh., Mus. Braunschweig; Abraham Bloemaert, 1631, ebd.; Guido Reni, 17. Jh., Pinacoteca Vaticana, Rom. – »Die Axt, die den Bäumen schon an die Wurzel gelegt ist« (Matth. 3, 7ff., Luk. 3, 7ff.), begegnet fast immer auf byzantinischen Darstellungen des Täufers. □ Elfenbeinkästchen aus Werden, 11. Jh., Victoria and Albert Museum London; Relief gleich unterhalb der törichten Jungfrauen, Gerichtsportal 13. Jh., Kath. Amiens; Rückseite der Fassade, 13. Jh., Kath. Reims; Mosaik 13. Jh., Baptisterium Parma. Die zum Jordan strömenden Täuflinge (Matth. 3, 6) sind anschaulich dargestellt auf dem Bronzetaufbecken von Renier de Huy, 12. Jh., S. Barthélémy, Lüttich; von Lorenzo Salimbeni, 15. Jh., S. Giovanni, Urbino; nach einem Fresko nach Andrea del Sarto, 1517, im Kreuzgang del Scalzo, Florenz, auf einem flämischen Bildteppich des 16. Jh. in der Kath. Zaragoza, von Nicolas Poussin, 1640, Louvre, Paris, und auf einer russischen Ikone von 1637 im Historischen Museum Moskau. Weitere Szenen: Der Hinweis des Täufers auf Jesus (□ Mosaik 13. Jh., Baptisterium Florenz; Andrea Pisano, Bronzetür 14. Jh., Baptisterium Florenz; Dello Delli, 15. Jh., Catedral Vieja, Salamanca) und die → Taufe Christi, die mit großer Regelmäßigkeit in den Baptisterien und auf den Taufbecken abgebildet ist. – 3. Der Zyklus der Passion des Täufers. a) Strafpredigt gegen Herodes Antipas (□ Osterleuchter des Bernward von Hildesheim, 11. Jh., Dom Hildesheim; Relief 13. Jh., Rückseite Fassade Kath. Reims; Fenster 13. Jh., Kath. Amiens; Ghiberti, Relief 15. Jh., Taufbecken Siena; Giovanni da Paolo, 15. Jh., Mus. Münster/Westf.; Hans Fries, 1514, Mus. Basel; Meister der Nelke, 16. Jh., Mus. Bern). b) J. im Gefängnis (□ Osterleuchter des Bernward von Hildesheim, 11. Jh., Dom Hildesheim; Portal 13. Jh., Kath. Auxerre; Andrea Pisano, 14. Jh., Bronzeportal Baptisterium Florenz; Chorabschluß 1530, Kath. Amiens). c) Fest des Herodes und Tanz der Salome (□ Fresko 11. Jh., St. Placard/Haute-Garonne; Mosaik 12. Jh., Vorhalle S. Marco, Venedig; Portale 13. Jh., Kath. Chartres, Reims, Rouen u. St. Martin, Laon; Andrea Pisano, Bronzetür 14. Jh., Baptisterium Florenz; Niklas Manuel Deutsch, 1520, Mus. Basel; G. B. Tiepolo, 18. Jh., Capp. Colleoni, Kath. Bergamo; E. Delacroix, 19. Jh., Mus. Bern; Puvis de Chavannes, 19. Jh., Tate Gallery, London). d) Salome empfängt vom Henker den Kopf des Täufers (□ Kapitell 12. Jh., Musée des Augustins, Toulouse; Tymp. 13. Jh., Kath. Rouen; B. Luini, 16. Jh., Prado, Madrid; Hendrik Terbruggen, 17. Jh., National Gallery Edinburgh). e) Salome überbringt ihrer Mutter das Haupt des Täufers (□ Bronzeportal 11. Jh., S. Zeno, Verona; Mosaik 12. Jh., S. Marco, Venedig; Tympana 12. u. 13. Jh., Kath. Sens u. Rouen; Giotto, 14. Jh., Capp. Peruzzi, S. Croce, Florenz; Fenster 1370, Niederhaslach/Elsaß; Donatello, Relief 1425, Taufbecken S. Giovanni, Siena; Jacob Cornelisz van Oostsanen, 1524, Städt. Museum Den Haag). f) Begräbnis des Täufers (Matth. 14, 12; Mark. 6, 29) durch seine Jünger, selten dargestellt (□ Relief 11. Jh., St. Martin-d'Ainay, Lyon; Portal 12. Jh., Baptist. Pisa; Mosaiken 13. Jh., Baptist. Florenz; Andrea Pisano, Bronzetüren 14. Jh., Baptist. Florenz; Mosaik 14. Jh., S. Marco, Venedig). – Geschichte und Werk J.'

d. T. werden symbolisch in der »Johannesschüssel« zusammengefaßt, Abbildung oder plastische Nachbildung der Schüssel mit seinem → Kopf. – Weitere theologische Ausdeutungen führten zu symbolischen und eschatologischen Darstellungen des Täufers, a) seiner Anwesenheit bei der Kreuzigung Christi (□ Mathis Nithart Grünewald, Isenheimer Altar, Mus. Colmar, und Lukas Cranach, Altarbild, Stadtkirche Weimar), b) seines Weges ins Totenreich zur Ankündigung der Herabkunft Christi, dem apokryphen Nikodemusevangelium entnommen (□ byzant. Mosaiken 11. Jh. in Daphni/Griech. und Torcello/Venedig; Altarbehang aus Narbonne, um 1375, Louvre, Paris; A. Pollaiuolo, Stickerei 15. Jh., Museo S. Maria del Fiore, Florenz), c) seiner Fürbitte im → Endgericht. Dieses Motiv, das den bittenden Täufer zusammen mit Maria zu Füßen des richtenden → Christus zeigt, ist von der weit verbreiteten byzantinischen »Deesis« (= Bitte, Fürbitte)-Gruppe in die christliche Kunst des Westens übergegangen. Es erscheint zuerst auf den Tympana der romanischen Kirchen, im 13. Jh. im Querschiff der Kath. von Reims. Berühmte □ des 15. Jh.: Jan van Eyck, Triptychon der Anbetung des Lammes, St. Bavo, Gent; Rogier van der Weyden, Jüngstes Gericht, Hospiz Beaune/Frankreich. Der Kreter El Greco, 16. Jh., hat diese Fürbittegruppe auch im oberen Teil seines »Begräbnisses des Grafen d'Orgaz«, S. Tomé, Toledo, dargestellt.

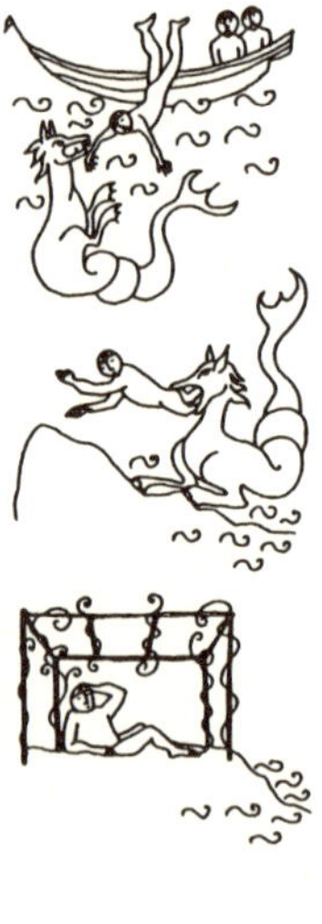

Jona Daß die im Buch J. erzählte Geschichte von dem Propheten wider Willen, der Gottes Auftrag zu entfliehen sucht, von einem großen → Fisch verschlungen und nach einem Aufenthalt von drei Tagen »in der Tiefe des Meeres« wieder an Land gespien wurde, um seinen Auftrag auszurichten, sich in der frühchristlichen Kunst derart intensiver Popularität und Darstellung erfreute, hängt damit zusammen, daß J. das durch Jesus selbst bestätigte (Matth. 12, 39) klarste und unbestrittenste Vorausbild des Todes und der Auferstehung Jesu war. Dasselbe Symbol drückt auch den Glauben an die allgemeine Totenauferstehung aus. Auf Fresken und Sarkophagen ist in der Regel die ganze Szenenfolge geschildert: J. von einem Mann der Schiffsbesatzung über Bord geworfen, von dem großen (oft drachenähnlichen) Fisch verschlungen, dann wieder an Land gespien, predigend in Ninive (diese Darstellung ist seltener; besonders eindrucksvoll auf einem Außenrelief der armenischen Kirche Surp Hatsch, 10. Jh., im Van-See/Osttürkei), dann mißmutig in der Laube sitzend, weil Gott das bußfertige Ninive verschont hat, und von Gott anhand des Wachsens und Verdorrens des schattenspendenden Strauches über seine barmherzigen Absichten aufgeklärt. Die Lampen, Gläser, Gemmen und anderen kleinformatigen kunstgewerblichen Objekte müssen sich bei der Darstellung der Jonageschichte auf eine Szene beschränken. Sie wählen in der Regel J. unter dem Strauch. – Die vollständigste Darstellung des gesamten J.-Zyklus findet sich auf einem Sarkophag im Lateran-Museum Rom, andere Jona-Zyklen auf einem Sarkophag, 4. Jh., Musée Lapidaire, Arles, einem Relief, 12. Jh., der Fassade von Ripoll/Katalonien und einem Kapitell, 12. Jh., Mozac-les-Riom/Auvergne. Einzeldarstellungen des Propheten sind verhältnismäßig selten. □ Nikolaus von Verdun, Statuette 12. Jh. am Dreikönigsschrein, Dom Köln; Emailaltar (Verduner Altar) 1181, Klosterneuburg b. Wien; Fenster 12. Jh., Dom Augsburg; Relief 13. Jh., Dom Bamberg; Statuen: Donatello, 15. Jh., Zuccone, Campanile, Dom Florenz; Lorenzetti, 16. Jh., Cappella Chigi in S. Maria del Popolo, Rom; Michelangelo, Fresko 16. Jh., Sixtinische Kapelle, Rom.

Jongleur Vom mittellatein. joculator, bei den Provençalen und Nordfranzosen ehemals die Spielleute von Profession, zum Unterschied von gelehrten und höfischen Kunstdichtern, den Troubadours oder Trouvères, Liedersänger, Spieler musikalischer Instrumente, dazu meist auch Vertreter der Künste niederer Art, wie Tanz, gymnastische und Gauklerspiele; daher verachtet, so daß Kirchenbann und Landesverweisung über sie verhängt wurden. Dem franz. jongleur entspricht in Deutschland der spilman, in England der minstrel.

Judentum Trotz der gemeinsamen Glaubenstradition, die sich auch in zahlreich verwendetem Bildgut aus dem AT äußerte, entwickelt der Antisemitismus des Mittelalters judenfeindliche Symbolik. Auf zahlreichen Kunstwerken (□ Dom Naumburg) erscheinen die Juden mit den spitzen Hüten, die sie in Wirklichkeit zu tragen hatten. An der Außenwand der Kath. von Chartres findet sich ein Jude in spöttischer Zusammenstellung mit einem Schwein, dem ihm unreinen Tier. Es begegnen ferner: die Synagoge auf einem trägen, widerborstigen → Esel (□ Min. 12. Jh., Hortus deliciarum); die Synagoge auf einem Bock, wie die Luxuria (häufig in Frankreich); die heuchlerische Fledermaus, die weder Vogel noch Ratte ist (□ Schlußstein Ste. Madeleine, Genf); die tagblinde Eule (□ Kapitelle 12. Jh. in St. Nicolas-de-Civray, Cunault, Kath. Le Mans; Kapitelle 13. Jh., Mus. des Straßburger Münsters [Jude und Eule]; Portal Kath. Sens; Miserikordie Kath. Norwich); der aasfressende Rabe, der giftige Skorpion. – Auch → Kain kann wegen seiner mörderischen Gehässigkeit Symbol des J. werden, so wie der getötete Abel Christus präfiguriert. Beliebt ist die Gegenüberstellung von → Kirche und Synagoge in Figuren der Kathedralplastik; dort ist die Synagoge meist alt, müde, traurig mit gesenktem Kopf, verbundenen Augen, verrutschter Krone, geknickter Fahne oder Lanze dargestellt (□ Münster Straßburg).

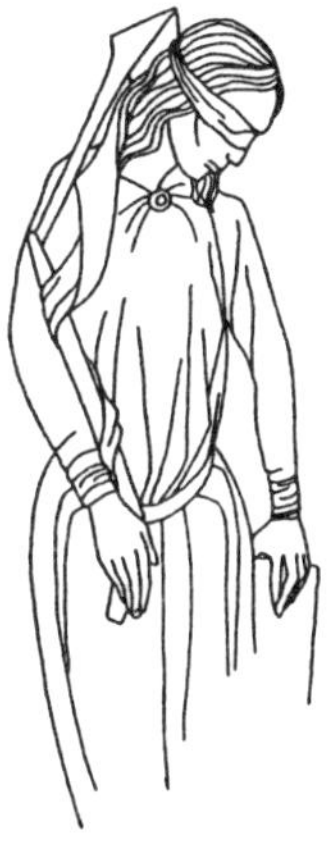

K

Käfer In der Symbolik meist stilisierter Skarabäus. Da dieser »Mistkäfer« aus Dung Kapseln dreht, in die er seine Eier legt und von denen sich die Larven ernähren, war er den Ägyptern als Lebenssymbol heilig und kann so auch auf christlichen Darstellungen als Sinnbild der Auferstehung aus der Verweslichkeit begegnen. Er kommt aus dem »Grabe« und zerbricht die alte Hülle.

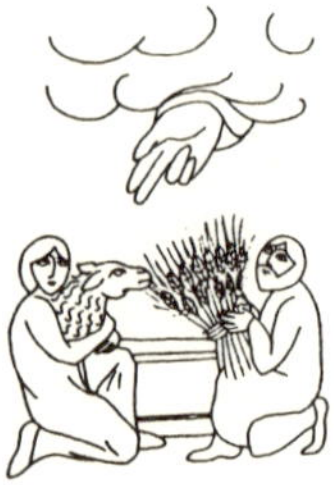

Kain und Abel Auf die Perversion des Gottesverhältnisses folgt die Perversion der zwischenmenschlichen Verhältnisse: Kain erschlägt seinen Bruder Abel, weil dessen Opfer vor Gott angenehmer war als das seine. Diese in der frühchristlichen Kunst kaum behandelte Episode spielt im Mittelalter eine große Rolle, und zwar aus typologischen Gründen: Kain symbolisiert die → Juden, Abel die Heiden; Abel ist außerdem ein Vorausbild Christi, seine Opfergabe ein Vorausbild der Eucharistie, sein Tod kündigt den des Erlösers an. Als erster Hirte ist er oft als guter → Hirte dargestellt. Als Typus des Hohenpriesters Christus ist er dem Priesterkönig Melchisedek beigesellt (□ Mosaik 6. Jh., S. Vitale, Ravenna). Im ganzen werden folgende Szenen der Geschichte im Bilde nacherzählt: 1. Reinigungsbad der Eva nach der Geburt Kains (□ Buchhändlerportal 13. Jh., Kath. Rouen; Relief 14. Jh., Thann/Elsaß). 2. Eva stillt Kain, manchmal auch Abel oder wiegt beide Kinder (□ Reliefs 11. Jh., Fassade S. Zeno, Verona, u. Bronzetür Dom Hildesheim; Fenster 13. Jh., Kath. Tours; Fenster 14. Jh., St. Etienne, Mülhausen/Elsaß; Portal 16. Jh., Pencran/Bretagne; Genesisfenster 16. Jh., Kath. Châlons s/Marne). Ein einmaliges Kapitell des Kreuzgangs von Tarragona stellt den kleinen Kain dar, wie er seinen Bruder Abel von der Mutterbrust wegzureißen versucht. 3. Opfer Kains und Abels (□ Mosaik 7. Jh., S. Apollinare in Classe, Ravenna; Mosaik 12. Jh., Monreale/Sizilien; Friese 12. Jh. in St. Gilles-du-Gard und Nîmes; Kapitelle 12. Jh., Moissac und St. Martin d'Ainay, Lyon; Fresken 12. Jh. in St. Savin/Poitou und Örreslev/Dänemark; Bronzetüren 12. Jh. in S. Zeno, Verona, und Dom Hildesheim; Meister Bertram, Grabower Altrar, 14. Jh., Kunsthalle Hamburg; Bronzetür 15. Jh., Baptisterium Florenz; Mittelportal 15. Jh., Münster Ulm). 4. Mord an Abel (□ Bronzetür 12. Jh., Dom Hildesheim; Relief 12. Jh., Dom Modena; Skulptur 12. Jh., Kreuzgang Kath. Gerona; Nikolaus von Verdun, Altar 1181, Klosterneuburg b. Wien;

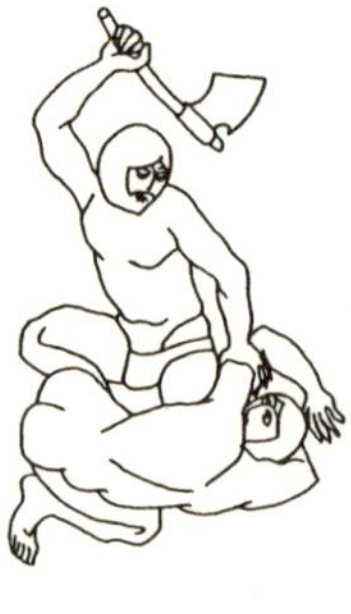

Meister Bertram von Minden, Grabower Altar 1379, Kunsthalle Hamburg; Fenster 14. Jh., Dom Erfurt; Mittelportal 15. Jh., Münster Ulm; Tintoretto, 16. Jh., Accademia, Venedig; Genesisfenster 16. Jh., Châlon s/Marne; Salvatore Rosa, 17. Jh., Galleria Doria, Rom; Guercino, 17. Jh., Mus. Braunschweig). 5. Abels Blut schreit nach Rache (sehr personifiziert: Mosaik 13. Jh., Monreale; Relief 13. Jh., Kapitelsaal Salisbury). 6. Kain vergräbt Abel (□ Relief 12. Jh., Fassade Ripoll/Katalonien; Relief 15. Jh., Mittelportal Münster Ulm). 7. Verfluchung und Flucht Kains. □ Pietro di Puccio, Fresko 14. Jh., Campo Santo, Pisa; Kapitell Kath. Auxerre (Kain wird von Lamech getötet); Chorgestühl 16. Jh., Kath. Amiens. 8. Tod Kains. □ Fresko 12. Jh., St. Savin/Poitou; Kapitell Autun.

Kalb, goldenes Nach dem Bericht 2. Mose 32, 1–10 eigentlich ein → Stierbild, ein Baal-Idol, das sich die Israeliten in der Wüste am Sinai anfertigten, während Mose auf dem Berge die Gesetzestafeln empfing: ein Symbol der ständigen religiösen Versuchung Israels (vgl. 1. Kön. 12, 28), sich mit fremden abbildbaren Göttern und besonders dem Fruchtbarkeitskult einzulassen – ein Symbol der beständig neuen Versuchung des Menschen, die materiellen Wünsche zu vergöttlichen, seinen Reichtum, sinnliches Vergnügen oder Macht.

Kamel Das K. ist bei vielen Völkern Symbol der Nüchternheit und Mäßigung, aber auch des schwierigen, oft hochmütigen Charakters. Im AT wird es, obwohl eine Menge K.e Reichtum bedeutet (Jes. 60, 3ff.), als unrein betrachtet (3. Mose 11, 4; 5. Mose 14, 7). Im NT wird anläßlich des Sprichwortes von dem K. und dem Nadelöhr (Matth. 19, 24) seine Größe betont. Dieses Sprichwort wird erst relativ spät – auf armenischen Miniaturen und in der modernen Bauplastik – für die Kunst entdeckt. Auch Szenen mit K.n als Reittieren der Magier fehlen noch auf den Katakombenfresken, finden sich jedoch auf den Sarkophagen. Die Darstellung der Josefsgeschichte auf der Kathedra des Bischofs Maximian in Ravenna gibt mehrfach Gelegenheit zur Abbildung von K.n. Das Manuskript der Wiener Genesis enthält die schwungvolle Darstellung des Tränkens der K.e Eliesers durch Rebekka (1. Mose 24, 14). – Augustinus hatte das K. als Bild der Geduld und Demut zum Modellbild für den im Leben geplagten und mit Lasten beladenen Christen beschworen. Andere aber erblickten in ihm das Bild der Trägheit. So hat es Vasari in der Kuppel des Domes von Florenz als Verkörperung der Todsünde der acedia gemalt. Wo die einzelnen Köpfe des apokalyptischen → Drachen durch Symbole der Todsünden charakterisiert werden, erscheint der Kopf eines K. als Verkörperung des Zorns (ira). – Die mittelalterliche Symbolik verstand

das K. als Symbol der Gabe der Unterscheidung (discretio), da es keine Belastung annimmt, die seine Kräfte übersteigt, sowie des Gehorsams (aufgrund seines gelehrigen Niederkniens). Man begriff es auch als Symbol des Erdteils Asien. – Als Heiligenattribut begegnet das K. bei Aphrodisius, den man für den anläßlich der Flucht nach Ägypten bekehrten Gouverneur von Heliopolis hielt, ferner bei Kosmas und Damian (da ein K. zu sprechen begann, um ihnen ein gemeinsames Grab zu sichern), bei Hormisdas, der Kameltreiber war, und bei dem Wüstenvater Makarios, dem der Teufel in Gestalt eines gewaltigen K. erschienen war. Zwei K.e kauern auf unzähligen Darstellungen koptischen Ursprungs (Steinreliefs, Elfenbeinarbeiten, Tonfläschchen usw.) zu Füßen des vor allem in Alexandria und im Menaskloster der libyschen Wüste hoch verehrten hl. Menas, der in der Regel in → Orantenhaltung dargestellt wird. Bedeutende Kunstwerke dieser Art außerhalb Ägyptens befinden sich in Mailand (Museo Archeologico) und London (British Museum).

Kamm Attribut der hl. Hildegund und der Schweizer Heiligen Verena, deren K.e gegen Kopfweh helfen sollten. Ein Wollkamm (Kardätsche) ist Marterwerkzeug und Attribut der Heiligen Priska und Blasius; ein eiserner K. gehört auch zur Ikonographie der Heiligen Genesius und Vinzenz.

Kampf, Umarmung Das Gesetz dieser sündigen Welt ist nach der Überzeugung des Mittelalters das Gesetz des K. Aber es ist zugleich charakteristisch für eine so in – der Symmetrie dienenden – Antithesen gestaltende Kunst, wie es besonders die romanische ist, daß sie gleiche Gestalten einander beziehungsvoll gegenüberstellt, wobei nicht immer deutlich erkennbar ist, ob es sich um einen K. oder um eine U. handelt. In der allgemeinen Ordnung des Universums, deren Konzeption bei allen Darstellungen von Kreisen, Kreuzigungen usw. durchscheint, sind Haß und Liebe die stärksten Antriebe zum Handeln. Die Darstellung von Ringern und Waffenkämpfern ist alt und schon auf ägyptischen Reliefs üblich, dann in Griechenland und Rom sehr beliebt. Es handelt sich dabei oft nicht um ernsthaft kriegerische, sondern um sportliche Wettkämpfe der Athleten, z. B. bei den gymnischen Spielen. Wie schon bei den Griechen die Athletik ein Erwerbszweig war, so auch bei den Akrobaten des Mittelalters; und man hat bei den Kampfdarstellungen oft den Eindruck professioneller Ringer und Judokämpfer. Der häufig getragene und beim Kampf in Mitleidenschaft gezogene → Bart ist ein Zeichen der Männlichkeit. Diese Ringer sind aber nicht zur Erheiterung der Betrachter an den Portalen und Kapitellen angebracht, sondern repräsentieren in Gang befindliche Gerichtsentscheidungen, Gottesurteile zugunsten des einen oder des andern. Es handelt sich um den Moment der Balance zwischen Erlösung und Verdammnis. Bei manchen Darstellungen wird man jedoch auch das Bibelwort (Matth. 11, 12) heranziehen müssen, das diejenigen lobt, die mit Energie um das Himmelreich ringen. – Kann man bei Konzeptionen, die den Zusammenhang mit dem Endgericht erkennen lassen, auf die genannte Bedeutung der K.e schließen, so legt die Konzeption der Gegenüberstellung von Urstand und Apokalypse, ursprünglichem und zeitlichem Paradies, Adam und Christus, göttlicher und menschlicher Natur Christi, Propheten und Aposteln, Verheißung und Erfüllung eine Überkreuzung und Verschlingung nahe, die auch formal in symmetrischen Antithesen zum Ausdruck kommt (□ Fassade von N.D. de Poitiers). In diesem Zusammenhang sind die Kämpfer sehr positiv und häufig als Sichumarmende zu verstehen (□ Kapitell Anzy-le-Duc/ Burgund), als Beendigung des »Bereichs der Nichtentsprechung« (Bernhard v. Clairvaux) in neuer Brüderlichkeit, als Erfüllung der apokalyptischen Verheißung, daß »Güte und Treue einander begegnen, Gerechtigkeit und Friede sich küssen« (Ps. 85, 11).

Kanone Attribut der hl. Barbara als der Schutzpatronin der Artilleristen.

Kanzel lat. cancelli, Schranke, hat als abgesonderter und erhöhter Standort des Predigers den → Ambo abgelöst und begegnet als gesondertes Bauteil seit dem 13. Jh. Die Kanzelteile können sehr reich mit Bildern und Symbolen ausgeschmückt sein. Als Kanzelträger treten auf: → Mose mit den Gesetzestafeln (komplementär zum Evangelium, das von der Kanzel verkündigt wird) und → Simson mit dem erkenntnisvermittelnden → Eselskinnbacken; Christus, Kirche, Evangelisten und Tugenden (□ Dom Pisa), Löwen (□ Ravello/Süditalien), Löwen und Atlanten (□ S. Andrea, Pistoia). Reiche Plastiken, Reliefs oder Tafelbilder schmücken den Kanzelkorb (□ Stephansdom Wien, Dom Siena, Dom und Baptisterium Pisa); am häufigsten sind die Evangelisten dargestellt, doch können auch Evangelienszenen, personifizierte → Tugenden und Szenen aus Leben und Legende des Schutzheiligen der betreffenden Kirche begegnen. Der Barock hat hier üppige, oft auch Sonderformen mit symbolischen Inhalten entwickelt (z. B. Baum, Segelschiff, Fischerboot). Auch das Geländer der Kanzeltreppe ist meist besonders kunstvoll gearbeitet und nicht selten figürlich geschmückt (in der Renaissancekunst geleiten häufig → Tugendsymbole den Prediger auf die K.). Der Schalldeckel, der innen meist die → Taube des Heiligen Geistes oder die → Dreifaltigkeit abbildet, trägt ebenfalls oft reiche Aufbauten. Im Ulmer

Münster ist darauf förmlich eine zweite K. mit Treppe und himmlischem Prediger beschworen. Kirchen auf größeren Stadtplätzen und Wallfahrtskirchen haben oft eine Außenkanzel, um größere Zuhörermengen ansprechen zu können.

Kapuze Eine am Mantel oder Schulterkragen befestigte Haube, die später dem Orden der Kapuziner den Namen gab, war in der Antike als Schutz gegen Kälte und Regen weithin üblich und wurde von Bauern, Jägern, Köhlern, Reisenden, Maultiertreibern getragen. Daß die Mönche, die sich oft Arbeiten dieser Berufe zu widmen hatten, die K. übernahmen, hat ihr ein andere antike Kleidungsstücke überragendes Weiterleben gesichert. Allerdings existiert eine – hier offenbar nicht zugrundeliegende – symbolische Kapuzentradition: Sie ist das Bekleidungsstück zahlreicher Götter, Heroen, Genien, Dämonen und Zauberer und steht in Beziehung zur Tarnkappe, dem unsichtbar machenden Überwurf. Für den Tiefenpsychologen C. G. Jung symbolisiert die K. – ebenso wie Glocke, Gewölbe, Schädeldecke – die obere, himmlische Welt. Sich das Haupt bedecken bedeutet nicht nur unsichtbar werden, sondern verschwinden und sterben. Von da ist der Gebrauch der K. bei Initiationsriten (z. B. in Süd- und Ostafrika) bedeutsam.

Kasten Die Gaben der Weisen aus dem Morgenland werden nicht selten in einem K. dargebracht, den man manchmal auch geöffnet in der Hand Josefs wiederfindet. Apostel tragen häufig, besonders auf Darstellungen des frühen Mittelalters, einen mit einem Kreuz bezeichneten K., der sowohl der Behälter für Evangeliumsrollen ist, die im Gottesdienst gelesen werden, wie gleichzeitig auch für den Inhalt dieser Rollen steht. – Die Form eines verhältnismäßig kleinen K. nimmt auf symbolischen Darstellungen besonders der Katakombenfresken und Sarkophagreliefs auch häufig die → Arche Noah an.

Katze Die K., als Haustier weit verbreitet, wird in der Symbolik der Religionen und Kulturen sowohl mit positiven wie mit negativen Tendenzen in Beziehung gebracht. Die Ägypter verehrten unter dem Bild der göttlichen K. die Göttin Bastet als Wohltäterin und Beschützerin der Menschen. Daher gibt es dort viele künstlerische Darstellungen der K. Auf christlichen Kunstdenkmälern sind häusliche Szenen so selten und so knapp dargestellt, daß hieraus über das Halten und die Bedeutung der K.n nichts zu entnehmen ist. Doch muß als Kuriosum vermerkt werden, daß sich bei Ausgrabungen von Chaqqara/Ägypten in einer Zelle des Klosters des Apa Jeremia drei kleine holzgeschnitzte K.n fanden, die offenbar als Spielzeug gedient hatten.

Die Kunst des Mittelalters und der Renaissance zeigte die K. im allgemeinen ohne besondere symbolische Bedeutung als Haustier des Menschen. Doch deutet die bei der Ankunft des Engels entsetzt fliehende schwarze K. auf einem Verkündigungsbild von Lorenzo Lotto (1527, Recanati) offenbar auf eine Symbolbeziehung zum Dämonischen. Auf Bildern des hl. Cadoc, eines bretonischen Heiligen des 6. Jh., taucht eine K. auf, da dieser den seelenjagenden Teufel mit einer K. geprellt hatte.

Kelch Ein rundes Trinkgefäß von unterschiedlicher Fassungskraft, oben weit offen, mit einem angesetzten, in der Regel breiten und standfesten Fuß. Als normales Trinkgefäß im AT erwähnt, wurde der K., wie eine jüdische Münze aus der Zeit Alexanders d. Gr. beweist, auf der ein K. zusammen mit dem → Stab Aarons dargestellt ist, auch zur Aufbewahrung des geweihten Weins zum Opfer benutzt. Die Wahl eines K. als Gefäß der Eucharistie erklärt sich einfach aus der Tatsache, daß er das übliche Trinkgefäß für den täglichen Gebrauch war, wie ja die Eucharistie überhaupt schlicht im Innern von Privathäusern und mit den gewöhnlichsten Lebensmitteln, Brot und Wein, gefeiert wurde. Zunächst gibt es also noch keine besonderen Abendmahlskelche. Ihre ersten, sicher bestimmbaren Darstellungen finden sich auf Mosaiken des 6. Jh. (S. Vitale u. S. Apollinare in Classe, Ravenna). K.e verschiedener Form schmücken aber schon früher, oft im Zusammenhang mit der Lebensbaumsymbolik, Grabinschriften, Lampen, Sarkophage. Die Materialien sind sehr verschieden: Gold, Silber, Bronze, in wachsendem Maße Glas. Ein erhaltener Katalog der Geschenke Konstantins d. Gr. an die Kirchen weist eine eindrucksvolle Menge kostbarer K.e auf. Im 8./9. Jh. werden besonders große und schwere, fast nicht zu handhabende K.e geschenkt. Es ist verständlich, daß die Hochschätzung der Eucharistie auch zu besonderer Wertung der dabei verwerteten Geräte führte. Eine Reihe besonders kostbarer alter K.e ist erhalten: □ der K. von Gourdon, 6. Jh., jetzt in der Nationalbibliothek Paris; der Tassilo-K. von Kremsmünster/Oberösterreich (8. Jh.); der vatikanische K. (ohne Fuß) mit der Inschrift »Petibi et accepi votum sol« (5. Jh.); der K. von Lampsakos (6./7. Jh.), British Museum London; der K. von Zamon/Südtirol (6. Jh.); der K. von Leningrad, fränkischen Ursprungs (7./8. Jh.); der K. von Essen-Werden (8. Jh.); der K. von Amiens (5. Jh.). – Man hat im K. den Menschen symbolisiert gefunden, der auf dem Erdboden steht und sich zugleich wie mit ausgestreckten Armen nach oben öffnet, um sich von Gott füllen zu lassen. Was er empfängt, spendet er dann wieder an andere weiter. Er ist ferner Bild des menschlichen Geschicks, insofern der Mensch aus der Hand Gottes sein Geschick wie ein K. oder eine → Schale empfängt –

Segen (Ps. 24, 5) oder Zorn (Offb. 16, 19) und Strafe (Ps. 11, 6; Jer. 51, 7; Sach. 12, 2). Jesus kann daher von dem ihm zugedachten Geschick der Passion als von einem K. sprechen (Matth. 20, 22 f.) und bitten, daß dieser vorübergehe (Matth. 26, 39). So gewinnt der auf Ölbergszenen (Gethsemanedarstellungen) der Spätgotik und Renaissance an unzähligen süddeutschen Kirchen oft als einziges Gegenüber des betenden Christus dargestellte K. umfassende symbolische Bedeutung. – Ein K. kann auch als Gegengewicht gegen menschliche Sünden in Darstellungen des → Endgerichts beim Vorgang des Seelenwägens begegnen (□ Tympanon 13. Jh., Kath. Bourges). – Bilder mit einem K. behandeln in der Regel eucharistische Szenen, wie nicht zuletzt die ausdrucksvolle Gebärde Jesu auf Emil Noldes Abendmahl (20. Jh., Museum Moritzburg, Halle) unterstreicht. → Mahl. – Taucht jedoch eine Szene mit einem K. in einer Bildreihe auf, die die Vorgeschichte der Kindheitsevangelien oder besonders das Leben Marias behandelt, so handelt es sich um die Trinkprobe → Marias und Josefs, die von den apokryphen Texten des Pseudojakobus und Pseudomatthäus geschildert wird: Als Maria schwanger wurde, aber schwor, von keinem Mann berührt zu sein, und auch Josef seinerseits bestritt, Maria berührt zu haben, mußten sich beide einem Gottesurteil unterziehen, dem Trinken eines bestimmten »Gottestrankes« (vgl. mosaische Gesetzesvorschrift, 4. Mose 6, 11–28). Jeder Lügner, der davon trank und siebenmal den Altar umschritt, wurde durch ein Zeichen Gottes offenbar. Maria und Josef tranken beide unbeschädigt davon, so daß ihre Wahrhaftigkeit außer Zweifel war. Die Szene ist im Osten häufiger als im Westen dargestellt worden. Das bedeutendste Beispiel bietet der Sessel des Maximian (6. Jh.) in Ravenna. □ Elfenbeindiptychon 5. Jh., Victoria and Albert Museum, London; Elfenbeinbuchdeckel 5. Jh., Syr. Evangeliar von Etschmiadzin; Fresko 7. Jh., S. Maria di Castel-Seprio/Lombardei; Mosaik 11. Jh., S. Marco, Venedig; Fresko 11. Jh., Höhlenkirche Keledschlar/Kappadokien; Fresko 14. Jh., Dečani/Jugoslawien; Fresko 16. Jh., Katholikon, Serb. Kloster Chilandari, Athos. – Der K. ist nicht nur das Symbol des Priesterkönigs Melchisedek, der zwölf Greise der Apokalypse und der Kirche, sondern auch das Attribut zahlreicher Heiliger, z. B. Barbatian von Ravenna, Eligius, Goar, Honorius, Urban, Zosimus (der, wie auf Fresken der Ostkirche häufig dargestellt, der hl. Maria Ägyptiaca die Kommunion spendete), Odilie. Ein K. mit einem Gifttrank, als dessen Zeichen sich eine Schlange emporwindet, ist das Attribut des Evangelisten → Johannes und des hl. Benedikt. – Ein umgedrehter K. weist auf die Synagoge.

Kelter Während die Fresken und Sarkophage der frühchristlichen Zeit oft die Oliven- und Weinernte durch → Eroten dar-

stellen, ist die Darstellung der auf die Ernte folgenden Arbeiten selten (□ Deckenmosaik S. Costanza, Rom). Doch sind die Reste einiger K.n in Südfrankreich und vor allem in Nordafrika und Syrien ausgegraben worden. Ein frühes Mosaik aus Kabr-Hiram, jetzt im Louvre, Paris, vom Fußboden einer Kirche stammend, zeigt einen quadratischen Behälter, in dem zwei Kinder offenbar Trauben pressen. Das Gestell der Presse zeigt Kreuzform. Hier könnte ein frühes Modell des in Mittelalter und Renaissance sehr häufigen Motivs der »mystischen K.« vorliegen, die Christus selbst unter der Last des Kreuzbalkens zeigt, dessen Gewicht das Blut aus seinen Wunden zu pressen scheint. Dieses Bildmotiv ist zunächst mit dem »Brunnen des Lebens« verknüpft (□ Gerard David zugeschr. Tafelbild: Lebensbrunnen, erfüllt mit dem Blut des gekreuzigten Christus, Miserikordien-Kirche, Porto/Portugal; Fresko frühere Kollegiatskirche St. Mexme, Chinon; Jean Bellegambe, Triptychon Mus. Lille; Dreifaltigkeitsfenster St. Etienne, Beauvais; St. Antoine, Le Rocher/Indre-et-Loire). Die biblische Beziehung weist auf die große → Weintraube, die die Kundschafter aus dem Gelobten Land mitbrachten und die als Präfiguration des sein Kreuz tragenden Christus gedeutet wurde (4. Mose 13, 24), sowie auf das Wort Jahwes »Ich trete die Kelter allein . . .« (Jes. 63, 3). Diese alttestamentlichen Bezüge wurden besonders von Augustinus herausgearbeitet. □ Fresken 15. Jh., Kirche Vendel/Schweden und Kreuzgang Franziskanerkirche Krakau; Holzgruppe um 1480, Weinmuseum Speyer; Andrea Mainardi, 1594, S. Agostino, Cremona; Fenster 1552, Ste. Foy, Conques; Holzskulptur 16. Jh., Kirche von Recloses/Seine-et-Marne; Ölbild St. Lorenz, Nürnberg; Nicolas Pinaigrier zugeschr., Fenster 1622, St. Etienne-du-Mont, Paris; Linard Gonthier, Fenster 1625, Kath. Troyes (kombiniert mit der Wurzel Jesse, → Baum); Deckengemälde 18. Jh., Roggenburg/Bayern; Fahne der Winzergenossenschaft, 19. Jh., Weinmuseum Klosterneuburg b. Wien. – Im bildlichen Sprachgebrauch der Bibel bedeutet die K. Zorn, Bedrängnis (vgl. Offb. 14, 19: K. des Grimmes Gottes; 19, 15: K. des Weines des Grimmes Gottes), also auch Drangsalszeit und Gottesgericht (Joel 3, 13; Klagel. 1, 15). Aber der Zweck des Kelterns ist dabei doch letztlich: Gewinnung des Weines der Freude.

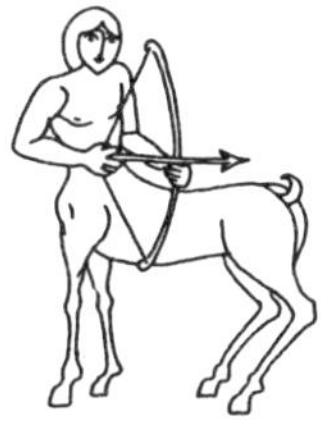

Kentaur Ein Mischwesen der griechischen Mythologie, das Kopf, Arme und Brust eines Menschen mit Hinterleib und Beinen eines Pferdes vereinigt und sich von rohem Fleisch nährt, weist im allgemeinen auf das Tier im Menschen, auf rohe Naturkraft und ungezähmte Wildheit hin. In der Kunst wird er meist mit trauergezeichnetem Gesicht dargestellt. Die christliche Kunst hat ihn spät (nicht vor dem 6. Jh.) und zunächst selten übernommen. In den Katakomben, auf Fresken, Reliefs und Inschriften kommt er nicht vor, dafür gelegentlich auf Skulpturfragmenten, die ihn mit einer langen Lanze bewaffnet zeigen. Für den »Physiologus« ist er ein Symbol der zwiespältigen Häretiker. Im Mittelalter ist er offenbar häufig mit dem Minotaurus verwechselt worden, besonders auf den Fußbodenmosaiken der Kirchen. Wo er außerdem, vorzugsweise auf manischen Kapitellen, auftaucht, symbolisiert er die fleischliche Begierde in all ihrer brutalen Heftigkeit, die den Menschen den Tieren ähnlich macht, wenn ihn die geistliche Kraft nicht im Gleichgewicht hält. So gehört der K. zu den bildlichen Verkörperungen des hochfahrenden Stolzes (superbia) in der Reihe der → Laster. Er ist das Bild der Doppelnatur des Menschen (tierisch-göttlich) und das Gegenbild des → Ritters, der die Elementarkräfte zähmt und beherrscht. □ Kapitell 11. Jh., Krypta Rotonde S. Bénigne, Dijon; Bronzetür 11. Jh., Dom Augsburg; Kapitell 12. Jh., Kath. Chartres, Nordturm; Relief 12. Jh., Fassade Kath. Le Mans; Kapitell 12. Jh., Vézelay; Kapitell 12. Jh., Kreuzgang Kath. Le Puy; Kapitelle in der Auvergne (z. B. Issoire, Mauriac); St. Aignan/Cher; Reliefs Parma und Kapelle Schloß Tirol b/Meran; Portal 12. Jh., Göcking/Bayern; Buchhändlerportal 14. Jh., Kath. Rouen. Aus der Moderne: Antoine Bourdelle, 20. Jh., Der sterbende Zentaur, Musée Bourdelle, Paris. Einer späteren Zeit (2. Hälfte des 15. Jh.) gehört die Verwendung des Kentaurenmotivs bei satirischen Darstellungen an: Karikaturen von Bischöfen, Nonnen und zechenden Mönchen zeigen Kentaurenleiber (□ Chorgestühl Münster Basel).

Kerze Die K. ist ein Lichtsymbol. Dadurch, daß der brennende Docht das Wachs zum Schmelzen bringt, hat das Wachs teil am Feuer: die Beziehung zwischen Geist und Materie. Diese Lichtsymbolik hat in der christlichen Gedankenwelt stets eine bedeutende Rolle gespielt. Wahrscheinlich kannten die Römer die K. von den Etruskern. Man entzündete Fackeln, K.n oder Lampen in den Tempeln während des Kultes, vor den Götterbildern, bei Begräbnissen. Die Juden scheinen keine eigentlichen K.n, dafür aber → Leuchter verwendet zu haben. Im christlichen Kult gehören die K.n wie der → Weihrauch und die Musik, die Waschungen und die Prozessionen zu den an sich indifferenten Gebräuchen, die erst durch den Sinnzusammenhang, in dem sie vollzogen werden, ihren Wert und ihr Ziel erhalten. In den Katakomben von Neapel finden sich Fresken des 5. Jh., auf denen Heilige zusammen mit brennenden K.n abgebildet sind, so auch in Aquileja und Afrika. Oft steckt dabei die Kerze auf einem Leuchter. Mosaiken auf christlichen Grabdeckeln aus Thabraca, etwa vom 5. Jh. ab (heute im Bardo-Museum in Tunis), zeigen die → Oransgestalt zwischen entzündeten Fackeln, ferner kunstvolle, brennende K.n. Offenbar war die K.n- oder Fackelsymbolik stark in Nordafrika beheimatet. Wahrscheinlich soll gerade die Verwendung der K.n deutlich machen, daß die Szene nicht auf der Erde, sondern im Himmel spielt. Zur Ehre für den Verstorbenen und zum Trost für die Hinterbliebenen ist diese Flamme das Symbol der ewigen Klarheit des Himmels. Während des Gottesdienstes entzündete man K.n besonders bei der Lesung des Evangeliums, aber es ist bedeutsam, daß der anfängliche Gebrauch der K.n symbolisch und nicht rein durch Nützlichkeitserwägungen begründet war. Abgesehen von ihrem Gebrauch vor den Gräbern der Märtyrer, auf den Altären und den Friedhöfen und bei der Priesterweihe, werden die K.n mit jeweils besonderer Bedeutung verwendet beim Begräbnis, beim »Gottesdienst des Lichtanzündens« (lucernarium), bei Exkommunikationen, am Fest der Reinigung Marias, beim Gesang des Exsultet in der Osternacht, bei der Weihe einer Kirche, bei der Taufe, bei der Wiederannahme der Büßer und überhaupt bei der Mehrzahl der Sakramente und Sakramentalien. – Liturgischem Brauch, nicht biblischem Text entstammt die reiche und eindrucksvolle Darstellung der Kerzenprozession bei dem Reinigungsopfer Marias (Lichtmeß). In der Regel werden die K.n von Josef, Maria und ihren Begleiterinnen getragen. Stephan Lochner hat lange Prozessionen von Kindern hinzugefügt, die wie die Orgelpfeifen hintereinander marschieren. Beispiele: Fenster 12. Jh., Kath. Chartres; Relief um 1320, Altar von Cismar/Holstein; Stephan Lochner, 1447, Hess. Landesmuseum Darmstadt; Luis Morales, 16. Jh., Prado Madrid. – Die gewöhnliche Kirchenbuße im Mittelalter war, im Hemd mit einer brennenden K. vor der Kirchtür zu stehen. Im Mittelalter war es ferner üblich, daß Jungfrauen zwei brennende K.n trugen, einmal um sich als »kluge Jungfrauen« zu erweisen (vgl. Matth. 25, 1 ff.), dann aber auch, um ihren Wunsch auszudrücken, dem Licht gleich zu sein, das die Menschen erleuchtet. – Die K. bleibt das Symbol des Glaubens als des Lichtes, das die Finsternis erleuchtet, und Kennzeichen der libyschen Sibylle. Als Heiligenattribut erscheint sie in der Hand Josefs (bei Darstellungen der Christgeburt) oder der hl. Genoveva, deren K. durch den Teufel ausgeblasen, durch einen Engel aber wieder angezündet wurde, ferner bei den Heiligen Meinrad, Blasius, Brendan, Agathe (Schutzpatronin gegen Brände), Brigitta, Katharina von Siena, Lucia (in bezug auf ihren Namen lux = Licht). Fünf brennende K.n auf einem waagerechten Rad weisen auf den hl. Donatian.

Kette Die K. ist ein altes Symbol der Verbindung zwischen Himmel und Erde (→ Leiter) oder, allgemeiner, zwischen zwei Extremen oder zwei Lebewesen. So hat Platon von einer Lichtkette gesprochen, die das Universum festhält. Pseudodionysius Areopagita verglich das Gebet mit einer überaus leuchtkräftigen goldenen K., die oben und unten gegenwärtig ist. In der christlichen Bildkunst sieht man den Satan am Ende der Zeiten mit K.n gebunden oder in den Abgrund geworfen. Archäologisch interessant sind die K.n des Petrus, die in der seit dem 6. Jh. so bezeichneten Basilika S. Pietro in Vincoli in Rom gezeigt werden. Außerdem begegnen K.n als Attribute der Heiligen Babylas v. Antiochien, Claudius v. Besançon, Dionysius, Dismas (der gute Schächer), Germanus v. Paris, Hermogenes, Leonhard, Mathurin, Quentinus, Birgitta v. Schweden, Fides (Foy), Radegunde.

Keule Handwaffe aus hartem Holz, Eisen, Kupfer, Messing, vor Einführung der Feuerwaffen allgemein verbreitet; in der Darstellung der → Tugenden Attribut der Kardinaltugend der Tapferkeit oder Stärke (fortitudo), in der Hand eines halbnackten Narren jedoch Sinnbild der Hauptsünde der Torheit (stultitia); als Instrument des Martyriums Attribut der Heiligen Apollinaris, Benignus, Bonifatius, des guten Schächers Dismas, Ewald, Fidelis v. Sigmaringen, Jakobus d. J. (minor), Judas Thaddäus, Meinrad v. Einsiedeln, Thomas Beckett, Vitalis.

Kinder 1. K. symbolisieren in der Bibel die Haltung des unbefangenen Empfangens (Matth. 18, 3; Luk. 18, 7) und sind darin vorbildlich. In der mystischen Tradition wird ausgemalt, daß ihnen noch etwas Paradiesisches, ursprünglich Gottnahes anhaftet. Daher können Engel in der christlichen Kunst unter dem Bild von K.n und den Zügen der Unschuld und Reinheit abgebildet werden. Der hierzu meist verwendete Bildtyp ist jedoch durch die → Eroten, Putten und Amoretten der spätantiken Kunst inspiriert. – 2. Die Darstellung des Mordes an den Unschuldigen K.n in Bethlehem durch die Söldner des Herodes (Matth. 2, 16 –18) ist in der christlichen Kunst selten: Auf Katakombenfresken findet sie sich überhaupt nicht, dafür aber auf Reliefs (□ Sarkophag in St. Maximin/Frankreich, 4./5. Jh., im Zusammenhang mit dem in Marseille früh praktizierten Reliquienkult der Unschuldigen Kinder, und das Fragment eines aus gleicher Zeit stammenden Sarkophags in Repentance bei Aix-en-Provence), elfenbeinernen Evangeliardeckeln (in der Kath. von Mailand u. dem Louvre, Paris) und einem Mosaik (S. Maria Maggiore, Rom). Fresken in kappadokischen Höhlenkirchen zeigen ebenso wie ein Fresko von Giotto in der Cappella degli Scrovegni, Padua, die Szene im Rahmen ihrer fortlaufenden Evangeliendarstellungen. Berühmt wurde die spätere Darstellung durch Pieter Brueghel d. Ä. – 3. K. auf Darstellungen von Heiligen. Ein K. in der Wiege: bei den Heiligen Ambrosius (ein Säugling soll durch Zuruf seine Bischofswahl bewirkt haben), Edmund v. Canterbury (als Schutzpatron der Neugeborenen), Evangelist Matthäus (weil sein Evangelium mit dem

Stammbaum Jesu beginnt). Ein Findelkind in den Armen: bei St. Vinzenz v. Paul. Ein K. im Rachen eines Wolfs: Sindbert v. Augsburg. Ein K., das mit einer Muschel oder einem Löffel Wasser aus dem Meer zu schöpfen versucht: Augustinus. Drei K. in einem Pökelfaß: Nikolaus. Sieben Kinderköpfe auf einer Schale: Felicitas, deren sieben Söhne enthauptet wurden. – 4. K. beim Studium von Büchern bezeichnen die Grammatik in der Reihe der sieben freien → Künste.

Kinnbacken (Knochen) → Eselskinnbacken.

Kirche 1. Die K. hat als Gestalt, als korporative Gemeinschaft der Glaubenden, ihre eigene Symbolik. Diese kann sie häufig in Frauengestalt als »Weib mit der Sonne bekleidet« (Offb. 12) oder im Gegenüber zur Synagoge erscheinen lassen (□ Münster Straßburg); dann sind die Augen der Synagoge meist verbunden. Sie war blind und hat den Sinn der prophetischen Verheißungen des Christus nicht begriffen. In der christlichen Auslegung des Hohenliedes tritt die K. als Braut Christi an die Stelle des Volkes Israel. – Weitere Symbole der K. sind: die → Arche, das → Schiff, der → Weinberg, das → Netz (in Anlehnung an Matth. 13, 47 ff.), die → Stadt aus dem Himmel, ein → Gebäude (manchmal auch zwei Gebäude, die auf die Judenchristen, ecclesia ex circumcisione, und die Heidenchristen, ecclesia ex gentibus, hinweisen), der → Turm, Sonne und Mond – wobei entweder die K. als Mond im Verhältnis zu Christus als der Sonne, oder als Sonne im Verhältnis zur Synagoge (→ Judentum) als Mond auftritt –, der → Pelikan, der → Granatapfel. – 2. Mit einem Kirchenmodell in der Hand erscheinen außer den jeweiligen Stiftern die vier großen Kirchenlehrer Augustinus, Ambrosius, Hieronymus und Gregor, auch Thomas von Aquino, ferner u. a. die Heiligen Eleutherius v. Tournai, Gaudens v. Novara, Geminianus v. Modena, Godehard v. Hildesheim, Heinrich und Kunigunde am Bamberger Dom, Kastor v. Koblenz, Kunibert v. Köln, Petronius v. Bologna, Leopold (Gründer von Klosterneuburg), Maternus v. Köln, Sebaldus v. Nürnberg, Sigismund und Wolfgang, ferner Adelaide, Klothilde, Elisabeth von Thüringen/Ungarn (mit der Marburger Elisabethkirche), Erentrud (Nonnenberg b. Salzburg), Hedwig, Helena (St. Gereon, Köln). – Die Stifter der Bettelorden, Dominikus und Franziskus von Assisi, werden als Stützen der wankenden K. dargestellt.

Kleeblatt 1. Alte Zauberpflanze der Druiden, später Attribut des hl. Patrick, der den Iren daran das Geheimnis der Heiligen Dreifaltigkeit anschaulich gemacht haben soll; von da ist der

»shamrock« das Emblem Irlands geworden. Doch kann es sich bei dem K. als Attribut des »Apostels Irlands« auch um einen als K. mißdeuteten Kreuzstab handeln, den Patrick auf einer sehr alten Darstellung in den Rachen einer Schlange stößt. – 2. → Dreifaltigkeitssymbol (in diesem Sinne häufig auf Krippenbildern und auf Miniaturen begegnend). – 3. Kleeblattkreuz → Kreuz.

Kleid 1. Nach dem Sündenfall wurde der nicht mehr unschuldige und unvergängliche Leib mit einem K. verhüllt (1. Mose 3, 7). In der christlichen Kunst taucht das K. danach im allgemeinen als Abzeichen bestimmter Volkszugehörigkeit (z. B. phrygische Tracht der Weisen aus dem Morgenland auf frühchristlichen Katakombenbildern; jüdische Tracht auf Bildern des deutschen Mittelalters), Amtsaufgaben (z. B. hohepriesterliche Gewänder, königliche und Hofkleidung) sowie zur Charakterisierung einzelner Berufe auf. – 2. Symbolische Bedeutung gewinnt u. a. der blutbefleckte Rock Josefs, den seine Brüder ihrem Vater Jakob zum Zeichen des Todes Josefs zeigen (1. Mose 37, 31 ff.). Er weist auf das blutende Fleisch des gegeißelten Christus. □ Elfenbeintafel Maximianskathedra, 6. Jh., Ravenna; Kuppelmosaik 13. Jh., Baptisterium Florenz; Fenster 13. Jh., Kath. Bourges, und 16. Jh., St. Pierre, Sens; Fresko 14. Jh., Sopočani/Jugosl.; Gemälde des 17. Jh., Velazquez, Escorial; Giovanni Andrea de Ferrari, Galleria Corsini, Rom; Rembrandt, Eremitage, Leningrad. – Beim Einzug Jesu in Jerusalem werden nach orientalischer Sitte von dem begeisterten Volk K.r auf den Weg gelegt (Matth. 21). – 3. Die Verlosung der K.r Christi. Nach Joh. 19, 23 würfelten die Soldaten unter dem Kreuz um den ungenähten Rock Christi – eine deutlich durch den Rückbezug auf Psalm 22, 19 erklärbare Episode, besonders häufig und grotesk in den Mysterienspielen vorgeführt und als Kontrapunkt zum Ernst des Kreuzigungsgeschehens auch auf bildlichen Darstellungen begegnend (□ Rabulakodex, 6. Jh., Biblioteca Laurenziana, Florenz; Jacopo Avanzo, 15. Jh., Santo, Padua; Hans Memling, Passionstriptychon 15. Jh., Marienkirche Lübeck; Ligier Richier, 16. Jh., Heiliges Grab, St. Mihiel; Charles Dufresne, Kreuzigung, 20. Jh., Musée de l'Art moderne, Paris; die Soldaten spielen Karten). – Eine ihre K.r zerreißende Frau kann das Bild der Synagoge (→ Judentum) wie der Hauptsünde des Zorns (ira) sein. – → Lastersymbole. → Fellkleidung. → Haar (Haarkleid). → Rüstung.

Koch- oder Küchenszenen weisen 1. auf Esaus Verkauf seines Erstgeburtsrechts an seinen Bruder Jakob für ein Gericht Linsen (1. Mose 25, 31 ff.) – eine als Präfiguration der Versuchung Christi verstandene Szene (□ Typologischer Teppich La Chaise-Dieu, 16. Jh.; Bilder und Zeichnungen des 17. Jh. von Murillo, Galerie Harrach, Wien, und Rembrandt, Museum Fodor, Amsterdam). – 2. auf das Mahl, das die Witwe von Zarpath (Sarepta) dem Propheten Elia bereitete (1. Kön. 17, 8 ff.). Das typologische Schriftverständnis (die Witwe stellt die »Kirche aus den Heiden« dar, die den Erlöser aufnimmt, den die Synagoge nicht anerkennen wollte; sie schöpft Wasser zum Zeichen ihres Glaubens an das Sakrament der Taufe; sie legt zwei Holzscheite in Kreuzform zusammen und präfiguriert so das Kreuztragen Christi; außerdem ist sie im Zyklus der sieben Werke der Barmherzigkeit das Bild der Gastfreundschaft) hat ihr viele Bilder eingetragen: □ Fresko 3. Jh., Synagoge Dura-Europos/ Syrien; Gottfried v. Huy, emaillierte Kreuze, 12. Jh., British Museum und Victoria and Albert Museum, London; Kreuz 12. Jh., Archäologisches Museum Lüttich; Fenster 12. Jh., Kath. Chartres; Passionsfenster 13. Jh., Kath. Bourges; Fresko 14. Jh., Emmaus-Kloster Prag; Jan Massys, Gemälde 1565, Gal. Karlsruhe. – 3. auf die in der Bibel nicht erwähnten, in mittelalterlichen Mysterienspielen aber breit geschilderten und von daher auch auf Christgeburtsdarstellungen beliebten Kochkünste Josefs. – 4. auf in bestimmten Monaten anfallende häusliche Arbeiten. → Monatsbilder.

Kommunion Anstelle des Abendmahls als einer Begebenheit im Verlauf der Passion Jesu bildet die frühchristliche Kunst in der Regel entweder das himmlische Freudenmahl der Erwählten oder den liturgischen Moment des Brotbrechens (fractio panis) oder die wunderbare Brotvermehrung ab. Die K. der Gläubigen selbst ist selten dargestellt, z. B. auf einer Elfenbeinpyxis aus Karthago (Museo Civico, Livorno), auf der Christus, sitzend, das Brot aus zwei zu seinen Füßen stehenden Körben an die Jünger austeilt, die es respektvoll mit bedeckten → Händen empfangen und eilig damit zu der (nicht abgebildeten) hungrigen Menge gehen. Die Kunst der Ostkirche bildet in Fortsetzung dieser Tradition den Bildtyp der »Apostelkommunion« aus. – → Mahl. → Brot.

Kompaß Auf künstlerischen Darstellungen der sieben freien → Künste Symbol der euklidischen Geometrie; in der → Tugendsymbolik Attribut der Klugheit, aber auch der theologischen Tugend der Hoffnung.

Kopf 1. Die »Johannesschüssel«, den K. → Johannes' des Täufers auf einer Schale abbildend oder plastisch – oft sehr realistisch – reproduzierend, faßt symbolisch das Martyrium des Vorläufers Christi zusammen, den Herodes Antipas enthaupten ließ. Vom Ende des Mittelalters an häufig zu finden (□ in der Schatzkammer von St. Servas, Maastricht, 14. Jh.; von Hennig v. d. Heyde, 15. Jh., Historisches Museum Stockholm; Marco Palmezzano, 16. Jh., Brera, Mailand; Andrea Solario, 16. Jh., National Gallery, London; B. Luini, 16. Jh., Louvre Paris; Jan van Weerd, 1508, Lüttich (Holz); Alonso Cano, 17. Jh., Kath. Granada). Es gab Serienanfertigungen der Johannesschüssel in bemaltem Gips, z. B. in Nottinghamer Werkstätten. Die Tatsache, daß sie in verschiedenen Ländern das Emblem barmherziger und Buß-Bruderschaften war, sowie die Überzeugung, daß sie gegen Kopfschmerz und Halsweh helfe, erklären ihre große Beliebtheit und Verbreitung. – 2. Heilige, die ihr abgeschlagenes Haupt tragen (Kephalophoren), z. B. Alban v. Verulam (von Mainz); Felix, Exuperantius und Regula v. Zürich; Lambert v. Lüttich; Dionysius (Denis) v. Paris, Gaudens, Eucharius, Livarius v. Metz, Lucianus und Justus v. Beauvais, Nicasius v. Reims, Revérien v. Autun, Fortunatus v. Montefalco, Minias v. Florenz, Merkurios, Katharina v. Alexandria, Romanos v. Antiochia. – 3. Mit dem K. eines anderen Heiligen als Attribut begegnen Cuthbert (mit dem Haupt des hl. Oswald), Gratus v. Aosta (mit dem – von ihm in Palästina aufgefundenen – Haupt Johannes' des Täufers); Grata v. Bergamo (mit dem Haupt des hl. Alexander). – 4. Das abgeschlagene Haupt des Goliath trägt David auf zahlreichen Darstellungen, wobei er es entweder an den Haaren hält oder auf einer Degenspitze aufgespießt hat. – 5. Ein abgeschlagener K. in einem Sack weist auf die Geschichte von Judith und Holofernes, die in den alttestamentlichen Apokryphen erzählt wird. – 6. Kahlköpfig dargestellt sind die Propheten Elia, Elisa und Jona (dieser in der Regel erst bei der Errettung aus dem Fisch), ferner die Heiligen Paulus, Benedikt und Bruno.

Korb Der K., ein altes Symbol des Mutterleibes – Mose wurde in einem Körbchen im Wasser gefunden –, erscheint in der christlichen Kunst als reiner Gebrauchsgegenstand, so auf Katakombenfresken und Sarkophagen bei der Darstellung der wunderbaren Brotvermehrung und des himmlischen Freudenmahls, auf Mosaiken (□ S. Vitale, Ravenna) als Behälter von Blumen und Früchten und damit allgemein als Verkörperung des Reichtums und der Schönheit der Schöpfung. – Einen K. mit Tauben als Opfergabe trägt Josef auf Bildern der Darstellung Jesu im Tempel, einen K. mit Broten Habakuk auf seinem Flug zur Ernährung → Daniels, so auch die Heiligen Nikolaus v. Tolentino und Francesca Romana. Ein K. mit Blumen und Früchten ist das Attribut der hl. Elisabeth, der hl. Dorothea und der in der Normandie verehrten Heiligen Opportuna v. Sées.

Kranz Kreisrundes Laub- oder Laub- und Blumengewinde aus natürlichem oder künstlichem Material, schon im Altertum festlicher Schmuck bei Opfern und Gelagen, Schmuck der Sieger im Kriege oder in Kampfspielen, aber auch besonders ausgezeichneter Bürger. Im AT ist der K. ein Zeichen von Ruhm, Ehre und Freude. Im einzelnen werden Huldigungskränze, Siegeskränze, Brautkränze, Ehrenkränze (in theologischer Wertung für Jahwe wie für das Volk), Tempelkränze (als Baudekoration) und Blumenkränze gottloser Schwelger erwähnt. Im NT wird dann der Glaubenskampf mit olympischen Spielen verglichen. »Jene wollen einen vergänglichen K. gewinnen, wir aber eine unvergängliche Krone« (1. Kor. 9, 25). Es ist von der Krone der Gerechtigkeit (2. Tim. 4, 8) und der Krone des Lebens (Jak. 1, 12) die Rede. Wie nach Jes. 28, 5 einst der errettete und geläuterte Überrest des verirrten Volkes zur prächtigen Krone und zum herrlichen K. werden sollte, so schildert 1. Petr. 5, 4 den »unverwelklichen Kranz der Herrlichkeit« für die Gemeindeältesten. Entsprechend erscheinen Siegeskränze sehr häufig auf christlichen Grabplatten, Sarkophagen, Goldgläsern, Lampen usw., manchmal mit dem →Christusmonogramm verbunden, manchmal mit → Lamm und → Taube. Katakombenfresken, besonders in S. Gennaro, Neapel, zeigen Christus, der einen K. über das Haupt von Märtyrern hält. Aus dem Heilsbereich kann auch die → Hand Gottes herabreichen und einen Siegeskranz über das Kreuz Christi oder über Christuszeugen halten. Auf den Mosaikflächen unter der Fensterreihe des Mittelschiffs in S. Apollinare Nuovo, Ravenna, schreiten Reihen von männlichen und weiblichen Märtyrern (einander gegenüber) mit K.n, die sie auf verhüllten → Händen tragen, dem Altar zu. Ähnlich bringen in S. Paolo fuori le mura, Rom, die zwölf Ältesten der Apokalypse ihre Siegeskronen (Offbg. 4, 4. 10) dem Lamm dar. – Die Symbolik des K. ist im biblischen Sprachgebrauch (griech. stephanos) und im Horizont der frühchristlichen und mittelalterlichen Kunst mit der → Krone identisch. Sie kann im liturgischen Gebrauch mit der Taufe und der Konfirmation verbunden werden (vgl. K.e der Erstkommunikanten in der katholischen Kirche), wie es auch bei den mittelalterlichen Riten der Jungfrauenweihe der Fall war. – → Lorbeer.

Krebs Symbol der Auferstehung, da er den Panzer wechselt. Auch (bei Konrad v. Würzburg) Symbol Christi. Als Wappenzeichen des deutschen Kardinals Nikolaus v. Kues (1401–1464) nicht nur auf dessen Grabdenkmal in S. Pietro in Vincoli in Rom, sondern auch in dem von ihm gestifteten Nikolaus-Hospital in Bernkastel-Kues mehrfach begegnend.

Kreis Der K. ist der ausgedehnte Punkt, ein Bild des Vollkommenen und in sich Gleichen. Die Mitte ist der Vater des K. (Plotin). Das kann man auch in bezug auf Gott und seine Schöpfung verstehen. Konzentrische K.e symbolisieren die verschiedenen Grade der Wesen, die Hierarchien, besonders des Himmels. Damit kommt aber zugleich die konzentrische Bewegung ins Spiel, die an dem Sternenkreis besonders gut zu beobachten ist. Die unendliche Wiederholung macht den K. zum Bild der Unendlichkeit. So wird der K. zum bevorzugten Bild des Himmels (vgl. vor allem die Konzeption der Beatus-Apokalypse). Er kann zugleich auch eine Grenzlinie, eine Einfriedigung bedeuten. Von ihm abgeleitet ist das → Rad, die zyklische Bewegung innerhalb der Welt, Wiederbeginn, Erneuerung der Schöpfung, aber auch der Weg zur irdischen Veränderlichkeit. Als Rad ist der K. daher auch Symbol der Zeit. Um die Zeit zu messen, haben die Babylonier ihn in 360 Grade eingeteilt; das hierher gehörige Symbol ist die → Schlange, die sich selbst in den Schwanz beißt. – In der christlichen Ikonographie bedeutet der K. in der Regel die Ewigkeit. Drei ineinander verschlungene K.e weisen auf die → Dreifaltigkeit.

Kreuz Das K. ist als Symbol älter als das Quadrat und ebenfalls durch die Vierzahl gekennzeichnet (→ Zahlensymbolik). Als zweifache Verbindung diametral entgegengesetzter Punkte ist es das Sinnbild der Einheit von Extremen (z. B. Himmel und Erde), der Synthese und des Maßes. In ihm verknüpfen sich Zeit und Raum. Es ist das universalste Symbol der Mittlung, des Mittlers – lange vor seiner Verwendung in der christlichen Bildsprache. In dieser gewann es seine Bedeutung durch den – für das antike Denken überaus anstößigen und schimpflichen – Kreuzestod Christi. Nur allmählich wurde die widersprüchliche Vorstellung eines gekreuzigten Gottes durch den tiefen religiösen Sinn des Sühnetodes überwunden. Auf diesem Hintergrund muß man die frühen und zögernden Darstellungen des Gekreuzigten sehen. Die erste datierte Darstellung des K. auf einem christlichen Denkmal findet sich auf einer Inschrift aus Palmyra von 134. Zu den ältesten Darstellungen des Gekreuzigten (2./3. Jh.) gehören ebenfalls drei Gemmen: ein roter Jaspis aus Gaza mit einem nackten, stehenden, mit einem Kreuznimbus versehenen Christus, ein Kornalin mit dem am K. stehenden Christus und zwölf Aposteln, ein Kornalin mit einem hoch auf einem Suppedaneum stehenden Gekreuzigten, zwölf Aposteln und einem Lamm. Berühmt wurde das von der Archäologie auf die erste Hälfte des 3. Jh. datierte Spottkruzifix aus der Pagenschule auf dem Palatin (Museo Kircheriano, Rom), das einen Gekreuzigten mit einem Eselskopf und einen ihn Anbetenden nebst der Inschrift zeigt: »Alexamenos verehrt seinen Gott.« In den Katakomben taucht das Kreuzeszeichen selten auf, als griechisches wie als lateinisches K. Manchmal ist es durch das T ersetzt, das der Form des bei der Kreuzigung Jesu verwendeten K. entspricht. Auch der häufiger begegnende → Anker ist als Kreuzsymbol anzusprechen. Die Sarkophage des 4./5. Jh. weisen die Tendenz auf, das K. darzustellen, dabei aber den Gekreuzigten nicht zu zeigen. Doch zeigt dann eine berühmte Elfenbeintafel aus dem Beginn des 4. Jh. (British Museum London) Christus, wie er sein K. trägt, und Christus am K. Ein bedeutsames weiteres Dokument für die Bildgeschichte des Kruzifixes stellt die dem 6. Jh. angehörende Darstellung auf der Holztür von S. Sabina, Rom, dar, die Christus am K. zwischen den zwei Übeltätern vor einer Ziegelmauer zeigt. Der syrische Bildtyp, der sich nun bald auch im Westen entwickelt, hat die Tendenz zur Symbolisierung (mit den Schächern, den Soldaten, Sonne und Mond; vgl. Fresko in S. Maria Antiqua, Rom). Die byzantinische Kunst bleibt bei stärkerem Realismus; doch ist es, wo sie den Westen beeinflußt, auffallend, daß in Ravenna wie in Rom zwar das K., aber möglichst nicht der Gekreuzigte dargestellt werden. Auf die weitgehende symbolische Ausdeutung des K. als Zentrum der neuen Schöpfung, Lebensbaum, Achse der Welt, Himmelsleiter kann hier nur hingewiesen werden. Da das K. als Paradies der Erwählten verstanden werden kann, fehlen auch Darstellungen eines bewohnten K. nicht. So zeigt ein florentinischer Holzschnitt von 1491 ein K. zwischen Sternen, auf dessen Armen zwölf kniende und betende Gläubige dargestellt sind. Das K. mit Marterwerkzeugen, das K. auf der Weltkugel sind naheliegende Konsequenzen der bereits vorliegenden Symbolik. – Häufig begegnende Kreuzformen: 1. (s. S. 179) vierspeichiges Radkreuz, altes vorchristliches Licht- und Sonnensymbol (bei asiatischen Völkern wie bei Germanen) sowie Symbol des Jahreslaufes und des Lebenslaufes (→ Rad). In der christlichen Kunst Zeichen der leben- und lichtbringenden Herrschaft des Christus über die Welt. – 2. (s. S. 179) griechisches K. (latein. Bezeichnung crux quadrata), bestimmend für den Grundriß vieler byzantinischer und syrischer Kirchenbauten. – 3. (s. S. 179) lateinisches K., Passionskreuz (crux immissa, wörtl. ineinandergefügtes K.), begegnet in der Regel im Grundriß romanischer und gotischer Kirchen. – 4. (s. S. 179) Schrägkreuz, Andreaskreuz (crux decussata = Zeichen für die Zahl Zehn), ursprünglich Symbol der gekreuzten Hölzer des Feueropferaltars und diesbezüglich auf Darstellungen der Opferung → Isaaks oder der Witwe zu Zarpath (Sarepta) zu finden. Der Apostel Andreas soll auf einem K. dieser Form hingerichtet worden sein. Auch im profanen Bereich weit verbreitet als Haus-, Gilden- und Grenzzeichen. – 5. (s. S. 179) T- oder Tau-K. (nach dem griech. tau genannten Buchstaben T, crux commissa, wörtl. aneinandergefügtes K.), Antoniuskreuz: sehr altes (bei Assyrern wie amerikanischen Völkern) heiliges Zeichen als Sinnbild für den Mittelpunkt der Welt, einerseits für die alles berührende Sonnenkraft, andererseits für den aus der Himmelssphäre herabströmenden fruchtbaren Regen. Auf römischen Soldatenlisten bedeutete (nach Isidor v. Sevilla) ein (s. S. 179) (Theta, wohl von Thanatos, Tod) hinter dem Namen, daß der Betreffende gefallen war, ein T jedoch, daß er lebte. Diesen positiven Sinn hat das T auch bei Ezech. 9, 4 (der Prophet bezeichnet auf Gottes Befehl die Stirn der Glaubenstreuen mit einem T) und Offbg. Joh. 7, 2f. (Kennzeichnung der Auserwählten durch das Siegel Gottes, Zeichen der Erlösung). Später gab man den Mönchsstäben (→ Stab) oben die Form eines T; so wurde dieser Tau-Stab zum Attribut des Wüstenvaters Antonius d. Gr. und zum Zeichen des Mönchsordens der Antoniter. – 6. (s. S. 179) Gabelkreuz, Schächerkreuz, bei manchen Kreuzigungsdarstellungen nur für die Schächer, bei anderen (Astkreuz) auch für Christus üblich, aber von weit älterer Symbolbedeutung: es weist auf den Lebensbaum (→ Baum). In diesem Sinne war es wohl auch die ursprüngliche Form der segnenden Anhauchung des Taufwassers, die man später als griechisch Psi (Ψ) verstand. – 7. (s. S. 179) Henkelkreuz (crux ansata), ursprünglich die ägyptische Hieroglyphe ankh, Leben; Hinweis auf die Belebung und Befruchtung der Erde durch den aufgehenden Sonnenball. Als Zeichen des Lebenswassers häufig auf altägyptischen Darstellungen zu finden; von den christlichen Ägyptern (Kopten) als Zeichen der lebenspendenden Kraft des K. Christi übernommen. – 8. (s. S. 179) Hakenkreuz Swastika (crux gammata, weil aus vier umgekehrten griechischen Haken, gamma, bestehend), sehr altes Feuer- und Sonnenzeichen, zunächst in Asien, dann auch bei den Germanen (in Skandinavien = Hammer Thors). Im Buddhismus Zeichen des Paradiesschlüssels. In der romanischen Ornamentik verbunden mit der Mäanderlinie, Schutzmittel gegen den Teufel. Außerdem in zahlreichen Kulturen verbreitetes Symbol für die Kreisbewegung. Es begegnet in der frühchristlichen Zeit gelegentlich auf Fresken und Steinplatten als Kreuzsymbol. Wenn es auf einer romanischen Christusdarstellung auftaucht, ist häufig auch an den »Schöpfungswirbel« zu denken, um den sich geschaffene Hierarchien und Ordnungen im Kreis fügen. – 9. (s. S. 179) Ankerkreuz, erinnernd an die verhüllte Darstellung des K. in den ersten christlichen Jahrhunderten, → Anker. – 10. (s. S. 179) Kleeblattkreuz, symbolisch als Verbindung von Christuskreuz und Dreifaltigkeitszeichen gedeutet. – 11. (s. S. 179) Krückenkreuz, Vervielfachung des Tau-K., bereits auf Münzen der Merowingerzeit, im 19. und 20. Jh. als christliches Emblem neu beliebt. – 12. (s. S. 179) Jerusalemer K. (vier kleine K.e in den Winkeln eines großen Krückenkreuzes), als Hinweis auf die fünf → Wunden Jesu verstanden. Abzeichen des Ordens der Ritter vom Heiligen Grabe. – 13. (s. S. 179) Wiederkreuz, Vervielfachung des lateinischen K. – 14. (s. S. 179) Erzbischöfliches oder Patriar-

Kreuzsymbole

1 Radkreuz
2 Griechisches Kreuz
3 Lateinisches, Passionskreuz
4 Andreas-, Schrägkreuz
5 Tau-, Antoniuskreuz
6 Gabel-, Schächerkreuz
7 Henkelkreuz, ägypt. Kreuz
8 Swastika, pop. »Hakenkreuz«
9 Ankerkreuz
10 Kleeblattkreuz
11 Krückenkreuz
12 Jerusalemer Kreuz
13 Wiederkreuz
14 Lothringer, Patriarchalkreuz
15 Weihekreuz
16 Russisches Kreuz
17 Johanniter-, Malteserkreuz
18 Gammakreuz
19 Tatzenkreuz
20 Tolosaner Kreuz
21 Kolben-, Apfelkreuz
22 Kugelkreuz
23 Astkreuz
24 Doppelkreuz
25 Kardinalskreuz
26 Jakobskreuz
27 Hakenkreuz
28 Christusmonogramm
29 Dreifaltigkeitssymbol

chalkreuz, auch »Lothringer K.« genannt. – 15. (s. S. 179) Päpstliches K. – 16. (s. S. 179) Lateinisches K. mit schräggestelltem Fußbalken, in der Kirche des Ostens (besonders Rußland) vorwiegend gebräuchlich. – 17. (s. S. 179) Johanniter- oder Malteserkreuz (Abzeichen der betreffenden, von ihrem Ursprung zusammengehörigen Orden). Die acht Spitzen werden auf die acht Seligkeiten gedeutet. → Zahlensymbolik. – 18. Das Gemmenkreuz (mit Gemmen und Edelsteinen besetztes K.) erinnert, wo es abgebildet wird (□ Apsismosaik S. Pudenziana, Rom) an das mit Edelsteinen bedeckte Triumphkreuz, das Kaiser Konstantin in Jerusalem errichten ließ. – Ein K. als Attribut erscheint, außer bei Darstellungen Christi und der Kirche (im Gegenüber zur Synagoge, die die Gesetzestafeln trägt), des guten Schächers und der hellespontischen Sibylle (die die Kreuzigung Christi vorausgesagt haben soll), bei den Heiligen Judas Thaddäus, Philippus, Cyriakus v. Jerusalem, Kaiserin Helena (die das K. Christi wiederfand), Margarete (die mit Hilfe des K. einen Drachen besiegte), Paraskeva (Personifikation des Karfreitags), Wilgefortis (Kümmernis, → Bart). Ein umgekehrtes K. deutet auf das Martyrium der Apostel Petrus und Philippus; ein gleichschenkliges griechisches K. auf den hl. Minias (Miniato) v. Florenz, einen im römischen Heer dienenden armenischen Prinzen; ein Schrägkreuz auf die Heiligen Andreas und Eulalia; ein T-K. auf den hl. Antonius d. Gr.; ein Kardinal- oder Patriarchenkreuz auf die Heiligen Bonaventura, Claudius, Jakobus d. Ä. (maior, als den angeblich ersten Erzbischof Spaniens), Lorenzo Giustiniani (den ersten Patriarchen Venedigs); ein K. auf einer Scheibe auf den Propheten Jeremia; ein K. mit einer Taube auf die hl. Margarete; ein K., das aus einem Palmbaumstumpf gehauen wurde, auf den hl. Paphnutius; ein K. in einer Rosengirlande auf die Heiligen Rosina und Therese von Lisieux.

Kreuzweg → Weg.

Krippe Die K. des Jesuskindes, von der fünf Holzfragmente in der Basilika S. Maria Maggiore in Rom erhalten geblieben sein sollen, taucht in der christlichen Kunst regelmäßig im Zusammenhang mit der Darstellung der Christgeburt auf, manchmal sehr schlicht, manchmal als eine Art Wiege, mit Tüchern drapiert, manchmal als kleiner Tisch (auf den einzig erhaltenen Katakombenfresken mit diesem Thema in S. Sebastiano, Rom), manchmal als großer auf dem Boden stehender Korb (auf Sarkophagen), später, und besonders in der byzantinischen Kunst, als eine Art gemauerten Opferaltars, der bereits, ebenso wie der Kreuznimbus des Kindes, auf die Passion hinweist. – Eine K. ist das Attribut der Sibylle von Samos, die die Geburt Christi vorausgesagt haben soll, und des hl. Hieronymus, der in Bethlehem lebte.

Kröte In Ägypten stellt das Bild der K. die Göttin Hiqit dar, die die Göttin der Auferstehung ist. Vielleicht hängt diese Verknüpfung mit der Metamorphose der K. aus einem rudimentären Wesen zu einem vollständigen Tier zusammen. Die Ägypter hatten eine Vorliebe für Öllampen in Krötengestalt (mehrere in Berliner Museen); eine Reihe ähnlicher Lampen mit dem Zusatz christlicher Embleme stammt ebenfalls aus Ägypten. Sie tragen zum Teil so eindeutige Inschriften wie »Ich bin Auferstehung« und dazu das auffallende Kreuzeszeichen auf dem Rücken. Offenbar hat die alte Symbolik der K. hier Jahrhunderte überdauert. In der mittelalterlichen Kunst gehört die K. mit der Schlange zu den ständigen Attributen des → Skeletts, der Darstellung des Todes und des übertünchten Elendes des Hochmuts und der Wollust (□ Darstellungen der Luxuria; dazu auch die Statue des »Versuchers« im Straßburger Münster). Eine verbreitete Tradition, die die K. besonders mit dem Geiz in Verbindung brachte, hat Vasari zur Darstellung der Todsünde des Geizes in Gestalt einer K. in der Kuppel des Florentiner Domes veranlaßt. Eine krötenartige Figur als Votivbild an (vornehmlich) bayerischen Gnadenaltären und Wallfahrtsorten soll auf die Gebärmutter verweisen und den Dank für Hilfe in Gebärbeschwerden ausdrücken. – → Frosch.

Krokodil Das K., für den Orient das Bild der Gefräßigkeit und Heuchelei, tritt in der Bibel, unter dem Namen des Leviathan (Hiob 40, 25; 41, 26), als eines der Ungeheuer des anfänglichen Chaos auf. Die frühe christliche Kunst hat es nicht verwendet. Ausnahme: neben kleinen Bronzetieren aus koptischen Funden, eine aus Medinet-el-Faijum stammende, im Koptischen Museum in Kairo aufbewahrte Tonlampe, auf der, vermutlich in bezug auf eine örtliche Legende, ein Märtyrer (oder eine Märtyrerin) dargestellt ist, der ein heiliges K. mit Hilfe des Kreuzeszeichens tötet. – In seiner negativen Bedeutung steht das K. dem → Drachen nahe. – Um den Unterschied zu dem Drachentöter Georg zu betonen, gab man in der Ostkirche gelegentlich dem hl. Theodor, der nach der Legende einen Drachen tötete, ein K. als Attribut bei (□ Mosaik des 12. Jh. in S. Marco, Venedig).

Krone Die K., ein zum Schmuck des Hauptes bestimmtes, ursprünglich nur königliches Würdezeichen, gewinnt ihren Symbolcharakter aus dem Umstand, daß sie 1. auf der Höhe des Hauptes sitzt und so überhaupt dessen und des aufrechten Menschen transzendente Bedeutung teilt, 2. rund ist und damit auf jene Vollkommenheit und Teilhabe am himmlischen Wesen hinweist, die der Kreis symbolisiert, 3. in der Regel aus kostbarem Material (Gold) oder Material mit Opfercharakter (Blätter, Blumen) besteht. Biblisch steht die K. für Ruhm, Ehre, Freude, ist Zeichen der königlichen und hohepriesterlichen Würde und auch damit ein Sinnbild der Ehre. Sie ist vom Sprachgebrauch wie von der Verwendung her mit dem → Kranz identisch. Christus ist mit Ehre und Herrlichkeit gekrönt (Hebr. 2, 9). Dieses Gekröntsein des vollendeten Christus (vgl. Offbg. 14, 14) weist ebenso wie der Sprachgebrauch »K. des Lebens« (Jak. 1, 12; Offbg. 2, 10), »K. der Gerechtigkeit« (2. Tim. 4, 8) auf das Versprechen des ewigen Lebens hin, das mit dem Kreissymbol charakterisiert ist. Deshalb tragen die vierundzwanzig Ältesten der Apokalypse, die die Kirche Gottes repräsentieren, ihre K.n vor den Thron Gottes und legen sie dort nieder (□ S. Paolo fuori le mura, Rom. – → Christus »in Majestät«). Als Ehrenzeichen derer, die den Sieg der Unsterblichkeit davongetragen haben, ist die K. (= der Kranz) auf Sarkophagen und Epitaphien der frühen Christenheit abgebildet. Auch der → Nimbus der Heiligen deutet zusätzlich auf diese Symbolik. – Hier ist auch das der Bibel fremde, aber in der abendländischen christlichen Kunst sehr verbreitete Bild der Krönung Marias zu erwähnen, das hauptsächlich durch die Goldene Legende populär wurde und offenbar von Frankreich ausging. Typologische Verbindung besteht zur Erhebung Bathsebas durch ihren Sohn Salomo (1. Kön. 2, 19) und zur Krönung der Esther durch Ahasveros (Xerxes; Esther 2, 17). Es gibt verschiedene Varianten des Themas. 1. Maria durch Engel gekrönt. □ Portale des 13. Jh.: Notre Dame, Paris, Kath. Lausanne, Liebfrauenkirche Trier; Relief 13. Jh., Kreuzgang Kloster Silos/Spanien; Triptychon 15. Jh., Kath. Moulins. 2. Maria durch Christus gekrönt. □ Tympana 13. Jh., Kath. Chartres; St. Yved, Braine/Aisne; Kath. Bourges; Münster Straßburg; Kirche Kaysersberg/Elsaß; Kath. Toro/Spanien; Apsismosaik 1290, S. Maria Maggiore, Rom; Giotto, 14. Jh., Fresko Arenakapelle Padua, und Gemälde S. Croce, Florenz; Orcagna, 14. Jh., National Gallery, London; Österreichische Schule 1330, Rückseite des Verduner Altars, Klosterneuburg b. Wien; Fra Angelico, 15. Jh., S. Marco, Florenz, und Louvre, Paris; Giovanni Bellini, 15. Jh., Altar Pesaro; Imhof-Altar, 15. Jh., St. Lorenz, Nürnberg. 3. Maria durch Gottvater gekrönt. □ Filippo Lippi, 1447, Accademia Florenz; Fresko 1467, Chor Kath. Spoleto; Botticelli, 1490, Uffizien Florenz; Michael Pacher, Altar 1481, St. Wolfgang/Österreich. 4. Maria durch die Trinität gekrönt. □ Enguerrand Quarton, 1453, Hospiz Villeneuve-lès-Avignon; Teppich 15. Jh., Schatzkammer Sens; Michael Pacher, Altar von Gries, 1475, Alte Pinakothek München; Raffael, 16. Jh., Pinacoteca

Vaticana Rom; Veronese, 1555, S. Sebastiano, Venedig; El Greco, 16. Jh., Kirche von Illescas/Spanien; Hans Baldung Grien, Altar 1515, Freiburg/Br.; Meister H. L., Schnitzaltar 1526, Münster Breisach; Rubens, 17. Jh., Louvre Paris; Velazquez, 17. Jh., Prado Madrid; Hochaltar 17. Jh., Wallfahrtskirche zur Heiligen Dreifaltigkeit, Gößweinstein/Franken. – Mit einer dreifachen Papstkrone (Tiara) auf dem Haupt werden alle Päpste dargestellt (z. B. häufig in der Reihe der vier Kirchenlehrer: Gregor I., d. Gr.), auch Petrus und der hl. Tugdual, den eine bretonische Legende als Papst bezeichnet, ferner die Gottesmutter Maria und die symbolische Gestalt der hl. Weisheit (Sophia). Eine fünffache Papstkrone bezeichnet Gott Vater, eine auf dem Boden liegende päpstliche Tiara weist auf solche Heilige, die entweder die Papstwürde für sich abgelehnt oder während ihrer Regierung als Päpste abgedankt haben, z. B. Majolus (Mayeul) v. Cluny, Filippo Benizzi v. Florenz, Coelestinus V. (Pietro da Morrone). – Gekrönte Frauengestalten symbolisieren die theologischen Tugenden Glaube und Hoffnung, die Kardinaltugend der Gerechtigkeit, auch die Beharrlichkeit, ferner die Kirche, die Philosophie und die Synagoge (diese mit schiefsitzender K.).– In der Ostkirche gehört bei der Trauung die Hochzeitskrone zum festen Ritual (vgl. Hoheslied 3, 11); zugleich ein Hinweis auf die geistliche Ehe zwischen Christus und der Seele.

Krücken Zeichen der Gelähmten bei Wunderheilungen Jesu, ferner Attribut der Heiligen Lambert (Schutzpatron der Gelähmten) und Maurus (Patron der Rheumatiker, Gichtkranken und Hinkenden)..

Krug 1. K.e auf szenischen Darstellungen können einen Hinweis auf die Wunder des → Elia und → Elisa in den Häusern der Witwen zu Zarpath (Sarepta) und der Prophetenwitwe (1. Kön. 17, 8 ff.; 2. Kön. 4,1 ff.) darstellen. – 2. Sechs große Steinkrüge, die normalerweise zu Reinigungsriten dienten, durch das Weinwunder Jesu auf der Hochzeit zu Kana (Joh. 2, 1 ff.) aber mit Wein gefüllt und erste Zeichen seiner Wirksamkeit wurden, symbolisch auf die sechs Weltalter (Repräsentanten: → Adam, → Noah, → Abraham, → David, Jechonja, → Johannes der Täufer) oder auf die sechs Lebensalter des Menschen gedeutet, erscheinen auf zahlreichen Darstellungen (□ Fresko 4. Jh., Katakombe SS. Pietro e Marcellino, Rom; Mosaik 5. Jh., Baptisterium Kath. Neapel; Holztür 6. Jh., S. Sabina, Rom; Elfenbeinrelief 6. Jh., Kathedra Maximians, Ravenna; Ziboriumssäule 6. Jh., S. Marco, Venedig; Elfenbeinplatte 6. Jh., Victoria and Albert Museum London; Goldpaliotto 9. Jh., S. Ambrogio, Mailand; Tympanon 12. Jh., Charlieu/Burgund; Fresken 12. Jh.

in Brinay/Cher und S. Baudilio, Berlanga/Kastilien; Fenster 13. Jh., Kath. Canterbury; Giotto, Fresko 14. Jh., Arenakapelle Padua; Tympanon 14. Jh., Puerta del Reloj, Kath. Toledo; Meister Bertram, 14. Jh., Buxtehuder Altar, Kunsthalle Hamburg; Michael Pacher, Altar 1481, St. Wolfgang/Österreich; Paolo Veronese, 16. Jh., Louvre Paris). – 3. Auf unzähligen frühchristlichen Darstellungen, besonders auf Sarkophagen und Epitaphien, taucht ein krugähnliches Gefäß mit dem Wasser des Lebens auf, durch daraus hervorwachsende Blätter und Ranken (Lebensbaumsymbolik) oder daraus trinkende Vögel charakterisiert. – 4. Als Heiligenattribut begegnet der K. bei den Heiligen Elisabeth von Thüringen/Ungarn, Notburga, Verena, Zita. – → Wasser.

Krummstab → Stab.

Kruzifix Das Bild Christi am → Kreuz, Attribut der Heiligen Antonius v. Padua, Bernhard v. Clairvaux, Bonaventura, Karl Borromäus, Franz v. Assisi, Juan de la Cruz, Nikolaus v. Tolentino, Petrus Damiani, Aldegunde, Brigitta, Katharina v. Siena, Luitgard. Johannes v. Gott ist dargestellt, wie er einem Sterbenden ein K. vorhält.

Kübel Ein Wasserkübel wird dem feuerlöschenden hl. Florian als Attribut beigegeben, ein Salzkübel dem hl. Nikolaus (der drei Schüler aus dem Pökelfaß errettete) und dem hl. Rupert v. Salzburg (als dem Schutzheiligen der Salzstadt).

Künste, freie Die sieben freien Künste (artes liberales): Grammatik, Rhetorik, Dialektik (Logik), Arithmetik, Geometrie, Astronomie, Musik, aus dem Sprachgebrauch der griechischen und römischen Rhetoren übernommen und ursprünglich für die Bildung freier Bürger (im Gegensatz zu den Sklaven) bestimmt, stehen in der mittelalterlichen Bildkunst in einer gewissen Beziehung zur Darstellung der sieben Planeten (→ Sterne). Gelegentlich tritt die Philosophie (von der Theologie nicht unterschieden) als ihre Mutter hinzu. Oft werden sie durch berühmte Männer der Antike repräsentiert (schon im 12. Jh. am Königsportal der Kathedrale von Chartres, später oft in der italienischen Malerei des 14. Jh.). Sokrates und Platon sitzen zu Füßen der Philosophie. Donatus oder Priskianus vertreten die Grammatik, Cicero die Rhetorik, Aristoteles (auch Zoroaster und Zeno) die Dialektik, Boethius (und Pythagoras, manchmal auch Abraham) die Arithmetik, Euklid die Geometrie, Ptolemäus die Astronomie, Pythagoras oder Jubal (1. Mose 4, 21) die Musik. – Attribute der Grammatik sind: eine Rute und zwei über Bücher gebeugte Kinder, zu ihren Füßen eine Henne, ein Sämann; der Dialektik: eine Schlange (zuweilen ein Skorpion oder Salamander oder Hundekopf), ein Vogel, ein Bäcker. Mit der Rechten zählt sie ihre logischen Schlüsse vor der erhobenen Linken auf oder hält einen Zweig; der Rhetorik: ein Haufen Gold, eine Amsel, ein Müller; seltener Helm, Lanze und Schild. Sie macht entweder eine typische Redegeste oder schreibt auf einer Tafel oder einer Rolle; der Arithmetik: eine Elster, ein Rechenmeister; sie sitzt vor einem mit Zahlen bedeckten Tisch und hat entweder die Arme erhoben oder hält Rechenkugeln und Rechenstab in der Hand; der Geometrie: ein Zirkel, ein Winkelmaß, Stab und Tafel mit aufgegliederter Fläche; ein Adler, ein Steinmetz; sie kann auch Figuren zeichnend an einem Tisch sitzen; der Astronomie: den Himmel bemalend oder nach den Sternen weisend, in der Hand ein → Astrolabium oder ein Buch; der Musik: eine Nachtigall, ein Schmied; sie schlägt mit dem Hammer an Glocken oder spielt Harfe, Gitarre oder Orgel. □ Mosaikfußboden 9. Jh., Seminar Ivrea/Piemont; Kapitelle 11. Jh., Musée Ochier, Cluny; Archivolten 12. Jh., Königsportal Kath. Chartres; Nikolaus v. Verdun, Osterleuchter, Bronze, um 1200, Dom Mailand; aus dem 13. Jh.: an Fassaden und Portalen der Kathedralen von Laon, Sens, Auxerre; Nicola Pisano, Kanzel Kath. Siena; aus dem 14. Jh.: Giovanni Pisano, Kanzel, Dom Pisa; Andrea Pisano: Reliefs Campanile, Dom Florenz; Portalstatuen Münster Freiburg/Br.; aus dem 15. Jh.: Antonio Pollaiuolo, Grabmal Sixtus' IV., St. Peter, Rom; Agostino di Duccio, Tempio Malatestiano, Rimini; Pinturicchio, Fresken App. Borgia, Vatikan, Rom; Botticelli, Fresko, Louvre Paris; aus dem 16. Jh.: Raffael Santi, Schule von Athen, Stanzen, Vatikan, Rom. – Auch andere Zweige menschlichen Wissens und Könnens wurden durch allegorische Gestalten veranschaulicht, z. B. die Medizin durch eine in Augenhöhe erhobene Phiole oder einen Krug, die Astrologie (Alchimie) mit einer Schriftrolle, einen geflügelten Drachen zu Füßen, die Architektur mit Lineal und Zirkeln, die Malerei mit einer Palette, die Metallurgie mit Thubalkain und seinem Amboß, die Landwirtschaft mit dem grabenden Adam und dem pflügenden Kain, die Viehzucht mit dem Hirten Abel. – In der Renaissancekunst wurden die sieben freien Künste durch die neun Musen der Antike verdrängt.

Kürbis In Jona 4, 6 irrtümlich mit der dort tatsächlich erwähnten Rizinusstaude verwechselt, symbolisiert jedenfalls als einjährige Pflanze das schnelle Wachstum sowie das schnelle Verderben, d. h. die Kürze des dahineilenden Lebens. In diesem Sinne begegnet der K. auf Albrecht Dürers Bild »Hieronymus im Gehäus«.

Kugel Die K. teilt die Symbolik des → Kreises, den sie im Bereich der Körper vertritt. Sie ist Sinnbild des idealen Universums, speziell der himmlischen Vollkommenheit, der absoluten Allgegenwart und Allwirksamkeit Gottes. So kann sie in abgeleitetem Sinn besonders in der Hand Gottes den Schöpfungsbereich von Himmel und Erde symbolisieren: Im Schöpfungsfenster des Ulmer Münsters stellt eine weiße K. den leeren Raum, eine blau, rot und weiß gestreifte K. die Scheidung der Elemente, eine mit Sternen besäte blaue K. den Sternenhimmel, eine blaue K. das Meer dar. Das Bamberger Evangeliar zeigt den → Christus »in Majestät« in Beziehung zu einer purpurnen, einer bestirnten blauen und einer grünen K.: feuriger Ätherhimmel, Sternenhimmel, Erde. Der Schöpfungszyklus der Mosaiken in S. Marco, Venedig, läßt aus der Hand Gottes zuerst eine schwarze K., das Chaos, dann die gestirnte blaue des irdischen Himmels erstehen. Die Totalität von Himmel und Erde drückt sich in der Zusammenstellung von Kubus und K. aus. Daher die in der byzantinischen Kunst und in der Renaissance (□ St. Peter, Rom), aber auch im Moscheenbau zu beobachtende Tendenz der Architektur, ein Viereck von einer K. bzw. einer Halbkugel überwölben zu lassen bzw. eine Viertelkugel in den Apsiden anzudeuten. So wird auch Gott von Gewölbe überragt dargestellt, während die Füße auf einem rechteckigen Schemel ruhen. Das symbolisiert die Niederkunft von seinem himmlischen Thron zur Erde. Genauso bezeichnet der Übergang von der K., dem Kreis, dem Bogen zu rechteckigen Formen die Inkarnation, die in dem wahrhaftigen Gott und wahrhaftigen Menschen geschlagene Brücke zwischen Himmel und Erde. Umgekehrt weist der Übergang vom Quadrat zum Kreis auf die Rückkehr des Geschaffenen zum Ungeschaffenen, der Erde zum Himmel, die Fülle der Vollendung, die vollendete zyklische Bewegung. Von diesen Hintergründen aus ist manche Kugelgestalt in der christlichen Ikonographie, wie z. B. die Weltkugel in der Hand Jesu, erst in ihrer ganzen Bedeutungsfülle zu verstehen. Sie weist, besonders wenn sie mit einem Kreuz gekrönt ist, auf sein Reich im Himmel und auf Erden. Die Spannweite der hier gegebenen Möglichkeiten reicht von einer Chorempore des 16. Jh. in Enna/Sizilien, auf der Christus, aus der Reihe der Apostel heraustretend, die fußballgroße Erdkugel betont leicht und sicher in der Hand hält, bis zu dem berühmten großen Fresko des Campo Santo in Pisa, auf dem die Arme Christi eine riesige, ihn vom Kopf bis zu den Füßen deckende Weltkugel umfassen, die den Himmels-, Luft- und Erdbereich in seinen verschiedenen Schichtungen sehr differenziert aufgegliedert zeigt. – Attribut ist die K. als Zeichen der Macht bei Konstantin, Karl d. Gr., Kaiser Heinrich II., Ludwig, Sigismund. Als Zeichen für die Verachtung der Macht dieser Welt tritt der hl. Bruno einen Globus mit Füßen. Eine feurige K. (Hinweis auf eine Vision) erscheint bei Benedikt v. Nursia,

Franz v. Sales, Germanus, Martin, Robert, Vinzenz v. Paul, Thekla.

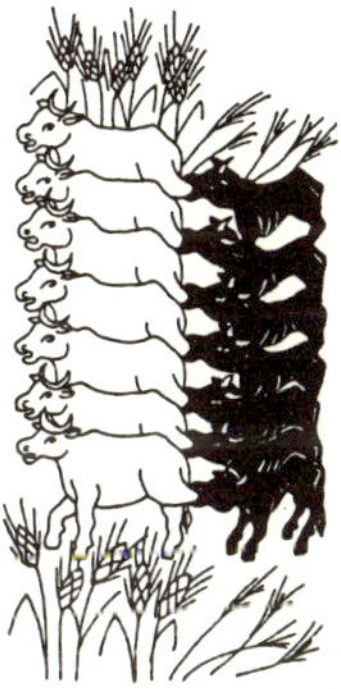

Kuh Die in Kulten des Mittelmeerraumes als Attribut der Göttinnen der Liebe und der Fruchtbarkeit häufig dargestellte K. (□ Hathortempel Westtheben, Ägypten) hat in der Bibel im Gegensatz zum – negativ geladenen – → Stierbild geringen symbolischen Stellenwert. Lediglich die in der israelitischen Gesetzgebung (4. Mose 19, 1 ff.) angeordnete Schlachtung und Verbrennung einer jungen rotfarbenen K. (vgl. auch die Nennung einer K. beim Gottesbund mit Abraham 1. Mose 15, 9), deren Asche man dem für kultische Reinigungen bestimmten Wasser beimischen sollte, weist symbolisch auf jugendkräftige weibliche Geschlechtlichkeit und Lebenskraft. Die christliche Symbolik (z. B. Methodios von Olympos) bezog dieses Opfertier auf Christus und seinen Opfertod: »tot wegen des Leidens, tadellos wegen der Unschuld, ohne Joch, weil rein von aller Sünde, an Fesseln nicht gewöhnt, weil ohne Leidenschaft«. – Im Rahmen der Josefsgeschichte (1. Mose 37 ff.) werden die sieben fetten und sieben mageren K.e (1. Mose 41), die Pharao im Traum erblickt hatte und deren Bedeutung Josef erläuterte, – meist ein wenig unbeholfen – dargestellt (□ Fresko 12. Jh., St. Savin/Poitou; Fenster 13. Jh., Kath. Bourges; Chorgestühl 16. Jh., Kath. Amiens). – Als Heiligenattribut begegnet die K. auf Darstellungen der Heiligen Ephräm, Hermeland (Herbland), Leonhard, Patrick, Wendelin, Brigitta v. Irland, Gunhilde; als Medium des Martyriums bei der hl. Perpetua.

Kuß Als Zeichen der Liebe, Ehrerbietung und Freundschaft, Vereinigung und Versöhnung bei den Orientalen von jeher unter diesen Formen sehr gebräuchlich und daher auch oft in der Bibel erwähnt (Huldigung: 1. Kön. 19, 18; Hos. 13, 2; Hiob 31, 27; 1. Sam. 10, 1; Vereinigung, Versöhnung: 1. Mose 33, 4; 2. Sam. 14, 33; Liebe: Hohesl. 1, 2; 1. Sam. 20, 41; Apg. 20, 37; Unterwerfung: Ps. 2, 12). In der symbolischen Vertiefung von Hohesl. 1, 2, »er küsse mich mit dem Kuß seines Mundes«, wurde der K. im Zohar mystisch interpretiert als Vereinigung von Atem und Atem (= Geist und Geist), und eine rabbinische Tradition betrachtete den Tod bestimmter Gerechter und Freunde Gottes, wie z. B. Moses, als ekstatisches Fortgerissenwerden durch den K. Gottes. Diese geistliche Deutung kehrt in der Auslegung des Hohenliedes durch Kirchenväter und mittelalterliche Theologen wieder: Der Heilige Geist geht aus dem K. zwischen Vater und Sohn hervor; die Inkarnation ist der K. zwischen Logos Gottes und menschlicher Natur. Um die unbefleckte Empfängnis Marias durch ihre Mutter Anna zu belegen, ließ die Legende diese Empfängnis im Augenblick des K. zwi-

schen Joachim und Anna in der Goldenen Pforte geschehen. – Die alte christliche Kirche kannte den Bruder- und Friedenskuß (Röm. 16, 16; 1. Kor. 16, 20; 2. Kor. 13, 12; 1. Thess. 5, 26; 1. Petr. 5, 14), der auch noch heute in verschiedenen christlichen Kreisen üblich ist. Vgl. auch den Osterkuß in der Ostkirche. Das Küssen von Heiligenreliquien ist ein Zeichen der Verehrung, aber auch der spirituellen Vereinigung. Im Altertum küßte man Statuen, um ihren Schutz zu erflehen. Vor allem erwies man den Füßen und Knien der Könige und Richter, schließlich auch des Papstes küssend besondere Ehrerbietung (vgl. im AT »Staublecken« = Fußkuß: Jes. 49, 23; Micha 7, 17; Ps. 72, 9), so wie im Feudalrecht des Mittelalters der Vasall gehalten war, die Hand seines Herrn zu küssen. – Der in der christlichen Kunst oft nach Matth. 26, 49 und Luk. 22, 48 dargestellte Judaskuß ist sprichwörtlich geworden. □ Mosaik 6.Jh., S.Apollinare Nuovo, Ravenna; Außenfries 11. Jh., St. Paul-les-Dax; Kapitelle 12. Jh., St. Nectaire/Puy-de-Dôme und Königsportal Chartres; Relief 12. Jh., St. Gilles-du-Gard; Relief 13. Jh., Lettner Dom Naumburg; Tympanonrelief 14. Jh., Münster Ulm; Giotto, Fresko 14. Jh., Arenakapelle Padua; Fra Angelico, 15. Jh., S. Marco, Florenz; Altartafel 14. Jh. Liebfrauenkirche Hofgeismar/Hessen; Kaspar Isenmann, Passionszyklus 1462, Mus. Colmar; Hans Schäufelein, 16. Jh., Kunsthalle Hamburg; Albrecht Altdorfer, Altar 16. Jh., St. Florian/Österreich; Fresken 16. Jh., Protaton Karyes und Kloster Vatopedi, Athos; Anton van Dyck, 17. Jh., Prado Madrid.

L

Labarum Kreuzfahne, in der spätrömischen Zeit die kaiserliche Hauptfahne des Heeres, eine lange Lanze mit einem Querbalken, von dem eine rotseidene oder purpurfarbene Fahne niederhing. Entgegen früheren Vorstellungen trug sie bereits mindestens ein Jahr vor dem Siege Konstantins d. Gr. über Maxentius (312 n. Chr.) an ihrem oberen Ende das Christusmonogramm in goldenem Kranz. So ist das L. dann auf vielen Münzen Konstantins dargestellt. Es taucht auch, ohne Tuch, unter Betonung der Kreuzbalken und durch die beigefügten Gestalten schlafender Grabwächter als Ostersymbol charakterisiert, auf Sarkophagen auf (□ Lateran, Rom; Manosque, Nîmes, Arles, Frankreich).

Labyrinth Nach dem wegen der Kompliziertheit seines Bauplanes und der Schwierigkeit des Durchgangs als L. bezeichneten Palast des Minos in Knossos auf Kreta gab man im Altertum gewissen Gebäuden oder unterirdischen Felsaushöhlungen den gleichen Namen, die viele unter sich zusammenhängende Kammern enthielten und nur einen oder wenige Ausgänge hatten. So konnte sich der Eintretende leicht verirren. In der antiken Kunst (□ Sgrafitto in Pompeji) wurde das L. als ein von Mäanderwindungen gebildetes Quadrat dargestellt. Dieses alte Motiv, das sich auch häufig auf römischen Fußböden fand, erfüllten die Christen mit neuem Sinn. Die in vielen alten Kirchen – die älteste bekannte dieser Art findet sich in Orléansville, Algerien (Reparatusbasilika, entstanden 324) – mit schwarzen und weißen Steinen auf den Boden gezeichneten L.e stellen mit ihren unabsehbaren Mäanderlinien das menschliche Leben mit all seinen Prüfungen, Verzögerungen und Komplikationen dar, während in der Mitte, im Ziel, das himmlische Jerusalem wartet. Der Pilger, der nicht ins Heilige Land wallfahrten konnte, konnte hier die Pilgerfahrt im Geiste oder praktisch auf den Knien nachvollziehen (z. B. in Chartres 200 Meter bei 12 Metern Durchmesser). Berühmte L.e befinden sich ferner unter anderem in S. Vitale, Ravenna; San Michele Maggiore, Pavia; St. Savin, Plasencia, Dom Cremona; S. Maria in Trastevere, S. Maria in Aquiro, Rom; Dom Lucca; Kathedralen von Chartres, Reims, Bayeux; St. Bertin, St. Omer; Abteien Toussaint/Marne, Pont l'Abbé/Finistère (Frankreich), schließlich in einem der griechischen Meteora-Klöster, Haghia Warlaam. In den Kölner Kirchen St. Gereon und St. Severin sind lediglich Bruchstücke von L.n erhalten. Die Baudaten reichen vom 5. bis zum 16. Jh. Danach ging die L.-Mode von den Kirchen auf die Gartenanlagen über.

Lamm Junges Schaf oder junge Ziege, Symbol der Unschuld und Demut, als häufigstes Opfertier des alttestamentlichen und überhaupt des antiken Kultes (in der chinesischen Bilderschrift bezeichnet ein L. nebst einer Hand über dem Opfergefäß »die große Gerechtigkeit«) zugleich eines der bedeutendsten Symbole christlicher Bildkunst, entwickelt aus dem biblischen Bericht über das Passahlamm und den durch sein Blut gewährten Schutz (2. Mose 12, 3; 29, 38 f.), den Vergleich des leidenden Gottesknechtes mit einem L., das zur Schlachtbank geführt wird (Jes. 53, 7), der Bezeichnung Jesu durch → Johannes den Täufer als des Gotteslammes, das der Welt Sünde trägt (Joh. 1, 29. 36; vgl. auch 1. Kor. 5, 7b) und der darauf bezogenen mehr als dreißigfachen Erwähnung des unbefleckten, geopferten, siegenden L. in der Offbg. Joh. – Als Christussymbol erscheint das L. im Zusammenhang mit dem Kreuz auf frühen Grabinschriften in den römischen Katakomben S. Callisto und S. Nereo ed

Achille, danach charakteristisch auf Sarkophagen in Ravenna, aber auch in Syrien, sehr eindrucksvoll auch auf dem Fragment eines Ziboriums aus S. Marco, Venedig; ferner ist es Christus in Gestalt eines L., der in den Zwickeln des vatikanischen Junius-Bassus-Sarkophags beim Vollzug seiner einzelnen wunderbaren Zeichen (Brotvermehrung usw.) dargestellt ist; Johannes der Täufer wird im Mittelalter häufig mit dem Gotteslamm auf dem Arm oder einer Abbildung desselben auf einer großen Scheibe oder auf einem Buch wiedergegeben (□ Kath. Chartres); auf die Texte der Offbg. Joh. (Kap. 5 und 7) verweist die Darstellung eines L. mit dem Buch mit den sieben Siegeln (□ Kapitelle 12. Jh. in St. Benoît-sur-Loire und St. Nectaire; Apokalypseteppich von Angers, 14. Jh.; Fenster 15. Jh., Ste. Chapelle, Paris) sowie die Anbetung des L. durch die Menge der palmentragenden Erwählten. Zu den frühen Symbolen (□ in den römischen Katakomben) gehört ein L., dem die Abzeichen des Guten → Hirten, Stab und Milchkrug, beigefügt sind, ein Hinweis auf die doppelte Funktion Christi als Hirt und Opferlamm. – Dem Text Offbg. Joh. 14, 1 (»Und ich sah, und siehe, ein Lamm stand oben auf dem Berge Zion«) entspricht das besonders auf Sarkophagen und Grabsteinen begegnende L. auf einem Hügel, von dem vier Bäche herabrinnen: ein symbolischer Bezug auf die vier Paradiesesflüsse, die die vier Teile der Welt befeuchteten (und damit das Bekenntnis, daß Christus die Wiederbringung des Paradieses sichert), aber auch (zufolge Paulinus' v. Nola) auf die vier Evangelien, die der ganzen Welt die Gnade Christi zufließen lassen. Diese Darstellung begegnet besonders auf Sarkophagen in Ravenna und im Apsismosaik von SS. Cosma e Damiano, Rom. Die Anbetung des L. im Kreise oder auf dem Thron führt zum → Etimasiabild. Das L. begegnet sehr häufig in der romanischen Kunst: kniend, mit Kreuzlanze, mit Kreuznimbus. Bedeutende romanische Tympana mit dem Bild des L.: San Isidoro, León/Spanien; Girolles u. St. Michel d'Aiguilhe, Le Puy/Frankreich; Rheinau/Schweiz. Eine der »klassischsten« Darstellungen der Anbetung des L. ist die durch die Brüder van Eyck auf dem Genter Altar. In der byzantinischen Kunst verschwindet das L. als Symbol Christi gegen Ende des 17. Jh. auf Grund eines ausdrücklichen Verbotes des Konzils von Trullo, Christus in Gestalt eines L. darzustellen. – Das L. ist auch das Symbol der Kirche der Märtyrer und überhaupt der Gläubigen: z. B. überall dort, wo Gruppen oder Reihen von L.n sich dem als L. oder als Hirte dargestellten oder mit einem Monogramm gekennzeichneten Christus zuwenden. Hier liegt die Beziehung zum Wort Jesu vom Guten Hirten (Joh. 10, 12 ff.), der Sendung der Jünger »wie Schafe unter die Wölfe« (Matth. 10, 16) und dem Auftrag an Petrus »Weide meine Lämmer!« (Joh. 21, 15. 17) offen. Wie weit diese Symbolik gehen kann, beweist ein allegorisches Fresko aus der Prätextat-Katakombe in Rom: Ein

L. zwischen zwei Wölfen trägt die Inschrift »Susanna«. Hier ist nach dem apokryphen alttestamentlichen Text der »Geschichte von Susanna und Daniel« der Sieg der gläubigen unschuldigen Susanna über die beiden verleumderischen Greise geschildert. Auf diese Weise wird das L. als Sinnbild der Reinheit, Demut, Geduld und Mäßigkeit Attribut der hl. Susanna und der hl. Agnes, während es dem hl. Wendelin in dessen Eigenschaft als Patron der Schäfer zugehört. Taucht das L. auf öffentlichen Markierungen wie z. B. dem Trierer Marktkreuz auf, so symbolisiert es die Stadt Gottes auf Erden. Als Attribut von biblischen Gestalten oder Heiligen begegnet das L. ferner bei Abel, der ein L. opferte; Samuel als dem Typus des Opfernden im AT; bei den Heiligen Clemens v. Rom, Franz v. Assisi (als einem zweiten Christus), Agnes v. Rom (Wortspiel Agnes – agnus), Colette v. Corbie (ein L., das sie aufgezogen und mit zur Messe genommen hatte, kniete bei der Elevation nieder).

Lampe 1. Die Lampensymbolik ist mit der Lichtsymbolik verbunden. Die ältesten L.n waren Öllampen, und wenn auch einige frühchristliche L.n aus Gold und Silber – wenigstens der Überlieferung nach – bekannt sind, so überwiegen doch im Umfang der Erhaltung die L.n aus Bronze und Ton. Nach ihren verschiedenen Formen tragen sie verschiedene Namen. Sie gehörten nicht nur zum Hausgerät, sondern in der gesamten Antike auch wesentlich zur Grabausstattung; deswegen blieben sie in größerem Maße erhalten. Besonderes Interesse verdient die Tatsache, daß christliche L.n nicht nur an Kreuz und Christusmonogramm erkennbar sind, sondern auch eine Fülle stärker ausgeführter dekorativer und zugleich oft symbolischer Motive darbieten, von denen genannt seien: Fisch, Löwe, Lamm, Widder, Panther, Leopard, Krokodil, Eber, Bär, Hirsch, Antilope, Kamel, Ziege, Pferd, Hase, Chamäleon, Pelikan, Schwan, Hahn, Pfau, Taube, Adler, Phönix, Kröte, Huhn, Ente, Palmbaum, Zeder, Weinstock, Blumen und Bäume, Jagd, Fischfang, Muschel, Anker; außerdem aus dem AT: Eva, Abel, Abraham, Josef, der brennende Dornbusch, die Kundschafter in Kanaan, die Propheten Jona und Daniel, die drei Jünglinge im Feuerofen, der siebenarmige Leuchter; aus dem NT: der Name Jesu, der Gute Hirt, Christus als Lehrer und als Sieger, Maria; ferner: Heilige, Märtyrer, Kaiser, die kirchliche und weltliche Hierarchie, die Engel, die Berufe, der Kelch, die Säule. Eine Lampe aus Selinunt/Sizilien trägt die Inschrift »Lumen Christi – Deo gratias« (Das Licht Christi – Gott sei gedankt), ein Nachklang der abendlichen und österlichen liturgischen Lichtdanksagung. Die moralische Symbolkraft, die man mit den L.n verband, entfaltet typisch Hilarius v. Poitiers: »Die Lampen sind das strahlende Licht der Seelen, das durch das

Taufsakrament aufgeleuchtet ist. Das Öl bedeutet die Frucht der guten Werke. Die Lampenschalen sind die menschlichen Leiber, in deren Innerem der Schatz eines guten Gewissens zu bergen ist.« Auf Grabinschriften gottgeweihter Jungfrauen, die sich im Beginn des Mittelalters kultischer Verehrung erfreuten, wird mit Anspielung auf das Gleichnis der klugen und der törichten Jungfrauen nicht selten die brennende L. erwähnt. Beispiel: »Jetzt, bei Gottes Kommen, erinnere dich unser, o Jungfrau, auf daß durch den Herrn mir Licht verleihe deine Lampe.« – 2. L.n im Zusammenhang mit der Symbolik des → Endgerichts nennt das Gleichnis von den klugen und den törichten Jungfrauen (Matth. 25, 1 ff.), dem Bild der Erwählten und der Verworfenen. Die Zahl Fünf wird dabei im Mittelalter auf die fünf Sinne des Menschen gedeutet, die, wie Türen und Fenster, Leben oder Tod in die Seele des Menschen eindringen lassen. In der mittelalterlichen Bildkunst sind sie teils mit dem Endgericht, teils mit der Verherrlichung → Marias, teils mit der Gegenüberstellung von Kirche und Synagoge verbunden. Für die törichten Jungfrauen ist in Straßburg zusätzlich ein Gegenspieler Christi, der Fürst dieser Welt (→ Teufel), bereit. Die dargestellten L.n (im Osten oft Fackeln) haben Kelchform und sind den Ampeln oberhalb der Altäre nachgebildet (ein von den Mysterienspielen übernommener Zug). □ a) Plastische Darstellungen kleineren Formats: Portale 12. Jh. in St. Dionysius, Basel (Galluspforte); Egisheim/Elsaß; 13. Jh.: Laon, Paris (Notre Dame), Chartres, Amiens, Longpont, Sens, Poitiers, Bazas, Trier, Minden, Lincoln; 14. Jh.: Auxerre, Wetzlar, Ulm; Rose 13. Jh., Kath. Bourges; Reliefs 13. Jh., Chapter House, Kath. Salisbury. b) Monumentaldarstellungen: Portale 14. Jh., Münster Straßburg (an der Fassade des Baseler Münsters nachgeahmt); Freiburg/Br.; Dom Magdeburg; St. Sebald, Nürnberg; Dom Erfurt; 15. Jh.: Münster Bern; 16. Jh.: Dom Münster/Westf. c) Fenster: 14. Jh., Kath. Troyes und St. Etienne, Mülhausen/Elsaß. d) Fresken: 3. Jh., Dura-Europos/Syrien; 4. Jh., Katakombe S. Ciriaca, Rom; 12. Jh., Kath. Anagni, Katalonisches Museum Barcelona; Schloßkapelle Hocheppan/Tirol; 13. Jh., Nideggen, St. Margarethen, Lana/Tirol; 14. Jh., Dečani/Jugosl.; 16. Jh., Ste. Cécile, Albi. – 3. L.n als Heiligenattribut bei Anthelm v. Bellay, Lambert (auf Grund eines Wortspiels), Nilus, Klara (der Schutzheiligen der Blinden), Pudenziana. – 4. Sieben L.n versinnbildlichen auf Darstellungen des Christus »in Majestät« die sieben Gaben des Heiligen Geistes.

Lanze (Speer, Spieß) Eine der ältesten Trutzwaffen und je nach Form, Gewicht und Material bald als Stoß-, bald als Wurfwaffe benutzt, ist die L. in der Kunst des Mittelalters phallisches Lebenssymbol und Zeichen des Sonnenstrahls, ferner Werkzeug göttlicher Gerechtigkeit. Lanzenreiter, die auf der

Jagd Tiere durchbohren, sind Symbole der negativen Neigungen, die überwunden werden müssen, und wirken im Namen der »Sonne der Gerechtigkeit«. Weibliche allegorische Figuren mit L.n stellen in der Regel Tugenden bei der Bekämpfung der Laster dar. Lanzenreiter, die sich gegenseitig bekämpfen, weisen auf den Turnierkampf und damit auf eine Art göttlichen Gerichtes hin. Sie bilden zugleich eine Psychomachie ab. – Interessant ist der noch in der orthodoxen Kirche übliche eucharistische Gebrauch einer kleinen L. zur Segnung, Öffnung und Teilung des Brotes; sie bezieht sich auf die L. des römischen Soldaten (Longinus), der zur Feststellung des Todes Jesu dessen Brustkorb mit einem Lanzenstich öffnete (Joh. 19, 34), ein auf vielen Kreuzigungsdarstellungen festgehaltenes Bildmotiv. – Als typologisches Vorausbild des Verrats des Judas und des Hasses, der Gutes mit Bösem vergilt, ist gelegentlich der Lanzenwurf Sauls auf den jungen David (1. Sam. 19) dargestellt. □ Elfenbeinkasten 10. Jh., Schatzkammer Kath. Sens; Typolog. Fenster 14. Jh., St. Etienne, Mülhausen/Elsaß; Flämischer Teppich 16. Jh., Musée des Beaux Arts, Monte Carlo. – Drei L.n des Joab durchbohren und töten den aufrührerischen Sohn Davids, Absalom, als er mit seinen langen Haaren an einem Baum hängen bleibt (2. Sam. 18). Diese typologisch meist als Vorausbild des Judasverrats gedeutete Szene kann auch im Rahmen der Christussymbolik erscheinen. Dann ist der an einem Baum hängende Absalom der Typus des am Baum des Kreuzes hängenden Christus. Diese Symbolik wird dadurch angedeutet, daß man die drei L.n in der Brust Absaloms in Kreuzform anordnet. – Weiter ist die L. Attribut der Heiligen Adalbert, Knut v. Dänemark, Christophorus des → Hundsköpfigen, Johannes Chrysogonus, Demetrios, Georg, Lambert, der Apostel Judas Thaddäus und Thomas, Mauritius, Merkurius, des Erzengels Michael, Theodor, Vitalis, Wenzeslaus, ferner der Cordula v. Köln. Eine L. gehört zur Symbolik der Rhetorik in der Bilddarstellung der sieben freien → Künste. Eine zerbrochene L. weist auf die Synagoge. Auch der Tod trägt eine L.

Lastersymbole 1. Allgemein werden die Laster unter dem Bild eines Baumes, dessen Wurzeln aus Schlangenleibern bestehen, oder eines Baumes, der in dem Hochmut (superbia) wurzelt und im »alten Adam« gipfelt, oder als der apokalyptische → Drache mit charakterisierten Einzelköpfen dargestellt: Anmaßender Mann (Hochmut), Schlange (Neid), Kamel (Zorn), Schnecke (Trägheit), Hyäne (Geiz), geputzte Frau (Wollust). – 2. Die sieben Todsünden: a) Hochmut (superbia): Anführerin aller Laster, reitet auf einem → Löwen oder → Pferd. Ihre Symbole: ein Mann, der kopfüber von einem Pferd oder einem Turm herabstürzt; gekrönte Frau mit Fledermausflügeln und Pokal und Zepter in den Händen; → Kentaur, → Adler, → Pfau; Typus: Alexander (→ Himmelfahrt). b) Neid (invidia): Frau auf einem Hund reitend, der einen Knochen im Maul trägt, manchmal auch auf einem Drachen; Symbole: → Schlange, → Hund, → Skorpion, → Fledermaus. c) Völlerei (gula): reitet meist auf einem Schwein oder auf einem Fuchs mit Gans im Maul; Symbole: → Bär, → Wolf, → Schwein, → Falke, → Rabe, gebratener Hahn. Sie ist oft trinkend oder sich erbrechend dargestellt. d) Geiz (avaritia): Mann oder Frau mit Geldsack (um den Hals oder auf dem Herzen) und Geldtruhe, reitend auf Kröte, Dachs, Maulwurf, Affe oder Wolf. e) Trägheit (acedia): reitet auf einem Esel; ein Mann, der schläft, während die Ochsen vom Pflug weglaufen; eine Frau, die mit dem Spinnrocken im Arm ruht; ein Vogel Strauß (mit Kopf im Sand). f) Zorn (ira): auf einem Wildschwein oder Bären reitend; ein Mann, der sich mit dem Degen durchsticht oder seine Kleider zerreißt; eine Frau, die einem Diener einen Fußtritt gibt; eine Frau, die gegen ihren Mann das Schwert zückt; Mann und Frau, die sich gegenseitig Schwerter in den Leib stoßen. Attribute: Hund, Eule, Igel, Fackel. Typus: der Riese → Goliath. g) Wollust (luxuria): meist auf einem → Schwein oder einem → Bock reitend, Spiegel und → Zepter in der Hand; Schlange an Brust oder Geschlechtsteilen einer nackten Frau; nackte Frau mit Schlangen und Würmern auf dem Rücken; → Sirene, ihre Fischschwänze in den Händen haltend; Kuß zwischen Mann und Frau; weitere häufige Attribute: Bock, Schwein, Affe. Typen: → Aristoteles auf allen vieren, Vergil in einem Korb aufgehängt. – 3. Symbole weiterer Laster: Unglaube (infidelitas, idolatria): Mann und Frau vor Götzenbild oder ein Idol tragend, Frau mit verbundenen Augen (→ Judentum); Verzweiflung (desperatio): Mensch, der sich ersticht oder erhängt (Judas); Torheit (stultitia): halbnackter Narr schwingt eine Keule, beißt auf einen Stein oder wird mit Steinen beworfen, Mann in Phantasiekleidung mit Federkrone; Feigheit (ignavia): bewaffneter Mann flieht vor einem Hasen; fliehender Soldat wirft seine Waffen fort; Typus der Schwäche: → Simson im Schoß Delilas; Ungerechtigkeit (iniustitia): Gewichtsfälscher, Krieger mit Lanze und Schwert, Mordszene; Trotz (contumacia): Mann zieht das Schwert gegen einen Mönch; Unbeständigkeit (inconstantia): auf einem Esel reitend; Mönch, der aus dem Kloster flieht; Frau auf einem Rade balancierend; Attribute: Vogel Strauß, Affe, Krebs; Zwietracht (discordia): zwei streitende oder raufende Menschen, oft als Ehepaar. – 4. Die einzelnen Laster erscheinen teils in männlicher, teils in weiblicher Gestalt, oft gerüstet im Kampf mit den Tugenden (Psychomachien).

Laterne Aus durchsichtigem oder durchbrochenem Material, durch das die innen eingeschlossene Flamme einer Kerze oder Öllampe gegen Wind und Regen geschützt wird, war die L. in der Antike in verbreitetem Gebrauch, ist aber im Gegensatz zu den → Lampen nur in geringer Zahl erhalten geblieben. Bekannt ist die 1892 im Tiber gefundene Statuette (heute im Museo Nazionale, Rom) eines eingeschlafenen Kindes in der Kapuze, das mit der Rechten seine L. festhält. L.n dieser Art aus Ton sind gelegentlich gefunden worden, ebenso kunstvoll mechanische Metallaternen mit beweglichem Deckel und Aufhängevorrichtung. Alle diese L.n tragen keine christliche Kennzeichnung. – Die abendländische Tradition kennt den Brauch der Totenlaterne, die neben dem Leichnam, vor dem Totenhaus oder auf dem Grabe brennt. – Die mittelalterliche Kunst zeigt manchmal Josef bei der Christgeburtsszene mit einer L. Eine L. trägt auch gewöhnlich der den großen Fresken des hl. Christophorus im 15. Jh. beigegebene Einsiedler. – Sie erscheint ferner als Attribut des Propheten Zephanja (vgl. Zeph. 1, 12) und der persischen Sibylle, der hl. Klara (auf Grund eines Wortspiels) und Gudula.

Lazarus Die Auferweckung des toten L., Bruders der Maria und Martha in Bethanien, durch Jesus, die Joh. 11, 1 ff.; 12, 1 ff. erzählt wird, wurde sehr bald in den Bestattungsliturgien und auf den Katakombenfresken als Symbol der künftigen Auferstehung der Toten verstanden. Dabei wird Christus auf den zahlreichen Fresken und Sarkophagreliefs ein Stab in die Hand gegeben, der, wie bei der Verwandlung von Wasser in Wein, das Wunderbare des Zeichens sinnfällig macht. Die weitere allgemein übliche Veränderung der Johanneserzählung besteht in der Vertauschung des dort genannten Felsengrabes, das mit einem Stein verschlossen war, in ein Mausoleum der Art, wie sie sich entlang der Reichsstraßen außerhalb der Städte befinden, förmlich in ein monumentales Heroon. L. ist der gläubige Verstorbene, der in seinem Grabe die Auferstehung mit der Hilfe Christi erwartet. Er ist mumienartig fest in Grabtücher gehüllt und auch oft, der Bedeutungsperspektive gemäß, wesentlich kleiner als Jesus dargestellt. Man hat über 120 Darstellungen der Auferweckung des L. auf Fresken, Mosaiken, Sarkophagen, Reliefplatten, Silberschmiedearbeiten, Bleistatuetten, Sgraffiti, Epitaphien, Miniaturen, Elfenbeintafeln, Bronzetafeln und Lampen gezählt, in Italien wie in Frankreich, Deutschland und der Türkei. Die griechische Bildtradition, wie sie etwa der Codex purpureus aus Rossano repräsentiert, hält sich eng an den Text des Evangeliums. Sie hat sich den mittelalterlichen Mosaiken und Fresken im wesentlichen mitgeteilt: □ Fresken in S. Angelo in Formis bei Capua (11. Jh.), die die Arbeiten Giottos und danach Fra Angelicos stark beeinflußten;

byzantinische Mosaiken im Museum des Domes von Florenz (11. Jh.) und auf den Wänden des Domes von Monreale/Sizilien (12. Jh.). – In Autun wurde lange Zeit das Grab des L. gezeigt. Statuen und andere Überreste der Anlage sind im Steinmuseum aufbewahrt. Eine provenzalische Tradition ließ Maximin, einen der zweiundsiebzig Jünger Jesu, Maria Magdalena, Martha, L. sowie Maria Jakobe und Maria Salome zu Schiff nach Marseille kommen. Das Grab der beiden letztgenannten Marien wird in Saintes-Maries de Camarque verehrt. – Denselben Namen führt in einem Gleichnis bei Lukas (16, 19 ff.) der von dem reichen Mann hartherzig behandelte, mit dem Aussatz behaftete arme Mann. Dieser wurde später zum Schutzpatron der Kranken, namentlich der Aussätzigen, und nach ihm wurden die Hospitäler, die bis zum 13. Jh., besonders des durch die Kreuzzüge verbreiteten Aussatzes wegen, häufig angelegt wurden, Lazarette genannt.

Lebensalter In der mittelalterlichen Volkspredigt und Kunst werden die L. gern in spöttisch mahnender Weisheit mit verschiedenen Tiersymbolen und Sachattributen gekennzeichnet, und zwar nach Geschlechtern getrennt; eine allgemeine Übereinstimmung bei der Festlegung der Reihenfolge besteht nicht, doch ist folgende Zehnerreihe häufig: 10 Jahre alt: Mann: Kalb, Kitz, Hund, Trompete, Kreisel; Frau: Wachtel, Puppe; 20 Jahre alt: Mann: Bock, Kalb, Vogel; Frau: Taube, Kranz; 30 Jahre alt: Mann: Stier, Falke, Trinkbecher; Frau: Elster, Spiegel; 40 Jahre alt: Mann: Löwe, Lanze; Frau: Pfau, Schlüsselbund; 50 Jahre alt: Mann: Fuchs, Stab, Beutel; Frau: Henne, Rosenkranz; 60 Jahre alt: Mann: Wolf, Beutel; Frau: Gans, Schüssel und Kanne; 70 Jahre alt: Mann: Hund, Kater, Rosenkranz, Gebetbuch; Frau: Geier, Spinnrocken; 80 Jahre alt: Mann: Hund, Katze, Stock, Flasche; Frau: Eule, Stock; 90 Jahre alt: Mann: Esel, Klappstuhl, Krücken; Frau: Fledermaus, Klappstuhl; 100 Jahre alt: Mann: Gans, Lehnstuhl, Tod, Totenbahre; Frau: Tod, Totenbahre (□ Kupferstiche des Meisters mit den Bandrollen, Bayer. Staatsbibliothek München). Die Siebenerreihe ist zu den sieben Planeten in Beziehung gesetzt. Man sieht 1. einen Knaben mit Steckenpferd oder Kreisel, ein Mädchen mit Puppe und Vogel; 2. einen lernenden oder einen nach Vögeln schießenden Jungen, ein Mädchen am Spinnrad; 3. einen mit dem Degen einherstolzierenden oder zur Falkenjagd aufbrechenden Jüngling, eine Braut im Hochzeitsschmuck; 4. einen Mann im Festkleid, manchmal mit Lilienstab, eine Frau beim Anfertigen von Windeln und Wickelzeug; 5. einen Mann mit Beutel und Degen, eine Frau am Spinnrocken; 6. einen Mann beim Lesen oder an Krücken gehend, eine Frau mit Rosenkranz; 7. einen Greis im Lehnstuhl oder auf dem Krankenbett, eine das Feuer schürende Frau (□ Psautier Illustré, 15. Jh.,

Nationalbibliothek Paris). Zur Siebenerreihung gehört auch eine Kombination des Glücksrad-Motivs (→ Rad) mit den kirchlichen Gebetsstunden. In den nach den letzteren bezeichneten Fächern eines Rades, das »Mutter Natur« hält, reiten sieben Gestalten vom Kind bis zum Greis als Vertreter der sieben L. Ihnen folgt der Tod. Darüber schwebt die Zeit, personifiziert als geflügelte weibliche Gestalt mit drei Gesichtern (Vergangenheit, Gegenwart, Zukunft). – Auch eine Sechserreihung der L. kommt vor, kombiniert (□ Baptisterium Parma) mit den sechs Werken der Barmherzigkeit und den sechs Arbeitsstunden der Knechte im Weinberg (vgl. das Gleichnis Jesu Matth. 20, 1 ff.); die Stunden entsprechen den L.n. – → Zahlensymbolik.

Leichnam Charakteristisch für Bilder des → Lazarus (vgl. Joh. 11), des hl. Claudius (der drei ertrunkene Kinder zum Leben erweckte), des hl. Fridolin und des hl. Stanislaus von Krakau (denen ebenfalls Totenerweckungen zugeschrieben werden). – → Skelett.

Leidenswerkzeuge (Passionswerkzeuge) Neben dem Kreuz sind andere Werkzeuge der Passion Christi nicht nur in Gestalt von Reliquien, sondern auch von Arbeiten aus dem Bereich der Kunst und des Kunstgewerbes verbreitet. Frühe Aufmerksamkeit finden: 1. die Nägel des Kreuzes; sie werden in den Kirchenschätzen von Arras, Bamberg, Carpentras, Colle, Escorial, Florenz, Köln, Krakau, Lagny, Laon, Mailand, Monza, Paris, Rom, Spoleto, Torcello, Toul, Trier, Troyes und Venedig aufbewahrt und sind auf alten Ringen dargestellt, die in Frankreich gefunden wurden; 2. die Kreuzesinschrift; das angebliche Original befindet sich in Rom (S. Croce in Gerusalemme); 3. die → Dornenkrone; nicht selten auf Katakombenfresken (□ St. Prätextat, Rom, 2. Jh.) und Sarkophagen (□ Vatikan, 4. Jh.) dargestellt; angebliche Originale werden in Paris und Istanbul gezeigt; 4. der Rohrstab (Mark. 15, 19), mit dem die Kriegsknechte Jesus schlugen und den sie ihm als Spottzepter in die Hand gaben; 5. die → Geißelung; in S. Prassede, Rom, wird eine Säule gezeigt, die die Original-Geißelsäule sein soll; 6. der Schwamm mit Essig; früheste Darstellungen: Fresko S. Maria Antiqua, Rom; Fragment eines Epitaphs, Archäolog. Museum Istanbul; 7. die → Lanze, erst in Jerusalem, dann in Istanbul lokalisiert; 8. die dreißig Silberlinge des Judas, die aus einem umgekehrten Geldbeutel fallen; 9. die Laterne des Malchus und sein Ohr, oft noch am Kurzschwert des Petrus klebend; 10. der Hahn von der Verleugnung des Petrus; 11. ein spuckender Kopf, von der Verspottung Christi; 12. eine Hand, die Christus ohrfeigt; 13. das Wasserbecken für die Handwaschung des Pilatus; 14. das Schweißtuch der Veronika; 15. der ungenähte Rock Jesu und die Würfel der ihn verlosenden Soldaten; 16. der Hammer, der die Nägel einschlug; 17. die Leiter und die Haltetücher von der Kreuzabnahme. Die Verehrung dieser »Wappenzeichen Christi« (arma Christi) führte zu ihrer häufigen Darstellung in surrealistischen Kompositionen (□ Unbek. Meister, 15. Jh., Liebfrauenkirche Aschaffenburg; Grabplatte 15. Jh., St. Michael, Fulda; Geertgen tot Sint Jans, 15. Jh., Erzbischöfl. Museum Utrecht; Gewölbe 15. Jh., St. Matthias, Trier; Fresko 15. Jh., Schloßkapelle Pimpéau, Grézillé/Maine-et-Loire; Teppiche 15. Jh., Bischöfl. Museum Angers und Kirche von Nantilly, Saumur; Gewölbefresken 16. Jh., Kapelle des Heiligen Grabes, Kath. Albi; Bildrahmen 16. Jh., Museo del Castel Vecchio, Verona). Engel, die wie später bei Berninis Statuen für die Engelsbrücke, Rom, die L. tragen, erscheinen auch häufig schon in den Darstellungen des → Endgerichts auf den Tympana der Kathedralportale. (□ Conques/Rouergue; Beaulieu/Dordogne).

Leier → Lyra.

Leiter Den Weg zum Himmel konnte man sich in der alten Christenheit nicht anders als in der Form eines Aufstiegs vorstellen; daher die charakteristischen → Himmelfahrten Christi und des Propheten Elia. Aber auch die prosaische L. fand für diesen Zusammenhang Verwendung. Die karthagische Märtyrerin Perpetua hatte im Gefängnis die Vision einer sehr hohen und engen L. zum Himmel, mit drohenden Schwertern, Lanzen usw. an der Seite und einem Drachen am Fuß dieser L.: das Bild des Weges zum Himmel durch das Martyrium. Augustinus hat dazu bemerkt, der Kopf des → Drachen bilde die erste Sprosse der L.: Man kann niemals den Aufstieg beginnen, ohne zuerst dem Drachen unter die Füße zu treten. Ein Fresko des 4. Jh. in der Katakombe SS. Pietro e Marcellino, Rom, zeigt einen Mann, der eine L. hinaufsteigt, an deren Fuß eine → Schlange kauert. Ein ähnliches, sehr schlichtes Epitaph in der Priscillakatakombe stellt lediglich eine L. neben den Namen der achtzehnjährigen Verstorbenen und bezeichnet damit den Aufstieg der Seele zum Himmel. Allmählich wird in Texten und Darstellungen die Beziehung dieses Leiterbildes zu der Traumvision des Patriarchen Jakob von der Himmelsleiter (1. Mose 28, 11 f.) deutlicher; dieses spielte dann eine besondere Rolle bei den Asketen, Mönchen und Mystikern: Wer den Gipfel der Demut und die himmlische Seligkeit durch Askese im hiesigen Leben erlangen will, muß aus seinen Taten eine L. errichten, die der des Jakob gleicht. Man steigt auf durch Demut und sinkt ab durch Stolz (Benedikt von Nursia). Johannes Klimakos, Abt im

Sinaikloster (8. Jh.), hat dann eine förmliche Theologie der Himmelsleiter entwickelt und von ihr seinen Beinamen erhalten. Die L. (und er selbst) sind außerordentlich oft in Kirchen und Klöstern der Ostkirche auf Fresken abgebildet (besonders bemerkenswert in den Athos- und den Moldauklöstern, oft im Zusammenhang mit dem → Endgericht). Die westliche Entsprechung dazu sind die moralisierenden Tugendleitern, wie sie häufig auf mittelalterlichen Miniaturen zu sehen sind. In den christlichen Kirchen des Westens fehlt im Zyklus der alttestamentlichen Bilder nie die Szene der Leitervision Jakobs (□ Monreale/Sizilien, 12. Jh.). □ Fresko 3. Jh., Synagoge Dura-Europos/Syrien; Lipsanothek 5. Jh., Brescia; Mosaik 12. Jh., Cappella Palatina Palermo; Kapitelle 11./12. Jh., S. Urso d'Aosta und St. Révérien, Nièvre; Portal 13. Jh., Kath. Trani; Raffael, 1516, Loggien, Vatikan; Luca Giordano, 17. Jh., Mus. Braunschweig; Domenico Feti, 17. Jh., Galleria Corsini, Rom, und Kunsthist. Museum Wien; Ribera, 1643, Prado Madrid; Murillo, 17. Jh., Eremitage, Leningrad. – Eine alte Kirchenvätertradition sah in der Himmelsleiter auch das Kreuz Christi vorgebildet. Dieser Verbindung liegt zugleich die alte Symbolik der Senkrechten als der Verbindung zwischen Himmel und Erde zugrunde. Vgl. auch die Leitervision in Dantes Divina Commedia, Paradiso XXI, 28–34. Die spätbyzantinische Kunst verwendet die Jakobsleiter auch als marianisches Symbol: »Maria ist zur Himmelsleiter geworden, weil durch sie Gott zur Erde niederstieg und durch sie die Menschen zum Himmel aufsteigen dürfen« (Fulgentius von Ruspe). Schließlich hat man auch im Menschen selbst, im → Baum und im → Berg, ja im Kloster eine L. zum Himmel erblickt. Klöster der Zisterzienser und Kartäuser tragen den Namen »Scala Dei«. Auch auf eine von der rabbinischen Spekulation weiter ausgebaute Leitermystik des AT ist hinzuweisen: die drei Stockwerke der Arche Noah (1. Mose 6, 16); die Stufen des salomonischen Thrones (1. Kön. 10, 19); die sieben Stufen im Tempel Ezechiels (Ez. 40, 26. 31). – Als Heiligenattribut begegnet die Himmelsleiter außerdem bei den Heiligen Bernardo Tolomei von Siena († 1348), Olaf von Norwegen, Pardulf, Romuald auf Grund von Visionen, die sie hatten. Bilder Emmerans von Regensburg zeigen die auf den Boden gelegte L., die zum Instrument seines Martyriums wurde. Auf mittelalterlichen Darstellungen der Freien → Künste trägt die Philosophie das Bild einer L. auf der Brust.

Leopard Er gehört zu den alten Symbolen des Stolzes, des Krieges, der Jagd und taucht in diesem Sinn auch in der apokalyptischen Vision des Propheten Daniel (7, 6) als Bild des Perserreiches auf. Als Attribut gehört er zu den Heiligen Makarios und Rainer.

Lettner In Klosterkirchen Abschlußmauer zwischen Mönchschor und Raum der Laienbrüder, im späteren Mittelalter regelmäßig auch in Domen, Kathedralen und Stiftskirchen, später nicht selten abgebrochen und durch die → Kanzel ersetzt, bietet der L. ähnlich einer → Bilderwand die Möglichkeit reicher bildlicher Ausstattung. Die Thematik reicht von Motiven der Heilsgeschichte und der Evangelien bis zum → Endgericht und der Gegenwart der Heiligen. □ Marienkirche Gelnhausen, Stiftskirche Tübingen, Dom Naumburg, Dom Halberstadt, Klosterkirche Maulbronn/Württ., Esslingen/ Württ., Gebweiler/ Elsaß, St. Etienne-du-Mont, Paris.

Leuchter L. erwiesen sich in Antike, Mittelalter und Neuzeit als Träger von Kerzen notwendig. Sie symbolisieren im religiösen Bereich das geistliche Licht, Leben und Heil. Das gilt für den siebenarmigen L. des Judentums, Parallele zum Lichtbaum der Babylonier. Beide haben zugleich im Blick auf die Zahl der Planeten kosmische Symbolik zum Inhalt. Der siebenarmige L., nach 2. Mose 25, 31 ff. aus reinem Gold gefertigt, taucht nach Sach. 4, 1 ff. – daher wird der Prophet Sacharia später mit diesem Attribut dargestellt – auch im Tempel Serubabels auf. Er begegnet häufig als ornamentales, aber symbolisch bedeutungsvolles Motiv auf den Wänden der Synagogen und auf Grabmälern, ebenso auf christlichen Mosaiken, Epitaphien und Lampen. In der mittelalterlichen Kunst kann er Symbol der Synagoge (des → Judentums) sein. – In der Offb. Joh. (1, 20) ist nicht von einem siebenarmigen L., sondern von sieben L.n die Rede, die die sieben kleinasiatischen Gemeinden symbolisieren (□ Fresken 10. Jh., Castel Sant' Elia, Nepi; 13. Jh., Krypta Anagni; 14. Jh., Johanneskapelle, Papstpalast Avignon; Tympanon 12. Jh., südl. Seitenportal La Lande-de-Cubzac b. Libourne; Kapitell 12. Jh., St. Benoît-sur-Loire; Schlußstein 14. Jh., Kreuzgang Norwich; Rose 15. Jh., Ste. Chapelle, Paris; Apokalypseteppich von Angers, 14. Jh. – Im kirchlichen Kunstgewerbe tauchen die L. früh auf, zumal es mit dem 5. Jh. in zunehmendem Maße Sitte wird, während der Lesung des Evangeliums eine Kerze zu entzünden; seit dem 7. Jh. brennen die Kerzen während des ganzen Meßopfers. Vor dem 11. Jh. war es nicht üblich, L. auf den Altar zu stellen, danach bürgerte sich dieser Brauch in verschiedenen Kirchen ein und wurde im 15. und 16. Jh. allgemein. Besondere Kunst wurde an den Osterleuchter verwandt. Man denke an die in prächtiger Kosmatenarbeit geschaffenen L. in römischen Basiliken oder an den berühmten Osterleuchter im Hildesheimer Dom (1015).

Leuchtturm Der hohe turmartige Bau, in dessen oberem Teil bei Nacht ein Feuer unterhalten wird, um die Schiffe vor gefährlichen Stellen im Fahrwasser zu warnen, ist eine alte Einrichtung und ein altes Symbol. Schon in vorchristlicher Zeit baute man ihn in die Symbolik der Lebensreise (→ Schiff) ein. Auf heidnischen Sarkophagen in Rom sitzt die Seele (als Psyche) in einem Schiff, das von Amor gelenkt wird; der Hafen, dem sie sich zuwenden, ist durch einen fünfstöckigen L. gekennzeichnet. Dieses Symbol wird auf zahlreichen, erkennbar christlichen Grabplatten übernommen, die sich jedoch meist mit der Skizze eines Schiffes und eines L. oder mit dem L. allein begnügen.

Leviathan In der Bibel wird unter dem L. ein Untier verstanden, das man mit dem Walfisch oder mit dem → Krokodil, mit der → Schlange und dem → Drachen identifiziert hat und das ausführlich im Buch Hiob (3, 8; 40, 25 – 41, 26) charakterisiert wird, während Gott seine Souveränität an ihm demonstriert. Sein Name stammt aus der phönikischen Mythologie. Dort ist er ein Untier des Urchaos, und es besteht immer die Gefahr, daß er aus dem Schlaf erwacht und alle bestehende Ordnung gefährdet. Offenbar hat der → Drache der Apokalypse (21, 3) einige Züge dieser Urschlange angenommen; er kann sogar die Sonne verfinstern. Im allgemeinen lebt er im Meer (vgl. Hiob 7, 12). In dieser Beziehung kann er dem Krokodil gleichen, dem Symbol Ägyptens, oder der Tjamat, dem Meerungeheuer der babylonischen Kosmologie. Jahwe wird betont als der Sieger über diese chaotische Gewalt herausgestellt. Der L. ist auf Bildern der Apokalypse, aber auch auf einem frühen Katakombenfresko mit der → Jonageschichte wiederzuerkennen. Die Typologie des Mittelalters zeigt ihn von der Angel gefangen, die Kreuzgestalt (ähnlich einem → Anker) hat und von Christus gehalten wird (□ Emailtriptychon 12. Jh., Victoria and Albert Museum London; Fenster 12. Jh., Châlons-sur-Marne). – → Fischer.

Licht »Gott ist Licht, und in ihm ist keine Finsternis« (1. Joh. 1, 5). Die bei vielen Völkern vorzufindende Lichtsymbolik gewinnt ihren ersten starken biblischen Ausdruck im »Es werde Licht!« des Schöpfungsberichts. Durch das L. wird das Chaos geordnet. Die zweite Grundaussage (Joh. 1, 9) identifiziert das Wort (den Logos) Gottes mit diesem L. des Anfangs. Von da kann Christus, erst recht im L. des Ostermorgens (das ihn auf vielen mittelalterlichen Darstellungen mit einem besonders großen → Nimbus versieht), die wahre Sonne genannt werden (1. Joh. 2, 8). Das L. folgt auf die Finsternis (1. Kor. 4, 5; 2. Kor. 4, 6). Das ist sowohl eine die äußere Welt wie die innere Erleuchtung betreffende Aussage. L. bedeutet: Leben, Heil,

Glück; die Finsternis: Übel, Strafe, Verdammnis, Tod. Christus ist daher das L. der Welt (Joh. 8, 12; 9, 5), und die an ihn Glaubenden sollen ihn in der Welt reflektieren (Matth. 5, 14; 2. Kor. 4, 6). Im L. wird offenbar, was in der Finsternis verborgen ist. So bleibt das Sonnenlicht Ausdruck der himmlischen Wahrheit und zugleich der Furcht und der Hoffnung des Menschen. Diese skizzierte biblische Lichtsymbolik findet in der christlichen Kunst vielfach Ausdruck (→ Sonne, → Mond, → Stern, → Fackel, → Kerze, → Nimbus), am eindeutigsten in der → Mandorla, die den → Christus »in Majestät« umgibt.

Liktorenbündel Symbol der Gerechtigkeit, Attribut des hl. Agapetus und der hl. Martina (der Tochter eines römischen Konsuls).

Lilie Bevor die L. ein Symbol wurde, war sie längst – wie der → Akanthus – als Ornament entdeckt worden und gewann, was sie an Schönheit verlor, durch Berühmtheit wieder. Die ägyptische Kunst hat sie besonders stark verwendet. Ornamentale L.n finden sich auch auf zahlreichen orientalischen und besonders byzantinischen Geweben. Symbolisch bezeichnet die L. die strahlende Reinheit, Unschuld, Jungfräulichkeit. Deshalb trägt der Engel Gabriel, der Maria die Empfängnis ankündigt, seit dem 14. Jh. auf zahlreichen Bildern einen Lilienstengel (□ Fra Filippo Lippi, Palazzo Venezia, Rom; Meister d. Marienlebens, Alte Pinakothek München; Schwäbischer Meister d. Sterzinger Altars, 1458, Sterzing/Tirol; Fenster 16. Jh., St. Nicolas-de-Port/Lothringen. – Auf einem englischen Relief des 14. Jh. im Victoria and Albert Museum, London, hat sich die L. zwischen Engel und Maria in ein Kreuz verwandelt, ähnlich auf einem romanischen Kapitell, 12. Jh., in Chauvigny). Deshalb ist sie auch Joachim und Josef beigegeben. In der biblischen Tradition ist die L. zudem das Symbol der Erwählung, der Wahl des geliebten Wesens (vgl. Hohesl. 1, 2). So sah sich Israel unter den Völkern erwählt, so die Jungfrau Maria unter den Frauen Israels. Wenn in der Bergpredigt auf die L.n des Feldes hingewiesen wird, die nicht arbeiten und nicht spinnen (Matth. 6, 28), dann läßt sich aus dem Bild der L. auch die vertrauensvolle Hingabe an den Willen Gottes herauslesen, der seine Erwählten versorgt: das mystische Sichausliefern an die Gnade Gottes. – Schöne Bronzelampen in der Eremitage, Leningrad, und dem British Museum, London, zeigen die Form des Blütenkelches einer L. Stilisierte L.n finden sich im frühen Mittelalter in der Lombardei (Baptisterium und Altar der Kirche S. Martino, Cividale) und in Ravenna (an Kapitellen im sog. Theoderich-Palast). Die L. im Wappen der Könige von Frankreich erscheint früh auf gallischen Münzen, dann auch im

Gegensiegel Ludwigs VII. (1137–1180); sie ist im 13. Jh. auf dem Höhepunkt der Verbreitung. Durch Verleihung des Königs Ludwig XI. an Pietro de Medici kam die L. als Beizeichen in das Wappen der Medici und aus diesem in das Wappen von Florenz und Toskana. – Heiligenattribut (als Zeichen der Reinheit und Jungfräulichkeit) ist die L. bei Albert von Messina, Antonius von Padua, Diego d'Alcala, Dominikus, Kajetan, Kaiser Heinrich II., Hermann-Josef; Ludwig v. Gonzaga, Norbert, Filippo Neri, Petrus Martyr; Stanislaus Kostka, Thomas v. Aquino, Vinzenz Ferrer; Agnes v. Montepulciano, Angela, Katharina v. Siena, Klara v. Assisi, Euphemia, Philomena.

Limbus Die nicht weiter ausgeführte Bemerkung des 1. Petrusbriefes (3, 19 f.), Christus habe den »Geistern im Gefängnis« gepredigt, wird im apokryphen Nikodemusevangelium zu einer breit erzählten Szene entfaltet, die in der Kunst oft dargestellt und irrtümlich als »Höllenfahrt Christi« bezeichnet wurde, entsprechend dem Satz im Apostolischen Glaubensbekenntnis: »Niedergefahren zur Hölle«. Tatsächlich ist hier jedoch nie die Hölle (hebr. ge'enna) als der Ort endgültiger Verdammung und Gottesferne, sondern vielmehr immer das Totenreich (L., Vorhölle, hebr. sche'ol) gemeint gewesen, der Ort des »Wartestandes« der vor dem Kommen Christi Verstorbenen und besonders der Gläubigen des alten Bundes von Adam an auf die endgültige Erlösung. Bedeutende Darstellungen aus dem frühen Mittelalter (Ziborium 5. Jh., S. Marco, Venedig; Fresko 8. Jh., S. Maria Antiqua, Rom; Mosaik S.-Zeno-Kapelle in S. Prassede, Rom; Fresko 10. Jh., Unterkirche S. Clemente, Rom), besonders aber aus der Ostkirche (Mosaiken: Kloster Daphni bei Athen, Hosios Lukas bei Delphi, Kloster Nea Moni, Chios; Fresken: Athos und kappadokische Höhlenklöster; Tafelbilder: russ. Ikonen), zeigen Christus in der → Mandorla, den lanzenartigen Kreuzstab in der Hand, mit Siegergebärde auf den kreuzförmig übereinandergefallenen Toren der Hölle und dem überwältigten Hades stehend und → Adam energisch an der Hand ergreifend, während in der Reihe der im L. Wartenden Eva und die Könige → David und Salomo deutlich erkennbar sind. Die Ostkirche bezeichnet diese Szene regelmäßig als »anastasis« (Aufstieg, Auferstehung) und kennt auf ihren Festikonen keine andere Auferstehungsszene. Besonders bekannt geworden ist in Deutschland Albrecht Dürers Holzschnitt aus der Großen Passion, der den Triumph Christi über Tod und Hölle nach traditioneller Auffassung schildert. □ 1. Byzantinischer Typus: Mosaiken 11. und 12. Jh., Torcello/Venetien und S. Marco, Venedig; Monreale/Sizilien; Pala d'Oro, 11. Jh., S. Marco, Venedig; Elfenbein-Paliotto 11. Jh., Salerno; Fresken 13. Jh., Bojana/Bulgarien. 2. Abendländischer Typus: Kapitelle 12. Jh.: Souvigny/Bourbonnais; St. Nectaire/Auvergne; Fenster 12. Jh., Kath. Le Mans; Nikolaus v. Verdun, Email-Altar 1181, Klosterneuburg b. Wien; Tympanon 12. Jh., Kath. Bitonto; Relief 12. Jh., Kath. Lincoln; Taufstein 12. Jh., Freckenhorst/Westf.; Tympana 13. Jh., Mus. Soissons und Kath. Rouen; Fenster 13. Jh., Semur-en-Auxois; Fresko 13. Jh., St. Martin, Emmerich/Ndrh.; Duccio, Maestà, 14. Jh., Opera del Duomo, Siena; Jaume Serra, Altar 1361, Zaragoza; Fra Angelico, Fresko 15. Jh., S. Marco, Florenz; Tintoretto, 16. Jh., S. Cassiano, Venedig. – Offenbar spiegelt sich in der Erzählung des apokryphen Nikodemusevangeliums die Erinnerung an alte ägyptische und griechische Mythen. Auch die Ähnlichkeit im Bildtypus zwischen Christus, der Adam aus dem L. befreit, und → Orpheus, der Eurydike dem Hades entreißt, ist nicht zu bestreiten. – → Auferstehungssymbolik.

Löffel Eine Abwandlung des Bildes der das Christuskind stillenden → Maria ist die Ernährung des abgestillten Kindes mit einem L., gern dargestellt durch flämische Maler am Ende des Mittelalters. – Eine große Suppenkelle ist das Attribut der hl. Martha als der Schutzpatronin der Hausfrauen, ein kleinerer L. gehört zur Ausstattung der Suppenschüsseln, die Elisabeth v. Thüringen/Ungarn an die Hungernden austeilt.

Löwe Aufgrund seiner Stärke und seines Mutes weithin in Mythen und Märchen als König der Tiere auf Erden geschildert und neben dem Adler, dem Herrscher der Luft, wohl das verbreitetste Wappentier; daher auch, ohne Anspruch auf zoologische Genauigkeit, in zahlreichen Varianten stilisiert. In der Bildsymbolik taucht er früh und in einer geographisch weitgespannten Verbreitung auf, die bedeutend über die Länder hinausgeht, in denen er lebt. Im Fernen Osten (China und Japan), wo er lediglich als Emblem bekannt ist, verkörpert er, ähnlich dem → Drachen, furchterregende Stärke und dient als Tempelwächter wie als Prozessionsbild und bei tänzerischen Darstellungen der Abwehr der → Dämonen und überhaupt böser Einflüsse. Die gleiche Rolle abschreckender und abschirmender Macht spielt er an den Eingängen ägyptischer und hethitischer, assyrischer und babylonischer Tempel, auch, im Zusammenhang mit der → Säule als Bild der Weltachse und des → Lebensbaumes, am Löwentor von Mykene. Zeichen der Macht wie der Gerechtigkeit ist er am Thron der Pharaonen, am Thron Salomos, an den Thronsitzen mittelalterlicher Könige und Kirchenfürsten. In Indien kann er auch als Todesdämon gelten; als bluttrinkende Löwin wird in Ägypten Sachmet, die Göttin des Todes und des Krieges, abgebildet. Besonders bedeutsam wurde er ferner als → Sonnensymbol: In Ägypten begegnen häufig zwei L.n, die, einander den Rücken zuwendend, nach Osten und nach Westen schauen, Zeichen des Weges der Sonne vom Aufgang zum Untergang und erneuten Aufgang, des Weges vom Gestern zum Heute, der morgendlichen Erneuerung des Lichtes und damit auch der Erneuerung und Verjüngung der Lebenskraft. Die Sonnensymbolik bestimmt auch den griechischen Herkulesmythos: Herkules trägt die Haut des von ihm erlegten, besonders großen und gefährlichen Nemeischen L. fortan als Attribut. – Die unbändige Kraft des Löwen hat ihn außerdem dem Dionysos (Bacchus) und den Göttinnen des Liebeslebens, Kybele, Rhea, Aphrodite (Venus), beigesellt. Der Löwe ist das Tierkreiszeichen für Juli, die Sommermitte. Alle diese Vorstellungen spielen auch in der christlichen Bildsymbolik eine bedeutende Rolle; hinzu kommen Motive aus dem Alten Testament und aus spätantiken zoologischen Vorstellungen und Fabeln, die in die mittelalterlichen Bestiarien Eingang fanden. Das Bild des L. kann extrem positive wie extrem negative Bedeutung besitzen. – Als Christussymbol bezieht es sich auf die alttestamentliche Charakterisierung des Stammes Juda, dem Jesus angehörte, als »junger L.« (1. Mose 49, 9) und die darin begründete Redeweise »der L. von Juda«, die in Offbg. Joh. 5, 5 auf Christus als den »Eröffner des Buches mit den 7 Siegeln« angewendet wird. Unter dem Bilde des L., dessen Vorderleib den Eindruck besonders imponierender Stärke erweckt, während der Hinterleib im Vergleich dazu wesentlich schwächer wirkt, sah die mittelalterliche Symbolik auch den Kontrast der göttlichen zur menschlichen Natur Christi. Insbesondere kann der L. Sinnbild der Auferstehung Christi sein. Zu der alten Sonnensymbolik der Erneuerung des Lebens tritt die von zahlreichen Autoren (z. B. Origenes, Isidor v. Sevilla) erwähnte Vorstellung, daß die kleinen L.n unförmig und tot geboren werden und drei Tage lang leblos sind, bis sie ihr Vater durch Anhauchen zum Leben erweckt und durch Belecken in die richtige Gestalt bringt (□ Fenster der Kathedrale von Bourges). Auf diesen Gedankenzusammenhang verweisen viele Darstellungen an Kapitellen. Zugleich ist hier auch an die allgemeine Auferweckung der Toten zu denken: Der brüllende L. symbolisiert neues Leben, neue Kraft. Daher die häufige Darstellung von L.n auf christlichen Grabmälern. – Das ebenso häufig vorkommende Gegenbild – der L. als negative, bedrohliche und daher zu überwindende Macht – bezieht sich auf die ungezähmte Wildheit und Stärke. Gewaltige politische Feinde können im AT als L.n beschrieben werden (Jer. 2, 15; Ez. 32, 2); aber auch die Zuspitzung dämonischer Gewalt im Teufel, dem Fürsten der Finsternis, wird unter dem Bild eines L. vorgestellt, am anschaulichsten 1. Petr. 5, 8: »Euer Widersacher, der Teufel, geht umher wie ein brüllender Löwe, suchend, welchen er verschlinge.« In dieser Bedeutung des Raubtierhaften und Gierigen ist er an zahlreichen Kirchenportalen warnend mit einem geraubten kleineren Tier oder einem überwältigten Menschen im Rachen dargestellt. Nicht selten ist entsprechend der Höllenrachen als aufgesperrtes Löwenmaul zu sehen, z. B. auf den Türen von Nowgorod und auf einem Kapitell im Kreuzgang von Ripoll (Spanien). Christus erscheint dagegen als triumphierender Sieger über die Mächte der Finsternis: Löwe, Drache, → Basilisk (z. B. Deckenmosaik Ravenna). Zur Auferstehungssymbolik gehört daher auch das häufig mit der Auferstehung Christi zusammengebrachte Bild Simsons, der kraftvoll einen L. zerreißt (nach Richter 14, 5 f.; □ an St. Stephan in Wien, in Freiburg/Br., Amiens, Louvain), oder des jungen Daniel in der Löwengrube (Dan. 6), der schon auf frühchristlichen Sarkophagen sehr oft in betender Haltung (→ Orans) zwischen zwei L.n abgebildet wird. Eine ähnliche Löwenepisode wie die Simsons wird von David erzählt (1. Sam. 17, 34 f.). –Wohl die verbreitetste Darstellung des L. in der christlichen Kunst ist jedoch die des geflügelten L. als Symbol bzw. Attribut des Evangelisten Markus (→ Evangelistensymbole), nach der Deutung des Kirchenvaters Hieronymus deshalb gewählt, weil das Markusevangelium mit dem Hinweis auf → Johannes den Täufer als »Stimme eines Rufenden in der Wüste« beginnt. Von da ist der geflügelte Markuslöwe das Wappentier Venedigs geworden und als solches nicht nur in Venedig selbst, sondern auch auf den Überresten der zahlreichen venezianischen Festungen im östlichen Mittelmehr oft zu sehen. – Als Heiligenattribut begegnet der L. vor allem auf Darstellungen des hl. Hieronymus, sei es in der Felsenhöhle des Asketen oder, etwas deplaziert, als Haustier in der Gelehrtenstube (Albr. Dürer, Hieronymus im Gehäus). Diese Zusammenordnung bezieht sich auf eine im christlichen Bereich ursprünglich auf den Wüstenvater Gerasimus bezogene, ihrer Herkunft nach vorchristliche Geschichte von der Heilung und Zähmung eines durch einen Dorn in der Pfote kläglich leidenden wilden L. Auf die in der endzeitlichen Gotteswelt herrschende neue Freundschaft zwischen Mensch und Tier deuten Darstellungen des Friedensreiches (Jes. 11, 6f.), in dem ein kleiner Junge L.n und Kälber miteinander weiden wird, aber auch das vor allem bei ägyptischen Heiligen begegnende Motiv: L.n begraben Asketen in der Wüste. Das wird von Antonius dem Großen, dem Eremiten Paulus und der ägyptischen Maria berichtet und ist nicht nur in den Klöstern des Antonius und des Paulus in der Felswüste zwischen Nil und Rotem Meer häufig dargestellt, sondern auch auf westeuropäischen Bildprogrammen zu finden, z. B. in Vézelay und Beaune. – In der Eigenschaft der Stärke und Feindabschreckung taucht der L. in der europäischen Heraldik als Wappenschildhalter (Großbritannien) und vor allem als Wappentier auf, z. B. für Bayern, Belgien und verschiedene belgische Provinzen, Niederlande, Norwegen, Saarland, Schweden und in zahlreichen früheren britischen Kolonien. Das iranische Wappen – der schwerttragende L., hinter dem die Sonne aufgeht – erinnert an das alte Sonnensymbol, das Wappenbild Äthiopiens, des ältesten christlichen Reiches in Afrika, dagegen an den »L. von Juda«.

Lorbeer Wegen seiner immergrünen Blätter und seines starken Duftes seit alters als Götterbaum, Sinnbild der Unverweslichkeit und Jugend geschätzt; dem Apollon heilig und als Anreger dichterischer und metaphysischer Inspiration im Umkreis von Apollonheiligtümern besonders gepflegt. Lorbeerzweige dienten bei Festzügen, Opfern, magischen Riten als Vergegenwärtigung Apollons. Lorbeerkränze wurden Zeichen des Sieges, der Ehre, des Ruhmes, des Friedens und so auch frühe Symbole in der christlichen Verkündigung und Kunst. → Kranz. In der frühen Christenheit wurden die Toten zur Symbolisierung des ewigen Lebens auf Lorbeerblättern gebettet. L. bildet auch ein Zeichen für die Taufe als Siegel des neuen Lebens in Christus.

Luchs Wie → Eichhörnchen und → Fuchs in der germanischen Mythologie dem Gott Loki zugehörig und in der christlichen Symbolik ein Sinnbild des Teuflischen.

Lyra Das älteste Saiteninstrument der Griechen, mit sieben Saiten bezogen. Meist für privaten und weltlichen Gebrauch. Nach dem Tode des → Orpheus, der sie der Sage nach von Apollon erhalten hatte, wurde die L. von Zeus unter die Gestirne versetzt. In der christlichen Kunst ist sie Attribut → Davids, aber auch der vierundzwanzig Greise der Apokalypse als Zeichen ihres Gotteslobes.

M

Mahl Mahlszenen in der christlichen Kunst können sich auf verschiedene ereignishafte wie symbolische Zusammenhänge beziehen. Am häufigsten begegnet 1. das letzte Abendmahl Jesu mit seinen Jüngern (Matth. 26, 17 ff.; Mark. 14, 12 ff.; Luk. 22, 7 ff.; Joh. 13, 21 ff.) mit der Ankündigung des Verrats des Judas. Dieses dem Passahmahl der Juden entsprechende M. taucht daher, außer auf Einzeldarstellungen, als Ereignis des Lebens Jesu regelmäßig in den Passionszyklen auf. Auf dem Tisch ist das Passahlamm erkennbar. Dabei wird in der abendländischen Kunst das historische und psychologische Motiv des Judasverrats in den Vordergrund gestellt: Jesus reicht Judas den Bissen und bezeichnet ihn so als den Verräter (□ Antependium Aachen; Bernwardsäule 11. Jh., Dom Hildesheim; Meister Bertram von Minden, Altarbild 1394, Landesmuseum Hannover). Oft erscheint Judas auch, deutlich erkennbar am Beutel mit den dreißig Silberlingen oder am Fehlen des → Nimbus oder auch (bei Giotto, Fresko 14. Jh., Arenakapelle Padua, und Fra Angelico, Fresko 15. Jh., S. Marco, Florenz) an einem schwarzen Nimbus über den roten Haaren, vor dem Tisch und von der Gemeinschaft der übrigen Jünger getrennt. Jacob Jordaens (17. Jh., Mus. Antwerpen) hat die interessante Variante beigesteuert, daß Judas, als Verräter bezeichnet und von den übrigen Aposteln mit Argwohn bedacht, den Kopf eines Hundes, des Symbols der Treue, streichelt, als wolle und könne er so den Verdacht zerstreuen. Doch könnte der Hund, der in den mittelalterlichen Bestiarien eine mögliche Inkarnation des → Teufels ist, hier auch ein negatives Symbol unter Bezug auf Matth. 7, 6 sein. Ein weiteres, häufig (□ Nikolaus v. Verdun, Emailaltar 1181, Klosterneuburg b. Wien; Passionsfenster um 1225, Kath. Laon; Tympanon 1276, Terlizzi b. Bari; Konrad v. Soest, Wildunger Altar, 1404) begegnendes Motiv zeigt Judas im Begriff, sich einen Fisch von der großen Platte (manchmal auch dem Teller Jesu) zu nehmen und ihn unter dem Tischtuch oder hinter seinem Rücken zu verstecken. Diese Geste, die in keinem Symbolzusammenhang mit dem Anagramm Christi (→ Fisch) steht, entspricht einer alten, in den Mysterienspielen breit veranschaulichten Tradition, derzufolge Judas in seiner Gier an dem ihm wie den anderen Jüngern zugeteilten Stück nicht genug gehabt habe. Jesus befindet sich bei dieser abendländischen Bildkomposition meist in der Mitte des Bildes (bekanntestes □ Lionardo da Vinci, 1495, Refektorium S. Maria delle Grazie, Mailand). Der Lieblingsjünger Johannes, besonders jung aufgefaßt, liegt an der Brust Jesu (vgl. Joh. 13, 23) und scheint so von dessen Nähe erfüllt, daß er kaum Anteil an den dramatischen Geschehnissen nimmt. – Diese bei der antiken Gepflogenheit, das M. liegend einzunehmen, völlig natürliche Szene ist unverständlich, wenn die Teilnehmer des M. sitzen. Dieses Beispiel unreflektierter ikonographischer Tradition hat jedoch andererseits in der deutschen Mystik das Thema der »Jesus-Johannes-Minne« gezeitigt, das seinerseits, auch losgelöst von der Abendmahlsdarstellung, Kunstwerke von inniger Eindrucksstärke hervorbrachte (□ die Jesus-Johannes-Gruppen in Südwestdeutschland, vor allem in Dominikanerklöstern, um 1300 entstanden und bis zur Mitte des 17. Jh. nachweisbar. Zwei bemerkenswerte Beispiele des 14. Jh. im Deutschen Museum Berlin, ferner Heiligkreuztal/Schwaben und Museum Mayer Van der Bergh, Antwerpen, aus Katharinental). Die Mystik deutete diese Bilder brüderlicher und vertrauter Zärtlichkeit auf die Seele, die sich zu Gott flüchtet. – Die übrigen Jünger sind meist vollzählig vertreten; nur manchmal ist, offensichtlich aus Raumgründen, ihre Zahl auf fünf bis sechs beschränkt (□ Deckenmalerei 12. Jh., Zillis/Graubünden; Lettner 13. Jh., Dom Naumburg). Wo als Tischform das antike Triklinium gewählt wurde, lagern die Esser im Halbkreis; dann sitzt Christus links auf dem Ehrenplatz, in einem gewissen Gegenüber zum Jüngerkreis; nicht selten befindet sich auf diesen in der byzantinischen Kunst bevorzugten Darstellungen dann kein Passahlamm mehr, sondern ein → Fisch auf der Hauptplatte, hier durchaus als Sinnbild Jesu selbst und als Hinweis auf sein Selbstopfer zu verstehen (□ Mosaik 6. Jh., S. Apollinare Nuovo, Ravenna). Ist der Tisch nach orientalischer Gewohnheit rund, so sitzt Jesus im Hintergrund in der Mitte und Judas isoliert im Vordergrund; ähnlich bei der im Abendland aus dem Hausgebrauch in die bildlichen Darstellungen eingegangenen rechteckigen Tafel; mit Ausnahme des Judas sitzen die Jünger dann meist so, daß sie dem Betrachter nicht den Rücken zuwenden. Eine neue Lösung fand Tizian (Abendmahl um 1544, Herzogspalast Urbino): er legte den Tisch diagonal an und schuf damit eine eindrucksvolle Raumtiefe. Seinem Beispiel folgten Tintoretto und Pieter Brueghel. Pietro Lorenzetti (Fresko Unterkirche Assisi) hat die traditionelle Szene durch einen Blick in die angrenzende Küche erweitert. Das Abendmahlsthema ist besonders häufig in den Refektorien der Klöster abgebildet worden. □ Paliotto 12. Jh., Elfenbein, Kath. Salerno; Kanzel 12. Jh., S. Ambrogio, Mailand; Friese 12. Jh., St. Gilles-du-Gard und St. Paul-les-Dax; Tympana 12. Jh.: St. Germain-des-Prés, Paris; St. Julien, Jonzy; Kapitelle 12. Jh., St. Nectaire und St. Paul, Issoire; Fresko 12. Jh., Vic b. Nohant/Indre; Ziboriumssäule 13. Jh., S. Marco, Venedig; Taddeo Gaddi, 14. Jh., Refektorium S. Croce, Florenz; Tympana 14. Jh., Kath. Bordeaux und Kath. Palma de Mallorca; Taber-

nakel 14. Jh., Hal/Belgien; Fresko 14. Jh., Refektorium Byloke, Gent; Andrea del Castagno, 1457, Refektorium S. Apollonia, Florenz; Tizian, 1564, Refekt. Escorial; Calvariengruppe 17. Jh., Plougastel/Bretagne. – 2. Von dieser Darstellung eines Ereignisses, einer dramatischen Episode aus den letzten Lebenstagen Jesu, ist deutlich zu unterscheiden die sakramental und symbolisch bestimmte Einsetzung und Feier der Eucharistie, d. h. der liturgische Vollzug des M. der Danksagung (vgl. 1. Kor. 11, 23 ff. als den ältesten Bericht darüber und Matth. 26, 26 ff.; Mark. 14, 22 f.; Luk. 22, 14 ff.). Dieses Themas hat sich die Kunst der Ostkirche mit Vorliebe angenommen, und zwar meist in der Gestalt der → »Kommunion der Apostel«: Christus, hinter einem → Ziboriumsaltar stehend, reicht den von zwei Seiten herantretenden Aposteln nacheinander Brot und Wein. □ Syrische Patenen, 6. Jh., Fogg Art Museum, Cambridge/Mass., und Archäolog. Museum Istanbul; Mosaiken 11. Jh., Serrai/Makedonien; Dorfkirche Kalambaka/Thessalien, Sw. Sofia, Kiew; Fresken 14. Jh., Mistra, 16. Jh., Refekt. Megisti Lawra, Athos; Kaissariani b. Athen; Hl.-Kreuz-Kapelle, Kath. Krakau. Diese Bildkomposition, die in den Kirchen des Ostens einen festen Platz in der Apsis hat, ist im Abendland sehr selten (□ Justus v. Gent, Altarbild 1474, Pinacoteca Urbino). – Eine ähnliche Thematik in der byzantinischen Kunst ist die der »Göttlichen Liturgie«: der von Christus selbst zelebrierte und von Engeln (manchnmal, □ Fresko 14. Jh., Kloster Marko b. Skopje, auch von Kirchenlehrern) als Diakonen mitvollzogene Gottesdienst, häufig und monumental dargestellt (□ Fresko 15. Jh., Peribleptos, Mistra). Die einzige Paralleldarstellung im Abendland: zwölf Engel in Diakonenkleidung umgeben Christus, der das Buch des Neuen Bundes in der Hand hält (Giebel, Kath. Reims). – Eine ausgesprochen eucharistische Zuspitzung der Abendmahlsdarstellung ist in der christlichen Kunst des Westens selten und gewinnt erst nach dem Konzil von Trient stärkere Bedeutung. □ a) Konsekration von Brot und Wein: Dirk Bouts, Altarbild 1468, St. Pierre, Leuwen; 17. Jh.: Philippe de Champaigne, Louvre Paris; P. P. Rubens, Brera, Mailand. b) Kommunion der Apostel: Fra Angelico, 15. Jh., S. Marco, Florenz; Luca Signorelli, 1512, Dom Cortona; Tintoretto, 16. Jh., Scuola di S. Rocco u. S. Giorgio Maggiore, beide Venedig; Nicolas Poussin, Zyklus der Sakramente, 17. Jh., Bridgewater Gallery, London; Ribera, 1651, Certosa di S. Martino, Neapel, u. Chiesa Corpus Domini, Bologna; Tiepolo, 18. Jh., Louvre Paris. – 3. Die Agape, das mit dem feststehenden Ausdruck »Brotbrechen« bezeichnete Gemeinschafts-(Liebes-)Mahl, das unter Lobpreisung Gottes stattfand. Dieses M. war heiter und eine Vorwegnahme des endgültigen Festmahls (als Zeichen endgültig bleibender Gemeinschaft) im Reich Gottes. Zahlreiche Bildbeispiele auf Katakombenfresken. – 4. Die Hochzeit zu Kana (Joh. 2, 1 ff.), die nach der Theologie der Kirchenväter (z.

B. Kyrill v. Jerusalem, röm. Bischof Liberius) ebenfalls auf die Eucharistie verweist. □ Fresko 4. Jh., Katakombe SS. Pietro e Marcellino, Rom; Mosaik 5. Jh., Baptisterium Kath. Neapel; Holztür 6. Jh., S. Sabina, Rom; Elfenbeinreliefs 6. Jh., Maximianskathedra, Ravenna, u. Victoria and Albert Museum, London; Ziboriumssäule 6. Jh., S. Marco, Venedig; Goldpaliotto 9. Jh., S. Ambrogio, Mailand; Tympanon 12. Jh., Charlieu/Burgund; Fresken 12. Jh. in Brinay/Cher u. S. Baudilio, Berlanga/Kastilien; Fenster 13. Jh., Kath. Canterbury; Meister Bertram, 14. Jh., Buxtehuder Altar, Kunsthalle Hamburg; Nicolo Florentino, Altar 15. Jh., Catedral Vieja, Salamanca; Michael Pacher, Altar 1481, St. Wolfgang/Österreich; Paolo Veronese, 16. Jh., Louvre Paris; Hieronymus Bosch, 16. Jh., Museum Boymans, Rotterdam; Murillo, 17. Jh., Barber Institute, Birmingham. – 5. Die Mahlzeit im Hause des Simon, zu der Jesus eingeladen war (Luk. 7, 36 ff.) und bei der die »große Sünderin« seine Füße salbte; häufig in den Refektorien der Klöster abgebildet. □ Mosaik 11. Jh., Monreale/Sizilien; Portale 12. Jh., Neuilly-en-Donjon/Allier u. St. Hilaire-du-Foussay/Vendée; Reliefs 12. Jh., St. Gilles-du-Gard u. Musée Semur-en-Auxois; Lukas Moser, Magdalenenaltar 1431, Kirche Tiefenbronn/Schwaben; Paolo Veronese, 16. Jh., Louvre Paris; Brera, Mailand; El Greco, 17. Jh., Art Institute, Chicago; P. P. Rubens, um 1620, Eremitage, Leningrad; Luca Giordano, 17. Jh., Galleria Corsini, Florenz; Sebastiano Ricci, 18. Jh., Buckingham Palace, London. – 6. Mahlzeiten, die in den Gleichnissen Jesu erwähnt werden: das große Gastmahl (Matth. 22, 1 ff.; Luk. 14, 15 ff.; □ Portale 12. Jh., St. Marie, Oloron, u. S. Salvatore, Lucca; Kapitell 12. Jh., St. Nectaire; Fresko 14. Jh., Dečani/Jugosl.; Jan van Amstel, Tafelbild um 1530, Mus. Braunschweig; Rob. Pinaigrier, Fenster 1568, St. Etienne-du-Mont, Paris; Bernardo Strozzi, 17. Jh., Uffizien Florenz) und das M. nach der Heimkehr des verlorenen Sohnes (Luk. 15, 23 ff.; □ Fenster 13. Jh., Kath. Bourges; Relief 14. Jh., Mittelportal Kath. Auxerre; Fresko 1540, Kloster Arbore/Moldau). – 7. Das Gastmahl des Herodes (Matth. 14, 6ff.). □ Portale St. Lazare, Avallon; S. Zeno, Verona; Tympana: St. Martin d'Ainay, Lyon, St. Martin, Laon, Kath. Rouen; Reliefs: Baptisterium Parma (Antelami), Bernwardsäule, Dom Hildesheim, Baptist. Siena (Donatello); Mosaiken: Baptist. Florenz u. Baptist. S. Marco, Venedig; Fenster: St. Jean, Lyon, Kath. Bourges, Kath. Clermont-Ferrand; Fresken: Joh. Gallicus, 1246, Dom Braunschweig; Giotto, S. Croce, Florenz; Filippo Lippi, Kath. Prato; zahlreiche katalonische Kapitelle. – 8. Mit der Eucharistie in Verbindung gebracht wird nach alter Deutung (Origenes u. a.) die Darstellung der wunderbaren Brotvermehrung (Matth. 14, 13 ff. u. Parall.), auch da, wo sie, im Unterschied zu den genannten Erzählungen, in einem geschlossenen Raum, auf einem halbkreisförmigen Mahlpolster und mit wenigen Personen geschieht, z. B. auf einem berühmten Fresko in der Cappella greca der Priscilla-Katakombe, Rom, das zu Seiten der Tafelnden sieben volle Brotkörbe und vor ihnen zwei Platten mit je einem Fisch zeigt. → Brot. – 9. Das M., mit dem → Abraham die drei → Engel bewirtete (1. Mose 18, 1 ff.), die ihm die Geburt Isaaks verhießen. Diese »Philoxenie« (Gastfreundschaft) Abrahams wurde als Typos der → Trinität wie der Verkündigung an → Maria verstanden und (z. B. in Armenbibeln) auch mit der Verklärung Christi in Zusammenhang gebracht. Diese Szene ist in der Ostkirche besonders häufig dargestellt (□ Andrej Rubljew, Dreifaltigkeitsikone), im Westen auf Mosaiken (S. Vitale, Ravenna, 6. Jh.), Miniaturen und Fenstern (□ Marienkirche Esslingen, 13. Jh.; Bessererkapelle, Münster Ulm, 14. Jh.), einem Teppich des Halberstädter Doms (16. Jh.) und Gemälden von Rembrandt, Murillo, Tiepolo u. a. Vom 16. Jh. ab taucht das Motiv auch als Modell für das dritte Werk der Barmherzigkeit auf: die Fremden beherbergen. – 10. Das Fest Belsazars (Dan. 5), bei dem die geheimnisvolle Wandinschrift erschien (□ Kapitelle 12. u. 13. Jh. Vézelay u. Dom Magdeburg; Relief 13. Jh., Kath. Amiens; Gemälde von Pieter de Grebber, 1625, Mus. Kassel. – 11. Das M. in Emmaus, nachdem Christus am Tage der Auferstehung zwei heimkehrende Jünger dorthin begleitet hatte, um sich ihnen während der Abendmahlzeit im Brotbrechen zu offenbaren (Luk. 24, 13 ff.), ist als eucharistisches M. (und in Wirklichkeit »letztes Abendmahl«, Last Supper) sehr oft dargestellt worden, teils mehr mit dem Akzent auf dem Wiedererkennen, teils mit Betonung der eucharistischen Kommunion, später (z. B. Veronese) auch als bloße Genreszene. Typologisch wird es mit dem Gastmahl → Abrahams für die drei Engel und den drei Jünglingen im → Feuerofen verbunden, die durch einen Engel beschützt wurden, der hier mit Christus identifiziert ist. □ Reliefs 12. Jh., Kath. St. Maurice, Vienne, u. Kreuzgang Silos/Spanien; Kapitelle 12. Jh. in Ste. Madeleine, Vézelay, St. Vincent, Châlons s/Saône; St. Julien, Laizy, St. Pierre, Genf; St. Paul, Issoire; Königsportal Chartres; Passionsfenster 12. Jh., Kath. Chartres; Fenster 13. Jh. in Le Mans u. Tours, des 14. Jh.: Basilika Assisi, des 16. Jh.: St. Godard, Rouen; Fra Angelico, 15. Jh., Kreuzgang S. Marco, Florenz; Carpaccio, 16. Jh., S. Salvatore, Venedig; Tizian, 1543, Louvre Paris; Rembrandt, 1629, Musée Jacquemart-André, Paris; 1661, Louvre Paris; P. P. Rubens, 1610, St. Eustache, Paris; J. M. Rottmayr, 1712, Mattsee/Österreich; Fritz v. Uhde, 1885, Städel-Institut Frankfurt; Maurice Denis, 1920, Musée d'Art moderne, Paris. – 12. Außerhalb des christlichen Bereichs werden im Mittelmeerraum Totenmahle abgebildet, wie sie zu Ehren von Verstorbenen bei Etruskern und Griechen, Juden wie Römern gehalten wurden.

Maiglöckchen Begegnet als Zeichen des Heils und Attribut Christi auf vielen Darstellungen des Christgeburt-Zyklus, aber auch des → Endgerichts (wo es immer auf der Seite der Seligen steht).

Mandel → Mandorla.

Mandorla Der mandelförmige Lichtschein, der auf mittelalterlichen Kunstwerken den → »Christus in Majestät« oder Maria umgibt, ist Emanation des göttlichen Lichtes in der Gegenwart Gottes und zugleich Verschleierung der Sicht auf dieses Licht. Sie ist mit der Symbolik der Mandel verbunden; die Mandel stellt das Sinnbild des im Äußerlichen verborgenen wesentlichen Inneren dar und birgt damit das Geheimnis der inneren Erleuchtung, das Mysterium des Lichts; in diesem Sinne ist sie Gegenstand der Meditation. Auch Christus kann, weil seine göttliche Natur in seiner menschlichen Natur verborgen war, durch die Mandel symbolisiert werden. Im Mittelalter sieht man in der Mandel außerdem die Jungfräulichkeit Marias versinnbildlicht. Hierauf bezieht sich ebenfalls die ihr und Christus beigegebene M. Für die Israeliten ist der Mandelbaum das Symbol neuen Lebens (Jer. 1, 11 f.).

Mann, Kauernder Wohl das verbreitetste Thema in der romanischen Kunst. Er spielt häufig die Rolle des Atlas, der die Kirche auf seinen Schultern trägt. Oft scheint er jedoch auch unter der Last förmlich zusammenzubrechen: dann repräsentiert er das Schicksal der Verdammten in der Hölle. Dementsprechend unterliegt er auch der Aktivität der Dämonen, Drachen, Adler usw. Je nach Nacktheit oder Bekleidung der dargestellten Person ist auch, wie in der romanischen Symbolik überhaupt, auf die Art der Sünde zu schließen: Sünden des Fleisches oder Sünden des Geistes. Allgemein läßt sich hier die Variationsbreite der gängigsten Sünden feststellen. Unter ihnen nehmen Wollust und Geiz die oberste Stelle ein. Nicht so häufig wie dieses negative, der Warnung dienende Motiv ist das positive: heitere, meist junge Menschen, kniend oder kauernd, oft mit einer → Weintraube in der Hand, den Blick frei geradeaus oder zum Himmel erhoben. Sie weisen auf den Zugang zum Himmel, den die Seele des Erwählten nach dem Tode findet.

Mantel Sinnbild des Schutzes. 1. Der M. des Propheten → Elia, den er seinem Schüler → Elisa als Symbol der prophetischen Begabung zurückließ (2. Kön. 2, 8 ff.). – 2. Attribut der Schutzmantelmadonna (→ Maria), ferner der Heiligen Angela

Merici (Gründerin der Ursulinerinnen), Brigitta, Katharina v. Siena, Odilie, Teresa v. Avila, Ursula v. Köln. – 3. Den M. teilen Martin v. Tours und Franz v. Assisi mit einem Armen. – 4. Von den Heiligen Amabilis, Florentius v. Straßburg, Goar, Gotthard, Hildebert, Brigitta wird berichtet, daß sie ihren M. an einem Sonnenstrahl aufgehängt hätten. – 5. Die Heiligen Franziskus v. Paula, Hyazinth, Raimund v. Pennafort benutzten ihren M. als Boot zur Überquerung von Meerengen und Flüssen.

Maria Die jungfräuliche Gottesmutter symbolisiert in eben diesem Miteinander von Jungfräulichkeit und Mütterlichkeit die Seele, in der Gott sich selbst empfängt, indem er sich mit sich selbst erzeugt, die zur Einigung geführte Seele, in der Gott mit der Zustimmung und Annahme des Menschen fruchtbar wird. Sie weist gleichzeitig auf die nach Osten, dem Himmel zugewandte Erde, die durch Gottes Licht zur Erde des Lichtes wird. Insofern ist sie Modell und Brücke zwischen Irdischem und Himmlischem. Damit wird sie aber auch »testis fidei«, Zeugin und Bezeugerin des Glaubens, der gläubigen, empfangenden Bejahung des unbedingten, allein von Gott gewirkten, begnadenden Heils. Die entscheidende biblische Aussage über M. ist in dem ihr in Luk. 1, 38 in den Mund gelegten Wort konzentriert: »Ich bin des Herrn Magd; mir geschehe, wie du gesagt hast.« Hier wurzeln sowohl die liturgischen Entfaltungen des »Ave Maria« wie die von den Geburts- und Kindheitserzählungen der Evangelien bis zu späteren theologischen Spekulationen (einschließlich der röm.-kath. Dogmen des 19. und 20. Jh.) reichenden Lehraussagen über ihre Person und Funktion, wie schließlich auch ihre Identifikation mit der Gemeinde und Kirche Christi, die sozusagen Christus, dem sie ihre Existenz verdankt, immer neu aus sich heraus gebiert. Entsprechend haben sich in der christlichen Kunst bestimmte Typen der Mariendarstellung auch abgesehen von dem Auftreten M.s in neutestamentlichen Bildszenen entwickelt. A. In der Kirche des Ostens. 1. M. in majestätischer Haltung. Wie sehr sich die christliche Kunst in der Überzeugung von der körperlichen Schönheit M.s in typologischer Ausdeutung des Hohenliedtextes (4, 7) einig war, so gibt es doch auch von M. so wenig individuelle Porträts wie von → Christus. Auch bei ihr handelt es sich um Kult- und Typusbilder, beginnend mit den frühen Darstellungen auf Katakombenfresken und Sarkophagen (□ im Zusammenhang mit der Darstellung der prophetischen Ankündigung der Geburt Jesu auf einem Fresko des 2. Jh. in S. Priscilla, Rom, und der Anbetung der Weisen aus dem Morgenland auf einem Fresko in S. Domitilla, Rom, 4. Jh., und einem Sarkophag des Lateranmuseums, Rom). Von da stammt auch das Bild der mit erhobenen Händen anbetenden M. (M. orans), das allerdings

auch als Abbildung der Seele im Gebet verstanden werden kann (→ Orans), sich in der byzantinischen Kunst aber später zu einem bestimmten Typus des Marienbildes entwickelte: M. blickt mit erhobenen Armen zum Beschauer hin und trägt auf der Brust ein großes Medaillon mit dem jugendlichen segnenden Christus (Immanuel). Griechisch heißt diese Darstellung Panaghia Platytera (wörtlich »mit dem größeren Leibe«, einem Text des Kirchenvaters Basilius folgend, demzufolge Gott den Leib M.s groß genug schuf, um den inkarnierten Christus aufzunehmen) oder Blacherniotissa, nach der besonders verehrten Ikone dieses Typs in der Kirche des Stadtteils Blachernae in Konstantinopel, russisch Snamenie (Erscheinung, Epiphanie). Im Westen ist dieser Bildtypus nur im Raum besonderen byzantinischen Einflusses zu finden (□ Relief 13. Jh., S. Maria Mater Domini, Venedig; Altarbild Schutzmantelmadonna, 14. Jh., Accademia Venedig). Die den Weg weisende M. (Panaghia Hodigitria), nach einer Kirche in Konstantinopel genannt, in der sich die Karawanen- und Fremdenführer zusammenzufinden pflegten, und die in aufrechter Haltung dargestellt wird, während das Kind auf ihrem linken Arm die Hand segnend erhebt, hat den Westen sehr stark beeinflußt, denn sie wurde zum Grundtypus der gotischen Madonnen. Die den Sieg gebende M. (Panaghia Nikopoia) sitzt majestätisch und streng auf einem Thron und hält mit beiden Händen das Kind dem Beschauer entgegen. Diese herrscherliche Haltung hat ihr auch den Namen »Kyriotissa« eingetragen. Es war vermutlich eine Ikone dieser Art, die im Westen den Bildtyp der thronenden Madonna (lat. sedes sapientiae, ital. kurz maestà) prägen half (s. u.). – 2. M. in zärtlicher Haltung. Die angeblich so streng hieratische byzantinische Kunst hat doch auch den sehr menschlichen Typ der zärtlichen jungen Mutter hervorbringen können, der an → Ikonostasen und in Museen immer wieder entzückt. Die zärtliche, wörtlich: süß küssende Gottesmutter (Panaghia Glykophylousa) unterscheidet sich von der »stillenden M.« (panaghia Galaktotrophousa, ital. Madonna del latte), die dem Kind die Brust reicht, durch ein wichtiges Detail, das dem Titel des Bildtyps förmlich entgegensteht. M. schaut nämlich sehr ernst und traurig, fast starr vor sich hin, während alle aktive Zärtlichkeit von dem Kind ausgeht. Dieser Typus, schon auf koptische Vorbilder zurückweisend und besonders auch in Rußland weit verbreitet (□ die berühmten Ikonen der Gottesmutter von Wladimir und der Gottesmutter vom Don im Historischen Museum Moskau), scheint den ebenfalls stark in Rußland verbreiteten Typ der leidenden Gottesmutter (Panaghia Strastnaia) beeinflußt zu haben, die die Passion ihres Sohnes bereits deutlich vor sich sieht. Sie begegnet überaus häufig auf rumänischen Hinterglasbildern. Westlichen Einflüssen scheint dagegen eine im koptischen Ägypten gelegentlich anzutreffende Ikone mit dem Pietà-Motiv (M. hält den toten Sohn im

Schoß) zu entstammen. – 3. M. in fürbittender oder schützender Haltung. Hierher sind die Dreiergruppen der Deesis zu rechnen, auf denen M., zusammen mit → Johannes dem Täufer, zu Füßen des richtenden → Christus flehend für die Menschen eintritt; ferner die in Rußland besonders beliebten Darstellungen der M. mit dem schützenden Schleiertuch, das sie entweder selbst ausbreitet oder das durch zwei Engel über ihrem Haupt gehalten wird (russ. Pokrow; griech. episkepsis). Nach einer Legende erschien M. dem hl. Andreas dem Unschuldigen während eines Abendmahlsgottesdienstes in Konstantinopel und entfaltete ihren schützenden Schleier, der seitdem zum Palladium der Stadt und lange Zeit in der Kirche von Blachernae gezeigt wurde. Die Beziehung zum westlichen Typus der Schutzmantelmadonna (s. u.) ist deutlich. Schließlich sind hier auch noch die bildlichen Darstellungen (□ auf Miniaturen des 11. Jh. und auf Fresken des 16. Jh. in den Klöstern des Athos und der Moldau sowie im russischen Kloster Therapon) des Hymnus Akathistos zu nennen, eines 24strophigen liturgischen Hymnus, den man stehend (akathistos = nicht sitzend) in der Karwoche singt. Er bezieht sich auf das wunderbare und erfolgreiche Eingreifen M.s bei der Belagerung Konstantinopels durch die Perser und Avaren (626). – B. In der Kunst des Westens. 1. Die Jungfrau. Die in der röm.-kath. Kirche 1854 dogmatisierte »Unbefleckte Empfängnis M.s« bezieht sich nicht auf die Geburt Christi, sondern auf ihre eigene Empfängnis und Geburt durch ihre Mutter Anna und damit auf ihre vorgeburtliche Erwählung durch Gott und ihre Sündlosigkeit (im Sinne des Ausgenommenseins von der Ursünde). In der christlichen Kunst taucht diese Thematik, obwohl bereits der theologischen Spekulation des Mittelalters zugehörig und in der typologischen Gegenüberstellung von Eva und M. ausgeführt, sehr viel später als andere einzelne Marienbilder auf. Doch kann man in den das Mittelalter hindurch populären Darstellungen aus den apokryphen (Protevangelium des Jakobus, Pseudomatthäusevangelium, Evangelium der Geburt M.s) Erzählungen über die Eltern und die Jugend M.s das Thema schon vielfältig variiert finden. Das Speculum historiae des Vinzenz v. Beauvais und die Legenda aurea des Jacobus a Voragine trugen stark zur Verbreitung dieses Legendenmaterials bei. Bilderzyklen zu diesen Erzählungen finden sich in den Miniaturen eines unter dem Namen »Homilien des Mönches Jakobus« in der Vatikanbibliothek aufbewahrten Manuskripts aus dem 11. Jh. und auf Freskenreihen der gleichen Zeit in kappadokischen Höhlenkirchen; ferner auf Kapitellen (12. Jh.) des Königsportals der Kath. Chartres, dem Tympanon des Annenportals, 12. Jh., Fassade Notre Dame, Paris, und auf Fresken des gleichen Jh. in Vieux-Pouzauges/Vendée; auf Fresken von Giotto (um 1305) in der Arenakapelle Padua und Fresken des 15. Jh. in Kernascledan/Bretagne. Im einzelnen werden geschildert: Die

Zurückweisung des Opfers Joachims durch den Hohenpriester im Tempel, aufgrund seiner Kinderlosigkeit; sein Weg in die Einsamkeit zu seinen Hirten; die Ankündigung eines Engels, daß seine Frau Anna ein Mädchen gebären werde, die künftige Mutter des Messias; das Gebet der Anna im Garten, wobei ihr ein Engel die gleiche Botschaft bringt; das Zusammentreffen zwischen Joachim und Anna an der Goldenen Pforte in Jerusalem. Dieses Zusammentreffen mit dem Kuß der Ehegatten kann auch für sich stehend dargestellt werden. Dann ist es als Hinweis auf das unbefleckte Empfangenwerden M.s zu verstehen, denn dieses vollzog sich nach der Meinung mittelalterlicher Theologen durch den Kuß Joachims und Annas. In diesem Sinne erscheint diese Szene an der Goldenen Pforte in mariologischen Zyklen häufig unmittelbar vor der Christgeburt. □ (außer den genannten Zyklen): Giottino, 14. Jh., kl. Kreuzgang S. Maria Novella, Florenz; Taddeo Gaddi, 14. Jh., Cappella Baroncelli, S. Croce, Florenz; Giovanni da Milano, Sakristei ebd.; Bernardo Daddi, Polyptichon des hl. Pankratius, 14. Jh., Uffizien Florenz; V. Carpaccio, 15. Jh., Accademia Venedig; Meister Bertram, 15. Jh., Kunsthalle Hamburg; Konrad Witz, 15. Jh., Mus. Basel; Meister des Marienlebens, 15. Jh., Alte Pinakothek München; Jean Soulas, Relief um 1520, Chorabschluß Kath. Chartres. – Gegen Ende des Mittelalters entwickelt sich ein neuer Bildtyp: die Herabkunft der unbefleckten Jungfrau auf die Erde, auf einem Halbmond stehend, von Sternen gekrönt und die Arme entweder über der Brust gekreuzt oder in → Orantenhaltung erhoben (von der ähnlich dargestellten, gen Himmel fahrenden M., die die Augen nach oben gerichtet hat, dadurch unterschieden, daß sie die Augen zur Erde gesenkt hält), meist umrahmt von den Symbolbildern der Lauretanischen Marienlitanei (in der heutigen Form von 1576), die ihrerseits stark auf Vergleichen des Hohenliedes beruhen: Sonne, Mond, Meerstern, geschlossener Garten, Quell der Gärten, Brunnen lebendigen Wassers, Zeder, Ölbaum, Lilie unter Dornen, Rosenbusch, Spiegel ohne Flecken, Turm Davids, Stadt Gottes, Pforte des Himmels. Weitere Attribute dieser Darstellung sind der Offb. Joh. (12, 1 ff.) entnommen: das Weib, mit der Sonne bekleidet, den Mond unter ihren Füßen und über dem Haupt eine Krone von zwölf Sternen. Das erste Bild dieser Art taucht 1484 in der Marienkapelle der Kath. von Cahors auf, und 1492 behandelt Carlo Crivelli das gleiche Thema (National Gallery, London), etwa gleichzeitig auch der Brüsseler Meister des großen Annenaltars im Historischen Museum Frankfurt. Die italienische Renaissancemalerei stellt M. Eva und die Unbefleckte Empfängnis dem Sündenfall gegenüber (□ im 16. Jh.: Luca Signorelli, Kath. Cortona; Antonio Sogliani, Uffizien Florenz; Luis de Vargas, Kath. Sevilla; ferner: Chorgestühl in den Kath. von Amiens u. del Pilar, Zaragoza, Fenster in St. Alpin, Châlons s/Marne u. St.

Florentin/Yonne. Am eindrucksvollsten wurde dieser Bildtypus aber schließlich im Barock entwickelt, nicht zuletzt unter dem Einfluß der spanischen Mystik (□ Montanez, Statue 17. Jh., Kath. Toledo; Zurbarán, 17. Jh., National Gallery Edinburgh; Ribera, 1635, Augustinerkirche Salamanca; Murillo, der das Thema über zwanzigmal behandelte, 1678, Prado, Madrid; Guido Reni, 17. Jh., S. Biagio, Forli; Giambattista Tiepolo, 18. Jh., Prado, Madrid, und Pinacoteca Vicenza). Hier ist meist auf die Symbole der Litaneien verzichtet, dafür kann der Sieg über die Erbsünde durch eine Schlange auf der Erdkugel zu Füßen M.s angedeutet werden. Daß nach der Lehre der Kirche M. trotz ihrer Mutterschaft Jungfrau blieb, ging aus der theologischen in die bildhafte Symbolvorstellung über und führte im Rahmen der ohnehin reichen → Mariensymbolik im 13. Jh. zu Zyklen wie z. B. auf dem Fenster der Collégiale, St. Quentin, in Skulpturen des Seitenportals der Kath. Laon und der Fassade der Kath. Amiens, im 16. Jh. auf dem dortigen berühmten Chorgestühl. Diese Symbole der jungfräulichen Mutterschaft sind: der brennende → Dornbusch (2. Mose 3, 1 ff.), der brennt, ohne vom Feuer verzehrt zu werden; der dürre → Stab Aarons (4. Mose 17, 8), der, auf die Bundeslade gelegt, blühte und Frucht brachte; das → Fell (Vlies) Gideons (Richter 6, 36 ff.), das naß vom Tau wurde, während der Boden ringsum trocken blieb; das verschlossene → Tor im Heiligtum, nach der Vision des Propheten Ezechiel (44, 2), das nur der König der Könige durchschreiten durfte; der → Stein mit dem Siegel (Dan. 6, 18 u. apokrypher Zusatz), der nicht verhinderte, daß Daniel in der Löwengrube durch Habakuk gespeist wurde; so brach auch Christus das Siegel der Jungfräulichkeit M.s nicht; der herabrollende Stein in dem von Daniel erklärten Traum Nebukadnezars (Dan. 2, 34 f.), der die ganze Erde erfüllte; so wurde das kleine, von der Jungfrau geborene Kind der Herr der Welt; die drei Jünglinge im Feuerofen (Dan. 3), die mitten im → Feuer nicht versehrt wurden. Aus dem Hohenlied entnahm man außerdem noch die Bilder vom verschlossenen → Garten (→ Einhorn) und der versiegelten Quelle. – Zum Bildthema der Jungfräulichkeit gehören auch die Darstellungen der Schwangerschaft M.s (»Maria in der Hoffnung«), schon im 13. Jh. in der Kath. von León vertreten, aber wesentlich häufiger am Ende des Mittelalters. □ Rodrigo de Osone, 15. Jh., Katalanisches Museum Barcelona; Piero della Francesca, Madonna del parto, Fresko 1478, Friedhofskapelle Monteschi; Statue 15. Jh., Provinzialmuseum Gerona; Luis Borassa, Klaraaltar 15. Jh., Museum Vich; Mathis Nithart Grünewald, Gekrönte M. an der Schwelle des Tempels kniend (Mariä Erwartung), Isenheimer Altar, um 1510, Mus. Colmar; Holzstatue aus Neumarkt, 1520, Bayer. Nationalmuseum München; Steinstatue 16. Jh., N. D. des Avents, Chissey/franz. Jura (auf dem Leib M.s ist das Christuskind, von Strahlen umgeben, in Reliefdarstellung angebracht). Mehr oder weniger drastische Darstellungen der Schwangerschaft M.s und Elisabeths, der Mutter → Johannes' des Täufers, bieten die zahlreichen Bilder der »Heimsuchung« (der Begegnung zwischen beiden Frauen, gem. Luk. 1, 39 ff.), die gelegentlich sogar in einem förmlichen Szenenzyklus auftaucht, der diesen Gang M.s über das Gebirge, das Zusammentreffen mit Elisabeth, den Gesang des Magnificat und die Rückkehr nach Nazareth enthält, manchmal auch noch Zweifel und Vorwürfe Josefs bezüglich der Herkunft des erwarteten Kindes und das Gottesurteil mit dem Giftwasser (→ Kelch). Während die französische Kunst des 12. und 13. Jh. im Anschluß an byzantinische Vorbilder die Heimsuchung meist in der Würde und Zurückhaltung eines Grußes aus einer gewissen Entfernung vor sich gehen ließ (□ Portal Moissac, Fenster Chartres, Gruppe im Portal Reims), gewann allmählich der aus Syrien (□ Ampulle von Monza, Fresken in kappadokischen Höhlenkirchen) übernommene Typ des Aspasmos (eigentlich nur Begrüßung, als Umarmung und Kuß gedeutet) stärker an Boden: Beide schwangeren Frauen umarmen sich innig (□ Langobard. Relief 8. Jh., Cividale del Friuli; Quedlinburger Teppich 12. Jh., die Umarmung von Gerechtigkeit und Frömmigkeit; französ. Kapitelle des 12. Jh. in Die/Drôme u. St. Benoît s/Loire; in Italien besonders Giotto, 14. Jh.). Es kann auch vorkommen (□ Dom. Ghirlandaio, 1491, Louvre Paris; Andrea della Robbia, Plastische Gruppe, 15. Jh., S. Giovanni fuor Civitas, Pistoia), daß zur Betonung der höheren Würde M.s Elisabeth vor dieser kniet, eine nach dem Konzil von Trient im Barock besonders geschätzte Geste. Aus Byzanz (vielleicht von der Panaghia Platytera, s. o.) stammt das im 15. Jh. besonders in Deutschland beliebte Motiv, das die Leiber der beiden Frauen transparent und die beiden Kinder sichtbar werden läßt, allerdings nicht als Embryos, sondern als voll entwickelte kleine Kinder (□ Holztür 1408, Ivisdorf/Österreich; Konrad Witz, Deutsches Museum Berlin; Marx Reichlich, Alte Pinakothek München; Kölner Schule, Erzbischöfliches Museum, Utrecht; Österr. Schule, Schottenkirche, Wien; Böhm. Schule, Nationalgalerie Prag; Altarbild Schotten/Hessen; Deutscher Teppich, um 1460, Schloß Maihingen; Elsässer Teppich, Museum der Schönen Künste, Frankfurt; Fenster S. Nizier, Lyon; Heimsuchungsgruppe aus Passau, German. National-Museum Nürnberg). Manche Provinz- und Volkskunstmuseen bewahren recht groteske Skulpturen auf, auf denen Fenster oder Klappen mit Scharnieren auf den Leibern der beiden Frauen angebracht sind; innen sind die beiden Kinder hineingesetzt (□ Holzstatue 15. Jh., Görlitz, und im Musée d'Art Normand, Rouen). Weitere berühmte Darstellungen der Heimsuchung, die symbolisch auf die Begegnung der Kirche und der Synagoge gedeutet wurde: Relief 5. Jh., Sarkophag Ravenna; Elfenbeinthronsitz 6. Jh. des Maximian, Ravenna; Portale

Kath. Amiens, Reims, Chartres, Genua; Statuen im Chor des Bamberger Doms, um 1240, Nachahmung der Gruppe von Reims; Nicola Pisano, Kanzel 1268, Dom Siena; Nikolaus von Verdun, Marienschrein 1205, Email, Kath. Tournai; Andrea Pisano, Bronzetür 1330, Baptisterium Florenz; Meister Bertram (Hamburger Schule), Altartafel auf Goldgrund, Musée des arts décoratifs, Paris; Hans Schüchlein, Altar von Tiefenbronn, 1469; Sodoma, 16. Jh., Oratorio S. Bernardino, Siena; Sebastiano del Piombo, 1521, Louvre, Paris; Hans Baldung Grien, Flügelaltarbild 1516, Münster Freiburg; P. P. Rubens, 1606, Galleria Borghese, Rom. Zu den Hinweisen auf die Schwangerschaft M.s ist auch der Typus der Ährenmadonna zu rechnen: M. in einem mit Ähren übersäten Kleid, eine bildliche Ausführung von Kirchenvätertexten, die M. als »Acker Gottes, der ohne Samen Frucht trägt« bezeichnet hatten. Dieser Typus geht auf eine Votivmadonna deutschen Ursprungs im Mailänder Dom zurück und ist in der italienischen und deutschen Kunst des Spätmittelalters verbreitet, um mit dem Anfang des 16. Jh. wieder zu verschwinden. □ Salzburger Meister, 15. Jh., Bayer. Nationalmuseum München; Heinrich Funhof, 15. Jh., Kunsthalle Hamburg; Unbekannter Meister, 15. Jh., Marienkirche Freiburg/Schweiz; Cristoforo Solari, 16. Jh., Museo Sforzesco, Mailand. – Der Theologe Johannes Gerson protestierte schon im 14. Jh. gegen den Unfug der Klappmadonnen; dennoch erfreuten sich diese großer Volkstümlichkeit, bis das Konzil von Trient sie endgültig verbot. Das Inventar Karls V. von Frankreich (1379) erwähnt »ein Bild Unserer Lieben Frau, das sich öffnen und schließen läßt und innen eine Dreifaltigkeitsgruppe enthält« sowie »ein Spielzeug mit dem Leib Unserer Lieben Frau, der sich öffnen läßt«, und es gibt viele ähnliche Verzeichnisse. Erhalten sind Klappmadonnen mit der Darstellung a) der Trinität (□ Elfenbein, 13. Jh., Klarissenkloster Allariz/Galizien, Spanien; Holz 15. Jh.: Musée Cluny, Paris; N.D. du Mur, Morlaix; N.D. d'Alluyes/Eure-et-Loire); b) der Passion Christi (□ Holz vergoldet, 13. Jh., N.D. de Maubuisson, St. Ouen-l'Annône b. Pontois; Maria mit dem Jesuskind, das mit einem Vogel spielt, 13. Jh., Cheyres/Schweiz; Elfenbeinstatuetten 14. Jh., Allariz/Galizien, Spanien, u. Evora/Portugal; Holz, 16. Jh., Chap. N.D. de Quelvin, Gern/Morbihan/Bretagne). In Schloß Kreuzenstein b. Wien wird eine Klappmadonna des 15. Jh. aufbewahrt, die sowohl die Trinität wie auf den Klappflügeln Passionsszenen enthält. – 2. Die Mutter. Auch hier sind wie in der byzantinischen Kunst pauschal der majestätische und der zärtliche Typus zu unterscheiden. Die thronende Madonna (lat. sedes sapientiae, Sitz der Weisheit, ital. Madonna in Majestät): M. sitzt mit dem Gesicht zum Beschauer auf einem Thronsitz und bildet ihrerseits den Thronsitz für das Christuskind, das sie ernst und feierlich auf den Knien hält. Zu den ältesten westlichen Darstellungen dieser Art rechnet man die als Reliquiare dienenden Statuen (10./11. Jh.), die sich besonders in der Auvergne/Frankreich finden. Hierher gehören ferner die thronenden Madonnen der Tympana des 12. Jh., z. B. Königsportal Chartres, Annenportal Notre-Dame Paris, Nordportal Kath. Reims. Unter gleichem östlichen Einfluß hat sich der in der italienischen Malerei vom 14. bis 16. Jh. weit verbreitete Typ der »Maestà« entwickelt, der die Majestät M.s noch dadurch unterstreicht, daß ihr Thron von Engeln getragen wird (□ Cimabue, Accademia Florenz; Duccio di Buoninsegna, Hauptaltar Dom Siena; Simone Martini, Fresko Palazzo communale, Siena). Wo Löwen den Thronsitz tragen und allegorische Frauengestalten ihn umgeben, hat man die »M. auf dem Thron Salomos« vor sich, umrahmt von Einsamkeit, Bescheidenheit, Klugheit, Jungfräulichkeit, Demut und Gehorsam. Dieser Typus ist auffallend stark in Deutschland verbreitet. □ Mittelportal 13. Jh., Münster Straßburg; Fresken 13. Jh., Nonnenchor Gurk/Kärnten; Apsismalerei 13. Jh., Goslar; Portal 14. Jh., Liebfrauenkirche Nürnberg; Westfäl. Meister 14. Jh., Deutsches Museum Berlin; Fresken um 1355, Zisterzienserkloster Bebenhausen b. Tübingen. Auch die schwarzen Muttergottesbilder gehören zum Typus »in Majestät« (wenn man in ihnen andererseits auch das Bild der jungfräulichen, noch nicht eingesäten und zur Fruchtbarkeit grünenden Erde, also das passive Element des Zustandes der Jungfräulichkeit, erblickt und sie auf diese Weise mit antiken chthonischen Gottheiten in Verbindung gebracht hat). Die schwarze Farbe kann nicht nur auf Alter, Oxydation, Färbung durch Kerzenruß und Weihrauch zurückgehen; sie wird symbolisch mit den Worten der Braut des Hohenliedes (1, 5) zusammengebracht: »Ich bin schwarz, aber sehr schön.« Zweifellos werden dabei Einflüsse byzantinischer Ikonen, besonders der angeblich zeitgenössischen Bilder (s. u.) wirksam. Dieser Typ war besonders in Frankreich weit verbreitet, fiel jedoch in hohem Maße den Hugenotten und der Französischen Revolution zum Opfer. Berühmte und besonders an Wallfahrtsorten vertretene Beispiele in: N.D. du Port. Clermont, u. Marsat bei Riom; Rocamadour; Rouergue; Saugues bei Le Puy; Nuestra Señora d'Atocha, Madrid; La Morenita, Montserrat, Katalonien; N.S. de Guadeloupe, Estremadura; Altötting/Bayern; Tschenstochau/Polen. – Von der hieratischen Haltung der thronenden Madonna unterscheidet sich deutlich die zärtliche Muttergottes, die sie zeitlich weithin ablöst: eine sehr menschliche, liebende Mutter, die, entweder stehend oder sitzend, in zahlreichen Varianten begegnet. Man sieht sie im Wochenbett (□ Stift St. Florian b. Linz/Donau, 14. Jh.; Skulptur 15. Jh., Bayer. Nationalmuseum München, aus dem Zisterzienserinnenkloster Heggbach/Schwaben – wie es überhaupt für dies der spätmittelalterlichen Nonnenmystik zugehörende Bild typisch ist, daß die erhaltenen Exemplare durchweg aus Frauenklöstern stammen) oder das Kind stillend (wohl der älteste Typ, weil schon auf Katakombenfresken – 2. Jh., S. Priscilla, Rom – zu finden und vermutlich, wie Fresken aus Baouit nahelegen, auf die durch die koptische Kunst verchristlichte altägyptische Figurengruppe der Harpokrates stillenden Isis zurückgehend; teils – im 14. Jh. – zurückhaltender, teils – im 15. Jh., □ Lionardo da Vinci, Madonna Litta, Eremitage, Leningrad – großzügiger in der Abbildung des Busens). □ Tympanon 12. Jh. aus Anzy-le-Duc, Musée du Hiéron, Paray-le-Monial; Jungfrau des Dom Rupert, 12. Jh., Archäologisches Museum Lüttich; Ambrogio Lorenzetti, 14. Jh., Seminario S. Francesco, Siena; Jan van Eyck, 15. Jh., Madonna von Lucca, Städel-Institut, Frankfurt. Caravaggio hat sogar die etwas rigorose Szene der Abstillung des Jesuskindes gemalt (Galleria Nazionale, Rom), während besonders flämische Maler am Ende des Mittelalters dann gern und bieder die Ernährung des Kindes mit dem Löffel schildern. Eine Abwandlung des Themas der stillenden Madonna ist die im 14. Jh. in Italien beliebte, auf dem Boden sitzende »Madonna dell'Umiltà« (Muttergottes der Demut). Beim Typ der zärtlichen Muttergottes überwiegt jedoch bei weitem die neben der Pietàgruppe der Volksfrömmigkeit besonders nahe das Kind herzende oder mit ihm spielende Mutter. Sie selbst lächelt dabei keineswegs häufig, sondern blickt sorgend in die Ferne, während das Kind sie aufzuheitern sucht oder mit einem → Vogel oder einer Frucht spielt. Der Vogel symbolisiert dabei die gerettete Seele des Glaubenden; → Apfel und → Weintraube weisen auf die Geschichte vom Sündenfall zurück, dessen negative Auswirkung (Erbsünde) durch das Blut des Erlösers ausgeglichen wurde. Im Hildesheimer Dom wird ein Bild der »Tintenfaßmadonna« aufbewahrt, auf dem M. ihr Kind schreiben lehrt. Sehr häufig ist die Bildgruppe in einen Rosenhag verlegt, nicht nur aus Gründen der Idylle, sondern auch im Anklang an den Text des Hohenliedes, das Sulamith mit einer Rose vergleicht. Das älteste Beispiel: ein von einem Pariser Goldschmied geschaffenes, 1404 durch Isabella v. Bayern ihrem wahnsinnigen Gatten Karl VI. geschenktes Kunstwerk, das »Kleine goldene Pferd von Altötting«: Der König ist vom Pferd gestiegen und kniet zu Füßen der Madonna, die unter einem Rosenbogen sitzt. Später wird das Thema durch rheinische Maler besonders geschätzt und verbreitet (□ Stephan Lochner um 1440, Wallraf-Richartz-Museum Köln; Martin Schongauer, 1473, St. Martin, Colmar). Bei der Beliebtheit des Themas ist auch der Einfluß der Mystik Heinrich Seuses und der Nonnenklöster in Erwägung zu ziehen. Besonders kostbar ist die Darstellung des von einem (wahrscheinlich) elsässischen Meister gemalten berühmten »Paradiesgärtlein« (um 1420, Städel-Institut, Frankfurt). Die Isenheimer (1515) und die Stuppacher (1519) Madonna von Mathis Nithart Grünewald sowie ein Gemälde von Hans Burgkmair (1509) im German. National-Museum Nürnberg zeigen die Weiterentwicklung des Themas in Deutschland, Francia (Alte Pinakothek München), Luini (Brera, Mailand) und Raffaels »Schöne Gärtnerin« die italienische Variante. Nicolas Froment schuf 1475 ein Triptychon (Kath. Aix-en-Provence), auf dem sich der brennende → Dornbusch der → Moseerzählung (2. Mose 3, 1 ff.) in einen Rosenbusch verwandelt hat. – 3. Die Schmerzensreiche. Abgesehen von einer koptischen Pietà-Ikone, die späten Datums und sicher von der Kunst des christlichen Westens inspiriert ist, während byzantinische Fresken und Ikonen M. in diesem Zusammenhang lediglich bei der (sehr stilisierten) Beweinung Christi nach der Kreuzabnahme zeigen, ist das Bildthema der »Schmerzhaften Muttergottes« rein westlichen, spätmittelalterlichen Ursprungs. Als »Pietà« (Erbärmdegruppe, Not Gottes, Vesperbild) wie der »Schmerzensmann« (→ Christus) aus der Passionsmystik des 14. Jh. in den rheinischen Frauenklöstern entstanden, weist dieser Bildtyp zwei Varianten auf: a) Christus auf den Knien seiner Mutter (14.–15. Jh.), b) Christus zu Füßen seiner Mutter (16. Jh.). Die ältesten Darstellungen sind: eine Steingruppe im Naumburger Dom, um 1320, und eine Holzplastik in Coburg, entstanden um 1330. Weitere □ 14. Jh., Dom Wetzlar; Perrin Denys, 1388, Liebighaus, Frankfurt; 15. Jh.: Moissac, Dierre, Solesmes, Autrèche/Touraine, St. Pierre-le-Montier/Nièvre, Montluçon; Vesperbilder 15. Jh., Liebighaus Frankfurt (aus der Karmeliterkirche, Boppard); Mus. Münster (aus Unna/Westf.). Spanische Piedad-Gruppen des 15. Jh.: Kath. Toledo, Kath. S. Maria de Nieva, Segovia; Provinzialmuseum Valladolid. Italienische Pietà-Gruppen: Michelangelo, 1496, St. Peter, Rom, 1550, Kath. Florenz, Pietà Rondanini, Kastell Sforza, Mailand; Fenster 1510, Liebfrauenkirche Hanau (der Karton wird M. Nithart Grünewald zugeschrieben); E. Delacroix, 19. Jh., St. Denis du St. Sacrement, Paris; Const. Meunier, 19. Jh., Bronze (hier ist M. eine Bergmannsfrau, die ihren unter Tag verunglückten Sohn beweint). Das Pietà-Thema ist oft, besonders in Spanien (□ Sigüenza u. Colegiata S. Maria, Catalayna), mit dem Motiv der »Sieben Schmerzen M.s« verknüpft, das vielleicht mit chaldäischen planetarischen Bildmotiven zusammenhängt, sich aber nachweislich gegen Ende des 15. Jh. von Flandern aus nach Frankreich und dem Rheinland verbreitete. Man erblickt entweder sieben Schwerter, die das Herz M.s durchbohren, oder um ihr Haupt angeordnete sieben Medaillons mit den Darstellungen der schmerzlichen Anlässe: Weissagung Simeons Luk. 2, 35, vom Schwert des Schmerzes, anläßlich der Darstellung Jesu im Tempel; Flucht nach Ägypten; zwölfjähriger Jesus im Tempel; Kreuztragung; Kreuzigung; Kreuzabnahme; Grablegung. □ Adriaen Ysenbrant, 16. Jh., Kirche O. l. Vrouw, Brügge; Bernard d'Orley, Altarbild 16. Jh., Mus. Besançon; Heinrich Douverman, Schnitzaltar 16. Jh., Kalkar; Fenster 16. Jh., Brienne-la-Ville/Aube; Relief 1509, St. Nicolas, Beaune; Anton van Dyck,

17. Jh.; Antonio Guardi, 18. Jh., Akademie Wien. – 4. Die Schützerin in Gestalt der a) Schutzmantelmadonna, die einen oder wenige, eine Gruppe oder eine Vielzahl von Gläubigen beschirmt. □ der sehr verbreiteten Thematik: Deutschland: Freiburger Münster und Portal des Augsburger Domes, 14. Jh.; Gregor Erhart, Holzstatue 1502, aus Kaisheim b. Augsburg, Deutsches Museum Berlin; Adam Krafft, Epitaph der Familie Pergerstorffer, 16. Jh., Liebfrauenkirche Nürnberg; Meister von St. Severin, Fenster 16. Jh., Altenberger Dom/Rheinland; Frankreich: Jean Mirailhet, Altarbild 1425, Musée Massena, Nizza; Enguerrand Quarton, Altarbild 1425, Musée Condé, Chantilly; Mansuy Gauvain, Exvoto Renés II., 1505, N.D. du Bon Secours, Nancy; Italien: Duccio, 14. Jh., Accademia Siena; Spinello Aretino, 15. Jh., S. Maria delle Grazie, Arezzo; A. Mantegna, Madonna della Vittoria, 1495, Louvre, Paris; Spanien: Martin Bernat, 15. Jh., Kath. Tarragona; Zurbarán, 17. Jh., Vergen de las Cuevas, Museum Sevilla. b) Rosenkranzmadonna, von den Dominikanern stark propagiert und zuerst 1474 auf einem Triptychon in St. Andreas, Köln, nachweisbar. Weitere Beispiele dieses Typs, auf dem ein Rosenkranz M. wie eine → Mandorla umgibt: Antonello da Messina, 15. Jh., Museo Civico Messina; Veit Stoß, Englischer Gruß, 16. Jh., St. Lorenz, Nürnberg; Albrecht Dürer, Rosenkranzfest, 1510, Museum Prag; Paolo Veronese, 16. Jh., Accademia Venedig; Anton van Dyck, 1625, Oratorio del Rosario, Palermo. Hier wären auch noch M. als Gute Hirtin (typisch für die Frömmigkeit spanischer Kapuzinerinnen des 17. u. 18.Jh., □ Nava de Rey, Valladolid; Museum Pontevedra/Galizien; Llorente, Gemälde 18. Jh., Prado, Madrid, aber auch Meinrad Guggenbichler, Altar 1706, St. Wolfgang/Österreich; eine Säkularisation dieses Typs stellen die Bilder der Marquise de Pompadour und der Königin Marie Antoinette in der Bergerie, Petit Trianon, Versailles, dar) und als Göttliche Pilgerin mit Muschelhut (□ galicische Kirchen um Santiago de Compostela) zu nennen. – 5. Angeblich zeitgenössische Bilder, denen man zum Teil, in Analogie zu den nicht mit Händen gemachten Porträts → Christi, wunderbare Entstehung oder zunächst zumindest die Autorschaft des Apostels Lukas zuschrieb (der daher zum Patron der Maler wurde) und von denen die meisten in Konstantinopel aufbewahrt wurden, werden nicht vor dem 6. Jh. erwähnt und halten einer genauen Prüfung nicht stand. Ein auf Holz gemaltes altes Bild M.s in der Kirche Aracoeli, Rom, erwies sich bei einer Restauration in der ersten Hälfte des 20. Jh. als ursprünglich einer → Deesisgruppe zugehörig und im 11. Jh. entstanden, seitdem häufig übermalt. – 6. Marienlegenden, apokryphen Evangelien entstammend und in der Legenda aurea breit ausgeführt, erstrecken sich in zyklischen oder einzelnen Bilddarstellungen auf die Geburt M.s, ihre ersten sieben Schritte, ihren Weihegang in den Tempel (eine Treppe von 15 Stufen hinauf), ihr Leben unter den

Tempeljungfrauen, die Speisung durch einen Engel, ihr Gebet vor der Bundeslade, ihre Stickereiarbeiten auf Purpur und ihre Näharbeiten für die Armen, ihre Erziehung durch ihre Mutter Anna, die ihr das Lesen beibringt, ihre Hochzeit mit Josef, nach der Prüfung der Anwärter und dem Aufblühen des Stabes Josefs. Den vollständigsten Zyklus dieser legendären Thematik bieten die Fresken Giottos in der Arenakapelle, Padua (14. Jh.). – 7. Beinamen M.s, die im Zusammenhang mit Ort und Typus verschiedener Mariendarstellungen auftauchen, sind, außer den in verschiedenen Sprachen leicht variierten Bezeichnungen Mutter Gottes, Gottesgebärerin, hl. Jungfrau, hl. Magd und dem in Syrien seit dem 5. Jh. nachgewiesenen, im Westen erst nach den Kreuzzügen im Rahmen des Ausdrucksstils ritterlicher Minne populären Titel »Notre Dame« (ital. Madonna, deutsch: »Unsere Liebe Frau«), besonders für bestimmte charakteristische ostkirchliche Bildtypen in Gebrauch gekommen, z. B. Panaghia (Allheilige), Hodigitria (Wegweiserin), Nikopoia (den Sieg Gebende), Pantanassa (Königin-Jungfrau, Königin der Königinnen), Peribleptos (Strahlende), Glykophylousa (Süßküssende), Platytera (mit dem größeren Leibe), Snamenie (Epiphanie, Erscheinung), Galaktotrophousa (stillend), Eleousa (erbarmend, gerührt, mitleidvoll), Strastnaia (schmerzensreich), Kyriotissa (herrschend).

Maria Ägyptiaca Nach der Legende hat diese Heilige in ihrer Jugend ein ausschweifendes Leben geführt; danach schloß sie sich einem Wallfahrtszug nach Jerusalem zum Fest der Kreuzerhöhung an und lebte 47 Jahre als Büßerin in der Wüste jenseits des Jordans. Hier fand sie der Abt Zosimas, der sie mit seinem Pallium bekleidete, ihr das Abendmahl reichte und sie nach ihrem Tode mit Hilfe eines Löwen bestattete. Sie ist vor allem daran zu erkennen, daß ihr Leib immer mit ihren langen Haaren bedeckt ist.

Mariensymbole Auch Maria »erfüllt« und überhöht den Alten Bund. Sie ist, typologisch gesehen, die neue Eva (Umkehrung des lat. Engelgrußes Ave, Luk. 1, 28), die neue Bathseba, die neue Judith, die neue Esther. Weitere Präfigurationen und Symbole Marias im AT: Sara, die Frau Abrahams, Rebekka, Rahel, Ruth, Michail, Abigail, Abisag, Königin von Saba, Jael, Sara (die Frau des Tobias); die drei Jünglinge im Feuerofen, Daniel lebend in der Löwengrube; die Jakobsleiter, der brennende Dornbusch (2. Mose 3, 2; □ Darstellungen Marias im Dornbusch: Altar 15. Jh., Schloßkapelle Granada; Nicolas Froment, 1475, Kath. Aix; Teppich 1530, Reims; Jos. Thadd. Stommel, Tabernakel 1740, Kirche von Mautern/Steiermark; ferner zahlreiche Ikonen im Sinaikloster), Stab Aarons

(4. Mose 17, 23), der goldene Krug mit dem Manna (2. Mose 16, 33), das → Fell (Richter 6, 36 ff.) in der Gideonserzählung, das trocken bleibt, während alles ringsum von Tau befeuchtet wird; die Bundeslade (2. Mose 31, 1), der Thron Salomos (1. Kön. 10, 18 ff.; □ Fresken in Johannes-Taufkapelle, Kreuzgang, Brixen/Südtirol; Dom Gurk/Kärnten; Sommerrefektorium Bebenhausen/Württ., Skulptur Mittelportal Westfassade, Münster Straßburg), das blühende Reis Isais (Jesses), das verschlossene → Tor im Heiligtum (= Vision des Propheten Ezechiel, Ez. 44, 1 ff.), der verschlossene Garten und die verschlossene Quelle (Hohesl. 4, 12; man findet beide Symbole oft in den landschaftl. Hintergrund von Marienbildern eingefügt), der elfenbeinerne oder Davidische Turm (Hohesl. 7, 5; 4, 4), der versiegelte Stein, der herabrollende Stein. – Spätmittelalterliche Miniaturen und Holzschnitte entnehmen den Marienlitaneien besonders in Gebetbüchern begegnende Symbole wie Sonne (electa ut sol), Mond (pulchra ut luna), Stern (stella maris), Himmelspforte (porta coeli), Lilie (sicut lilium inter spinas), Zeder (cedrus exaltata), Rose (plantatio rosae), Olive (oliva speciosa), Brunnen (puteus aquarum viventium), Spiegel (speculum sine macula, der das Bild aufnimmt, ohne irgend verletzt zu werden), → Stadt Gottes (civitas Dei). – Ferner begegnen, im Zusammenhang mythisch gefärbter mittelalterlicher Naturgeschichtsvorstellungen, zahlreiche sagenhafte oder mit sagenhaften Eigenschaften ausgestattete Tiere, auch ursprünglich auf Christus bezogene, dann zusätzlich auf die Jungfräulichkeit Marias gedeutete Symbole wie z. B. → Löwe, → Pelikan, → Phönix, → Einhorn. Aus dem Darstellungsbereich mittelalterlicher dichterischer und bildender Kunst sind schließlich noch zu nennen (vgl. Konrad v. Würzburg, Goldene Schmiede): der kalte Kristall, aus dem doch Feuer geschlagen wird; der Sittich, jene Papageienart, die den Regen nicht verträgt und sich ängstlich vom Regen fernhält, aber doch auch ohne Regen wundervoll grünt; die Mandelschale, die ganz bleibt, auch wenn der Kern herausgefallen ist; der Regenbogen, der mitten im Regen unversehrt bleibt.

Masken Im Orient gab es Theatermasken, Karnevalsmasken und Totenmasken. Wenn die späte Antike stereotype Theatermasken tragischer oder heiterer Art an Sarkophagen anbrachte, so handelte es sich weniger um die den M. eigene Symbolik der Identifikation als um den Ausdruck spöttisch bekennender Einsicht in das »Theater des Lebens«, wie sie auch spätantiker Philosophie entsprach. Wo sich solche M. auf im übrigen als christlich erkennbaren Sarkophagen finden, kann darauf geschlossen werden, daß keine weltanschauliche Aussage damit verbunden ist, sondern das Motiv nur mehr rein dekorativ empfunden wird. – Theatermasken als Heiligenattribut finden sich bei den ehemaligen Schauspielern Genesius und Pelagia, die zu Schutzpatronen der männlichen und weiblichen Schauspieler wurden. – In der Romanik und Gotik wird das ebenfalls in der antiken, speziell römischen Kunst entwickelte Motiv der Blattmasken wieder aufgenommen und besonders als Schmuck von Konsolen und Schlußsteinen verwendet: ein menschliches Gesicht geht in Blätter über und ist ganz aus Blättern gebildet. So gewinnt das Vegetative eine besonders dramatische Anwesenheit. □ Marienkirche, Gelnhausen/Hessen. Nach großer Vielfalt und Auswirkung des Motivs in der gotischen Bauplastik wird es in der Renaissance wieder auf antike Maße zurückgeführt.

Mauer 1. Sinnbild des Schutzes, der Bewahrung und so in der Bibel häufig begegnend. Eine Stadt ohne M. war im Altertum den Feinden, umherstreifenden Horden und wilden Tieren preisgegeben. Darum wurde auf starke M.n großer Wert gelegt. M.n erstehen dementsprechend auch zum Schutz der Gläubigen (z. B. hl. Marciana). 2. Die M. ist aber auch Symbol der Scheidung. Die M.n der hl. Stadt sollen alles Gottlose abhalten (Offbg. 22, 15). 3. Auch die festesten M.n jedoch bieten keinen Widerstand gegen Gottes Willen und Gewalt (vgl. den Fall der Stadtmauern Jerichos, Josua 6, 1 ff., und die Erschütterung der Kerkermauern des Paulus, Apg. 16, 26, sowie die Öffnung der Gefängnismauern des Petrus, Apg. 5, 19).

Maurerkelle Attribut der heiligen »Vier Gekrönten« (der Schutzpatrone der Maurer und Freimaurer), des hl. Marinus von Rimini und des hl. Wunibald, des Erbauers des Klosters Heidenheim.

Maus Ihre starke Vermehrung und große Gefräßigkeit und der damit verursachte Schaden haben die M. zu den menschenfeindlichen, oft auf Anstiften des Teufels agierenden Mächten in Bezug gesetzt. Dementsprechend werden Heilige wie Nicasius und Gertrud verehrt, die die M.e, die die Felder verwüsteten, vertrieben. Darauf weisen Einzeldarstellungen hin. Positiv sind Mäusebilder im Wallfahrtskloster Andechs: Man verdankt den M.n, die die alten Urkunden aus ihren Verstecken ans Licht zerrten, die Wiederauffindung der in der Hunnenzeit abhanden gekommenen Reliquien.

Meer → Wasser.

Melchisedek → Abraham.

Messer Das wesentliche Opferinstrument, besonders eindrucksvoll auf den künstlerischen Darstellungen der erhobenen Hand Abrahams bei der Opferung → Isaaks. – Als Mittel der Exekution kann es auch an Tod, Gericht, Rache erinnern. Mit dem Henkermesser als Instrument des Martyriums werden abgebildet: die Heiligen Bartholomäus, Albert v. Vercelli, Herkulanus v. Perugia; mit dem Beschneidungsmesser die Synagoge, der Priester bei der Beschneidung Jesu, auch der hl. Josef; mit einem Käsemesser der Schutzheilige der Käser, Lucius von Chur. – Ein großes M. im Schädel tragen die Heiligen Angelus der Karmeliter, Petrus Martyr, Thomas Beckett. Mit einem M. in der Hand wird der hl. Mames (Mammet) abgebildet, dem im Lauf seines Martyriums der Leib aufgeschlitzt wurde. – → Dolch.

Milch M. ist in vielen Kulturen und Religionen ein ebenso körperliches wie geistliches Nahrungsmittel. Viele Heroenmythen berichten davon. Die frühen Generationen der Christenheit vergleichen die Aufnahme des Gläubigen in die Kirche durch die Taufe mit einer Geburt und sein Fortschreiten im Glauben und den Genuß der Sakramente mit einer geistlichen Ernährung, die dem physischen Wachstum während der ersten Kindheitsjahre ähnelt. Ausgangspunkt der Symbolik ist dabei das Wort des Paulus (1. Kor. 3, 2): »Ich habe euch – als Anfängern – Milch zu trinken gegeben.« Die M. gewinnt ferner die Bedeutung des ewigen Lebens. So zeigen viele Fresken und Sarkophage einen → Hirten im Begriff, seine Schafe mit kleinen Gefäßen voll M. zu tränken. Eine populäre mittelalterliche Darstellung stellte gern die gute Mutter, die die M. der Wahrheit spendet, der schlechten Mutter gegenüber, die an ihren Brüsten Schlangen nährt. Maria wird ebenfalls häufig stillend dargestellt. Wo, wie einst Herakles von Hera, Bernhard von Clairvaux von Maria M. empfängt, ist dies ein Symbol der Adoption, zugleich ein Nahrungsmittel der Unsterblichkeit. – An zahlreichen Orten Italiens, Frankreichs und Spaniens wird unter anderen Reliquien die M. Marias aufbewahrt, die sich im Mittelalter einer besonderen Verehrung erfreute. Dies hängt mit einer Legende zusammen, die heute noch christliche und muslimische Frauen in der Hoffnung auf reichere Stillmöglichkeit für ihre eigenen Kinder zu einer Grotte in der Nähe von Bethlehem führt: Dort soll die M. Marias auf den Boden geflossen sein. Daher sammelte man dort lange Zeit die Erde und nahm sie in Form kleiner Kuchen und Pastillen mit nach Europa. – Der Stein der Weisen wird gelegentlich auch als »M. Marias« bezeichnet.

Mistkäfer (Skarabäus) → Käfer.

Mitra (des Bischofs), ursprünglich bei asiatischen Völkern übliche Kopfbedeckung, wurde in der christlichen Kirche zur Bischofsmütze (mit gewissen Unterschieden in Ausführung und Würde); sie wird emblematisch mit dem Hohenpriestertum → Aarons, mit den beiden Hörnern des → Mose oder mit den beiden Testamenten der Bibel in Verbindung gebracht. Als Heiligenattribut begegnet sie bei allen heiliggesprochenen Bischöfen des Abendlandes, jedoch nicht der Ostkirche. Auf den Boden gelegt ist sie bei Heiligen, die, wie z. B. Bruno, aus Demut auf das Bischofsamt verzichtet haben; das gleiche gilt für die drei auf der Erde liegenden M.n auf Bildern des hl. Bernardin v. Siena, der die Bischofsstühle von Ferrara, Siena und Urbino ablehnte. Maternus, Gründer der Bistümer von Köln, Tongern und Trier, trägt eine M. auf dem Haupt und je eine weitere M. auf jeder Schulter.

Monatsbilder (Monatsarbeiten, Kalenderbilder) Zeichen des Zeitablaufs sind das personifizierte Jahr, die vier Jahreszeiten und die Monate mit den für sie typischen Beschäftigungen, oft kombiniert mit den → Tierkreiszeichen. Seit dem 9. Jh. stellt man in Frankreich, Italien und Deutschland hauptsächlich bäuerliche Betätigungen während der einzelnen Monate dar, doch machen sich starke, klimatisch oder durch örtliche Gebräuche bedingte Unterschiede in der Zuteilung der Arbeiten bemerkbar. Manchmal beginnt die Zählung auch erst im März statt im Januar. Allgemeine Anhaltspunkte gibt folgende Reihe (das jeweilige Tierkreiszeichen ist mitgenannt): Januar (Wassermann): Doppelköpfiger Janus oder dreifaches Gesicht (Vergangenheit, Gegenwart, Zukunft), Gang aus einer Tür in eine andere, die sich gegenüber öffnet, Festtafel, Hasen- oder Wildschweinjagd, Holzfällen, Kälte (man wärmt sich am Feuer); Februar (Fische): Kälte (man wärmt sich immer noch am Feuer), Holzgewinnung, Umgraben der Erde, Beschneiden der Weinstöcke und Sträucher, Fischfang, Fastnachtstreiben, Schmauserei, Aderlaß; März (Widder): Graben und Pflügen, Säen, Baumpflege, Beschneiden der Weinstöcke, Fischfang, erste Blumen, Hornbläser, Auszug eines Ritters, Bad, Krankheit; April (Stier): Baumblüte, frisches Laub als Viehfutter, erste Ähren, Hacken und Graben, Säen, Beschneiden der Weinstöcke, Vögel im Nest, Blumenträger, Liebespaare im Rosenhag, Falkenjagd, Schlachten eines Lammes (Ostern), Aderlaß; Mai (Zwillinge): Feldbearbeitung, Baum- und Weinstockpflege, Blumenträger (Ritterkleidung), Falkenjagd, Vogelfang, Musik (Hornbläser), Bad, Krankheit; Juni (Krebs): Baumkultur, Pflügen, Schleifen der Sense, Heuernte, Getreide- und Kirschenernte, Schafschur; Juli

(Löwe): Schärfen der Sense, Heu- und Getreideernte, Dreschen, Viehtreiben; August (Jungfrau): Heuernte, Getreide und Obsternte, Dreschen, Küferarbeiten (Bereifen der Fässer), Fischfang; September (Waage): Obsternte, Weinlese, Keltern, Dreschen, Säen, Jagd; Oktober (Skorpion): Obsternte, Weinernte, Keltern, Dreschen, Pflügen, Säen, Eichelmast der Schweine, Schlachten eines Bockes, Aderlaß; November (Schütze): Dreschen, neue Aussaat, Schweinemast, Schweine- oder Ochsenschlachten, Mostprobe, Holzsammeln, Schlitten; Dezember (Steinbock): Holzsammeln, Schweine- oder Ochsenschlachten, Backen, Festschmaus, Kälte (man wärmt sich am Feuer). – Erste Bildbeispiele finden sich auf Mosaikfußböden besonders in Syrien und Nordafrika (□ Mosaik aus Tyrus im Louvre, Paris); dann später ähnlich in den Kathedralen von Aosta/Italien, San Michele, Pavia, und St. Gereon, Köln. Häufiger wird die Darstellung durch Skulpturen, z. B. in Frankreich: Reliefs Fassade Notre Dame, Paris; Portal Kath. St. Denis; Kath. Amiens, Pfeiler in Souvigny, Nordportal Chartres; in England an Taufbecken, z. B. in Burnham Deepdale/Norfolk und auf zahlreichen Miserikordien; in Deutschland verhältnismäßig selten: Bronzetür Dom Augsburg; in Norditalien besonders oft: Kath. Modena und Ferrara, San Zeno, Verona, S. Marco, Venedig; in Dalmatien: Kath. Trogir/Drau. Reich ist die Ausbeute in Miniaturen, besonders in den Kalendarien der Psalter, Breviere, Stunden- und anderen Gebetbüchern.

Mond Die Symbolbedeutung des M. steht immer in einem Bezug zu der der Sonne; dabei fallen zwei Beobachtungen entscheidend ins Gewicht: 1. daß er kein eigenes Licht besitzt, sondern nur das der Sonne reflektiert, 2. daß er während verschiedener Phasen seine Gestalt wechselt. So ist er zum Symbol der Abhängigkeit und – mit Ausnahmen – des weiblichen Prinzips geworden, aber auch zum Symbol der Wandlung und des Wachstums. Er symbolisiert sowohl den biologischen Rhythmus wie die vergehende Zeit, die an ihm gemessen wird. Die biblische Perspektive gibt dem M., dem »kleinen Licht zur Beherrschung der Nacht« (1. Mose 1, 16), einen Dienst für bestimmte Zeiten (Psalm 104, 19) und kann Sonne und M. auffordern, gemeinsam Gott zu loben (Ps. 148, 3). Keine andere Funktion haben Sonne und M. auch auf mittelalterlichen Kreuzigungsdarstellungen, wo sie rechts und links oberhalb des Kreuzes Christi erscheinen: manchmal in Gestalt menschlicher Halbfiguren, gekrönt von Strahlen oder von einem Halbmond, manchmal ein bestimmtes Zeichen, Globus oder Halbmond, in der Hand haltend, manchmal das Haupt in Trauer verhüllend, manchmal ohne Anleihe bei Menschen, lediglich durch einen Sonnenstrahlen aussendenden oder durch den Halbmond markierten Kreis charakterisiert. Hier ist sehr deutlich der antike

Brauch übernommen, Sonne und M. oberhalb von besonders herausgehobenen Persönlichkeiten, etwa den unter die Götter gerechneten Kaisern, anzubringen, um diese zu ehren. Mit der Übernahme dieses Bildtyps wollten die Christen dartun, daß dieser den äußeren Leiden ausgesetzte, sterbende Gekreuzigte nichtsdestoweniger würdig war, seinen Platz in den höchsten Himmeln unter den strahlenden, unsterblichen Wesen einzunehmen. Durch das ganze Mittelalter hindurch finden sich in Europa Reste des alten heidnischen Mondglaubens in Schwurformeln und abergläubischen Bräuchen. Die frühmittelalterliche Kunst fand nichts dabei, gelegentlich (auf Elfenbeintafeln und Miniaturen) den M. in der Gestalt der Mondgöttin Selene auf einem Wagen heraufziehen zu lassen, den zwei Stiere zogen. – Der Halbmond, das Symbol des Schwindens wie der Wiederkehr der Gestalt, ist ein altes Zeichen der Mondgöttin Artemis (die darum den Bogen führt) sowie der römischen Parallelgöttin Lucina, die bei Geburten angerufen wurde, aber auch die Göttin der Keuschheit war. Die Jungfrau Maria, ebenfalls auf den doppelten Aspekt der Keuschheit und des Gebärens hinweisend, wird in der christlichen Liturgie oft mit dem M. verglichen, auch oft, durch die Jahrhunderte hindurch, auf einer Mondsichel stehend abgebildet. Dieser religionsgeschichtliche Rückbezug darf nicht übersehen werden, obwohl das auslösende Moment dieser Darstellung Offbg. Joh. 12, 1 ist: das mit der Sonne bekleidete Weib, das den M. unter den Füßen hat = ein Typos der Kirche, die einmal alle satanischen Gewalten überwunden haben wird.

Monstranz (von lat. monstrare, zeigen), gewöhnlich im Tabernakel des Hochaltars verschlossenes, bei festlichen Gelegenheiten ausgestelltes kostbares Gefäß aus Gold, Silber oder anderen Edelmetallen, bestimmt zur Aufbewahrung der geweihten Hostie. Sie wird bei der Fronleichnamsprozession mitgeführt. Ihre äußere Form, zunächst an eine Laterne erinnernd, näherte sich immer mehr der Sonnensymbolik. Die Rundung für die Hostie erinnert in ihrer Ausgestaltung manchmal an einen → Kranz, manchmal an den → Baum des Lebens, manchmal auch an die → eucharistischen Symbole von → Wein, Reben und → Ähren (□ Kloster Banz/Franken). Als Symbol der Kirche löste die M. seit dem 16. Jh. den → Kelch ab. Als Heiligenattribut begegnet sie bei Alfons v. Liguori, Antonius v. Padua, Bonaventura, Hyazinth, Norbert, Thomas v. Aquino, Klara v. Assisi, Francesca Romana.

Mose Charismatischer Führer des Volkes Israel aus Ägypten und durch die Wüste, Mittler des Gottesbundes am Sinai, wurde M., im theologischen wie im bildsymbolischen Verständnis, zum Typus des mit seinem Namen verbundenen Gesetzes. In dieser Eigenschaft taucht er nicht nur auf Bildern der Verklärung Jesu auf, nach dem Bericht Matth. 17, 1 ff., sondern ist in der Ausstattung vieler Kirchen, besonders der Renaissance- und Barockzeit, beziehungsreich den → Evangelisten gegenübergestellt. Hier erscheint er z. B. als Träger der Kanzel, deren Korb mit den Gestalten und Symbolen der Evangelisten geschmückt ist. – Die Typologie stellt in besonders hohem Maße Beziehungen zwischen M. und Christus her: Seine Geburtsumstände (2. Mose 2, 3ff.) symbolisieren die Geburt Christi; der brennende → Dornbusch (2. Mose 3, 1 ff.) bei seiner Berufung weist voraus auf die jungfräuliche Mutterschaft Marias und daher ebenfalls auf die Geburt Jesu; seine Flucht vor dem Pharao (2. Mose 2, 11 ff.) läßt sich mit der Flucht nach Ägypten in Verbindung bringen; der Durchzug durch das Rote Meer (2. Mose 12, 15 ff.) und das wunderbare Wasser aus dem Felsen (2. Mose 17, 4. Mose 20) mit der Taufe Jesu, das Leuchten seiner Stirn beim Herabstieg vom Sinai (2. Mose 34, 29 ff.) mit der Verklärung Jesu, die Errichtung der Ehernen Schlange (4. Mose 21, 6 ff.) mit der Erhöhung Christi an das Kreuz, die Befreiung der Juden aus der ägyptischen Knechtschaft mit der Befreiung der Gerechten aus dem Totenreich (→ Limbus); das Manna in der Wüste (2. Mose 16, 15) nimmt die wunderbaren Brotvermehrungen Jesu und die Einsetzung der Eucharistie symbolisch voraus. Im Hortus deliciarum der Herrad von Landsberg versinnbildlicht sogar das monströse Bild eines Leibes mit zwei Köpfen, M. und Christus, die beiden Testamente und damit die ganze Heilige Schrift. Die typologischen Beziehungen haben sich in zahlreichen Bildbeispielen ausgewirkt; am häufigsten begegnen die Berufung des M., der Durchzug durch das Rote Meer, das Wasser aus dem Felsen und die Gesetzesoffenbarung (2. Mose 20, 1 ff.; 5. Mose 4, 5 ff.). Förmliche Zyklen der Mosegeschichten enthalten die Fresken der Synagoge von Dura-Europos/Syrien, 3. Jh., die Holztür von S. Sabina und die Mosaiken von S. Maria Maggiore, beide 5.–6. Jh., Rom; die Fresken von St. Julien in Tours, 11. Jh.; die Reliefs an der Fassade von Ripoll/Katalonien, 12. Jh. Nicht zuletzt sind hier auch die Sixtinafresken von Michelangelo im Zusammenhang mit denen von Pinturicchio, Botticelli, Rosselli und Signorelli zu nennen, die von Benozzo Gozzoli u. a. ausgemalten Galerien des Campo Santo in Pisa, die von der Werkstatt Raffaels ausgeführten Loggien des Vatikans. Im 16. und 17. Jh. hat sich besonders auch die flämische Teppichwebkunst der Mosethematik bemächtigt; vgl. vor allem verschiedene Wirkteppiche im Kunsthistorischen Museum Wien. – Die frühchristliche Kunst hatte noch keinen bestimmten Mosetypus herausgearbeitet; sie stellte ihn als jungen bartlosen Mann mit einem Zauberstab dar; nach der Karolingerzeit setzt sich der Typus des strengen bärtigen Gesetzgebers durch, der vom 12. Jh. ab

als zusätzliches und höchst befremdliches Kennzeichen Hörner trägt. Diese Ausstattung, die sich im christlichen Osten nicht findet, geht auf eine falsche Übersetzung des hebräischen Textes durch die Vulgata zurück, die die Strahlen um das Haupt M., von denen 2. Mose 34, 29 (vgl. 2. Kön. 3, 7) berichtet, mit Hörnern verwechselte. Trotz theologischer Richtigstellungen, z. B. durch Thomas v. Aquino, herrschte der Bildtypus des gehörnten M. vom 12. bis zum 16. Jh.; dann wurde er offiziell verboten. Als bedeutende Darstellungen des M., in der Regel an den Gesetzestafeln zu erkennen, sind neben den Fenstern des 12. und 13. Jh. im Augsburger Dom und der Kath. von Bourges sowie den Fresken von Perugino im Cambio, Perugia (15. Jh.) vor allem Statuen zu nennen: 12. Jh.: altes Portal St. Bénigne, Dijon; Portal Kath. St. Maurice, Angers; Statuette im Ashmolean Museum, Oxford, Nikolaus v. Verdun zugeschrieben; 13. Jh.: Kath. Chartres, Kath. Lausanne; 15. Jh.: Statue von Claus Sluter am Propheten- oder Mose-Brunnen, Chartreuse de Champmol, Dijon; 16. Jh.: Statue von Michelangelo, ursprünglich für das Grabmal Papst Julius' II. bestimmt, S. Pietro in Vincoli, Rom; 18. Jh.: Portikus St. Jacques zur Coudenberg, Brüssel.

Mücken (Fliegen, Schnaken) Symboltiere des → Teufels (Beelzebub = Gott der Fliegen). Im Rahmen dieser Symbolik stellt Matthäus Merian auf einem → Endgerichtsbild die Dämonen als übergroße Stechmücken dar. Doch berichten die Legenden der Heiligen Jakob v. Nisibis, Narcissus und Rosa v. Lima auch von der Indienstnahme von Mückenschwärmen zur Ehre Gottes und zu Wunderwirkungen.

Mühle, Mystische Eine mittelalterliche Allegorie der Eucharistie zur Erläuterung der Transsubstantiation: Der Prophet Jesaja schüttet den Weizen des Alten Bundes in ein Mahlwerk, das unten herausrinnende Mehl wird von dem Apostel Paulus in einem Sack aufgefangen. Dieses vor allem durch ein romanisches Kapitell in Ste. Madeleine, Vézelay/Burgund, bekannte Motiv ist in einer erweiterten Form besonders im 15. Jh. in Deutschland verbreitet: Die vier Evangelisten, die die Köpfe ihrer Symbolwesen (→ Tetramorph) tragen, entleeren Getreidesäcke in einen Mahlkasten, die Apostel öffnen die Schleusen für vier Bäche, die das Mühlrad in Bewegung setzen. Darunter knien die vier Kirchenväter, fangen das Mehl in einem Kelch auf, aus dem Jesus in Halbfigur herausragt, und verteilen es in Gestalt von Hostien unter die Gläubigen. Variante: Manchmal wird der Körper Christi selbst anstelle des Weizens gemahlen, und unter der Mühle fangen ein Papst und ein Kardinal die herausrinnenden Hostien in einem Tabernakel auf. Es handelt

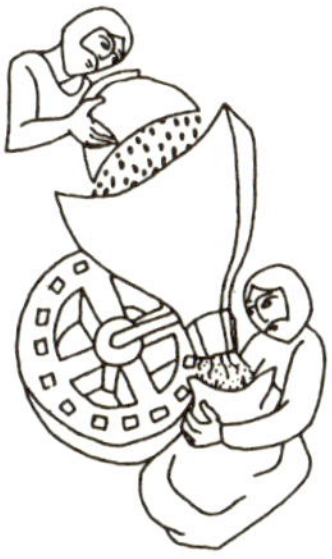

sich um eine der theologischen Spekulation des Mittelalters vertraute Allegorie des Verhältnisses zwischen AT und NT: Die Weizenkörner, die Gott auf dem Sinai an Mose ausgeteilt hat, werden durch die eucharistische Mühle zu reinem Mehl gemahlen, aus dem der Christ das Lebensbrot für seine Seele empfängt. □ aus dem 15. Jh.: Fresko Friedhofskirche St. Kilian, Mundelsheim; Altarbilder in Tribsee, Doberan und Rostock; Schwäb. Werkstatt Bartholomäus Zeitbloms, Mus. Ulm; Fenster 1434, St. Leonhard, Tamsweg/Österreich; Fenster um 1460, Münster Bern; Fenster St. Lorenz Nürnberg.

Mühlstein Bei Jeremia (15, 63) ist von einem Stein die Rede, der zum Zeichen des Untergangs Babylons im Euphrat versenkt wird; ähnliche Prophezeiungen wider Babylon und Tyrus finden sich Jes. 27; Ez. 27; Sach. 9, 3 f. Hieran anknüpfend, schildert die Offb. Joh. (18, 21 ff.), wie ein Engel einen großen M. ins Meer stürzt, zum Zeichen wider Rom, das neue Babylon. Bildbeispiele in den Apokalypsezyklen. Als Heiligenattribut begegnet der M. bei Papst Kalixt, Christophorus, Krispin und Krispinian, Florian, Halvard v. Oslo, Quirin, Viktor v. Marseille, Vinzenz, Aurea v. Ostia, Christina. Das Martyrium der letzteren wurde besonders häufig gemalt (□ Lucas van Leyden, Paolo Veronese, Guercino).

Münze Das in bestimmte Gewichtstücke geteilte und mit einem Gepräge versehene Metallgeld taucht in der christlichen Kunst im Zusammenhang mit zwei Lehraussagen Christi über das Zahlen von Steuern und anderen öffentlichen Abgaben auf: 1. bei der Frage der Tempelsteuer (Matth. 17, 24 ff.), deren Berechtigung Christus in Zweifel zieht, während er dann aber doch, um kein unnötiges Ärgernis zu erregen, Petrus die gewünschte Drachme im Maul eines frisch gefangenen Fisches finden läßt. □ Masaccio, Fresko 1427, Cappella Brancacci, S. Maria del Carmine, Florenz; Mattia Preti, 17. Jh., Brera, Mailand; 2. bei der Frage nach dem Tribut für den Kaiser (dem Zinsgroschen) (Matth. 22, 15; Mark. 12; Luk. 20, 21 ff.). Die Kunst des Mittelalters hat dieses Motiv nicht bearbeitet. Es taucht erst im 16. Jh. auf, vielleicht unter dem Einfluß der Streitigkeiten zwischen Kaiser Karl V. und der römischen Kurie. □ Tizian, 1514, National Gallery London; Antonio Fernandez, 17. Jh., Prado Madrid; Anton van Dyck, 17. Jh., Palazzo Bianco, Genua; G. Ekhout, 17. Jh., Mus. Lille.

Mütze Die abgerundete phrygische M., später Symbol der Französischen Revolution, begegnet auf Bildern der Propheten Amos und Daniel, der drei Jünglinge im Feuerofen, der drei

Weisen (Könige) aus dem Morgenland. Die spitze M. kennzeichnet nach der mittelalterlichen Kleiderordnung die Juden im allgemeinen, ferner die Patriarchen und Propheten des AT.

Mund Ein Schwert bzw. ein Schwert und eine Lilie aus dem M. des richtenden Christus gehört nach Offb. Joh. 1, 16 zu den verbreiteten Symbolaussagen der → Endgerichtsbilder. Böse, besonders auch heuchlerische Worte können durch kleine schwarze Dämonengestalten versinnbildlicht werden, die aus dem M. kommen, während andererseits goldene Fäden aus dem M. von Betenden die Gebetsverbindung zum Himmel darstellen. Wenn besonders auf Familienepitaphien des 16. und beginnenden 17. Jh. kniende Frauen den M. mit einem Tuch verbunden haben, handelt es sich um zur Zeit der Anfertigung des Bildes bereits verstorbene, frühere Ehefrauen der Stifter.

Muschel Wie Fläschchen, Medaillen und andere kleine Gegenstände wurden auch M.n von den Gläubigen als Erkennungszeichen in den frischen Mörtel der zugemauerten Grabnischen in den Katakomben eingedrückt. Später wurden sie dann auch mit einer symbolischen Deutung versehen und deswegen oft als Grabbeigaben verwendet: Die M. ist das Bild des Grabes, aus dem der Mensch eines Tages auferstehen wird. In der christlichen Kunst tauchen sie selten auf (□ eine sehr ausgeführte Szene der → Jonageschichte auf einem Sarkophagfragment im Lateranmuseum, Rom, und auf verschiedenen Tonlampen, zum Teil im Zusammenhang mit → Fischen). – Die naturgeschichtliche Vorstellung des Mittelalters, daß die Muschelschnecken durch auf sie fallenden Tau befruchtet würden, ließ die M.n zum Symbol der Jungfrauschaft → Marias werden. – Botticelli und Tizian werden, dem antiken Mythos folgend, das Muschelmotiv später bei der Darstellung der Geburt der Venus verwenden, denn sie teilt die dem Wasser eigene Symbolbedeutung der Fruchtbarkeit und gleicht durch ihre Form dem weiblichen Geschlechtsorgan. – Als Attribut heiliger Pilger erscheint die M. bei Alexius, Jakobus d. Ä. (maior), Rochus, Sebaldus.

Musikinstrumente Auf alten Bildern finden sich Saiten-, Blas- und Schlaginstrumente. Auffallenderweise sind Nachrichten und Bilddokumentationen über ihre kultische Verwendung vom 1. bis 11. Jh. recht knapp. Es ist umstritten, ob der Gemeindegesang in der frühen Kirche von Instrumenten begleitet wurde, bis die Orgel speziell für die Kirche die Regel wurde. Doch entfalten andererseits die Kirchenväter eine Symbolik der M. von atemberaubendem Umfang und dem Wert einer geschlossenen musikalisch-theologischen Ästhetik. – Als Schutzheilige der Musik ist Cäcilie meist mit einer Orgel abgebildet, gelegentlich auch mit einem Klavier, einer → Harfe, einer Laute, einer Geige oder einem Violoncello. → Posaune. → Leier.

N

Nachtigall Symbol der Himmelssehnsucht. Häufig auf spätmittelalterlichen Madonnenbildern.

Nacktheit Die biblische (israelitisch bestimmte) Tradition verwirft im Gegensatz zur griechischen die N. als schimpflich und die Sinnlichkeit fördernd. Nackt sind Ehebrecherinnen, Huren und ihre männlichen Partner. Entkleidet wird der verurteilte Verbrecher. Auch kann man in extremer Trauer seine Kleider zerreißen. – Die frühchristliche Kunst fand, unter dem Einfluß der Antike, jedoch nichts Anstößiges an der Darstellung nackter Genien in Kindergestalt, aber auch nackter biblischer Personen: Adam und Eva, Jona, Daniel, ferner von Täuflingen im Taufwasser. Man stellte sie mit einer gewissen summarischen Dezenz, aber im übrigen in voller Freiheit dar. Überhaupt war man nicht an der ästhetischen Schönheit der Darstellung, sondern vielmehr an ihrer Bekenntnis- und Trostaussage im Bereich der Katakombenkunst interessiert, deren Hauptthema Tod und Auferstehung waren. – In der mittelalterlichen (vor allem romanischen) Kunst bezeichnet der nackte Mensch die Sünde des Fleisches, besonders das Laster der Wollust, der bekleidete die Sünden des Geistes, besonders die Laster des Hochmuts und des Geizes. Daher werden beide oft als von Dämonen und Raubtieren versucht und bedroht dargestellt. In der gleichen Linie liegt die Darstellung des nackten jungen und des bekleideten alten Menschen. So erklärt sich auch die Aufteilung der dem Höllenrachen Zugeführten in Nackte und Bekleidete. Doch fehlt auch nicht das Gegenbild: In → Endgerichtsbildern können auch die Erwählten, nach Texten des Paulus und der Offbg. Johannes, »mit Kleidern von Licht bekleidet«, d. h. nackt sein; ihre Wiedergewinnung des Standes kindlicher Unschuld ist daran abzulesen, daß sie nackt und kindlich dargestellt sind. Das letztere trifft ebenfalls auf einzelne Erlöste zu, die von Engeln oder Patriarchen ins Paradies aufgenommen werden. – Noch in der Renaissancekunst, die ihrerseits den nackten Menschen der Antike ohne seine hebräische Negativierung wiederentdeckte, ist eine gewisse traditionelle Typisierung nackt-bekleidet festzustellen: Die nackte Eva ist häufig der bekleideten »zweiten Eva«, Maria, betont gegenübergestellt, beide verkörpern dann gleichzeitig den Gegensatz zwischen Natur und Gnade.

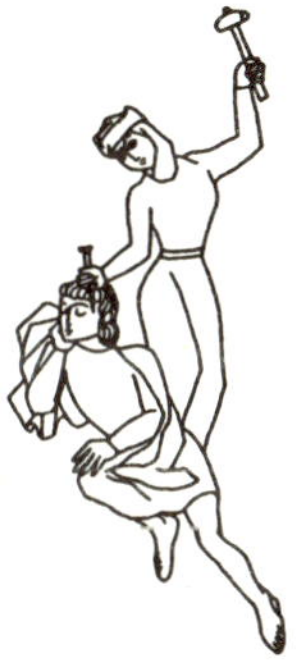

Nagel Im Zusammenhang der Passion Christi werden Josef von Arimathia und Nikodemus mit den N.n des Kreuzes Christi dargestellt, auch die Kaiserin Helena, die sie auf Golgatha wiederfand. Im hohen Mittelalter zählte man – bei nebeneinanderstehenden Füßen Christi – vier N., seit dem 13. Jh. (bei übereinandergelegten Füßen) drei. Letztere Zahl wird bei gesonderter Darstellung der Leidenswerkzeuge bevorzugt. Sie taucht auf mystischen Herz-Jesu-Bildern auf. Die Nagelform begegnet außerdem häufig in den Rosetten gotischer Kirchenfenster. – Einen N. in der Schläfe trägt der Hauptmann Sisera (vgl. Richter 4, 17 ff.). N. gehören zu den Attributen der Märtyrer, z. B. der hl. Ingratia (in der Stirn), der Heiligen Cyrus (Quirinus), Pantaleon und Severus (im Schädel).

Neger 1. die Königin von Saba (1. Kön. 10, 1ff.). 2. einer der Weisen (Könige), die das Christuskind anzubeten kamen, Vertreter Afrikas. 3. der durch den Apostel Philippus getaufte »Kämmerer aus dem Mohrenland« (Finanzminister der äthiopischen Königin Kandaze), vgl. Apg. 8, 26 ff. 4. die Heiligen Justus Africanus, Mauritius (Wortspiel »Maure«), der in Mailand zum Märtyrer gewordene afrikanische Soldat Vittore il Moro. Mit einem bekehrten N. zusammen wird der hl. Pedro Claver (17. Jh.), der Apostel der südamerikanischen Neger, abgebildet.

Nelke In Blatt und Frucht der N. erkannte man die Nägel der Kreuzigung Christi, so daß sie von daher zum Symbol der Passion wurde. Häufig sind Darstellungen der N. (meist der Kartäusernelke) auf Madonnenbildern (□ Stephan Lochner und Meister der Nelke).

Netz Zu den vielen Anspielungen des NT auf den Fischerberuf gehörend, kann das N. ausdrücklich die Tätigkeit Gottes symbolisieren, der die Menschen für das Reich Gottes einsammelt und sortiert (Matth. 13, 48–49). Im AT drückt das N. gelegentlich Enge, Beklommenheit und Angst aus (Ps. 116, 3). Christliche Darstellungen zeigen in der Frühzeit (besonders auf Sarkophagen) das »Menschenfischen« der Apostel mit dem N.

Spätere Darstellungen gelten hauptsächlich den wunderbaren Fischzügen des Petrus und Andreas (Luk. 5, 1–10; Joh. 21, 1–14). Von da aus kann das N. mit kleinen Fischen zum Symbol der Kirche werden. Ein Jägernetz mit einem Sperling weist auf die Tugend der Demut (humilitas).

Nilpferd In Ägypten Symbol der Reichsmacht und des Kriegsgottes, im AT (vgl. Behemoth, Hiob 40, 15) Sinnbild der Kraft und Stärke Gottes; begegnet häufig auf Darstellungen der Schöpfung.

Nimbus Der als schimmernder Kreis oder leuchtende Scheibe das Haupt heiliger Personen umgebende N. (wörtlich: Wolke) ist außerchristlichen Ursprungs. Aus Asien stammend, repräsentiert er seinem Wesen nach die Sonne sowie die Königskrone und erscheint in der hellenistischen Kunst als deren Abglanz auf Bildern von Göttern des Olymps (Jupiter, Neptun, Apollon, Bacchus, Diana, sogar Leda). Nach dem Vorbild vorderasiatischer Großkönige, deren Bild mit dem N. als dem Symbol ihres (Welt-)Herrschertums geschmückt war, wurden in Kleinasien auch Bilder römischer Kaiser (z. B. auf Münzen) mit dem N. versehen. Vom Ende des 2. Jh. an taucht auf römischen Katakombenfresken (S. Callisto) der N. um das Haupt Christi auf, der dann zur Regel wird. Engel und allmählich (etwa vom 5. Jh. ab) auch Maria und die Apostel erhalten das gleiche Würdezeichen, das ihre Zugehörigkeit zu Christus ausdrückt. Die im 5. Jh. begegnende Darstellung von Propheten, Patriarchen und anderen Personen des AT mit N. ist vom 6. Jh. an die Regel. Der N. Christi selbst wird vom 5. Jh. ab durch ein Kreuz gekennzeichnet, das sich deutlich – oft in blutroter Farbe – aus der leuchtenden Scheibe abhebt. An die Stelle der Christusgestalt kann vom 4. Jh. ab ein Lamm mit Kreuznimbus treten. Auch Darstellungen Gottvaters und des Heiligen Geistes (als Taube) sind, wenn es sich um die Darstellung heilsgeschichtlicher Daten handelt, mit einem Kreuznimbus versehen, um die Einheit des trinitarischen Gottes zu betonen. In der byzantinischen Kunst bildet sich der Brauch heraus, in die drei Kreuzbalken, die hinter dem Haupt Gottes oder Christi erkennbar sind, die drei Buchstaben ΟΩΗ einzutragen, die griechische Übersetzung des hebräischen Gottesnamens Jahwe (»Der Seiende«). Seltener ist die Abbildung Christi, etwa bei der Auferweckung des Lazarus oder unter dem Bilde des Lammes, mit einem N., der das Christusmonogramm trägt (□ Sarkophage in Ravenna). Auch den Evangelistensymbolen (→ Tetramorph) wird verhältnismäßig früh (2. Hälfte 4. Jh.) der N. nicht vorenthalten. Im frühen Mittelalter wird der N. auf einer Reihe von Darstellungen Christi teils abgelöst, teils ergänzt durch die

»Glorie«, einen seine ganze Gestalt umgebenden Lichtschein, der meist mandelförmige Gestalt (→ Mandorla) annimmt und seinerseits auf asiatische Bildtraditionen zurückgeht. Die Tonsur der Priester und Mönche steht in einer Beziehung zum N., insofern sie wie er an die Krone erinnerte; zugleich weist sie auf die ausschließliche Öffnung zum Spirituellen. – Im übrigen bleibt die Zuteilung des N. bei nichtgöttlichen Gestalten, besonders an die Heiligen späterer Generationen, noch lange der freien Entscheidung der Künstler vorbehalten. – Der rechteckige Nimbus, zuerst im 3. Jh. in christlichen Katakomben in Alexandria auftauchend, weist darauf hin, daß die dargestellte Person noch lebt. Er hängt mit dem Brauch zusammen, ein Porträt auf einem Leinenstück rechteckigen Formats anzufertigen, und ist keineswegs auf Angehörige des Klerus beschränkt.

Noah Im Anschluß an die Sintfluterzählung 1. Mose 6–9 eine der volkstümlichsten Gestalten aus dem AT, Patron der Zimmerleute wie der Winzer, durch die Geschichte seiner Errettung aus der → Arche mannigfach typologisch verwertet. Bildserien der gesamten N.-Legende finden sich in den byzantinischen Mosaiken der Cappella Palatina, Palermo, und in S. Marco, Venedig, Fresken St. Savin/Poitou, Fenster in Auxerre und Chartres, Skulpturen in Wells und Salisbury/England. Das Sintflutthema in seiner typologischen Bedeutung für die Kirche ist außerdem besonders eindrücklich auf Miniaturen, ferner auf Reliefs am Portal der Kath. Bourges (13. Jh.) und auf Bildern von Paolo Uccello (15. Jh., Kreuzgang S. Maria Novella, Florenz), Jacopo Bassano (16. Jh., Prado Madrid) und Hans Baldung Grien (16. Jh., Bischöfliche Residenz, Bamberg) behandelt. Die Katakombenkunst hat N., der aus der oft sehr summarisch als Kasten dargestellten Arche heraus seine Hände im Gebet erhebt, als Symbol der erlösten Seele und Ausdruck der Auferstehungshoffnung verstanden, die Taube mit dem Ölzweig als Präfiguration der Herabkunft des Heiligen Geistes auf die Apostel. – Von den mit der Sintfluterzählung zusammenhängenden Zügen der Noahgeschichte, dem Wasserzyklus also, ist deutlich der »Weinzyklus« zu unterscheiden: die anschließende Geschichte von N.s Weinanbau, Trunkenheit und Verspottung (1. Mose 9, 20–27). Ein Kapitell des 12. Jh. im Kreuzgang von Monreale/Sizilien, ein Fenster des 13. Jh. in der Ste. Chapelle, Paris, und ein Fresko des 14. Jh. der Kirche von Dečani/Jugosl., zeigen N. bei der Bepflanzung eines Weingartens. Sehr viel häufiger ist der sich anfängerhaft übermäßig aus einer Schale betrinkende N. dargestellt (□ neben den schon genannten Darstellungen des Noahzyklus das Portal von S. Zeno, Verona, 12. Jh.; eine Skulptur des 14. Jh. an einem Eckpfeiler des Dogenpalastes, Venedig; aus dem 15. Jh.: die Bronzetür von Lor. Ghiberti, Baptisterium Florenz, ein Relief von

Jacopo della Quercia, Fassade S. Petronio, Bologna, ein Fresko von Benozzo Gozzoli auf dem Campo Santo, Pisa, eine Chorgestühlwange im Münster Konstanz, und aus dem 16. Jh. vor allem das Deckenfresko der Sixtinischen Kapelle von Michelangelo). Die Verspottung N.s, der sich in seiner Betrunkenheit aufgedeckt hatte, durch seinen Sohn Ham und die Zudeckung durch die beiden älteren Söhne sind ebenfalls häufig dargestellt (□ Fresko 12. Jh. St. Savin/Poitou; Fenster des 13. Jh. im Chorumgang, Kath. Auxerre, Fenster des 14. Jh. in Königsfelden/Schweiz, Fresko von Paolo Uccello, 15. Jh., Kreuzgang S. Maria Novella, Florenz) und weisen bei typologischer Deutung auf die Entkleidung und Verspottung Christi.

Nuß Ihre christliche Symbolbedeutung wird von Augustinus erläutert: Die N. vereinigt in ihrer Gestalt drei Substanzen: Leder (grüne Hülle), Schale und Kern. Die Hülle bedeutet das Fleisch, die Schale den Knochen, der Kern die Seele. Als Christussymbol bezeichnet die Hülle das Fleisch Christi, das die Bitterkeit der Passion gekostet hat, der Kern das süße Innere der Gottheit, die Nahrung spendet und durch ihr Öl das Licht ermöglicht, die Schale das Holz des Kreuzes. – Darstellungen der N. in der bildenden Kunst sind sehr selten. In einem römischen Sarkophag des 4. Jh. wurde eine amulettartige kleine N. aus Marmor gefunden, deren Inneres eine Skulptur mit der Darstellung von Isaaks Opferung bildet.

O

Ochse Im Gegensatz zum → Stier ist der O. ein Symbol der Güte, Ruhe und friedlichen Kraft, anders und im Hinblick auf den O. der Vision des Ezechiel (Kap. 1) und der Offb. Johannes' gesagt: der Macht der Arbeit und des Opfers. Bei den Völkern Ostasiens wie bei den Griechen ist er ein heiliges Tier. Er wird oft zum Opfer verwendet. »Das Bild des Ochsen bezeichnet die Kraft und die Macht, die Fähigkeit, geistige Furchen zu ziehen, die die fruchtbaren Regengüsse des Himmels empfangen, während die Hörner seine bewahrende und unbesiegliche Stärke symbolisieren« (Ps.-Dionysius Areopagita). Ein O. taucht an der Krippe Christi auf (wie der → Esel erst spät, bei Origenes und im apokryphen Matthäusevangelium, im Rückbezug auf Jes. 1, 3: »Der Ochse kennt seinen Herrn und der Esel die

Krippe seines Herrn«), und frühe christliche Kunstdenkmäler, ein einziges Katakombenfresko und viele römische Sarkophage schildern die Szene. Der O. begegnet ferner in der späteren Ikonographie als Attribut der Heiligen Kornelius (der infolge eines Wortspiels besonders in der Bretagne zum Schutzpatron des Hornviehs wurde, □ seine Statue zwischen zwei Kühen oberhalb der Kirchentür von St. Cornély in Carnac, 1639), Leonhard, Sebald, Silvester, Wendelin.

Odysseus Auf frühchristlichen Bildzeichen (Grabplatten, Sarkophagplastik), die sozusagen eine Kurzschrift von Glaubensaussagen darstellen, begegnet das aus der Antike übernommene Bild des Menschenlebens sowie des Übergangs in das ewige Leben in Gestalt eines → Schiffes auf stürmischen Wogen. Nicht selten ist es mit einem Motiv des O.-Mythos verknüpft: der Fahrt des Helden vorbei an der Insel der → Sirenen. Um der Verführung durch den lockenden Gesang dieser gefährlichen Wesen nicht zu erliegen, verklebt O. die Ohren seiner Gefährten mit Wachs und läßt sich selbst aufrecht an den Mast des Schiffes binden. Dieses Motiv ist von der Predigt der Kirchenväter (z. B. Maximus von Turin, 5. Jh.) zu breiten allegorischen Ausmalungen benutzt worden: »Das Kreuz Christi ist wie ein Mastbaum im Schiff der Kirche; die Bindung an diesen Mastbaum behütet vor aller Gefahr.« Gelegentlich wird auch Christus selbst mit dem angehefteten O. verglichen. Eine Miniatur im Hortus deliciarum der Herrad v. Landsberg zeigt den »Herzog Ulixes« aufrecht am Kreuzbaum im Schiff, während die dämonischen Sirenen ins Meer stürzen.

Öl Als Produkt der Frucht des Ölbaums, der gerade auf dürrem, steinigem Boden besonders fruchtbar ist, symbolisiert das Öl den Geist Gottes (1. Sam. 16, 13; Jes. 11, 2) und die von ihm ausgehende geistliche Kraft. Typisch dafür ist die Vision eines → Leuchters mit Ölbehälter und zwei Ölbäumen (Sach. 4, 1–6). Im israelitischen Kultus hat die Salbung mit Öl symbolisch-sakramentalen Charakter (Ps. 23, 5; 89, 20); sie führt den Menschen in die göttliche Sphäre ein, teilt ihm Autorität von seiten Gottes mit (1. Sam. 24, 7. 11; 26, 9) und stellt ihn aus der Reihe der übrigen Menschen heraus zu besonderem, geheiligtem Dienst (3. Mose 21, 10). Das hebräische Wort »Messias«, der Gesalbte, heißt in griechischer Übersetzung: »Christus«. Damit ist das königliche, priesterliche und prophetische Amt Jesu umschrieben. Da das Öl »heiligt, besänftigt, erfrischt, durchdringt und leuchtet«, ist es wie → Wasser, → Milch und → Feuer ein in vielen Kulten verwendetes religiöses Symbol: zur Konsekration von Personen und Dingen, Heilung von Kranken, Aufhebung eines Tabus usw. Der christliche Kult übernahm diese jüdischen und heidnischen Traditionen ohne Zögern. Das Öl wird seitdem teils in natürlichem Zustand, teils in Mischung mit Balsam und verschiedenen Gewürzen – dann heißt es Chrisam und symbolisiert die Verbindung der göttlichen und menschlichen Natur Christi – bei der Taufe, der Konfirmation (Firmung), der letzten Ölung, der Priesterweihe und zahlreichen anderen Zeremonien verwendet.

Ofen Die Symbolik des O., mit der Prozedur der Eisengewinnung zusammenhängend, ist im AT durchaus negativ; wenn von mit Elend und Gericht verknüpfter Dienstbarkeit gesprochen wird, gebraucht man das Bild vom eisernen Schmelzofen, dem Schmelzofen des Elends, dem Sinnbild der Gefangenschaft, Trübsal und Prüfung: 5. Mose 4, 20; 1. Kön, 8, 51; Jer. 11, 4; Jes. 48, 10, wo er eindeutig als Gottesgericht verstanden wird; Ez. 22, 22; Mal. 4, 1. In der bildenden Kunst des christlichen Raumes erscheint der O. im Rahmen der Geschichte der drei Jünglinge im Feuerofen (Dan. 3, 19. 22). → Feuer. – Heiligenattribut ist der glühende O. bei Rufinus und Pelagia.

Ohr In der Antike (vgl. Naturgeschichte des Plinius) galt das O. als Sitz des Gedächtnisses. Alte Texte (z. B. Vergil, Eklogen) und nicht wenige, meist kunstgewerbliche Darstellungen bezeugen den Brauch, das Ohrläppchen des Gesprächspartners anzufassen, wenn man seine Aufmerksamkeit hervorrufen wollte. In der römischen Rechtssymbolik gab es auch die Sitte, einen Zeugen am Ohr zu zupfen. – Ohrringe und anderer Ohrschmuck finden sich, sehr alter Gepflogenheit entsprechend, ebenfalls auf Katakombenmalereien der ersten vier christlichen Jahrhunderte. Das Mosaikbild der oströmischen Kaiserin Theodora (6. Jh.) in San Vitale, Ravenna, bietet ein anschauliches Beispiel für diese edelsteinfreundliche Mode. Oft zog das schwere Gehänge die Ohrläppchen förmlich lang. Gegen Auswüchse dieses Luxus predigten die Kirchenväter (z. B. Hieronymus, Joh. Chrysostomus). – Menschliche Wesen mit abnorm großen O.n finden sich unter den Skulpturen am inneren Portal von Ste. Madeleine in Vézelay (12. Jh.). Sie stellen wie die anderen dort aufgereihten monströsen Wesen die mittelalterlichen Vorstellungen vom Aussehen der Antipoden dar und, in diesem Zusammenhang, auch deren Einbeziehung in das Erlösungswerk Christi.

Olivenzweig Mit dem Zweig eines Olivenbaumes – der neben → Weinstock und Weizen symbolträchtigsten Pflanze der heidnischen Antike wie der biblischen Welt – im Schnabel kommt die → Taube am Ende der Sintflut zu → Noah zurück, seitdem als Symbol des Friedens verstanden und auch auf Katakombendarstellungen die Rettung der Seele aus der Todesnot symbolisierend. Wenn auf italienischen Renaissancebildern der Verkündigung an → Maria der Engel statt der vertrauten → Lilie einen O. in der Hand hält, liegt jedoch keine Symbolik zugrunde, sondern lediglich eine Abneigung der Sieneser Maler, das Wappenzeichen der feindlichen Stadt Florenz abzubilden (□ Simone Martini, 1333, Uffizien Florenz; Taddeo Bartolo u. Francesco di Giorgio in der Pinacoteca Siena). – Ein O. ist das Attribut der Heiligen Bernardo Tolomei (Gründer des Klosters Monte Oliveto u. des Ordens der Olivetaner), Petrus Nolascus, Irene, Oliva v. Salerno. Mit drei Ölzweigen ist der hl. Bruno abgebildet.

Opfer 1. Kain und Abel (1. Mose 4, 3 ff.) erscheinen auf zwei Sarkophagen (Mus. Arles) mit ihren Opfergaben (Garben und Früchte bzw. Lamm), die sie Gott darbringen, der auf einer Art Steinthron sitzt. Ein Mosaikbild in San Vitale, Ravenna, zeigt Abel mit dem von ihm geopferten Lamm in Parallele zu → Melchisedek, der Brot und Wein darbringt. In beiden Fällen handelt es sich um eine Anspielung auf die Eucharistie. → Eucharistische Symbole. – 2. Ein Dankopfer ist das Opfer Noahs nach der Sintflut (1. Mose 8, 20), dessen Darstellung meist mit dem Bild des Regenbogens verbunden ist (□ Genesismosaiken S. Marco, Venedig). – 3. Abraham opfert seinen Sohn Isaak (1. Mose 22, 1 ff.). Diese sehr oft dargestellte Szene ist schon in der apostolischen Zeit als Vorausbild der Passion Christi verstanden und geschildert worden. Einzelzüge des Vergleichs: Der Vater willigt in das Opfer ein; der Sohn widersetzt sich nicht; er trägt sogar selbst das Holz zum Opferfeuer; beide Opfer finden auf einem Hügel statt. In der darstellenden Kunst taucht das Thema seit der 2. Hälfte des 2. Jh. auf. Das bemerkenswerteste, vielleicht auch älteste hier zu nennende Fresko befindet sich in dem »Sakramentsraum« der römischen Katakombe S. Callisto (datiert 198–222), gegenüber der Darstellung der Konsekration und neben dem Bild eines eucharistischen Mahles. Außer anderen Katakombenfresken (Rom: S. Domitilla, S. Generosa, Hermes) sind eindrucksvolle Sarkophagreliefs in Rom, Arles und Sevilla zu nennen, ferner ein Mosaikbild in S. Vitale, Ravenna, das den Besuch der drei Engel bei Abraham (→ Dreifaltigkeitssymbole) mit dem Aufbruch zur Opferung Isaaks vereinigt. Seitdem ist die Szene im Lauf der Kunstgeschichte außerordentlich häufig wiedergegeben worden. → Isaaks Opferung. Die Einzelheiten der Kleidung und des Arrangements können dabei wechseln. Weit verbreitet ist die Darstellung der Opferung Isaaks auch auf kleinen Goldschmiedearbeiten (Elfenbeinkästchen, Glaskelchen, Medaillen). Der überall geltende Bezug auf die Passion Christi wird besonders deutlich bei einem Glasfenster der Kath. Bourges: Da trägt Isaak nicht mehr ein Bündel Holz, sondern das Kreuz selbst. – Die große Beliebtheit dieses Motivs legt den Gedanken nahe, daß sich für einen nicht geringen Teil der Gläubigen die Szene nicht nur mit der Passion Christi, sondern auch mit der allgemeinen tröstlichen Vorstellung des Eingreifens Gottes bei Gefahren für Leib und Seele verband. – 4. Opfer Elias auf dem Berg Karmel (1. Kön. 18). Im Wettstreit mit 850 Baalspropheten, deren Beschwörungen vergeblich bleiben, fällt Feuer vom Himmel auf den Altar aus zwölf Steinen, den Elia aufgerichtet hat, und verzehrt das Opfertier. Diese auf die Herabkunft des Heiligen Geistes an Pfingsten gedeutete Szene findet sich z. B. auf Fresken des 3. Jh., Synagoge Dura-Europos/Syrien, des 14. Jh., Trapeza, Megisti Lavra, Athos, und des 17. Jh., Kirche des Propheten Elia, Jaroslawl; auf dem Teppich von La Chaise-Dieu, 1518, auf einem Gemälde von Beccafumi, 16. Jh., Kath. Siena, und einem Fenster des 17. Jh., Kreuzgang St. Etienne-du-Mont, Paris.

Orans, Orante Bei Juden (vgl. 2. Mose 17, 11; Klagel. Jer. 3, 41; Ps. 119, 48; 141, 2) wie Heiden (vgl. Apulejus, Cicero, Vergil; für den künstlerischen Ausdruck vgl. Statuen und Stelen aus Ägypten und Griechenland) war die natürlichste und älteste Gebetsgeste – stehend, die Arme ausgebreitet, die Handflächen nach oben gerichtet – weit verbreitet; die Christen übernahmen sie nach der Aufforderung des Paulus (1. Tim. 2, 8 f.), in der Mitte des 2. Jh. ist sie als gültig bezeugt. Die Kirchenväter vertieften ihre Bedeutung durch den Hinweis auf die Nachahmung der ausgebreiteten Arme Christi am Kreuz. Diese bis heute im Gottesdienst zumindest durch den Priester vollzogene Geste des O. (= Betenden, weibl. Form: Orante) begegnet seit Beginn des 2. Jh. auf Katakombenfresken: 1. rein symbolisch als Bild der Seele des Verstorbenen; 2. oft mit Namensbeischrift, als Abbildung einer bestimmten, konkreten Person, deren Individualität durch reiche spezifische Kleidung betont wird; 3. als älteste Katakombendarstellung alttestamentlicher Personen, die, aus tiefer Bedrängnis errettet, gleichsam als Prototypen des Verstorbenen gelten können: Noah in der Arche, Abraham und Isaak, die Jünglinge im Feuerofen, Daniel in der Löwengrube, Daniel und Susanna. Außerdem erscheint die gleiche Gebetsgeste auch bei der Konsekration der eucharistischen Gaben. Bezüglich des Bildes der Seele des Verstorbenen ist es umstritten, ob es sich um eine glückliche Seele im Bereich der himmlischen Seligkeit handelt (das legt die häufige Parallelsetzung mit dem Guten → Hirten nahe), die – da sie für sich selbst nicht mehr zu bitten braucht – das ewige Heil ihrer noch lebenden Angehörigen erfleht, oder um die Seele eines Verstorbenen, der noch das Endgericht vor sich hat und um Ret-

tung darin und Fürbitte dafür bittet. Gelegentlich scheint es sich auch um ein Symbol der betenden (kämpfenden) und triumphierenden Kirche zu handeln. Abgesehen von den Darstellungen Christi, sind die Orantenbilder am zahlreichsten unter allen Katakombenthemen. Die dargestellte betende Gestalt kann männlichen oder weiblichen Geschlechts sein. Es bürgerte sich dann ein, daß auch einzelne Märtyrer (z. B. Menas, Laurentius, Cäcilia, Agnes) in Orantenhaltung dargestellt wurden, ebenso Maria. In der ostkirchlichen Kunst blieb der Typus der Maria Orans (Snamenie) bis heute erhalten, während er im Westen mit dem Ende der Katakombenkunst immer stärker zurücktrat.

Orgel (Portativ) Attribut der hl. Cäcilie sowie, auf zyklischen Darstellungen der sieben freien → Künste, der Musik überhaupt. Raffael stellt (auf einem Gemälde in Bologna) dar, wie die hl. Cäcilie, sobald sie die Engel singen hört, ihre O. fallen läßt, da irdische Musik der himmlischen nicht standhält.

Orpheus O., der berühmteste unter den mythischen Sängern und Saitenspielern Griechenlands und im Rufe stehend, daß er durch seine Kunst die wildesten Tiere bezähmen und Steine und Bäume bewegen konnte, ist in der antiken Kunst oft abgebildet worden, fand aber auch rasch Aufnahme und Verbreitung in der frühen christlichen Bildkunst. Römische Katakombenfresken in S. Callisto (2. Hälfte 2. Jh.), S. Domitilla (1. Hälfte 3. Jh. und 2. Hälfte 4. Jh.), SS. Pietro e Marcellino (2. Hälfte 3. Jh.), S. Priscilla (Mitte 4. Jh.), ein berühmter Mosaikboden in Jerusalem, Reliefs an Sarkophagen, zahlreiche Statuetten und andere Plastiken, darunter die schönste im Byzantinischen Museum in Athen, zeigen den Sänger sitzend, mit phrygischer Mütze, die Lyra auf dem linken Knie, entweder von Schafen (das ist die frühe, an den Guten → Hirten erinnernde Darstellung) oder von anderen, später besonders auch wilden Tieren umgeben, die hier zum erstenmal wieder wie im Paradies vereint sind. Zur Begründung dieser Übernahme des antiken Mythos hat man an die Vorstellung von der Unsterblichkeit der Seele gedacht, die man bei den Heiden vorgebildet fand, und überhaupt einen gewissen Einfluß der orphischen Mysterien auf das Christentum konstatiert. Zugrunde liegt die theologische Überzeugung von der »Erfüllung« = Beendung und Überhöhung der religiösen Fragen und Sehnsüchte der heidnischen Antike in Christus: Christus ersetzt endgültig und positiv den O. als Bringer göttlicher Harmonie und Ordner des Kosmos. Die Kirchenväter haben sich stark mit O. beschäftigt und seine Geschichtlichkeit nicht in Zweifel gezogen; der Apologet Justinus Martyr nahm sogar an, O. habe auf einer Reise nach Ägypten die fünf Bücher Mose kennengelernt und sei so

zum Glauben an einen einzigen Gott gelangt. Mit den Sibyllen wird er für eine Art heidnischer Prophet und Ankündiger Christi gehalten. Eusebius von Cäsarea versteht O. als Christussymbol: »Der Erlöser der Menschen hat sich durch das Instrument seines menschlichen Leibes, das er mit seiner Gottheit vereinen wollte, gegenüber allen als heilbringend und wohltätig erwiesen, wie der Orpheus der Griechen, der durch die Kunst seines Spiels auf der Lyra die wilden Tiere besänftigte und zähmte. Das göttliche Weisheitswort und die menschliche Natur Christi verfeinert und besänftigt die rauhen Sitten der Griechen und der Barbaren und zügelt die unordentlichsten und wildesten Instinkte.« Andere Kirchenväter verstanden die wilden Tiere als Symbol leichtfertiger, jähzorniger und wollüstiger Menschen. Jedenfalls deutet die Tatsache, daß die frühchristliche Kunst nur zwei mythologische Motive aus der heidnischen Kunst übernommen hat, Eros und Psyche einerseits, O. andererseits, und daß es sich in beiden Fällen um Grabmalkunst handelt, darauf hin, daß beide Motive als Symbol und Stütze des Glaubens an die Unsterblichkeit der Seele angesehen wurden. – Ferner muß auf die starke Ähnlichkeit hingewiesen werden, die zwischen dem Bildmotiv des O., der Eurydike dem Hades entreißt, und dem des Christus, der Adam aus dem → Limbus befreit, besteht, so wie sich in der der »Niederfahrt ins Totenreich« zugrundeliegenden Erzählung des apokryphen Nikodemusevangeliums zweifellos Erinnerungen an ägyptische und griechische Mythen niederschlagen. □ Relief 5. Jh., »Orpheus, Eurydike, Hermes«, Museo Nazionale, Neapel.

P

Palme (Palmbaum, Palmzweig) Auf den Orient, die Heimat des kraftvollen, schlanken Palmbaums mit dem mächtigen Blätterbusch, geht die alte Symbolik der P. zurück, die sich auf Sieg, Aufstieg, Wiedergeburt und Unsterblichkeit bezieht; daher auch die Verbindung von → Phönix und Palmbaum. Die Palmzweige des Palmsonntags, auf den triumphalen Einzug Christi in Jerusalem (Joh. 12, 13) zurückweisend, deuten im voraus auf die Auferstehung jenseits der Passion und des Todes. Die Palmzweige in den Händen der Märtyrer (Offb. Joh. 7, 9) haben die gleiche Zeichenhaftigkeit. So sind Palmbaum und Palmzweig sehr früh neben → Anker und → Taube zu den bevorzugten Symbolen der christlichen Kunst geworden. Die »Palme des Martyriums«, zur festen Formel im Sprachgebrauch geworden, begegnet auf unzähligen Epitaphien, Sarkophagen, Marmorplatten, Fresken, oft mit dem → Christusmonogramm verbunden. Die Mosaiken zeigen mit Vorliebe Personen, die Palmzweige in den Händen tragen: Christen, die im zuversichtlichen Sterben für ihren Glauben den Sieg davongetragen haben. Auch Palmbäume auf Darstellungen des herrschenden Christus weisen auf Sieg und himmlischen Lohn. Damit übernimmt der Palmbaum zugleich die Funktion des Lebensbaumes (→ Baum). – Im Sinne des Psalmwortes »Der Gerechte wird sprossen wie der Palmbaum« (Ps. 92, 12 a) hatten reiche Palmenmotive bereits den salomonischen Tempel geschmückt (vgl. 1. Kön. 6, 29–32. 35; 7, 36; 2. Chr. 3, 5). – Dem apokryphen Matthäusevangelium entnahm die Goldene Legende die in der christlichen Kunst auffallend häufig dargestellte Episode vom Palmbaum, der sich während Josefs und Marias Flucht nach Ägypten herabbeugt, um seine Datteln pflücken zu lassen, und zwischen seinen Wurzeln eine Quelle frischen Wassers eröffnete. Die idyllische Szene ist zugleich ein Modell des wiedergefundenen Paradieses, so wie die Quelle am Fuß des Baumes den → Brunnen des Lebens symbolisiert. □ Holzdecke 12. Jh., Zillis/Graubünden; Lukas Cranach, 1504, Deutsches Museum Berlin (der Palmbaum ist in eine Weide verwandelt); Albrecht Altdorfer, 1510, Deutsches Museum Berlin; Hans Baldung Grien, Altarflügel 1516, Münster Freiburg/Br., u. Tafelbild, German. National-Museum Nürnberg; Hans Mielich, Altarbild 16. Jh., Liebfrauenkirche Ingolstadt; Hans Fries, 16. Jh., Mus. Basel; Giorgione, 16. Jh., Das Gewitter, Accademia Venedig; Correggio, 16. Jh., Pinacoteca Parma; Caravaggio, Galeria Doria, Rom; Fresko 16. Jh., Kirche Auvers-le-Hamon/Sarthe (der Palmbaum ist in einen Orangenbaum verwandelt); A. van Dyck, 17. Jh., Alte Pinakothek München. – Nicht sehr häufig ist die Palmzweiglegende vom Tod → Marias dargestellt: Der Erzengel Michael bringt der Gottesmutter zum Zeichen ihres bevorstehenden Todes einen Palmzweig aus dem Paradies. Sie gibt ihn an den Evangelisten → Johannes weiter, der ihn am Tag ihres Begräbnisses vor ihrem Sarg her trägt.

Panther Der P., im Dionysoskult und seinen Darstellungen sehr beliebt, wird vielleicht gerade deshalb von christlichen Künstlern der Frühzeit gemieden. Man begegnet ihm nur selten und hauptsächlich auf afrikanischem Boden: auf einer christlichen Lampe, auf einem Fresko in Baouit/Ägypten, wo er offenbar einfach als Motiv griechischer profaner Kunst übernommen ist, auf einem heute in der Kath. von

Sens aufbewahrten Gewebe, von dem das gleiche gilt. Bedeutsamer ist eine Münze von 325/326, die den Kaiser Konstantin bei der Machtübergabe an seine Söhne zeigt. Da duckt sich zu Füßen des Kaisers ein P. als das Symbol der überwundenen heidnischen Kulte, für die der Dionysoskult der repräsentativste war. Die Romanik faßt dann später den P. als positives Symboltier auf, einmal als Verkörperung des Lebens, des Lebendig-Fruchtbaren überhaupt (z. B. Pantherköpfe, aus denen Ranken hervorkommen), ferner auch als Christussymbol, insofern man den Physiologusbericht – daß der P. nach der Sättigung drei Tage in seiner Höhle schlafe, am dritten Tag aber erwache, einen triumphierenden Schrei ausstoße und einen auffallenden Wohlgeruch verbreite – auf Christi Tod und Auferstehung deutete. – → Auferstehungssymbole.

Papagei Zweifaches Mariensymbol: 1. weil nach Konrad v. Würzburg sein grünes Federkleid nicht wie das normale Grün der Pflanzenwelt im Regen naß wird, sondern trocken bleibt (Parallelsymbol: Goldenes Vlies, → Fell); 2. weil er Ave sagen kann (während er auf Paradiesbildern auf Eva verweist, die Umkehrung des Grußes an Maria, denn Eva ist das Gegenbild Marias und erfährt in dieser ihre Entsündigung; □ Hans Burgkmair, Johannes auf Patmos).

Paradies Die in Einzelheiten variable Paradiesdarstellung der christlichen Kunst hat sich gespeist aus Elementen der alttestamentlichen (1. Mose 2 f.) Paradiesbeschreibung (Paradies altpersisch und hebräisch wörtl. = Gehege) des Gartens Eden als der ursprünglichen Schöpfungswelt Gottes vor dem Sündenfall (außer dem mystischen Lamm von Jan van Eyck in Gent und Bildern von Lukas Cranach und Jan Brueghel, dem Samtbrueghel, ist hier die mystische Vergegenwärtigung der Endzeitharmonie im »Paradiesgärtlein«, 15. Jh., Städel-Institut Frankfurt, zu nennen; → Maria; → Garten), der spätjüdischen Enderwartung (apokryph. 4. Esra-Buch), die sich mit dem Berg Zion verknüpfte, und den Endzeitvisionen der Offenbarung Joh. (Kap. 7, 14, 21, 22) von den Erwählten im Himmel vor dem Thron Gottes, vom Lamm, das auf dem Thron sitzt, vom Lebensstrom und den Lebensbäumen. Die frühchristliche Kunst hält sich vor allem an die Vorstellung des blühenden Gartens. Ausführlich begegnet dieses Motiv zusammen mit der → Oransgestalt in zahlreichen Katakombenfresken (□ in S. Callisto, Rom), abgekürzt und oft auf einen Baum oder einige Blüten beschränkt auf Epitaphien. Neben der Orans zwischen zwei Bäumen findet sich der Gute → Hirte zwischen Bäumen.

Immer geht es dabei um den erwarteten Aufenthalt in diesem Bereich der Erlösung, um die Ausmalung des »Ortes der Erfrischung«, den man für die Verstorbenen erbittet; dazu tauchen der → Pfau und das große Gefäß mit dem Wasser des Lebens auf, an dem sich die → Tauben erfrischen. Ähnliche Motive mit Pfauen, Lebensbaum und Trauben weisen die Sarkophage auf (□ der des Theodosius in Ravenna). Eine exemplarische Zusammenstellung (Christus Pantokrator auf der Weltkugel thronend, Lamm, Buch, zwei Bäume, quadratisches himmlisches Jerusalem mit zwölf Toren, die zugleich die zwölf Stämme Israels und die zwölf Apostel bezeichnen, der Paradiesesstrom, der in vier Arme ausläuft) bietet ein Fresko des 12. Jh. in der Bergkirche S. Pietro al Monte in Civate bei Como/Lombardei. Eine besonders hervorzuhebende symbolische Synthese stellt das Apsismosaik der Basilika S. Giovanni in Laterano, Rom, dar (13. Jh., auf frühere Bilder zurückgehend): beherrschend das Kreuz des Heils mit der Abbildung der Taufe Jesu, unter den Lichtstrahl des Heiligen Geistes gestellt, auf den Berg des P. gepflanzt. An seinem Fuß sprudelt die Quelle des Lebens und teilt sich in die vier mit Namen bezeichneten Paradiesflüsse. → Hirsche (vgl. Ps. 43, 1), als Symbol der nach Gott verlangenden Gläubigen und der Täuflinge, wenden sich an beiden Seiten zur Quelle; Pflanzen und Tiere (Schafe) repräsentieren das Gesamt der Schöpfung. In der Tiefe des Paradiesberges ist der Engel mit dem Schwert, der alte Hüter des P., erkennbar, der nun vor einer mauerumwehrten Stadt steht, die offenbar vom Jerusalem des AT auf jene himmlische → Stadt weist, welche das Blut des Erlösers den wartenden Seelen der Gerechten eröffnet. Über der Stadt das Blattwerk des Lebensbaumes und darin der → Phönix, das traditionelle altchristliche Symbol der Auferstehung. – Auf ostkirchlichen Fresken fehlen bei Paradiesvorstellungen auf den großen → Endgerichtsbildern nie: gleich neben der Paradiespforte Maria, der erlöste Schächer mit dem Kreuz in der Hand (Luk. 23, 43) und die Patriarchen → Abraham, Isaak und Jakob, die oft eine Gruppe von Erlösten im Schoß oder in einem sauber gefalteten großen Tuch halten. – Das irdische P. des biblischen Berichts (1. Mose 2 f.) wird im Zusammenhang mit → Adams und Evas Erschaffung, Sündenfall und Vertreibung auf Fresken und Miniaturen abgebildet. – Als P. bezeichnet man auch den aus dem Atrium der alten Basilika entwickelten Vorhof oder die Vorhalle älterer Kirchen (z. B. Maria Laach/Rheinland, Maulbronn/Württ.), weil dort früher ein Bild des Sündenfalls im P. zur Mahnung für die noch nicht Getauften oder die Büßenden zu sehen war, die noch nicht zum Gottesdienst im Innern der Kirche zugelassen waren.

Passionssymbolik Die Stationen der Passion Christi vom Einzug in Jerusalem bis zur Kreuzabnahme werden typologisch mit folgenden alttestamentlichen Bildmotiven verknüpft: 1. Einzug in Jerusalem: Josef fährt in Pharaos Wagen (1. Mose 41, 43); Moses Rückkehr nach Ägypten (2. Mose 4, 20); Stiftung des Passahlammes (2. Mose 12, 3 f.); Speiseopfer der Israeliten (3. Mose 6, 13); Jephthas Erhebung zum Herrn von Gilead (Ri. 11, 11); Triumph Davids nach dem Sieg über Goliath (1. Sam. 18, 6); Salomos Salbung und königlicher Einzug (1. Kön. 1, 33 f.); Begrüßung Elisas durch die Kinder der Propheten (2. Kön. 2, 15); nächtlicher Einzug Nehemias in Jerusalem (Neh. 2, 11 f.); Mardochais Erhöhung auf königlichem Pferd (Esth. 6, 7 f.). – 2. Trauer über Jerusalem: Davids Trauer am Grabe Abners (2. Sam. 3, 32); Elisas Klage über das künftige Königtum Hasaels (2. Kön. 8, 12); Jesajas Trauer über Jerusalem (Jes. 22, 4); Jeremias Klage über Jerusalem (Klagel. Jer. 1, 1). – 3. Tempelreinigung: Vertreibung → Adams und Evas aus dem Paradies (1. Mose 3, 24); Verschließung der Arche hinter Noah (1. Mose 7, 16); Vertreibung der Blinden und Lahmen aus der Burg Zion (2. Sam. 5, 7 f.); Tempelwache Jojadas (2. Kön. 7, 11); Athaljas Entfernung aus dem Tempel (2. Kön. 11, 13 f.); Hiskias Tempelreinigung (2. Chr. 29); Wiederaufbau des Tempels auf Befehl des Darius (Esra 6); Nehemias Verbot des Tempelhandels am Sabbat (Neh. 13, 15 f.); Bestrafung des Tempelschänders Heliodor (2. Makkab. 3, 26); Tempelreinigung durch Judas Makkabäus (2. Makkab. 10, 1 f.); ferner: Michaels Kampf gegen den Satan (Offbg. Joh. 12, 7 f.); Bildbeispiel: Giotto, Fresko Arenakapelle Padua. – 4. Gebet Jesu im Tempel: Warnung vor Mißbrauch des Namens Gottes (2. Mose 20, 7); Elias Weissagung der kommenden Dürre (1. Kön. 17, 1 f.). – 5. Versuch der Steinigung Jesu: Versuch der Steinigung Moses (4. Mose 14, 10); Gefahr der Steinigung Davids (1. Sam. 30, 6); Steinigung Naboths auf Befehl der Isebel (1. Kön. 21, 13); ferner: Christus in der Kelter (Bildbeispiel: Fresko Emmauskloster Prag). – 6. Fußwaschung: Fußwaschung der drei Engel bei Abraham (1. Mose 18, 4); Lots Fußwaschung bei den beiden Engeln (1. Mose 19, 2 f.); Labans Wassergabe für Elieser und dessen Gefolge (1. Mose 24, 32); Josef läßt seinen Brüdern die Füße waschen (1. Mose 43, 24); Gesetzgebung auf dem Berg Sinai (2. Mose 19); Geduld Hiobs (Hiob 1–2); kultische Waschung der jüd. Priester im Ehernen Meer des Salomonischen Tempels (1. Kön. 7, 23 ff.). – 7. Eucharistie (Abendmahl): Besuch der drei Männer bei Abraham (1. Mose 18, 1 ff.); Begegnung zwischen Melchisedek und Abraham (Brot und Wein; 1. Mose 14, 18); jüd. Passah vor dem Auszug aus Ägypten (2. Mose 12, 11); Manna in der Wüste (2. Mose 16, 16); Ernährung Elias durch einen Engel (1. Kön. 19, 6); Einholung der Bundeslade nach Jerusalem durch David (2. Sam. 6); Hiobs Gedenken seines früheren Glücks und jetzigen Elends (Hiob 29, 18 – 30, 14). – 8. Gebet Jesu in Gethsemane: Engelerscheinung vor Gideon (Ri. 6, 11 f.); Einholung der Bundeslade durch David (2. Sam. 6, 3); David weint am Ölberg (2. Sam. 15, 30); Elias Gebet um Regen auf dem Berg Karmel (1. Kön. 18, 42 f.); Erquickung Elias durch einen Engel in der Wüste (1. Kön. 19, 6); Verklagung und Gebet der unschuldigen Susanna (Dan. 13, 28 f. Vulg.). – 9. Verrat des Judas: Kains Mord an Abel (1. Mose 4, 8); Abrahams Kalb für die drei Männer (1. Mose 18, 7); Opferung Isaaks (1. Mose 22, 9); Verkauf Josefs durch seine Brüder, Betrug des Vaters durch blutbefleckten Rock (1. Mose 37, 18. 28 ff. 31 ff.; 39, 1); Abimelechs Todesbefehl für seine siebzig Brüder (Ri. 9, 1 ff.); Verrat Simsons durch Delila (Ri. 16, 19 ff.); Bedrohung Davids durch Sauls Speer (1. Sam. 18, 10 ff.); Heimtückische Ermordung Abners durch Joab (2. Sam. 3, 27); Absaloms Aufruhr (2. Sam. 15, 1 ff.); Ahitophels Anschlag eines Überfalls auf David (2. Sam. 17, 1 f.). – 10. Gefangennahme Jesu: Abraham bindet Isaak, um ihn zu opfern (1. Mose 22, 9); Josef wird von seinen Brüdern ergriffen (1. Mose 37, 20 ff.); Gefangennahme Simsons (Ri. 16, 19 ff.); Raub der Bundeslade durch die Philister (1. Sam. 4, 11); Joabs Mord an Amasa (2. Sam. 20, 8 f.); Jorams Mordanschlag auf Elisa (2. Kön. 6, 31 ff.); Überlistung des Jonathan Makkabäus durch Tryphon (1. Makkab. 12, 48 ff.). – 11. Verspottung Jesu: Verspottung Noahs durch seinen Sohn Ham (1. Mose 9, 22 f.); Verspottung des geblendeten Simson durch die Philister (Ri. 16, 25 f.); Beschimpfung Hiobs durch Frau und Freunde (Hiob 2); Elisas Verspottung durch die Kinder von Bethel (2. Kön. 2, 23 f.); Blendung des Königs Zedekia (2. Kön. 25, 7). – 12. Verhör vor Pilatus: Sauls Todesbefehl für Abimelech und vierundachtzig andere Priester in Nobe (1. Sam. 22, 18 ff.); Beschimpfung der Gesandten Davids durch den Ammoniterkönig Hanun (2. Sam. 10, 4); Todesdrohung Isebels für Elia (1. Kön. 19, 1 ff.); Steinigung Naboths auf falsches Zeugnis hin (1. Kön. 21, 7 ff.); Jeremia vor Zedekia geführt (Jer. 7, 12 ff.); Babylonier verlangen von Nebukadnezar die Auslieferung Daniels (Dan. 14, 28 ff. Vulg.). – 13. Geißelung Jesu: Kains Mord an Abel (1. Mose 4, 8); Hams Verspottung seines Vaters Noah (1. Mose 9, 22 f.); Fesselung Simsons durch die Philister (Ri. 16, 21); Verspottung Elisas durch die Knaben aus Bethel (2. Kön. 2, 23 f.); Hiobs Leiden und seine Verspottung durch seine Frau (Hiob 2, 7 ff.); Mißhandlung und Einkerkerung Jeremias (Jer. 20, 1 ff. u. 37, 15); Geißelung des Königs Achior durch Holofernes (Jud. 6, 8); – 14. Kreuztragung: Isaak trägt das Holz zu seiner Opferung (1. Mose 22, 6); Bezeichnung der israelitischen

Häuser mit einem Kreuzzeichen (Tau; 2. Mose 2, 7. 13; vgl. Ez. 9, 4); Jakob segnet mit gekreuzten Händen seine Enkel Ephraim und Manasse (1. Mose 48, 13 f.); die Kundschafter mit der → Weintraube (4. Mose 13, 23); die Witwe von Zarpath (Sarepta) hält Elia zwei Holzscheite in Kreuzform entgegen (1. Kön. 17, 10); David und Jonathan nehmen Abschied voneinander (1. Sam. 20, 41 ff.). – 15. Jesus wartet auf seine Hinrichtung (Christus im Elend): Der aussätzige Hiob auf dem Misthaufen. – 16. Entkleidung Jesu: Noah nackt in seiner Hütte (1. Mose 9, 21); Josefs Entkleidung durch seine Brüder (1. Mose 37, 23); Tanz des nackten David vor der Bundeslade (2. Sam. 6, 14 f.); Entkleidung des Königs Achior (Jud. 6). – 17. Kreuzigung Jesu: Der Baum der Erkenntnis im Paradies (1. Mose 2, 17); Abels Opfer (1. Mose 4, 4); Kains Brudermord (1. Mose 4, 8); Noah mit der Arche (1. Mose 7); Melchisedek mit Brot und Wein (1. Mose 14, 18 f.); Isaak trägt das Holz zu seiner Opferung (1. Mose 22, 6); Abraham trägt den Widder zur Opferung (1. Mose 22, 13); Einsetzung des Passahlammes (2. Mose 12, 13 f.); Mose mit den Gesetzestafeln (2. Mose 17, 6); die Kundschafter mit der Weintraube (4. Mose 13, 23); Opferung der rötlichen Kuh (4. Mose 19, 2f.); Erhöhung der ehernen Schlange in der Wüste (4. Mose 21, 8); lebendiges Wasser aus dem Felsen (2. Mose 17, 6); Simsons Tod (Ri. 16, 29 f.); Cherub streut Feuer über Jerusalem (Ez. 10, 2). – 18. Kreuzabnahme: Erschaffung Evas aus Adams Rippe (1. Mose 2, 21); Eva nimmt die Frucht vom Baum (1. Mose 3, 6); Jakob mit dem Rock seines Sohnes Josef (1. Mose 37, 31 ff.); Wasser aus dem Felsen (2. Mose 17, 6); Abnahme des gekreuzigten Königs von Ai durch Josua (Jos. 8, 29); Naemis Klage über den Tod ihrer Söhne (Ruth 1, 20); Bestattung der Leichname Sauls und seiner Söhne (1. Sam. 31, 12); Anbetung und Zerstörung der Ehernen Schlange (2. Kön. 18, 4); Jona wird ins Meer geworfen (Jona 1, 15). – 19. Grablegung: Sem und Japhet bedecken die Scham Noahs (1. Mose 9, 23); Josef wird von seinen Brüdern in die Zisterne geworfen (1. Mose 37, 23 f.); Jeremia wird in die Grube geworfen (Jer. 38, 6); Jona wird ins Meer geworfen und vom Walfisch verschlungen (Jona 2, 1); ferner die Bestattungen Abrahams (1. Mose 25, 9), Isaaks (1. Mose 35, 29), Jakobs (1. Mose 50, 13), Gideons (Ri. 8, 32), Sauls (1. Sam. 31, 12 f.), Abners (2. Sam. 3, 31), Elisas (2. Kön. 13, 20). – Zu diesen typologisch verwendeten alttestamentlichen Motiven treten legendäre Ergänzungen zum AT wie z. B. die Zersägung des Propheten Jesaja und die Steinigung des Propheten Jeremia (beide waren auf inzwischen zerstörten Glasfenstern des englischen St.-Alban-Klosters dargestellt) sowie Symbole aus dem Tierreich, z. B. der → Pelikan, der nach der mittelalterlichen Naturgeschichte seine Jungen dadurch belebt und nährt, daß er sich die Brust aufreißt und Blut opfert; der → Phönix, der sich selbst verbrennt und dadurch neues Leben gewinnt. → Christussymbole. – Auch die → Angelrute, mit der Gottvater den → Leviathan fängt, gehört in die P. (□ Hortus deliciarum der Herrad von Landsberg, 12. Jh.). – Auf volkstümlichen Darstellungen (meist kolorierten Holzschnitten des 15.–17. Jh.) finden sich Abbildungen der fünf Wunden Christi, die dem damals entwickelten Kult der Passion und dem Glauben an ihre Hilfe gegen »bösen, schnellen Tod« entsprechen. Man sieht entweder die Wunden als waagerechte Einschnitte, aus denen Blutstropfen fallen und Lichtstrahlen dringen, oder ein von einer Lanze an ein Kreuz geheftetes Herz, umgeben von je zwei abgehackten Händen und Füßen, die von Nägeln durchbohrt sind. – → Leidenswerkzeuge. – Spätmittelalterliche Dichtungen zählen folgende Passionssymbole im einzelnen auf, die auch in eigenartigen Zusammenstellungen auf zeitgenössischen surrealistischen Bildern begegnen: Schweißtuch der Veronika, Beschneidungsmesser, Pelikan, dreißig Silberlinge, Laterne (der Häscher in Gethsemane), Schwerter und Stangen, Rohrstöcke, eine ohrfeigende Hand, Augenbinde, ungenähter Rock und Purpurmantel, Rute und Geißel, Dornenkrone, Säule mit Stricken, Fußstapfen Jesu, Nägel, Hammer, Essiggefäß, Essigschwamm, Lanze, Leiter, Zange (zum Herausziehen der Kreuznägel), ein Jude, der ins Gesicht Christi spuckt, Händewaschen des Pilatus, Kreuztragung Christi, Grab Christi.

Pelikan Die Art und Weise, in der der P. seine Jungen aus dem dehnbaren Kehlsack heraus füttert, indem er dabei den Schnabel auf die Brust stemmt, um die Fische bequemer auswürgen zu können, und seine weißen Federn dabei oft mit dem Fischblut rötet, hat zu der uralten Fabel Veranlassung gegeben, daß er sich die Brust aufreiße und mit seinem Blute die Jungen belebe und nähre. Deshalb gilt er als Symbol der sich selbst aufopfernden Vater- oder Mutterliebe (beide Varianten sind alt). Ein Bronzering aus Akhmin/Panopolis (Ägypten) zeigt das bekannte Motiv. In der frühchristlichen Kunst taucht es kaum auf. Im Mittelalter ist es ein Symbol des gekreuzigten Christus (vielfach in der ital. Malerei des 14. Jh. dargestellt, die von der Predigt der Bettelorden beeinflußt ist; außerdem: typolog. Fenster 13. Jh., Kath. Le Mans; christolog. Fries 13. Jh., Münster Straßburg; 14./15. Jh.: Fresko Refektorium Franziskanerkloster S. Croce, Florenz; Fra Angelico, Diptychon für Kardinal Torquemada; Fenster Münster Freiburg/Br., Miserikordie, Dom Köln, Relief Tabernakel, Münster Ulm). Ferner erfreut sich seit dem 17. bis zur Mitte des 19. Jh. der P.

besonderer Beliebtheit und weiter emblematischer Verbreitung.

Pentagramm (Drudenfuß) Eine aus zwei ineinander verschränkten gleichschenkeligen Dreiecken (ohne Basis) gebildete fünfeckige Figur (✡), ursprünglich in einem Zuge erfolgte Nachzeichnung des fünfzackigen → Sterns, zweifellos dem astronomischen Bereich entnommen und häufig mit magischer oder symbolischer Bedeutung versehen (→ Zahlensymbolik); besonders auch als böse Gewalten fesselndes Zauberzeichen schon sehr früh verwendet. Die Pythagoreer nannten es Pentalpha (durch fünf Alpha gebildet), verwendeten es als Zeichen für Gesundheit an Leib und Seele und setzten es daher gern an den Beginn ihrer Briefe. Es fand häufige Darstellung auf griechischen und syrischen Münzen und erhielt eine hohe Bedeutung auch bei den verschiedenen gnostischen Sekten. Noch im Mittelalter wurde es als apotropäische Zauberformel gebraucht (vgl. die Beschwörungsszene in Goethes »Faust«, 1. Teil) und war noch lange Zeit als Abzeichen geheimer Gesellschaften im Schwange. Der Name »Drudenfuß« bezieht sich auf seine schützende Kraft gegenüber Hexen oder Druden.

Perle Die P., wegen ihrer Schönheit als Schmuck seit alters weit verbreitet, findet sich auf zahlreichen antiken Kunstwerken und ebenso auf christlichen Fresken, Mosaiken, Skulpturen usw. Ihre Kostbarkeit hat sie zum Symbol Christi erhoben. Als solches wird sie zuerst in der Lehre der Gnostiker, dann auch in Predigten der Kirchenväter (vor allem des Syrers Ephräm) erwähnt. Weiterhin ist sie das Symbol der Erleuchtung und der geistlichen Wiedergeburt sowie Sinnbild der unbefleckten Empfängnis Marias, da man annahm, die Muschel, obwohl im Wasser lebend, empfange doch unberührt vom Wasser die Perle durch himmlischen Einfluß bzw., aus dem Meer emporsteigend, durch einen Tau vom Himmel. Die kostbare P. konnte Martyrium und Jungfräulichkeit als hervorragende Wege zur Heiligkeit symbolisieren. Die zwölf P.n, die die Tore der himmlischen → Stadt Jerusalem bilden (Offb. Joh. 21, 21), entzogen sich zwar der maßstäblichen Abbildbarkeit, trugen aber ebenfalls zur theologischen Hochschätzung der Perlensymbolik bei. Eine Perlenkette (vgl. auch den in vielen Religionen verbreiteten → Rosenkranz) symbolisiert die kosmische Einheit des Vielen sowie die Integration verschiedener Elemente eines Wesens in der Einheit der Person.

Pfau Bevor der P. ein Symbol der Eitelkeit wurde, war er vor allem wegen seines Radschweifes ein Sonnensymbol, im Fernen Osten wie in Griechenland, wo er der Juno heilig war. Auch in der frühen christlichen Tradition finden sich Anspielungen auf das Sonnenrad und auf den Sternenhimmel, an die der ausgefächerte Schwanz des P. erinnert. Doch hat sich eine andere Symbolbedeutung stärker durchgesetzt. Nach der Schilderung des älteren Plinius verliert der P. im Herbst alle Federn und erhält sie im Frühjahr wieder. Hier erblickten die Christen ein Symbol der Auferstehung des Leibes. Dazu kam die Erklärung des Kirchenvaters Augustinus, daß das Fleisch des P. unverweslich sei. In diesem doppelten Bezug stehen die überaus zahlreichen Darstellungen des P. auf Katakombenfresken, Sarkophagen (besonders bemerkenswert der des Theodor in S. Apollinare in Classe, Ravenna), auf Reliefplatten, Grabstelen, Epitaphien, Mosaiken. Häufig trinken zwei einander gegenübergestellte P.n aus dem eucharistischen → Kelch oder dem das Lebenswasser symbolisierenden Gefäß. Den gleichen Sinnbezug haben Zusammenstellungen von P.n und → Palmbäumen. Zwei der schönsten P.n der frühchristlichen Kunst befinden sich auf einem Ornamentalfries der Kathedra des Maximian in Ravenna und auf einem Fußbodenmosaik in der Theodorbasilika in Aquileja (4. Jh.). Die byzantinische Kunst hat das Pfauensymbol stilisiert weiterentwickelt. – Der Legende zufolge hat ein P. dem hl. Liborius den Weg nach Paderborn gewiesen; daher taucht er auf Bildern dieses Heiligen auf.

Pfeil 1. P. und Bogen haben aus hebräischen wie griechischen Sprachtraditionen einen symbolischen Wert, der beim Bogen auf »Lebensimpuls, Lebensantrieb« deutet, beim P. auf den Sonnenstrahl wie auf das phallische Fruchtbarkeitssymbol. Deshalb gehört der Bogenschütze der romanischen Kunst weithin dem Bereich der Sinnlichkeit, der Wollust an und begegnet darum nicht selten zusammen mit dem Hahn, dem Fisch, der Sirene usw. In diesem Sinne kann er Beute der Dämonen sein. Es gehört jedoch zur symbolischen Dialektik, daß er auch, im Zusammenhang mit bestimmten biblischen Texten, positiver erscheint, besonders wenn er als pfeilschießender Kentaur bei der Jagd auf ein konkretes Gegenüber, meist einen Hirsch, dargestellt wird. Dann kann er nach Hiob 6, 4; Jes. 49, 2; Sach. 9, 13 f. ein Bild für Gott selbst sein. Diese starke Bezeugung Gottes als des Bogenschützen hat sich z. B. in Brinay zum Bild gestaltet, noch deutlicher in Miniaturen des 12. Jh., wo Gott Adam und Eva mit Pfeilschüssen aus dem Paradies vertreibt, wie einst, nach der Ilias, Apollon die Griechen verfolgte. Nach Offbg. Joh. 6, 8 wird auch der auf einem fahlen Pferd reitende Tod mit

P. und Bogen dargestellt. – 2. Einen P. als Attribut tragen die Heiligen Edmund, Otto, Sebastian, Ursula, Philomena, Kosmas und Damian, Willibald. Ein P., der das Herz durchbohrt, kann sowohl auf Augustinus wie auf Teresa v. Avila weisen.

Pferd Das P., in alten Kulturen des Ostens und Westens mit einer sehr tiefsinnigen, oft chthonischen Symbolik verbunden, wird allmählich ein Sonnensymbol. P.e ziehen den Sonnenwagen, der auch der Wagen Apollons ist. Wie Mithras im Sonnenwagen zum Himmel emporsteigt, erhebt sich Elia auf feurigem Wagen, der von P.n gezogen wird, zum Himmel (2. Kön. 2, 11 f.). Zum ausgesprochenen Sinnbild der Majestät wird das sonnenbezogene strahlende weiße P. der Apokalypse; sein Reiter ist der, der »Treu und Wahrhaftig« heißt, Christus (Offb. Joh. 6, 2; 19, 11. 15), den das Heer des Himmels auf weißen P.n begleitet. Diese Szenen sind oft dargestellt worden. In der Kathedrale von Auxerre thront Christus in der Mitte eines Freskos auf einem weißen P., das Zepter der Macht über die Völker in der Hand, während ihn in den vier Ecken Engel auf P.n eskortieren. Auf einem Fresko in der Krypta der Kirche Notre Dame de Montmorillon/Frankreich ist das Lamm durch ein P. mit Kreuznimbus ersetzt. Das weist auf die Gepflogenheit der frühen Christen zurück, das P. als Symbol der Freude und des endgültigen Sieges besonders auf den Gräbern von Märtyrern abzubilden. P. und → Palme, P. und → Christusmonogramm figurieren zusammen auf Epitaphien in Rom, in Trier, in Arles und auf Sardinien. P.e ohne und mit Reiter erscheinen auf Katakombenfresken (S. Callisto, S. Domitilla, Rom), ebenso auf afrikanischen Lampen. Diese volkstümliche Hochschätzung steht in einem interessanten Widerspruch zu der Auffassung der Kirchenväter, das P. werfe aus Hochmut den Kopf auf (Augustinus); sobald es eine Frau sehe, wiehere es vor Begierde (Hieronymus); unter dem P. symbolisiere die Heilige Schrift gleichzeitig die Wollust, den Hochmut, die Welt, die guten Vorsätze und die unerschrockenen Prediger (Gregor der Große). Alte Auslegungen deuten die demonstrativ von Christus abgewandten P.e auf Darstellungen der Kreuzigung als Hinweis auf das Verharren im Unglauben. – Bei Darstellungen der Erdteile erscheint das P. als Symbol Europas. Heilige Jäger und Soldaten werden nicht selten zu P. abgebildet, z. B. Chrysogonus, Kaiser Konstantin (im Mittelalter hielt man das Reiterstandbild Marc Aurels auf dem Kapitol für eine Statue Konstantins), Eligius, Eustachius (auf der Jagd), Georg (im Kampf gegen den Drachen oder die Sarazenen), Hubertus (Schutzpatron der Jäger), Longinus (am Fuß des Kreuzes), Martin (seinen Mantel zerteilend), Merkurius, Sekundus, Theodor, Wendelin. Vom P. stürzt Paulus vor Damaskus (Apg. 9, 1 ff.).

Pfingstrose Als »Rose ohne Dorn« → Mariensymbol, begegnet die P. daher auf zahlreichen Madonnenbildern (□ Albrecht Dürer, Madonna mit den vielen Tieren; Meister des Paradiesgärtleins, Städel-Institut Frankfurt).

Pflug Der P., von zwei Engeln gezogen, ist das Attribut des hl. Landmanns Isidor, dem, als er für seinen strengen Herrn ein steinhartes Feld pflügen sollte, ein Engel mit einem Gespann schneeweißer Rinder zu Hilfe kam. Der hl. Gentius (Gens) spannte einen Ochsen und einen Wolf zusammen vor seinen P., der hl. Kontigern tat dasselbe mit einem Wolf und einem Hirsch; Ecianus pflügte überhaupt mit Hirschen, Jakobus v. Tarentaise mit Bären.

Pflugschar Attribut (□ Kunigundenaltar, Dom Merseburg, und Chorgestühl Stephansdom Wien) der heiliggesprochenen deutschen Kaiserin Kunigunde, die, um sich ihrem Gatten Heinrich II. gegenüber vom Verdacht des Ehebruchs zu reinigen, im Rahmen eines Gottesurteils mit bloßen Füßen über glühend gemachte P.n schritt (□ die Zyklen der Augsburger Schule, um 1500, Bayer. Nationalmuseum München, und das Relief von Tilman Riemenschneider, 1499–1513, auf dem Grabmal für Heinrich und Kunigunde, Dom Bamberg).

Pforte → Tor.

Phönix Dieser mythische Vogel von Adlergröße und Kranichgestalt mit langen Hinterkopffedern und gold- und rotem oder vierfarbenem Gefieder stammt nach verbreiteten antiken Vorstellungen (vgl. Herodot, Tacitus, Klemens Romanus) aus Arabien oder Indien, fliegt, wenn er fünfhundert Jahre alt geworden ist, über den Libanon, in dessen Wäldern er wohlriechende Kräuter (Myrrhe) sammelt, nach Heliopolis in Ägypten, wo er sich in einem Nest der mitgebrachten Kräuter auf dem Opferaltar verbrennt. Nach drei Tagen ersteht er neu aus der Asche und fliegt in sein Ursprungsland zurück. Er ist im übrigen unverwundbar und nimmt keine gewöhnliche Nahrung. Dieses Symbol der Dauerhaftigkeit, Ewigkeit und steten Erneuerung (zugleich → Sonnensymbol auf Grund seiner strahlenden Schönheit und Geburt ohne Zeugung; daher die Verbindung mit

Heliopolis) wird häufig auf kaiserlichen Münzen (Faustina, Constantius II.) wie auf Bodenmosaiken (□ Antiochia, Piazza Armerina) abgebildet, nicht selten mit Strahlennimbus (→ Nimbus), häufig auch zusammen mit einem → Baum (= Lebensbaum). Laktanz wird eine Dichtung »De ave Phoenice« zugeschrieben, die die alte Symbolik aufnimmt. Die Kirchenväter verstanden den P. als Bild der Unsterblichkeit der menschlichen Seele, ferner infolge der Umstände seines Todes und seiner Erneuerung als Christussymbol. In der christlichen Kunst begegnet er daher (nicht selten mit Nimbus) auf Epitaphien, Mosaiken (Aquileja/Norditalien; Thiers/Frankreich; Louvre, Paris; Apsismosaik SS. Cosma e Damiano – auf einer Palme als Paradiesvogel zur Rechten Christi; S. Prassede; S. Cecilia, S. Agnese, alle Rom; S. Giovanni, Neapel), Sarkophagen (Lateran), Fresken (Katakombe S. Priscilla, Rom, als Zeugnis des ewigen Lebens) und Goldgläsern. Er erscheint auf Darstellungen der Traditio legis (Grottaferrata) und bei der Himmelfahrt Christi (Hagh. Gheorghios, Thessaloniki, um 400). Die mittelalterliche Kunst stellt ihn (□ St. Lorenz, Nürnberg) mit dem Pelikan zusammen. Das späte Apsismosaik in S. Giovanni in Laterano, Rom, zeigt ihn auf einer Palme in der Himmelsstadt am Paradieshügel unter dem Kreuz. Eine Darstellung des 13. Jh. findet sich im christologischen Fries des Straßburger Münsters, eine des 14. Jh. im Portal von St. Lorenz, Nürnberg. → Goldfasan.

Pilger (von lat. peregrinus, d. i. Fremder), Wallfahrer nach ferngelegenen heiligen Orten, im christlichen Bereich zunächst vor allem nach Palästina, später auch zu zahlreichen anderen Zielen volkstümlicher Frömmigkeit. Eine Wallfahrt symbolisierte zugleich den Weg ins verlorene und neu geschenkte Paradies. Das Pilgerkleid war sehr schlicht, aus grobem braunem oder grauem Stoff, der Pilgerhut mit breitem Rand mit Muscheln gekennzeichnet, der Pilgerstab lang und oben mit einem Knopf, unten mit einer Spitze, an der Seite mit einer Kugel versehen; die Pilgerflasche war ein ausgehöhlter Kürbis. Viele Heilige werden im Pilgergewand dargestellt; neben dem Erzengel Raphael als dem Reisebegleiter des jungen Tobias: Alexius, Bovo, Koloman, Jakobus d. Ä. (maior), Julian der Gastfreundliche, Rochus, Sebaldus von Nürnberg, Brigitta v. Schweden, Savina v. Troyes. – Die spanische Frömmigkeit der Gegenreformation schuf in Parallele zu Christus mit dem Pilgerstab den Typ der Maria als göttlicher Pilgerin mit Muschelhut, offenbar unter dem Einfluß der Wallfahrten nach Santiago de Compostela, in dessen Nähe (z. B. Pontevedra) sich zahlreiche Beispiele befinden.

Pinie, Pinienzapfen Ein altes Symbol der Fruchtbarkeit, der Auferstehung und der Unsterblichkeit, besonders im Fernen Osten und im Isiskult beheimatet, aber auch in den Kulten des Dionysos und der Kybele üblich, in der christlichen Kunst, vor allem der Romanik, vorwiegend in Gestalt des → Thyrsusstabes verbreitet. Die Krönung von Brunnen durch Pinienzapfen ist orientalischen Ursprungs und wurde vom Christentum unter dem Gesichtspunkt der Frucht des Lebensbaumes (→ Baum) übernommen. Ein aus Konia stammendes und im Archäologischen Museum zu Istanbul aufbewahrtes, etwas grobes Relief des 8./9. Jh. zeigt einen bärtigen Mann mit Mondgesicht, zwei einander gegenüber gestellte Hasen und in der Mitte einen Pinienzapfen zwischen anderen Pflanzen. Es handelt sich um ein Symbol der menschlichen Gebrechlichkeit, die des Trinkens aus der Lebensquelle bedarf. Ähnliche symbolische Bedeutung haben Steinplatten des 5./6. Jh. (Lebensbrunnen mit Pinienzapfen, Hirsch und zwei Pfauen) und des 12./13. Jh. (Lebensbaum mit Pinienzapfenkrönung und sechs Pfauen) im Kaiser-Friedrich-Museum Berlin. Pinienbrunnen sind im Vatikan (Belvederehof = giardino del pigno) und in Aachen erhalten. Die Symbolverbindung Pinienzapfen-Lebensbaum begegnet auch auf einem Mosaik im Lateran-Baptisterium. Als Abschlußelement, ähnlich wie auf antiken Rundtempeln, dient ein Pinienzapfen dem Rathausgiebel in Augsburg.

Posaune Biblisch (hebr. schofar): Signalinstrument zur Sammlung des Heeres im Krieg, zur Verkündigung einer Gefahr durch den Wächter, zur Bekanntmachung der Thronbesteigung eines Königs oder beim Beginn eines neuen Jahres, besonders des Halljahres (Ri. 3, 27; 1. Sam. 13, 3 ff.; Amos 3, 6; Jer. 6, 1. 17; 2. Sam. 15, 10; 1. Kön. 1, 34. 39. 41; 3. Mose 23, 24; 4. Mose 29, 1; 3. Mose 25, 9). Totenauferweckung (1. Kor. 15, 52), Entrückung der Gemeinde (1. Thess. 4, 16), Gericht der Drangsalszeit (Offbg. Joh. 8, 2; 11, 15) und Sammlung der Auserwählten des Gottesvolkes nach der großen Drangsal (Matth. 24, 31) werden von verschiedenen Posaunentönen begleitet werden; daher die häufige Darstellung dieses Musikinstruments auf → Endgerichtsbildern.

Prophet Im griechischen Wortsinn wie im biblischen Sprachgebrauch nicht so sehr Vorhersager der Zukunft als vielmehr Organ und Sprachrohr, Heraussager und Interpret göttlicher Offenbarung. Neben den Erzvätern und den israelitischen Königen die Hauptvertreter des Alten Bundes, treten die P.n in typologische Beziehung zu den Aposteln. Auf einem Fenster der Kath. Chartres tragen die vier großen P.n (Jesaja, Jeremia, Ezechiel, Daniel) die vier Evangelisten auf den Schultern; am Fürstenportal des Bamberger Domes dienen die Statuen der zwölf kleinen P.n (Hosea, Joel, Amos, Obadja, Jona, Micha, Nahum, Habakuk, Zephanja, Haggai, Sacharia, Maleachi) als Postament für die zwölf Apostel. Lange Zeit hat man die P.n kollektiv gleich dargestellt, später gab man ihnen individuellere Züge, meist unter Bezug auf bestimmte Angaben in ihren Texten, aber auch durch willkürlichen symbolischen Bezug auf die vier Temperamente (Jesaja der Choleriker, Jeremia der Melancholiker, Ezechiel der Sanguiniker, Daniel der Phlegmatiker) oder die vier Altersstufen des Menschen (Daniel als der Jüngling, Jesaja als der Mann in der Blüte der Jahre, Ezechiel an der Stufe des Alters, Jeremia als hinwelkender Greis). Nicht alle P.n haben feststehende Attribute; doch sind zu nennen: bei Jesaja die Säge, Jeremia die Rute, Ezechiel ein Tor mit Türmen, Daniel eine phrygische Mütze und zwei Löwen, Joel ein Löwe, Amos Hirtenstab und Schaf (Amos 1, 1), Obadja Wasserkrug mit Brot (1. Kön. 18, 4), Jona der Walfisch, Nahum Bergspitzen, über die er schreitet (Nah. 2, 1), Sacharia der Bau des Tempels, Maleachi ein Engel (Mal. 3, 1). Die übrigen sind meist nur an der Form des Bartes und auf Grund von Inschriften zu erkennen. – Prophetenzyklen begegnen vor allem in der byzantinischen Kunst (□ Baptisterien 11. Jh., Ravenna und Florenz; Mosaiken 12. Jh. in der Cappella Palatina und der Martorana in Palermo, Dom Monreale und in der Kuppel von S. Marco, Venedig; Fresken 12. Jh., S. Angelo in Formis), auf Portalen in Amiens, Chartres, Reims, Straßburg, Fenstern von Bourges, Chorgestühl von Nicola und Giovanni Pisano im Baptisterium und Dom von Pisa, Fresken von Matteo Giovanni, 14. Jh., im Papstpalast Avignon, von Pinturicchio, 15. Jh., in den Appartements Borgia, Vatikan, und Michelangelo, 16. Jh., in der Sixtinischen Kapelle. Berühmt wurde der Prophetenbrunnen von Claus Sluter in Dijon (15. Jh.). Häufig werden die P.n auch den → Sibyllen gegenübergestellt. Zu den P.n, von denen keine Schriften vorliegen, werden gerechnet → Elia, → Elisa und → Johannes der Täufer. – → Apostelreihe.

Putten → Eroten.

Q

Quelle Bei den Griechen sind die Q.n weibliche Gottheiten, die man als Spenderinnen der Fruchtbarkeit, als Heilgöttinnen, göttliche Kinderammen und als Schutzgottheiten der Ehe verehrte. Auch in Italien und bei den Germanen war der Kult der Q.n weit verbreitet. Die Bibel sieht in ihnen das Symbol des ewigen, nie versiegenden Lebens, aber auch der Wiedergeburt; die vier Paradiesströme fließen im irdischen Paradies (1. Mose 2, 10) aus einer segenbringenden Quelle; entsprechend kennt die eschatologische Bilderwelt der Offbg. Joh. (22, 1) den Urquell ewigen Lebens im Bereich des neuen Himmels, der himmlischen → Stadt Jerusalem. Auf einem Gemälde Jan van Eycks (Prado, Madrid) entspringt diese Q. ewigen Lebens unter dem von Propheten und Aposteln umgebenen → Christus in Majestät, dem das Lamm zu Füßen liegt; im Quellwasser treiben Hostien in ein Becken hinein, an dem die ganze Christenheit kniet, repräsentiert durch Papst und Kaiser, Geistliche und Laien. Hier ist der Bezug auf das Christuswort vom Wasser des Lebens (Joh. 4, 14) ausgemalt. Dieses Quellmotiv kehrt auf dem Genter Altar der Brüder van Eyck (St. Bavo, Gent) wieder, wo der himmlische Quell sich in sieben Strahlen, d. h. sieben Geister Gottes und Gaben des Heiligen Geistes, zerteilt. Im Rahmen dieser Symbolik ist schon auf Katakombenfresken und Sarkophagreliefs das Quellwunder des Mose in der Wüste a) als Vorausbild der Seitenwunde Christi und damit seines welterlösenden Blutvergießens, b) als Symbol der Q. ewigen, eschatologischen Lebens und damit zugleich als Zeichen der Taufe verstanden. – → Wasser.

R

Rabe Der R. hat, wohl im Zusammenhang mit seiner Farbe, seinem durchdringenden Schrei und der Tatsache, daß er sich von Aas nährt, einen bis in den Fernen Osten verbreiteten schlechten Ruf als Unglücksbringer, ja als Bote des Todes. Dabei gilt er als schlau und findig. In diesem Sinn erscheint er in der Sintfluterzählung der Genesis (1. Mose 8, 7) und auf Darstellungen dieser Erzählung in der christlichen Kunst. Schon frühe Reliefs (□ auf einem Sarkophag in Trier) zeigen ihn entweder in dem Augenblick, wo er die Arche verläßt, oder vor der Arche oder auf Kadavern, die aus der Flut herausragen. Daß er nicht in die Arche zurückkehrt, hat ihm bei den Kirchenvätern manchen Tadel eingetragen: er ist der Dämon, der Heide, der Sünder, der sich dem Vergnügen dieser Welt ausliefert und seine Bekehrung auf morgen verschiebt (Er ruft ja auch immer: »Cras, cras! Morgen, morgen!«). Insofern er sich von Kadavern nährt, ist er das Bild des Schamlosen, Sinnenverhafteten, Unreinen, Pietätlosen. Diese Deutung steht im Hintergrund von Darstellungen auf Mosaiken in Venedig und Monreale, aber auch der »Flucht nach Ägypten« von Lukas Cranach; da nehmen kleine Engelbuben ein Rabennest aus. – Als positives Symbol und Bote Gottes dagegen erscheint der R. bei zwei Speisungen, die er vermittelt: a) Brot und Fleisch für den Propheten Elia in der Wüste (1. Kön. 17, 6); b) Brot vom Himmel für die Eremiten Antonius und Paulus in der Felswüste am Roten Meer (□ Mathis Nithart Grünewald, Isenheimer Altar, Mus. Colmar). – Als Heiligenattribut begegnet der R. bei Apollinaris, Benedikt, Bonifatius, Oswald und Ida v. Toggenburg. Zwei R.n auf Bildern des hl. Meinrad erinnern daran, daß seinen beiden gezähmten R.n die Auffindung seiner Leiche verdankt wurde. Ein Rabenschwarm verteidigte den Leichnam des hl. Vinzenz gegen Raubvögel und Raubtiere.

Rad Im R. ist der → Kreis anwesend, aber es ist nicht so vollkommen wie dieser, denn die Bewegung des R. bedeutet erst Weg in die Vollkommenheit, Weg in die Zukunft, Ortsveränderung, Befreiung von örtlicher Festlegung; darum symbolisiert das R.: Zyklus, Wiederbeginn, Erneuerung. Die Welt ist wie ein R. in einem R., eine Kugel in einer Kugel (Nikolaus von Kues). Das R. ist ein Sonnensymbol (wie noch die Sitte der Feuerräder zur Sonnenwende beweist). Das scheint in Daniels Beschreibung seiner Vision von der Aufrichtung des messianischen Reiches (7, 9ff.) durch, wenn der Stuhl des »Alten«, dessen Haar und Kleidung schneeweiß sind, als »lauter Feuerflammen in Rädern, die von Feuer brannten«, beschrieben wird. So erblickte auch bereits Ezechiel (1, 4ff.) das Feuer an den Flügelrädern der Cherubim. Die christliche Kunst hat, selten mit Erfolg, versucht, diese Theophanie festzuhalten (Fresken in Baouit/Ägypten und Göreme/Kappadokien, Batschkovo/Bulgarien und Lesnovo/Jugoslawien; Gemälde von Raffael, 1510, Galleria Pitti, Florenz). Das R. bedeutet hier den Ablauf, das Entrollen der göttlichen Offenbarung; zugleich drückt es, zusammen mit den → Augen auf den Körpern und Flügeln der Cherubim, die Allwissenheit und Allgegenwart Gottes aus. Die mittlere → Rose in der Kathedralfassade des Mittelalters hieß rota, Rad. Nicht selten ist die Zentrierung dieser Rose – und damit zugleich des Zeitenlaufes und der Heilsgeschichte – um das Bild Christi (□ Dom Orvieto, Dom Münster/Westf., ferner: Siegel der ungar. Stadt Tyrnau, 13. Jh.). – Besonderer Erwähnung bedarf das in der mittelalterlichen Kunst als Symbol des Schicksals im Geschick der Menschen abgebildete Glücksrad. An seinem Kranz sind menschliche Gestalten zu sehen, die, der Umdrehung des R. folgend, abwechselnd auf und nieder steigen. (□ a) Skulpturen: Querschiff 12. Jh., Münster Basel; Rose 12. Jh., Kath. Trient; Südseite Kath. Amiens, 13. Jh., Kath. Lausanne, 13. Jh., St. Etienne, Beauvais, 13. Jh. b) Malereien: Fresko 14. Jh., Schloß Alcaniz b. Teruel/Aragon.) Das Malerhandbuch vom Berg Athos beschreibt genau, wie dieses R. auszusehen habe: Es besteht aus konzentrischen Kreisen, deren Untergliederung teils allegorische Figuren, teils graphische Zeichen der Welt, der Jahreszeiten, der zwölf Monate mit den Tierkreiszeichen und der sieben Lebensalter repräsentiert. Tag und Nacht in Gestalt zweier Flügelwesen setzen das R. mit Hilfe von Stricken in Bewegung. Älter ist die zweifellos der Antike entstammende Darstellung eines nackten Jünglings, der sich auf zwei geflügelten R.n fortbewegt: Sinnbild nicht nur des flüchtigen Lebens, sondern auch des entscheidungsgefüllten Augenblicks, des Kairos (□ auf einem koptischen Relief, Koptisches Museum Kairo, und auf einer Chorschranke des Domes von Torcello). Manchmal ist auch → Fortuna selbst dargestellt, die kühl und unbeteiligt das R. in Bewegung hält (□ Fassade S. Zeno, Verona, 12. Jh.). Auch hier ist das Sonnensymbol erkennbar, das R. der Geburten und Tode, die mit der Bewegung des Kosmos aufeinander folgen. »Das menschliche Leben rollt unbeständig wie die Sprosse eines Wagenrades« (Anakreon). Dieses R. des »Zufalls« ist aber zugleich auch das Zeichen einer gewissen immanenten Gerechtigkeit. – Ein senkrecht stehendes R. weist als Attribut auf die Heiligen: Papst Anicetus, Willegis v. Mainz, Katharina, ein zerbrochenes Zackenrad auf Augusta v. Treviso, Katharina v. Alexandria, Euphemia. – Ein R. auf Paradiesesdarstellungen ist das Zeichen des Cherub (→ Engel), der die verschlossene Pforte bewacht.

Ratten R. auf Heiligendarstellungen können weisen 1. auf die gelähmte hl. Fina v. San Gimignano, der die R. ein Ohr abgenagt haben sollen, 2. auf die hl. Gertrud von Nivelles, die gegen Rattenplagen angerufen wird.

Rechen Marterinstrument und Attribut des hl. Blasius, ferner Tätigkeitsemblem der Heiligen Fredianus v. Lucca und Notburga.

Refrigerium (wörtl. Abkühlung, Erfrischung, Erleichterung drückender Not, Ausspannen, Ruhe, Seelenfrieden), begegnet häufig als Fürbittenformel auf frühchristlichen Grabinschriften, mit dem Ziel, die Verstorbenen zur Erfrischung nach aller Mühsal am himmlischen Gastmahl teilnehmen zu lassen. Diese Fürbitte, bei der zweifellos auch gnostische Jenseitsvorstellungen mitwirkten, beruht auf der orientalischen, christlich-jüdischen Vorstellung von den lebendigen Wasserströmen, an denen sich die Seligen laben. Ein ursprünglich sehr sinnenhaftes Bild vertieft sich zum Symbol für das vollkommenste Glück der Erlösung, das der Mensch erhoffen darf: himmlische Ruhe, Friede und Seligkeit. Neben diese vor allem spirituelle Refrigeriumsvorstellung tritt die konkretere, realistischere von der Labung durch Speise und Trank, speziell des gestifteten Totengedächtnismahles, bei dem auch Arme gespeist wurden. Entsprechende Darstellungen von Totenmählern finden sich auf zahlreichen Katakombenfresken, □ in SS. Pietro e Marcellino, Rom. Man hat auch das sehr häufig anzutreffende → Gefäß, aus dem frische Zweige herauswachsen und an dem Vögel (→ Tauben oder → Pfauen) trinken, immer wieder als Symbol dieses R. verstanden.

Regenbogen Diese farbige bogenförmige Lichterscheinung, die die Erde mit dem Himmel zu verbinden scheint, gilt den Germanen als Verbindungsbrücke der Götter zur Erde. In der griechisch-römischen Mythologie ist Iris die Göttin des R., eine Botin der Götter, besonders der Juno. Die Bibel betont mehr den Zeichen- und Botschaftscharakter als den Gesichtspunkt der Brücke. Nach 1. Mose 9, 11 ff. ist der R. das Garantiezeichen Gottes an Noah, daß die Erde von keiner Sintflut mehr heimgesucht werden wird und die richtige Abfolge von Sommer und Winter, Saat und Ernte, Tag und Nacht gewährleistet ist. Die frühchristliche Kunst läßt Christus auf dem Schleier des Himmelsgottes thronen (□ Junius-Bassus-Sarkophag, Rom). Von da bot sich auch der R. für Gott oder Christus an (vgl. besonders → Endgerichtsbilder und → Christus in Majestät), der in Offb. Joh. 4, 3 erwähnt ist und sich auf Ez. 1, 28 rückbezieht.

Er weist entweder auf die bleibende Bundestreue Gottes oder auf einen neuen Bund für den neuen Himmel und die neue Erde hin. Das letztere ist offenbar dort gemeint, wo auf spätmittelalterlichen deutschen Bildern des Endgerichts (auch in Armenbibeln) Christus auf zwei R. zugleich thront: er sitzt auf dem einen und hat die Füße auf den andern gestützt. Die Symbolik der Regenbogenfarben hängt nach Gottfried v. Viterbo mit dieser Gerichtsvorstellung zusammen: Blau = Sintflut, Rot = künftiger Weltbrand, Grün = neue Erde. Doch werden diese drei Hauptfarben auch als → Dreifaltigkeitssymbol gedeutet, während bei sieben Farben an die sieben Geister Gottes (Gaben des Heiligen Geistes) und an die sieben Sakramente zu denken ist. Der R. ist zugleich Sinnbild Marias, die in altkirchlichen Hymnen als arcus pulcher aetheri (schöner Bogen des Himmels, mit Wortspiel arcus-arca = Bogen-Arche) akklamiert wird.

Reiher Da er nach Plinius im Schmerz Tränen zu vergießen vermag, und auf Grund seines grauen Gefieders wird er als Bild der Buße betrachtet und gilt auch als Symbol des in Gethsemane trauernden → Christus. Auch als Schlangenvertilger ist er ein Christussymbol. Ein R. mit einem weißen Stein im Schnabel bedeutet Schweigsamkeit (vgl. auch einen R., der dem Kritiker die Nase zuhält, um ihn zum Schweigen zu bringen, im Chorgestühl des Klosters Altsassen). Nach Jer. 8, 7 gehört er zu den »gerechten Vögeln«.

Reiter Die ausdrucksvollsten R., die die christliche Kunst dargestellt hat, sind die vier R. der Offb. Joh. (6, 1–8). Ihre Beschreibung speist sich aus den Visionen Ezechiels und Sacharias. Der R. auf dem weißen Pferd wird in der christlichen Symbolik für Christus selbst gehalten. Man hat in ihm auch eine Verkörperung des triumphierenden Wortes Gottes gesehen, das sich bis zu den Enden der Erde und der Zeiten ausbreitet. Der R. auf dem feuerroten Pferd ist der Krieg, der auf dem schwarzen Pferd mit der Waage in der Hand der Hunger, der letzte auf einem grünlichen die Pest. Diese unheilbringenden R. verkörpern die Strafgerichte, die am Tag Gottes über die leichtfertig dahinlebende Menschheit ergehen werden. Die apokalyptischen Bilder von Dürer bis Rethel und Cornelius nehmen ein in byzantinischen Endgerichtsvisionen viel behandeltes Thema auf. Auf einem Fresko im Pauluskloster (Rote Felswüste Ägyptens) sieht man die Könige der Völker auf Pferden heranziehen, eine Vision, die an die Anbetung der als Könige verstandenen Magier aus dem Osten (Matth. 2, 1–12) anknüpft. Weitere □ der Apokalyptischen Reiter: Grab des hl. Albert, 12. Jh.,

Pontida/Lombardei; Endgerichtsportale 13. Jh. in Amiens u. Notre Dame, Paris; Apokalypseteppich von Angers, 14. Jh.; Fensterrose 15. Jh., Ste. Chapelle, Paris; Fenster 1529, St. Florentin/Burgund; Grab des Bischofs Jean de Langeac, 1544, Kath. Limoges; Fenster 1606, St. Martin-des-Vignes, Troyes. – Zum Zeichen des Sieges über die widergöttlichen Gewalten erscheint am Ende des apokalyptischen Kampfes der Reiter auf dem weißen Pferd, König der Könige und Herr der Herren (Offb. Joh. 19, 11 ff.), identifiziert mit Christus. □ Teppich Angers, 14. Jh.; Fensterrose 15. Jh., Ste. Chapelle, Paris; Fresko 16. Jh., Trapeza Kloster Dionysiou/Athos. → Pferd.

Ring Der R. bezeichnet ein Band, eine Verbindung. Er ist Zeichen eines Bundes, eines Gelübdes, einer Gemeinschaft, eines gemeinsamen Geschickes, infolge seiner Ganzform ohne Anfang und Ende, also von ewigwährender Dauer. Das Recht, öffentlich einen R. zu tragen, und später: einen R. von einem bestimmten Metall zu tragen, ist im klassischen wie im späten Rom nicht selbstverständlich. Der – ursprünglich eiserne – von den Griechen bei den Römern eingeführte R. stellte eine individuelle Ehrung für Verdienste um den Staat dar, vor allem solche militärischer Art. Später wurde der goldene R. von Senatoren und Rittern getragen, während der eiserne als Abzeichen niederen Standes erschien. Allmählich tauchte der Siegelring auf, der sich aus dem Verlobungsring entwickelt hatte; er bedeutete: Zusicherung, Beglaubigung; mit ihm markierte man die verschiedensten Besitztümer. Macrobius berichtet von zunehmend luxuriöser Ausstattung der R.e. Die frühen Christen trugen R.e mit den Symbolen des Fisches, des Ankers, der Taube. – Der Bischofsring geht vielleicht auf den Brauch zurück, der dem Jupiterpriester die Ehre des goldenen R. zugestand. Im Rahmen der Weihen, Inthronisationen und Krönungen hatte der R. für Bischöfe, Äbte und Äbtissinnen den symbolischen Sinn der Vermählung der Kirche oder des Klosters mit Christus durch den betreffenden Würdenträger, als Krönungsinsignie des Königs wies er auf dessen Vermählung mit seinem Lande hin. Als ältester Bischofsring wird der aus dem 4. Jh. stammende Pastoralring Arnulfs v. Metz angesehen, der auf einer Gemme das Bild einer Fischreuse mit zwei Fischlein aufweist. Der Fischerring, den allein der Papst trägt, zeigt das Bild des Petrus, der das Fischernetz in den Nachen zieht (gemäß Luk. 5, 4 ff.). Er wird dem Papst nach seiner Wahl überreicht und nach seinem Tode zerbrochen. – Drei ineinander verschlungene R.e sind → Dreifaltigkeitssymbole. – Als Attribut von Heiligen weist der R. in der Regel auf mystische Vermählungen mit Christus hin:

Katharina v. Alexandria, Katharina v. Siena, ein Ring im Schnabel eines Vogels auf den hl. Oswald, im Rachen eines Fisches auf Arnulf v. Metz oder Mungo v. Glasgow.

Ritterrüstung In der christlichen Bildkunst das Attribut alttestamentlicher Heerführer, Richter und Könige (z. B. Josuas und Gideons, aber zuweilen auch Abrahams, besonders bei der Begegnung mit Melchisedek), des Erzengels Michael (meistens im Kampf mit dem → Teufel, umgeben von anderen Engelscharen), des hl. Georg (im Kampf mit dem → Drachen) und der Heiligen Mauritius (des Anführers der Thebanischen Legion, die insgesamt aus Christen bestand und in der Nähe des Genfer Sees hingerichtet wurde, da sie das Götteropfer verweigerte), Gereon, Norbert, Wilhelm u. a. Auch die Kardinaltugend der Tapferkeit (fortitudo, → Tugenden) erscheint in R. Eine ins einzelne gehende christlich-symbolische Deutung der Rüstung erblickt im Schwert den Hinweis auf das Kreuz, in der Lanze: auf die Wahrheit (wegen ihrer Geradheit), im Helm: auf die Demut (weil er die Augen deckt und dazu zwingt, sie zu senken), im Harnisch: auf den Schutz gegen alle Laster, im Sporn: auf die Ehre, im Schild: auf die Pflicht, im Handschuh: auf die Sorge, nichts Schlechtes und Verbotenes zu berühren.

Rittersporn So benannt auf Grund des kleinen Sporns an der Blüte und Symbol ritterlicher Haltung und Treue, zugleich der hohen Würde der »hehren Frau« Maria. Daher sind auf dem Genter Altar der Brüder van Eyck Ritterspornblüten in die Krone Marias verflochten. Wegen seiner Heilkraft bei Augenleiden ist der R. auch der hl. Ottilie (Odilie) zugehörig.

Roland Eine monumentale mittelalterliche Ritterfigur mit Schwert, mit dem Namen des berühmtesten Paladins in der Tafelrunde Karls des Großen und vielleicht auch noch dem Anklang an den der fränkischen Rolandsage zugrunde liegenden Mythos von einem Sonnengott Hruodo, dessen Attribute Schwert und Horn waren, steht auf den Marktplätzen vieler Städte (z. B. Bremen, Wedel/Hostein) und wird als ein Rechtssymbol angesehen.

Rose In der Ikonographie der christlichen Mystik weist die R., wegen ihrer Schönheit, ihres Duftes und ihres Gestaltgeheimnisses von jeher hoch geschätzt und wegen ihrer vorwiegend roten Farbe das uralte Sinnbild der Liebe, entweder auf die Schale, die das Blut Christi auffängt, oder die Verwandlung der Tropfen dieses Blutes oder auf die Wunden Christi selbst. In diese Symbolik gehören die → Schale des Gral sowie die himmlische R. (rosa candida) der »Göttlichen Komödie« Dantes. Damit ist zugleich die mystische R. der Marienlitanei angesprochen. Im Mittelalter war die R. ausschließlich Attribut der Jungfrauen. Eine fünfblättrige R. im → Nimbus über Beichtstühlen ist ein Zeichen der Verschwiegenheit. – Die Fensterrosen romanischer und gotischer Kirchen stehen mit der astralen Kreissymbolik in Zusammenhang und gehen auf mesopotamische Vorbilder (M'schatta) sowie auf syrische und koptische Modelle (Sonnenrad, Kreis der Tugenden, Märtyrer- und Engelreigen) zurück. Nicht selten wollen sie auch an die platonische Sphärenharmonie erinnern: den himmlischen Kreislauf der Planeten oder der Tierkreiszeichen mit ihrem Einfluß auf das Leben des Menschen. Oft ist zugleich an Christus, die »Sonne der Gerechtigkeit«, zu denken. Große Bedeutung für die Anordnung gewann die Verbindung des griechischen → Kreuzes mit dem Schrägkreuz zu einer zehnteiligen Kreisform; überhaupt ist hier zum besseren Verständnis die → Zahlensymbolik heranzuziehen. – Andere Rosettenformen in Bauskulpturen (□ Portale von Moissac und Beaulieu), manchmal in achtfacher Wiederholung auf das ewige Leben hinweisend, entstammen ebenfalls der Astralsymbolik und repräsentieren die Planeten, unter in der mittelalterlichen Literatur deutlich ausgesprochenem Bezug auf das Psalmwort (19, 2): »Die Himmel erzählen die Ehre Gottes, und das Firmament verkündigt seiner Hände Werk.« Soweit Rosetten ein Christusmonogramm, das Zeichen der ewigen Sonne, umgeben, beschwören sie die Hoffnung auf das ewige Leben, die himmlische Stadt. – Als Heiligenattribut begegnet die R. u. a. bei Casilde v. Burgos, Dorothea, Elisabeth v. Thüringen/Ungarn, Elisabeth v. Portugal, Rosalia v. Palermo, Rosa v. Lima, Rosa v. Viterbo, Therese v. Lisieux. Die Legende von der Verwandlung von Broten in R.n wird in bezug sowohl auf die hl. Elisabeth wie auf Diego v. Alcalá erzählt. – → Rad. → Kreis.

Rosenkranz In verschiedenen Religionen verbreitete Form der Gebetshilfe in Gestalt aneinandergereihter Perlen; erhielt seinen Namen im christlichen Bereich von der Aneinanderreihung von Gebeten, die aufblühenden Rosen verglichen werden. Der »kleine R.« enthält dreiunddreißig kleine Perlen (nach der Zahl der Lebensjahre Christi) und fünf größere Perlen (mit Bezug auf die fünf Wunden Christi); jede kleine Perle bedeutet ein zu betendes Ave-Maria, jede größere ein zu betendes Vaterunser. Der »mittlere R.« zählt dreiundsechzig kleine (nach den angenommenen Lebensjahren Marias) und sieben große Perlen (nach den sieben Freuden bzw. Schmerzen Marias). Der »große R.« besteht aus hunderfünfzig (nach der Zahl der Psalmen) kleinen und fünfzehn großen Perlen, so daß auf zehn Ave-Maria ein Vaterunser folgt. Das Material kann Edelstein, Elfenbein, Holz, Glas, auch Kunststoff sein. In der christlichen Kunst wird der R. häufig → Maria in die Hand gegeben. Er umrahmt nicht selten auch Dreifaltigkeitsdarstellungen (□ in Nürnberg, Schwabach, Weilheim/Württ.). Dürers Rosenkranzmadonna trägt einen R. auf dem Haupt; italienische Renaissancemaler lassen Maria gern Rosen auf Märtyrer und andere Heilige herabstreuen. – Der R. ist Attribut der Heiligen Alanus de la Roche (der die Rosenkranzfrömmigkeit im Abendland ins Leben rief), Bonaventura, Dominikus, Jodokus, Wendelin, Alfons v. Liguori, Beatus v. Beatenberg, Isidor der Landmann, Ladislaus, Ludwig v. Gonzaga, Filippo Neri, Rochus, Katharina v. Siena, Luitgard, Rosa v. Lima.

Rost Wo ein Heiliger mit einem Feuerrost in der Hand dargestellt wird, handelt es sich um den Diakon Laurentius, dessen Martyrium (3. Jh.) auch auf zahlreichen Fresken und Tafelbildern besonders der Gotik und Renaissance festgehalten ist: Er erlitt den Tod des Verbrennens auf glühendem R. Die Tatsache dieses Martyriums ist durch älteste und zuverlässige Quellen bezeugt. Der berühmte Ausruf des gemarterten Laurentius: »Ich bin gar, du kannst mich umdrehen«, der auch als Ruf früher, in Phrygien gemarterter Christen überliefert und weit bekannt geworden ist, könnte ein auf Grund der Übereinstimmung der Hinrichtungsart von Laurentius selbst gewähltes Zitat sein. Dem von den Spaniern als Landsmann betrachteten und besonders geschätzten Heiligen gelobte Philipp II. in Seenot den Bau einer riesenhaften Kirche, die so viele Quartiere und Höfe haben sollte, wie der R. Quadrate. So entstand der Grundriß des riesigen Escorial. – Der R. ist ferner Attribut der Heiligen Gorgonius, Blandina und Fides.

Rüstung → Ritterrüstung.

Rute 1. Attribut des Mose und des Propheten Jeremia; 2. als blütentreibender Stab Attribut des Aaron und des hl. Josef. 3. Ein Rutenbündel, Instrument des römischen Strafvollzugs, weist auf die Geißelung Christi (an der Geißelsäule), auf die agrippinische Sibylle, die die Geißelung Jesu vorausgesagt hatte, ferner auf die Heiligen Benedikt, Mathurin und Bibiana. Es kann auch bei der Darstellung der sieben freien → Künste als Emblem der Grammatik auftreten, die man den Kindern mit Rutenhieben beibrachte.

S

Säge 1. Als Zimmermanns- und Holzhauersäge Attribut des hl. Josef sowie des hl. Alto v. Bayern (Gründer von Altomünster bei Augsburg); 2. als Marterinstrument Attribut des Propheten Jesaja sowie der Heiligen Simon, Judas, Euphemia, Fausta, Julitta.

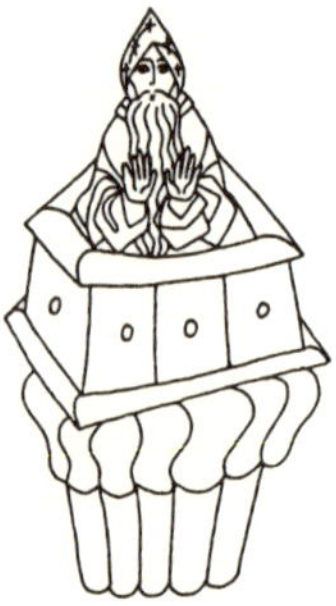

Säule Die S. war in der Antike normalerweise Stütze eines Gebäudes und Garant seiner Festigkeit. Die in der Kunst von Renaissance und Barock häufig dargestellte Zerstörung des Festhauses der Philister durch den wiedererstarkten Simson (Ri. 16, 25–30) geht von dieser Grundvorstellung aus. Gott hat die Macht, die S.n, auf denen die Welt ruht, die Stützen des Lebens, zu erschüttern und einzureißen (Hiob 9, 6), und wird dies im → Endgericht tun. Mit Basis und Kapitell symbolisiert die S. aber auch den → Baum des Lebens und die Achse der Welt. In der griechisch-römischen Zeit werden, ähnlich wie die dem Sonnengott geweihten ägyptischen Obelisken, Votiv- und Triumphsäulen ohne architektonische Aufgaben errichtet (□ Trajanssäule, Rom). Diese symbolisieren gleichzeitig die Verbindung zwischen Himmel und Erde. In der jüdischen und christlichen Tradition begegnet diese kosmisch-spirituelle Symbolik gleichfalls; vgl. die Feuer- und Wolkensäule, die das Volk Israel beim Zug durch die Wüste begleitet (2. Mose 13, 21 f.). Deswegen wird den S.n im Tempel und im Palast Salomos so besondere Aufmerksamkeit und Beschreibung zuteil (1. Kön. 7). Wenn ein Goldglas der vatikanischen Sammlung eine freistehende S. zwischen Petrus und Paulus, eine Gemme hingegen eine S. (mit Blätterbüschel, Gotteslamm in Aureole und → Christusmonogramm) zwischen zwei Lämmern zeigt, ist die S. wohl auf die Kirche zu deuten. – Wenn, wie auf Ikonen der Ostkirche oft dargestellt, Simeon Stylites und andere Heilige (Alypius, Daniel) ihr Leben auf S.n verbringen, dann nicht nur zum Zwecke besonderer Abtötung und Askese, sondern auch, um dem Himmel näher zu sein und seine Verbindung zur Erde punktuell zu sichern. – In der Zenokapelle in S. Prassede, Rom, wird eine S. gezeigt, an die Christus bei seiner Geißelung gefesselt gewesen sein soll. Dieser Säulenvorstellung liegt zugleich die alte Tradition des Opfersteins zugrunde, der ebenfalls Bindeglied zwischen Himmel und Erde war. – Bei Darstellung der → Tugenden ist die S. als Sinnbild der tragenden Kraft Attribut der Tapferkeit (fortitudo). Im Chorgestühl des Ulmer Münsters ist der Rahel eine S. beigegeben, im Gegensatz zu Lea, die durch einen Butterstößel gekennzeichnet ist. Damit soll zugleich auf den Gegensatz zwischen Glaubenskraft und weltlicher Geschäftigkeit, zwischen der Zuwendung zum Ewigen und der Zuwendung zum Vergänglichen hingewiesen werden. Die sieben S.n, auf denen »die Weisheit ihr Haus baut« (Spr. 9, 1), werden in der christlichen Auslegung auf die sieben Gaben des Heiligen Geistes bezogen. Nach der Bezeichnung der Apostel Jakobus, Petrus und Johannes als »Säulen« (Gal. 2, 9) und der visionären Vorstellung der zwölf Apostel als der Grundsteine der himmlischen → Stadt Jerusalem (Offb. Joh. 21, 14) wurden die zwölf Pfeiler des Kölner Domchors mit den Namen der zwölf Apostel bezeichnet.

Sakramentshaus → Eucharistische Symbole.

Salamander Da der S. nach der Überzeugung der Antike im Feuer zu leben vermochte, ohne zu verbrennen, ja sich im Feuer sogar verjüngte, wurde er bald mit dem Feuer identifiziert. Zugleich schrieb man ihm auch die Macht zu, Feuer zu löschen. Daher die Devise Franz' I. von Frankreich: »Ich lebe darin und lösche es aus« mit dem Bild eines S. inmitten von Feuer. In der Symbolik der mittelalterlichen Kunst repräsentiert der S. den Gerechten, der inmitten von Peinigungen den Frieden seiner Seele und das Vertrauen auf Gott nicht verliert, und auch allgemein die Seele im Fegfeuer. Er ist Attribut des Ananias (= Sadrach), eines der drei Jünglinge im Feuerofen. – → Auferstehungssymbole

Salbung Symbolische Zeremonie bei Weihungen, Taufen, Firmung; geschieht im christlichen Bereich immer durch Auftragung in Kreuzform.

Salzfäßchen Attribut des hl. Rupert (Ruprecht), des Schutzheiligen der Salzstadt Salzburg.

Sanduhr Emblem der Zeit und des Todes, aber auch der Kardinaltugend der Mäßigkeit. Attribut der heiligen Büßer Hieronymus und Magdalena.

Sarg Zu Beginn der christlichen Epoche war die Verbrennung der Leichen die Regel, die Beerdigung selten. Bei den Christen blieb die Verbrennung die Ausnahme. Da man an der Erdbestattung festhielt, benötigte man Behälter in der Größe des Körpers. Sie waren aus verschiedenem Material üblich: Stein, Blei, Holz, Ton, Glas. Der Steinsarg (Sarkophag) ist in der Regel aufwendig, verziert und dazu bestimmt, über der Erde aufbewahrt zu werden. Er hat daher häufig hausähnliche Form. Doch zeigen die Museen auch zahlreiche Steinsärge aus römischer, gallischer, frühchristlicher, merowingischer und danach mittelalterlicher Zeit, die lediglich ornamentierte Deckel aufweisen. Der älteste christliche Bleisarg stammt aus Sidon (3./4. Jh.) und wird im Museum von Cannes gezeigt; weitere aus relativ früher Zeit befinden sich in Terni (St. Valente) und Rom. Holzsärge haben sich im feuchten mitteleuropäischen Klima nur selten erhalten (St. Paulinus, Trier; St. Cuthbert, Dunholm/England). Sehr verbreitet, weil billig, war der Gebrauch von Tonsärgen bis ins 2. und 3. Jh. Von einem durchsichtigen Glassarg, den er in Persien gesehen habe und von dem man ihm sagte, er enthalte die Überreste des Propheten Daniel, berichtet der Reisende Benjamin von Tudela im 12. Jh.

Sarkophag → Sarg.

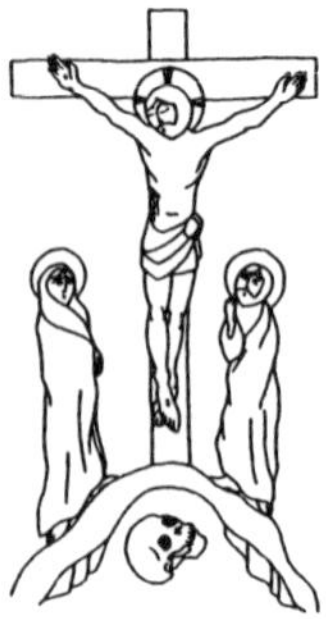

Schachtel (mit Medikamenten) Attribut der unentgeltlich Krankheiten heilenden Heiligen (Hagioi anargyroi) wie Lukas, Pantaleon und Hermolaos, Kosmas und Damian, Abbakyros und Johannes v. Alexandrien. Diese ostkirchlichen Heiligen entsprechen den vierzehn Nothelfern der abendländischen Volksfrömmigkeit.

Schädel Symbol nicht nur der höchsten Stelle, sondern auch der Vergänglichkeit des Menschen. Auf diese Vergänglichkeit deutet er hin, wo er auf Grabsteinen und Grabbildern oder als Meditationsobjekt in der Hand heiliger Personen (Hieronymus, wenn er als Büßer in seiner Höhle lebt, Franziskus v. Assisi, Bruno, Karl Borromäus, Franziskus v. Paula, Franz Xavier, Petrus Damiani, Romuald, Katharina v. Siena, Justina, Maria Magdalena) dargestellt ist. – Der S. unter dem Kreuz Christi verweist nicht auf die »Schädelstätte« Golgatha, sondern auf den S. → Adams, der Legende zufolge, nach der das Kreuz Christi auf dem Grab Adams errichtet worden ist, um so die spannungsvolle Kontinuität zwischen dem ersten und dem zweiten Adam anzudeuten.

Schaf → Lamm.

Schale In der Offb. Joh. und den aus ihr geschöpften Bildern werden sowohl die »goldenen Schalen voll Räucherwerk« der himmlischen Liturgie (5, 8) wie die »Schalen des Zornes Gottes« (15, 7; 16, 1) anschaulich geschildert. Das Bild der S. symbolisiert im allgemeinen den Überfluß. S.n enthalten den Trank der Unsterblichkeit. Im mittelalterlichen »Gral« ist diese Symbolik mit dem Blut Christi und seiner lebenbringenden Kraft verbunden. Die Gralsschale ist damit dem Herzen als dem Lebenszentrum vergleichbar. Die gleiche Symbolik begegnet in den eucharistischen → Kelchen, die Leib und Blut Christi und damit die Nahrung zum ewigen Leben enthalten. Zudem ist die S. kosmisches Symbol, dem Himmel empfangsbereit geöffnet. Vgl. den Sprachgebrauch »Schale (Kelch) des Heils« (Ps. 116, 13). Der Mensch empfängt aus der Hand Gottes sein Geschick wie eine S. (Ps. 24, 5); dieses Bild wirkt auch noch in dem Wort Jesu von dem Kelch nach, den er trinken muß (Matth. 20, 22 f.; 26, 39). – Die Ähnlichkeit der S. mit dem → Schiff und dem halben → Mond ist symbolisch bedeutsam und oft hervorgehoben worden.

Scheiterhaufen Attribut unzähliger Heiliger, die den Feuertod erlitten, z. B. des Fruktuosus, Polykarp, Theodorus Thyro, Afra v. Augsburg, Anastasia, Augusta, Columba, Martina, Thekla.

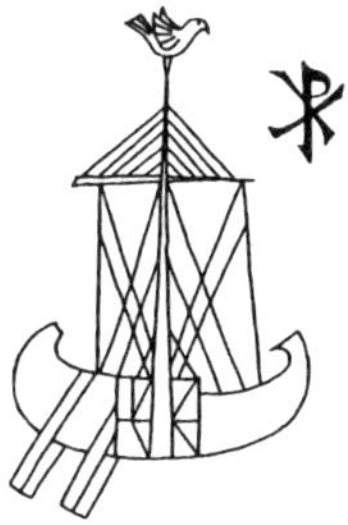

Schiff Das S. ist das alte und verbreitete Sinnbild der Reise, des Übergangs sowohl für die Lebenden wie für die Toten. Die Arche Noah und die Geschichte des Propheten Jona im AT, die Evangelienberichte auf und um den See Genezareth und die Reisen des Paulus im NT boten der christlichen Bildkunst genügend Anlässe zur Darstellung eines S. Schon die Katakombenbilder, vereinzelter dann mittelalterliche Kunstwerke (□ im Kreuzgang von Moissac und Giottos »Navicella« in der Vorhalle des Petersdomes, Rom) entwickeln die – sehr häufig auch mit der Arche Noah verbundene – Bildvorstellung vom S. der Kirche, das durch die Wogen der Welt dem himmlischen Ziel zusteuert. Eine Cyprian zugeschriebene frühe Hymne führt den Vergleich zwischen S. und Kirchenbau durch: Der Chor stellt die Kajüte, der Turm den Mast, die Strebepfeiler die Ruder dar. Das Kreuz gilt späteren Symboldenkern bald als Anker, bald als Mast, die Siegesfahne mit dem Kreuz als Segelstange. Noch ein geistliches Spiel von Lope de Vega schildert, bedenklich ins einzelne gehend, das S. der Kirche mit dem Kreuz als Mast, darauf den Kelch als Wimpel, drei verschiedenfarbige Masten als Glaube, Liebe, Hoffnung, die Passionswerkzeuge als Takelwerk, das hl. Grab als Fracht auf dem Verdeck; Petrus aber führt das Steuerruder. – In der frühchristlichen Kunst wie im Mittelalter, besonders in der Romanik, noch verbreiteter ist die – auch schon in Ägypten, Griechenland und Rom begegnende – Analogie zwischen S. und Menschenleben: »Das Leben in dieser Welt ist wie ein stürmisches Meer, durch das hindurch wir unser Schiff bis in den Hafen führen müssen; wenn wir es schaffen, der Versuchung der Sirenen zu widerstehen, wird es uns zum ewigen Leben bringen« (Augustinus). → Odysseus. Eine → Taube mit dem Ölzweig im Zusammenhang mit dem Schiffsbild bezeichnet die Seele, die des Friedens gewiß ist. Ein Leuchtturm leitet nicht selten die Fahrt des S. Auch das → Ankersymbol fehlt logischerweise nicht. Noch deutlicher ist der christliche Bezug, wenn das → Christusmonogramm beigegeben ist. – Die romanische Kunst kann auch, wohl hauptsächlich unter ägyptischem Einfluß, Schiffsbilder bieten, die an einen Totentransport denken lassen oder besonders deutlich die sinnliche Versuchung während der Lebensfahrt abbilden: in Gestalt einer → Sirene, die einen Fisch anbietet, der hier erotische Bedeutung hat. – Mit einem Boot oder S. als Attribut erscheinen die Heiligen Athanasius d. Gr. (der auf dem Nil seinen Verfolgern mit Hilfe eines Bootes entkam), Berthulf, Kastor, Florentius (Floris) v. Saumur, Julian der Gastfreundliche (Hospitator), Nikolaus (als Schutzheiliger der Schiffer), Petrus, Vinzenz, Adelaide, Ursula. Bei der Flucht nach Ägypten steuert ein Engel das rettende Boot, während der Teufel den Heiligen Florentius und Nektarius in gleicher Weise dienstbar sein muß. In einem S. ohne Mast reisen der hl. Bertin mit zwei Gefährten sowie der hl. Lazarus mit seinen Schwestern Maria und Martha (auf dem Weg nach Marseille). – Die allegorische Darstellung der Hoffnung durch eine weibliche Gestalt trägt manchmal ein S. (als Zeichen des Übergangs) auf dem Kopf.

Schiffswinde Mit aufgerolltem Tau Attribut des hl. Erasmus, nach verbreiteter kunstwissenschaftlicher Hypothese von der Volksfrömmigkeit mißverstanden, die darauf die Legende aufbaute, daß Erasmus das Martyrium durch Aufwickeln seiner Därme erlitten habe.

Schild Diese vor Erfindung des Schießpulvers allgemein gebräuchliche tragbare Schutzwehr aus Holz, Flechtwerk, Leder oder Metall, die, mit dem linken Arm geführt, den Körper deckte, ist als Teil der → Rüstung Attribut vor allem der Soldatenheiligen, z. B. Adrianus, Florian, Georg, Longinus, Theodor.

Schildkröte In der Antike auf Grund ihrer reichen Nachkommenschaft ein Fruchtbarkeitssymbol und daher der Aphrodite (Venus) – wenn auch infolge ihres »eingezogenen« Lebens besonders der Göttin der gesitteten ehelichen Liebe – heilig, zugleich infolge ihrer langen Lebensdauer Symbol der Gesundheit, Vitalität und Unsterblichkeit, deswegen zugleich aber auch mit dämonischen Kräften in Verbindung gebracht, spielt die S. in der christlichen Kunst nur eine geringe Rolle. Die zweimalige Abbildung des Kampfes zwischen → Hahn und S. auf einem Fußbodenmosaik (4. Jh.) der Theodorusbasilika, Aquileja, symbolisiert offenbar den Kampf zwischen Licht und Finsternis; der Hahn ist zweifellos der Lichtverkünder, die S. das negative Element; es kann sein, daß dabei der italienische Name der S., »tartaruga«, in seiner Wortnähe zu tartarus, Unterwelt, eine Rolle spielte. Die Kirchenväterpredigt beschreibt die im Schlamm lebende S. gern moralisierend als Sinnbild des »gewissermaßen im Schlamm und in den Tiefen der Lust lebenden« Fleisches. Dennoch – ein bildhafter Aufruf zur Praxis des neuen, gottzugewandten Lebens – wird aus ihrer Schale ein Instrument verfertigt, »das im Dienste einer herzerfreuenden Kunst in sieben Tönen rhythmische Melodien erklingen läßt« (Ambrosius).

Schilfrohr (lat. calamus), fand im Altertum als Pfeilmaterial, Schreibfeder, Rohrflöte und Meßstab Verwendung, gilt aber auch als Sinnbild des Wankelmuts. Nach Matth. 27, 29 f. gaben die römischen Soldaten Jesus ein S. als → Zepter in die Hand, um ihn als »König der Juden« zu verspotten. Es begegnet daher oft auf Szenenfolgen der Passion und Ecce-homo(Schmerzensmann)-Darstellungen. → Christus. → Binse.

Schlaf kennzeichnet in der Bibel und auf entsprechenden Darstellungen der christlichen Kunst besonders gesegnete oder durch eine Traumvision begnadete Personen: Adam während der Erschaffung Evas; Jakob beim Traum von der Himmelsleiter; Jesus als Kind in der Krippe, aber auch während des Seesturms; Josef vor der Flucht nach Ägypten; die drei Weisen (Könige) aus dem Morgenland vor dem Aufbruch zur Rückkehr. Unheilvoll ist dagegen der S. → Noahs nach übermütigem Weingenuß, Simsons vor dem Verrat durch Delila, des Pharao mit dem Traum von den sieben fetten und den sieben mageren Kühen und Ähren, des Holofernes (im Buch Judith), der als Bedrücker des Volkes Gottes wie schon vor ihm Sisera (Ri. 4, 17 ff.) im S. den Tod findet. – Die berühmtesten schlafenden Heiligen sind die Siebenschläfer: sieben junge Christen aus Ephesus (Maximian, Malchus, Martinian, Dionysius, Johannes, Serapion, Konstantin), die sich vor der Verfolgung unter Decius in einer Höhle versteckten und nach fast zweihundert Jahren wieder in einer nunmehr christlich geprägten Umwelt erwachten. Im Westen sind sie selten (□ Fresko 10. Jh., S. Ambrogio, Mailand), im Osten auf zahlreichen Ikonen abgebildet.

Schlange Im Symbol der S. (des Drachens) scheint sich eine Kollektiverinnerung der Menschheit an prähistorische amphibische Ungeheuer fixiert zu haben. Man begegnet ihnen in frühen hethitischen Kulturen (Çatal Uyük/Türkei) wie im Sternbild, in antiken Heroenmythen (Perseus und Andromeda, Haupt der Medusa, Herkules' Sieg über den Drachen), auf dem Haupt ägyptischer Horusfalkenbilder, in der nordischen Midgard-S., in der Gestalt der aztekischen befiederten S. Quetzalcoatl usw. Offenbar spielte bei dieser mythischen Aufwertung der S., die ja auch im ersten wie im letzten Buch der Bibel als Antichrist erscheint und dort die Bedeutung der höchsten Ballung des Negativen hat, die faszinierende Erfahrung eine Rolle, daß sie ein Erdloch bewohnt (und also mit dem irdischen wie dem unterirdischen Bereich verbunden ist), den Vögeln ähnlich aus Eiern schlüpft (daher die geflügelten S.n, die Mischwesen → Basilisk und → Drache), ihre Haut im Frühling abstreift (und so zum Symbol des sich selbst erneuernden Lebens wird) und einen starren, bannenden Blick auf ihre Opfer zu richten pflegt (ein Symbol durchdringenden Wissens, des Allgegenwärtigseins). Alle diese Rollen und Verknüpfungen gewinnen in der Kunst Gestalt, von der bildlichen Darstellung des Sündenfalls und der apokalyptischen Vision (Offb. Joh. 12; 13; 16, 3; 20, 2) an bis zu den komplizierten Symbolkombinationen etwa der Romanik. Hörner, die der S. oder dem Drachen angefügt werden, deuten auf Macht und Fruchtbarkeit und evozieren die alte Sexualsymbolik der S. Wie sie, geflügelt, mit dem Reich der Luft verbunden ist, so auch, als amphibisches Wesen, mit dem Reich des Meeres. In all dem sind S. und Drache in der symbolischen Bildkunst kaum auseinanderzuhalten. Hierher gehören auch andere Monstren kombinierter Gestalt: Sphinx, Basilisk, Sirenenschlangen, Schlangenkönig, die S., deren Schwanz in ein neues Schlangenmaul ausläuft, das zur Kugelform verschlungene Schlangenbündel, das Schlangenei als Weltei usw. – Es ist für das Verständnis der Schlangensymbolik vor allem in der mittelalterlichen Kunst wichtig, daß diesem Bild der triumphierenden Macht des Bösen (das leicht zu einem gewissen Manichäismus führen konnte, der den Mächten des Bösen ebensoviel Gewalt und Bedeutung beimaß wie denen des Guten) als ausgleichendes Gegenbild – erinnernd an die chinesische Kosmoskonzeption der Prinzipien Yin und Yang (feucht und trocken, schwarz und weiß, männlich und weiblich, weißer Tiger und blauer Drache) – das → Löwensymbol zugeordnet wurde. Sie sind häufig einander gegenübergestellt. Wenn aber Löwe und Drache zu einem einzigen Mischwesen verschmelzen (so z. B. in gnostischen Symbolen, aber auch in Elne), weisen sie auf den unvorstellbaren, die irdischen Wirklichkeiten übergreifenden himmlischen Heilsbereich, die himmlische → Stadt hin. Doch ist der Löwe ja nicht nur positives Symbol. Die Bibel kennt ihn auch als Parallele zum Drachen (Ps. 91, 13; Dan. 13; Offb. Joh. 13, 2); seine bevorstehende Überwindung wird daher angekündigt. – Der Drache als mythologischer Schatzhüter wird von der Heraldik dienstbar gemacht: bei den Daciern, den römischen Kaisern seit Konstantin, den Sachsen und den englischen Königen. Als Attribut wird er, im Zeichen der Überwindung des Bösen, einer Reihe von Heiligen beigegeben: Michael, Georg, Margarethe usw. – Jedoch auch die S. hat in Mythos und Kunst einen doppelten Aspekt. Als förmlicher Heilsbringer erscheint sie im Äskulapkult (vgl. Schlangenstab). Was in der Bibel vom Löwen gilt, gilt dort auch für die S.: Sie kann sowohl böse als auch wohltätig sein; vgl. die Eherne S., die Mose in der Wüste aufrichtet und die zum Symbol Christi wird (4. Mose 21, 9; vgl. Joh. 3, 14; □ Bronzetür 11. Jh., S. Zeno, Verona; Relief 13. Jh., Kanzel Wechselburg; christolog. Fries 13. Jh., Münster Straßburg; Michelangelo, 16. Jh., Cappella Sistina, Vatikan; Tintoretto, 16. Jh., Scuola di San Rocco, Venedig; Jan Joest, 16. Jh., St. Nikolaus, Kalkar/Ndrh.; Anton van Dyck, 17. Jh., Prado, Madrid) und den Stab Aarons, der sich zum Schaden der ägyptischen Magier in eine S. verwandelt (2. Mose 7, 8–12; auch hier liegt für das Mittelalter – Herrad von Landsberg – eine Christustypologie vor: siegreicher Vernichter unserer

Sünden), – beides Widerspiegelungen der positiven ägyptischen Schlangensymbolik. Im Jerusalemer Tempel wurde im Zusammenhang damit zeitweise einem Schlangenbild geräuchert (2. Kön. 18, 4). Die Seraphim (Jes. 6, 2) hat man als geflügelte S.n erklärt. Im Frieden der Endzeit wird auch die S. (der Basilisk) entgiftet sein (Jes. 11, 8). Und der → Leviathan (Jes. 27, 1; Hiob 3, 8; Ps. 104, 26; Ps. 74, 13), der drachen- und schlangenähnliche Repräsentant des Urmeeres, kann derart in geschöpflicher Abhängigkeit von Gott erscheinen (Hiob 40, 25), daß mittelalterliche Darstellungen des endzeitlichen Lobpreises Gottes durch alle Kreatur auch fröhlich lobende Drachenungetüme einschließen. Schlangenformen und -bilder auf Bischofsstäben erinnern an den positiven Aspekt der Ehernen S., das Symbol Christi. – Frauen und S.n sind in der mittelalterlichen Kunst nicht selten aufeinander bezogen. Auf Darstellungen des Sündenfalls erscheint, der größeren Verführungskraft wegen, die S. oft mit lockenumwalltem Frauenkopf. Wenn in der Romanik (□ Moissac u. Vézelay) nackte Frauen dargestellt werden, deren Brüste und Geschlechtsteile von S.n angefressen werden, ist einerseits an die Bestrafung der Todsünde der Wollust (luxuria), andererseits überhaupt an den Kontext asketischer Konsequenz gedacht. Dieser Bildtyp geht auf antike Darstellungen der nackten Mutter Erde zurück, die Säugetiere und Reptilien an ihren Brüsten nährt. – Die Schlangensymbolik ist ungeheuer reich und kompliziert. In der S., die sich selbst in den Schwanz beißt, begegnet im makrokosmischen Format: die Zeit, die sich unaufhörlich erneuert, der Kreislauf des Jahres, der Jahreszeiten, und in mikrokosmischer Bedeutung, vor allem in der Alchimie: das Zeichen des Mysteriums der Dinge, der Wiederholung im Universum. Die spiralförmige S. symbolisiert die Lebenskraft aus der Tiefe. Von da ist auch die geometrische → Spirale bestimmt: sie bedeutet die Beziehung der Welt zu ihrem Ursprung; allerdings, im Gegensatz zum → Kreis, ist hier auch das Ende, der Tod, markiert. Deutlich spiralförmig sind daher auch pflanzliche Keime und Knospen im Querschnitt, Muscheln und Schneckenhäuser, schließlich der Bischofsstab in seiner harmonischen Bindung. S-förmige Motive weisen ähnlich auf die Erneuerung der Dinge, etwa in den beiden Hälften des Jahres. – Die S. (oft eine Handvoll Schlangen) ist das Attribut u.a. der Heiligen Amabilis v. Riom, Amandus v. Maastricht, Didymus, Hilarius v. Arles, Honoratus, Magnus, Paternus v. Avranches, Patrick, Phokas, Pirmin v. Reichenau, Romanus v. Rouen, Anatolia, Christina, Thekla.

Schleier 1. Zeichen des Himmelsgewölbes, das Gott »wie einen Schleier ausgespannt« hat (Jes. 40, 22), besonders eindrücklich auf dem Junius-Bassus-Sarkophag (Vatikan. Grotten, Rom): Bei der traditio legis an Paulus und der donatio clavis an Petrus thront Christus über dem Himmelsgewölbe, das als ein in Bogenform vom Himmelsgott Coelus (Uranos) gehaltener S. dargestellt ist. – 2. Auszeichnendes Kleidungsstück der Frauen in der Kirche, in der romanischen Kunst besonders der Jungfrauen; Bild der Bescheidenheit und Tugendhaftigkeit, besonders von Maria getragen. – 3. Engel und Apostel tragen, vor allem in der byzantinischen Kunst, wenn sie sich Gott oder Christus nahen, die Hände verhüllt, wie es Hofbrauch bei Audienzen war. – 4. Ein weißer S. ist das Attribut der persischen → Sybille. – 5. Einen S. um den Hals tragen die Heiligen Godeleva und Ludmilla, die mit einem S. erdrosselt wurden. – 6. Zur Legende der Gründung des Stifts Klosterneuburg bei Wien und ihrer bildlichen Darstellung gehört der S. der Gattin Leopolds des Heiligen, der Markgräfin Agnes von Österreich, der an einem Holunderstrauch hängenblieb. □ Rueland Frueauf d. J., Auffindung des Schleiers, Leopold-Altar 1505, Stiftsgalerie Klosterneuburg.

Schlüssel Die Symbolik des S. bezieht sich auf die Tatsache, daß er sowohl öffnet wie schließt. In der Bibel bezeichnet der S. die seinem Besitzer verliehene Vollmacht (vgl. Jes. 22, 22; Offb. Joh. 1, 18; 3, 7). In der christlichen Kunst wird gemäß Matth. 16, 19 die besondere Vollmacht für den Apostel Petrus, zu binden und zu lösen (die Matth. 18, 18 auf den ganzen Jüngerkreis übertragen wird), unter dem Bild der Schlüsselgewalt beschrieben. Entsprechend taucht nicht nur die feierliche Schlüsselübergabe an Petrus (donatio clavis, als Parallele zu der an Paulus erfolgenden Übergabe der »Lehre«, traditio legis), sondern besonders häufig Petrus selbst mit dem oft überdimensionalen Doppelschlüssel (dem Recht zu binden und zu lösen) an den Kirchenportalen auf, die die → Tür des Himmels symbolisieren. Auf frühen Darstellungen empfängt Petrus die S. stehend, aber mit verhüllten Händen, vom 16. Jh. an kniend; auf Bildern von P. P. Rubens (Collection W. R. Bacon, New York; Wallace Collection, London) küßt Petrus die Hand Christi. Allegorisierende Darstellungen (□ von Carlo Crivelli, 1488, Deutsches Museum Berlin) zeigen nicht den erwachsenen Christus, sondern das Christuskind, das, auf den Knien Marias (der Kirche) sitzend, Petrus die Schlüssel überreicht und ihn so zum Beauftragten der Kirche macht. □ Sarkophag 6. Jh., Krypta St. Maximin/Var; Kapitelle 12. Jh. Caylus/Lot, St. Pierre-in-Bommiers/Indre, Priorat Lewes/Sussex;

Portale um 1270, Kath. Bazas; Donatello, Relief 15. Jh., Victoria and Albert Museum London; Perugino, Fresko 1481, Cappella Sistina, Vatikan; Vincenzo Catena, 15. Jh., Prado Madrid; Lorenzo Veneziano, 15. Jh., Museo Correr, Venedig; Ingres, 1820, Louvre Paris. – Die Größe des S., der in der mittelalterlichen Literatur als »engelischer S.« apostrophiert wird (□ auch Tympanon 12. Jh. von St. Sauveur, Musée Archéologique, Nevers), weist auf seine Bedeutung als Lebenszeichen hin und verknüpft ihn mit dem ägyptischen Lebenszeichen Ankh (Henkelkreuz, → Kreuz). Das Gegenbild zu Petrus mit dem S. ist der Magier Simon (Apg. 8, 9–25); auch damit wird der Initiationscharakter des S. betont (□ Portale in Elne und Toulouse). – Ein riesiger S. dient auf apokalyptischen Darstellungen im Anschluß an Offb. Joh. 20, 1 ff. dazu, den → Teufel auf tausend Jahre im → Brunnen des Abgrunds einzuschließen. □ Fensterrose 15. Jh., Ste. Chapelle, Paris. – Als Heiligenattribut erscheint der S. ferner auf Darstellungen der Heiligen König Ferdinand (Anspielung auf die Einnahme von Córdoba), Hubertus, Servatius (der aus der Hand des Petrus einen silbernen S. empfing), Petronilla (als Tochter des Petrus), Hippolyt (bekehrter Kerkermeister des hl. Laurentius), Adelrich v. Einsiedeln, Hermann-Josef v. Steinfeld, Benno v. Meißen, Maurilius v. Angers. Einen Schlüsselbund tragen die Heiligen Martha, Notburga und Zita (die Schutzheiligen der Haushälterinnen und Dienstboten).

Schmetterling Schon im Volksglauben der griechisch-römischen Antike war der S., der aus der Puppe hervorgeht, ein Sinnbild der unsterblichen Seele (Psyche), die den Körper des Toten verläßt. Daher erscheint Psyche auf Kunstwerken meist mit Schmetterlingsflügeln. Auch der Gott des Schlafs (Hypnos) wurde mit Schmetterlingsflügeln am Kopf abgebildet, da man den Schlaf als eine periodische Befreiung der Seele von den irdischen Banden ansah. Obwohl die Kirchenväter die Auferstehungssymbolik des S. stark betonten, bildete die frühe christliche Kunst ihn nicht ab. Auf Katakombenfresken und Sarkophagen begegnet dafür die Übernahme des von Apulejus erzählten antiken Mythos von Amor und Psyche im christlichen Gedanken- und Bildgut als Symbol der Beziehung zwischen Christus und der Seele. Das Schöpfungsmosaik (13. Jh.) in der Vorhalle von S. Marco, Venedig, nimmt ebenfalls die alte Darstellung der schmetterlingsgeflügelten Psyche zu Hilfe, um die Begabung Adams mit einer lebendigen Seele anschaulich zu machen. – Im 17. und 18. Jh. fand das Bild des S. im alten Sinne der unsterblichen Seele auf zahlreichen Grabsteinen im protestantischen Deutschland erneute Verwendung.

Schnecke Als christliches Grabsymbol Sinnbild der Auferstehung, da sie im Frühling den Deckel ihres Gehäuses sprengt; zugleich als Zeichen der Jungfräulichkeit → Mariensymbol.

Schnee Wegen seiner Farbe und Kälte ursprünglich Symbol der jungfräulichen Reinheit und Keuschheit und daher → Mariensymbol (als solches in mittelalterlichen Marienliedern besungen). Sinnbild der Jungfräulichkeit Marias war auch eigentlich die mitten im Sommer ein Feld bei Rom bedeckende Schneefläche, die dem durch eine Traumvision darauf hingewiesenen Papst Liberius Anlaß und Platz für den Bau der Kirche S. Maria Maggiore bot. Diese häufig (auch von Mathis Nithart Grünewald) dargestellte Szene veranlaßte die Verehrung der »Maria im Schnee, Madonna della nieve, Notre Dame aux neiges« und den damit zusammenhängenden Bau zahlreicher Kirchen und Kapellen in vielen Ländern Europas, vor allem in hochgelegenen Alpengebieten.

Schneeglöckchen Sinnbild der Frühlingshoffnung und → Mariensymbol (□ Madonna mit den Erdbeeren, Maria im Rosenhag, Paradiesgärtlein).

Schnepfe (Bekassine) Als Schlangenvertilgerin → Christussymbol.

Schöllkraut Stand in dem Ruf, den grauen Star zu heilen, und wurde so zum Symbol des Heilmittels gegen geistliche Blindheit. → Schwalbe.

Schreibfeder Ursprünglich die angespitzten Spulen der Federn von Gänsen und anderem Geflügel, wie sie früher ausschließlich zum Schreiben benutzt wurden, und daher auf alten Darstellungen der Evangelisten und Kirchenväter vorkommend, später durch einen zugespitzten schmalen, vorne gespaltenen Rohrstab ersetzt.

Schüssel Auf einer S. befindet sich das Haupt → Johannes' des Täufers auf Bildern seiner Hinrichtung, aber auch auf selbständigen Darstellungen. Das Haupt des Apostels Paulus kann ebenfalls so dargestellt werden. Die schon auf Sarkophagen (□ Junius-Bassus-Sarkophag, Vatikan. Grotten)

abgebildete Szene des Händewaschens des Pilatus nach der Verurteilung Jesu (Matth. 27, 24) hat sich auf spätmittelalterlichen surrealistischen Darstellungen der → Leidenswerkzeuge auf die S. nebst Wasserkanne reduziert. – Mit einer S. zur Armenspeisung als Attribut erscheinen die Heiligen Elisabeth, Oswald, Gerhard v. Monza. Zwei Brüste auf einer S. verweisen auf das Martyrium der hl. Agathe, zwei Augen auf das der hl. Lucia.

Schuhwerk Mit fester Sohle versehene Fußbekleidung aus Leder, verschiedenen Geweben, Filz, Kautschuk, Holz usw. entspricht in seiner Darstellung meist den Gebräuchen und Vorstellungen der eigenen Zeit des Künstlers. Auf den Boden gestellte Schuhe deuten auf → Mose vor dem brennenden Dornbusch (2. Mose 3, 5). Die Heiligen Hedwig v. Schlesien, Crispin und Crispinian tragen ihre Schuhe in den Händen. → Fuß.

Schwalbe Schon in der Antike Lichtsymbol, wird sie in der christlichen Kunst besonders des späteren Mittelalters → Christus- und → Auferstehungssymbol, da man annahm, sie vermöge ihren Jungen durch den Saft des → Schöllkrautes (Schwalbenkrautes) das Augenlicht zu geben.

Schwan Der S., infolge seines makellosen Weiß vom keltischen Volksglauben über das antike Griechenland und Kleinasien bis hin nach Sibirien, bei slawischen wie bei germanischen Völkern in Mythen, Volkstradition und Dichtung als Symbol des Lichtes verstanden, spielt in der frühchristlichen Symbolik keine besondere Rolle und tritt in der Häufigkeit der Darstellung beispielsweise gegenüber der Ente auffallend zurück. Das könnte mit seiner Rolle in der Ledasage zusammenhängen. Im allgemeinen begegnet er lediglich auf einigen Lampen und auf einer Elfenbeinpyxis im British Museum, London. Im späteren Mittelalter wird der S. zum → Christussymbol, anknüpfend an den letzten Ruf Christi am Kreuz: »Man sagt uns allen, daß der Schwan / singet, wenn er sterben soll. / Dem tut dein Sohn gleichen wohl« (Konrad v. Würzburg, Goldene Schmiede). – Ferner wurde der S. zum Attribut der Heiligen Cuthbert, Hugo v. Grenoble, Hugo v. Lincoln und Lutger.

Schwangerschaft Einzelne Bilder → Marias in der Hoffnung oder die Begegnung zwischen Maria und der ebenfalls schwangeren Elisabeth, der Mutter → Johannes' des Täufers (vgl. Luk. 1, 39 ff.).

Schwanz Während die Darstellung der tierischen Geschlechtsorgane manchmal unbekümmert erfolgt, manchmal im Hinblick auf die Sakralbedeutung der Tiere vermieden wird, kann, besonders in der romanischen Kunst, der S. die Sexualsymbolik vertreten. Häufigstes Beispiel: der oft dargestellte Löwe mit dem in verschiedene pflanzliche Typisierungen auslaufenden erhobenen S. Bei den gebräuchlichsten Opfertieren, Widder und Stier, ist der S. betont zur Winzigkeit reduziert, Gelegentlich begegnende Elefanten, die ihren eigenen S. zu verschlingen scheinen, sind das Produkt der zoologischen Unkenntnis von Bildhauern, die noch nie einen richtigen Elefanten gesehen und daher über seinen Rüssel sehr ungenaue Vorstellungen hatten.

Schwein Als ein verhältnismäßig wohlfeil zu erhaltendes und einträgliches, besonders aber durch seine große Fruchtbarkeit wichtiges Haustier geschätzt, von vielen orientalischen Völkern wie Juden, Muslimen und anderen, wohl um der Übertragung von Trichinen auf den Menschen willen, als unrein verabscheut, in der griechisch-römischen Antike jedoch durchaus positiv gewertet (worauf Namengebungen wie Porcellus, Porcella deuten), leidet das S. in den Evangelien unter der traditionell jüdischen Verachtung (Matth. 6, 6). Die Mark. 5, 1 ff.; Matth. 8, 28 ff.; Luk. 8, 26 ff. erzählte Heilung des Besessenen von Gerasa (Gadara), durch die die unsauberen Geister in eine zweitausendköpfige Schweineherde getrieben wurden, welche sich daraufhin ins Meer stürzte, ist im Rahmen der übrigen Wunderzeichen Jesu immer wieder in der christlichen Kunst dargestellt (□ Mosaik 6. Jh., S. Apollinare Nuovo, Ravenna; Fresken des 11. Jh., St. Georg, Oberzell/Reichenau, Bodensee; des 14. Jh., Dečani/Jugoslawien u. des 16. Jh. im Kloster Xenophontos/Athos; Lucas van Valckenborgh, 1597, Prado, Madrid). – Als Bildsymbol deutet das S. auf Gefräßigkeit, Unmäßigkeit, Unwissenheit und Selbstsucht, aber auch auf das Judentum (□ Außenstatue Kath. Chartres), so daß nicht selten auch die Personifikation der Synagoge in grotesker Weise auf einem S. reitend dargestellt wird. – Das Wildschwein ist in der mittelalterlichen Kunst ein Symbol des Dämonischen, sei es, daß man es dabei mit dem zahmen S. zusammen sieht, sei es, daß man an sein leidenschaftliches Ungestüm oder an die Verwüstung denkt, die es auf den Feldern anrichtet (vgl. Ps. 80, 14; □ Tympana 13. Jh., St. Nicholas, Ipswich u. Ashford/Derbyshire). Auffällig ist in diesem Zusammenhang Albrecht Dürers Versuch, Ochs und Esel an der Krippe der Christgeburt durch Eber und Löwe zu ersetzen. – Ein S. ist der unzertrennliche Begleiter und das Attribut des hl. Antonius d. Gr., des ägyptischen Wüstenvaters, und nicht eine

Personifikation des Bösen, sondern lediglich eine Anspielung auf sein Patronat über die S.e, deren Speck als wirksames Heilmittel gegen das Antoniusfeuer (die im 12. Jh. in Frankreich epidemisch herrschende Blatterrose) galt. Daß das S. des hl. Antonius meist eine Glocke um den Hals trägt, weist auf die »S.e des hl. Antonius« (Tönnisschweine), die das Recht freier Weide hatten und als Allesfresser in den Dörfern den Abfall vernichteten. Ein Schweinskopf wurde dem hl. Blasius im Gefängnis von einer dankbaren armen Witwe gebracht (□ Fresko Berzé-La-Ville/Burgund). – → Wildschwein. → Stachelschwein.

Schwelle → Tor.

Schwert 1. Die Nahwaffe des Altertums und Mittelalters, im allgemeinen mit breiter, gerader Klinge, in der Antike verhältnismäßig kurz, im weiteren Verlauf des Mittelalters länger und schwerer werdend, ist ein Instrument der Entscheidung, das Symbol der Macht und der Sonne, dessen rascher Schwung auch mit dem Blitz verglichen werden kann. Als → Adam und Eva nach dem Sündenfall aus dem Paradies vertrieben werden, stellt Gott an den Eingang einen Cherub mit flammendem S., der den Zugang zum Baum des Lebens verwehren soll (1. Mose 3, 24). Die Flamme des S. zieht eine feurige Mauer um den nun verbotenen Bereich. Auf vielen, besonders spätgotischen → Endgerichtsdarstellungen geht aus dem Munde Christi, dessen Antlitz wie die Sonne leuchtet (Offb. Joh. 1, 16), ein zweischneidiges S. hervor: das Symbol der reinigenden Kraft und der wie der Blitz aufleuchtenden Wahrheit. – 2. Ein Flammenschwert schwingen der Engel der Vertreibung aus dem Paradies und der Erzengel Michael; auch die Flamme, die vom Himmel auf den Opferaltar Elias herabfuhr (1. Kön. 18, 38), wird manchmal als S. dargestellt. Ein bloßes S. befindet sich in der Hand Davids und Judiths sowie des hl. Julian des Gastfreundlichen (als Waffe seines Elternmordes). Ein S. als Zeichen der Souveränität tragen heiliggesprochene Kaiser und Könige wie z. B. Karl d. Gr. und Stephan v. Ungarn. – 3. Ein S. in der Brust Marias weist gemäß Luk. 2, 35 auf ihren großen Schmerz; sieben S.r bezeichnen die sieben Schmerzen Marias, die im Gegensatz zu den sieben Freuden gesetzt sind. – 4. Ein S. als Marterinstrument erscheint auf den Bildern der enthaupteten Heiligen Adrian, Bavo v. Gent, Cyprian, Jakobus d. Ä. (maior), Nereus, Pankratius, Paulus, Thomas Beckett, Katharina, Lucia und vieler anderer. Drei S.r zu den Füßen des hl. Albert v. Lüttich weisen auf seine Ermordung hin.

Seele Der Kunst der Griechen, abstrakte Begriffe lebendig-figürlich zu fassen, verdanken wir das Symbolbild des geistigen Teils des Menschen, der S. (Psyche), in Gestalt eines kleinen Menschen, eines winzigen Flügelwesens oder eines Vogels. In den beiden ersten Formen wurde dieses Symbol ohne große Änderung in die frühe christliche Kunst übernommen. Später begegnet es am bemerkenswertesten und häufigsten in der Szene des Todes Marias, vor allem in der byzantinischen Kunst: Während Maria ausgestreckt auf dem Sterbebett liegt, erscheint hinter und über ihr Christus, der die S. seiner Mutter auf dem Arm hält. In ähnlicher Weise nehmen auf mittelalterlichen Grabsteinen → Engel die S. des Verstorbenen in Empfang oder sammeln sich die S.n vieler Verstorbener in → Abrahams Schoß. – Von der frühen christlichen Kunst, besonders auf Sarkophagen (□ S. Callisto u. S. Pietro, Rom) und Katakombenfresken (□ S. Domitilla, Rom, vgl. auch das Deckenmosaik in S. Costanza, Rom) übernommen wurde auch die Darstellung des schönen antiken Mythos von Eros und Psyche, angewendet auf das Verhältnis des liebenden Christus zur S. des Glaubenden, zugleich aber auch als Sinnbild für die Auferstehung vom Tode und die ewige Glückseligkeit. – Eine andere, häufig auf christlichen Sarkophagen anzutreffende, jedoch auf vorchristliche Traditionen zurückgehende Serie von Psyche-Darstellungen schildert die Erlebnisse und Gefahren der S. auf der Lebensreise unter dem Bild eines Bootes, das auf den Wogen dahintreibt und schließlich in den Hafen gelangt. – Die S. des Gläubigen wird in den ersten christlichen Jahrhunderten gern unter dem Bild einer → Taube dargestellt, die einen Ölzweig, das Zeichen des Friedens Christi, im Schnabel trägt. Man malte sich, wie alte Texte bezeugen, hoffnungsvoll aus, wie die S.n in dem Augenblick, in dem sie den Körper verließen, um mit Christus zu leben, in Gestalt von Tauben den Luftraum durchquerten und den Himmel erreichten. – Häufig wird die S. auch als → Orans mit erhobenen Armen dargestellt, nicht selten zwischen Ölbäumen oder im Rahmen einer pflanzlichen Dekoration: ein Hinweis auf den Paradiesgarten des ewigen Lebens. Diese Darstellung ist, trotz der häufigen Verwendung weiblicher Gewänder, keineswegs auf das weibliche Geschlecht beschränkt. – Dem gleichen Gedankenkreis gehört die Darstellung des »Gerichts der S.« an, die sich häufig auf Grabinschriften und Katakombenfresken findet: Die S. steht in Orantenhaltung vor dem thronenden Christus, der gelegentlich dabei noch von zwei Aposteln flankiert wird.

Segensgesten Die Anwünschung der göttlichen Gnade unter Anrufung Gottes. Bei der Erteilung des Segens an einzelne Personen findet Handauflegung statt. → Hand.

Sense Das landwirtschaftliche Handgerät zum Abmähen des Grases, der Futterkräuter und des Getreides ist, da es, wie der Tod, alles Lebendige unbarmherzig gleichmacht, sehr früh Todessymbol geworden, taucht aber in der Hand des »Sensenmannes«, eines → Skelettes, erst seit dem Ende des 15. Jh. auf. Die Renaissance gibt die S. häufig dem Saturn in die Hand, dem hinkenden Gott der Zeit. – Die S. ist Attribut des hl. Albert v. Ogna, der einmal als Erntearbeiter einen Stein, den ihm boshafte Leute hingelegt hatten, leicht mit der S. durchschnitt.

Sibylle Prophetisch begabte Frau, wie z. B. die Pythia im Apollotempel zu Delphi. In der christlichen Tradition und Kunst tauchen die S.n als Vertreterinnen der »Kirche aus den Heiden« in Parallele zu den → Propheten auf. Bis zum 15. Jh. bleibt im wesentlichen die erythräische S. (eigentlich delphische, später in Italien kumäische oder kimmerische S. genannt) Vertreterin dieser Gattung; sie gilt als Prophetin des Jüngsten Gerichts (vgl. die Zeile des »Dies irae«: »Teste David cum Sibylla«). □ Fresko 11. Jh., S. Angelo in Formis; Statuette 13. Jh., Portal Kath. Laon; Chorgestühl 13. Jh., Kath. Auxerre. Vom 15. Jh. ab wird sie auch mit der Verkündigung an Maria in Zusammenhang gebracht. Ein bedeutendes Bild von ihr malte Martin Heemskerk, 16. Jh., Rijksmuseum Amsterdam. Vom 13. Jh. ab tauchen auch Darstellungen der tiburtinischen S. auf, die nach der Legende dem Kaiser Augustus eine Erscheinung der Jungfrau Maria mit dem Kind vermittelte. Sie wurde besonders von italienischen Malern (Pietro Cavallini, Paolo da Venezia, Domenico Ghirlandaio, Baldassare Peruzzi), aber auch von Flamen dargestellt (□ Jan van Eyck, 15. Jh., Triptychon, St. Martin, Ypern; Rogier van der Weyden, Triptychon der Christgeburt, um 1460, Deutsches Museum Berlin; Hugo van der Goes, Konrad Witz, Jan Mostaert; Fenster des 16. Jh. z. B. in Evreux, Auch, Sens, N. D. de Châlons-sur-Marne; Brüsseler Teppich, 16. Jh., Musée de Cluny, Paris). Dieselbe Visionsvermittlung wird der persischen S. zugeschrieben, die mit einer Laterne in der Hand wiedergegeben wird, den Fuß auf eine Schlange setzend. Während die erythräische S. mit Ring und Rose oder mit Schwert und Lamm auf einem Globus stehend dargestellt und mit der Verkündigung der Geburt Christi in Verbindung gebracht wird (als S. von Cumae trägt sie einen ovalen Gegenstand in

der Hand, der ein Brot, ein Napf, aber auch ein Wickelkind sein kann), als delphische S. aber auch mit Dornenkrone auf die Dornenkrönung Christi oder mit einem Trinkhorn auf die Stillung des Christuskindes hinweisen kann (die kimmerische S. tritt ebenfalls mit Trinkhorn oder mit Lorbeerzweig, Buch und Passionskreuz auf), trägt die libysche S. eine Fackel, einen Rosen- oder Lorbeerkranz und eine zerrissene Kette (sie ist ebenfalls zusammen mit Augustus dargestellt), die samische S. Wiege, Rosen und Dornen sowie einen Rohrstab (sie tritt ein Schwert mit Füßen), die agrippinische S. Geißel oder Fackel (sie sah die Geißelung Christi voraus), die tiburtinische S. einen Rohrstab (Verspottung Christi), die hellespontische S. Kreuz oder Blütenzweig (Christus am Kreuz), die phrygische S. eine Siegesfahne (Auferstehung Christi), aber auch Lampe und Griffel. Attribute und Aussprüche der S.n sind austauschbar. – Entsprechend der Zahl der kleinen Propheten, zu denen sie gruppiert werden, mehren sich auch die S.n im 15. Jh. bis auf zwölf. Das Sibyllenthema ist besonders breit ausgeführt in der italienischen Kunst des 14. bis 18. Jh. (□ Giovanni Pisano, Chorgestühl in Pistoia und Pisa; Lorenzo Ghiberti, Portal Baptisterium Florenz; Ghirlandaio, Chiesa de la Trinità, Florenz, 1485; Pinturicchio, Appartamenti Borgia, Vatikan, 1494; Perugino, Cambio Perugia, 1498–1500; Michelangelo, Cappella Sistina, Vatikan, 1501–1512) und der französischen Renaissancekunst (□ Portale Kath. Lausanne; St. Michel, Bordeaux; Fresken Kath. Amiens; Fenster Kath. Auch, Beauvais, N. D. d'Etampes, Montfey/Aube). Für das Chorgestühl des Ulmer Münsters hat sie Jörg Syrlin 1469–1474 geschnitzt; das Augsburger Museum zeigt ein Sibyllengemälde von Hermann tom Ring (15. Jh.).

Sichel Als Werkzeug zum Abschneiden von Getreide oder Gras und Futter mit der Hand ist die S. eines der ältesten Kulturgeräte und zugleich altes Erntesymbol. Im biblischen Verständnis der Ernte als Symbol des → Endgerichts (Joel 4, 13; Mark. 4, 29; Offb. Joh. 14, 15) spielt sie eine Hauptrolle und ist in dieser Funktion auch auf illustrativen Ausmalungen der Johannesapokalypse zu sehen. □ Fenster 13. Jh., Kath. Auxerre; Teppich von Angers, 14. Jh.; Fensterrose 15. Jh., Ste. Chapelle, Paris; Fenster 1538, Ste. Chapelle, Vincennes; Relief 16. Jh., Kapitelsaal Kath. Sevilla; Fresken 16. Jh., Trapeza-Kloster Dionysiou/Athos; Fresko 17. Jh., Kirche des Propheten Elia, Jaroslawl/Rußland. – Als Attribut begegnet die S. bei dem Propheten Sacharia, bei Isidor dem Landmann, bei Eusebius, dem mit einer S. der Kopf abgeschnitten wurde, und bei Notburga, die als Magd auf dem Felde ihre S. an einem Sonnenstrahl aufhängte.

Simson Diese vom Sonnenmythos nicht unbeeinflußte, aber wohl durch alte populäre Ortstraditionen festgehaltene Gestalt eines etwas unbekümmerten Helden, berufen in der Reihe der Richter Israels, den Kampf gegen die Palästina noch beherrschenden Philister zu führen (Ri. 13–16), ist erstaunlicherweise als Präfiguration Christi verstanden worden. Wie er den Rachen des Löwen aufreißt, so triumphiert Christus über den Satan. Wie er die Stadttore von Gaza fortträgt, ist er ein Vorausbild der Auferstehung Christi und der Überwindung der Pforten der Hölle; selbst sein Schlaf mit Delila wird Symbol der Ruhe Christi im Grabe. Einige Bildzyklen zur Geschichte Simsons: Fünf Reliefs, 4. Jh., Cappella S. Restituta, Kath. Neapel; Kapitelle 12. Jh. in: Narthex Moissac; Musée Lapidaire Châteauroux, Dom Monreale/Sizilien; Nikolaus v. Verdun, Emailaltar 1181, Klosterneuburg b. Wien; Fußbodenmosaik 12. Jh., Krypta St. Gereon, Köln; Tympanon Ste. Gertrude, Nivelles; Archivolten 13. Jh., Kath. Chartres; Fenster 13. Jh., Chorumgang Kath. Auxerre; Chorgestühl 16. Jh., Kath. Amiens; Rembrandt hat S. eine große Reihe von Arbeiten gewidmet.

Sintflut → Noah. → Arche. → Wasser.

Sirenen Die S., Frauen mit Vogelfüßen, ursprünglich wohl Totengeister, wie die Erinnyen, Keren, Harpyen usw., sind fast ausschließlich weibliche Dämonen assyrisch-babylonischen Ursprungs, nach dem Henochbuch die Frauen gefallener Engel, zu allen Zeiten als teuflische Versuchung zur Wollust (luxuria) verstanden. Sie ziehen den Menschen durch die Schönheit ihres Gesanges an und führen ihn dann ins Verderben (→ Odysseus). Die mittelalterliche Kunst stellt sie unter zwei verschiedenen Gestalten dar: 1. Vogel-Sirenen, fast identisch mit den Harpyen, Vögel mit weiblichem Oberleib. Ihr Vogelschwanz läuft manchmal in einen Schlangenschwanz aus, zur Bezeichnung der giftigen Gefahr, die sie darstellen. □ Kapitelle des 12. Jh. in St. Julien-le-Pauvre und St. Germain-des-Prés, beide Paris; St. Benoît-sur-Loire; St. Loup-de-Naud; Til-Chatel/Côte d'Or. – 2. Fischsirenen, später auftauchend, aber weiter verbreitet; ihr Unterleib ist der eines Fisches. Manchmal haben sie auch einen geteilten Unterleib und reiten auf einem Fisch oder halten und verschlingen ihn – das Symbol der Seelen, die der Wollust ins Netz gegangen sind (□ roman. Sarkophag des Bischofs Adeloch, St. Thomas, Straßburg; Fries Abteikirche Andlau). Auch ihr fliegendes Haar ist eine »Falle der Wollust« (so mittelalterl. Prediger). Die Renaissancekunst hat sie ebenfalls gern dargestellt. Die rheinische Lorelei ist eine

Flußsirene. □ Kapitelle des 12. Jh. in St. Julien-le-Pauvre, Paris; Burgund: Til-Chatel/Côte d'Or; Poitou u. Saintonge: Airvaux, Tavant, Candes, Cunault, Echilais; Auvergne: St. Julien-de-Brioude, Menet, Molèdes, Roffiac; Languedoc: Elne, St. Martin-du-Canigou; Santiago de Compostela und San Pedro de Galligans, Gerona; Krypta Modena; Portal St. Jakob, Regensburg; des 13. Jh.: Portal Kath. Sens; Fresken St. Jakob in Tramin/Südtirol; 15. Jh.: Lüsterweibchen (die wohl im Zusammenhang mit dem Leuchter, den sie tragen, die durch den Sinnengenuß flüchtigere Zeit bedeuten sollten, die das Lebenslicht des Menschen rascher brennen macht) mannigfach in Deutschland; Miserikordien in Carlisle, Ludlow, Ripon (England).

Skelett 1. Die Personifikation des Todes, manchmal eines dämonisch gehässigen Todes, und zwar nicht eines statischen Todeszustandes, sondern eines dynamischen Todesvorgangs, Ankündigung und Werkzeug eines neuen Lebenszustandes. Von daher kam es zum Bild des S. wie der → Sense. Oft ironisch lächelnd, oft in nachdenklicher Haltung, symbolisiert das S. das Wissen dessen, der die Schwelle des Unbekannten überschritten hat und durch den Tod hindurch in das Geheimnis seines Jenseits eingedrungen ist. – 2. Das Totentanzmotiv, in der spätmittelalterlichen Kunst so intensiv verbreitet, nimmt das bereits aus der Antike bekannte Bild des S. (= Todes) inmitten einer zum fröhlichen Mahl versammelten Gemeinschaft auf. Es weist überdies, wie das Sensensymbol, auf die gleichmachende Gerechtigkeit des Todes hin und ist insgesamt ein Memento mori, eine Erinnerung an die Gebrechlichkeit des Menschen. □ Französ. Fresken 15.–16. Jh. in La Chaise-Dieu, Kernascléden/Bretagne, Kermaria-en-Isquit/Bretagne; La Ferté-Loupière/Burgund; Meslay-le-Grenet/Eure-et-Loire; Altarbild 15. Jh. aus der Abtei St. Bertin, St. Omer, Deutsches Mus. Berlin; Skulpturen 15. Jh., Aître St.-Maclou, Rouen; Cimétière St. Saturnin, Blois. Ital. Fresken 15.–16. Jh. in Lazzaro fuori zu Como, Clusone, Carisolo u. Pinzolo. Deutsche Fresken: Marienkirche Lübeck, 1463, zwei Totentänze Basel (Dominikanerkloster Groß-Basel und Vorstadt Klingenthal, beide um 1440); Hans Holbein, Bilder des Todes, 1538, Lyon; Kaspar Meglinger, 1626–1632, überdachte Holzbrücke, Luzern. – 3. Die Legende von den drei Toten und den drei Lebenden, aus dem Orient stammend, erzählt, wie drei Edelleute, sorglos von der Jagd zurückkehrend, plötzlich an einer Wegbiegung vor sich in drei Särgen drei stark verweste und von Würmern zerfressene Leichname erblickten, die sich aufrichteten und sprachen: »Was ihr seid, waren wir; was wir sind, werdet ihr sein!« Die Bildkunst hat sich dieses Motives seit dem 13. Jh., besonders aber in der Renaissance, angenommen und es dramatisch ausgestaltet, vor allem in Frankreich; in Italien fügte man der Gruppe noch den ägyptischen Wüstenvater Makarios hinzu, der den jungen Edelleuten ihre toten Gegenbilder zeigt und erläutert. □ a) Frankreich: Votivrelief für Herzog Ludwig von Orléans, 1408, Südportal Chap. du Charnier des Innocents, Paris; Fresken 15. Jh. in Ennezat/Puy-de-Dôme (1420), Kapelle Kermaria-en-Isquit/Bretagne (1460), in Antigny/Vienne u. Jouhet s/Gartempe; Skulpturen 15. Jh., Chor der Kirche von Hal/Belgien; Fresken 16. Jh., Château de Blois, in Auvers-le-Hamon/Sarthe; Meslay-le-Grenet/Eure-et-Loire; in La Ferté-Loupière/Yonne, in der Chapelle du Tresor, Kirche von St. Riquier/Somme; Fenster 16. Jh., Charmes s/Moselle. b) Italien: Fresken des 13. bis 16. Jh. in Atri, Melfi, Abtei S. Maria de Vezzolano, Campo Santo, Pisa (von Franc. Traini, zerstört 1944); Sacro Speco, Subiaco; S. Luca, Cremona; Clusone b/Bergamo; Pinzolo (1539); Gemälde von Jacopo del Casentino, Flügel eines Triptychons 15. Jh., Universitätssammlung Göttingen. – 4. Der Triumph des Todes zu Pferd mit Pfeil und Bogen oder zu Wagen oder auf einem fahrbaren Katafalk, den schwarze Büffel ziehen, stellt das eigentliche italienische Gegenstück zu den französischen und deutschen Totentänzen dar. □ Meo da Siena, 14. Jh., Fresko Sacro Speco, Subiaco; Francesco Traini, Fresko 1370, Campo Santo, Pisa; unbek. Meister, Fresko um 1445, Palazzo Sclafani, Palermo; Lorenzo Costa, Fresko 1489, S. Giacomo Maggiore, Bologna. – 5. Einzelne Bildmotive des Todes. Totentanzdarstellungen werden nach dem Ende des Mittelalters seltener, dafür begegnen einzelne Todesthemen und -darstellungen, besonders in Deutschland: Albrecht Dürers Kupferstich »Der Spaziergang« (1490) zeigt, wie der Tod einem ahnungslos daherwandernden Liebespaar mit der Sense auflauert. Hans Schäufelein variiert das Thema um 1506 (Städel-Institut, Frankfurt) dahin, daß der Tod spöttisch die Schleppe der majestätisch dahinschreitenden Frau trägt. Der Augsburger Maler Hans Burgkmair schildert 1510 den »Tod als Würger« bei der Überwältigung eines jungen Kriegers. Hans Baldung Grien (Tafelbild 1517, Museum Basel) koppelt Liebe und Tod zusammen: Der Knochenmann küßt ein schönes nacktes Mädchen und ergreift ein anderes bei den Haaren, um ihm den Weg ins Grab zu weisen; ein ähnliches Thema wird im Kunsthistorischen Museum Wien behandelt. – 6. Leichen und Skelette. Seit dem 14. Jh. taucht die Tendenz auf, das Bild des Todes immer bedrohlicher werden zu lassen. Stellte man vorher Tote sozusagen im Augenblick des Verscheidens dar, so jetzt stark verweste Leichen, nackt und von Würmern zerfressen, oder ließ aus dem Sarkophag ein S.

herausragen. □ Grabstein des Kanonikus Dubour, 1357, Kirche Villeneuve s/Yonne; Grabmal des Kardinals Legrange, 1402, Mus. Avignon; Grabmal der Jeanne de Bourbon, 1521, Louvre, Paris; Grabmal des Fürstbischofs von Lüttich, Erhard von der Marck, 1528, Kath. St. Lambert, Lüttich; Grabmal des Priors Pierre Julian, um 1545, Kirche der Coelestiner, Marcoussis; Ligier Richier, Grabmal für das Herz des René de Châlons, Bar-le-Duc. – → Leichnam als Attribut von Heiligen.

Skorpion Tödlicher Feind für den Menschen des Orients, ist der S. in der Bibel wie die → Schlange Zeichen teuflischer, lebens- und heilsgefährdender Mächte (z. B. Sirach 39, 36; Luk. 10, 19). Das wird besonders deutlich in der apokalyptischen Vision zusammengesetzter Höllentiere (Offb. Joh. 9, 2–12). In der mittelalterlichen Kunst ist der S. Symbol des Satans und der Ketzerei sowie der Todesbedrohung. Er begegnet ferner als Emblem für Afrika (bei Darstellungen von Erdteilen), der Dialektik oder Logik (bei Darstellung der sieben freien → Künste), der Synagoge oder des jüdischen Volkes. – Er ist Attribut des hl. Franziskus v. Fabriano.

Sonne Das älteste Sonnenzeichen ist ein Kreis oder ein Kreis, der ein Kreuz umschließt. Damit ist das später vielfach variierte Bild des Sonnenrades geschaffen. Die S. ist bei vielen Völkern Kundgabe, Offenbarung der Gottheit; sie ist unsterblich, da sie sich jeden Morgen neu erhebt und jeden Abend ins Totenreich absinkt; sie ist Quelle des Lichts, der Wärme, des Lebens; ihre Strahlen machen die Dinge erkennbar. Daher ist sie mit Gerechtigkeit verbunden (vgl. die Bezeichnung des Messias als »S. der Gerechtigkeit«, Mal. 3, 20). Das → Christusmonogramm erinnert an ein Sonnenrad. Gleichzeitig ist die S. aber auch zerstörerisch, das Prinzip der Trockenheit, die Feindin des fruchtbringenden Regens. – Im Unterschied zu dem Sonnenhymnus des ägyptischen Pharao Echnaton nennt der 104. Psalm, der diesem Hymnus in starkem Maße entlehnt ist, Gott als den Urheber und Lenker auch der S. Es ist kein Widerspruch dazu, wenn auf altchristlichen Epitaphien (z. B. Lateranmuseum, Rom) manchmal die S. mit Strahlenhänden ganz wie auf Echnatons Reliefs erscheint. Es ist Gott bzw. Christus, die S. des achten Schöpfungstages, der hier apostrophiert wird. In der späteren christlichen Kunst taucht die S. lediglich in Funktionen auf, etwa bei der Kreuzigung Christi, wo sie in Trauer ihr Haupt verhüllt und den Schein verweigert. Die Sonnenscheibe erscheint als → Nimbus über dem Haupt Gottes,

Christi und unzähliger heiliger Personen. – Der in der griechischen und römischen Kunst häufig abgebildete Mythos vom Sonnensohn Phaeton, der, unfähig, den Sonnenwagen – das weiterentwickelte Sonnenrad –, dessen Führung er sich angemaßt hatte, zu lenken, Himmel und Erde in Feuer setzte und von Jupiter zur Vermeidung einer größeren Katastrophe auf die Erde geschleudert wurde, hat auch einige frühchristliche Kunstwerke inspiriert, darunter den sehr schönen Sarkophag des Publius Aelius Sabinus aus dem 4. Jh. in Tortona/Norditalien. Offenbar handelt es sich aber dabei, trotz des beigefügten Guten Hirten, um einen vorfabrizierten Sarkophag aus einer heidnischen Werkstatt, die bemüht war, Käufer jeder Art durch ein Sortiment verschiedener Symbole zufriedenzustellen. Das Mosaik des 4. Jh. in den Vatikanischen Grotten, das Christus als Helios im Strahlenkranz mit dem Sonnenwagen zeigt, ist dagegen eindeutig christliches Bekenntnis zu Ostern als dem Anbruch des neuen Schöpfungstages und der Garantie neuer Lebensqualität. – Das besonders der romanischen Kunst angehörende Bild des Christus Chronokrator, der die Zeit regiert, hat damit zu tun, daß Christus unter dem Bilde der S. verstanden wird, die ihrerseits Auf- und Niedergang der Zeit markiert. – Mit einer Strahlensonne auf der Brust werden die Heiligen Nikolaus von Tolentino, Thomas v. Aquino und Vinzenz Ferrer abgebildet. – Ein interessantes neues Sonnenbild, das pythagoreische Symbolik mit Visionen Daniels (7, 9. 22) verbindet, ist »Der Alte der Tage« von William Blake. – → Wagen. → Rad.

Spaten Kennzeichen Adams und Symbol der mühevollen Arbeit nach der Vertreibung aus dem Paradies; Attribut des Propheten → Elia, des alten Tobias (der die Toten begrub) und Teil der Gärtnertracht Jesu bei seiner Begegnung mit Maria Magdalena nach der Auferstehung. Den S. tragen ferner vor allem die Schutzpatrone der Gärtner: Fiacrius, Isidor der Landmann und Phokas.

Specht Infolge seines beständigen Klopfens ein Symbol des »Betens ohne Unterlaß« (1. Thess. 5, 17), als Würmervertilger zugleich Feind des → Teufels und → Christussymbol.

Sphinx Ungeheuer mit menschlichem Kopf und tierischem Leib (Löwe), manchmal männlich (Reliefs in Cunault/Anjou, 12. Jh.), manchmal weiblich (Chauvigny, Aulnay/Saintonge, 12. Jh.) dargestellt; vermutlich ursprünglich ein Symbol des oft mit einem Löwenfell bekleideten Königs, bei den Ägyptern (Gizeh), Hethitern (Hattusa, Malatya, Kara Tepe, Tell Halaf) und Griechen (Naxiersäule Delphi) üblich; gekennzeichnet durch hieratische Unbeweglichkeit. Eine S. mit Menschenkopf, Löwentatzen, Stiernacken und Adlerflügeln kann auch die Synthese der vier Elemente symbolisieren. Häufig sind zwei Sphingen symmetrisch zueinander gruppiert. Das gilt auch für die stets weiblichen Sphingen der barocken Schlösser (oberes Belvedere und Palais Trautson, Wien; Pillniz) und Gärten (Veitshöchheim/Main).

Spiegel Als Zeichen der Eitelkeit Attribut der Luxuria (Wollust) und der → Sirenen; als Zeichen der Selbsterkenntnis Attribut der Tugenden Prudentia (Klugheit) und Veritas (Wahrheit); ferner marianisches Symbol, insofern Gott Vater in der Jungfräulichkeit Marias sein Ebenbild im Sohne spiegelte.

Spiele, Spielzeuge Spiele, vor allem Zirkusspiele, und zwar sowohl Wagenrennen als auch Kämpfe mit wilden Tieren, wurden auch in der christlichen Zeit abgebildet, auf Fußbodenmosaiken wie auf zahlreichen kunstgewerblichen Gegenständen aus verschiedenem Material. – Spielzeuge waren bei christlichen und heidnischen Kindern gleich. Sie sind in großer Zahl erhalten: Puppen, Scheibenräder, Kugeln, Knöchel. Es gibt Bilder, auf denen Kinder in Gestalt von → Eroten Versteck spielen. Augustinus bemerkt gelegentlich, daß die kleinen Jungen den Augen des Lehrers entwischt seien, um sich dem Spiel »mit Dreck« hinzugeben. Ebenfalls wurde eine ganze Reihe von steinernen Spieltafeln gefunden, auf denen man mit Würfeln usw. spielte. Solche Tafeln finden sich auch oft auf Marktplätzen und an den Plätzen der Stadtwachen eingeritzt.

Spinne Als todbringender Aussauger Bild des bösen Triebes, der aus allem Gift saugt. Daher Gegenbild zur → Biene. – Eine S. über einem Kelch ist Attribut der Heiligen Norbert und Konrad v. Konstanz, weil diesen bei der Kommunion eine giftige S. in den Kelch fiel, den sie aber trotzdem ohne Schaden austranken.

Spinnrocken Einer ostkirchlichen, durch apokryphe Evangelien veranlaßten Bildtradition folgend, sitzt Maria auf manchen Bildern der Verkündigung in ihrem Zimmer am S., um das Purpurtuch für den Tempel anzufertigen, und hält eine Spindel in der Hand, während ihr der Engel die Botschaft bringt. □ Mosaik 5. Jh., Triumphbogen S. Maria Maggiore, Rom; Elfenbeinkathedra des Maximian, 6. Jh., Ravenna; Mosaik 6. Jh., Triumphbogen Sw. Sophia, Kiew; Bonanus v. Pisa, Bronzetür 12. Jh., Dom Pisa; ferner außerhalb der förmlich byzantinischen Kunst, aber zweifellos durch sie beeinflußt: Relief 11. Jh., S. Michele, Pavia; Relief 12. Jh., Taufbecken Baptisterium Verona; Fassade 12. Jh., St. Jouin, Marnes/Poitou, St. Trophime, Arles/Provence, Ste. Foy, Conques/Rouergue; Fenster 13. Jh., Kath. Lyon. Eine symbolische Bedeutung kann in der auch hier möglichen Rückbeziehung Marias auf Eva bestehen: in der Erinnerung an die Tätigkeit des Spinnens, die Eva der Tradition zufolge nach der Vertreibung aus dem Paradies ausübte. – Ganz allgemein ist der S. das Symbol des aktiven (im Gegensatz zum kontemplativen) Lebens. Attribut ist der S. vor allem bei den hl. Hirtinnen: Genoveva, Gertrud v. Nivelles, Jeanne d'Arc, Margarete, Solange.

Spirale Die S. drückt den Gedanken des Relativen, Werdenden aus, und wie der Mond seine regelmäßigen Phasen in Entschwinden und Wiederkehr hat, bezeichnet die S. die ewige Wiederkehr, die Wiederholung, den zyklischen Charakter der Evolution. Daher imitiert ihre Form den Halbmond. Auch eine Beziehung zum → Labyrinth besteht. Die Doppelspirale erweckt den Gedanken an das sich Ineinander- und Auseinander-Entwickeln von Leben und Tod. Diese Symbolik liegt auch dem Zeichen S zugrunde. Wo die S. seit der Steinzeit auftaucht, weist sie auf eine Erneuerung des Lebens, auf vegetabilische und organische Fruchtbarkeit. So wird sie ohne Schwierigkeit auch auf späteren christlichen Gedenksteinen keltischer Herkunft verständlich. Wie sehr diese einfach klingende Symbolik Ornamente zu imponierenden Aussagen machen kann, beweist vor allem die atemberaubende Bildfülle der romanischen Kunst in bezug auf die S.

Stab, Stock Als ein Symbol der Macht und der Kenntnis unsichtbarer Dinge seit alters magisch verstanden und verwendet (Zauberstab, Wünschelrute), als Äskulapstab, um den sich zwei Schlangen ringeln, Symbol des heilenden Gottes und der ärztlichen Kunst, taucht in der biblischen Tradition und Bildthematik vor allem als Stab des → Mose (z. B. beim Wunder des Wassers aus dem Felsen), S. des → Aaron (2. Mose 7, 8–12, → Schlange; 4. Mose 17, 19–26, → Baum), S. in der Hand Christi (beim Vollzug der verschiedenen wunderhaften Zeichen) und in der Hand des Petrus sowie der Heiligen Martialis, Maternus und Patrick (ebenfalls bei Wundern) auf. Wenn die Abbildung des S. auch nicht den S., sondern den mit dem S. Wirkenden in den Mittelpunkt stellen wollte, so riskierten die Christen der Frühzeit, die solche Bilder auf Katakombenfresken (S. Callisto, Rom) und auf Sarkophagen festhielten, damit doch die Verschärfung des Mißtrauens der heidnischen Umwelt und die Erneuerung des geläufigen Vorwurfs der Magie. – Aus dem Hirtenstab, von dem Ps. 23, 4 die Rede ist, und den in christlichen Ikonographien außer Christus als dem Guten → Hirten auch Abel, der Prophet Amos, Joachim (der Vater Marias, während er bei seinen Hirten lebte) und die Heiligen Alanus, Wendelin, Genoveva und Solange tragen, hat sich der Bischofsstab (Krummstab) entwickelt, der zugleich auf den wunderbaren S. Aarons deutet. Nach einem Wort des hl. Ambrosius soll der Bischofsstab »unten spitz sein, um die Trägen anzustacheln, in der Mitte gerade, um die Schwachen zu regieren, oben krumm, um die Verirrten zu sammeln«. Aus den apokryphen Mariengeschichten stammt das Bild des ausschlagenden S. in der Hand Josefs, während die anderen Bewerber um die Hand Marias ihre verdorrt gebliebenen Stöcke zerbrechen. – Ein Botenstab ist das Attribut des Erzengels Gabriel, ein Wanderstab das des Erzengels Raphael (des Reisegefährten des Tobias) und des hl. Josef (im Zusammenhang mit der Flucht nach Ägypten); ein tauförmiger S. (→ Kreuz) Kennzeichen des hl. Wüstenvaters Antonius d. Gr., ferner des Eremiten Paulus und des hl. Romuald. Der Pilgerstab, oft mit angehängter Kalebasse, kennzeichnet Darstellungen der Heiligen Alexius, Koloman v. Melk, Jakobus d. Ä. (maior) (auf Grund der Wallfahrten nach Santiago de Compostela), Jodokus, Morandus v. Altkirch, Philippus, Rochus, Sebald v. Nürnberg, Severin, Brigitta v. Schweden. Einen Krummstab tragen die Bischöfe und die zum Tragen der Mitra berechtigten Äbte, wobei die nach außen gewendete Drehung auf einen Bischof, die nach innen gewendete auf einen Abt weist (dessen Autorität sich nur auf den inneren Bereich seines Klosters erstreckt). Ein Bischofsstab ist das Attribut der Heiligen Ambrosius, Leander, Ludwig v. Toulouse, Theodul v. Sitten, ein Abtsstab das Attribut der Heiligen Benedikt, Maurus, Bernhard, Scholastika. Am Abtsstab des bretonischen Heiligen Ronan blieb der Teufel hängen.

Stachelschwein Wappentier König Franz' I. v. Frankreich, auf den Bauwerken seiner Zeit reich vertreten. Es stand in dem Rufe, seine Stacheln auch auf große Entfernung auf Angreifer verschießen zu können und dadurch ein gefährlicher Gegner zu sein.

Stadt, himmlische Die Offb. Joh. 21 ausführlich beschriebene himmlische Stadt Jerusalem mit ihren zwölf Toren, wie die meisten antiken Städte im Grundriß quadratisch und orientiert (geostet), taucht im Mittelalter sowohl bei Architekturentwürfen wie in der Malerei, der Steinmetzkunst und auf kleineren, insbesondere kunstgewerblichen Objekten auf. Wie eine Frau ihre Kinder in ihrem Schoß sammelt, so die Stadt ihre Einwohner. Deswegen tragen Göttinnen oft eine Mauerkrone. So sind die Städte im AT wie Personen beschrieben; im NT aber wird das himmlische Jerusalem die »Freie«, »unser aller Mutter« genannt. Die Antithese dieser himmlischen Stadt ist »Babylon die Große«; auch die reale Stadt Babylon wies durch ihre Namen (»Tor des Himmels«) und die Benennung der Tore nach Götternamen bereits auf einen überirdischen Bezug hin. In Offb. Joh. 17, 1–8 wird unter Babylon jedoch deutlich Rom verstanden, damals »die« Stadt und doch die Anti-Stadt, eine verderbte und verderbenbringende Mutter. Die Beschreibung des himmlischen Jerusalem in der Offb. Joh. nimmt zahlreiche Motive aus der konkreten Anlage der antiken Stadt Babylon nach den Berichten Herodots auf. Bilddarstellungen haben ebenfalls häufig konkrete Städte zum Modell gewählt: das palästinensische Jerusalem (Mosaik S. Pudenziana, Rom), Nürnberg (Dürer), Luzern (Holbein). Weitere bedeutende Bildbeispiele: Apsismosaik 4. Jh., S. Pudenziana, Rom; Mosaik 5. Jh., Triumphbogen S. Maria Maggiore, Rom; Mosaik 9. Jh., Triumphbogen S. Prassede, Rom; Fresko 11. Jh., Abteikirche St. Chef/Dauphiné; Radleuchter 11. Jh., Dom Hildesheim; Fresken 12. Jh., St. Savin/Poitou u. S. Pietro de Civate/Lombardei; Lichtkrone, gestiftet von Friedrich Barbarossa, 12. Jh., Münster Aachen; Weihrauchfaß 12. Jh., Kloster Seitenstetten/Österr.; Fensterrose 15. Jh., Ste. Chapelle, Paris; Fenster 1606, St. Martin, Troyes. – Dieses himmlische Jerusalem wird zugleich in der frühchristlichen Kunst zum Vorausbild der Kirche als Gemeinde und Gebäudekomplex in einem, deutlich besonders dann, wenn Lämmer in Gruppen aus dem Stadttor heraus zur Anbetung vor das erhöhte Gotteslamm ziehen oder vor dem Stadttor gruppiert sind (ähnlich, stark vereinfacht, auf Sarkophagen). Bei Gegenüberordnung der Lämmergruppen ist anzunehmen, daß auf die Kirche aus den Juden und den Heiden angespielt werden soll, die in Christus eins wird. Dann können manchmal auch die beiden Städte Jerusalem (Repräsentanz der Kirche aus den Juden) und Bethlehem (auf Grund der Anbetung der Weisen aus dem Morgenland Repräsentanz der Kirche aus den Heiden), durch Namengebung gekennzeichnet, im Hintergrund auftauchen. Im Lauf des Mittelalters nehmen Tabernakel, Reliquiare und Monstranzen die Form der »Heiligen Stadt« an; im späten Mittelalter

gilt diese auch als marianisches Symbol. – Nach mittelalterlicher Vorstellung ist der Mensch ein Pilger zwischen zwei Städten. Sein Leben ist ein Weg von der unteren zur oberen Stadt, der er durch die Erwählung Gottes bereits angehört.

Stadtmodell Attribut der Schutzheiligen einer Stadt, z. B. Bernardin v. Siena, Emidius v. Ascoli, Geminianus v. Modena, Petronius v. Bologna, Agnes v. Montepulciano.

Stein Der Steinaltar der christlichen Kirchen ist das Symbol der Gegenwart Gottes, wie schon die S.e, die Jakob in Bethel zum Altar aufschichtete, und der S., der in Jerusalem die Bundeslade trug. Kleinere S.e tauchen in der christlichen Bildkunst in zwei Zusammenhängen auf: 1. in der Versuchungsgeschichte Jesu (Matth. 4, 3). Der Teufel fordert Jesus auf, die S.e in Brot zu verwandeln. Hier liegt nicht nur zwischen S. und Brot eine Analogie der äußeren Form vor, sondern auch eine Erinnerung an den griechischen Mythos, demzufolge nach der Sintflut Menschen aus den S.n hervorwuchsen, die Deukalion gesät hatte. Semitische Traditionen kennen ebenfalls den Menschen, der aus einem S. entspringt. 2. in dem Bericht über die Steinigung des Stephanus (Apg. 7, 54–59). Sie ist besonders auf Miniaturen dargestellt. Zu den bemerkenswertesten Stephanusbildern gehört das des Bamberger Domes: Da hält Stephanus selber mit strahlendem Lächeln die Werkzeuge seines Martyriums in der Hand. 3. Ferner ist auf zwei einzelne S.e der → Mariensymbolik zu verweisen: den versiegelten S. (Dan. 6, 18), der nicht verhinderte, daß (nach dem apokryphen Danielzusatz) Habakuk Daniel speiste, und der S., der von einem Berg herabrollte und die ganze Erde erfüllte, eine von Daniel gedeutete Traumvision Nebukadnezars (Dan. 2, 34 f.). Beide S.e wurden auf die jungfräuliche Mutterschaft → Marias bezogen. – Eine Steinigung, die jüdische Todesstrafe in bestimmten, besonders gotteslästerlichen Fällen, wurde laut Joh. 10, 22 ff. bei Jesus versucht. Der Vorgang ist typologisch in der Steinigung Naboths auf Befehl der Isebel (1. Kön. 21, 1 ff.) vorgebildet und knüpft an das Christuswort Luk. 13, 34 über Jerusalem an. □ Sarkophag 4. Jh., S. Sebastiano, Rom; typologisches Fresko, 14. Jh., Emmauskloster Prag; Michael Pacher, Altar 1480, St. Wolfgang/Österr.; Johann Konrad Seekatz, 18. Jh., Mus. Mainz. – Die Steinigung des Stephanus dagegen nahm tödlichen Ausgang und schuf der Gestalt des Protomartyr (Erstmärtyrers) besondere Würde. Nicht selten trägt Stephanus daher auch einen oder mehrere S.e als Attribut (z. B. Adamspforte 13. Jh. in Bamberg; Jean Fouquet, Diptychon von Melun, 15. Jh.,

Deutsches Mus. Berlin). Weitere Heilige, die einen S. als Hinweis auf die Art ihres Martyriums tragen: Jeremia, Antonius v. Rivoli, Barnabas, Christophorus, Eskil v. Schweden, Makarius v. Armenien, Emerentiana v. Rom. Mit einem S. schlägt sich der büßende hl. Hieronymus an die Brust □ 15. Jh.: Cosme Tura, National Gallery London; Giovanni Bellini, Museo Civico, Pesaro; Gerard David, Städel-Institut Frankfurt; Lionardo da Vinci, Pinacoteca Vaticana Rom; 16. Jh.: Lorenzo Lotto, Louvre Paris; Tizian, Brera, Mailand; Lukas Cranach, Kunsthistor. Museum Wien. Der Erbauer der Brücke von Avignon wird mit einem behauenen S. auf der Schulter dargestellt. – Ein Buch, auf dem drei kleine S.e liegen, ist neben dem → Pfau Attribut des in Paderborn begrabenen französischen Bischofs Liborius, der als Patron gegen Steinleiden gilt.

Steinbock Ziegengattung, im rauhen Klima von Schneegebirgen lebend, gekennzeichnet durch gewaltige gebogene Hörner, zugleich Sternbild des südlichen Himmels und zehntes Zeichen des → Tierkreises und in diesem Zusammenhang ursprünglich ein Meertier mit Fischschwanz; als Monatszeichen der Winterwende wie der Zeit der Christgeburt hoffnungsvolles Symbol der erneuerten Herrschaft des Lichts, auf Grund seiner amphibischen Existenz und der allgemeinen negativen Symbolik des Bocks aber doch auch mit dämonischer Bedeutung belastet.

Stern 1. Der S. ist Zeichen und Bringer des Lichts. Wo S.e am Gewölbe eines Tempels oder einer Kirche dargestellt sind, weisen sie auf diese »himmlische« Bedeutung hin. Die S.e, die die Finsternis durchdringen, nehmen an dem beständigen Kampf zwischen den Mächten des Lichts und der Finsternis, der spirituellen und der materiellen Kräfte teil. Nach der Auffassung der Bibel gehorchen sie dem Willen Gottes. Sterngruppendarstellungen weisen auf harmonisch zusammenwirkende Mächte im Dienst Gottes. Von der spätjüdischen Vorstellung, daß über jeden S. ein Engel wache (1. Henoch 72, 3), zu engerer Symbolbeziehung zwischen S. und → Engeln war nur ein Schritt. So kann auf mittelalterlichen Bildern ein S. oder ein Engel die drei Weisen nach Bethlehem geleiten. Daniel (12, 3) beschreibt das ewige Leben der Gerechten unter dem Bild der S.e. Auf die christliche Symbolik ist die Verheißung des »S. aus Juda« (4. Mose 24, 17) nicht ohne Einfluß geblieben. Diese Prophezeiung Bileams (von dem die drei Weisen/Könige abstammen sollen) ist oft dargestellt worden (□ Fresko 3. Jh., Katakombe SS. Pietro e Marcellino, Rom; Portal 13. Jh., Kath. Laon; Kapitell 13. Jh.,

Kath. Amiens; Hermann tom Ring, Halbfigur, 16. Jh., Museum Augsburg). – 2. Die Abbildung von S.n, anderen Himmelskörpern und → Tierkreiszeichen ist sehr alt und weit verbreitet. In der frühchristlichen Kunst begegnet sie auf Epitaphien und Ringen (oft zusammen mit → Christusmonogramm, → Efeublatt, → Palmzweig, → Taube, → Anker). Nicht selten ist auch auf skizzenhaften Darstellungen der Ankunft der drei Weisen aus dem Morgenland der führende S. besonders deutlich hervorgehoben. Frühe Lampen- und Sarkophagbilder (Brescia, Mailand) mit sieben S.n haben zu verschiedenen Hypothesen Anlaß gegeben; heute wird angenommen, daß die Zahl 7, die immer die ganze Fülle des dargestellten Gegenstandes repräsentiert, hier die gesamte Ausdehnung des Himmelsgewölbes bedeuten soll. Zu denken ist auch an eine Anspielung auf Offb. Joh. 1, 20; 3, 16, wo Christus beschrieben wird, der in seiner Hand sieben S.e (= sieben Planeten) hält, d. h. die sieben Gemeinden der Provinz Asia bzw. ihre Vorsteher. Von da aus ist es verständlich, daß auf Sarkophagen (Palermo, Manosque, Arles) jeder Apostel mit einem S. versehen erscheint. Gelegentlich begegnet auch die Tendenz, S.e direkt als Christusmonogramm (s. S. 179) darzustellen (□ Arkosolgrab, S. Callisto, Rom). Mosaikdarstellungen in Ravenna (S. Vitale, Gewölbe Mausoleum Galla Placidia, Apsis S. Apollinare in Classe) zeigen das → Lamm Gottes oder das Kreuz Christi inmitten eines dichtgestirnten Himmels. – Auf Darstellungen der Kreuzigung Christi sind schon früh → Sonne und → Mond trauernd, als männliche und weibliche Repräsentanten des himmlischen Kosmos zu sehen. Diese Personifikationen sind naiv der antiken Mythologie entnommen und tauchen in verschiedenen Varianten auf. Bedeutsam ist hier auch die wahrscheinlich den Originalzyklus auf der Holztür von S. Sabina in Rom (6. Jh.) abschließende Holztafel: Im oberen Bildteil ist der jugendliche Christus Pantokrator dargestellt, im unteren Bildteil eine Frau im Schleier, die Kirche, von den Aposteln Petrus und Paulus gekrönt. Um den Abstand zwischen beiden Regionen zu betonen, ist unter dem angedeuteten Himmelsgewölbe ein Zwischenbereich mit Sonne, Mond und S.n eingeschoben. Ferner ist hier zu erwähnen, daß das christliche Symboldenken unter dem Abendstern, der das Hereinbrechen der Nacht verkündete, das Bild Luzifers, unter dem Morgenstern das Sinnbild Christi (Offb. Joh. 22, 16: »Ich bin der helle Morgenstern«) oder Marias verstand. – 3. Der »S. von Bethlehem« (vgl. Matth. 2, 1–12), ein Hinweis auf die Bedeutung der Astrologie in der Antike und die Hereinnahme der von ihr vermittelten Weisheit in das christliche Gedankengut der Weltwirksamkeit Gottes, muß auch im Zusammenhang mit den kosmischen Ereignissen betrachtet werden, die in der Welt der Religionen der

Geburt fast jedes »Gottessohnes« vorhergingen; er ist zweifellos auch (über 4. Mose 24, 17) ähnlich begründet wie die Sternensohn-Ideologie des politisch-religiösen Aufstandsführers Bar Kochba (132–135 n. Chr.), der Münzen mit dem Bild eines S. schlagen ließ. – 4. Ein ganzer Sternenhimmel begegnet bei der Darstellung der Verheißung Gottes an den alten Abraham, seine Nachkommenschaft werde so zahlreich sein wie die S.e am Himmel (1. Mose 15, 2–6, wiederholt 1. Mose 22, 16 –18): □ Bronzeportal von S. Zeno, Verona, 12. Jh. Nach der Auffassung mittelalterlicher Theologen ist damit auf die geistliche Nachkommenschaft Abrahams, die Kirche aus allen Rassen und Völkern, angespielt. – 5. Ein Sternenregen bestimmt nach Offb. Joh. 6, 12 f. die Vision bei der Eröffnung des sechsten Siegels. Die S.e fallen zur Erde wie Früchte eines Feigenbaums beim Sturmwind. Die Beziehung zu den der babylonischen Astrologie entlehnten eschatologischen Bildern des Propheten Jesaja (Kap. 34) und den gleichgerichteten Aussagen Matth. 24, 9; Luk. 23, 30; Matth. 27, 45 ist deutlich. □ Apokalypse von St. Sever, 11. Jh., Nationalbibliothek Paris; Dürer, Holzschnitt zur Apokalypse; Wittenberger Bibel 1522; Hans Schäufelein, Holzschnitt 16. Jh. – 6. Als Heiligenattribut begegnet ein S. außerdem bei Dominikus (roter S. auf der Stirn oder oberhalb des → Nimbus); auf der Brust bei Bruno, Nikolaus v. Tolentino, Thomas v. Aquino, Vinzenz Ferrer; ein achtstrahliger S. verweist auf den hl. Suitbert. Eine Sternenkrone um das Haupt tragen die Frau aus Offb. Joh. 12, → Maria als unbefleckte Jungfrau, der hl. Johannes v. Nepomuk. Der bekannte spanische Wallfahrtsort Compostela (campus stellae) hat seinen Namen von einem S., dem der Apostel Jakobus d. Ä. (maior) auf seiner Pilgerschaft nach Spanien folgte.

Stieglitz (Distelfink) Der weit verbreitete Finkenvogel, der sich von Distelsamen und Insekten nährt und dabei doch so fröhlich singt, ist ein Symbol des Christuskindes. Er begegnet auf Madonnenbildern von Raffael und Dürer, Andrea del Sarto, Correggio, Conegliano, Mazzolino.

Stier Der S. ist ein altes Fruchtbarkeitssymbol, bekannt aus der Umwelt der Israeliten und deren eigener Anbetung des goldenen Stierbildes am Sinai. Die letztere Szene ist mit besonderer Ausdruckskraft auf einem Kapitell in Vézelay veranschaulicht. (Weitere Beispiele: Miserikordie 14. Jh., Chorgestühl Kath. Worcester; Cosimo Rosselli, 15. Jh., Fresko Cappella Sistina, Vatikan; Raffael, 16. Jh., Loggien, Vatikan; Claude Lorrain, 17. Jh., Sammlung Duke of Westminster, London; Brüsseler Teppich 18. Jh., Kunsthistor. Museum Wien.) Unter den Lastern verkörpert das Stierbild sowohl Gefräßigkeit wie Gewalttat. Andererseits legt die Verwendung des S. oder der → Kuh und des Kalbes als Opfertier (4. Mose 19, 1–15) in Verbindung mit dem »gemästeten Kalb«, das bei der Rückkehr des verlorenen Sohnes geschlachtet wurde, eine positive Bedeutung und sogar eine Beziehung auf Christus nahe, der am Kreuz von der Lanze des römischen Soldaten durchbohrt wurde. So ausgeführt bei Philo, Rhabanus Maurus, Bruno v. Asti. Mit dem Brauch der Kastration der S.e verband sich der Gedanke der Keuschheit, doch zog man für diese Analogie das weiße, unbefleckte Lamm vor. – Stierfriese und Stiermasken in französischen Kirchen weisen auf Einflüsse des keltischen Heidentums zurück. Als Attribut wie Medium des Martyriums von Heiligen erscheint der S. bei Saturnin (Sernin) v. Toulouse, Blandina v. Lyon. Ein glühend gemachter S. aus Erz gehört zur Martyriumsgeschichte von Eustachius, Hippolyt und Pelagia. Ein S. in Begleitung des hl. Silvester weist auf die Legende hin, derzufolge dieser Papst des 4. Jh. einen durch Magie getöteten wilden S. wieder zum Leben erweckt hat. – Dem solaren Mithraskult, der lange Zeit im Synkretismus des 3. und 4. Jh. neben dem Christentum her bestand und besonders bei den Soldaten beliebt war, gehört die Darstellung eines in die Knie gebrochenen S. an, den Mithras (in phrygischer Mütze) mit dem Dolch absticht, während zwei Genien mit erhobener und gesenkter Fackel rechts und links die Gruppe flankieren. Ein Rabe sitzt auf dem wehenden Mantel des Gottes. Ein Hund springt hoch, um das Blut des S. zu lecken. Unter dem Leib des S. versuchen ein Skorpion und eine Schlange seine Genitalien zu verschlingen. Manchmal ist ihm auch ein Löwe beigegeben; im Hintergrund erhebt sich nicht selten ein Baum, um den sich eine Schlange windet, die zu Mithras hinblickt. Solche Mithrasbilder finden sich in zahlreichen Mithrasheiligtümern im ehemaligen Einzugsbereich römischer Truppen von Gallien bis Pannonien. Berühmt sind die Mithräen unterhalb der Basilika S. Clemente in Rom sowie das große Mithrasrelief aus Heddernheim (Mus. Wiesbaden). → Tetramorph.

Stock → Stab.

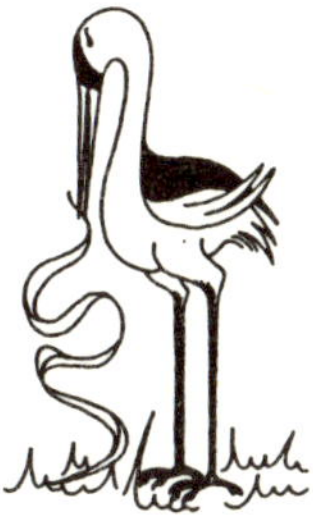

Storch Der S. ist kein wesentlicher Bestandteil der christlichen Symbolik; doch bezeichnet er seit alters einmal Kindesliebe, da man ihm nachsagt, er ernähre seinen alten Vater; außerdem wird er in vielen Ländern als Kinderbringer betrachtet. Dies hängt wahrscheinlich mit seinem Zugvogelcharakter und der Tatsache zusammen, daß er jährlich zur Zeit des allgemeinen Erwachens in der Natur wiederkehrt. Da Falke, Ibis und S. Schlangenvertilger sind, werden sie in der christlichen Symbolik als antiteuflische Tiere und damit als Symbole Christi betrachtet. Als wiederkehrender Zugvogel ist der S. ebenfalls Sinnbild der Auferstehung; infolge seines regelmäßigen Kommens und Gehens zur rechten Jahreszeit zugleich ein Symbol gerechten Wandels. Das ruhige Stehen des einzelnen S. auf einem Bein hat ihn ferner in Beziehung zur Kontemplation gesetzt. – Ein S. mit einer Schlange im Schnabel ist das Attribut des hl. Bischofs Agricolus v. Avignon.

Strauß (Vogel) Der alten Naturauffassung zufolge brütet der S. nicht auf seinen Eiern, sondern blickt diese nur unverwandt an, bis er mit der Kraft seines Blickes die Jungen darin lebendig gemacht hat. Daher die meditative Funktion der Straußeneier, die in Kirchen des Ostens, besonders im koptischen Bereich, von der Decke herab hängen. – Eine andere Version antiker Naturvorstellung, im Physiologus wiedergegeben, vertritt die Meinung, daß der S. seine Jungen von der Sonne ausbrüten läßt; in dieser Hinsicht ist er ein Bild Christi, der durch Gott Vater auferweckt wurde. Auch daher hängt man noch heute in östlichen, besonders koptischen Kirchen durchgehend und hängte man früher in einigen Kirchen des Westens zwischen Karfreitag und Ostermorgen ein Straußenei auf. Ein solches aus der Kath. von Angers ist im dortigen Musée St. Jean aufbewahrt. Das Straußenei ist auch Symbol der jungfräulichen Mutterschaft Marias (□ Chorgestühl 14. Jh. Berchtesgaden/Bayern; Fresken 15. Jh. Kreuzgang Brixen/Tirol). – Der seine Eier sich selbst überlassende S. kann aber gleichzeitig auch das warnende Bild des Sünders sein, der seine Pflichten gegen Gott vergißt. Ebenfalls Negativsymbol ist der S. als Bild der Synagoge, die absichtlich blind bleibt, so wie der S. angeblich seinen Kopf in den Sand steckt.

Strick Attribut des → Teufels, der die Verdammten des → Endgerichts an einem S. oder einer Kette hinter sich her zieht, und damit Symbol der Verstrickung und Knechtschaft. Fresken des 11. Jh. in kappadokischen Höhlenkirchen zeigen den gefangenen Christus mit einem S. um den Hals. Der S. ist ferner Attribut der Hure Rahab, die die Kundschafter Josuas in Jericho an einem Seil durch ein Fenster in der Stadtmauer hinunterließ und ihnen so zu entkommen half (Jos. 2, 1 ff.) – der Typus zahlreicher späterer Büßerinnen (z. B. Magdalena, Afra) –, und des

Heiligen Desiderius v. Vienne, der mit einem S. erwürgt wurde.

Styliten → Säule.

T

Tamburin Handpauke, Attribut der Prophetin Mirjam, Schwester des Mose, die nach dem glücklichen Durchzug durch das Rote Meer den Reigen der Frauen anführte und die Errettung besang (2. Mose 15, 20 f.).

Tanz Der T. der Götter und mythischen Heroen, der nach der Auffassung vieler Völker ein wesentliches Mittel der Organisation und zyklisch-harmonischen Bewegung der Welt war, hat den rituellen T. der Menschen ausgelöst, die sich damit dem himmlischen Rhythmus gleichschalten und den Bezug zwischen Himmel und Erde wiederherstellen – ob es nun im einzelnen um Regen oder Liebe, Sieg im Kampf oder Fruchtbarkeit gehen mag. In jedem Fall sucht der T. (wie das Spiel) die Befreiung aus irdischer Begrenzung, die Kundmachung geistig-geistlichen Lebens. Darauf weist auch Davids T. vor der Bundeslade (2. Sam. 6, 14). Die Christen der Frühzeit haben, abgestoßen von den herrschenden Tanzsitten, den T. mit Mißtrauen betrachtet. Hatte nicht der T. der Salome das Ende Johannes' des Täufers verschuldet (Matth. 14, 6)? In einem Kommentar zu diesem Evangelientext fällt das berühmte Wort des Johannes Chrysostomus: »Wo man tanzt, ist der Teufel.« Gleichzeitig aber schildert er selbst wie andere griechische Kirchenschriftsteller ausführlich den anmutigen und reinen T. der Engel im Himmel zum Lobe Gottes. In den apokryphen Johannesakten wird ein T. Christi mit den Jüngern nach dem Abendmahl beschrieben. Allmählich setzte sich der T. auch im Bereich der Kirche durch: als rituell-liturgischer Brauch nur in bestimmten Städten (wo sich eine große → Labyrinthzeichnung auf dem Fußboden alter Kirchen findet, kann man annehmen, daß dort der feierliche Ostertanz der Kleriker stattfand), stärker als T. des Volkes innerhalb der Kirchen, oft zum Zeitvertreib an den Vorabenden der Märtyrerfeste, oft auch an Weihnachten und Ostern, zum Teil in Wiederaufnahme örtlicher Gepflogenheiten aus heidnischer Zeit. Die frühchristliche Kunst schildert vor allem biblische Tanzszenen: den Tanz der Mirjam, Schwester des Mose (2. Mose 15, 20 f.); den Festtanz der israelitischen Frauen nach dem Sieg Davids über Goliath (1. Kön. 18, 6 f.; 21, 12; 29, 5); den thronenden David umgeben von Tänzern und Tänzerinnen; schließlich den berüchtigten T. der Salome, der auch sehr häufig in plastischen Arbeiten und Fresken des Mittelalters wiederkehrt. Christlichem, speziell koptischem Umkreis gehören auch Figurinen von Tänzerinnen in Bronze, Knochen oder Elfenbein an.

Tasche (Brotbeutel) Attribut des Erzengels Raphael als Weggefährte des jungen Tobias, ferner der Heiligen Alexius, Jakobus d. Ä. (maior), Rochus, Sebaldus, Cyra (als der Schutzheiligen der Reisenden und Pilgerinnen).

Taube Die T., bei den Griechen der Aphrodite heilig und Symbol des sublimierten Eros, ist in der christlichen Kunst vor allem das Symbol des Heiligen Geistes. Er schwebte wie ein Vogel über den Wassern des Anfangs. Die T., die am Ende der Sintflut Noah einen grünen Ölzweig brachte (1. Mose 8, 10. 12), kündigte den göttlichen Frieden an, den der Geist Gottes der Erde zuführte. Diese Interpretation wurde durch die T. verstärkt, die bei der Taufe im Jordan über Jesus schwebte (Matth. 3, 16). Alle diese Szenen gehören zu den am häufigsten in der christlichen Kunst dargestellten. Zu ihnen tritt die gelegentliche Abbildung einer T. (meist mit Kreuznimbus) bei Inspirationen (z. B. Davids vor dem Kampf mit Goliath, Wahl des römischen Bischofs Fabian, Evangelisten und Kirchenväter) und bei der Ausgießung des Geistes an Pfingsten (□ Nikolaus v. Verdun, Emailaltar 1181, Klosterneuburg b. Wien; Mosaiken 12. Jh., Daphni b. Athen und S. Marco, Venedig; Fenster um 1145, Kath. Le Mans; Padre Serra, Heiliger-Geist-Altar, 1394, Kath. Manresa/Spanien; Altar um 1345, Wyssebrod = Hohenfurt/ Tschechoslowakei; Erasmus Grasser, Altar, Nonnbergkloster, Salzburg; Tizian, 1560, S. Maria della Salute, Venedig). Auf dem Mosaik des Triumphbogens von S. Maria Maggiore, Rom, kommt im Augenblick der Verkündigung an Maria der Heilige Geist in Gestalt einer T. auf sie hernieder. Dieses Bild hat eine unzählige Reihe ähnlicher Darstellungen eingeleitet. Auf Gnadenstuhl-Darstellungen der göttlichen Dreifaltigkeit schwebt der Hl. Geist in Gestalt einer T. zwischen den Köpfen des Vaters und des Sohnes. Auch die

»sieben Gaben des Hl. Geistes« (vgl. Jes. 11, 2 f.: Weisheit, Verstand, Rat, Stärke, Wissen, Frömmigkeit, Furcht Gottes) sind häufig in Gestalt von T.n dargestellt, nicht selten um Christus oder auch um Maria gruppiert oder der Wurzel Jesse (→ Baum) verbunden. Das Thema taucht im 12. Jh. auf den Fenstern der Kath. von St. Denis und Chartres auf. Weitere Beispiele: Fenster von Le Mans, 13. Jh.; Katalanische Altartafel 13. Jh., Episkopalmuseum Vich; Antependium aus Soest, 13. Jh., Museum Münster; Fresko 13. Jh. Gurk/Kärnten. – Doch ist der Hl. Geist nicht nur bei Bildern der Taufe Jesu als T. dargestellt; das gleiche gilt auch für die Taufe einfacher Gläubiger. So können die Täuflinge, rein geworden wie die weißen T.n, und damit die Gläubigen selbst wie auch die Apostel (□ Mosaik Baptisterium Albenga) unter dem Bild von T.n erscheinen. Während in ganz früher und dann wieder in konstantinischer Zeit die T. als rein dekoratives Motiv in Blumengirlanden und dergleichen aus der antiken Kunst übernommen und oft zur Ausfüllung leerer Räume verwendet wurde, gewann sie in der Zwischenzeit besonders symbolische Bedeutung im Zusammenhang mit den genannten biblischen Texten. Auch die T. Noahs mit dem Ölzweig konnte im Zusammenhang mit der Taufe auftreten, deren Wasser wie das der Sintflut die Sünden der Menschen abwusch; sie wurde zum Symbol des göttlichen Friedens, der der Seele des Täuflings in der Taufe gewährt wurde. So wurde ebenfalls Noah selbst zum Symbol des Glaubenden, Geretteten, zum himmlischen Frieden Berufenen. Mit dem Bild der T. wünschte man den gläubig Verstorbenen den Frieden des Himmelreichs. Von da her löst sich die T. dann aus der Noahgeschichte und gewinnt, wie → Anker, → Fisch und → Palme zum Zeichen reduziert, ihre selbständige Symbolbedeutung: Sie ist der Seelenvogel = die Seele des Verstorbenen in der himmlischen Freude. Sicher wirkt dabei zusätzlich die alte mythische Vorstellung der Seele als eines Vogels nach. So trägt die T. neben dem Ölzweig gelegentlich auch einen Lorbeerzweig oder eine Märtyrerkrone im Schnabel, sitzt neben dem → Baum des Lebens im Paradies oder auf dem Gefäß mit dem Wasser des ewigen Lebens und erscheint schließlich vom 4. Jh. ab im Zusammenhang mit dem Osterereignis, dem → Christusmonogramm und dem → Labarum: Auf dem Kreuz ruht ein Lorbeerkranz auf, der das Christuszeichen umrahmt; unter dem Kreuz die Grabwächter; auf den Armen des Kreuzes zwei T.n, die an den Früchten des Lorbeerkranzes picken (häufig auf Sarkophagen, insbesondere im Lateranmuseum, Rom). Zweifellos symbolisieren diese T.n die Gläubigen, die die geistlichen Wohltaten der Auferstehung Christi und den Frieden der Kirche genießen, zugleich im Ausblick auf ihre Zukunft im Reich der Himmel. – Nach dem alten Bericht des Martyriums des hl. Polykarp verließ eine T. den Leib des Märtyrers im Augenblick seines Todes. Ähnliches wird von anderen Märtyrern sowie vom Tod der hl. Scholastika berichtet. Ein Kapitell des Domes von Brescia schildert das Martyrium der Justa; man sieht aus ihrem Munde eine T. emporsteigen. Nach Gregor v. Nyssa deuten die Flügel der T. auf eine Teilhabe an der göttlichen Natur. Wenn im Hohenlied (4, 1) die Taubenaugen der Braut gepriesen werden, dann weil ihr geistlicher Blick auf Gott gerichtet ist. Nach Origenes sind die Augen des erleuchteten Menschen den Augen der T. vergleichbar. Diese Tradition macht die besondere Sorgfalt und Intensität mancher Taubendarstellungen verständlich, so z. B. auf einem Mosaik in S. Vitale, Ravenna. – Die T. ist verbreitetes Heiligenattribut: Sie schwebt über dem Kopf von Dunstan, Hilarius v. Arles, Severus v. Ravenna, Teresa v. Avila; sie erscheint als Zeichen der Inspiration bei den vier Evangelisten, ferner bei Basilius d. Gr., Kunibert v. Köln, Kyrill v. Alexandria, Gregor d. Gr., Petrus v. Alcántara, Thomas v. Aquino, Vinzenz Ferrer, Katharina v. Alexandria; auf der Schulter des hl. Findan v. Rainau, mit einem Nonnenschleier im Schnabel bei der hl. Aldegundis; auf einem Buch als Attribut des hl. Anianus v. Irland, Patrons der Stadt Rott am Inn/Bayern.

Taufbecken Für die → Taufe als Zeichen des Todes und der Wiedergeburt, des symbolischen Sterbens und der Initiation neuen Lebens benutzten die Christen lange Zeit, sei es, um die Taufe Christi im Jordan nachzuahmen, sei es, weil andere Möglichkeiten und eigene Bauten nicht zur Verfügung standen, das fließende Wasser der Flüsse, aber auch Seen, Meeresufer und Brunnenanlagen. Die ersten festen Bauten von T. finden sich, wie auch die ersten Kirchen, in Privathäusern. Der lat. Begriff Baptisterium, ursprünglich für die großen Wasserbecken in den öffentlichen Bädern sowie für große tragbare Wasserbehälter verwendet, gilt vom 4. Jh. ab allmählich ausschließlich für ein bestimmtes, in der Nähe einer Kirche gelegenes oder an einer Kirche angebautes Gebäude, in das die Katechumenen zum Empfang der Taufe geführt wurden und das immer deutlicher von der Kirche selbst unterschieden wurde. Dort erhielt sich für den Vorgang der Taufe noch lange der mannigfaltige Sprachgebrauch der profanen Badebräuche (→ Bad). Als allgemeiner Tauftermin wurde die Osternacht bestimmt. Zunächst gab es keine feste Bauvorschrift für die Baptisterien; sie wurden rund oder quadratisch, sechs- oder achteckig errichtet. Mit dem Achteck verband sich bald die Symbolik des Osterfestes als des Beginns des achten Schöpfungstages, der völlig neuen Schöpfung (→ Zahlensymbolik). □ Ravenna, Cividale, Nocera/Italien; Riez, Fréjus, Mazan/Frankreich; St. Georg v. Ezrah/Mittelsyrien. Die theologische Spekulation des Apostels Paulus Röm. 6, 3 ff., derzufolge der Christ in den Tod Christi hineingetauft wird, um als neuer Mensch zu erstehen, hat zum Bau kreuzförmiger T. geführt, in denen man auf Treppen hinaufstieg (Beispiele: Tyrus, Beit Aûwa/Syrien, Rhodos, Nordafrika). Ein guterhaltenes Fresko (12. Jh.) in einer bischöflichen Grabkirche zu Idensen/Niedersachsen zeigt Christus zusammen mit dem Täufling in einem kreuzförmigen T. sitzend. Mit dem 6. Jh. setzte sich der Brauch des Eintauchens der Täuflinge anstelle des Tauchbades durch; nunmehr genügten kleinere Taufsteine und Taufschalen. Die alten T. wurden damit nicht sogleich aufgegeben, aber allmählich entbehrlich. – Die Taufschalen tragen als Symbolbilder häufig den Sieg Christi über Tod und Hölle, die vier Paradiesflüsse und vor allem die Taufe Christi durch Johannes den Täufer. In norddeutschen protestantischen Kirchen, in denen sich kein Platz für den Taufstein befand, kam im Barock der Brauch auf, die Taufschale durch einen holzgeschnitzten und buntbemalten großen gallionsfigurähnlichen Engel halten zu lassen, der an einer Kette an der Decke schwebte und bei Taufen heruntergelassen wurde (Erhaltene Beispiele: Berkenthin/Schleswig-Holstein, Schnackenburg/Niedersachsen, Klein-Hehlen b. Celle).

Taufe 1. Die T. Christi (Matth. 3, 13 ff.; Mark. 1, 9 ff.; Luk. 3, 21 ff.) mit den beiden zu unterscheidenden Elementen der Reinigung und der Theophanie (Herabkunft des Heiligen Geistes) ist ursprünglich nicht als Einsetzung und Modell des christlichen Sakraments der Taufe, sondern als Teil der Menschwerdung = Selbstentäußerung und Selbsterniedrigung Gottes gemeint, ähnlich wie die Fußwaschung Joh. 13, 1 ff.; doch wurde sie später als Demonstration dafür gedeutet, daß für den Menschen des Neuen Bundes die T. an die Stelle der jüdischen Beschneidung getreten sei, und entsprechend mit großer Regelmäßigkeit in den Baptisterien und auf den Taufbecken dargestellt. Symbolisch bedeutsam ist die Aussage des Paulus (Röm. 6, 3 ff.), der das Tauchbad dem Sterben und das Wiederauftauchen der Auferstehung zu neuem Leben aus Kraft der T. vergleicht. Die Darstellungen der T. Christi sind, aus Mangel an näheren Angaben in den Evangelien, offenbar weithin durch die kultischen Bräuche beim Empfang des Taufsakraments geprägt. Vom 6.–12. Jh. zeigt die byzantinische Kunst Jesus meist nackt in den Fluten des Jordan, die seinen Körper bis zur Hüfte oder den Achseln einhüllen. → Johannes der Täufer steht in einem Fellkleid am Ufer und legt seine Hand auf das Haupt Jesu.

Mit wenigen Ausnahmen leert er erst vom Ende des 12. Jh. ab einen Krug, eine Schale oder eine Muschelhälfte mit Wasser über Jesus aus. Am jenseitigen Flußufer stehen die Engel zum üblichen liturgischen Diakonendienst, d. h. zum Abtrocknen und Wiederbekleiden des Täuflings, bereit. Oft ist ferner der Jordan, personifiziert als alter Mann mit Schilf, Wassergefäßen und Delphin, beigefügt; gemäß Ps. 114, 3 wendet er sich zurück; auch eine verendete Wasserschlange kann am Ufer sichtbar werden (gemäß Ps. 74, 13), zum Zeichen, daß die Macht des Bösen durch die T. gebrochen ist (vgl. besonders Miniaturen in byzantinischen Psaltern, ferner Tauffresken in den Athosklöstern). In der Renaissance tritt der religiöse Charakter des Bildes gegenüber einer allgemeinen Badeszene mit der Möglichkeit, nackte Körper in anatomisch interessanten Perspektiven darzustellen, zurück. Hier wie bei anderen ikonographischen Entwicklungen greift das Konzil von Trient reformierend ein, ohne jedoch auf die gesamte mittelalterliche Symbolik zurückzugehen. Vom 17. Jh. ab wird besonders die Demut Christi, gelegentlich auch das Paradox der in der Demut verborgenen Majestät betont. Die Theophanie mit der Herabkunft des Heiligen Geistes und der Proklamation der Messianität Jesu durch die Stimme Gottes ist in der Regel durch eine herabfliegende → Taube anschaubar gemacht, die zuweilen, in Analogie zur Geschichte → Noahs, einen → Ölzweig, einmal (Kapitell 12. Jh. Kreuzgang Eschau/Elsaß) sogar eine Ampulle im Schnabel hält, aus der sie das Haupt Jesu übergießt. Manchmal ist auch die Hand Gottes in einem Himmelssegment beigefügt, manchmal die Gegenwart Gottes durch Licht- und Strahleneffekte betont. Hier liegt das Verständnis der T. als Erleuchtung (illuminatio, photismos) zugrunde, das dazu führte, daß schon früh Blindenheilungen Jesu als »Erleuchtungen« und so als Bilder des Taufsakraments verstanden wurden. □ a) Taufe durch Eintauchen: Fresko 2. Jh., Kath. S. Callisto, Rom; Sarkophage 4. Jh. in Arles und Mas d'Aire; kopt. Fresko 5. Jh., Baouit/Ägypten; Mosaiken 5. und 6. Jh., Kuppel des Baptisteriums der Orthodoxen und Baptisteriums der Arianer, Ravenna; Elfenbeinrelief 6. Jh., Maximianskathedra Ravenna; Fresken 11. Jh. in kappadokischen Höhlenkirchen; Holztüren 11. Jh., S. Maria im Kapitol, Köln; Mosaik 11. Jh., Baptist. S. Marco, Venedig; Bonanus v. Pisa, Bronzetüren 12. Jh., Dom Pisa; Renier de Huy, Taufbecken um 1110, St. Barthélémy, Lüttich; Relief 12. Jh., Taufbecken Baptist. Verona; Nikolaus v. Verdun, Emailaltar 1181, Klosterneuburg b. Wien; Bronzetaufbecken 13. Jh., Dom Hildesheim; Giotto, Fresko 14. Jh., Arenakapelle Padua; Fresko 14. Jh., Studenica/Jugoslawien; Tympanon 14. Jh., Südportal Dečani/Jugoslawien. b) Taufe durch Begießen: Taddeo Gaddi, 14. Jh.,

Accademia Florenz; Andrea Pisano, Relief 1330, Bronzetür Baptist. Florenz; Tymp. 14. Jh., Kreuzgangsportal Kath. Bourges; Piero della Francesca, 15. Jh., National Gallery London; Pinturicchio, Fresko 15. Jh., Cappella Sistina, Vatikan; Verrocchio, 15. Jh., Accademia Florenz; Ghirlandaio, Fresko 15. Jh., S. Maria Novella, Florenz; Rogier van der Weyden, Triptychon 15. Jh., Deutsches Museum Berlin; Gerard David, Triptychon 15. Jh., Musée Royal, Brüssel (Kopie von Joachim Patinir, Kunsthistor. Museum Wien); Michael Pacher, Altar 1481, St. Wolfgang/Österreich; Friedrich Pacher, 15. Jh., Seminar Freising/Bayern. c) Spätere Darstellungen (Jesus oder Johannes kniend): 16. Jh.: Raffael, Loggien, Vatikan; Hans Baldung Grien, Städel-Institut Frankfurt; Martin Heemskerk, 1562, Mus. Braunschweig; Fenster Collégiale St. Quentin; 17. Jh.: Murillo, Kath. Sevilla; Nic. Poussin, Galerie Czernin, Wien; Pierre Mignard, Hauptaltar St. Jean, Troyes; 18. Jh.: P. Troger, Pinacoteca Vaticana, Rom; 19. Jh.: J.-B. Corot, St. Nicolas du Chardonnet, Paris, und Kirche Ville d'Avray. – 2. Andere Taufszenen, wie sie sehr häufig in verschiedenen Kontexten dargestellt werden, beziehen sich entweder auf bestimmte Ereignisse, z. B. die T. des Frankenkönigs Chlodwig, oder allgemein auf das Sakrament der T. – → Wasser. → Bad.

Taufsymbolik → Hirsch, → Fisch, → Blinde (Heilungswunder). Das kristallene Meer vor dem Thron Gottes (vgl. Offb. Joh. 4, 6) auf Darstellungen des → Christus in Majestät wird ebenfalls als Symbol des Taufsakraments verstanden.

Tetramorph (Viergestalt) Von der Zeit der frühen Christenheit an wurden die Katechumenen in der vierten Woche der Fastenzeit in die symbolische Bedeutung des T. eingeführt: In der Offb. Joh. (4, 7–9) wird von »den vier Lebewesen« gesprochen, die den Thron des Allherrschers im Himmel umstehen: »Das erste Lebewesen war gleich einem Löwen, das zweite gleich einem Kalbe, das dritte hatte ein Antlitz wie ein Mensch, und das vierte Lebewesen war gleich einem fliegenden Adler. Und ein jedes der vier Wesen hatte sechs Flügel, und sie waren außen herum und inwendig voll Augen, sie schwiegen nicht Tag und Nacht, sondern sprachen: Heilig, heilig, heilig ist Gott der Herr der Allmächtige, der da war und der da ist und der da kommt!« Das ist eine deutliche Anknüpfung an die berühmte – ihrerseits auf die babylonische Himmelssymbolik der Sternbilder Stier, Löwe, Adler und Mensch (Wassermann) zurückweisende – Vision Ezechiels (1, 4 ff.), der die Herrlichkeit Gottes in einer Wolke von Feuer erblickt, in der sich vier Lebewesen mit je vier Gesichtern und vier Flügeln bewegen, die einem Menschen, einem Löwen, einem Ochsen und einem Adler gleichen. Die Kirchenväter haben diese vier Lebewesen schon früh mit den vier Evangelisten in Verbindung gebracht. So hat es auch die Kunst seitdem oft getan. Auf Miniaturen und Fresken, die die Evangelisten bei ihrer inspirierten Schreibarbeit zeigen, sind ihnen die vier Wesen, meist geflügelt, beigegeben. Sofern Christus der Inhalt der kombinierten Verkündigung der vier Evangelisten ist, kann auch der T. insgesamt Christussymbol sein. Zwei charakteristische, aber nicht übereinstimmende literarische Belege vermögen das Verständnis dieser häufigen, besonders dichten Symbolkonzentration zu erleichtern: 1. »Wie der Heilsplan des Sohnes Gottes, so ist auch die Gestalt der Lebewesen, so das Evangelium. Viergestaltig sind die Lebewesen, viergestaltig auch das Evangelium und viergestaltig ist der Heilsplan des Kyrios . . . Denn das erste Lebewesen, heißt es, ist einem Löwen ähnlich. Das kennzeichnet das Tatkräftige, Fürstliche und Königliche. Das zweite ist ähnlich einem Stierkalb: Das offenbart seine (Christi) Stellung im Opferdienst und als Priester. Das dritte hat das Gesicht eines Menschen. Darin zeigt es deutlich seine Parusie als Mensch. Das vierte ist gleich einem fliegenden Adler: Das drückt die Gabe des Pneumas aus, das auf die Ecclesia herabfliegt« (Irenäus v. Lyon, 2. Jh.). 2. »Diese vier Tiere versinnbilden Christus den Herrn: Mensch ist er in der Geburt, Stierkalb im Opfertode, Löwe im Auferstehn, Adler durch Auffahrt zum Himmel« (Latein. Verse aus einem Evangeliar des 14. Jh., deutsch von D. Forstner). Eine seltene Allegorie im »Hortus deliciarum« Herrads v. Landsberg zeigt im Rahmen einer symbolgefüllten Kreuzigungsdarstellung die Kirche auf einem Pferd mit vier Köpfen, die als die Köpfe der Tetramorphvision Ezechiels erkennbar sind. Schon in Syrien und in der koptischen Kunst ist der Tetramorph vor allem mit der Himmelfahrt Christi verbunden. Eine herausragende Rolle spielt er in den Tympanondarstellungen des Christus Pantokrator in romanischen und gotischen Kathedralen, neben dessen majestätischer → Mandorla die vier Wesen als Thronassistenten gemäß dem zitierten Text der Offb. Joh. sichtbar werden. Dabei wird zugleich der ganze Bedeutungsumfang des Tetramorphbildes konzentriert anschaubar: die Universität der Anwesenheit Gottes, die Botschaft Christi, die himmlische Welt der Erwählten, der geweihte Ort, die gesamte Transzendenz. Wie das Kreuz symbolisiert auch der T. ein ganzes, im Zentrum verbundenes Beziehungssystem zwischen verschiedenen wesentlichen und ursprünglichen Elementen. – Wie die Bücher Ezechiel, Daniel und Offb. Joh. beweisen, war der Bibel das Motiv zusammengesetzter Tiere nicht fremd; es findet sich weitverbreitet in Mesopotamien (assyr. Cherubim), Ägypten und Griechenland (Kentauren, Greifen, Harpyen, Sirenen). Zweifellos geht gerade die Wahl der Majestät, Kraft, Einsicht und Beweglichkeit in besonderer Weise verkörpernden Lebewesen auf sehr alte Motive und prähistorische Traditionen zurück. Alt ist auch ihre Beziehung auf die vier Kardinaltugenden Weisheit, Tapferkeit, Besonnenheit, Gerechtigkeit. – Im einzelnen werden ihnen in der christlichen Tradition und Bildkunst – seit Gregor d. Gr. unverändert – in ihrem Zusammenhang mit den vier Evangelisten folgende symbolische Bezüge zugeschrieben: 1. Matthäus hat als Attribut das Lebewesen mit Menschenantlitz, weil sein Evangelium mit der Genealogie Christi, des menschgewordenen Gottes, beginnt. Der Mensch erinnert an die Inkarnation. Um so mehr soll der Christ sich bemühen, zuallererst Mensch, d. h. ein der Vernunft folgendes Wesen zu sein. 2. Der → Löwe ist Markus zugeteilt, dessen Evangelium mit der Predigt Johannes' des Täufers als »einer Stimme, die in der Wüste ruft«, beginnt; da der Löwe mit offenen Augen schläft, ist er das Symbol der Auferstehung, des menschlichen Todes Jesu, bei dem seine Göttlichkeit doch nicht dem Tode verfiel; der Christ soll nach dem Beispiel des Löwen tapfer sein und nichts auf der Welt fürchten. 3. Der → Stier (wie Kalb und Kuh Opfertier im AT) ist das Attribut des Evangelisten Lukas, weil sein Evangelium mit dem Bericht vom Opfer des Zacharias beginnt. Es ist dabei auch daran zu denken, daß Christus durch seine Passion das Opfertier ist, das sich selbst zur Erlösung der Menschen geopfert hat. Damit ist auch dem Leben des einzelnen Christen ein Vorbild gesetzt, denn er soll die Lüste dieser Welt überwinden, sein Kreuz auf sich nehmen und sich selbst zum Opfer bringen. 4. Mit Johannes ist der → Adler verbunden, weil sein Evangelium zu Anfang vom »wahren Licht« der Göttlichkeit des Logos spricht und der Adler, als einziges unter allen Tieren, direkt ins Licht der Sonne zu blicken vermag. Der Adler ist mit seiner starken Aufstiegskraft in den Bereich der Wolken auch das Symbol der Himmelfahrt. Der Christ aber muß ein Adler sein, den Blick des Geistes ungescheut zur Höhe heben und das Ewige betrachten. – Im ganzen beginnt die Darstellung dieser Symbolik nicht vor dem 4. Jh. Die Katakombenfresken, die Sarkophagreliefs und die Goldgrundgläser kennen das Motiv nicht. Seine erste datierte Abbildung findet sich auf der Holzkanzel der hl. Radegonde, Poitiers († 587). Auf Mosaiken ist dieses monumentale Motiv häufig gewählt: S. Pudenziana, Rom; Mausoleum Galla Placidia, Ravenna; S. Sabina, Rom; S. Satiro, Mailand; Baptisterium S. Sotero, Neapel; S. Vitale, Ravenna. Oft erhalten die vier Symbolwesen einen → Nimbus (□ S. Paolo fuori le mura, Rom). Wenn die Evangelistengestalten fehlen, nehmen die Symbolwesen die aufgeschlagenen Evangelienbücher in die Hand (□ SS. Cosma e Damiano, Rom; S. Apollinare in Classe, Ravenna). Mit der Zeit wird die Darstellung phantastischer; der Kopf der Evangelisten wird durch den Kopf der Symboltiere ersetzt (□ Chiesa dei Pagani, Aquileja, und häufig in Evangeliaren). Eine irische Miniatur hat diesen T. zu einem einzigen recht grotesken Wesen zusammengesetzt. Auch im Athoskloster Vatopedi und auf kappadokischen Höhlenfresken, auf den Ziboriumssäulen von S. Marco, Venedig, und im Dom zu Monreale/Sizilien gibt es Kompositionen dieser Art. – Berühmte Darstellungen der genannten apokalyptischen Vision (Offb. Joh. 4, 5–11) von den vier Wesen finden sich in der karolingischen Apokalypse von Trier (9. Jh.), der düsterflammenden Apokalypse von St. Sever (11. Jh., Nationalbibliothek Paris) und auf den Tympana des 12. Jh. in Moissac und Königsportal Chartres. Auch zahlreiche andere Bilder des »Christus in Majestät« (→ Christus) sind hier heranzuziehen.

Teufel, Satan Der T. symbolisiert alle Kräfte, die Verwirrung, Dunkelheit, Tod bringen und die Person des Menschen desintegrieren (□ Albrecht Dürer, Kupferstich »Ritter, Tod und Teufel«, 1513). Er ist der Widersacher Gottes im Kampf um den Menschen, den er der Gnade Gottes entziehen möchte (Joh. 8, 44), um ihn unter die eigene Herrschaft zu stellen (vgl. z. B. die biblischen Berichte vom Sündenfall, 1. Mose 3, 1–7, vom Gespräch zwischen Gott und Teufel über Hiob, Hiob 1, 2; Luk. 22, 31). Legendäre spätere Ausschmückungen der biblischen Texte führen unter Bezug auf Jes. 14 die Existenz des Satans auf die Empörung des einmal Luzifer, Phosphoros, Eosphoros (= Lichtträger) genannten Erzengels zurück, der sich dem Heilsplan Gottes mit den Menschen widersetzte und daraufhin mit den ihm anhängenden, aufrührerischen Engeln in die Unterwelt gestürzt wurde, deren Oberhaupt er nun ist. (Bildbeispiele des Engelsturzes: Dürer, Holzschnittapokalypse 1498; Martin Fréminet, 16. Jh., Plafond Schloßkapelle Fontainebleau; P. P. Rubens, 17. Jh., Alte Pinakothek München; Christoph Schwarz, 17. Jh., St. Michael, München.) Der Typus der »Synaxis« auf ostkirchlichen Ikonen zeigt den Rat der »Engel« mit dem Bilde Christi einerseits, den stürzenden und mit seinem Leib die Grenze zwischen Himmel und Hölle bildenden Luzifer andererseits. Mittelalterliche → Endgerichtsdarstellungen verfehlen selten, den Höllenfürsten schrecklich auszumalen (vgl. Tympana in Autun und Conques, Bourges und Notre Dame, Paris, ferner Stephan Lochner, Endgericht, 14. Jh., Wallraf-Richartz-Museum Köln). Die Endgerichtssymbolik des Gleichnisses Jesu von den klugen und den törichten Jungfrauen (Matth. 25, 1 ff.) wird von deutschen Bildhauern des 14. Jh. um die Gestalt des »Fürsten dieser Welt«, d. h. des T. als Verführer, in Gegenüberstellung zu Christus, dem mystischen Bräutigam der Kirche, bereichert. Doch unter seinem glänzenden Äußeren verbirgt sich, wie ein Blick auf seinen Rücken beweist, Fäulnis, Tod und Verderben in Gestalt von Kröten und Würmern (vgl. die Portale der Münster von Straßburg und Freiburg/Br., des Magdeburger Domes und der Sebalduskirche Nürnberg sowie eine dem Straßburger Münster nachgeahmte Gruppe an der Fassade des Baseler Münsters). – In seiner negativen Rolle ist der T. der Gegenspieler Christi, der durch das Mysterium seines Kreuzestodes die Menschen der tyrannischen Herrschaft des T entreißt und zu neuer Verantwortung befreit. Diese Gegnerschaft kommt in der oft dargestellten Versuchungsgeschichte (Matth. 4, 1 ff.; Luk. 4, 1 ff.) sowie in der Niederfahrt Christi ins Totenreich anschaulich zum Ausdruck, bei der, wie besonders ostkirchliche Osterdarstellungen es lebhaft illustrieren, das Tor der Hölle gesprengt und der Satan überwunden wird (→ Nimbus). (□ Fresko 11. Jh., S. Angelo in Formis; Mosaik 11. Jh., S. Marco, Venedig; Mosaiken und Bronzetür 11. Jh., Monreale/Sizilien; Bronzetüren 11. Jh., Dom Pisa; Portale 12. Jh., Beaulieu/Corrèze und Santiago de Compostela; Tympanon 13. Jh., Kath. Reims; Fenster 13. Jh. in Chartres, Straßburg, Troyes; Nicolas Florentino, Altar 14. Jh., Catedral Vieja, Salamanca; Ghiberti, Bronzetür 1403–1424, Baptisterium Florenz; Botticelli, Fresko 15. Jh., Cappella Sistina, Vatikan; Michael Pacher, Altar 15. Jh., St. Wolfgang/Österreich; Tintoretto, 16. Jh., S. Rocco, Venedig.) Dessen endgültige Vernichtung wird in der Offb. Joh. drastisch vorgezeichnet (12, 9; 20, 2. 7. 10) und besonders in den Apokalypsen abgebildet. → Brunnen. – Bis dahin gilt es, den Versuchungen des Satans gegenüber wach und mißtrauisch zu bleiben, denn, wie auf vielen romanischen Kapitellen anschaulich gemacht wird: »Der Teufel geht umher wie ein brüllender → Löwe und sucht, wen er verschlinge« (1. Petr. 5, 8). Unter den Heiligen war besonders der Wüstenvater Antonius d. Gr. den Versuchungen des T. heftig ausgesetzt (□ Mathis Nithart Grünewald, Isenheimer Altar, 16. Jh., Colmar; Jacques Callot, 17. Jh.; ferner die zahlreichen Abbildungen der Versuchung des Antonius auf Bildern von Hieronymus Bosch). Interessante neuere Teufelsdarstellungen existieren von Francisco Goya, William Blake, Eugène Delacroix, Illustrationen zu Goethes Faust; James Ensor, Versuchung des hl. Antonius, Museum of Modern Art, New York. – Als Symbole des T. gelten → Drache und → Schlange. Er selbst wird häufig unter der Gestalt eines → Bockes abgebildet, doch ist er in bezug auf täuschende äußere Erscheinung höchst erfindungs- und abwechslungsreich. – Der gefesselte T., als Zeichen ihres endgültigen Sieges über das Böse, ist das Attribut der hl. Angela v. Foligno (1248–1309).

Teufelssymbole 1. Am häufigsten ist der Teufel in Menschengestalt dargestellt, entweder nackt nach dem Modell des Satyrs mit Fratzengesicht, zottiger Behaarung, langen Ohren, Hörnern, Bocksfüßen oder Pferdehufen oder noch stärker monströs verunstaltet, oder bekleidet mit Mantel und Kutte. 2. Symbole aus dem Tierreich: → Drache, → Fisch (Walfisch), → Basilisk, → Bock, → Fledermaus, → Hund, → Esel, → Kröte, → Krokodil, → Leopard, → Löwe, → Bär, → Fuchs (der, um Vögel zu überlisten, predigt oder sich totstellt), → Eichhörnchen, → Wildschwein (Weinberg oder Weinstock verwüstend, □ Nordportal St. Jakob, Regensburg), → Schlange (vielfach mit weiblichem Kopf, Brüsten und Armen, im Anschluß an 1. Mose 3, 1), → Affe, → Kentaur (mit Pfeilen schießend), → Sirene, → Sphinx. 3. Als Schutzmittel gegen Teufel und böse Geister finden sich besonders an Kirchenportalen: → Pentagramm (Drudenfuß), Oktogramm, Hakenkreuz (crux gammata, → Kreuz).

Thronsitz Der Sitz ist eigentlich immer ein T., das Zeichen von Autorität. Jemanden sitzend empfangen heißt: über Hoheit verfügen. Kathedra bedeutet im Griechischen ganz allgemein ein Sitz vom Thron bis zum Schemel, doch setzte sich bei den Römern unter diesem Namen allmählich der Sessel mit gewölbter Lehne durch. Man fertigte ihn aus Marmor, Holz oder – für die Senatoren – mit Elfenbeinplatten geschmückt. Darüber gelegte Stoffe und Kissen machten ihn bequemer. Er erhielt in der frühen christlichen Kirche bald liturgische Würde als Sitz des Kirchengründers oder des Bischofs. Die Kathedra gab dem Ort, an dem sie stand, einen besonderen Wert; die Kirche mit einer Kathedra wurde Kathedrale genannt. Die Kathedra selbst wurde Gegenstand der Verehrung. Erhalten sind schlichte steinerne Kathedren in den römischen Katakomben wie Abtsitze in den kappadokischen Höhlenklöstern. Die Würde des Sitzes führte später zu reicher Dekoration. Hier sind besonders die Kathedren des Markus in S. Marco, Venedig, des Bischofs Maximian in Ravenna und des Petrus im Petersdom, Rom, zu nennen. Szenen auf Fresken und Sarkophagen mit einem kathedraähnlichen Sitz haben gewöhnlich den lehrenden Christus oder die Anbetung der Magier zum Inhalt. Doch können auch Gemmenkreuz, Buchrolle (oder aufgeschlagenes Bibelbuch), Krone und königlicher Purpurmantel auf dem T. die Stelle Christi einnehmen (□ Apsismo-

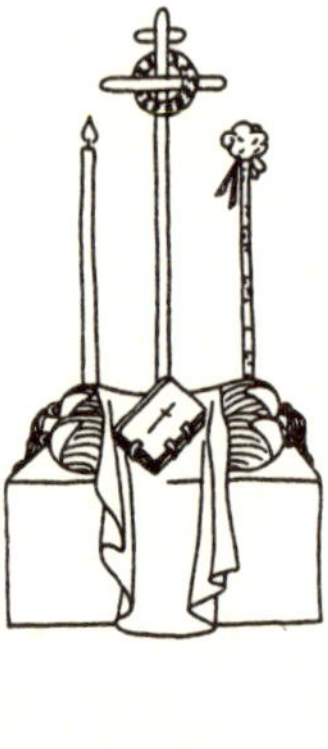

saik S. Maria Maggiore, Rom; SS. Cosma e Damiano, Rom, mit dem Bilde des apokalyptischen Lammes; Baptisterien der Orthodoxen und der Arianer, Ravenna; S. Prisco bei Capua; S. Marco, Venedig; Hagia Sophia, Istanbul). Die päpstliche Kathedra, die zugleich Lehrautorität ist, beansprucht diese Autorität aus der Zusage Jesu an Petrus (Matth. 16, 18 f.), die deswegen in Riesenbuchstaben in der Kuppel des Petersdomes angebracht ist. – Ein in dieser Art einzigartiger Sarkophag in Tusculum (5. Jh.) zeigt in der Mitte, zwischen den Säulen eines Portikus, einen leeren T., der mit Tüchern behängt und durch ein Kissen geziert ist. Anstelle der Rückenlehne ist ein Medaillon mit dem Monogramm Christi angebracht. Das gleiche Motiv findet sich im Kuppelmosaik des Baptisteriums der Orthodoxen in Ravenna (6. Jh.). Um das Zentralbild der Taufe Christi und der Jesus anbetend im Kreise umstehenden zwölf Apostel ist ein breiter dekorativer Rundfries gelegt, der acht Ausblicke in den Paradiesgarten, vier Darstellungen eines Altars mit je einem anderen Evangelium und viermal den festlich geschmückten leeren T. mit dem Kreuz Christi zeigt. Auch im Kuppelmosaik des Baptisteriums der Arianer, Ravenna, bringen die Apostel ihre Kronen zu diesem T. (□ auch S. Maria in Cosmedin, Rom). In der ostkirchlichen Ikonenmalerei hat das gleiche Bildmotiv dann durch die Jahrhunderte einen festen Platz, während es im Westen durch das Bild des → Endgerichts ersetzt wird. Es handelt sich hier um die Etimasie (Bereitung), eigentlich: die Bereitung des Thrones für die Wiederkunft und das Gericht Christi. Die frühchristliche Kunst hatte die Szene der Parusie, des erneuten Advents Christi zum Gericht über Lebende und Tote, nicht abgebildet. Als dieses zunächst als unmittelbar bevorstehend erwartete Ereignis ausblieb, verschob man es bis zum Beginn des 7. Jahrtausends (d. h. dem 6. Jahrhundert), dann bis zum Jahr 1000. Der künstlerischen Darstellung genügte das Bild des Gerichts über die einzelne Seele, oft verbunden mit dem Bild des Guten → Hirten. Erst als diese Vorstellung zu idyllisch schien, begann man (Ephräm v. Edessa) im 4. Jh. jenes universale Endgericht auszumalen, dessen Vorstellung in Mittelalter und Renaissance prägend wurde. Im 7. und 9. Jh. wird diese Vorstellung auch künstlerisch ausgearbeitet, nach dem Vorgang des Kosmas Indikopleustes. Aber zuvor noch hat man das Bild der Etimasie als des symbolischen Thrones entwickelt, auf den sich Gott am Tag des Gerichts setzen wird. Auf den Konzilien von Ephesus und Nicäa II wurde das Evangelium auf einem Ehrensitz im Präsidium der Versammlung niedergelegt. Das Apsismosaik in S. Paolo fuori le mura, Rom, zeigt die (durch venezianische Künstler mit byzantinischer Kunsttradition ausgeführte) Adaptierung des altchristlichen Thronsymbols an das griechische Etimasiabild. – → Engel.

Thyrsusstab Eine vom 5. vorchristlichen Jh. an verbreitete, offenbar in Thrakien entstandene Verbindung von → Pinienästen mit Zapfen, Weinlaub und Efeu zu einem dekorativen Stab, insgesamt Fruchtbarkeit, Auferstehung und Unsterblichkeit symbolisierend, verwendet bei den Dionysosmysterien in Eleusis, bei Kultfesten der großen Muttergottheit und des Merkur/Hermes. Die christliche Kunst hat den T. besonders in der romanischen Epoche verwendet, häufig in negativem Kontext, als Symbol des Heidentums, aber auch als Hinweis auf die tiefe, geheime Lebenskraft des Universums.

Tiere Abgesehen von der Bedeutung einzelner T., repräsentiert das T. allgemein als Archetypus die Tiefe des Unbewußten und des Instinkts, ferner – materielle oder geistige – kosmische Kräfte (→ Tierkreiszeichen). T. rühren an die drei Ebenen des Alls: Hölle, Erde und Himmel. In der Bibel werden sie dem Menschen untergeordnet, der sie benennt und damit seinen Herrschaftsanspruch über sie dokumentiert. Eine Vielzahl von T.n, oft auch von Fabelwesen wie dem → Einhorn, erscheint auf den Darstellungen der Schöpfung und des irdischen Paradieses. – Vier Bestien (Flügellöwe, Bär, Greif, zehnhörnige Hydra) der Danielvision (7, 1 ff.) bezeichnen die vier Weltreiche Persien, Medien, Babylon, Rom (dargestellt z. B. auf einer Miniatur des Kosmas Indikopleustes, 8. Jh., Biblioteca Vaticana Rom, und auf Fresken des 17. Jh. in russischen Kirchen: Rostow, Weliki und Borisoglebsk). – Wilde T. begegnen als Bildattribute der Heiligen Blasius, Sergej und Mammet v. Cäsarea – zugleich als Zeichen des in den Heiligen bereits vorweg repräsentierten endgültigen Friedensreiches Gottes. Dieses Friedensreich wird außerdem auf Darstellungen sowohl der prophetischen Vision dieses Reiches (Jes. 11, 1–9) wie des dem Orpheusmythos nachgebildeten Christustypus wie auch der mit Tieren besonders vertrauten Heiligen (Löwe des Hieronymus/Gerasimus, Vogelpredigt des Franz v. Assisi, Fischpredigt des hl. Antonius von Padua) beschworen. Eine Reihe von Heiligen besitzt das Patronat über die Haustiere (z. B. Antonius, Leonhard, Kornelius). → Einzelne Tiernamen. → Tetramorph.

Tierkreiszeichen In den von gotischer und romanischer Kunst besonders geschätzten Widerspiegelungen der Welt und des Lebens taucht häufig der Tierkreis auf, meist mit den Monatsarbeiten verbunden: Zeichen der Korrespondenz des Geschehens »am Himmel und auf Erden«, Symbol der ablaufenden Zeit (oft in Zusammenhang mit der personhaften Darstellung des Jahres, annus), Bild für den zur himmlischen Seligkeit berufenen, auf der Leiter der Himmelssphären aufsteigenden Menschen. Die Zwölfzahl (→ Zahlensymbolik) begünstigte diese Kombination, ferner die Kenntnis und symbolische Vertiefung, die die Kirchenväter den T. widmeten. Zeno v. Verona bezog die T. auf die zwölf Apostel. Entsprechend verbindet noch ein Reliquienkasten in der Schloßkirche Quedlinburg die zwölf Apostel mit den T. Andere christlich-symbolische Bedeutungen sehen den → Widder als Christuslamm, den → Stier als das Opfertier (→ Tetramorph), die Zwillinge als die beiden Testamente, den Krebs als die Verkörperung der sieben Todsünden. Die Jungfrau geht der Waage voraus, weil sie das Gotteskind gebar, das die Gerechtigkeit wieder herstellt. Der → Löwe ist das Symbol der Auferstehung. Ihm verdanken wir den Sieg über den → Skorpion (= die → Schlange). Schütze und → Steinbock sind dämonische Zeichen. Die Fische aber bilden die Juden und die Heiden ab, die beide durch das Taufwasser gerettet werden, das der Wassermann (= Christus) ausgießt. In den bildlichen Darstellungen ist die Symbolik nicht immer exakt eingehalten; sie kann variieren. □ Portale der Kath. von Nivelles, Amiens, Cremona; Mosaiken nach Zeichnungen Raffaels in S. Maria del Popolo, Rom. – Mehrere graphische Darstellungen, die erhalten blieben (z. B. das prächtige Stundenbuch des Herzogs v. Berry) zeigen den Menschen als Mikrokosmos, bei dem jedes Leibesorgan unter dem Einfluß eines T. (oder eines Planeten) steht. – Die Kombination des Sternbildzyklus mit dem → »Christus in Majestät« weist auf dessen ewige herrscherliche Unwandelbarkeit über dem Wechsel der Zeiten.

Tiersäule Bestiensäule, der romanischen Kunst zugehörender frei stehender Pfeiler mit plastischen Darstellungen miteinander kämpfender Raub- und Fabeltiere. □ Domkrypta Freising, Kirchen in Moissac und Souillac/Frankreich, Lucca/Italien.

Tintenfaß Attribut der Evangelisten und Kirchenlehrer, des Johannes bei der Abfassung der Apokalypse, Hieronymus' bei der Niederschrift der Vulgata.

Todessymbolik 1. → Schädel, Totenkopf als Attribut der kontemplativen Buße, des Überdenkens der Vergänglichkeit alles Irdischen. – 2. → Skelett (Legende von den drei Toten und den drei Lebenden, Triumph des Todes, einzelne Bildmotive des Todes usw.). – 3. → Totengebeine (nach Ez. 36). – 4. Totentanz, wahrscheinlich aus liturgischen Tänzen in Spanien entstanden, besonders gegen Ende des Mittelalters häufig dargestellt, auch mit dem Akzent der ausgleichenden sozialen Gerechtigkeit. 5. → Akrobat. – 6. → Leiter oder Treppe als Bild des Aufstiegs ins Jenseits, auf Grabbeigaben und Amuletten in Indien, Ägypten, aber auch bis ins europäische Mittelalter hinein gefunden. – 7. → Schiff oder Boot, im allgemeinen in der christlichen Symbolik das Bild der Lebensreise, kann, im Anschluß an die altägyptische Vorstellung der Todesfahrt der Seele, in der Romanik manchmal Todessymbol sein (□ Kapitell in Chanteuges/ Frankreich). – 8. Das → Rad der Fortuna, des Schicksals oder des Glücks. – 9. → Sense, Pfeil und Bogen, Sanduhr, Schaufel und Trauerweide, stillstehender Wagen. – 10. Makabre Stilleben, wie z. B. J. Jordaens, Vanitas, Musée Royal Brüssel; Jos. Thadd. Stommel, Holzgruppe »Das letzte Ziel«, 18. Jh., Abtei Admont/Steiermark. – 11. Typisch christliche Grabsymbolik: → Schiff mit Kreuz, → Anker, → Palme, → Taube mit → Ölzweig, → Phönix, → Schnecke, → Kerze, → Kranz. – 12. → Farbensymbolik (weiß, schwarz). – 13. Nichtchristliche Grabsymbole: Antiker Genius mit erhobener oder gesenkter Fackel, Urne, Aschenkrug, Schmetterling, Mohn, → Eroten (Putten) mit Begräbniswerkzeugen und mit Totenkopf, manchmal auch mit Seifenblasen.

Tor, Tür, Pforte Eine Tür legt den Gedanken des Übergangs, der Schwelle zwischen zwei Bereichen nahe: zwischen zwei Welten, zwischen Bekanntem und Unbekanntem, Diesseits und Jenseits, Licht und Finsternis, Entbehrung und Schatz. Sie öffnet sich in ein Geheimnis; gleichzeitig führt sie psychologisch zur Aktion: Eine Tür lädt immer dazu ein, sie zu durchschreiten. Sie kann als Schranke und Schutz Haustür, Hoftür, Gefängnistür, Tempeltür, Himmelstür, aber auch Grabeingang bedeuten und wird in diesem Sinn gemäß dem typischen Sprachgebrauch in der christlichen Kunst dargestellt. Die Türsymbolik ist von da aus sehr tiefsinnig und weitgehend. Am häufigsten weist sie auf die Schwelle zwischen profanem und sakralem Bereich. Das gilt für indische und japanische Tempel wie für christliche Kathedralen. Der Türschmuck ist monumental oder voll einfallsreicher Details, die auf alles Wesentliche verweisen, das innen wartet. (Dieser Gedanke liegt auch noch der Mitteltür – Porta regia – in der → Bilderwand – Ikonostase – der östlichen Kirchen und ihrer liturgischen Funktion zugrunde.) Vor allem in Mittelsyrien sind alte Steintüren mit dem → Christusmonogramm erhalten. Alte Bronzetüren sind noch längs durch Italien von S. Zeno, Verona, bis Trani zu finden; im Norden ist besonders die Bronzetür des Hildesheimer Doms (Anfang 11. Jh.) zu nennen. Holztüren koptischer Herkunft (6./7. Jh.), durch das ägyptische Klima wohlerhalten, werden in Kairo wie in Berlin und Paris in Museen aufbewahrt; unbedingt zu nennen ist die einzigartige Holztür (5./6. Jh.) von S. Sabina, Rom, mit achtzehn Darstellungen alt- und neutestamentlicher Themen. – Wie die Pforten asiatischer Tempel mit grimmigen Wächtern (oft Fabeltieren) besetzt sind, die den Zugang nur dem Würdigen gestatten, während sie die Übeltäter zurückweisen, so die Türen romanischer Kathedralen mit → Löwen. Der Weg der Erde zum Himmel geht, wie einer weitgespannten sakralen Kunst verschiedener Völker und Weltteile zu entnehmen ist, durch das Sonnentor, durch welches man die Begrenzungen des Ich in eine kosmische Weite hinein überschreitet. Es ist zugleich die »enge Pforte«, die Zugang zum Himmelreich gibt und zu der auch das Bild vom Kamel und dem Nadelöhr (Mark. 10, 25) gehört. – Die Christusdarstellung auf frühmittelalterlichen Türflügeln oder im romanischen und gotischen Tympanon oder als Statue am Eingang bezieht sich auf das Wort Jesu: »Ich bin die Tür« (Joh. 10, 9), die Darstellung Marias an gleicher Stelle auf ihre Jungfrauschaft/Mutterschaft, die dem Sohn Gottes den Weg in die Welt öffnete und zugleich »die reine Himmelspforte« blieb. Die symbolische Verbindung von Kirchentür und Himmelstür dokumentiert sich in den häufigen Portaldarstellungen der → Monatsarbeiten (als zu lösenden irdischen Aufgaben), des Kampfes zwischen Tugenden und Lastern, der fünf klugen und der fünf törichten Jungfrauen: Die Himmelspforte öffnet sich denen, die gehorsam und wach waren. So vergegenwärtigen auch die → Endgerichtsdarstellungen an den Kirchenportalen appellativ die Nähe dieses Gerichtes wie die Bedeutung und die Folgen seiner endgültigen Entscheidungen für Himmel oder Hölle. Als Türhüter begegnen auf diesen Darstellungen (z. B. Conques/Rouergue) der Erzengel Michael für den Himmel, Luzifer für die Hölle. Doch in der Regel öffnet der Apostel Petrus mit einem großen Doppelschlüssel (der Macht, zu binden oder zu lösen) die Pforte des himmlischen Reichs, gemäß der ihm von Christus (Matth. 16, 19) verliehenen Schlüsselgewalt. – Darstellungen → Simsons, der auf seiner Schulter die beiden Flügel der ausgehobenen Stadttore der Philisterstadt Gaza im Triumph davon- und auf einen Berggipfel trägt (Ri. 16), weisen typologisch entweder auf die Kreuztragung Christi (daher sind die Torflügel meist über Kreuz gelegt) oder, häufiger, auf die Auferstehung Christi und seine triumphale Überwältigung der »Pforten der → Hölle«. Sie tauchen erst im Mittelalter auf und treten nach der Reformation und Gegenreformation zurück. □ Kapitelle 12. Jh., Kloster St. Bavo, Gent; Kreuzgang Monreale/Sizilien; Portale: 12. Jh. Malmsbury, 13. Jh. Kath. Chartres; Emailaltar des Nikolaus von Verdun, 1181, Klosterneuburg b. Wien; Fußbodenmosaik 12. Jh., St. Gereon, Köln; Fenster: 12. Jh. aus Alpirsbach, Württ. Landesmuseum Stuttgart; 13. Jh., Kath. Chartres; Chorgestühl 16. Jh., Kath. Amiens, Kath. Ripon/England, Münster Bern. – Die Vision des Propheten Ezechiel (14, 1 ff.) von dem verschlossenen Tor im Heiligtum, das nur der König der Könige durchschreiten kann, wird auf → Maria als die »Pforte des Himmels« gedeutet, die nur der Messias zu durchschreiten vermag. □ Benedetto Antelami, Statue 12. Jh., Portal Kirche Borgo San Donnino (Fidenza); Fresko 12. Jh., Unterkirche Schwarzrheindorf/Rhld.; Portal der Jungfrau, 13. Jh., Kath. Laon.

Totengebeine T. weisen auf die Ez. 36 berichtete Vision des Propheten Ezechiel hin, die sich auf das Wiedererstehen des zerstreuten und exilierten Volkes Israel bezieht und in der christlichen Theologie früh als ein Vorausbild der allgemeinen Totenauferstehung ausgelegt wurde. Diese Szene ist häufig (auf Sarkophagen und Goldgrundgläsern) so dargestellt worden, daß der Prophet einen Zauberstab in der Hand hält. Ein berühmtes griechisches Manuskript mit Predigten Gregors v. Nazianz, geschrieben in der 2. Hälfte des 9. Jh., enthält unter anderen meisterhaften Miniaturen die Darstellung dieser Vision Ezechiels: Der Prophet wird dabei vom Geist Gottes geleitet, der durch den Erzengel Gabriel repräsentiert ist. Weitere □ Fresko 3. Jh., Synagoge Dura-Europos/Syrien, Museum Damaskus; Sarkophag 5. Jh., Lateranmuseum Rom; byz. Elfenbeinrelief, British Museum London; Luca Signorelli, 15. Jh., Weltgerichtsbild Kath. Orvieto; Tintoretto, 16. Jh., Scuola di S. Rocco, Venedig; Francisco Collantes, 17. Jh., Prado, Madrid. – → Schädel.

Trinität → Dreifaltigkeitssymbole.

Tugendsymbole 1. Allgemein werden die Tugenden unter dem Bild einer Leiter von der Erde zum Himmel oder eines Baumes dargestellt, der in der Demut (humilitas) wurzelt und in Christus als dem neuen Adam gipfelt. – 2. Symbole der drei theologischen Tugenden: a) Glaube (fides):

→ Kreuz, → Kelch, brennendes → Herz, brennende → Kerze, Gesetzestafeln, Manna (→ Brot), Leuchter, Flamme, Krone, Tiara, Kirchenmodell auf dem Haupt, Sieb (Scheidung des Wahren vom Falschen), Buch oder Buchrolle (Bibel bzw. Glaubensbekenntnis), Schild (Glaubensfestigkeit), Dreieck oder Dreifuß (Dreifaltigkeitslehre als Hauptinhalt des Glaubens), Ring, Schlüssel, Hund (Treue), Blumen in den Händen. – b) Hoffnung (spes): nach oben, auf die Hand Gottes oder eine dargereichte Krone blickend, mit: → Taube, → Phönix, → Biene oder Bienenkorb, Zweig, Kreuzfahne, Schiff oder Segel, Spaten und Sichel, Käfig mit Vogel (der auf Befreiung hofft), Pilgerstab, → Anker, → Kreuz der Auferstehung, → Krone von einem Engel dargereicht, Füllhorn, → Kugel, → Kompaß. – c) Liebe (caritas): Kinder stillend oder an sich drückend. → Lamm, flammendes → Herz, → Brote, → Schale, Geldbeutel, → Pelikan, Löwin mit Jungen, Baum mit Vögeln, Ofen, strahlendes → Christusmonogramm. – 3. Symbole der vier Kardinaltugenden: a) Tapferkeit (fortitudo): Ritter bekleidet mit Ritterrüstung oder mit Löwenfell und Keule des Herkules; Schwert, Speer, Schild, Zepter, Siegesfahne, dazugeordnet: Löwe, Presse, Amboß, Säule im Arm. – b) Gerechtigkeit (iustitia): → Waage, → Schwert, → Liktorenbündel, → Adler, Winkelmaß, → Krone, Gesetzbuch, abgeschlagenes Haupt im Schoß, Weltkugel, Palme, Phönix (griech. Wort für Palme), Vogel Strauß (seit dem 16. Jh.), Kranich (oft mit Stein in der Kralle, Symbol der Wachsamkeit). – c) Klugheit (prudentia): → Schlange (vgl. Matth. 10, 16), → Spiegel, Sieb, Fackel, Kopf mit mehreren Gesichtern, Sarg, offener Sack, aus dem Geldstücke fallen. – d) Mäßigkeit, Besonnenheit (temperantia): reitet oft auf einem Löwen, Kamel oder Elefanten oder wird dargestellt, wie sie Wasser mit Wein mischt. Attribute: Zügel im Munde, Sanduhr, Mischgefäß, Totenkopf, Brille, Windmühle, Zirkel, Schwert fest in der Scheide; ihre Symboltiere: Taube, Elefant, Lamm im Feuer, Fisch. – 4. Symbole weiterer Tugenden: Geduld (patientia): Rind, das sich ein Joch auflegen läßt, Lamm, Papagei. Biblische Vertreter: Hiob, Daniel in der Löwengrube, drei Jünglinge im Feuerofen. – Sanftmut (mansuetudo): Lamm. – Demut (humilitas): → Taube, → Kreuz, Jägernetz mit Sperling, zwei Leitern, Greif, Frau mit demütiger Gebärde. – Gehorsam (oboedientia): Kamel. – Beharrlichkeit (perseverantia): Krone, Hirsch, Phönix, brütende Henne auf dem Nest; wenn sie den Kopf eines Löwen oder Stiers in der Hand hält, während der Schwanz des Tieres auf ihrem Schilde liegt, ist Ausdauer vom Anfang bis zum Ende betont. – Keuschheit (castitas): Palme, Phönix, Lilie, nistende Taube, Elefant, Einhorn; manchmal schläft die Keuschheit auf einem Schwein. – Eintracht (concordia) und Friede (pax): Ölzweig, zwei Tauben, betende Gestalt vor dem Kreuz Christi. – 5. Eine symbolische Verbindung zwischen Tugenden und Pflanzen wird aufgrund einer originellen Auslegung der »Rebe der Weisheit« (Jesus Sirach 24, 13 ff.) hergestellt und durch Spruchbänder belegt (□ Emailreliquiar 13. Jh., Hessisches Landesmuseum Darmstadt): Tapferkeit – Rosenstrauch, Mäßigkeit – Weinranke, Demut – Zeder, Wissen (scientia) – Palme, Frömmigkeit (pietas) – Zypresse, Weisheit – Terebinthe. – 6. Einzelne Tugenden erscheinen als Frauengestalten, oft mit → Krone oder → Nimbus oder in ritterlicher Kleidung, besonders in den sog. Psychomachien (Kämpfe der Tugenden mit den → Lastern).

Turban Attribut alttestamentlicher Personen, wie Aaron und Salomo, aber auch der Jael und der Sibyllen; der neutestamentlichen Personen Josef v. Arimathia und Nikodemus, besonders in Szenen der Grablegung Christi; der Maria Magdalena und der Samariterin am Brunnen (Joh. 4), aber auch des hl. Markus (als Hinweis auf seine Predigt in Alexandria) und der hl. Veronika (der man syrische Abstammung nachsagte). Einen auf dem Boden liegenden T. zertritt mit dem Fuß der hl. Johann v. Capistrano als Prediger gegen die Türken.

Turm Jeder T. läßt zunächst an den von Babel denken: den Versuch, die zerbrochene ursprüngliche Achse zwischen Himmel und Erde durch eine künstliche zu ersetzen und sich damit zum Sitz der Götter zu erheben. Der Turmbau zu Babel (vgl. 1. Mose 11, 1–9), orientiert am Erfahrungsbild der sumerisch-babylonischen Zikkurat (älteste Darstellung auf einem Rollsiegel aus der Zeit um 3000 v. Chr.), ist das Symbol des hochmütigen Menschen, der sich ohne Maß überhebt, dem es aber doch unmöglich ist, seine menschliche Situation zu überschreiten. Die Theophanie Jahwes verkörpert zugleich eine Offenbarung immanenter Gerechtigkeit, den Aufstand des menschlichen Gewissens gegen den Despotismus einer totalitären Organisation. Hier liegt die Bestrafung einer Kollektivschuld vor, wie sie auch die Ursünde (→ Adam und Eva) darstellte. Die Vereinigung der Zerstreuten wird erst wieder durch Christus hergestellt: im Sprachwunder des ersten Pfingstfestes (Apg. 2, 5–12) und in der Versammlung der Völker im Himmel (Offb. Joh. 7, 9 f. 14–17). So taucht auch in der christlichen Bildkunst oft die Gegenüberstellung Turmbau zu Babel – Pfingsten auf. Das Thema des Turmbaus verschwindet vom 17. Jh. ab fast völlig. □ Elfenbeinantependium 11. Jh., Salerno; byzant. Fresken 12. Jh. Cappella Palatina, Palermo, und Dom Monreale/Sizilien; Fresko 12. Jh., St. Savin/Poitou; Relief 13. Jh., Kapitelsaal Salisbury; Mosaik 13. Jh., Vorhalle S. Marco, Venedig; Pieter Brueghel, Vierhouten/Holland und Kunsthistor. Museum Wien, 1563; Lukas van Valckenborch, München 1568 und Louvre 1594; Miserikordien 16. Jh., Chorgestühl Kath. Amiens; C. Bassano, 16. Jh., National Gallery London. – In der christlichen Bildtradition kann der T. dann aber auch durchaus positive Bedeutung gewinnen. Ritzzeichnungen auf Grabplatten zeigen den Leuchtturm, auf den das Lebensschiff zusteuert, als Symbol des ewigen Lebens. Als Festungsturm, Bergfried, Schloß wird der T. zum Symbol der Wachsamkeit und des Aufstiegs (vgl. den Gedanken der → Leiter bzw. Stufen zum Himmel). Hierher gehört die Bezeichnung Marias in den Litaneien als T. Davids, elfenbeinerner T., mit ihren zahlreichen künstlerischen Darstellungen, und von hier aus erhält auch die häufige Identifikation Maria – Kirche einen bedeutsamen Sinn. Schon im »Pastor des Hermas« vergleicht die Kirche sich selbst mit einem »großen Turm über dem Wasser aus prächtigen Quadersteinen, ausgeführt von sechs Jünglingen und ungezählten Männern«. Diese Vision wirkt in einem frühen Fresko der Katakombe S. Gennaro, Neapel, nach. Ein mit Zinnen gekrönter T. ist in der christlichen Symbolik überhaupt das Zeichen der Keuschheit; ein riesiger T. mit einem getöteten Drachen weist auf Macht und Machtdenken. Ein T. mit einem Fenster gehört zu den Attributen des hl. Bernhard v. Aosta und der hl. Leocadia v. Toledo; ein T. mit drei Fenstern kann auf die Gefangensetzung der hl. Barbara durch ihren Vater deuten, aber auch ein → Dreifaltigkeitssymbol sein. – Kirchtürme tauchen im Abendland erst seit der Karolingerzeit regelmäßig auf, zunächst in Gestalt gesondert neben den Kirchen errichteter, oft diese überragender Baptisterien, gleichzeitig mit der Einführung der Glocken, deren Schall sie möglichst weit ins Land tragen sollten. Ältere Kirchtürme gibt es vereinzelt in Syrien und Ravenna. Die frühe Kirche kannte sie nicht.

U

Umarmung → Kampf.

Uringlas Attribut der Ärzte-Heiligen Kosmas, Damian und Pantaleon.

V

Vase → Gefäß.

Vögel In der christlichen Kunst begegnen V. zum erstenmal in der Domitillakatakombe, Rom, dann auf zahlreichen Fresken, Gemälden, Reliefs, Mosaiken usw. → Taube und → Pfau sind häufig, → Hahn, Ente, Fasan usw. seltener. Besonders auf Mosaiken begegnende Darstellungen zahlreicher V. und anderer Tiere inmitten dekorativer Weinranken weisen auf das Schöpfungswerk im allgemeinen. Auch auf Darstellungen der Jahreszeiten spielen die V. eine Rolle. Wenn auf Muttergottesstatuen des Mittelalters das Christuskind mit einem V. spielt, liegt häufig die auf die Katakombenkunst zurückgehende Symbolik der geretteten → Seele zugrunde.

W

Waage Als Symbol der Gerechtigkeit, des Maßes, der Klugheit, des Gleichgewichts ist die W. weithin, über China und Indien bis nach Ägypten und Griechenland bekannt. Sie prüft das Gewicht der Taten. So stellt sie ein altes Bild der königlichen Macht und Verwaltung dar, aber auch der öffentlichen Rechtsprechung, die als eine Art Vorwegnahme der göttlichen Gerechtigkeit betrachtet wird. In Tibet deuten weiße und schwarze Steine auf den Waagschalen die guten oder bösen Taten der Menschen an; in Persien wägt der Engel Rashnu, der neben Mithra steht, die Geister auf der Brücke des Schicksals; eine griechische Vase zeigt Hermes, wie er die Seelen des Achilles und des Patroklos wägt (vgl. die goldene W. des Zeus in der Ilias); auch der Koran kennt die W. des Gerichts. Im Buch Hiob (31, 6 f.) wird auf das gerechte Wägen Gottes angespielt. Besonders ausgeführt ist diese Vorstellung jedoch im alten Ägypten, wo Osiris die Seelen der Toten wägt und das »Totenbuch« genaue Auskunft über diesen Vorgang gibt und viele Papyri und Grabbilder ihn zeigen. Auf frühchristlichen Epitaphien taucht die W. besonders in römischen Katakomben und anderen Grabanlagen oft auf. Ein christliches Kuppelfresko in einer Grabkapelle der Oase Kharga/Ägypten zeigt, in der Gestalt einer Frau, die eine W. in der Hand hält, laut beigegebener Inschrift die Personifikation der Gerechtigkeit. Das bildlich stark ausgeführte und in der Kunst der Kirchen des Ostens und Westens weit verbreitete Motiv der Seelenwaage im → Endgericht durch den Erzengel Michael kommt aus Ägypten und taucht auf christlichen Fresken zum erstenmal in kappadokischen Höhlenkirchen auf, danach im Westen auf der Riesenmosaikwand von Torcello und der Fassade von St. Trophime, Arles. Dieser ägyptische Einfluß ist auf der Fassade von Monastier/Südostfrankreich und auf den Tympana von Conques/Rouergue u. Autun besonders gut erkennbar. Gern werden dabei teuflische Betrugsversuche spöttisch angeprangert (□ Altartafel 13. Jh., Bischöfl. Museum Vich/Spanien). – Mit der W. als Attribut tauchen neben Michael auch der Prophet Ezechiel (der seine Haare und seinen Bart abwog), der Zöllner und Apostel Matthäus (Schutzheiliger der Geldwechsler), ferner die Heiligen Maurus und Yves auf. Eine W., auf der drei Steine liegen, ist ein Symbol der Trinität.

Wagen 1. »Die Wagen bedeuten die harmonische Gleichheit, die die Geister gleicher Ordnung eint«, schreibt Pseudodionysius Areopagita in seinem Kommentar zu der Ez. 1 beschriebenen Theophanie (→ Tetramorph), in der die → Räder eine besondere Rolle spielen. Gotteserscheinungen auf W. bedeuten in vielen Religionen das Herabkommen von Guten und Bösen auf die Erde. – 2. Der feurige W. ist ein ebenso universales Symbol wie der Sonnenwagen, jenes eschatologische Sinnbild der heidnischen wie der christlichen Antike. Elias Himmelfahrt geschieht nach Bericht und Darstellung in einem solchen feurigen W. mit feurigen Rossen (2. Kön. 2, 1–14). Damit wird Elia gleichzeitig zum Symbol des geistlichen Menschen, dem es auf die Zerstörung seines physischen Leibes nicht ankommt. In diesem Sinne erscheint auch Franz von Assisi seinen Mönchen in einem feurigen W. gen Himmel fahrend (□ Fresko von Giotto, Oberkirche Assisi, Gemälde von Taddeo Gaddi, Accademia Florenz, beide 14. Jh.). – 3. Triumphwagen sind vor allem in der üppigen Allegorik der Renaissance beliebt. Da gibt es nicht nur den Triumphzug der Zeit und des Todes, sondern auch – auf einem Gemälde Tizians – einen Triumphwagen Christi, den die vier Symbolwesen der Evangelisten (→ Tetramorph) ziehen und, sehr viel häufiger dargestellt, den Triumph der Kirche in Gestalt einer stattlichen Frau unter dem Geleit von Tugenden, Evangelisten, Kirchenvätern, oft der überwundenen und gefesselten Symbole des Unglaubens der Häresie, während die Repräsentanten aller Völker der Erde freudig nachfolgen (□ Luca Giordano, Escorial).

Wasser weist in der jüdischen und christlichen Tradition auf den Ursprung der Schöpfung. Es ist in jedem Fall Hierophanie, kann aber schöpferisch wie zerstörerisch, Quelle des Lebens wie Quelle des Todes sein. Die Brunnen in der Wüste sind wie die Quellen im Gebirge ein Grund der Freude für die Nomaden. – Die Sintfluterzählung (1. Mose 6 ff.) – dargestellt z. B. auf dem Portal von S. Zeno, Verona, 12. Jh., Mosaiken des 12.–13. Jh. in Cappella Palatina, Palermo, S. Marco, Venedig; auf Fresken des 12. Jh. in St. Savin/Poitou, Fenster des 13. Jh., Ste. Chapelle, Paris; auf Brüsseler Teppichen 16. Jh., Madrid; von Hans Baldung Grien, 16. Jh., Bischöfl. Residenz Bamberg – nimmt offenbar mesopotamische Motive auf und wird ein bleibendes Symbol für Vernichtung wie Rettung bilden (vgl. typolog. Bedeutung → Noah; → Arche). Das Quellwunder des Mose (4. Mose 20, 11), so oft in den Katakomben mit sakramentaler Bedeutung dargestellt (□ besonders Katakombenfresken des 4. Jh. in S. Callisto, Rom, und eine Sarkophagszene, S. Paolo fuori le mura, Rom; spätere □: Holztür 6. Jh. S. Sabina, Rom; Relief 12. Jh., Ripoll/Katalonien; typolog. Fenster 13. Jh. in Bourges, Le Mans, Tours; Fr. Luini, 16. Jh., Brera, Mailand; Lukas van Leyden, 16. Jh., German. National-Museum Nürnberg; Tintoretto, 1576, Scuola di S. Rocco, Venedig; Murillo, Hospital de la Caridad, Sevilla; Jan Steen, um 1660, Städel-Institut, Frankfurt), ist ein Zeichen der Rettertaten Jahwes. Das ganze AT verherrlicht das Segenszeichen des W., auch wenn es dessen vernichtende Kraft in der Sintflut und beim Durchzug durch das Rote Meer feststellt. Die Sintflut weist auf die unvermeidliche Todverfallenheit der sündigen Menschheit, aus der nur die Arche, das Vorausbild der Kirche, rettet; der Durchgang durch das Rote Meer bezeichnet (schon bei Jes. 51, 10) den Pilgerweg durch die Trübsale der Welt zum himmlischen Land der Verheißung. – Darüber hinaus gibt es im Spätjudentum die Vorstellung des W. der Weisheit (Hiob 28, 25 f.; Spr. 3, 20; 8, 22. 24. 28 f.; 20, 5). – Im israelitischen Kult bedeutet, wie in den meisten heidnischen Religionen, der Gebrauch des W. einen Reinigungsvorgang, über den sehr genaue Vorschriften vorliegen (4 Mose 19). Auf diesen Gebrauch weisen zahlreiche Textstellen (z. B. Ez. 36, 25). Im NT wird oft auf diese skrupulösen Reinigungsriten angespielt. Die sechs Krüge mit W. auf der Hochzeit zu Kana waren zum Zweck der Reinigung bereitgestellt. Jesus gibt sich der Samariterin am Brunnen als der Herr des Lebenswassers zu erkennen (Joh. 4, 10 ff.). An der nicht nur reinigenden, sondern rettenden (soteriologischen) Funktion des W. ist kein Zweifel. Es ist daher nicht verwunderlich, daß der christliche Kult das W. aufgriff. In der → Taufe bewirkt das W. die Reinigung von den Sünden, im symbolischen Sterben und Auferstehen (vgl. Röm. 6, 3–11). Das Taufwasser führt zur neuen Geburt (Joh. 3, 3–7). Auch in den rituellen Bädern, Besprengungen und Waschungen ist die Reinigung in diesem tiefen Sinn bezeichnet. Nicht nur ein Beispiel brüderlicher Demut, sondern auch Symbol der → Taufe der Apostel zur Vorbereitung des eucharistischen → Mahles, und zugleich das Symbol des Bußsakraments, das der Kommunion logischerweise vorangeht, ist die Fußwaschung Jesu an seinen Jüngern (Joh. 13, 1 ff.), im AT präfiguriert durch → Abrahams Fußwaschung bei den drei Engeln und die Waschung der jüdischen Priester im Ehernen Meer des salomonischen Tempels. Auf einem Sarkophag des 4. Jh. in Arles ist die Fußwaschung mit der symbolischen Händewaschung des Pilatus (Matth. 27, 24) zusammengestellt; im 18. Jh. (Giovanni Giuliani, Holzplastik 1705, Kloster Heiligenkreuz/Österreich) bildet sie das Pendant zu Magdalenas Waschung der Füße Christi (□ außer Evangeliaren des 6.–11. Jh.: Mosaiken 11. Jh., Hosios Lukas/Phokis und Daphni/Attika;

Fresken 11. Jh. S. Angelo in Formis und St. Ensice, Selles s/Cher; Mosaik 12. Jh., S. Marco, Venedig; Kapitelle 12. Jh. in Autun (St. Lazare) und Moissac (Kreuzgang); Portale 12. Jh. St. Julien de Jonzy und St. Gilles-du-Gard, Frankreich; Fenster 13. Jh., Kath. Chartres; Ziboriumssäule 13. Jh., S. Marco, Venedig; Giotto, Fresko 14. Jh., Arena-Kapelle Padua; Duccio, 14. Jh., Opera del Duomo, Siena; Altar von Vissybrod (Hohenfurt), Nationalgalerie Prag; Fra Angelico, 15. Jh., Accademia Florenz; Tabernakel 15. Jh., Hal/Belgien; Fresko 16. Jh., Kloster Voronetz/Moldau; Kalvariengruppe 16. Jh., Guimiliau/Bretagne. – Das Händewaschen des Pilatus während des Prozesses Jesu (Matth. 27, 24) folgt nicht römischem, sondern jüdischem Brauch (vgl. 5. Mose 21, 6-8) und ist daher bei einem Römer fraglich. Jedenfalls lehnt Pilatus mit diesem feierlichen Protest jede Verantwortung für die Folgen ab. □ Junius-Bassus-Sarkophag 4. Jh., Vatikan. Grotten; Arkadensarkophag 4. Jh., Lateranmuseum Rom; Mosaik 6. Jh., S. Apollinare Nuovo, Ravenna; Holztür 6. Jh., S. Sabina, Rom; Fresko 12. Jh., S. Baudilio, Berlanga b. Soria/Kastilien; Lettner 13. Jh., Dom Naumburg; Ziboriumssäule 13. Jh., S. Marco, Venedig; Johann Koerbecke, Altarbild 1457, Zisterzienserkirche Marienfeld/Westf.; Relief 1513, Portal Kath. Bourges; Rembrandt, 1633, National Gallery London. – Obwohl man später (vom 4. Jh. an) das Taufwasser ausdrücklich weihte und ihm sakramentale Kräfte zuschrieb, ist es unbedingt vom Weihwasser zu unterscheiden. Der erste Hinweis auf das letztere findet sich in den apokryphen Petrusakten (um 200), dann in den Thomasakten (um 232). Es steht fest, daß man im Orient seit dem 3. Jh. ein geweihtes W. zur Erleichterung für die Kranken und zur Abwehr der Dämonen benutzte. Im Westen setzen die Zeugnisse später ein. Wasserbehälter, die man an der Tür älterer Kirchen fand und für Weihwasserbecken hielt, können auch gewöhnliches W. zur Reinigung enthalten haben. Aber vom 6. Jh. ab ist der Gebrauch des Weihwassers verbreitet. Man besprengte damit auch Häuser, Lebensmittel und Leichen. Der heute übliche, wesentlich erweiterte Gebrauch hat sich noch später herausgebildet. Die sakrale Bedeutung des W. ist ebenfalls an Ausstattung und Ausschmückung zahlreicher Wallfahrtsorte abzulesen.

Wasserschlange Nach dem Physiologus ist dieses Fabeltier vom Nilufer ein Feind des Krokodils. Sieht es ein solches mit offenem Rachen schlafen, schlüpft es hinein und zerbeißt die Eingeweide. Das ist das Symbol Christi, der in das Totenreich (→ Limbus), d. h. in den Rachen des → Leviathan hineinging und so Tod und Teufel besiegt hat. □ Min. 14. Jh., Psalter der Königin Maria, British Museum London.

Weg 1. in der Ortsbeschreibung eine Strecke von einem zu einem anderen Punkt, die begehbar ist. 2. der aktive Vorgang des Begehens selbst, ein Marsch, eine Reise. 3. im allegorischen Verständnis heilige W.e, die Gott führt, wie beim Auszug Israels aus Ägypten, der Wanderschaft durch die Wüste in das Gelobte Land, aber auch bei der Rückkehr der Juden aus dem babylonischen Exil. 4. symbolische Repräsentationen dieser heiligen W.e in Prozessionsstraßen (via sacra) der verschiedenen Religionen, so z. B. in Babylon, Delphi, Rom und Umgebung, und nicht zuletzt die jährliche Festprozession der Israeliten nach und in Jerusalem. Hierher gehören die verschiedenen Prozessionen des christlichen Kirchenjahres: Lichterprozession am Fest Mariä Reinigung, Palmprozession zur Vergegenwärtigung des Einzugs Jesu in Jerusalem, Stationsprozessionen in der Fastenzeit, triumphale Sakramentsprozessionen am Fronleichnamsfest und Bittprozessionen verschiedener Art. Zu nennen sind dabei auch sowohl der feierliche Introitus der kirchlichen Würdenträger zum Gottesdienst als auch die Begräbnisprozession, die den Einzug des Verstorbenen ins himmlische Paradies symbolisiert. Ein »heiliger W.« ist das einzeln oder gemeinschaftlich verrichtete Abschreiten der Kreuzwegstationen, das eine große Zahl künstlerischer Darstellungen herausgefordert hat.

Weide In der Antike wie in der frühchristlichen Tradition einerseits Sinnbild lebendigen, frischen Grünens, andererseits, da man glaubte, daß sie ihren Samen vor der Reife abwerfe, Sinnbild der Keuschheit und Grundstoff enthaltsamkeitsfördernder Mittel. Origenes kann daher vom Erntefest der Ewigkeit sprechen, das diejenigen feiern, die die Weidenzweige ihrer Keuschheit unversehrt bewahrt haben.

Weihrauchfaß Der Weihrauch, aus Harz verschiedener subtropischer Bäume gewonnen, verbreitet, wenn man ihn verbrennt, einen balsamischen Duft. Bei allen antiken Völkern einer gewissen Zivilisationsstufe wurde er beim kultischen – öffentlichen oder privaten – Opfer oder auch im Hausgebrauch als Duftspender verwendet. Im AT ist er Gott allein vorbehalten. Im AT wie im NT stellt der brennende Weihrauch ein Zeichen für das aufsteigende Gebet dar. Im christlichen Kult ist der Gebrauch des Weihrauchs nicht vor der zweiten Hälfte des 4. Jh. nachweisbar. Er findet zunächst bei Bestattungsriten Verwendung, dann allgemein während der Messe und anderer liturgischer Verrichtungen. Weihrauchbehälter waren tragbare kleine Gefäße, zunächst ohne, dann mit Deckel, von denen nicht nur zahlreiche alte Exemplare in den verschiedenen Kirchenschätzen vorhanden sind, sondern auch Abbildungen wie etwa auf Mosaiken in S. Vitale und S. Apollinare in Classe, Ravenna, und die berühmte Miniatur der Maria mit Kreuz und Weihrauchfaß im Sakramentar von Gellona (Nationalbibliothek Paris) einen guten Eindruck geben. Auf den W.n selbst finden sich auch nicht selten symbolische Darstellungen, z. B. des → Phönix (der sich selbst verbrennt und dann wieder aufersteht) oder der drei Jünglinge im Feuerofen (deren Lobpreis Gottes mitten im Feuer mit dem Duft des brennenden Weihrauchs vergleichbar ist). – Als Attribute tragen W.r: die weihräuchernden Engel, die Priestergestalten des AT (Melchisedek, Aaron, Samuel, Zacharias), die hl. Diakone Stephanus, Laurentius, Vinzenz, die hl. Büßerin Pelagia.

Wein Der W., ein wichtiges Erzeugnis Palästinas, spielt, sowohl was seinen Anbau wie seinen Genuß angeht, in der Bibel und deren Bildmaterial aus dem israelitischen Volksleben eine selbstverständliche und große Rolle (das Wort W. kommt in der Bibel über zweihundertmal, Weinberg hundertmal vor, abgesehen von den zahlreichen anderen Wortverbindungen mit W.). Er wird in Schläuchen und Krügen aufbewahrt. Bei Festen und beim Opferkult darf er nicht fehlen. Die Geschichte von → Noahs Weinbau und Trunkenheit (1. Mose 9, 21) ist als warnendes Zeichen der Enthemmung im Rausch auch bildlich geschildert; das Verhalten des Noahsohnes Ham ist ein Typos für die Pietätlosigkeit, mit der sich später die Kriegsknechte an Jesus vergreifen werden. Der Priesterkönig Melchisedek, der → Brot und W. zu → Abraham herausträgt (1. Mose 14, 18), ist sakramental wie prototypisch zu verstehen. Das eschatologische Freudenmahl wird »ein Mahl von altem geläutertem Wein« sein (Jes. 25, 6). In der Fortführung dieser Linie liegt das besonders auf Katakombenfresken häufig dargestellte eschatologische Freudenmahl im NT (Mark. 14, 25; Matth. 8, 11). Die Symbolik des → Kelches hat hier und in der → Eucharistie ihren Ursprung. Blut und W. sind ohnehin durch Farbe und Preßvorgang verbunden. Der W. als Blut Christi tritt an die Stelle des blutigen Opfers im Alten Bund. Oft begegnet die Darstellung des Weinwunders bei der Hochzeit zu Kana (Joh. 2, 1–11), das die Offenbarung der Herrlichkeit Jesu zum Ziel hat.

Weinstock In der frühchristlichen Kunst und in der Gotik stärker als in der mehr der komplizierteren Symbolik zuneigenden Romanik verwendet, versinnbildlicht der W. nach

dem Sprachgebrauch der Bibel zunächst – wie jede Frucht – sowohl Segen (1. Mose 27, 28. 37; 49, 11 f.; Psalm 104, 15; Segen der Endzeit: Jes. 27, 2; Joel 4, 18; Amos 9, 14) als auch Fluch (5. Mose 28, 39; 32, 32), Besitz als Ausdruck der Ruhe und Geborgenheit (Micha 4, 4; Sach. 3, 10) wie angedrohtes Gericht (Jes. 7, 23; Hab. 3, 17). Er dient ferner als Bild für das Volk Israel (Psalm 80, 9. 15; Jes. 5, 2; 32, 12 u. ö.). Die am W. Arbeitenden (Weingärtner, Weinleser, Keltertreter) werden zu Gleichnisfiguren (Matth. 21, 33 f.; Joh. 15, 1; Jer. 49, 9; 25, 30). Besonders nachwirkend in der Kunst, auch der Ikonen, ist das Wort Jesu, in dem er sich selbst als W. (→ Lebensbaum) bezeichnet (Joh. 15, 1–8). Oft sind die Jünger als in diesem W. sitzend dargestellt (der dann eine gewisse Parallele zur → Wurzel Jesse gewinnt); oft begegnet dieser W. auch in Kreuzform, so daß → Lebensbaum- und → Kreuzsymbolik hier verschmelzen. Die Weinernte, oft durch → Eroten vorgenommen, ist ein Hinweis auf das → Endgericht (vgl. Offb. Joh. 14, 18–20). In den Weinbaugebieten Frankreichs und Deutschlands sind Statuen des hl. Bischofs Urban v. Langres beliebt, der als Patron des Weinbaus gilt.

Weintraube deutet im Bereich der romanischen Kunst, in der Hand lächelnder, oft kniender junger Menschen, vornehmlich auf Apsiskapitellen, auf die Erwählten, die sich der Glückseligkeit des Paradieses erfreuen. Häufig begegnet ferner vom 12.–18. Jh. die Darstellung der großen W., die die beiden Kundschafter, die aus Kanaan zurückkehrten, gemeinsam tragen mußten (4. Mose 13, 24). Sie wird typologisch oft mit dem kreuztragenden Christus verbunden; denn Christus gleicht insofern der ausgepreßten W., als sein am Kreuz vergossenes Blut den Kelch der Kirche füllt. Ferner entspricht das Abschneiden und Keltern der Traube, bevor sie zu Wein wird, dem irdischen Leiden und Sterben, weist aber zugleich auf den Übergang zu neuer Lebensqualität. In diesem Sinne sind Traube und Wein dem Getreidekorn und Brot verwandt und als eucharistische Symbole in Vorstellungs- und Bildwelt der Christenheit eingegangen (→ Kelter). □ Emailkreuz 12. Jh., British Museum London; Nikolaus v. Verdun, Emailaltar 1181, Klosterneuburg b. Wien; Reliquiar des hl. Paulus, 12. Jh., Diözesanmuseum Wien; typolog. Fenster, 14. Jh., Stephanskirche Mülhausen/Elsaß; Nicolas Poussin, 17. Jh., Louvre, Paris. – Als Heiligenattribut erscheint die W. bei Bonifatius, Gratus v. Aosta, Murandus v. Altkirch, Omer (Audomarus), Theodul v. Sitten, Urban, Wenzeslaus, Vinzenz, Wigbert. Sie findet sich auch (□ in Jörg Syrlins Chorgestühl im Ulmer Münster), zugleich mit eucharistischer Nebenbedeutung, in der Hand Abigails

(1. Sam. 25), die in das christliche Symboldenken, a) da sie für ihren Mann um Verzeihung fleht, als Typos der Reue und Buße, b) infolge ihrer Vermählung mit David als Vorausbild der Vermählung der begnadeten Seele mit Christus, eingegangen ist.

Weizenfeld 1. Nicht zur Symbolik der → Ähre, sondern in den Bereich der apokryphen Legenden um die Flucht nach Ägypten gehört die Darstellung des Wunders von dem über Nacht reifenden W. Verfolgt von den Häschern des Herodes, bat Maria einen sein Feld einsäenden Bauern, den Kriegsknechten auf deren Frage zu sagen, die hl. Familie sei zur Zeit der Saat vorbeigekommen. Inzwischen aber wuchs die Saat so schnell, daß sie bei der Ankunft der Häscher reif zur Ernte war und die wahrheitsgemäße Aussage des Bauern dazu führte, daß man die Verfolgten schon unerreichbar fern glaubte. □ Tymp. 13. Jh., Rougemont/Côte-d'Or; Fresko 13. Jh. aus Asnières s/Vègre, jetzt Mus. Le Mans; Fenster 13. Jh., St. Julien du Sault/Yonne; Südportal Notre Dame, Avioth/Meuse; Hans Memling, 1480, Alte Pinakothek München; Joach. Patinir, 15. Jh., Prado, Madrid; Baldassare Perruzzi, Fresko 16. Jh., S. Onofrio, Rom; Marienportal 16. Jh., Kath. Bourges; Schnitzaltar 16. Jh., Rampillon/Seine-et-Marne; Fenster 16. Jh. in Tilloloy/Somme u. Kath. Auch. – 2. Die Parabel vom Unkraut unter dem Weizen (Matth. 13, 3 ff.) schildert die Geduld Gottes bis zur endgültigen Scheidung der Guten und der Bösen im → Endgericht. □ Fresko 14. Jh., Curtea de Arges/Rumänien; Christus als Sämann, Holzstatue 15. Jh., Museum Wiesbaden; Jan Mandijn, 16. Jh., Musée Royal des Beaux Arts, Antwerpen.

Widder Altes Symbol der Kraft und der Fruchtbarkeit und als solches Attribut des indischen Gottes Indra, des ägyptischen Gottes Ammon und des griechischen Gottes Hermes, der in manchen Mysterienkulten als Hermes Kriophoros (Widderträger) verehrt wird, wie es auch bei den Dorern den Kult des Apollon als eines Widdergottes im Hinblick auf den Schutz der Hirten und die Fruchtbarkeit der Herden gibt, findet sich der W. unter den Symbolen christlicher Kunst vor allem unter Bezug auf die symbolische Bedeutung, die man dem Abrahamsopfer (1. Mose 22, 1–14) gab. Diese alttestamentliche Szene, sehr häufig auf frühchristlichen Fresken, Sarkophagen, Lampen, Goldgrundgläsern dargestellt, wies auf Christus, der von Gott anstelle des schuldigen Menschen geopfert wurde. »Der Widder im Dornbusch ist Jesus Christus, mit der Dornenkrone gezeichnet und ans Kreuz geheftet« (Augustinus). In jenem symbolischen Zusammenhang, in dem die Gläubigen im Lamm den Neuchristen, im Schaf den gelehrigen Jünger, im Bock den Bekehrten oder den Sünder sehen wollten, steht der W. als Bild Christi, als Symbol der Kraft und der Ermutigung zum getrosten Kampf für die, die an die Stelle Christi treten. Das zeigen besonders diejenigen Bilder eines W., der zusammen mit einem Christusmonogramm, mit Repräsentanten der Schafherde und überhaupt in Hirtenszenen mit christlichem Kontext auftaucht. Auf symbolischen Darstellungen des → Endgerichts kann er sich auch mit den Schafen, den Ziegenböcken gegenüber, zur Rechten Christi befinden (vgl. Matth. 25, 32 f.). – Selten (Min. 11. Jh., Apokalypse von St. Sever, Nationalbibliothek Paris; Gemälde Rembrandt, ca. 1650, Deutsches Museum Berlin) ist der Kampf der Symboltiere W. und Bock (Medien/Persien gegen Alexander d. Gr.) nach der Vision Dan. 8, 1 ff. dargestellt.

Wiedehopf Begegnet vermutlich wegen der hörnerähnlichen Federschöpfe am Kopf sowie auf Grund seines abstoßenden Geruchs (der ihm im Volksaberglauben den Ruf eines Unratfressers einbrachte) gelegentlich als Teufelssymbol. Eine symbolische Miniatur der karolingischen Buchmalerei (»Adagruppe«) zeigt alle Tiere auf dem Weg zur Lebensquelle; nur zwei W.e wenden sich vom Heil ab.

Wiege Attribut der samischen Sibylle (sie soll die Krippe der Christgeburt vorausgesagt haben) und des Kirchenvaters Ambrosius (ein Bienenschwarm legte Honig im Mund des noch in der W. liegenden kleinen Ambrosius ab).

Wildschwein (Eber, Keiler) In Japan Jahrestierzeichen und Sinnbild der Stärke; als altes Sakralsymbol sowohl der kriegerischen Leistung wie der Fruchtbarkeit besonders bei den Germanen geschätzt und von da in viele altdeutsche Familienwappen und Ortsnamen übergegangen, später als eines der zahlreichen wildlebenden Tiere, die vor den Jägern Schutz bei einem Eremiten suchten, Attribut der Heiligen Castor v. Apt, Columban und Ämilian. Vor allem ist das W. auch Christussymbol und begegnet häufig auf Darstellungen der Schöpfung. → Schwein.

Winde → Schiffswinde.

Winzer 1. Das Gleichnis von den bösen Weingärtnern (Matth. 21, 33; Mark. 12, 1; Luk. 20, 9), die die Boten des Besitzers schlugen und seinen Sohn töteten, ein deutliches Bild für die Undankbarkeit des erwählten Volkes Israel, ist in seinen verschiedenen Szenen besonders auf Miniaturen ausgemalt. – 2. Das Gleichnis von den Arbeitern im Weinberg (Matth. 20, 1 ff.) schildert die nicht nach menschlichem Verdienst messende Güte Gottes. In der byzantinischen Ikonographie werden die zu verschiedenen Zeiten des Tages gedingten Arbeiter mit den Patriarchen und Heiligen des Alten und Neuen Bundes symbolisch verknüpft: 1. Stunde Henoch und → Noah; 3. Stunde → Abraham, Isaak und Jakob; 8. Stunde Mose und Aaron; 9. Stunde Propheten; 11. Stunde Apostel. Benedetto Antelami (sechs Reliefs, in Spiralen parallel gesetzt zu den Werken der Barmherzigkeit, Westportal 1196, Baptist. Parma) deutet die genannten Stunden auf die Lebensalter des Menschen und die Zeitalter der Welt. Weitere □ Paolo Veronese, 16. Jh., und Domenico Feti, 17. Jh., Deutsches Museum Berlin; Rembrandt, 1637, Eremitage Leningrad; Jan Victors, 17. Jh., Städel-Institut Frankfurt; Hendrick Sorgh, 1665, Mus. Braunschweig.

Wolf Der W., der gelegentlich, weil er bei Nacht sieht, ein Sonnensymbol sein kann, wird doch allgemein hauptsächlich als Typus der Wildheit, ja des Satanischen gewertet. In diesem Verständnis taucht auf einem Fresko (4. Jh.) in der römischen Prätextatkatakombe ein Lamm zwischen zwei W.n auf: Susanna unter der Beschuldigung der beiden Greise (apokryph. Daniel-Anhang). Er ist raubgierig, bereit, sich jederzeit auf das Lamm, das Symbol der Gläubigen, zu stürzen, es wegzutragen und umzubringen. Der W. erscheint nie unter rein dekorativen Gesichtspunkten. Eine karolingische Plakette (Mus. Peronne) jedoch zeigt eine Wolfsjagd, wie sie sich des besonderen Interesses der Franken erfreute. – Die Wölfin, von Dante als Hindernis auf seinem Weg in der Dimension des Tieres der Apokalypse geschildert, ist andererseits als Amme von Romulus und Remus, und demzufolge Emblem von Rom, ein freundliches Wesen. Das sehr seltene Beispiel der Übernahme einer heidnischen Legende auf ein christliches Kunstwerk findet sich im elfenbeinernen Diptychon von Rambona (Vatikan), einer lombardischen Arbeit des 9. Jh. Da ist unter dem Hügel der Kreuzigung Christi die säugende Wölfin mit den beiden Knaben dargestellt. Auch eine Münze Konstantins d. Gr. zeigt die römische Wölfin und über ihr zwischen zwei Sternen das → Christusmonogramm. – Als Heiligenattribut begegnet der W. u. a. bei Franz v. Assisi (aufgrund seines »Vertrags« mit dem W. von Gubbio), Wilhelm v. Vercelli (der einen W. sattelte),

Herväus (der einen W. als Blindenhund benutzte), Philibert v. Jumièges (der wie viele andere Heilige einen wilden W. zähmte), Simpert v. Augsburg (der ein Kind aus dem Rachen eines W. rettete, den er zwang, es seiner Mutter zurückzubringen; daher die entsprechenden Darstellungen auf einer Statuette von Leonhard Magt, 1518, Hofkirche Innsbruck, und einem Fenster, 1520, Kreuzgang Wettingen/Schweiz). Die Abbildung eines W. als Attribut der Heiligen Lupus und Wolfgang beruht auf Wortspielen mit ihren Namen.

Wunde auf der Stirn: Kennzeichen der hl. Rita, auf dem Oberschenkel: Hinweis auf die Pestbeule des hl. Rochus. Die fünf W.n des gekreuzigten Christus empfing Franz v. Assisi bei der häufig dargestellten Stigmatisation. Auf Bildern der Heiligen Brigitta v. Schweden und Katharina v. Siena verweisen sie auf deren besonders auf die Passion Christi gewendete Frömmigkeit.

Z

Zahlenbrett Attribut des Zöllners und Apostels Matthäus.

Zahlensymbolik In der Bibel (besonders der Offb. Joh.) wie in den Systemen der Neupythagoreer und Neuplatoniker spielen die heiligen Zahlen eine bedeutsame Rolle. Viele Kirchenväter und mittelalterlichen Schriftsteller spekulieren darüber. Diese Zahlen können sich auch in geometrischen Figuren oder in der Musik ausdrücken. Noch die Kapitellreste der gewaltigen Basilika in Cluny/Burgund lassen erkennen, daß die Apsis eine kosmische Ordnung zu repräsentieren suchte, die auf die traditionellen acht Töne und die Sphärenmusik Platons abgestimmt war. Auch die Konzeption anderer berühmter romanischer Bauwerke beruht auf geometrischen Regeln und arithmetischen Konstruktionen, die nicht nur bestimmte symbolische Baugedanken im einzelnen, sondern auch eine Verkörperung der Ordnung des Universums repräsentieren. Selbst die Zahlen der scheinbar nur dekorativen Zwecken dienenden Linien, Blätter, Blumen, Knospen sind gewollt und berechnet. Das Dreieck, nach der Lehre des Pythagoras ein Bild der Gottheit, drängte in Verbindung mit dem christlichen Glaubensmysterium der Trinität zu besonders häufigen Kompositionen. Die Gotik hat die »Trunkenheit der Zahlen« zum äußersten gesteigert. Das wird besonders an der Multiplikation der Arkaden und Statuen deutlich, an den ausgeklügelten Maßen der Statuen, an den bis ins kleinste auf Bezogenheit berechneten Fensterrosen. Ohne auf allzuviel komplexe Details eingehen zu können, geben wir im folgenden Hinweise auf die symbolischen Zusammenhänge der wichtigsten und häufigsten Zahlen:

Eins ist als Symbol der ungeteilten Einheit, als Quelle und Wurzel aller übrigen Zahlen in dieser Absolutheit zugleich Bild Gottes und deshalb nicht darstellbar, es sei denn im Einswerden von Vielfachem und Verschiedenem.

Zwei. Schon in syrischen und sassanidischen Motiven verbreitet, deutet die Zweiheit auf Dualität, oft in manichäischer Betonung auf den Dualismus zwischen Gut und Böse. Zwei ist die erste Mehrheit und daher die erste wirkliche Zahl. Paarungen und Gegenüberstellungen sind in der christlichen Kunst symmetrische, aber auch symbolische Ausdrucksmittel. Zu den bekanntesten Zweiheiten gehören: Adam und Eva, Kain und Abel, Mose und Aaron (Prophet und Priester) bzw. Mose und Elia, Altes und Neues Testament, Seele und Leib, aktives und kontemplatives Leben. Doppellöwen, Drachen mit zwei Köpfen, Doppelwesen (→ Greife, → Kentauren, → Sirenen) weisen auf unfaßliche, den Menschen übergreifende Mächte hin. Der Dualismus bestimmt förmlich das Wesen der romanischen Symbolik. Es darf auch nicht übersehen werden, daß im Süden Frankreichs bis nach Spanien hinein die dualistischen Formen und Skulpturen in ihrem vereinenden Aufeinanderbezogensein eine gewisse Antwort auf die manichäischen Anschauungen der Katharer zu geben versuchen: Inkarnation, Eucharistie, apokalyptische Vision auf den Tympana drücken den Gedanken der Vereinigung zweier entgegengesetzter Prinzipien aus. Nach einem durch Boethius weitergegebenen pythagoreischen Gedanken gebiert die Zweiheit die Vielheit und steht der Einheit gegenüber, die Stabilität bedeutet. Darum drängt aber auch die Zweiheit und Vielheit zur Einheit. Das ist z. B. an dem Punkt abzulesen, an dem sich gekreuzte Linien treffen, aber auch an der Kreislinie, die sich ursprünglich (Ägypten) auf eine Sonnenscheibe bezog, die von zwei → Schlangen umrahmt wurde. Zwei → Engel tragen die → Mandorla des auffahrenden Christus oder das umkränzte Christusmonogramm. Der → Tetramorph bedeutet Einheit in der Vielfalt. Eucharistische Darstellungen weisen auf die unsichtbare, wunderbare Einheit von Substanz und Gestalt der eucharistischen Elemente, auch auf die Einheit des historischen Jesus mit dem gegenwärtigen Christus. Hierher gehört auch die Symbolik des Lebensbaumes mit zwei Ästen und einem Stamm.

Drei, die Zahl der Vollkommenheit und der Vollendung, der Schlüssel des Weltganzen und damit das passendste Symbol Gottes, ist nach Augustinus zugleich die Zahl der Seele, so wie Vier die Zahl des Körpers ist. Drei Tage war Jona im Fisch und Christus im Grab, drei Engel besuchten Abraham. Jes. 6, 3 wird der dreimal heilige Gott angerufen. Dies alles sind zugleich Hinweise auf die umfassende Bedeutung der Trinität. Unzählige Dreieckskonstruktionen erinnern an sie, auch die drei Portale der Kirchenfassaden. Dreimal tauchte man den Täufling ein, drei an Zahl sind die theologischen Tugenden Glaube, Liebe, Hoffnung. Die Einteilung des Kreises in 360 Grade, die auf die Sumerer und Babylonier zurückgeht, beruht ebenfalls auf den Zahlen Drei und Fünf (360 : 12 = 30). Für die Pythagoreer sind das All und alle Dinge durch die Zahl Drei begrenzt: Ende, Mitte und Anfang. Dreifache Gottheiten und Göttergruppen kannte man in China, Tibet, Ägypten, Persien, Babylonien, im Hinduismus und Mithraskult.

Vier ist im Gegensatz zur Dreizahl als dem Symbol Gottes die traditionelle Zahl des irdischen Universums, der Elemente, des Quadrats, der Jahreszeiten, der Paradiesflüsse (1. Mose 2, 10 ff.: Phison, Gihon, Tigris/Hiddekel, Euphrat), die die vier Bereiche der Erde bewässern; der Feuchtigkeiten (humores) im Menschen, deren Verteilung für die vier Temperamente (Sanguiniker, Phlegmatiker, Choleriker, Melancholiker) verantwortlich ist; der vier Buchstaben, die den Namen Adams, *des* Menschen, ausmachen (im Griechischen zugleich die Anfangsbuchstaben der vier Himmelsrichtungen: anatolé, dysis, árktos, mesembría); der vier Kardinaltugenden; der vier Evangelisten; der großen Propheten (Jesaja, Jeremia, Ezechiel, Daniel); der besonders herausgehobenen Kirchenlehrer Augustinus, Ambrosius, Hieronymus, Gregor d. Gr. Es war nicht zuletzt die Vierzahl, die dazu führte, daß der → Tetramorph, die Vision des Propheten Ezechiel, zum Symbol der vier Evangelisten wurde. Die kubisch-quadratische Konstruktion ist im Kirchenbau weit verbreitet und gründet sich auf den Kubus, als der das Himmlische Jerusalem in der Offb. Joh. beschrieben wurde.

Fünf. Nach Pythagoras ist die Fünf, das → Pentagramm (gebildet aus fünf Dreiecken oder fünf Alpha), die vollkommene Zahl des Mikrokosmos Mensch; das Pentagramm erinnert zugleich an den fünfzackigen Stern der Kabbalah (wenn man ihn auf den Kopf stellt, so daß zwei Spitzen nach oben weisen, wird es ein negatives Zeichen, in der Kunst der Romanik z. B. das teuflische Zeichen des Bocks). Die Bibel kennt die fünf Bücher Mose, deren Hauptinhalt die Gottesoffenbarung und der Bundesschluß auf dem Sinai sind; die fünf Kieselsteine, die David im Bachbett auflas, um Goliath zu bekämpfen (Augustinus hat tiefsinnig darüber spekuliert und damit typische Aspekte und Gedankenbögen der romanischen Zahlensymbolik vorbereitet); die fünf Brote, mit denen Christus die viertausend Mann speist; die fünf klugen Jungfrauen. Von fünf Wundmalen Christi wird berichtet; von ihnen leitet sich nicht nur das Wappen von Portugal (fünf Schilde mit je fünf Blutstropfen) ab, sondern in bezug auf sie werden fünf Kreuze zur Konsekration in den christlichen Altar eingemeißelt. Fünfzig Tage trennen Pfingsten von Ostern. In der Zeit der Gotik (13.–14. Jh.) sind die Weisen auf der Suche nach den Elementen einer fünften Essenz (Quintessenz). Hildegard von Bingen sieht den Menschen ganz wesentlich durch die Fünf geprägt: Sie teilt ihn senkrecht vom Kopf bis Fuß in fünf gleiche Teile, ebenso waagerecht, von den Fingerspitzen des einen ausgestreckten Armes bis zu denen des andern (diese Doppelheit weist auf die heilige Zehn hin); er hat außerdem fünf Sinne und in Kopf, Armen und Beinen fünf Extremitäten. Man wird von hier aus auch die Blumen mit fünf Knospen und andere Fünferreihungen in romanischen Skulpturen als symbolhaltig und keineswegs als bloß »dekorativ« werten müssen.

Sechs. Als Zahl der Tage des Schöpfungswerkes ein Hinweis auf übermenschliche Kraft, steht sie zugleich in besonderer Beziehung zu Christus: Das → Christusmonogramm (Chrismon), geformt aus den griechischen Anfangsbuchstaben X (chi) und P (rho) des Titels Christus, bildet ein sechsarmiges Zeichen und symbolisiert die Macht Christi, da schon das X an sich Machtsymbol, Zeichen der Ordnung und Beherrschung der Welt ist, sowohl was den Raum wie die Zeit betrifft. Augustinus erblickte die besondere Bedeutung der Sechs darin, daß sie die Summe der drei ersten Zahlen darstellt (wie Zehn die Summe der vier ersten Zahlen), und auch hier einen Hinweis auf das Schöpfungswerk. Sechs ist ferner die Zahl der Werke der Barmherzigkeit (Matth. 25, 35 f.). Aber, wie so oft in der Symbolik, gilt hier ebenfalls das Gegenteil: 666 bedeutet die höchste negative Macht; es ist die Zahl der Bestie der Offb. Joh. (13, 18). Das Hexagramm, aus zwei gleichseitigen Dreiecken zusammengesetzt, ist als Siegel Salomos ein weit verbreitetes Symbol bei Juden, Christen und Muslimen und daher besonders oft an und in Synagogen zu finden.

Sieben, die heilige Zahl, die drei plus vier, Gott und Welt, vereint, verkörpert ein altes hebräisches Symbol (vgl. den siebenarmigen Leuchter) und spielt in der Offb. Joh. eine bedeutende Rolle (sieben Gemeinden, sieben Hörner der Bestie, sieben Schalen des göttlichen Zorns, Buch mit den sieben Siegeln). Ihre Sonderstellung im ganzen semitischen Kulturkreis ist wohl auf die Beobachtung der Mondphasen und anderer Gestirnphänomene, aber auch daran geknüpfte astrologische Spekulationen zurückzuführen. Weniger in der Romanik, die die Zahlen Drei und Vier bevorzugt, als in der Gotik nimmt die Siebenzahl einen gleichzeitigen theologischen Erwägungen entsprechenden Platz ein; so werden gezählt und abgebildet: die sieben Gaben des Heiligen Geistes (meist in Gestalt von → Tauben), sieben Bitten des Vaterunsers, sieben Sakramente, sieben Grade des Priestertums, sieben ökumenische Konzilien (vor der Kirchentrennung von 1054), sieben Lebensalter des Menschen, sieben Künste und Wissenschaften, sieben Tugenden (vier Kardinaltugenden + drei theologische Tugenden), entsprechend auch in der Umkehrung sieben Hauptsünden (Todsünden). Doch weist die Siebenzahl, als noch dem Alten Bund angehörig, zugleich über sich hinaus auf die Acht als die Zahl der Vollendung und der Auferstehung.

Acht. Wenn die Zahl Sieben vorwiegend die Zahl des AT ist, so Acht die Zahl des NT. Sie kündigt die Seligkeit des kommenden zukünftigen Äons an. Das alte achteckige Taufbecken (□ im Baptisterium der Orthodoxen, Ravenna, und im Baptisterium von S. Giovanni in Laterano, Rom) bezeichnet den achten Schöpfungstag, d. h. die mit der Auferstehung Christi beginnende neue Schöpfung, in die der Täufling durch das Tauchbad hineingenommen wird. Acht ist daher die Zahl der Wiedergeburt durch die Taufe, der Auferstehung, des ewigen Lebens. Auch die acht Seligpreisungen (Matth. 5, 3–10) und die acht Töne der gregorianischen Musik (vgl. Bauprogramm von Cluny) sowie die in der Romanik häufige Blume mit acht Blütenblättern bzw. der Stern mit acht Strahlen erscheinen in dieser Symbolbeziehung. Aus dem gleichen Grunde sind die Türme über der Vierung der Kirchen nicht selten achteckig (□ Aachen, Gelnhausen/Hessen; St. Nectaire/Auvergne; Anzy-le-Duc/Burgund). Das achtspitzige Malteserkreuz ist hier ebenfalls zu erwähnen. Auf einen anderen Symbolzusammenhang weisen die achtarmigen Fensterrosen: Hier ist das griechische Kreuz mit dem Andreaskreuz verbunden. → Kreuz. Die Pythagoreer setzten das Quadrat der Acht, die Zahl Vierundsechzig, in Beziehung zu der himmlischen Weisheit (sophia), die das Weltganze so sinnvoll angeordnet hat, oder zu der Weltseele selbst (den platonischen Eros und Erstgeborenen der Schöpfung).

Neun steht als Dreimaldrei in Bezug zur → Dreifaltigkeit; es ist die Zahl der → Engelchöre. Durch neun Planetensphären gelangt man zum zehnten Bereich, dem Empyreum, Ort der Erlösten. Daher ist die Zahl Neun häufig mit den Stufen der Erlösung, dem Himmelsweg der Seele verbunden. Ihr Quadrat, Einundachtzig, ist die »Zahl der Ewigkeit«. Zahlenspekulationen mit dem griechischen Alphabet führten u. a. zur besonderen Wertung des Wortes »Amen« (nach der Zählung der griechischen Buchstaben 1 + 40 + 8 + 50 = 99) als Vielzahl der Neun. Es ist ferner nicht zufällig, daß die zehn israelitischen Stämme im neunten Regierungsjahr des Königs Hosea in die assyrische Gefangenschaft geführt werden (2. Kön. 17, 16), daß Nebukadnezar im neunten Regierungsjahr des Königs Zedekia Jerusalem belagert und am neunten Tag des vierten Monats erobert (2. Kön. 25, 1), daß die Römer den herodianischen Tempel am neunten Tag des Monats Ab im Jahre 70 n. Chr. zerstören, ja daß das irdische Leben Jesu auf Golgatha in der neunten Tagesstunde endet.

Zehn gewinnt besondere Bedeutung als zweimal fünf (lat. V + V), als Andreaskreuz, als griechischer Buchstabe X im platonischen System wie im → Christusmonogramm. Da man seit alters an den Fingern abzählte, dürfte die symbolische Bedeutung der Zahlen bis Zehn sehr ehrwürdig sein. Zehn erscheint sehr früh als magische Grenze, da sie den Anfang und das Ende aller Zahlen darstellt. Die Pythagoreer gaben der Zehn als der Summe der vier ersten Zahlen (1 + 2 + 3 + 4) besonderes Gewicht als Zeichen der Vollkommenheit und Vollendung. Zehn ist die Zahl des Dekalogs, ferner (nach Augustinus) die Zahl der Saiten auf der Harfe Davids, der seinerseits Dirigent der himmlischen Musik und der Musik der zehn Himmelssphären ist. So hat Zehn vor allem den Charakter von Ordnung, Vollendung, Totalität, Absolutheit.

Elf bedeutet nach der Lehre der Kirchenväter die Sünde, denn Elf überschreitet Zehn, die Zahl des Dekalogs, und die Sünde ist Überschreitung des Gesetzes. Es ist damit eine negativ geladene, destruktive Zahl. Wo sich Darstellungen der Apostel auf elf beschränken, ist auf ihre Zahl nach dem Verrat des Judas, d. h. auf den Ausgangspunkt der Passion Christi angespielt.

Zwölf, eine der bedeutendsten Zahlen, förmlich ein Leitmotiv der Bibel (zwölf Stämme Israels, zwölf Edelsteine auf dem Brustschild des Hohenpriesters, zwölf kleine Propheten, zwölf Apostel), ist eine Idealzahl (dreimal vier) und daher an Bedeutung rivalisierend mit der Sieben (drei plus vier). Es ist ferner die Zahl der Stunden des Tages oder der Nacht, der Monate des Jahres (vgl. die Darstellung der → Monatsarbeiten), der → Tierkreiszeichen. Als Symbol der universalen Kirche erscheint die Zwölf auch als zweimal sechs (sechs Juden, sechs Heiden) im ikonographischen Motiv der Kirche »aus den Völkern« und der Kirche »aus der Beschneidung«. Während der Nacht sang man zwölf Psalmen, und Benedikt v. Nursia schildert die → Leiter des Jakobstraums mit zwölf Sprossen als Leiter der Tugenden. In der Offb. Joh. begegnet die Zwölfzahl zweiundzwanzigmal; die himmlische → Stadt Jerusalem ist ganz von der Zwölfzahl bestimmt. Zwölf mal Zwölftausend = Hundertvierundvierzigtausend ist die Zahl der Auserwählten und damit der Gesamtheit der Heiligen.

Vierzehn hat in der biblischen Tradition eine an Sieben angeschlossene Bedeutung. Der Stammbaum Jesu im Matthäusevangelium (1, 1–17) verzeichnet dreimal vierzehn Generationen (von Abraham bis David, von David bis zum Exil, vom Exil bis Jesus); dem entsprechen die bildlichen Darstellungen dieser Ahnenreihe. Vierzehn ist als doppelte Sieben das Symbol der mit der Vernunft verbundenen Güte und Barmherzigkeit, die Zahl der Hilfe aus der Not und so auch die Zahl der Nothelfer (vgl. Vierzehnheiligen).

Fünfzehn ist von der alten, auf den Mond aufgebauten Zeitrechnung her die Zahl des Lichts, des Vollmonds, Hälfte der dreißig Monatstage.

Vierundzwanzig (zweimal zwölf) ist die Zahl der Greise in der Apokalypse (4, 4) und begegnet überhaupt als apokalyptisches Symbol. Es ist auch die Zahl aller Stunden des Tages und der Nacht. In Autun und in Vézelay taucht die Symbolik der Vierundzwanzig in Gestalt einer Addition der Monatsarbeiten mit den Tierkreiszeichen auf: eine Beziehung des kosmischen Jahres zur Rotation der Himmelssphären.

Dreiunddreißig als Zahl der Lebensjahre Jesu begründet die Zählung der Gesänge in Dantes »Divina Commedia«, aber auch die Anzahl der Sprossen an der mystischen → Leiter des Johannes Klimakos, die häufig auf Fresken im Bereich der Ostkirchen (z. B. Athosklöster) dargestellt ist.

Vierzig ist die biblische Zahl der Trübsal und Erprobung, der Buße, des Fastens, des Betens, auch der Strafe: Die Sintflut dauert vierzig Tage und vierzig Nächte, ebenso lange der Aufenthalt des Mose auf dem Berg Sinai zum Empfang des Gesetzes (2. Mose 24, 38) und der Wüstenweg des Propheten Elia (1. Kön. 19, 8) wie die Bußzeit der Stadt Ninive (Jona 3); die Wüstenwanderung der Israeliten vierzig Jahre, die Fastenzeit Christi nach seiner Taufe vierzig Tage, dementsprechend auch die Fastenzeit (Passionszeit) der Kirche. Nach seiner Auferstehung erschien Christus den Jüngern vierzig Tage hindurch. Nach Augustinus bedeutet die Zahl Vierzig das diesseitige Leben der Plage, Wanderschaft und Erwartung.

Fünfzig wird in der Bibel sehr positiv betrachtet, als Zahl der Freude: Der fünfzigste Tag nach Ostern (ursprünglich nach Erntebeginn) als fröhliches Erntefest bestimmte die zeitliche Festlegung des Pfingstfestes (pentekoste) nach Ostern und auch dessen Freudencharakter. Jedes fünfzigste Jahr (siebenmal sieben Sabbatjahre + eins) war ein Jubeljahr (Halljahr), in dem die Sklaven wieder freigestellt, die Schulden erlassen, die Felder nicht beackert und die verpfändeten Äcker und Häuser zurückgegeben wurden.

Zahn an einer Zange: Attribut der hl. Apollonia (weil ihr während ihres Martyriums die Zähne schmerzhaft ausgerissen wurden), der Schutzheiligen der Zahnärzte und ihrer Patienten.

Zange Attribut der hl. Agathe, deren Brüste abgequetscht, und der hl. Apollonia und Charitina, denen die Zähne ausgerissen wurden, aber auch der Heiligen Dunstan und Eligius, die beide den Teufel damit zwickten. Außerdem werden Josef v. Arimathia und Nikodemus bei Kreuzabnahmeszenen mit einer Z. dargestellt, da sie damit die Nägel aus dem Kreuz Christi zogen. Daher taucht die Z. auch auf surrealistischen Bildern der Passionswerkzeuge auf.

Zeder »Er wird wachsen wie eine Zeder auf dem Libanon«, heißt es Psalm 92, 13 vom Gerechten, wobei die Z. in Bedeutungsparallele zur → Palme gestellt wird. Damit ist die Z. deutlich das Symbol der Größe, Stärke und Dauerhaftigkeit. Wie alle immergrünen Nadelhölzer repräsentiert sie die Unsterblichkeit. Man hielt ihr Holz für völlig gegen Zerfall gefeit und verwendete es daher zum Bau des salomonischen Tempels. »Die Zeder fault nicht; die Pfosten unserer Behausungen aus Zedernholz machen heißt die Seele vor dem Verderben bewahren« (Origenes in einem Kommentar zum Hohenlied). Entsprechend kann Kyrill von Alexandria im Zedernholz das Vorbild des Fleisches Christi erblicken, »das keine Verwesung erlitt«. Allerdings kann die Z. auch zum Symbol der Hoffart werden (2. Kön. 19, 23; Ps. 29, 5; Jer. 22, 15).

Zelt Wohnstätte und damit zugleich Zeichen der Hirten, Nomaden, Soldaten auf dem Feldzug und Wanderer auf dem Wege; in diesem Sinne besonders auch auf Darstellungen der Wüstenwanderung des Volkes Israel verwendet und in eine gewisse Komplementarität zur festgegründeten Stadt gebracht (vgl. diese Gegenüberstellung schon Hebr. 11, 9). Ferner ein Bild irdischer Vergänglichkeit und menschlicher Hinfälligkeit.

Zentaur → Kentaur.

Zepter 1. Aus → Schilfrohr: Zeichen der → Passion → Christi (Ecce homo). – 2. Kaiserliches oder königliches Hoheitszeichen: Attribut der Heiligen Chlodoald (Cloud), Karl d. Gr., Kasimir, Eduard, Stefan v. Ungarn, Heinrich II., Ludwig, Olaf, Sigismund. Symbolisch weist das Z. auf den Zweig und damit auf den Lebensbaum zurück. → Baum.

Ziege Die Z., in China und Indien, bei Griechen und Germanen in Beziehung zur Gottheit stehend, wird in der frühchristlichen Kunst offenbar kaum als Symbolträger betrachtet. Auf den Katakombenfresken scheint sie rein dekorative Funktion zu haben (S. Domitilla, SS. Pietro e Marcellino, Rom). Auf mittelalterlichen Weihnachtsbildern repräsentiert sie die aufmerksam lauschende, »erkennende« Kreatur. → Lamm. → Bock.

Zügel Auf den Darstellungen der → Tugenden Attribut der Mäßigung (temperantia), die die wilden Begierden zügelt.

Zunge abgeschnitten oder herausgerissen, Zeichen des Martyriums und Attribut der Heiligen Johannes Nepomuk (Märtyrer des Beichtgeheimnisses), Leodegar, Livinus v. Gent, Placidus, Romanus v. Antiochia, Paulina.

Zweig Z.e oder Zweigbündel bedeuten Ehrerweisung für einen Sieger, einen Herrscher. Grüne Z.e beinhalten den Wunsch der Unsterblichkeit für ihn. Diese orientalische Tradition ist beim Einzug Jesu in Jerusalem (Matth. 21) aufgenommen. Die Liturgie des Palmsonntags und die zahlreichen Bilder dieses Einzugs vergegenwärtigen diesen Triumph bis heute, obwohl damals auf das »Hosianna!« sehr bald das »Kreuzige!« folgte. Allerdings sollen die Z.e nur einen inneren Vorgang beschreiben: den durch die Gnade Gottes gewährten Triumph über den Erzfeind der Seelen. Diesem definitiven Sieg gilt der Jubel. Beim Einzug in Jerusalem wird auf den meisten Bildern an → Palmzweige gedacht, die von den Bäumen gehauen wurden. Ihr Vorausbild war in gewissem Sinne der Ölbaumzweig, den die → Taube zu → Noah in die Arche brachte, um ihm das Ende der Sintflut anzuzeigen (1. Mose 8, 11): das Zeichen des neuen Heils. – Einzelne Z.e gehören in die Lebensbaumsymbolik (→ Baum); auch das → Zepter der Könige stellt ursprünglich einen solchen stilisierten Lebensbaumzweig dar. Außerdem ist in biblisch-heilsgeschichtlichem Zusammenhang an den »Zweig aus der Wurzel Isais« (Jes. 11, 1) zu denken, das Zeichen des dem alten Volke neu verheißenen Heils.

Zypresse Die Z., ein vielen Völkern heiliger Baum, ist infolge ihrer Langlebigkeit und ihres beständigen Grünens ein Lebensbaumsymbol. Im Süden wird sie gewöhnlich auf Gräbern angepflanzt, so schon auf Grund ihrer Beziehung zu Göttern der Unterwelt in der Antike (vgl. Plinius, Naturgeschichte XVI, 10). Ambrosius nennt sie den Baum der Gerechten, weil sie ihre Blätter nie verliert. Wegen ihrer Beziehung zur Unsterblichkeit und zum Paradies (auf dem Adamspik auf Ceylon soll eine Z. mit Adam aus dem Paradies herausgefallen sein) wurde sie auf christliche Gräber gepflanzt; daher auch bildlich auf christlichen Sarkophagen. Es bedeutet eine Fehlinterpretation, wenn sie im heutigen Europa lediglich als Todeszeichen und Totenbaum verstanden wird.

ERKLÄRUNG EINIGER FREMDWÖRTER

AKROSTICHON Gedicht, in dem die Anfangsbuchstaben oder -wörter der Strophen aneinandergereiht ein Wort oder einen Satz ergeben.

APOKALYPSE Schrift aus dem Bereich der religiösen Literaturgattung der Apokalyptik, die den Weltlauf bis zum Einbruch eines Weltendes deutet; Johannesapokalypse = letztes Buch der Bibel.

APOTROPÄISCH der Abwehr von dämonischem Unheil dienend.

APSIS halbrunder oder mehreckiger Ausbau des Chorraums einer Kirche.

ARCHIVOLTE Profilband einer Wölbung über Tür oder Fenster.

BESTIARIUM (Bestiaire) mittelalterliches Tierbuch.

CHRISTOLOGISCH die Lehre über Person und Werk Christi betreffend.

CHTHONISCH irdisch bzw. unterirdisch.

EMBLEM Sinnbild, Wahrzeichen.

EPITAPH Grabschrift, Grabmal mit Inschrift, Totengedenktafel.

ESCHATOLOGIE Lehre von den »letzten Dingen«, d. h. vom Endschicksal der Welt und des einzelnen.

EXORZISMUS Beschwörung bzw. Austreibung böser Geister.

FRESKO Wandmalerei, bes. auf frischen, noch feuchten Putz aufgetragen.

HIEROGAMIE heilige Hochzeit, Götterhochzeit.

IDOLATRIE Verehrung von Götzenbildern.

INITIATION Einweihung in ein Geheimnis oder einen Geheimbund, Zeremonie zur Aufnahme von Jugendlichen in die Reihen der Erwachsenen.

KAPITELL ausladendes, meist plastisch verziertes Kopfstück einer Säule oder eines Pfeilers.

MARIOLOGISCH die Lehre über die Jungfrau Maria betreffend.

MISERIKORDIE stehen erleichternde Konsole unter den Klappsitzen des Chorgestühls.

NARTHEX Vorhalle einer Kirche.

PHYSIOLOGUS → Erklärung Seite 14 (Einführung).

PREDELLA Unterbau eines Altarbildes.

PSEUDEPIGRAPH Schrift unter falschem Verfassernamen.

PSYCHOPOMPOS Seelengeleiter nach dem Tod.

REBUS Bilderrätsel .

THEOPHANIE Gotteserscheinung.

TYMPANON Bogenfeld über dem Türsturz, meist bildnerisch reich ausgestaltet.

TYPOLOGIE Lehre, daß bestimmten Ereignissen und Personen im NT solche des AT entsprechen.

VULGATA in der römisch-katholischen Kirche lange als authentisch geltende lateinische Bibelübersetzung.

LITERATURHINWEISE

Appuhn, Horst: Einführung in die Ikonographie der mittelalterlichen Kunst in Deutschland, 1979.

Aurenhammer, Hans: Lexikon der christlichen Ikonographie, Bd. I, 1967.

Behling, Lottlisa: Die Pflanzenwelt der mittelalterlichen Kathedralen, 1964.

Beigbeder, Olivier: La symbolique, ²1961.

Beigbeder, Olivier: Lexique des symboles (La nuit des temps), 1969.

Benoist, Luc: Signes, symboles et mythes, ²1977.

Blankenburg, Wers von: Heilige und dämonische Tiere, ²1975.

Braun, Josef: Tracht und Attribute der Heiligen in der deutschen Kunst, 1943, Neudruck 1964.

Cabrol/Leclercq: Dictionnaire d'Archéologie Chrétienne et de Liturgie, 15 Bände, 1924–1953.

De Champeaux/Sterckx: Introduction au monde des symboles, 1966.

Chevalier/Gheerbrant: Dictionnaire des symboles, 1969.

Davy, M. M.: Initiation à la symbolique romane, 1964.

Debidour, V.-H.: Le bestiaire sculpté en France, 1961.

Doering-Hartig: Christliche Symbole, ²1940.

Engel, Fritz-Martin: Flora Magica, o. J.

Engelland/Osterloh: Biblisch-Theologisches Handwörterbuch, 1954.

Ferguson, G.: Signs and Symbols in Christian Art, ²1955.

Forstner, Dorothea: Die Welt der Symbole, ²1967.

Gillis, René: Le symbolisme dans l'art religieux, 1943.

Gottschalk, H.: Sonnengötter und Vampire, 1979.

Haag, Herbert: Bibel-Lexikon, 1956.

Heinen, Wilhelm: Bild – Wort – Symbol in der Theologie, 1969.

Heller, Adolf: 200 Biblische Symbole, 1950.

Jensen, Hans: Sign, Symbol and Script, 1970.

Jung, C. G.: Der Mensch und seine Symbole, 1968.

Keller, Hiltgart L.: Reclams Lexikon der Heiligen und biblischen Gestalten, 1968.

Kipping, B.: Symbol en Allegorie in de beeldende Kunst, 1941 .

Kirchgässner, Alfons: Die mächtigen Zeichen, 1959.

Kirchgässner, Alfons: Welt als Symbol, 1968.

Kirschbaum, Engelbert: Lexikon der christlichen Ikonographie, 8 Bände, 1968–1976, Sonderausgabe 1990.

Koepf, Hans: Bildwörterbuch der Architektur, 1968.

Kranz, Gisbert: Farbiger Abglanz, 1957.

Kriss-Rettenbeck, Lenz: Bilder und Zeichen religiösen Volksglaubens, 1963.

Künstle, Carl: Ikonographie der christlichen Kunst, 2 Bände, 1926–1928.

Laag, Heinrich: Wörterbuch der altchristlichen Kunst, 1959.

Lexikon der Alten Welt, 1965.

Lexikon der Kunst, 5 Bände, Leipzig 1968–1978.

Lipffert, Klementine: Symbol-Fibel, 1956.

Lurker, Manfred: Symbol, Mythos und Legende in der Kunst (Studien zur deutschen Kunstgeschichte, Bd. 314), 1958.

Lurker, Manfred: Bibliographie zur Symbolkunde, 3 Bände (Bibliotheca Bibliographica Aureliana, Bd. XII, XVIII, XXIV), 1958.

Lurker, Manfred: Wörterbuch der Symbolik (KTA 464), 1979.

Mâle, Emile: L'art religieux du XIIe siècle en France, 8. Auflage, Ausgabe 1968.

Mâle, Emile: L'art religieux du XIIIe siècle en France, ⁷1931.

Mâle, Emile: L'art religieux de la fin de moyen âgè en France, 1908.

Menzel, Wolfgang: Christliche Symbolik, 2 Bände, ²1856.

Millet, Gabriel: Recherches sur l'iconographie de l'evangile au XIVe, XVe et XVIe siècles, ²1960.

Mode, Hans: Fabeltiere und Dämonen in der Kunst, 1974.

Molsdorf, Wilhelm: Christliche Symbolik der mittelalterlichen Kunst, ²1926.

De Osa, Veronica: Das Tier als Symbol, 1968.

Panofsky, Erwin: Iconologie, 1970.

Piper, Ferdinand: Mythologie und Symbolik der christlichen Kunst, 2 Bände, 1847–1851.

Poeppig, Fred: Ursymbole der Menschheit, 1972.

Randall, Richard H.: A Cloisters Bestiary, 1960.

Rapp, Urban: Das Mysterienbild, 1952.

Réau, Louis: Iconographie de l'art chrétien, 6 Bände, 1955–1959.

Rech, Photina: Inbild des Kosmos, 2 Bände, 1966.

Richter/Ulrich: Lexikon der Kunstmotive, 1978.

Rietschel, Christian: Sinnzeichen des Glaubens, 1965.

Sälzle, Karl: Tier und Mensch, Gottheit und Dämon, 1965.

Sauer, Joseph: Symbolik des Kirchengebäudes und seiner Ausstattung in der Auffassung des Mittelalters, ²1924.

Schiller, Gertrud: Ikonographie der christlichen Kunst, 5 Bände, 1966–1980.

Schlesinger, M.: Geschichte des Symbols, 1912.

Seewald, Richard: Symbole, 1954.

Seibert, Jutta: Lexikon christlicher Kunst, 1980.

Stephenson, Günther: Leben und Tod in den Religionen, Symbol und Wirklichkeit, 1980.

Strzygowski, Josef: Der Bilderkreis des griechischen Physiologus (Byzantin. Archiv, H. 2), 1899, Neudruck 1969.

Stumpfe, Ortrud: Die Symbolsprache der Märchen, 1969.

Symbolon, Jahrbuch für Symbolforschung, 7 Bände, N. F. Band 1 ff.

Thomson/Fischer: Phantastik in Literatur und Kunst, 1980.

Urech, Edouard: Lexikon christlicher Symbole, 1974.

Verneuil, M. P.: Dictionnaire des symboles, emblêmes et attributs, 1897.

Vlaanderen, André: Teekens en symbolen, 1946.

Volp, Rainer: Das Kunstwerk als Symbol (Schriftenreihe des Instituts für Kirchenbau und kirchl. Kunst der Gegenwart, Bd. 2), 1966.

Wessel/Restle: Reallexikon zur byzantin. Kunst, 7 Bände, 1963 ff.

Wimmer, Otto: Die Attribute der Heiligen, 1964.

Wisse, Stephan: Das religiöse Symbol, 1963.

Witte, Robert B.: Das katholische Gotteshaus, 1939.

Zum Autor

Gerd Heinz-Mohr, 1913–1989, studierte Theologie, Geschichte und Kunstgeschichte und promovierte in mittelalterlicher und neuerer Geschichte. Er war als Journalist, Verlagslektor, Dozent und wissenschaftlicher Beirat der Cusanus-Gesellschaft tätig und veröffentlichte zahlreiche Bücher zu religiösen und kulturgeschichtlichen Themen.